Köhler/Fetzer
Recht des Internet

Markus Köhler/Thomas Fetzer

Recht des Internet

8., völlig neu bearbeitete und erweiterte Auflage

Prof. Dr. Markus Köhler, Jahrgang 1965, Studium der Rechtswissenschaft an der Universität Mannheim. Promotion 1992. Seit 2004 Rechtsanwalt mit Schwerpunkt Gewerblicher Rechtsschutz und Medienrecht. Partner von OPPENLÄNDER Rechtsanwälte, Stuttgart. Honorarprofessor an der Universität Mannheim.

Prof. Dr. Thomas Fetzer, LL.M., Jahrgang 1974, Studium der Rechtswissenschaft an der Universität Mannheim und der Vanderbilt University, USA; Promotion 2000; Habilitation 2009 an der Universität Mannheim; seit 2012 Inhaber des Lehrstuhls für Öffentliches Recht, Regulierungsrecht und Steuerrecht an der Fakultät für Rechtswissenschaft und Volkswirtschaftslehre der Universität Mannheim; seit 2014 Direktor am Mannheim Centre for Competition and Innovation (MaCCI) und seit 2015 Direktor am MannheimTaxation (MaTax) Science Campus.

Bibliografische Information der Deutschen Nationalbibliothek

Die Deutsche Nationalbibliothek verzeichnet diese Publikation in der Deutschen Nationalbibliografie; detaillierte bibliografische Daten sind im Internet über <http://dnb.d-nb.de> abrufbar.

ISBN 978-3-8114-4265-8

E-Mail: kundenservice@cfmueller.de

Telefon: +49 89 2183 7923
Telefax: +49 89 2183 7620

www.cfmueller.de
www.cfmueller-campus.de

© 2016 C.F. Müller GmbH, Waldhofer Straße 100, 69123 Heidelberg

Dieses Werk, einschließlich aller seiner Teile, ist urheberrechtlich geschützt. Jede Verwertung außerhalb der engen Grenzen des Urheberrechtsgesetzes ist ohne Zustimmung des Verlages unzulässig und strafbar. Dies gilt insbesondere für Vervielfältigungen, Übersetzungen, Mikroverfilmungen und die Einspeicherung und Verarbeitung in elektronischen Systemen.

Satz: Gottemeyer, Rot
Druck: Kessler Druck + Medien GmbH, Bobingen

Vorwort

Alles ist im Fluss. Nie hat diese Erkenntnis für das Internetrecht so zugetroffen wie aktuell. Die Erwartung, mit dem Abschluss des Manuskripts ein auf absehbare Zeit aktuelles Werk geschaffen zu haben, zerstört sich heute in kürzester Zeit selbst. Nur einen Tag, nachdem das Kapitel E-Commerce endbearbeitet war, trat die ODR-Verordnung in Kraft. Die Autoren haben sich bemüht, die seit Fertigstellung des Manuskripts zur 7. Auflage (März 2011) aus ihrer Sicht notwendigen erheblichen Ergänzungen einzuarbeiten. Und schon heute ist klar, dass das Inkrafttreten der Datenschutzgrundverordnung, die Umsetzung der Markenrechtsrichtlinie 2015 und die absehbare EuGH-Rechtsprechung zu Streaming und Unterlassungshaftung weitere Änderungen und Ergänzungen notwendig machen. Aber darin liegt ja gerade der Charme dieses weiter wachsenden Rechtsgebiets.

Die Leser schätzen das Werk für seinen Informationsgehalt und entsprechende Hinweise zu einschlägiger Rechtsprechung. Literatur wird heute zu Gerichtsentscheidungen und neuen Rechtsproblemen in unübersehbarer Fülle produziert; deren umfassende Auswahl ist im Rahmen eines Formats wie dem vorliegenden nicht möglich und sinnvoll, weshalb sich Literaturhinweise regelmäßig auf Beiträge reduzieren, die bei der Erstellung des Manuskripts geholfen haben.

Besonders auffällig ist, dass das Internet die Rechtsentwicklung treibt. Die Fortentwicklung des Urheberrechts, des Fernabsatzrechts, des Datenschutzrechts aber auch des deutschen und internationalen Rechts des geistigen Eigentums findet ganz überwiegend anhand von Sachverhalten statt, in denen die Nutzung des Internet die einschlägige Rechtsfrage aufgeworfen hat. Dies wird sich in Zukunft weiter verstärken.

Darüber hinaus schreitet die Europäisierung der Rechtsentwicklung in großen Schritten voran. Das Urheberrecht ist hierfür das beste Beispiel. Der Europäische Gerichtshof hat endgültig die Lufthoheit über die Rechtsentwicklung übernommen. Dies zeigt sich exemplarisch daran, dass er im Urheberrecht gar an einem europäischen Werkbegriff arbeitet. Entscheidungen des EuGH geben heute die Richtung in der Entwicklung des Internetrechts vor – und zwar in ganz Europa.

Das Internet selbst und seine Nutzung durch die User verändert sich. Die intensive Nutzung sozialer Medien und der elektronische Handel über Mobilgeräte sind die deutlichsten Zeichen geänderten Nutzerverhaltens seit der 7. Auflage. Die 8. Auflage greift daher viele dieser neuen Sachverhalte auf, deren rechtliche Beurteilung bei näherer Betrachtung jedoch wenig neu ist. Darüber hinaus haben insbesondere die Umsetzung der Verbraucherrechtsrichtlinie, die elektronische Kommunikation mit der Justiz, die außergerichtliche Streitbeilegung, die Rechtsprechung zu Links, Frames und Screen Scraping, zu Files-Sharing und zu Streaming viele Änderungen und Ergänzungen erforderlich gemacht. Die Neufassung des UWG und die damit verbundenen Änderungen – gerade auch bei Internetwerbung gegenüber Kindern – sowie die EuGH-Rechtsprechung zum fliegenden Gerichtsstand sind Gegenstand weiterer Veränderungen. Und schließlich haben EuGH und BGH im Bereich der (Unterlassungs-)Haftung, insbesondere von Plattform- und Forenbetreiber im Bereich soziale Medien, Suchmaschinendiensten und Internetanschlussinhabern, spannende Lösungsmodelle entworfen.

Alles ist im Fluss. Aus dem Autorenteam ist *Prof. Dr. Hans-Wolfgang Arndt* aus Altersgründen ausgeschieden. Im gebührt ein ganz besonders herzlicher Dank der verbliebenen Autoren. Ohne ihn und seinen Anstoß wären weder die 1. Auflage noch die Folgeauflagen denkbar gewesen.

Die Autoren freuen sich, wenn diese 8. Auflage von den Leserinnen und Lesern genauso freundlich aufgenommen würde, wie die Vorauflagen. Frau *Julia Jancik*, Frau *Gertrud Bruck*, Frau *Elisabeth Bauer* und Herrn *Markus Kohlmann* gebührt ein herzliches Dankeschön für die stets zuverlässige Betreuung des Manuskripts.

Stuttgart und Mannheim, im März 2016

Markus Köhler
Thomas Fetzer

Vorwort zur 1. Auflage

Es war abzusehen, daß die aus rechtlicher Sicht „anarchischen" Zustände der Kommunikation im Internet nicht dauerhaft sein würden. Unzutreffend war auch die Prognose, dass das klassische juristische „Handwerkszeug" zur Beurteilung von Sachverhalten aus dem Internet gänzlich untauglich sei. Im Gegenteil, die atemberaubende Entwicklung dieses Mediums führt gegenwärtig zu vielfältigen Beispielen in Rechtsprechung und Literatur, bei denen vorhandene Normen und Prinzipien auf Sachverhalte aus dem Internet angewendet werden. Nicht alle diese Versuche überzeugen indes. Dort, wo tatsächlich Schutzlücken bestehen, ist eine geradezu hektische Betriebsamkeit des Gesetzgebers festzustellen. Im Steuerrecht führt dies sogar dazu, daß neue Versuche unternommen werden, den lang gehegten Wunsch der Finanzverwaltung nach Zugriff auf die elektronischen Daten der Unternehmen durchzusetzen.

Die Vielschichtigkeit der Probleme, die die Nutzung des Internets mit sich bringt, zwingt dazu, sich mit einer Fülle von unterschiedlichen Rechtsmaterien zu befassen, von denen viele nicht zum üblichen Tätigkeitsschwerpunkt des Juristen, geschweige denn zu den klassischen Ausbildungsinhalten gehören. Ziel des vorliegenden Leitfadens ist es, dem Leser einen Überblick über die Vielzahl der auftretenden Probleme und der hierzu anwendbaren Rechtsmaterien zu verschaffen, einen Überblick auch über die unterschiedlich weit ausdifferenzierten Lösungsversuche der Praxis.

Da sich das Recht des Internet noch stetig im Fluss befindet, sind wir für Anregungen und Hinweise der Leser dankbar. Die Entwicklung von Rechtsprechung und Literatur ist – soweit veröffentlicht – bis Februar 1999 berücksichtigt. Frau Kerstin Steinbauer und Frau Gertrud Bruck danken wir für die Betreuung des Manuskripts.

Stuttgart/Mannheim, im März 1999

Markus Köhler
Hans-Wolfgang Arndt

Inhaltsverzeichnis

Vorwort V
Vorwort zur 1. Auflage VII
Abkürzungsverzeichnis XIX
Literaturhinweise XXV

I. Das Internet – eine Einführung 1

1. **Historische Entwicklung, Struktur des Internet** 1
2. **Grundbegriffe der Online-Kommunikation** 2

II. Der Schutz von Domainnames 4

1. **Das Domain-Name-System** 5
   a) Die IP-Adresse 5
   b) Die Top-Level-Domain 6
   c) Second-Level-Domains und Subdomains 7
   d) Entstehung der ICANN 8
   e) Legitimation der Registrierungsstellen/ICANN 10
   f) Die .eu-Domain 11
2. **Die Vergabe von Second-Level-Domains am Beispiel der .de-Domain** 13
3. **Die Domain im Rechtsverkehr** 14
   a) Die Domain als Eigentumsposition 14
   b) Die Pfändbarkeit von Domains 15
4. **Überblick über die in Domainstreitigkeiten anwendbaren Rechtsnormen** 16
5. **Kennzeichenrechtliche Ansprüche gegen die Benutzung einer Domain – §§ 14, 15 MarkenG** 16
   a) Kennzeichenmäßige Benutzung einer Marke durch Nutzung eines Domainnames 16
   b) Die Benutzung einer Domain im geschäftlichen Verkehr ... 19
      aa) Registrierung als Benutzungshandlung 19
      bb) Im geschäftlichen Verkehr 20
   c) Verwechslungsgefahr 21
      aa) Waren- oder Dienstleistungsnähe 22
      bb) Zeichenidentität oder -ähnlichkeit 23
         (1) Relevanz der TLD für die Beurteilung der Verwechslungsgefahr? 23

                (2) Zeichenähnlichkeit – eine Neudefinition des Abstandsgebots? .. 24
                (3) Gattungsbezeichnungen als Domainname.................... 25
                (4) Bedeutung von Umlauten 26
                (5) Aufeinandertreffen berechtigter Interessen 26
        cc) Fehlende Waren- oder Dienstleistungsähnlichkeit –
            Der Schutz bekannter/berühmter Marken gegen Domains 28
 6. **Namensschutz gegen Domainnames gem. § 12 BGB** 29
 7. **Schutz aus einer geographischen Herkunftsangabe gegen die Domain?** .. 32
 8. **Wettbewerbsrechtlicher Schutz gegen Domainnames
     gem. §§ 3, 4 Nr. 4 UWG** 32
    a) Domain-Grabbing... 32
    b) Sittenwidriges Umleiten von Kundenströmen durch
       Gattungsbezeichnungen als Domain 35
    c) Tippfehler-Domains 38
    d) Gefahr einer Irreführung des Verkehrs (§ 5 UWG) 39
 9. **Der kennzeichenrechtliche Schutz von Domainnames** 40
    a) Rechtsnatur der Domainnames 41
    b) Der Kennzeichenschutz der Domainnames........................ 42
        aa) Markenschutz 42
        bb) Schutz als geschäftliche Bezeichnung 42
        cc) Titelschutz 43
10. **Rechtsfolgen** 44
    a) Passivlegitimation... 44
    b) Ansprüche 45
        aa) Unterlassungsanspruch 45
        bb) Schadensersatzanspruch 46
        cc) Auskunftsanspruch... 47
        dd) Anspruch auf Übertragung einer Domain? 47
        ee) Beseitigungsanspruch (Einwilligung in die Löschung) 48
11. **Alternative Streitbeilegung von Domainkonflikten** 49
    a) ICANN-Schiedsverfahren 50
    b) ADR-Verfahren für .eu-Domains 53
    c) Trademark Clearinghouse 54
12. **Die Verantwortlichkeit der DENIC** 54

III. Electronic Commerce 57

 1. **Arten des Electronic Commerce** 58
    a) Offline-Geschäfte 58
    b) Online-Geschäfte 58
 2. **Vertragsschluss im Internet** 59
    a) Die elektronische Willenserklärung 59

b) Identifikation des Erklärenden 60
c) Das Angebot 61
d) Der Zugang elektronischer Willenserklärungen 62
e) Der Vertragsschluss unter Abwesenden 66
f) Der Widerruf elektronischer Willenserklärungen 67
g) Die Anfechtung elektronischer Willenserklärungen 68
    aa) Fehlendes Erklärungsbewusstsein 68
    bb) Fehler bei der Willensbildung 69
    cc) Fehler bei der Abgabe der Willenserklärung 70
    dd) Fortwirkung eines Irrtums auf die Willenserklärung 70

3. **Die Form der Rechtsgeschäfte im Internet – Einsatz der elektronischen Signatur** 71
  a) Die elektronische Form gem. §§ 126 Abs. 3, 126a BGB 71
    aa) Funktionsweise der elektronischen Signatur 71
    bb) Die Zertifizierungsstellen 73
    cc) Anwendungsbereich der elektronischen Signatur 75
    dd) Zurechnung bei Missbrauch der Signatur 76
        (1) Wissentliche Überlassung der Signaturdaten an Dritte 76
        (2) Unfreiwilliger Verlust der Signaturdaten 77
  b) Die Textform gem. § 126b BGB 78

4. **Elektronische Kommunikation mit Gerichten und der öffentlichen Verwaltung** 79
  a) Kommunikation mit der öffentlichen Verwaltung 79
  b) Elektronische Kommunikation mit der Justiz ab dem 1.1.2018 81

5. **Die Einbeziehung von Allgemeinen Geschäftsbedingungen** 81
  a) Ausdrücklicher Hinweis 82
  b) Zumutbare Möglichkeit zur Kenntnisnahme 83

6. **Verbraucherschutz im Internet** 85
  a) Verträge zwischen Unternehmern und Verbrauchern 86
  b) Sachlicher Anwendungsbereich der §§ 312c ff. BGB 87
  c) Informationspflichten 88
  d) Informationspflichten über Kosten 90
  e) Besondere Pflichten im elektronischen Geschäftsverkehr 92
  f) Widerrufsrecht 93
  g) Folgen des Widerrufs 94

7. **Beweiswert digitaler Dokumente** 96

8. **Das Herkunftslandprinzip** 97

9. **b2c: Internet-Auktionen, eBay** 102
  a) Versteigerung im Sinne von § 34b GewO? 102
  b) Vertragsschluss bei Online-Auktionen 104
  c) Identität des Bieters, Vertretung 105
  d) Missverhältnis von Wert der Ware und Versteigerungspreis 107
  e) Sniper-Software 109

   f) Anfechtung von Geboten 109
   g) Widerrufsrecht 110
   h) Gefahrübergang, Lieferung 113
   i) Anbieter-Bewertungen 114
   j) Exkurs: Marken- und Wettbewerbsrechtsverletzungen
     durch eBay-Angebote 116
 10. **Mobile Commerce, Apps** 118
   a) Vertragspartner 118
   b) Widerrufsrecht 119
   c) Vertragsinhalt 119
   d) Gratis Apps 119
   e) In-App-Käufe 120
 11. **Außergerichtliche Streitbeilegung** 120

IV. Steuerrechtliche Fragen des Electronic Commerce 122

 1. **Einleitung** 122
   a) Phase der Nichtzurkenntnisnahme in Deutschland 122
   b) Phase hektischer Betriebsamkeit 123
   c) Status quo 124
 2. **Steuerrechtliche Problemfelder** 125
 3. **Einkommensteuer** 127
   a) Einkunftsartermittlung 127
   b) Abgabenrechtliche Beurteilung grenzüberschreitender
     Online-Geschäfte – Betriebsstättenbegründung im Internet
     i.S.d. § 12 AO 132
   c) Abkommensrechtliche Beurteilung grenzüberschreitender
     Online-Geschäfte 135
     aa) Betriebsstättenbegründung im Internet i.S.d. Art. 5 OECD-MA 136
     bb) Ständiger Vertreter i.S.d. Art. 5 Abs. 5 OECD-MA 141
   d) Gewinnabgrenzung zwischen Unternehmen und Betriebsstätte 142
   e) Bilanzierung von Internet-Domain und Website 143
     aa) Internet-Domain 144
     bb) Website 144
   f) Steuerliche Gestaltungsmöglichkeiten 145
 4. **Umsatzsteuer** 147
   a) Die Steuerbarkeit von Umsätzen im Electronic Commerce 148
   b) Abgrenzung Lieferung – sonstige Leistung 149
   c) Art der sonstigen Leistung 151
     aa) Dienstleistungen an Nichtunternehmer im Drittlandsgebiet,
     § 3a Abs. 4 UStG 152
     (1) § 3a Abs. 4 Satz 2 Nr. 1 UStG „Übertragung von
      Urheberrechten" 152

                (2) § 3a Abs. 4 Satz 2 Nr. 4 UStG „Datenverarbeitung" 153
                (3) § 3a Abs. 4 Satz 2 Nr. 5 UStG „Informationsüberlassung". 153
            bb) Telekommunikations-, Rundfunk- und Fernsehdienstleistungen
                sowie elektronisch erbrachte Dienstleistungen, § 3a Abs. 5 UStG . . . 153
                (1) § 3a Abs. 5 Satz 2 Nr. 1 UStG „Telekommunikations-
                    leistungen". 154
                (2) § 3a Abs. 5 Satz 2 Nr. 2 UStG „Rundfunk- und
                    Fernsehdienstleistungen". 155
                (3) § 3a Abs. 5 Satz 2 Nr. 3 UStG „auf elektronischem Weg
                    erbrachte sonstige Leistungen" 155
        d) Leistungsort bei unternehmerischen Empfängern 156
        e) Leistungsort bei nichtunternehmerischen Empfängern 157
        f) Anwendbarkeit des ermäßigten Steuersatzes nach § 12 Abs. 2 UStG 158
            aa) Buchverkauf 158
            bb) Softwareverkauf 160
        g) Besteuerungsverfahren 160
            aa) Leistungen eines Drittlandsunternehmers an Nichtunternehmer. . . . 161
            bb) Leistungen eines EU-Unternehmers an Nichtunternehmer 162
            cc) Unternehmerischer Leistungsempfänger 162
        h) Vorsteuerabzug nach § 15 UStG 163
        i) Steuerliche Gestaltungsmöglichkeiten 164
    5. Steuerrechtliche Implikationen von virtuellen Marktplätzen
       und Online-Auktionen 164
        a) Umsatzsteuerpflicht von Marktbetreibern 165
        b) Umsatzsteuerpflicht von Nutzern 165
        c) Einkommensteuerpflicht von Marktbetreibern 166
        d) Einkommensteuerpflicht von Nutzern 166
    6. Verfahrensrechtliche Probleme 167
        a) Probleme der steuerlichen Kontrolle 167
        b) Internetspezifische Lösungsansätze 168
        c) Erweiterung der allgemeinen Kontrollbefugnisse der AO 169
        d) Einsatz von Xpider 170
        e) Ausblick 171

V. **Internet-Angebote und Urheberrecht** 172

1. Patentrechtlicher Schutz für Websites und ihre Komponenten? 173
2. Die Website als Werk i.S.d. § 2 UrhG. 174
    a) Kein Ideenschutz 174
    b) Werkbegriff und Internet 174
    c) Websites als Datenbankwerke – § 4 Abs. 2 UrhG 178
    d) Die Website als Sammelwerk – § 4 Abs. 1 UrhG 179
    e) Die Website als Multimediawerk – § 2 Abs. 1 UrhG 180

3. Leistungsschutzrechte und Internet ... 180
   a) Schutz des Herstellers einer Datenbank ... 180
      aa) Schutz von Webpages und Websites ... 181
      bb) Schutz von Schlagzeilen- und Hyperlinksammlungen ... 184
      cc) Der Datenbankhersteller ... 185
   b) Schutz des Lichtbildners ... 185
   c) Schutz des ausübenden Künstlers ... 186
   d) Schutz des Herstellers eines Tonträgers – §§ 85 ff. UrhG ... 186
4. Die Rechte des Urhebers ... 186
   a) Urheberpersönlichkeitsrechte ... 188
   b) Vervielfältigungsrecht ... 189
   c) Recht der öffentlichen Zugänglichmachung ... 190
   d) Bearbeitungsrecht ... 190
   e) Urheber in Arbeits- und Dienstverhältnissen ... 191
5. Urheberrechtsrelevante Verletzungshandlungen im Internet ... 191
   a) Uploading ... 191
   b) Downloading ... 192
   c) Bereithalten zum Abruf ... 192
   d) Browsing ... 192
   e) Sichtbarmachen auf dem Bildschirm ... 193
   f) Hyperlinks ... 193
      aa) Surface Links ... 195
      bb) Deep Links ... 195
      cc) Embedded content/Framing/Inline Links ... 195
   g) Parodie und Internet ... 197
6. Die Einräumung von Lizenzen – §§ 31 ff. UrhG ... 197
7. Einschränkungen des Urheberrechts ... 199
   a) Zitatrecht – § 51 UrhG ... 199
   b) Vervielfältigung zum privaten Gebrauch – § 53 UrhG ... 200
   c) Elektronische Werkarchive ... 203
8. Filesharing, Internet-Tauschbörsen ... 204
   a) Die mp3-Tauschbörsen Napster und Gnutella ... 204
   b) Urheberrechtliche Beurteilung des Filesharing
      nach deutschem Recht ... 206
      aa) Komprimierung der Dateien ... 206
      bb) Ins Netz stellen ... 207
      cc) Haftung von p2p-Tauschbörsenbetreibern ... 208
      dd) Haftung des downloadenden Users ... 210
      ee) Anspruch auf Besichtigung der Filesharing-Software
         gem. § 101a UrhG ... 210
   c) Auskunftspflicht von Internet Service Providern ... 212
   d) Sperrung von Inhalten durch Internet Service Provider ... 214
9. Screen Scraping ... 215

10. Streaming 218
   a) Technik 218
   b) Bereitstellen des Inhalts 219
   c) Streamen des Inhalts 219
   d) Vorübergehende Vervielfältigung (§ 44a UrhG) 219
   e) Rechtmäßige Quelle 220
   f) Drei-Stufen-Test 221
11. Cloud Computing 222

VI. Internet-Angebote und Wettbewerbsrecht 223

1. Anwendbarkeit des UWG 223
   a) Geschäftliche Handlung 223
   b) Aktivlegitimation 225
   c) Passivlegitimation 227
   d) Wettbewerbsrechtliche Sanktion des Verstoßes gegen
      außerwettbewerbsrechtliche Vorschriften 229
2. Impressumspflicht für Websites gem. § 5 TMG, § 55 RStV 230
   a) § 5 TMG 230
   b) § 55 Abs. 1 RStV 231
   c) § 55 Abs. 2 RStV 232
   d) Gestaltung des Impressums 232
   e) Verstoß gegen § 3a UWG 232
3. Unverlangte Werbung per E-Mail (Spaming) 233
4. Standesrecht im Internet 237
5. Heil- und Arzneimittel im Internet 240
   a) Zulässigkeit von Internet-Apotheken 240
   b) Heilmittel im Internet 242
6. Arztwerbung im Internet 244
7. Metatags und Adwords 245
   a) Metatags 245
   b) Adwords 247
8. Allgemeines Wettbewerbsrecht im Internet 251
   a) Internetwerbung gegenüber Kindern und Jugendlichen 251
   b) Unangemessen unsachlicher Einfluss 253

VII. Internetrechtliche Haftungsbeschränkungen 255

1. §§ 7 ff. TMG 255
2. Verantwortlichkeitsbegrenzende Zielsetzung 257
3. Schadensersatzhaftung nach dem TMG 257

a) § 7 Abs. 1 TMG – Haftung für eigene Inhalte 257
b) § 8 TMG – Zugangsvermittlung 260
c) § 9 TMG – Caching 261
d) § 10 TMG – Hosting 263
4. Unterlassungs- und Beseitigungsansprüche 266
5. Haftung des Inhabers eines Internetanschlusses 269
a) Vermutung für eine Verantwortlichkeit des Anschlussbetreibers 269
b) Haftung für Minderjährige 270
c) Haftung für volljährige Familienangehörige 270
d) Ungesicherter privater WLAN-Router 271
e) Haftung des gewerblichen WLAN-Betreibers 272
f) WLAN an öffentlichen Plätzen 272
6. Gegendarstellungs- und Widerrufsanspruch gegenüber Telemedienanbietern 273
a) Der Gegendarstellungsanspruch 273
b) Der Widerrufsanspruch 274
7. Haftung für Hyperlinks 275
8. Haftung der Suchmaschinenbetreiber 279
a) Grundsätze 279
b) Autocomplete 280
c) Recht auf Vergessenwerden? 281
d) Haftung der E-Mail-Diensteanbieter 282
e) Haftung der Pushdiensteanbieter 283
f) Haftung des admin-c 283
9. Haftung für user generated content/social media 284
a) Haftung des Postenden 285
b) Haftung des Forenbetreibers 286
c) Wettbewerbsrechtliche Verbreiterhaftung nach § 4 Nr. 2 UWG 288
10. Ausschluss von Usern aus Internetforen 289

VIII. Rechtsfragen der Internationalität des Internet 290

1. Internationale Zuständigkeit der deutschen Gerichte, Fremdenrecht 291
a) Internationale Zuständigkeit der deutschen Gerichte 291
b) Der „fliegende Gerichtsstand" im Internet 292
c) Fremdenrecht 294
d) Zuständigkeit der US-amerikanischen Gerichte 295
2. Die Grundsätze des IPR 297
a) Die Funktion des IPR 297
b) Vertragsrechtliches IPR 297
c) Außervertragliches IPR 298

3. Internationales Deliktsrecht im Internet 299
   a) Urheberrecht 299
   b) Markenrecht 300
   c) Wettbewerbsrecht 301
   d) Der Spill-over-Gedanke und seine Übertragung auf das
      Internet 303
4. Internationales Vertragsrecht 305
   a) Rechtswahl 305
   b) Das mangels Rechtswahl auf E-Commerce-Vereinbarungen
      anwendbare Recht 307
   c) Verbraucherverträge 307
   d) Eingriffsnormen, ordre public 308

IX. Internet-Angebote und Datenschutzrecht 310

1. Datenschutzrechtliche Problemfelder 310
2. Anwendbare Rechtsvorschriften 314
   a) Abgrenzung von Telekommunikation und Telemedien 316
   b) Abgrenzung von Rundfunk und Telemedien 318
   c) Anwendungsbeispiele 318
3. Grundsätzliche Vorgaben für den Umgang mit personenbezogenen
   Daten bei Internetangeboten 319
   a) Der Begriff der personenbezogenen Daten 319
   b) Verpflichtete 320
   c) Grundregeln für den Umgang mit personenbezogenen Daten
      im Internet 321
   d) Zulässigkeit der Erhebung, Verarbeitung und Nutzung
      personenbezogener Daten 323
4. Gesetzliche Erlaubnistatbestände im TKG 324
5. Gesetzliche Erlaubnistatbestände im TMG 326
6. Einwilligung 327
7. Allgemeine Anbieterpflichten 329
8. Nutzerrechte 330
9. Sanktionen 331
10. Kontrolle 331
11. Datenübermittlung ins Ausland 332
12. Checkliste für Diensteanbieter 335
13. Stellungnahme 336
14. Neue Ansätze im Datenschutzrecht – insbesondere
    Datenschutz-Audits 336

15. Perspektiven des Datenschutzes 338
    a) Datenschutz-Grundverordnung 339
    b) Geodatendienste 341
    c) Cloud Computing 342

Stichwortverzeichnis 349

Abkürzungsverzeichnis

ABl. EG	Amtsblatt der Europäischen Gemeinschaften
ABl. EU	Amtsblatt der Europäischen Union
Abs.	Absatz
ACP	Administrative Domainname Challenge Panel
admin-c	Administrativer Ansprechpartner für die Domain
ADNDRC	Asian Domain Name Dispute Resolution Centre
ADR	alternative dispute rules
AEUV	Vertrag über die Arbeitsweise der Europäischen Union
a.F.	alte Fassung
AG	Aktiengesellschaft
	Amtsgericht
AGB	Allgemeine Geschäftsbedingungen
AGBG	Gesetz zur Regelung des Rechts der AGB
Alt.	Alternative
AMG	Arzneimittelgesetz
AO	Abgabenordnung
APNIC	Asia-Pacific Network Information Centre
ApBetrO	Apothekenbetriebsordnung
ApoG	Apothekengesetz
ARIN	American Registry for Internet Numbers
ARPA	United States Advanced Research Projects Agency
Art.	Artikel
ASO	Address Supporting Organization
AStG	Außensteuergesetz
ATO	Australian Tax Office
Az.	Aktenzeichen
BB	*Betriebsberater*
BC	*Bilanzbuchhalter und Controller*
BDSG	Bundesdatenschutzgesetz
BFH	Bundesfinanzhof
BGB	Bürgerliches Gesetzbuch
BGB-InfoVO	BGB – Informationspflichtenverordnung
BGBl.	Bundesgesetzblatt
BGH	Bundesgerichtshof
BMF	Bundesfinanzministerium
BMJ	Bundesjustizministerium
BNetzA	Bundesnetzagentur für Elektrizität, Gas, Telekommunikation, Post und Eisenbahnen
BORA	Berufsordnung Rechtsanwalt
BPaaS	Business-Process as a Service
BPatG	Bundespatentgericht
BRAGO	Bundesrechtsanwaltsgebührenordnung
BRAK	Bundesrechtsanwaltskammer
BRAO	Bundesrechtsanwaltsordnung

BR-Drs.	Bundesratsdrucksache
BStBl.	Bundessteuerblatt
BT-Drs.	Bundestagsdrucksache
b2b	business-to-business
b2c	business-to-consumer
BVerfG	Bundesverfassungsgericht
BVerfGE	Entscheidungen des Bundesverfassungsgerichts
CAZ	Tschechischer Schiedsgerichtshof
ccNSO	Country Code Names Supporting Organization
ccTLD	Country Code Top Level Domain
CD	Compactdisc
CD-ROM	Compactdisc-Read-Only-Memory
CEO	Chief Executive Officer
CERN	Conseil Européen pour la Recherche Nucléaire (Kernforschungszentrum in Genf)
c.i.c.	culpa in contrahendo
CORE	Internet Council of Registrars
CPR	Institute for Dispute Resolution
CR	*Computer und Recht*
DATEV	Datenverarbeitungszentrale der steuerberatenden Berufe in der Bundesrepublik Deutschland e.G.
DB	*Der Betrieb*
DBA	Doppelbesteuerungsabkommen
DCA	Defense Communications Agency
DENIC	Deutsches Network Information Center
descr:	Domain-Inhaber
d.h.	das heißt
DIGI	Deutsche Interessengemeinschaft Internet e.V.
DL-InfoV	Dienstleistungs-Informationspflichten-Verordnung
DMCA	Digital Millenium Copyright Act
DNS	Domainname Server
DNSO	Domainname Supporting Organization
DRM	Digital Rights Management
DSGVO	Datenschutz-Grundverordnung
DSN	Delivery Status Notification
DStR	Deutsches Steuerrecht
DStRE	*Deutsches Steuerrecht-Entscheidungen*
DStZ	*Deutsche Steuer-Zeitung*
DV-Anlage	Datenverarbeitungsanlage
DVD	Digital Versatile Disk
E-Cash	Electronic Cash
E-Commerce	Electronic Commerce
ECRL	E-Commerce-Richtlinie
EDI	Electronic Data Interchange
EDV	elektronische Datenverarbeitung
EG	Europäische Gemeinschaften
EGV	Vertrag zur Gründung der Europäischen Gemeinschaften
EGBGB	Einführungsgesetz zum Bürgerlichen Gesetzbuch

EGG	Elektronisches Geschäftsverkehrsgesetz
EGMR	Europäischer Gerichtshof für Menschenrechte
E-Mail	Electronic Mail
EPA	Europäisches Patentamt
EPÜ	Europäisches Patentübereinkommen
eRes	eResolution Consortium
ESTB	*Ertrag-Steuer-Berater*
EStDV	Einkommensteuer-Durchführungsverordnung
EStG	Einkommensteuergesetz
EU	Europäische Union
EuGH	Europäischer Gerichtshof
EuGVÜ	Europäisches Gerichtsstands- und Vollstreckungsübereinkommen
EURid	European Registry of Internet Domain Names
EWG	Europäische Wirtschaftsgemeinschaft
EWR	Europäischer Wirtschaftsraum
FAG	Gesetz für Fernmeldeanlagen
FamFG	Familienverfahrensrecht
FAZ	Frankfurter Allgemeine Zeitung
FernAbsG	Fernabsatzgesetz
FernARL	Fernabsatzrichtlinie
ff.	folgende
FG	Finanzgericht
FR	*Finanzrundschau*
FRL	Foreign Relations Law of the U.S.
FTC	Federal Trade Commission
FTD	*Financial Times Deutschland*
FVG	Finanzverwaltungsgesetz
GAC	Governmental Advisory Committee
GD	Generaldirektion
gem.	gemäß
GewO	Gewerbeordnung
GG	Grundgesetz
GjS	Jugendschutzgesetz
GjSM	Gesetz über die Verbreitung jugendgefährdender Schriften und Medieninhalte
GmbH	Gesellschaft mit beschränkter Haftung
gNSO	generic Names Supporting Organization
GoBS	Grundsätze ordnungsgemäßer DV-gestützter Buchführungssysteme
GRUR	*Gewerblicher Rechtsschutz und Urheberrecht*
gTLD	generische Top Level Domain
GVG	Gerichtsverfassungsgesetz
GVO	Verordnung (EG) Nr. 44/2001 über die gerichtliche Zuständigkeit und die Anerkennung und Vollstreckung von Zivil- und Handelssachen
GWB	Gesetz gegen Wettbewerbsbeschränkungen
HGB	Handelsgesetzbuch
h.M.	herrschende Meinung
Hrsg.	Herausgeber
html	hypertext mark-up language

http	hypertext transfer protocol
HWG	Heilmittelwerbegesetz
HWiG	Haustürgeschäftewiderrufsgesetz
IaaS	Infra-Structure-as-a-Service
IANA	Internet Assigned Numbers Authority
ICANN	Internet Corporation for Assigned Names and Numbers
IDNA	Internationalizing Domain Names in Application
INTA	International Trademark Organization
IP	Internet Provider
IPR	Internationales Privatrecht
IPv4	Internetprotokollversion 4
IPv6	Internetprotokollversion 6
i.S.d.	im Sinne der/des
i.S.v.	im Sinne von
ISOC	Internet Society
ISP	Internet Service Provider
IStR	*Internationales Steuerrecht*
IuKDG	Informations- und Kommunikationsdienstegesetz
ITRB	*IT-Rechtsberater*
ITU	International Telecommunication Union
i.V.m.	in Verbindung mit
IZPR	Internationales Zivilprozessrecht
JMStV	Jugendmedienschutz-Staatsvertrag
JStG	Jahressteuergesetz
KG	Kammergericht
K&R	*Kommunikation und Recht*
KStG	Körperschaftsteuergesetz
KUG	Kunsturhebergesetz
LDSG	Landesdatenschutzgesetz
LFGB	Lebens- und Futtermittelgesetzbuch
LG	Landgericht
LMBG	Lebensmittel- und Bedarfsgegenständegesetz
Losebl.	Loseblatt-Sammlung
MA	Musterabkommen
MarkenG	Markengesetz
MDR	*Monatsschrift für deutsches Recht*
MDStV	Mediendienste-Staatsvertrag
MIDI	Musical Instrument Digital Interface
MMR	*MultiMedia und Recht*
MwStSystRL	Mehrwertsteuersystemrichtlinie
NAF	National Arbitration Forum
NCP	Network Control Protocol
NIC	Network Information Centers
NJW	*Neue Juristische Wochenschrift*
NJW-CoR	*Neue Juristische Wochenschrift Computerreport*

NJW-RR	*Neue Juristische Wochenschrift Rechtsprechungsreport*
Nr.	Nummer
NSI	Network Solutions Inc.
OECD	Organization for Economic Cooperation and Development
OECD-MA	OECD-Musterabkommen
OFD	Oberfinanzdirektion
ÖOGH	Österreichischer Oberster Gerichtshof
OLG	Oberlandesgericht
OTP	Open Trade Protocol
Paas	Plattform-as-a-Service
PAngV	Preisangabenverordnung
PatG	Patentgesetz
PDA	Personal Digital Assistent
PC	Personal Computer
PIN	Personal Identification Number
p.m.a.	post mortem auctoris
p2p	peer-to-peer
PVÜ	Pariser Verbandsübereinkunft
RAM-Baustein	Random Access Memory-Baustein
RBÜ	Revidierte Berner Übereinkunft
Rdnr.	Randnummer
Reg-Bed	Registrierungsbedingungen
RegTP	Regulierungsbehörde für Telekommunikation und Post
RIPE-NCC	Réseaux IP Européen Network Coordination Centre
RL	Richtlinie
RLV	Richtlinienvorschlag
Rom I-VO	Verordnung (EG) Nr. 593/2008 des Europäischen Parlaments und des Rates über das auf vertragliche Schuldverhältnisse anzuwendende Recht vom 17.6.2008
Rom II-VO	Verordnung (EG) Nr. 864/2007 über das auf außervertragliche Schuldverhältnisse anwendbare Recht vom 11.7.2007
RStV	Rundfunkstaatsvertrag
RUDRP	Rules for Uniform Domain Name Dispute Resolution Policy
Rz.	Randziffer
SaaS	Software-as-a-Service
SGB	Sozialgesetzbuch
sgml	standard general mark-up language
SigG	Signaturgesetz
SigVO	Signaturverordnung
SMTP	Simple Mail Transfer Protocol
SLD	Second Level Domain
sog.	so genannt
StÄndG	Steueränderungsgesetz
StB	*Steuerberater*
StDÜV	Steuerdaten-Übermittlungsverordnung
StGB	Strafgesetzbuch
StPO	Strafprozessordnung

StVergAbG	Steuervergünstigungsabbaugesetz
TAG	Technical Advisory Group
TCP/IP	Transmission Control Protocol/Internet Protocol
TDDSG	Teledienstedatenschutzgesetz
TDG	Teledienstegesetz
TDSV	Telekommunikationsdiensteunternehmen-Datenschutzverordnung
tech-c	technischer Ansprechpartner
TKG	Telekommunikationsgesetz
TLD	Top Level Domain
TMG	Telemediengesetz
TRIPS	Agreement on Trade-Related Aspects of Intellectual Property Rights, Including Trade in Counterfeit Goods
Tz.	Textziffer
UDRP	Uniform Domain Name Dispute Resolution Policy
UKlaG	Gesetz über Unterlassungsklagen bei Verbraucherrechts- und anderen Verstößen
UR	*Umsatzsteuer-Rundschau*
UrhG	Urheberrechtsgesetz
UrhG-E	Urheberrechtsgesetz-Entwurf
URL	Uniform Resource Locator
USA	Vereinigte Staaten von Amerika
UDP	User Datagram Protocol.
USTB	*Umsatzsteuerberater*
UStDV	Umsatzsteuer-Durchführungsverordnung
UStG	Umsatzsteuergesetz
UStR	Umsatzsteuerrichtlinien
UVR	*Umsatzsteuer- und -Verkehrsteuerrecht*
UWG	Gesetz gegen den unlauteren Wettbewerb
VerbrKrG	Verbraucherkreditgesetz
Vfg.	Verfügung
vgl.	vergleiche
VO	Verordnung
VSBG	Verbraucherstreitbeilegungsgesetz
VwVfG	Verwaltungsverfahrensgesetz
WCT	World Copyright Treaty
WIPO	World Intellectual Property Organization
WLAN	Wireless local area network
WM	*Wertpapier-Mitteilungen*
WPg	*Wirtschaftsprüfung*
WRP	*Wettbewerb in Recht und Praxis*
www	world wide web
zone-c	Zonenverwalter
ZPO	Zivilprozessordnung

Literaturhinweise

1. Die aktuellsten – aber leider nicht immer zuverlässigsten – Informationen finden sich im **Internet** selbst. Als besonders erwähnenswert erscheinen hierbei drei Adressen, da sie sowohl zuverlässig als auch aktuell sind.

Dies ist zum einen die Netlaw-Library von *Prof. Dr. Thomas Hoeren* von der Universität Münster, die sich unter folgender Adresse findet: *http://www.uni-muenster.de/Jura. itm/hoeren/materialien/Skript/Skript_Internetrecht_Oktober_2015.pdf*, und die unter anderem ein elektronisches Skript zum Internetrecht beinhaltet. Zum anderen ist dies das juristische Internetprojekt der Universität des Saarlandes in Saarbrücken, das unter folgender Internetadresse erreichbar ist: *www.jura.uni-sb.de/*. Besonders hinzuweisen ist drittens auf die Online-Zeitschrift für Rechtsinformatik unter *www.jurpc.de/*, welche von *Prof. Dr. Maximilian Herberger* von der Universität des Saarlandes herausgegeben wird.

Soweit es um die Recherche von Gesetzestexten geht, sei an dieser Stelle auf die Seite *www.gesetze-im-internet.de/* verwiesen.

2. Darüber hinaus sind die Rechtsfragen des Internet Gegenstand zahlreicher Aufsätze in den bekannten juristischen **Zeitschriften**. Zeitschriften, die sich nahezu ausschließlich mit Rechtsproblemen des Internet und von Computern beschäftigen sind:
- Computer und Recht (CR), Verlag Otto Schmidt, Köln,
- Multimedia und Recht (MMR), C. H. Beck-Verlag, München,
- Kommunikation & Recht (K&R), Verlag Recht und Wirtschaft, Heidelberg.

3. Die Schnelllebigkeit des Mediums Internet bringt es mit sich, dass **Bücher** zu diesem Thema unter Umständen in ein bis zwei Jahren nicht mehr aktuell sind. Daher sei hier nur eine sehr begrenzte Auswahl gegeben.

Genannt werden soll einerseits das Loseblatt-Nachschlagewerk: *Hoeren, Thomas/ Sieber, Ulrich/Holznagel, Bernd* (Hrsg.), Handbuch Multimedia-Recht – Rechtsfragen des elektronischen Geschäftsverkehrs, 42. Ergänzungslieferung, Stand Juni 2015, C. H. Beck-Verlag, welches einen breiten Überblick über alle Rechtsgebiete vom Zivilrecht über das Strafrecht bis hin zum Steuerrecht gibt. Gleiches leistet das – gebundene – Werk *Spindler, Gerald/Schuster, Fabian* (Hrsg.), Recht der elektronischen Medien, 3. Auflage 2015. Schließlich ist das Werk von *Heckmann, Dirk* (Hrsg.), Juris-Praxiskommentar Internetrecht, 4. Auflage 2014, Juris Verlag, zu nennen, das eine Kombination aus gedrucktem Buch und Onlinedatenbank bietet.

I. Das Internet – eine Einführung

1. Historische Entwicklung, Struktur des Internet

Die Entwicklung des Internet ist ohne die Erfindung des Personal Computers (PC) in den 60er-Jahren nicht denkbar. Parallel dazu entwickelte *Paul Baran* 1960 ein Multiplexverfahren, das auch unter schlechtesten Netzverbindungen Datenkommunikation erlaubt. Die Vernetzung von Computern über ein Protokoll erwies sich als außerordentlich leistungsfähig – und damit militärisch nutzbar. 1966 installierte die ARPA (United States Advanced Research Projects Agency) ein Netz mit 17 Rechnern (ARPA-Net). Das Netz wurde ausgebaut, bis es 1975 von der DCA (Defense Communications Agency) übernommen wurde. ARPA-Net war so entwickelt worden, dass es „auch im Falle eines Atomkriegs" funktionsfähig blieb, da die verwendete Software NCP (Network Control Protocol) sicherstellte, dass bei einem teilweisen Ausfall des Netzes das restliche Netz noch funktionierte. Dieses Argument musste leider lange Jahre herhalten, um Investitionen in den weiteren Netzaufbau von ARPA-Net zu rechtfertigen[1]. Im Folgenden entstanden andere Rechnernetze, die allerdings auch nur innerhalb ihres Netzes Daten übertragen konnten. Die Kommunikation zwischen den Netzen scheiterte an inkompatiblen Kommunikationsprotokollen. Deshalb wurde das TCP/IP (Transmission Control Protocol/Internet Protocol) entwickelt. Dieser Standard wird heute noch verwendet. Hierbei werden die Daten der zu versendenden Nachricht in kleine Stücke „zerhackt", auf verschiedene Routen durch die Netze geschickt und am Zielserver wieder zusammengesetzt. Unvollständig ankommende „Pakete" werden zurückgesandt und der Vorgang wiederholt. Eine Verbindungskontrolle zur Ermittlung des übertragenen Inhalts ist damit nicht möglich[2]. Als neben vielen anderen Netzen auch ARPA-Net das TCP/IP einführte – am 1.1.1983 – war das „Internet" geboren[3]. Heute besteht das Internet aus einem Netzwerk von zehntausenden unabhängigen Netzen.

Anfang der 90er-Jahre wurde schließlich das world wide web (www) im Kernforschungszentrum in Genf (CERN) entwickelt, das bis heute zum wichtigsten Netzwerk des „Internet" geworden ist. Das world wide web war und ist ein wesentlicher Katalysator für die steigende Bedeutung des Internet.

Wikipedia, YouTube, Myspace, Musiktauschbörsen und Weblogs haben längst ein neues Zeitalter eingeläutet, das üblicherweise mit „Web 2.0" beschrieben wird. Hier geht es um eine veränderte Nutzung des Internet. Inhalte werden nicht mehr nur zentralisiert von großen Anbietern erstellt und an eine anonyme Masse von Usern verbreitet. Stattdessen wird Content von einer Vielzahl von Usern zur Nutzung durch andere

---

1 Vgl. *Ahues*, BRAK-Mitteilungen 1998, 105, 106.
2 Vgl. *Kröger/Kuner*, Internet für Juristen, 3. Auflage 2001, S. 4.
3 Das ARPA-Net wurde 1990 deinstalliert.

User zur Verfügung gestellt[4]. Damit betritt das Internet auch rechtlich Neuland, da die klassische mediale Einbahnstraße verlassen wurde und die Trennung zwischen Anbieter und Nutzer immer mehr verwischt.

2. Grundbegriffe der Online-Kommunikation

4 Die Kommunikation zwischen Rechnern im Internet basiert auf folgendem System: Kommunikationsstandard für Rechnerverbindungen ist TCP/IP, ein Satz von Protokollen und Schnittstellen, um unterschiedliche Rechnernetzwerke miteinander zu verbinden.

5 Zum Aufruf einer Website wird das sog. hypertext transfer protocol (http) verwendet. Um dem Rechner den Aufruf einer Website mitzuteilen, beginnt jede Internet-Adresse mit „http://". Über http wird also der eigene „Client" mit dem Server verbunden, auf dem die Website, die aufgerufen wird, abgelegt ist. Server sind im www alle die Rechner, auf denen abrufbare Informationen gespeichert sind. Unter einem www-client wird derjenige verstanden, der die Informationen abruft.

6 Als drittes netztypisches Verständigungsformat sei die hypertext mark-up language (html) genannt. Diese ursprünglich in den 60er-Jahren von IBM entwickelte und als Teil der standard general mark-up language (sgml) als ISO Standard normierte Programmiersprache ist in der Lage, neben der Übertragung von multimedialen Gestaltungen auch sog. „Meta-Informationen" mitzuteilen, die bei der bildlichen Gestaltung einer Website nicht auftauchen (quasi unsichtbar sind), aber dennoch als „unsichtbare" Daten der Website von Rechnern beachtet werden.

7 Wer an der Kommunikation im www teilnehmen will, benötigt eine Identifikation. Im TCP/IP-Format ist dies eine Zahlenkombination. Zwischenzeitlich hat sich durchgesetzt, dass diese „Adresse", die schwer merkbar ist, durch jeden beliebigen Buchstabencode[5] ersetzt werden kann. Die Uniform Resource Locator (URL) wird von sog. Domainname Servers (DNS) später wieder der Zahlenkombination zugeordnet, die im TCP/IP-Format als Identifikation dient.

8 Eine URL besteht üblicherweise aus der Protokollangabe (http://), der Netzangabe (www.), der Second Level Domain (frei wählbar) und der Top Level Domain (.de, .com, .gov).

9 Um sich in den „Weiten des www" zurechtzufinden, existiert Software, die es ermöglicht, im www zu navigieren und Textseiten, Grafiken oder Multimedia-Dateien abzurufen (browser). Elektronische Sachverzeichnisse und Kataloge heißen „Search-engines". Sie suchen nach Eingabe eines Stichworts bestimmte Teile des Netzes ab, um Websites zu ermitteln, die sich auf das gewünschte Stichwort beziehen. Es gibt viele verschiede-

---

4 Der Begriff „Web 2.0" geht zurück auf Dale Dougherty (O'Reilly-Verlag) und Craig Cline (Media-Live), die gemeinsam einen Konferenzplan über die Renaissance des Web mit diesem Schlagwort versahen (Oktober 2004).
5 Der Buchstabencode wird als Uniform Resource Locator (URL) bezeichnet.

ne Arten von Search-engines. Die gängigste und meist genutzte Suchmaschinenart ist die indexbasierte Websuchmaschine für html-Textdokumente, wie sie unter anderen von den drei großen Suchmaschinenanbietern Google, Yahoo und msn-search bereitgestellt wird. Indexbasierte Suchmaschinen lesen passende Dokumente ein und legen einen Index an. Bei einer späteren Suchanfrage wird der Index durchsucht und das hierzu passende Dokument angezeigt. Metasuchmaschinen schicken Suchanfragen parallel an mehrere indexbasierte Suchmaschinen und kombinieren die Einzelergebnisse. Ein relativ neuer Ansatz sind verteilte Suchmaschinen. Dabei werden Suchanfragen an eine Vielzahl von einzelnen Computern weitergeleitet, die jeweils eine eigene Suchmaschine betreiben, und die Ergebnisse anschließend zusammengeführt. Suchmaschinen zeichnen sich weiter dadurch aus, dass sie die Suchergebnisse validieren und nach der Relevanz für die Anfrage ordnen. Ausgedient haben wohl Metatags, die lange Zeit als „Geheimwaffe" galten, um bei einer Suchmaschine möglichst weit oben gelistet zu werden, indem irreführende Schlagwörter angegeben wurden. Mittlerweile legen Suchmaschinen wieder mehr Wert auf den eigentlichen Textinhalt einer Website, den auch der Leser im Browser wahrnimmt, und lassen Metatags nicht mehr in das Ranking der Seite einfließen.

II. Der Schutz von Domainnames

10 ⎯ **Fall 1**[1]

Der deutsche Marktführer für Drucker und Computeranlagen ist die Tochtergesellschaft der Seiko Epson Corporation – der Inhaberin der Wortmarke „EPSON" für Waren im Bereich der Computertechnik. Epson Deutschland möchte nun, ermächtigt von der Muttergesellschaft, bei DENIC die Domain „epson.de" registrieren lassen. Dies misslingt, weil die Webagentur A die Domain bereits für sich registriert hat und unter der Domain im Internet Beratungsleistungen im EDV-Bereich anbietet.
a) Kann Epson Deutschland die Benutzung der Domain durch die Agentur A untersagen lassen?
b) Wie ist der Fall zu beurteilen, wenn die Agentur A auf ihrer Website statt Beratungsleistungen einen Online-Gesundheitsshop betreibt?

11 ⎯ **Fall 2**[2]

Verlag V verlegt seit mehreren Jahren unter dem Titel „Sportscars" eine Zeitschrift für Sportwageninteressierte. Provider P unterhält unter der Domain „sportscars.de" seit kurzem einen gewerblichen Online-Dienst für Sportwageninteressierte. Kann Verlag V von P den Verzicht auf die Domain sportscars.de verlangen?

12 ⎯ **Fall 3**[3]

Die Mineralölgesellschaft Shell sieht sich durch die Privatperson Andreas Shell an der Registrierung des Domainnames „shell.de" gehindert, weil dieser sich nach dem „First-come-first-served"-Prinzip die Domain bereits eintragen ließ.
a) Shell sucht anwaltlichen Rat und möchte wissen, ob sie angesichts der Verwendung des Personennamens als Internet-Domain überhaupt eine Chance hat, erfolgreich aus dem Namensrecht gem. § 12 BGB gegen Andreas Shell vorzugehen.
b) Ist von einem Unterlassungsanspruch auch ein Anspruch auf Abgabe einer Verzichtserklärung durch Andreas Shell umfasst?
c) Shell begehrt die Geltendmachung des Verzichtsanspruchs im Wege der einstweiligen Verfügung, um einer weiteren Rechtsverletzung oder gar einer Veräußerung an Dritte vorzubeugen. Wird das Gericht dem Begehren entsprechen?
d) Kann Shell überdies die Übertragung des Domainnames auf sich verlangen, mit der Folge, dass sie ihrerseits keinen Registrierungsantrag bei DENIC stellen muss, sondern kraft Gerichtsentscheidung, mithin eines Hoheitsaktes, die Domain zugewiesen bekommt?

13 ⎯ **Fall 4**[4]

Die Molkerei M ist Inhaberin der Wortmarke „Weideglück". Unter dieser Marke vertreibt sie in erheblichem Umfang Milchprodukte. Student S hat sich die Domain „weideglueck.de" registrieren lassen. Einen Zweck hierfür gibt er nicht an. Unter seinem Nachnamen unterhält er auch bereits eine private Homepage. Kann M von S Unterlassung der Benutzung von „weideglueck.de" verlangen?

---

1 Nach LG Düsseldorf, CR 1998, 165 – epson.de.
2 Nach OLG Hamburg, MMR 1998, 46 – bike.de.
3 Nach BGH, CR 2002, 525 – shell.de.
4 Nach LG Frankfurt, NJWE-WettbR 2000, 160 – weideglueck.de.

Fall 5[5]   14

Der international tätige Autovermieter A hat sich die Domain „autovermietung.com" registrieren lassen. Unter dieser Domain bietet er Mietwagen einschließlich deren Online-Buchung an. Autovermieter B ist der Auffassung, dass hierdurch Kunden von der Wahrnehmung seines Angebots im Internet abgehalten werden und möchte A die Nutzung der Domain „autovermietung.com" verbieten lassen. Wie ist die Rechtslage?

Fall 6[6]   15

Provider P betreibt unter der Domain „pizza-dienste-in-berlin.de" ein Portal, unter dem er eine Reihe von Internet-Auftritten von Berliner Pizzadiensten, eine Rezeptsammlung sowie einen Chatroom für die Qualität der Berliner Pizzadienste anbietet. Gegen Zahlung einer geringen Aufwandsentschädigung ist P bereit, weitere Pizzadienste zu listen, sofern diese eine Homepage besitzen. Der Pizzadienstinhaber I, der mit seinem Pizzadienst ebenfalls im Internet vertreten ist, möchte P die Nutzung der Domain „pizza-dienste-in-berlin.de" verbieten lassen.

Fall 7[7]   16

Die bekannte Filmschauspielerin Julia Roberts stellt fest, dass die Domain „juliaroberts.com" bereits für den Studenten S registriert ist. S hat eine Reihe von weiteren Domains registrieren lassen, die alle aus den Namen berühmter Schauspieler bestehen. Er bietet diese Domain bei einem Online-Auktionshaus zur Versteigerung an. Julia Roberts ist der Auffassung, dass die fragliche Domain ihr zusteht. Da sie unter dieser Domain einen eigenen Internet-Auftritt plant, fragt sie, wie sie sich möglichst rasch und einfach die Domain von S verschaffen kann.

1. Das Domain-Name-System

a) Die IP-Adresse

Die eindeutige Zieladresse jedes Computers ist in TCP/IP eine numerische Zahlenfolge,   17
die IP-Adresse. Da lange Zahlenkombinationen schwer zu merken sind, entwickelte *Jonathan B. Postel*[8], einer der Väter des Internet, die Idee, die vielstelligen Nummern der Adresse eines am Netz angeschlossenen PCs in leicht verständliche Namen zu übersetzen (Domain), die der User als Kommunikationsadresse verwendet. Diese Domain wird durch Zugriff auf eine entsprechende Datenbank auf einem DN-Server (Domainname Server) in eine IP-Adresse umgewandelt. Hierbei können durchaus mehrere Domains auf eine IP-Adresse verweisen, sodass die entsprechende Homepage dann unter verschiedenen Domains abrufbar ist. Da die Zuordnung der Domain zu einem bestimmten Rechner eindeutig sein muss, ist es umgekehrt allerdings nicht möglich, einer Domain verschiedene IP-Adressen zuzuordnen[9]. Die bekannteste Nota-

---

5 Nach LG München I, CR 2001, 194 – autovermietung.com.
6 Nach OLG Braunschweig, CR 2000, 614 – stahlguss.de.
7 Nach WIPO-Arbitration and Mediation Center, Case D2000-0210 – juliaroberts.com, abrufbar unter www.wipo.int/amc/en/domains/decisions/html/2000/d2000-0210.html.
8 Vgl. www.postel.org.
9 Vgl. *Egner*, CR 1998, 676, 677.

tion der geläufigen IPv4-Adressen besteht aus vier Zahlen, die jeweils zwischen 0 und 255 liegen und mit einem Punkt getrennt werden. Diese IP-Adressen liegen somit im Bereich von 0.0.0.0. und 255.255.255.255. Abzüglich gewisser geschützter Bereiche ergibt sich somit eine Anzahl von ca. vier Milliarden möglichen IP-Adressen. Durch den rasch wachsenden Bedarf an IP-Adressen ist absehbar, dass der nutzbare Adressraum von IPv4 früher oder später erschöpft sein wird. Vor allem deshalb wurde IPv6 entwickelt. Es verwendet 128 bit zur Speicherung von Adressen, damit sind $3,4 \times 10^{38}$ Adressen darstellbar (IPv4: 32 bit). IPv6-Adressen werden hexadezimal notiert, weil die von IPv4 bekannte dezimale Darstellung unübersichtlich wäre. Die Zahl wird in 8 Blöcke zu jeweils 16 bit unterteilt. Die Blöcke werden durch Doppelpunkte getrennt notiert: 2001:0db8:85a3:08d3:1319:8a2e:0370:7344. Die IPv6-Adresse ersetzt die IPv4-Adresse.

b) Die Top-Level-Domain

18 *Postel* unterschied mehrere hierarchisch voneinander getrennte Ebenen, die Top-Level-Domain (TLD), die Second-Level-Domain sowie mehrere Ebenen von Sublevel Domains.

19 Die Top-Level-Domain steht am Ende einer Adresse und stellt die hierarchisch höchste Ebene dar. Sie ist durch einen Punkt von der Second-Level-Domain getrennt. Besteht sie aus einem Länderkürzel, wird sie Country Code Top-Level-Domain (ccTLD) genannt. Sie bildet sich dann regelmäßig aus einem zwei-Buchstaben-Code nach ISO 3166[10]. Vor allem sehr kleine und arme Länder vermarkten ihre Domain, sodass diese ihre geographische Zuordnungsfunktion verliert. 1998 begann z.B. Tonga die TLD.to teuer zu vermarkten, um Webadressen wie „come.to" oder „go.to" zu ermöglichen. Ein weiteres Beispiel ist das Länderkürzel des Staates Tuvalu. Dort gründete man sogar eine eigene Firma DotTV, die die Domain „.tv" vermarktete. Der Zwergstaat nahm so 50 Mio. US-Dollar ein und konnte hierdurch nicht nur IT-Infrastruktur für die wichtigsten staatlichen Einrichtungen aufbauen, sondern unter anderem auch die Aufnahmegebühr für die Vereinten Nationen bezahlen. Nutznießer dieser „Unsitte" war der Fernsehsender „VIVA", der sich so die Domain „viva.tv" sicherte, da die Domain viva.de schon vergeben war. Mikronesien („.fm" ist im Rundfunkbereich interessant) handelte ähnlich. Beliebt ist auch „.ag" (Domain des Inselstaats Antigua und Barbuda für Unternehmen in der Rechtsform einer Aktiengesellschaft). Diese Zweckentfremdungen belegen, dass aus einer Top-Level-Domain keine sicheren Rückschlüsse auf den geographischen Sitz des Domain-Inhabers gezogen werden können.

---

10 ISO 3166 erlaubt heute, dass nicht nur Staaten, sondern auch Regionen und die EU über eine ccTLD verfügen. Es gibt auch Besonderheiten. Im Vereinigten Königreich wird die TLD „.uk" genutzt, obwohl der ISO 3166-1-Alpha II Code auf GB lautet. Die palästinensischen Autonomiegebiete führen die TLD „.ps". „.cs" wurde früher für die Tschechoslowakei und danach von dem Staatenbund aus Serbien und Montenegro benutzt, der auch noch „.yo" weiternutzt. Die russische Föderation nutzt neben „.ru" „.su". „.kp" für Nordkorea wird mangels technischer Infrastruktur und/oder mangels politischer Freiheit bisher nicht genutzt.

Neben den ccTLD stehen die generischen Top-Level-Domains (gTLD), die regelmäßig aus mindestens drei Buchstaben bestehen. Sie verweisen als Abkürzung auf die Gruppenbeschreibung, die die Nutzergruppe dieser Top-Level-Domain auszeichnet. Beispiele sind „.biz" für Unternehmen oder „.info" für Informationsanbieter. Ursprünglich gab es acht generische Top-Level-Domains[11]. Später wurden 12 weitere generische Top-Level-Domains eingeführt, um aufgrund der Knappheit aussagekräftiger Second-Level-Domains weiteren Raum für aussagekräftige Domainadressen zu schaffen. In der Gruppe der generischen Top-Level-Domains unterscheidet man gesponserte und nicht gesponserte Domains. Die nicht gesponserten Domains stehen unter der direkten Kontrolle der ICANN und deren Vergabebedingungen[12]. Die gesponserten Domains werden von unabhängigen Organisationen kontrolliert und finanziert. Diese Organisationen haben das Recht, eigene Richtlinien für die Vergabe von Domainnames anzuwenden[13]. Aufgrund lasch gehandhabter Vergaberegeln für einige gTLDs wurden viele Domain-Inhaber registriert, die nicht unter die eigentliche Gruppendefinition des jeweiligen Registrators fielen[14]. Auch hier gilt daher, dass aus der Verwendung einer Top-Level-Domain keine sicheren Rückschlüsse auf den Domain-Inhaber gezogen werden können oder dürfen. Im Jahr 2012 konnten Bewerber, die bereit waren, einen intensiven und teuren Auswahlprozess über sich ergehen zu lassen, sich eigene Top-Level-Domains sichern[15], sofern sie obendrein bereit waren, 25.000 US-Dollar für die anfallenden jährlichen Gebühren zu entrichten. Unternehmen wie Adidas, Linde oder Deutsche Post bewarben sich tatsächlich. Man rechnete mit mehreren 100.000 Bewerbungen. Die ersten Domains wurden 2013 veröffentlicht[16]. Betrachtet man aber, dass ausweislich der Website von ICANN[17] nur 1930 Anträge eingegangen sind, von denen die meisten bisher noch nicht abgearbeitet sind, kann man nicht von einem Erfolgsprogramm sprechen. Angesichts des großen Aufwands, den ein Registrierungsverfahren für eine neue TLD mit sich bringt, ist auch nicht mit größeren kennzeichenrechtlichen Auseinandersetzungen zu rechnen. Abgrenzungen zwischen Markeninhabern sind über das klassische Markenrecht längst erfolgt.

20

c) Second-Level-Domains und Subdomains

Die jeweils zuständigen Registrierungsstellen vergeben unterhalb der Top-Level-Domains frei Second-Level-Domains. Teilweise wird im Rahmen der Domainvergabe die Berechtigung des Interessenten zur Nutzung der jeweiligen Second-Level-Domain

21

---

11 .com, .int, .net, .org, .arpa, .edu, .gov, .mil.
12 Es handelt sich um die TLDs .biz, .com, .info, .int, .name, .net, .org, .pro, .arpa.
13 Gesponserte TLDs sind .aero, .asia, .cat, .coop, .edu, .gov, .jobs, .mil, .mobi, .museum, .tel, .travel, .pro.
14 Typische Beispiele sind .com, .net, .org oder .name.
15 Für die Beantwortung von 50 vorgegebenen Fragen musste eine umfangreiche Dokumentation eingereicht werden. Darüber hinaus war eine Anmeldegebühr von 185.000,00 US-Dollar fällig, vgl. ICANN, gTLD Applicant Guidebook, S. 1-42.
16 Vgl. die Darstellung bei wikipedia, https://de.wikipedia.org/wiki/Neue_Top-Level-Domains; Verbreitung.
17 newgtlds.icann.org/en/program-status/statistics.

geprüft. Größtenteils erfolgt die Registrierung jedoch automatisch, mit der Folge, dass derjenige, der eine Second-Level-Domain zuerst registrieren lässt, jeden Dritten – unabhängig von dessen Berechtigung – zunächst einmal von der Nutzung dieser Second-Level-Domain unter der Top-Level-Domain ausschließen kann. Dies wird als „First-come, first-served"-Prinzip bezeichnet.

22 Jedem Inhaber einer Second-Level-Domain ist freigestellt, unterhalb der Second-Level-Domain weitere Ebenen zu schaffen, die sog. Subdomains. Subdomains werden – außer vom Inhaber der Second-Level-Domain – nicht registriert. Nur ausnahmsweise gibt es hierzu öffentliche Vergabeverfahren.

d) Entstehung der ICANN[18]

23 Die generischen TLDs wurden zunächst auf der Basis eines Vertrags mit der US-Regierung von Network Solutions Inc. (NSI), einem privaten Unternehmen im US-Bundesstaat Virginia, technisch verwaltet. Die administrative Arbeit, insbesondere die Vergabe und Eintragung von Domainnames, wurde im Auftrag der Internet Society (ISOC)[19] und des US Federal Network Council[20] durch die Internet Assigned Numbers Authority (IANA) übernommen, die von *Jonathan B. Postel* geleitet wurde. IANA hat die Vergabe und Eintragung von Domainnames bis heute weiter an einzelne Network Information Centers (NIC) delegiert. Hierzu zählen beispielsweise das RIPE-NCC[21] für Europa, das ARIN[22] für Amerika und Afrika und das APNIC[23] für Asien und Australien. Während eine Vielzahl von akkreditierten und miteinander konkurrierenden Registrierungsstellen[24] für die Vergabe generischer TLDs zuständig sind, werden SLDs unter den spezifischen ccTLDS[25] noch immer zentral von den jeweiligen Tochterorganisationen des RIPE-NCC, des ARIN und der APNIC vergeben. In Deutschland erfolgt die einheitliche Vergabe von Domainnames durch die genossenschaftlich organisierte DENIC e.G.[26] DENIC wurde zunächst als Interessenverband gegründet, dem eine Reihe bundesdeutscher Internet Service Provider (ISP), die Deutsche Telekom sowie die Deutsche Interessengemeinschaft Internet e.V. (DIGI) angehörten. Zum 17.12.1996 ist die DENIC in eine Genossenschaft (DENIC e.G.) umgewandelt worden.

---

18 The Internet Corporation for Assigned Names and Numbers; zu Funktion und Aufbau vgl. www.icann.org.
19 Fachverband der Internetorganisationen mit weltweit 6000 Mitgliedern, beispielsweise Internet Access Provider, Universitäten, Software-Hersteller, Weltbank, IMF; weitere Einzelheiten vgl. www.isoc.org/.
20 Amerikanisches Regierungsgremium, das die Entwicklung und Koordinierung des Internet betreibt.
21 Réseaux IP Européen Network Coordination Centre, Singel 258, 1016 Amsterdam, Niederlande, www.ripe.net/about-us/what-we-do.
22 Vgl. www.arin.net/ (American Registry for Internet Numbers).
23 Vgl. www.apnic.net/ (Asian Pacific Network Information Centre).
24 Vgl. www.internic.net/alpha.html.
25 Vgl. im Einzelnen *Bettinger*, GRUR Int. 1997, 402, 405.
26 DENIC e.G., Wiesenhüttenplatz 26, 60329 Frankfurt a.M., www.denic.de.

Mitte der 90er-Jahre begannen zunächst IANA und ISOC über die Weiterentwicklung des Domainname-Systems nachzudenken. Einerseits wollte man das Monopol von NSI zur Registrierung von gTLDs beenden und andererseits effektivere Mechanismen zur Lösung von Streitfällen bei Domain-Konflikten erarbeiten. ISOC und IANA bildeten daher im September 1996 gemeinsam mit WIPO[27], INTA[28] und ITU[29] das „Internet ad hoc Commitee", das später in CORE[30] umbenannt wurde. Der von dieser Organisation erstellte Final Report vom Februar 1997 schlug vor, ein neues internationales System für das Management des DNS-Systems zu schaffen, weitere gTLDs einzuführen[31] und die Domain-Vergabe mehreren privaten Organisationen zu übertragen. Die Verträge mit NSI und IANA zur Verwaltung der DNS wurden zum 30.9.1998 gekündigt. Die hierauf im Oktober 1998 gegründete „Internet Corporation for Assigned Names and Numbers" (ICANN) erhielt die Aufgabe, die globale Internetgemeinschaft zu repräsentieren, technische Protokolle des Internet zu koordinieren und die Verwaltung der Internet-Adressen und Namen zu überwachen[32]. Bis zum 1.10.2000 wurden auf ICANN schrittweise die bisher bei IANA und NSI gelegenen Kompetenzen übertragen.

Rechtlich handelt es sich bei ICANN um eine private Stiftung mit Sitz in Marina del Rey, Kalifornien. Auf Grund der wachsenden Bedeutung des Internet vergrößert sich ihre Macht ständig. ICANN ist zuständig für folgende Bereiche:
– Koordination des IP-Adressensystems und oberste Instanz bei der Vergabe;
– Überwachung des Domainname-Systems und Entscheidung über die Einrichtung von Top-Level-Domains;
– Entwickelung neuer Standards für Internet-Protokolle und
– Organisation des Root-Server-Systems[33].

Das Herz von ICANN ist das „Board of Directors", das aus 21 Mitgliedern aus aller Welt besteht. 15 Mitglieder haben Stimmrecht. Acht dieser stimmberechtigten Mitglieder werden von einem Nominierungskomitee gewählt, zwei von der Adress Supporting Organization (ASO), zwei von der Country Code Names Supporting Organisation (ccNSO) und zwei von der Generic Names Supporting Organization (gNSO) bestimmt. Hinzu kommt der Chief Executive Officer (CEO). Sechs Mitglieder ohne Stimmrecht werden von beratenden Organisationen nominiert. Im Jahr 2000 wurden fünf Mitglieder als Vertreter der Nutzerschaft jedes Kontinents in einem zweifelhaften Verfahren über das Internet gewählt. Deren Mitgliedszeit endete 2003. Die öffentliche Wahl via Internet wurde gleichzeitig abgeschafft.

Die Staaten der Welt nehmen bei ICANN Einfluss über das Governmental Advisory Committee (GAC), das indes lediglich beratende Funktion besitzt. Von allen Staaten haben die USA überragenden Einfluss. Dies beruht auf der Geschichte des DNS und

---

27 World Intellectual Property Organization.
28 International Trademark Organization.
29 International Telecommunication Union.
30 Internet Council of Registrars, vgl. www.corenic.org; *Wilmer*, CR 1997, 562, 566.
31 Vgl. *Wilmer*, CR 1997, 562, 566.
32 Zur Struktur der ICANN vgl. *Kleinwächter*, MMR 1999, 452, 456.
33 Auf den sog. Root-Servern sind sämtliche Informationen aller unter den jeweiligen ccTLDs und gTLDs registrierten SLDs gespeichert.

seiner Evolution aus dem ARPANET. Das US-Handelsministerium hatte sich durch mehrere Verträge die Kontrolle über die Root-Server A vorbehalten und war bisher nicht bereit, diese letzte Kontrolle aufzugeben. Ein im Oktober 2006 geschlossener weiterer Vertrag zwischen dem US-Handelsministerium und ICANN sah lediglich vor, dass die Kontrolle der US-Regierung eingeschränkt wird. Der Vertrag lief 2009 aus und wurde durch eine Affirmation of Commitments (Erklärung verbindlicher Vereinbarungen) ersetzt[34]. Statt der Kontrolle durch das US-Handelsministerium sollten nun Vertreter der Regierungen sowie der betroffenen Interessengruppen und externe Experten regelmäßig überprüfen, ob ICANN die Aufgaben satzungsgemäß erfüllt. Nach wie vor hat die US-Regierung aber als stärkstes Druckmittel die Möglichkeit, den Vertrag über die Administration der Zentralen Root-Zone (IANA-Vertrag) einfach neu auszuschreiben. Damit würde ICANN innerhalb einer Kündigungsfrist von 120 Tagen die technische Kontrolle über die Root-Server verlieren. Schließlich hat ICANN zugesagt, die Hauptverwaltung dauerhaft in den USA zu belassen und sich damit der US-amerikanischen Rechtsprechung zu unterwerfen.

e) Legitimation der Registrierungsstellen/ICANN

28 Das Internet ist heute ein entscheidender Wirtschaftsfaktor und für alle Nationen der Welt von zentraler Bedeutung. Dies wirft die Frage auf, ob es nicht einer demokratischen Legitimation der ICANN einerseits, aber auch einer Struktur und Verfassung des Internet insgesamt bedarf, in die sich alle Staaten der Welt einbringen können. Dass sich diese Frage derzeit nur unbefriedigend beantworten lässt, hat mit der Historie zu tun: Im Laufe der Zeit entwickelte sich aus den US-amerikanischen militärischen Ursprüngen des Internet ein Netzwerk für Wissenschaftler, die auf diesem Wege weltweit miteinander kommunizieren wollten. Eine kommerzielle Nutzung war zunächst nicht geplant. Auf Grund des zahlenmäßig beschränkten Nutzerkreises des Internet waren rechtliche Regelungen für das Internet zunächst nicht notwendig, sie wurden sogar abgelehnt, da ein wissenschaftlicher Informationsaustausch ohne staatliche Eingriffe und Reglementierungen angestrebt wurde.

29 Mit der zunehmenden Kommerzialisierung entstand der Zwang, nun doch Regelungen für die Nutzung des Internet zu schaffen. Dieser Zwang resultierte zum einen daraus, dass der zunächst für unerschöpflich gehaltene Vorrat an Internet-Adressen an seine Grenzen geriet und zudem deutlich wurde, dass das Internet neue Einnahmequellen schafft, an denen viele partizipieren wollen. Vor allem deshalb wurden detaillierte Regelungen für die Vergabe von Internet-Adressen (mit der „richtigen Adresse" vervielfacht sich der Wert eines Internet-Auftritts) und die Lösung von Konfliktfällen erforderlich.

---

34 Affirmation of Commitments by the United States Department of Commerce and the Internet Corporation for the Assigned Names and Numbers, www.icann.org/resources/pages/affirmation-of-committments-2009-09-30-en.

Bis heute gibt es keine gesetzlichen Regelungen zur Domainvergabe. Das damit bestehende Regelungsvakuum wurde durch private Organisationen (z.Zt. insbesondere ICANN) gefüllt, die aber ebenfalls keine demokratische Legitimation besitzen.

30

Angesichts der weitreichenden Befugnisse, die ICANN hat, ist dieses Legitimationsvakuum bedenklich: Die Vergabe von Internet-Adressen und die Einrichtung neuer Top-Level-Domains ist von erheblicher Bedeutung für die Nutzung und Fortentwicklung des Internet. Zwar können auch andere Regierungen Vertreter in die ICANN entsenden, tatsächlich Einfluss haben jedoch nur die USA. Diese Notwendigkeit einer Legitimationsgrundlage in Form eines Gesetzes spiegelt sich im deutschen Rechtskreis in der Wesentlichkeitstheorie wider, welche aus dem Demokratie- bzw. Rechtsstaatsprinzip abgeleitet wird. Trotz dieser weitgehend fehlenden oder zumindest zweifelhaften Legitimation der ICANN ist es schwierig, eine Veränderung der Situation herbeizuführen.

31

Wie so oft liegt die Schwierigkeit in der normativen Kraft des Faktischen: Die ICANN hat sich weitgehend etabliert. Sie durch eine multinationale – staatlich legitimierte und nicht von den USA dominierte – Organisation zu ersetzen, dürfte gegenwärtig nahezu aussichtslos sein[35]. Die Kritik ist zwischenzeitlich aber wenigstens Gegenstand der internationalen Diskussion: Auf dem zweiten Weltgipfel der UNO zur Informationsgesellschaft im November 2005 in Tunis wurden die aufgeworfenen Fragen besprochen. Allerdings erreichten die USA, dass viele wichtige, durch die von der UNO eingerichtete Working Group on Internet Governance erarbeiteten Vorschläge verworfen und die Zuständigkeit der ICANN für das Domain-Name-Management bestätigt wurde. Um die EU und kritische Staaten ruhig zu stellen, wurde ICANN ein weiteres beratendes Gremium, das „Internet Governance Forum" als „Beschwerdebriefkasten ohne Kompetenzen" zur Seite gestellt. Wenn es noch eines Beweises für die Vormachtstellung der USA gebraucht hätte, hier wurde er erbracht.

32

Daran ändert auch die zwischen dem US-Handelsministerium und ICANN geschlossene Affirmation of Commitments nichts. Das entscheidende Druckmittel für die US-Regierung bleibt, den Vertrag über die Administration der zentralen Root-Zone (IANA-Vertrag) einfach neu auszuschreiben.

33

f) Die .eu-Domain

Hintergrund der Einführung einer EU-Domain war das absolute Übergewicht der von US-Firmen dominierten .com-TLD im internationalen Online-Verkehr, sodass viele europäische Unternehmen wegen der technisch bedingten Einmaligkeit der Domains auf die – zum Teil kaum bekannten – ccTLDs ausweichen mussten und dadurch einen Wettbewerbsnachteil befürchteten[36]. Um diesen Wettbewerbsnachteil auszugleichen, haben das Europäische Parlament und der Rat der Europäischen Union auf Vorschlag

34

---

35 Nähere Informationen beim U.S. Department of Commerce, NTIA/OIA, www.ntia.doc.gov/category/domain-name-system.
36 Vgl. auch *Kretschmer*, GRUR 2001, 317.

der Kommission[37] am 22.4.2002 eine Verordnung[38] zur Einführung der Domain oberster Stufe „.eu" erlassen. Die .eu-Domain ergänzt die sog. länderspezifischen Domains oberster Stufe[39]. Die Verordnung wirkt unmittelbar gegenüber den Mitgliedstaaten und bedarf keiner nationalen Umsetzung. Gegenstand der Verordnung ist es, verbindliche Regeln aufzustellen, nach welchen ein Register benannt wird, das für die Organisation, Verwaltung, Zulassung von Registraren, Pflege der Datenbank und Führung einer Whois-Datenbank verantwortlich sein soll (Art. 2 VO). Das Register darf allerdings – anders als der Service von DENIC direkt – selbst keine Registrierungsaufträge entgegennehmen. Die Registrierung erfolgt vielmehr über eine sog. Registrierstelle, welche im Auftrag des Kunden die Registrierung vornimmt.

35 Als Registrierstelle wurde am 8.4.2003 eine Non-Profit-Organization nach belgischem Recht gegründet, die als European Registry of Internet Domainnames (EURid) firmiert und ihren Sitz in Brüssel hat. Gründungsmitglieder sind die belgische, italienische, schwedische, slowenische und tschechische Registrierungsorganisation. EURid führt das Register der registrierten .eu-Domains. Durch EURid soll die „Grundversorgung" der EU-Bürger mit Domains zu günstigen Preisen garantiert werden können[40]. Vor dem Start der Registrierung wurden zunächst gem. Art. 5 Abs. 1 VO drei sog. „Sunrise Periods" vorgeschaltet, in denen die Inhaber älterer Rechte oder Einrichtungen öffentlichen Rechts ihre Adresse bevorzugt anmelden konnten. Seit April 2006 sind allgemeine Registrierungsanträge möglich. Indes sind bestimmte geographische Bezeichnungen gem. Art. 5 Abs. 1d VO von der Eintragung ausgeschlossen. Die Liste der gesperrten Bezeichnungen ist auf der Website von EURid[41] abrufbar. Zur Registrierung berechtigt sind Unternehmen, die ihren satzungsmäßigen Sitz, ihre Hauptverwaltung oder ihre Hauptniederlassung innerhalb der Europäischen Union haben, in der EU niedergelassene Organisationen unbeschadet der Anwendung nationaler Rechtsvorschriften und natürliche Personen mit Wohnsitz innerhalb der EU. Geplant ist außerdem ein Streitbeilegungsverfahren[42] (Art. 4 Abs. 2d) VO) im Stil der UDRP, die von ICANN etabliert worden ist. Hierzu ernannte EURid am 12.4.2005 den tschechischen Schiedsgerichtshof (CAZ) als Schiedsstelle, die in allen 20 Amtssprachen der Europäischen Union Beschwerden nach eigenen Verfahrensregeln[43] verhandelt[44]. Das ADR-Schiedsverfahren wird rege in Anspruch genommen[45].

---

37 ABl. EG C 96 E vom 27.3.2001, S. 333.
38 Verordnung (EG) Nr. 733/2002 des Europäischen Parlaments und des Rates vom 22.4.2002, ABl. EG L 113 vom 30.4.2002, S. 1 ff. Ob die Verordnung wegen Verweises auf Art. 154, 155 EG („Förderung der Interoperabilität der transeuropäischen Netze") in die Kompetenz der EU fällt, ist noch nicht geklärt.
39 Siehe die Mitteilung der Kommission vom 25.3.2002, Dok. IP/02/468; Erwägungsgründe 14, 15 der EU-Domain-Verordnung.
40 Näheres zu EURid unter www.eurid.eu/de/.
41 www.eurid.eu/registrieren-sie-eine-eu-domain/tips-registring-your-eu/gesperrte-reservierte-namen.
42 Sog. „alternatives Streitbeilegungsverfahren" (ADR).
43 www.eurid.eu/de/eu-Domaininhaber/domain-streitigkeiten.
44 eu.adr.eu.
45 Vgl. den Bericht von *Mietzel*, MMR 2007, 282 ff. oder die Hinweise von *Hoeren*, MMR 2006, Editorial Heft 12.

2. Die Vergabe von Second-Level-Domains am Beispiel der .de-Domain

Second-Level-Domains werden nach dem Prinzip „First-come, first-served" vergeben. SLDs sind bei einer akkreditierten Registrierungsstelle zu beantragen. Der Anmelder kann die Anmeldung einer .de-Domain direkt bei DENIC[46] vornehmen. Die Registrierung kann auch über einen Internet Service Provider (ISP), der Mitglied der DENIC ist, erfolgen. Die Bearbeitung erfolgt normalerweise innerhalb von 2 Werktagen. Domains werden nur registriert, wenn sie mit Websites konnektiert werden. Eine Domain-Registrierung kostet bei DENIC derzeit 116 Euro. Die Registrierung bei einem ISP erfolgt zu dessen jeweiligem Preis.

36

Derzeit sind ca. 16 Mio. Domains bei DENIC registriert[47]. Nach den DENIC-Registrierungsrichtlinien[48] kann eine Second-Level-Domain nur aus Ziffern und Buchstaben sowie Bindestrichen bestehen. Sie muss wenigstens einen Buchstaben enthalten[49]. Bei der Domainregistrierung ist zunächst der Domain-Inhaber (descr:) anzugeben. Der Domain-Inhaber ist der Vertragspartner von DENIC und der an der Domain materiell Berechtigte. Mehrere Personen können gemeinschaftlich Mitinhaber einer Domain sein. Auch juristische Personen kommen in Betracht. Darüber hinaus ist der administrative Ansprechpartner (admin-c) anzugeben. Er ist die vom Domain-Inhaber benannte natürliche Person, die als sein Bevollmächtigter berechtigt und verpflichtet ist, sämtliche die Domain betreffenden Angelegenheiten verbindlich zu entscheiden. Er ist der Ansprechpartner der DENIC[50]. Sofern der Domain-Inhaber seinen Sitz nicht in Deutschland hat, ist der admin-c zugleich dessen Zustellungsbevollmächtigter im Sinne der §§ 74 ff. ZPO. Er muss dann seinerseits seinen Sitz in Deutschland haben. Der technische Ansprechpartner (tech-c) betreut die Domain in technischer Hinsicht[51]. Er kann eine namentlich benannte natürliche Person oder eine abstrakt bezeichnete Personengruppe sein. Der Zonenverwalter (zone-c) betreut den oder die eigenen Nameserver des Domain-Inhabers. Für ihn gelten dieselben Regeln wie für den tech-c.

37

Dem Registrierungsvertrag zwischen DENIC und dem Domain-Inhaber liegen Allgemeine Geschäftsbedingungen zugrunde, die DENIC zum Teil in den Registrierungsbedingungen[52] und zum Teil in den Registrierungsrichtlinien[53] zusammengefasst hat. Ohne Zweifel erfüllen beide Regelwerke die Definition der Allgemeinen Geschäftsbedingungen in § 305 Abs. 1 BGB. Dies wirft stets die Frage einer wirksamen Einbeziehung auf; insbesondere deshalb, weil diese Registrierungsbedingungen in unregelmäßigen Abständen überarbeitet und ergänzt werden. In die neuen Versionen fließen insbesonde-

38

---

46 Registrierung auf der Website www.denic.de/domains/de-domains/registrierung/.
47 Vgl. https://www.denic.de/wissen/statistiken/internationale-domainstatistik/.
48 Abrufbar unter www.denic.de/domains/de-domains/domainrichtlinien/.
49 Reine Ziffernkombinationen sind unzulässig. DENIC weigert sich, reine Zahlenkombinationen zu registrieren, da eine Verwechslungsgefahr mit IP-Adressen bestünde. Diese Praxis hat das LG Frankfurt a.M., MMR 2000, 627-01051.de (mit Anm. *Welzel*) gebilligt.
50 Vgl. Ziff. VIII der Registrierungsrichtlinien der DENIC.
51 Vgl. Ziff. IX der Registrierungsrichtlinien der DENIC.
52 www.denic.de/domains/de-domains/domainbedingungen/.
53 www.denic.de/domains/de-domains/domainrichtlinien/.

re rechtliche Erfahrungen von DENIC ein. Ob die jeweils neuen Versionen der Registrierungsbedingungen auf einen bereits geschlossenen Domain-Registrierungsvertrag nachträglich anwendbar sind, erscheint mit Blick auf § 308 Nr. 4 BGB zweifelhaft.

39 Finden Änderungen, wie etwa die des § 6 DENIC-RegBed[54] statt, so gelten diese nicht ohne Weiteres gegenüber Kunden, deren Verträge vor Wirksamwerden der neuen Klausel geschlossen worden waren. Dies führt auf die Dauer zu einer Vielzahl verschiedener Vertragsinhalte, was jedoch angesichts der zuletzt monatlich ca. 33.000[55] Domainregistrierungen und dem damit einhergehenden Massengeschäft nicht praktikabel ist und spätestens dann zu erheblichen praktischen Problemen führen wird, wenn die DENIC erstmals drastischere Inhaltsänderungen an ihren AGB vornehmen wird.

3. Die Domain im Rechtsverkehr

40 Domains, die eine gewisse Bekanntheit erlangt oder kraft ihres generischen Charakters[56] haben, haben einen erheblichen wirtschaftlichen Wert und wechseln zu teilweise siebenstelligen Beträgen den Besitzer[57]. Dies rechtfertigt die Frage, welche Rechtsnatur eine Domain hat und wie sie behandelt werden kann.

a) Die Domain als Eigentumsposition

41 Betrachtet man die Art und Weise der Vergabe einer Second-Level-Domain, tut man sich mit dem Gedanken schwer, dass man „Eigentum" an einer Internetadresse erwerben kann[58]. Das Recht an einer Domain ist weder ein absolutes Recht, noch ist es in irgendeiner Form verdinglicht. Vielmehr erhält ein User als Gegenleistung für die beispielsweise an DENIC zu zahlende Vergütung das Recht, für seine IP-Adresse eine bestimmte Domain zu verwenden – und damit ein relativ wirkendes, vertragliches Nutzungsrecht, wobei die unbestimmte Vertragsdauer verbunden mit den vorgesehenen Kündigungsmöglichkeiten auf den Charakter des Rechtsverhältnisses als Dauerschuldverhältnis hinweist[59]. Dieses Nutzungsrecht ist nun kein absolutes Recht, es ist aber dem Inhaber der Domain ebenso ausschließlich zugewiesen wie Eigentum an einer Sache. Nach der ständigen Rechtsprechung des Bundesverfassungsgerichts gehören zum Eigentumsschutz nach Art. 14 GG aber auch die auf dem Abschluss von Verträgen beruhenden obligatorischen Forderungen. Sie sind dem Forderungsinhaber nämlich

---

54 Bis zur Änderung der Registrierungsrichtlinie zum 15.8.2000 war die Übertragung der Domain von der Zustimmung der DENIC abhängig; seitdem ist sie – wie noch zu zeigen sein wird – scheinbar bedingungslos übertragbar.
55 Siehe unter www.denic.de/wissen/statistiken/monatsauswertung.
56 Man denke an „hotel.de" oder „billigfluege.de".
57 So soll die Domain business.com für 7,5 Mio. US-Dollar verkauft worden sein, vgl. www.interessante-fakten.de/118/business-com-d-teuerste-domain.html.
58 So aber beispielsweise *Koos*, MMR 2004, 359, 360.
59 *Viefhues*, MMR 2000, 286, 287; *Kort*, DB 2001, 254, 259; *Kazemi/Leopold*, MMR 2004, 287, 290.

ebenso ausschließlich zugewiesen wie Eigentum an einer Sache[60]. Hinzu kommt, dass dem Inhaber einer Second-Level-Domain eine marken- oder kennzeichenrechtlich begründete Rechtsstellung zukommen kann, die nach der Rechtsprechung des Bundesverfassungsgerichts ihrerseits grundsätzlich gleichfalls dem Schutzbereich des Art. 14 Abs. 1 Satz 1 GG unterliegt[61].

b) Die Pfändbarkeit von Domains[62]

Diese Klarstellung durch das Bundesverfassungsgericht erlaubt es nun auch, die in der Vergangenheit rege geführte Diskussion über die Pfändbarkeit einer Domain einer Lösung zuzuführen. Es hatten sich zwei Auffassungen gebildet, wobei die herrschende Meinung die Pfändung einer Internet-Domain als zulässig angesehen hatte[63]. Die Gegenauffassung hielt die Pfändung einer Domain für unzulässig, weil der Domain neben der Adressfunktion auch eine geschützte Namens- und Kennzeichnungsfunktion innewohne[64]. Der Bundesgerichtshof[65] hat nun im Anschluss an die Entscheidung des Bundesverfassungsgerichts[66] klargestellt, dass eine Domain kein absolutes, nach § 857 Abs. 1 ZPO pfändbares Recht des Domain-Inhabers darstellt. Die Ausschließlichkeit ergebe sich vielmehr aus rein technischen Gegebenheiten und der daraus resultierenden schuldrechtlichen Vertragsgestaltung des Domainregistrierungsvertrags mit DENIC. Als Gegenstand einer Pfändung kommen vielmehr die gebündelten, vom BVerfG als schutzwürdig erachteten Ansprüche des Domain-Inhabers gegenüber der Vergabestelle in Betracht. Dies sind insbesondere

– der Anspruch auf Registrierung nach Maßgabe der jeweiligen Registrierungsbedingungen;
– die Aufrechterhaltung und Eintragung im Primary-Name-Server;
– gegebenenfalls die Anpassung des Registers an die veränderten persönlichen Daten des Kunden[67].

42

Diese Ansprüche aus dem Registrierungsvertrag sind nicht isoliert verwertbar und damit nicht einzeln pfändbar. Sie sind vielmehr nur insgesamt als Ansprüche des Schuldners aus dem Vertragsverhältnis zu der Registrierungsstelle pfändbar. Die Verwertung der gepfändeten Ansprüche geschieht nach §§ 857 Abs. 1, 844 Abs. 1 ZPO durch Überweisung an Zahlung statt zu einem Schätzwert[68].

43

---

60 BVerfG, MMR 2005, 165; BVerfGE 45, 142, 179; ebenso nunmehr EGMR, MMR 2008, 29 ff. mit Anm. *Kazemi*.
61 BVerfGE 51, 193, 216 ff.; 78, 58, 71 ff.; BVerfG, MMR 2005, 165.
62 Vgl. hierzu *Straub*, Die Domain-Pfändung, 2010, S. 108 ff.
63 Vgl. LG Düsseldorf, JurBüro 2001, 548 f.; LG Essen, MMR 2000, 286; zuletzt LG Mönchengladbach, MMR 2005, 197.
64 LG München I, MMR 2001, 319.
65 BGH, MMR 2005, 685, 686.
66 BVerfG, MMR 2005, 165, 166 – adacta.de.
67 So BGH, MMR 2005, 685, 686.
68 Vgl. hierzu *Berger*, RPfleger 2002, 181, 185; *Welzel*, MMR 2001, 131, 138; BGH, MMR 2005, 685, 687.

4. Überblick über die in Domainstreitigkeiten anwendbaren Rechtsnormen

44 Die Frage nach der in Domainstreitigkeiten anwendbaren Rechtsnorm korrespondiert mit der Fragestellung, ob die „Domain" selbstständigen Schutz im Sinne eines subjektiv dinglichen Rechts genießt oder aber zumindest unter den Voraussetzungen der kennzeichenrechtlichen Vorschriften gem. §§ 4, 5 MarkenG, § 12 BGB oder § 17 HGB als Marke, Werktitel, Unternehmenskennzeichen, Name oder Firma schutzfähig ist. Nur wenn der „Domain" eigenständiger Schutz zukäme, wäre überhaupt ein Anspruch aus der „Domain" denkbar. Hiervon ist die Prüfung strikt zu trennen, ob durch die Benutzung einer Zeichenfolge als Domainname im Einzelfall eine Schutzrechtsverletzung vorliegt, also ein Anspruch gegen die „Domain" gegeben ist. Das Schutzsystem ist demzufolge in Ansprüche aus einer Domain und Ansprüche gegen eine Domain zu unterteilen:

- Wer durch die Benutzung einer Domain Rechte Dritter verletzt, sieht sich Ansprüchen aus §§ 14, 15 MarkenG, § 12 BGB, §§ 3 ff. UWG oder § 826 BGB ausgesetzt.
- Ansprüche aus der Domain gegen dritte Zeichenbenutzer können sich im Einzelfall aus §§ 14, 15 MarkenG, §§ 3 ff. UWG und §§ 823 Abs. 1, 826 BGB ergeben.

5. Kennzeichenrechtliche Ansprüche gegen die Benutzung einer Domain – §§ 14, 15 MarkenG

a) Kennzeichenmäßige Benutzung einer Marke durch Nutzung eines Domainnames

45 Kennzeichenrechtliche Vorschriften kommen nur zur Anwendung, wenn die Registrierung und Konnektierung eines Domainnames eine zeichenmäßige Benutzung einer geschützten Marke, eines Werktitels oder eines Unternehmenskennzeichens darstellt, die zur Verwechslungsgefahr führt. Ob der Domainname hingegen im Einzelfall selbst Kennzeichenschutz genießt, ist für die Beantwortung der Frage, ob ein Anspruch gegen eine Domain besteht, unerheblich.

46 Die kennzeichenmäßige Benutzung, die unabdingbare Voraussetzung für die Anwendung der §§ 14, 15 MarkenG ist, findet ihre Entsprechung bei § 12 BGB in dem Merkmal der Identifikationsfunktion. Jedwede Zeichenrechtsansprüche setzen voraus, dass aus der Sicht der angesprochenen Verkehrskreise eine Beziehung zwischen dem Zeichen einerseits und einem bezeichneten Subjekt oder Objekt gegeben ist. Damit identifiziert ein Zeichen stets das bezeichnete Subjekt oder Objekt im Rechtsverkehr und unterscheidet es von dritten. Damit scheiden beschreibende Angaben oder Erläuterungen für den zeichenmäßigen Gebrauch aus. Für das Markenrecht stellt sich ergänzend aber die Frage, ob die Funktion einer Marke über die Identifikationsfunktion hinausgeht und nicht auch die Herkunft einer Ware aus einem bestimmten Unternehmen gewährleistet.

Der Europäische Gerichtshof hat diese früher umstrittene Frage schrittweise einer Klärung zugeführt. Hatte er zunächst[69] noch konstatiert, dass eine irgendwie geartete Benutzung des Zeichens erforderlich sei, die dem Zweck des Produktabsatzes diene, hat er dies in der Hölterhoff-Entscheidung[70] dahingehend weiter konkretisiert, dass ein Zeichen im Verkehr als betriebliches Herkunftszeichen aufgefasst werden müsse. Erst die Arsenal-Entscheidung des Europäischen Gerichtshofs[71] hat schließlich geklärt, dass nicht jede Benutzung im geschäftlichen Verkehr ausreicht, sondern nur Handlungen erfasst werden, welche eine Beeinträchtigung der gemeinschaftsrechtlich anerkannten spezifischen Interessen des Markeninhabers darstellen, weil die Funktionen der Marken – insbesondere ihre Hauptfunktion, die Gewährleistung der Herkunft der Ware gegenüber den Verbrauchern zu kommunizieren – beeinträchtigt werden oder werden könnten. Ausreichend sei auch, dass der Eindruck aufkomme, es bestünde eine Verbindung zwischen dem Markeninhaber und den insoweit von einem Dritten gekennzeichneten Waren[72]. Der Bundesgerichtshof hat diese Rechtsprechung übernommen und geht davon aus, dass eine markenmäßige Benutzung dergestalt erforderlich ist, dass der Verkehr in dem angegriffenen Zeichen einen Herkunftshinweis sieht[73], d.h., dass eine kennzeichenmäßige Benutzung nach der Rechtsprechung des BGH immer dann vorliegt, wenn im Rahmen des Produktabsatzes ein Zeichen auch der Unterscheidung von Waren oder Dienstleistungen eines Unternehmens von denen anderer Unternehmen dient[74]. Überträgt man diese Grundsätze auf das Domainrecht, fragt sich, ob die Verwendung einer Zeichenfolge als Top-Level-Domain, Second-Level-Domain oder Subdomain kennzeichnende Wirkung hinsichtlich der Produkte, Werke oder Unternehmen, die sich auf der so adressierten Website befinden, entfaltet; mit anderen Worten, ob die Zeichenfolge die Herkunftsfunktion der Marke beeinträchtigt.

aa) Hinsichtlich der Top-Level-Domain wird von der Rechtsprechung eine eigenständige Kennzeichnungsfunktion abgelehnt, da diese vom Verkehr als einer Domain zwingend anzufügendes, beschreibendes und nicht frei wählbares Suffix verstanden würde, je nachdem, wo eine Domain registriert ist[75]. Dem kann auch nicht entgegnet werden, die geographischen Top-Level-Domains ließen einen Schluss auf die Herkunft oder den Sitz des Domain-Inhabers zu. Denn gerade im Fall der ccTLDs ist eine Registrierung von Nationalität und Wohnort einer natürlichen oder Sitz einer juristischen Person gänzlich unabhängig[76]. Ebenso wenig kann auf eine angebliche Kategorisierungsfunktion der

---

69 EuGH, WRP 1999, 407 ff. – BMW/Deenik.
70 EuGH, GRUR 2002, 692 ff. – Hölterhoff, Rdnr. 17.
71 EuGH, WRP 2002, 1415 ff. – Arsenal, Rdnr. 51 ff.; EuGH, CR 2010, 315 ff., Rdnr. 75 ff. – Google und Google France.
72 EuGH, WRP 2002, 1415 ff. – Arsenal, Rdnr. 56.
73 BGH, GRUR 2001, 158, 160 – Drei-Streifen-Kennzeichnung; GRUR 2002, 171, 173 – Marlboro-Dach.
74 BGH, GRUR 2002, 814, 815 – Festspielhaus; ebenso GRUR 2002, 809, 811 – Frühstücks-Drink I; GRUR 2002, 812, 813 – Frühstücks-Drink II.
75 BGH, WRP 2005, 338, 340 – soco.de; OLG Hamburg, MMR 2006, 608, 610 – ahd.de; MMR 2006, 476 – metrosex; dahingehend auch OLG Karlsruhe, MMR 1999, 604 – badwildbad.com; KG, NJW 1997, 3321 – concept.com; OLG München, CR 2002, 449, 450 – literaturhaus.de.
76 Siehe § 9 DENIC-RegBed.

generischen Top-Level-Domains verwiesen werden[77], da zum einen nicht alle gTLDs hinsichtlich ihrer potenziellen Inhaber beschränkt sind[78] und zum anderen eine Überprüfung der Zugehörigkeit des potenziellen Domain-Inhabers zu der entsprechenden Branchengruppe durch die Registrierungsstellen – zumindest bei „.com", „.org" und „.net"[79] – nicht stattfindet. Etwas anderes gilt natürlich insoweit, als sich ein Unternehmen (s.o.) eine eigene Top-Level-domain gesichert hat. In diesem Fall sind die folgenden Ausführungen auch auf die TLD übertragbar.

49 **bb)** Die Frage der Kennzeichnungsfunktion von Domains konzentriert sich vornehmlich auf die Second-Level-Domain. Als frei wählbarer Bestandteil der Domain sind der Gestaltungsmöglichkeit für die SLDs grundsätzlich keine Grenzen gesetzt, sodass diese oftmals mit Personennamen[80], Marken[81] oder Firmen[82] identisch sind.

50 Dennoch wurde die Möglichkeit einer Kennzeichenfunktion von SLDs anfangs angezweifelt, da eine Domain zunächst einmal gerade nicht auf die dargebotenen Waren und Dienstleistungen der so gekennzeichneten Website, sondern auf den Rechner hinweise, auf dem sich die Informationen befinden. Sie sei demnach nicht mehr als eine technisch notwendige Rechneradresse – ähnlich einer Telefonnummer[83].

51 Diese Meinung wurde fast einhellig kritisiert[84]. Die h.M. hielt dem insbesondere entgegen, dass die Einführung von Domainnames gerade aus Gründen der erleichterten Assoziation von Rechneradresse und Anbieter erfolge[85]. Domains würden hierbei typischerweise so gewählt, dass sie auf den Betreiber der Website hinweisen. Üblicherweise würden daher Eigennamen und Firmenschlagworte für eine Second-Level-Domain verwendet. Diese hätten folglich ein hohes Identifizierungspotenzial[86]. Der Bundesgerichtshof hat sich der herrschenden Meinung angeschlossen. In der Entscheidung „Fernschreibkennung"[87] hatte der Bundesgerichtshof bereits darauf hingewiesen, dass zur Kennzeichnung eines Unternehmens durchaus Buchstabenkombinationen als Fernschreibkennung ausgewählt werden können, die auch vom Verkehr als Kennzeich-

---

77 So der Beklagtenvortrag im Fall „badwildbad.com".
78 Siehe die für jedermann erhältliche gTLD „.info" – unabhängig von dem geplanten Internetangebot.
79 So erfolgt bei „.net", „.org" und „.com" trotz der grundsätzlich vorgesehenen Kategorisierungsfunktion keine Prüfung der Berechtigung.
80 Bsp. www.udo-juergens.de.
81 Bsp. www.nivea.de; www.mercedes-benz.de.
82 Bsp. www.basf.de.
83 Vgl. LG Köln, CR 1997, 291, 292 – pulheim.de; NJW-CoR 1997, 307 – kerpen.de; NJW-CoR 1997, 304 – huerth.de.
84 Vgl. LG Frankfurt a.M., CR 1997, 287 – das.de; LG Düsseldorf, CR 1998, 165 – epson.de; LG Braunschweig, CR 1998, 364, 365 – deta.com; OLG München, CR 1998, 556, 557 – freundin.de; OLG Hamm, CR 1998, 241, 242 – krupp.de; LG Hamburg, CR 1999, 47, 48 – eltern.de; LG Bonn, MMR 1998, 110, 111 – detag.de; bahnbrechend, aber ohne Begründung: LG Mannheim, NJW 1996, 2736 – heidelberg.de; *Bettinger*, GRUR 1997, 402, 408; *Wiebe*, CR 1998, 157; *Gabel*, NJW- CoR 1996, 322, 324; *Omsels*, GRUR 1997, 328 f.
85 LG Düsseldorf, CR 1998, 165, 166 – epson.de; *Ubber*, WRP 1997, 497, 504.
86 So auch *Kur*, CR 1996, 325, 327; *Ubber*, WRP 1997, 497, 504; *Zahrnt*, BB 1997, 1121; LG Braunschweig, CR 1998, 364, 365 – deta.com.
87 BGH, GRUR 1986, 475, 476 – Fernschreibkennung.

nung des Unternehmens aufgefasst würden. Für den Bereich der Domain geht der Bundesgerichtshof in ständiger Rechtsprechung seit der Shell.de-Entscheidung vom 22.11.2001[88] davon aus, dass in der Verwendung einer fremden Domain eine Namensanmaßung bzw. eine Kennzeichenbenutzung liegt[89].

cc) Subdomains kann, obwohl zu deren Einrichtung kein Registrierungsverfahren erforderlich ist, nach einer Entscheidung des LG Mannheim[90] ebenfalls Kennzeichenfunktion zukommen.

52

b) Die Benutzung einer Domain im geschäftlichen Verkehr

Wettbewerbsrechtliche wie markenrechtliche Ansprüche setzen eine „Benutzung (der Domain) im geschäftlichen Verkehr" voraus. Diese liegt vor, wenn die Domain der Förderung eines Geschäftszweiges dient oder die Teilnahme am Erwerbsleben ausdrückt[91]. Fehlt es an diesem Merkmal, können nur noch § 12 BGB oder §§ 823 ff., 826 BGB geprüft werden.

53

aa) Registrierung als Benutzungshandlung

Ist eine Second-Level-Domain zwar eingetragen und konnektiert, enthält der so adressierte Server jedoch noch keine mit Inhalten gefüllten Websites, so stellt sich die Frage, ob dieses bloße Halten einer Second-Level-Domain bereits eine Benutzung eines fremden Zeichens darstellt, – ungeachtet dessen, ob diese gegebenenfalls im geschäftlichen Verkehr erfolgte. Lässt ein nicht berechtigter Dritter ein Kennzeichen als Domainname registrieren, werden die schutzwürdigen Interessen des Kennzeicheninhabers bereits durch die Registrierung massiv beeinträchtigt, weil die mit dieser Bezeichnung gebildete Internetadresse unter einer bestimmten Top-Level-Domain nur einmal vergeben werden kann. Selbst wenn eine Registrierung des fremden Kennzeichens nur zu privaten Zwecken erfolgt, wird der Berechtigte von einer entsprechenden eigenen Nutzung des Zeichens ausgeschlossen. Ihm wird die Möglichkeit genommen, dem interessierten Internetnutzer auf einfache Weise Informationen über sich zu verschaffen[92]. Damit ist aber nur gesagt, dass die Registrierung der Domain überhaupt eine rechtserhebliche Handlung darstellt. Kennzeichenrechtliche Ansprüche können indes nur begründet werden, wenn ergänzende Tatbestandsmerkmale, wie beispielsweise Verwechslungsgefahr oder Rufausbeutung, hinzukommen. Diese lassen sich häufig allein aus der Registrierung einer Domain nicht ableiten. Es fehlt an der Konnektierung mit konkreten Inhalten, die als Waren oder Dienstleistungen qualifizierbar sind[93]. Solange

54

---

88 BGH, CR 2002, 525, 526.
89 Vgl. auch BGH, MMR 2003, 726 – maxem.de; CR 2005, 284 – soco.de; CR 2005, 362, 363 – mho.de; CR 2005, 593, 594 – weltonline.de; CR 2005, 510, 511 – literaturhaus.de.
90 LG Mannheim, MMR 2000, 47 – buchhandel.de.
91 *Ingerl/Rohnke*, MarkenG, 3. Auflage 2010, nach § 15 Rdnr. 62.
92 BGH, CR 2002, 525, 526 – shell.de; BGHZ 148, 1, 6 – mitwohnzentrale.de; OLG Stuttgart, MMR 1998, 543 – steiff.com; OLG Karlsruhe, CR 2003, 696, 697 – zwilling.de.
93 So zu Recht OLG Hamburg, MMR 2006, 608, 609.

sich das Bezugsobjekt eines potenziellen Zeichens noch nicht konkretisiert hat, kann sich damit auch die Grundfunktion des Zeichenrechts, als Herstellerhinweis für Waren oder Dienstleistungen zu dienen, nicht entwickeln. Denkbar ist allein, im Registrierungsvorgang eine Begehungsgefahr für eine Kennzeichenrechtsverletzung zu sehen. Hierzu ist erforderlich, dass eine Rechtsverletzung ernstlich und unmittelbar zu besorgen ist[94]. Diese lässt sich beispielsweise durch konkrete Ankündigungen des Domain-Inhabers zur beabsichtigten Nutzung der Domain belegen. Gleiches gilt, wenn auszuschließen ist, dass eine Domain für andere Zwecke als eine Kennzeichenverletzung verwendet wird[95]. Keine kennzeichenrechtlichen Ansprüche kann die Vorratsregistrierung auslösen, wie sie beispielsweise durch Domain-Grabber erfolgt.

bb) Im geschäftlichen Verkehr

55 Die Benutzung der Domains muss weiter im geschäftlichen Verkehr erfolgen. Die pauschale Annahme, der Betrieb von „.com"-Domains[96] oder sogar ccTLDs[97] würde stets ein geschäftliches Handeln darstellen, ist in dieser Allgemeinheit nicht zutreffend[98]. Denn in der Registrierung und Konnektierung durch DENIC liegt lediglich ein tatsächlicher Akt, der keinen Schluss auf die intendierte Tätigkeit oder den Einsatz des Domainname zulässt. Zu prüfen ist stets die erkennbar nach außen tretende Zielrichtung des Handelns des Domain-Inhabers[99]. Dient das Verhalten nicht der Förderung der eigenen oder einer fremden erwerbswirtschaftlichen oder sonstigen beruflichen Tätigkeit, scheidet ein Handeln im geschäftlichen Verkehr aus.

56 In diesem Sinne ist ein Handeln im geschäftlichen Verkehr unproblematisch für die Fälle zu bejahen, in denen die Website bereits konnektiert, d.h. über die Domain erreichbar und abrufbar, ist und deren Inhalt einen Hinweis auf die geschäftliche Tätigkeit oder die Kaufmannseigenschaft des Domain-Inhabers enthält.

57 Ist ein Server zwar unter der streitigen Domain konnektiert, befinden sich jedoch auf diesem noch keine abrufbaren Webinhalte, so bestimmt sich die Geschäftsmäßigkeit des Handelns allein nach Anhaltspunkten, die sich außerhalb der Verwendung der Zeichenfolge als Internet-Domain ergeben. Hierfür genügen bereits Anzeichen, wie etwa Werbung für ein künftiges Webangebot unter der streitigen Domain, der Nachweis des Bestehens von Verträgen mit Internet-Providern, die für die Erstellung der Websites verantwortlich sein werden oder aber auch die bisherige Tätigkeit des Domain-Inhabers im geschäftlichen Verkehr der realen Welt. Unzweifelhaft wird jedenfalls in jenen Fällen ein Handeln im geschäftlichen Verkehr anzunehmen sein, in denen eine Privatperson als sog. Domain-Grabber tätig wird. Denn diese handeln gerade zu

---

94 BGH, WRP 1994, 543, 545 – Beta; GRUR 2005, 687, 689 – weltonline.de; CR 2009, 748, 750 – ahd.de.
95 Man denke beispielsweise an eine Domain „mercedesmotorcars.de". Hier kann schon in der Registrierung der Domain ein ausreichender Beleg für die Begehungsgefahr gesehen werden.
96 OLG Stuttgart, MMR 1998, 543 – steiff.com; LG Braunschweig, CR 1998, 364 – deta.com.
97 LG Düsseldorf, CR 1998, 165 – epson.de; LG Hamburg, CR 1999, 47, 48 – eltern.de.
98 A.A. *Völker/Weidert*, WRP 1997, 652, 658, die zumindest für den Einsatz von „.com"-Domains regelmäßig eine Benutzung im geschäftlichen Verkehr annehmen.
99 BGH, CR 2002, 525, 526 – shell.de.

dem Zweck, mit Second-Level-Domains Geschäfte zu machen, insbesondere mit dem Ziel, aus dem Verkauf einer Second-Level-Domain Gewinn zu erwirtschaften[100].

Ein Handeln im geschäftlichen Verkehr ist darüber hinaus ebenso problematisch wie ein marken- bzw. namensmäßiger Gebrauch, wenn der Verkehr einen Domainname nicht dem Zeicheninhaber zuordnet. Dies ist insbesondere dann der Fall, wenn auf der adressierten Website ein Informationsforum[101] unterhalten wird, das sich negativ kritisch mit einem Unternehmen oder einer anderen Person befasst[102]. In diesen Fällen, in denen die Meinungsäußerung ersichtlich im Vordergrund steht, ist vielmehr das Bestehen einer Wettbewerbshandlung, aber auch ein kennzeichenmäßiger Gebrauch im geschäftlichen Verkehr intensiv zu prüfen und mit Blick auf Art. 5 Abs. 1 GG nur zurückhaltend zu bejahen.

Beim Betreiben einer Familien-Homepage durch eine Privatperson wird das Erfordernis der Benutzung im geschäftlichen Verkehr selten erfüllt sein[103]; es sei denn, es handelt sich hierbei um eine Person des öffentlichen Lebens, für die die „private" Homepage zugleich auch als Werbeplattform in eigener Sache fungiert. Da allerdings die Begehungsgefahr für die Benutzung im geschäftlichen Verkehr ausreicht[104], führen bereits Anhaltspunkte, dass eine geschäftliche Nutzung geplant oder mittelbar intendiert ist, zur Bejahung dieses Merkmals. Überdies können auch auf den ersten Blick private Nutzungen dann als geschäftlich zu beurteilen sein, wenn der Domain-Inhaber auf irgendeine Weise – beispielsweise durch Vermietung von Werbeflächen auf seiner Homepage oder durch die gewerbliche Vergabe von Subdomains – versucht, aus seiner faktischen Ausschließlichkeitsposition Kapital zu schlagen. Für Personenvereinigungen, die lediglich einen ideellen Zweck verfolgen, scheidet ein Handeln im geschäftlichen Verkehr regelmäßig aus[105].

Ist eine öffentlich-rechtliche Körperschaft oder Anstalt Domain-Inhaber, so kann im Betrieb ihrer Homepage eine Benutzung der Second-Level-Domain im geschäftlichen Verkehr nur in den seltenen Fällen angenommen werden, in denen der Hoheitsträger ausnahmsweise privatwirtschaftlich tätig wird; andernfalls ist nur eine namensmäßige Benutzung gegeben.

c) Verwechslungsgefahr

Ist die Prüfung kennzeichenrechtlicher Ansprüche eröffnet, weil sowohl ein Handeln im geschäftlichen Verkehr als auch eine kennzeichenmäßige Benutzung vorliegt, ist zu beachten, dass mit §§ 14, 15 MarkenG eine umfassende, in sich geschlossene kennzei-

---

100 BGH, CR 2009, 748, 751 – ahd.de.
101 Z.B. eine Fanseite, vgl. OLG Köln, CR 2010, 612, 613 – dsds-news.de.
102 So OLG Hamburg, MD 2004, 601, 603 – awd-aussteiger.de.
103 Vgl. *Nordemann*, NJW 1997, 1891, 1893.
104 *Ingerl/Rohnke*, MarkenG, 3. Auflage 2010, vor § 14 Rdnr. 99 ff.
105 So auch das LG Essen, MMR 2002, 631 – castor.de, für eine Personenvereinigung, die sich unter der Adresse www.castor.de gegen die friedliche Nutzung der Kernenergie wendet.

chenrechtliche Regelung besteht, die den aus Generalklauseln hergeleiteten Schutz ebenso verdrängt wie die Prüfung namensrechtlicher Ansprüche[106].

62 Zur Beurteilung der Verwechslungsgefahr ist sowohl die Identität oder Ähnlichkeit der Kennzeichen als auch der Waren oder Dienstleistungen zu prüfen. Ausgangspunkt ist jeweils die Unterscheidungskraft des Kennzeichens. Des Weiteren kann eine Verletzung nach §§ 14 Abs. 2 Nr. 3, 15 Abs. 3 MarkenG ausnahmsweise trotz fehlender Verwechslungsgefahr vorliegen, wenn die Unterscheidungskraft oder Wertschätzung des geschützten Zeichens durch die Benutzung der Domain ohne Rechtfertigung in unlauterer Weise ausgenutzt oder beeinträchtigt wird. Wegen der Einzelheiten sei auf die allgemeinen kennzeichnungsrechtlichen Veröffentlichungen, insbesondere die Kommentierungen[107], verwiesen.

aa) Waren- oder Dienstleistungsnähe

63 Während für die Frage einer Benutzung im geschäftlichen Verkehr bereits die bloße Konnektierung einer Domain ohne das Bereithalten von Websites ausreicht, bedarf es für die Feststellung der Verwechslungsgefahr des Bezugs zu den damit gekennzeichneten Produkten oder Dienstleistungen, da ein solcher die erforderliche Waren- oder Dienstleistungsnähe erst erkennbar macht. Eine entsprechende Assoziation der Domain mit einem kennzeichenrechtlich geschützten Produkt oder einer Dienstleistung kann nicht allein durch deren Verwendung außerhalb des Internet in der Werbung oder im Briefkopf hervorgerufen werden. Erforderlich ist stattdessen, dass der Internet-User durch die Eingabe des streitigen Domainnames unmittelbar die virtuelle Verknüpfung zu den Produkten oder Dienstleistungen herstellt, mithin überhaupt irgendwelche Websites unter der fraglichen Domain geschaltet sind.

64 Die Produktähnlichkeit muss dabei zwischen den Waren und Dienstleistungen einerseits bestehen, die die Marke oder Geschäftsbezeichnung kennzeichnet, und andererseits der auf der mit der Domain konnektierten Website angebotenen Waren oder Dienstleistungen. Die Website selbst ist lediglich Medium und nicht Ware oder Dienstleistung.

65 In **Fall 1a** hat Epson Deutschland gegen die Werbeagentur A einen Unterlassungsanspruch aus § 14 Abs. 2 Nr. 2 MarkenG wegen Verletzung der Marke „EPSON", wenn die von A registrierte Domain „epson.de" neben ihrer Zeichenidentität außerdem Waren oder Dienstleistungen kennzeichnet, die den von Epson Deutschland angebotenen ähnlich sind oder ihnen gleichen. Des Weiteren ergibt sich ein Unterlassungsanspruch aus § 15 Abs. 2 MarkenG wegen Verletzung des Unternehmenskennzeichens „EPSON".

Die Registrierung der Domain durch die Werbeagentur A geschah im geschäftlichen Verkehr, da A auf der mit „epson.de" gekennzeichneten Website gewerbliche Dienstleistungen anbietet. Die fragliche Domain wird überdies auch nach Art eines Kennzeichens benutzt, indem sie – über die reine Adressfunktion hinaus – auf das Angebot des Website-Betreibers hinweist und dieses vom Angebot Dritter unterscheidet. Das Erfordernis einer Verwechslungsgefahr ist ebenso erfüllt, da neben der bestehenden hochgradigen Ähnlichkeit der sich gegenüberstehenden Zeichen eine

---

106 BGH, CR 2002, 525 – shell.de; GRUR 1999, 992, 995 – McDog; GRUR 2000, 608, 610 – ARD-1; BGHZ 147, 56, 60 – Tagesschau.
107 *Ingerl/Rohnke*, MarkenG, 3. Auflage 2010, nach § 15 Rdnr. 106 ff.

Ähnlichkeit der jeweils angebotenen Waren und Dienstleistungen besteht. Als Dienstleistung von A ist hierbei nicht die ins Netz gestellte Homepage an sich zu werten. Entscheidend ist vielmehr, welche Waren oder Dienstleistungen A auf dieser Homepage bewirbt. EDV-Beratungsleistungen, insbesondere die Erstellung von Software, ist mit dem Vertrieb von EDV-Geräten warenähnlich[108]. Epson kann daher die geltend gemachten Unterlassungsansprüche durchsetzen.

Anders ist die Rechtslage in **Fall 1b**. Betreibt A unter der Domain „epson.de" einen Gesundheitsshop, so besteht keine Warenähnlichkeit und damit auch keine Verwechslungsgefahr. Soweit es sich bei „epson" nicht um eine bekannte Marke im Sinne des § 14 Abs. 2 Nr. 3 MarkenG handelt, würden kennzeichenrechtliche Unterlassungsansprüche damit scheitern. Ob wettbewerbsrechtliche Ansprüche in Betracht kommen, lässt sich an dieser Stelle nicht entscheiden. Ein Wettbewerbsverhältnis würde von der Rechtsprechung jedenfalls bejaht werden, da beide Parteien in Konkurrenz um die Verwertung der Domain „epson.de" stehen. Eine Irreführungsgefahr (§ 5 UWG) kann aus dem Verhalten von A nicht abgeleitet werden. Unlauteres Verhalten von A i.S.v. §§ 3, 4 Nr. 10 UWG würde voraussetzen, dass A unberechtigt den guten Ruf von Epson Deutschland ausnutzt und dadurch beabsichtigt, Epson Deutschland im Wettbewerb zu behindern.

bb) Zeichenidentität oder -ähnlichkeit

Bei der Beurteilung der für die Feststellung der Verwechslungsgefahr weiter erforderlichen Zeichenähnlichkeit oder gar -identität ist auf den Gesamteindruck der sich gegenüberstehenden Zeichen abzustellen[109]. Die Top-Level-Domain, die als beschreibende Angabe grundsätzlich keine kennzeichnende Funktion besitzt, hat hierbei – von weiter unten zu diskutierenden Ausnahmefällen abgesehen – unberücksichtigt zu bleiben[110]. Die Verwechslungsgefahr kann sich nach den allgemeinen Regeln klanglich, bildlich oder den Bedeutungsgehalt der Zeichen betreffend ergeben. Es ist bereits eine hinreichende Übereinstimmung in einer der drei genannten Hinsichten ausreichend, um eine Verwechslungsgefahr zu bejahen[111]. Andererseits kann in Einzelfällen auch durch das Zusammenwirken von Übereinstimmungen, die jeweils für sich nicht ausreichen würden, um eine Verwechslungsgefahr zu begründen, eine sog. komplexe Verwechslungsgefahr hervorgerufen werden[112]. Wegen der Einzelheiten sei auf die allgemeinen Kommentierungen zum Markenrecht verwiesen. Im Folgenden sollen lediglich Besonderheiten angesprochen werden, die sich aus den Eigenschaften einer Domain ergeben.

66

(1) Relevanz der TLD für die Beurteilung der Verwechslungsgefahr?

Die Top-Level-Domain hat keine Kennzeichnungsfunktion, wie bereits oben festgestellt wurde. Sie wird von den angesprochenen Verkehrskreisen grundsätzlich als nicht kennzeichnend bzw. prägend verstanden, sondern als beschreibend für die Domains, die bei DENIC registriert werden[113]. Dies ändert aber nichts daran, dass der Verkehr die

67

---

108 *Ingerl/Rohnke*, MarkenG, 3. Auflage 2010, § 14 Rdnr. 797; BPatG 96, 29 W (Pat) 77/94; BPatG 96, 24 W (Pat) 181/95.
109 BGH, WRP 2005, 341, 342 – ilpadrone/ilportone; OLG Hamburg, MMR 2006, 226, 227 – combit.de/kompit.de.
110 OLG Hamburg, MMR 2006, 226, 227 – combit.de/kompit.de.
111 BGH, GRUR 1999, 241, 243 – lions.
112 BPatG, GRUR 1994, 291, 292 – calimbo/calypso.
113 BGH, WRP 2005, 338, 340 – soco.de; OLG Hamburg, MMR 2006, 608, 610 – ahd.de.

Top-Level-Domain wahrnimmt und in Einzelfällen für die Ermittlung der Bedeutung einer Second-Level-Domain hinzuzieht. Auch der Bundesgerichtshof hat anerkannt[114], dass allgemeine, nicht länderspezifische Top-Level-Domains einer Zuordnung zu bestimmten Namensträgern entgegenwirken, wenn diese nicht den typischen Nutzern derartiger Top-Level-Domains zuzurechnen sind. Assoziationen des Verkehrs ließen sich beispielsweise aus „.biz" (für Business) oder „.pro" (für Professionals) ableiten. Dies gelte indes nicht für „.com"[115] oder „.info".

68 Für Country Code Top Level-Domains[116] wird man grundsätzlich ausschließen können, dass sie bei der Beurteilung der markenrechtlichen Verwechslungsgefahr eine Rolle spielen. Der Verkehr sieht sie nicht als Unterscheidungskriterium, sondern vielmehr als Hinweis auf die Präsenz eines Unternehmens in eben diesem Land[117]. Anders ist die Lage aber sicherlich bei der namensrechtlichen Beurteilung von Domains, die auf Gebietskörperschaften hinweisen, man denke an stuttgart.at oder newyork.de. Hier stellt sich ernsthaft die Frage, ob die Top-Level-Domain nicht das Verkehrsverständnis dahin verändert, dass wegen der ungewöhnlichen Top-Level-Domain niemand Inhalte der konkreten Gebietskörperschaft erwartet. Relevanz können auch die generischen Top-Level-Domains erhalten, unter denen Registrierungen nur vorgenommen werden, nachdem der Anmelder auf seine Eignung nach den Registrierungsrichtlinien geprüft worden ist. Neben den oben von dem BGH genannten TLDs kann dies auch noch bei „.museum", „.aero" oder „.mil" der Fall sein. Die Besonderheit dieser TLDs liegt in ihrer Kategorisierungsfunktion, die vom Verkehr auch als solche wahrgenommen wird, und die nicht durch allzu liberale Eintragungspraxen verwässert worden ist.

(2) Zeichenähnlichkeit – eine Neudefinition des Abstandsgebots?

69 Wird im klassischen Kennzeichenrecht eine deutliche Unterscheidbarkeit der in Frage stehenden Begriffe in bildlicher, klanglicher und sinnhafter Hinsicht gefordert, so scheint diese Vorgehensweise für den Bereich der Internet-Domainnames praktisch nicht durchführbar und haltbar. Denn angesichts der begrenzten Anzahl von verfügbaren Domainnames, verbunden mit der Tatsache, dass der Geltungsbereich der Domains – im Gegensatz zu sonstigen Kennzeichen – geographisch nicht begrenzt ist, sind zahlreiche Überschneidungen und Kollisionen zwischen Kennzeicheninhabern unvermeidbar. Nur ein geringes Abstandsgebot kann verhindern, dass um den eigentlichen Domainname herum ein Schutzwall entsteht, der es anderen Interessenten unmöglich macht, den eigenen, orthografisch nur geringfügig abweichenden Domainname registrieren zu lassen. Hinzu kommt, dass dem angesprochenen Verkehrskreis der Internetuser bekannt ist, dass Ungenauigkeiten in der Schreibweise zwangsläufig zu Fehlleitungen führen – wie etwa bei einer Falscheingabe von Telefonnummern; sie erwarten mithin unter einer lediglich ähnlichen Domain nicht denselben Inhaber[118].

---

114 BGH, CR 2007, 36, 37 – solingen.info.
115 BGH, CR 2007, 36, 37 – Solingen.info; OLG Karlsruhe, CR 1999, 783; KG, MMR 2007, 600, 601.
116 CR 2005, 307, 308 – sartorius.at; OLG Hamburg, CR 2002, 446, 447 – handy.de.
117 BGH, CR 2010, 529 – fcbayern.es.
118 Vgl. *Ubber*, WRP 1997, 497, 505.

Zwar hat sich die Rechtsprechung noch nicht explizit zur Frage des Zeichenabstandes geäußert, jedoch ist – ebenso wie in der Literatur[119] – die Tendenz erkennbar, den Zeichenabstand geringer festzulegen als im klassischen Markenrecht. So lässt das OLG Hamm[120] im Fall „pizza-direct.de/pizza-direkt.de" bereits einen einzigen Buchstaben genügen, um die Verwechslungsgefahr auszuschließen. Unzureichend dürfte allerdings die Einfügung eines Bindestrichs zwischen zwei Worten sein, da dies besonders nahe liegend ist.

70

Einen anderen Weg hat der Bundesgerichtshof eingeschlagen[121]. Der Bundesgerichtshof hatte über den Streit zweier namensgleicher (und verwandter) Patentanwälte zu entscheiden, die sich um die Berechtigung an den Domainnames „vossius.de" und „vossius.com" stritten. Das aus dem Recht der Gleichnamigen fließende Rücksichtnahmegebot führe, so der Bundesgerichtshof, nicht dazu, dass der Prioritätsjüngere die genannten Domainnames zwingend aufgeben müsse. Die in Fällen der Gleichnamigkeit vorzunehmende Abwägung der Interessen der Beteiligten gebiete es vielmehr, auch mildere Mittel als ein Verbot in Erwägung zu ziehen. So könnte der Prioritätsjüngere das Gebot der Rücksichtnahme auch auf andere Weise unter Beibehaltung des Domainnames „vossius.de" oder „vossius.com" erfüllen, indem er auf der ersten Internetseite, die sich für den Besucher öffnet, deutlich macht, dass es sich nicht um ein Angebot des Prioritätsälteren handelt[122]. In die gleiche Richtung weist eine Entscheidung des österreichischen Obersten Gerichtshofs[123]. Beide Entscheidungen sind Ausdruck dringend erforderlicher Einschränkungen in der Anwendung des Markenrechts auf Domainstreitigkeiten. Insofern bildet sich derzeit eine Rechtsprechung heraus, die eine modifizierte Anwendung des Namens- und Kennzeichenrechts auf Domains fordert. Mit Blick auf die begrenzte Anzahl zur Verfügung stehender Domains und die Versuche, durch Einführung neuer Top-Level-Domains weitere nutzbare Internetadressen zu schaffen, ist diese Entwicklung zu begrüßen.

71

(3) Gattungsbezeichnungen als Domainname

Es besteht ein reges Interesse daran, Gattungsbegriffe als Domainnames zu registrieren. Fast zu jedem Gattungsbegriff finden sich im Internet unter dem entsprechenden Domainname Informationen, die meist im Zusammenhang mit diesem Begriff stehen. Die Registrierung generischer Begriffe als Domainnames ist im Grundsatz keinen rechtlichen Schranken unterworfen[124]. Dies gilt selbst dann, wenn ein Dritter Inhaber eines Kennzeichenrechts ist, das mit einem Gattungsbegriff identisch ist. Der Grund hierfür ist, dass der Verkehr in derartigen Fallkonstellationen keinen Anlass hat, die Domain einer konkreten Person oder einem konkreten Unternehmen zuzuordnen, sondern er

72

---

119 *Ernst*, BB 1997, 1057, 1062; *Bettinger*, GRUR Int. 1997, 402, 415.
120 OLG Hamm, NJW-RR 1999, 374.
121 BGH, MMR 2002, 456, 457 – vossius.de.
122 So auch BGH, MMR 2003, 252 – presserecht.de; OLG Hamburg, MMR 2006, 226, 228 – combit. de/kompit.de.
123 ÖOGH, MMR 2002, 434, 435 – obertauern.at.
124 BGH, GRUR 2005, 687, 688 – weltonline.de; OLG Düsseldorf, MMR 2007, 187 – professional-nails.de.

wird die Domain als aus einem generischen Begriff gebildet ansehen[125]. Mangels einer Zuordnung der Domain zu einer gleichnamigen Marke kann es von vornherein nicht zu einer kennzeichenrechtlichen Verwechslungsgefahr kommen[126]. Mangels Entstehen einer Verwechslungsgefahr verbleibt es daher beim Prinzip der Priorität der Registrierung.

(4) Bedeutung von Umlauten

73 Durch den Internetstandard IDNA[127] wurde eine Möglichkeit geschaffen, Umlaute, die eigentlich Nicht-ASCII-Zeichen sind, als gültige ASCII-Strings im Domainname-System abzubilden. Kennzeichenrechtlich werfen derartige Umlautdomains keine besonderen Schwierigkeiten auf. Insbesondere besteht zwischen Domains, die mit Umlauten gebildet werden und Domains, die Umlaute mit ae, oe oder ue ausschreiben, keine Verwechslungsgefahr, da nach den o.g. Grundsätzen von einer Einschränkung der relevanten Verwechslungsgefahr auf Fälle der Identität auszugehen ist.

74 Etwas anderes mag gelten, wenn sich ein Träger des Namens „Köhler" die Domain www.koehler.de gesichert hat und nun, nach Einführung der Umlaute-Domains, von einem Herrn Koehler wegen Namensrechtsverletzung in Anspruch genommen wird. Ansprüche sind indes auch hier abzulehnen, weil es dem Namensträger nicht um die Anmaßung eines fremden Namens, sondern um die Benutzung des eigenen Namens ging und daher kein Fall der fremden Namensanmaßung vorliegt.

(5) Aufeinandertreffen berechtigter Interessen

75 Trifft der Zeicheninhaber auf einen Domain-Inhaber, der ein berechtigtes Interesse an der Domain nachweisen kann, stellt sich die Frage, wie der entstehende Interessenkonflikt zu lösen ist. In namensrechtlichen Fällen kommt das sog. Recht der Gleichnamigen zur Anwendung, das im Rahmen einer Interessenabwägung von beiden Parteien Zugeständnisse verlangt. Üblicherweise ist der Prioritätsjüngere zur Hinzufügung von unterscheidungskräftigen Ergänzungen des von ihm geführten Namens verpflichtet. Für namensrechtliche Domainkonflikte hat der Bundesgerichtshof[128] indes entschieden, dass es beim „first-come, first-served" im Prinzip verbleibt. Hier handele es sich um das Gerechtigkeitsprinzip der Priorität, dem sich grundsätzlich auch der Inhaber eines relativ stärkeren Rechts unterwerfen müsse, wenn er feststelle, dass sein Name bereits von einem Gleichnamigen als Domainname registriert worden ist. Ausnahmen gelten nur bei überragender Bekanntheit eines Namens, weil die Interessen der Parteien dann ein derart unterschiedliches Gewicht erhalten, dass es nicht bei der Anwendung der Prioritätsregel bleiben kann.

76 Für den Fall, dass ein Provider eine Domain für einen Namensträger registriert und später ein Dritter behauptet, die besseren Namensrechte zu besitzen, kann sich auch

---

125 OLG Düsseldorf, MMR 2007, 187 – professionalnails.de.
126 BGH, MMR 2005, 374 – literaturhaus.de; GRUR 2005, 687, 688 – weltonline.de; OLG Düsseldorf, MMR 2007, 187 – professionalnails.de.
127 Internationalizing Domain Names in Applications.
128 BGH, CR 2002, 525, 527 – shell.de.

der Provider auf das Namensrecht seines Auftraggebers berufen, sofern es eine einfache und zuverlässige Möglichkeit gibt zu überprüfen, ob der Domainname im Auftrag des Namensträgers registriert worden ist[129]. Das Gerechtigkeitsprinzip der Priorität kann nämlich nur dann einen angemessenen Interessenausgleich unter Gleichnamigen bewirken, wenn deren Chancengleichheit bei der Wahrnehmung der Priorität nicht durch die Intervention unberechtigter Dritter beeinträchtigt wird. Es muss daher einfach und sicher überprüfbar sein, ob die Registrierung durch einen Provider tatsächlich im Auftrag eines Namensträgers erfolgt ist. Die beste Möglichkeit dies zu überprüfen ist die Konnektierung mit einer Website, die Inhalte des Namensträgers zeigt. Eine andere Möglichkeit des Nachweises ist die notarielle Beurkundung des Auftrags. Gibt es keine einfache Möglichkeit des Nachweises, kann sich der Provider, der die Domain im eigenen Namen registriert hat, nicht auf die Priorität seines Auftraggebers berufen[130].

Bei markenrechtlichen Fällen wird der Interessenausgleich gem. § 23 Nr. 1 MarkenG durchgeführt. Hiernach kann der Markeninhaber dem Domain-Inhaber nicht verbieten, im geschäftlichen Verkehr seinen Namen zu benutzen. Inhaltlich sind aber die Grundsätze des Rechts der Gleichnamigen bei § 23 Nr. 1 MarkenG unverändert anwendbar[131]. Damit setzt sich im Ergebnis auch über § 23 Nr. 1 MarkenG das „first-come, first-served"–Prinzip durch[132]. § 23 Nr. 1 MarkenG betrifft allerdings nur den bürgerlichen Namen, also den Nachnamen einer natürlichen Person. Der Name einer juristischen Person oder gar die Firma eines Kaufmanns fallen auch unter die Norm[133].

> In **Fall 2** kann der Verlag V vom Provider P gem. § 5 Abs. 3, § 15 Abs. 2, § 18 Abs. 3 MarkenG den Verzicht auf die Domain „sportscars" verlangen, wenn seine Zeitschrift „Sportscars" Titelschutz genießt und er widerrechtlich durch die Benutzung des Domainnames „sportscars.de" in seinem Titelrecht verletzt wird.
>
> Werktitel i.S.d. § 5 Abs. 1, 3 MarkenG sind geschäftliche Bezeichnungen, die Werke kennzeichnen wie insbesondere Filmwerke, Spiele, Software oder wie vorliegend Zeitschriften. Ein Unterlassungsanspruch aus dem Werktitel „Sportscars" setzt voraus, dass dieser unterscheidungskräftig und die Domain „sportscars.de" mit diesem verwechslungsfähig ist. Die erforderliche Unterscheidungskraft ist angesichts des hohen Freihaltebedürfnisses im Fall von Gattungsbezeichnungen und Allerweltsbezeichnungen in der Regel gering[134] und verlangt bei fehlender Unterscheidungskraft, dass der Titel verkehrsdurchgesetzt ist[135]. Für den Begriff „sportscars" ist, wegen der Häufigkeit der Verwendung dieses englischen Wortes auch im deutschsprachigen Raum, von dessen – wenn auch geringer – Unterscheidungskraft auszugehen.
>
> Zweifelhaft ist indessen, ob diese geringe Unterscheidungskraft ausreicht, um eine Verwechslungsgefahr zwischen Titel und Domainname anzunehmen. Das wäre der Fall, wenn die angesprochenen Verkehrskreise zwingend von der Domain „sportscars.de" erwarten würden, dass diese dem Unternehmen zuzuordnen ist, das den Schutz für den Werktitel „Sportscars" besitzt. Abzustellen ist bei der Frage der Verkehrsauffassung auf den durchschnittlichen Internetuser mit

---

129 BGH, MMR 2007, 594, 595 – grundke.de.
130 BGH, MMR 2007, 594, 595 –grundke.de mit Anm. und – berechtigter – Kritik von *Hoeren*.
131 So BGH, GRUR 2008, 801 – Hansen-Bau; CR 2010, 519 – Peek & Cloppenburg.
132 So auch *Ingerl/Rohnke*, Markengesetz, 3. Auflage 2010, nach § 15 Rdnr. 165.
133 EuGH, GRUR 2005, 153 Tz. 80 – Anheuser-Busch; *Ingerl/Rohnke*, Markengesetz, 3. Auflage 2010, § 24 Rdnr. 17.
134 So auch BGH, GRUR 1991, 153 – Pizza & Pasta; LG Hamburg, MMR 1998, 485 – emergency.de.
135 So beispielsweise im Fall LG Hamburg, CR 1999, 47, 48 – eltern.de; BGH, WRP 1999, 186, 188 – Wheels Magazine; OLG Hamburg, MMR 2003, 668 ff. – schuhmarkt.de.

potenziellem Interesse an Sportwagen. Da unter den Internetusern allgemein bekannt ist, dass im Internet neben Firmen- und Markennamen auch gängige Fachbezeichnungen und Gattungsbegriffe als Domainnames gewählt werden[136], werden jene nicht ohne Weiteres davon ausgehen, dass sich hinter der Second-Level-Domain „sportscars.de" der Verlag V befindet. Dies wäre nur denkbar, wenn die Zeitschrift des V im Verkehr überaus bekannt und der Begriff „Sportscars" daher in der Vorstellung des Publikums als Herkunftsnachweis in Bezug auf V besetzt wäre, sodass bei Eingabe der Second-Level-Domain automatisch Inhalte des Titelinhabers erwartet würden[137]. Von einer derart überragenden Verkehrsgeltung und Bekanntheit des Titels „Sportscars", die eine Verwechslungsgefahr auszulösen vermag, ist vorliegend jedoch nicht auszugehen. Folglich scheidet ein Verzichtsanspruch aus[138].

cc) Fehlende Waren- oder Dienstleistungsähnlichkeit – Der Schutz bekannter/berühmter Marken gegen Domains

79 Der Inhaber einer kraft intensiver Benutzung bekannten Marke oder eines bekannten Zeitschriftentitels kann sich gegenüber dem Benutzer der identischen Bezeichnung als Domainname selbst dann zur Wehr setzen, wenn keine Produkt- oder Branchennähe besteht; vorausgesetzt, es ist der kennzeichenrechtliche Tatbestand der Rufausbeutung gegeben, §§ 14 Abs. 2 Nr. 3, 15 Abs. 3 MarkenG. Wegen der hiermit allgemein verbundenen markenrechtlichen Fragen sei auf die entsprechenden markenrechtlichen Kommentierungen verwiesen. Für Domainfälle bleibt zu ergänzen, dass nach Auffassung des Bundesgerichtshofs[139] aus der überragenden Bekanntheit eines Kennzeichens zu folgern ist, dass der Internetnutzer erwarte, unter der entsprechenden Domain auf die Homepage des Zeicheninhabers zu treffen. Erfahrungsgemäß seien berühmte Unternehmen häufig unter dem eigenen Namen im Internet präsent. Aus diesem Grund muss das Gerechtigkeitsprinzip der Priorität, das üblicherweise zur Austarierung der widerstreitenden Interessen von berechtigten Zeichennutzern den Ausschlag gibt, dann korrigiert werden, wenn aus der überragenden Bekanntheit eines Zeichens derart unterschiedliches Gewicht der Interessen der Parteien entsteht, dass es nicht bei der Anwendung der Prioritätsregel bleiben kann. In diesem Fall muss dem Domain-Inhaber zugemutet werden, seiner Internetadresse einen individualisierenden Zusatz beizufügen[140].

80 Schon das OLG Hamm hatte in dem berühmten Fall krupp.de[141] Ansprüche des Krupp-Konzerns gegen den Betreiber einer Online-Agentur bejaht und dies mit der überragenden Verkehrsgeltung des Namens „Krupp" begründet. Dem stünden die geringer zu wertenden Interessen des Domain-Inhabers gegenüber, dem es auch ein Einfaches sei, durch unterscheidungskräftige Zusätze der Zuordnungsverwirrung entgegenzuwirken.

---

136 Vgl. LG Hamburg, MMR 1998, 46 – bike.de.
137 So auch LG Hamburg, MMR 1998, 485, 487 – emergency.de; OLG Hamburg, MMR 2003, 668 ff. – schuhmarkt.de.
138 So auch LG Frankfurt, GRUR-RR 2002, 68, 69 – uhren-magazin.de.
139 BGH, CR 2002, 525, 527 – shell.de.
140 BGH, CR 2002, 525, 528 – shell.de.
141 OLG Hamm, MMR 1998, 214 – krupp.de.

6. Namensschutz gegen Domainnames gem. § 12 BGB

Die Geburtsstunde des Rechts der Internet-Adressen war die Entscheidung des LG Mannheim vom 8.3.1996 „heidelberg.de"[142]. Im konkreten Fall stritt die Stadt Heidelberg gegen ein Software-Entwicklungsunternehmen, das plante, eine Datenbank mit Informationen über die Rhein-Neckar-Region in das Internet zu stellen. Nach Auffassung des LG Mannheim erwarte der User unter einer Domain „heidelberg.de" nicht nur Informationen über die Stadt Heidelberg, sondern Informationen von der Stadt Heidelberg. An der namensmäßigen Verwendung der Second-Level-Domain „heidelberg" ließ das LG Mannheim keinen Zweifel. Die Entscheidung fand in Rechtsprechung und Literatur überwiegend Zustimmung[143].

81

Voraussetzung für die Anwendung des § 12 BGB ist, dass ein Kennzeichen der Unterscheidung eines Rechtssubjekts von anderen dient und damit ebenso wie die in Wort und Schrift festgehaltenen Namen Ordnungs- und Unterscheidungsfunktion besitzt[144]. Dies ist bei Familiennamen[145], aber auch bei Städtenamen und anderen Namen von Gebietskörperschaften der Fall[146]. Das Namensrecht verbietet Dritten grundsätzlich die Anmaßung des fremden Namens, welche zu einer Identitäts- oder Zuordnungsverwirrung führt[147]. Zu einer solchen Zuordnungsverwirrung kann es allerdings nur kommen, wenn der Verletzte sich auf das Namensrecht nach § 12 BGB[148] berufen kann und die konkrete Bezeichnung überhaupt Kennzeichnungscharakter hat. Vor diesem Hintergrund hatte das LG Potsdam[149] zu prüfen, ob die Bezeichnung „Polizei" Namensschutz genießt, auf welchen sich die Polizei des Landes Brandenburg als politische Körperschaft gegen die Benutzung der Domain „polizeibrandenburg.de" für die Website einer Volksinitiative berufen kann. Das LG Potsdam bejahte dies damit, dass die „Polizei" kein diffuses Gebilde sei und verbot in Konsequenz dessen der Initiative, die Domain zu benutzen. Des Weiteren ist erforderlich, dass die Bezeichnung durch den Domain-Inhaber kennzeichenmäßig benutzt wird. Eine lediglich beschreibende oder schlagwortartige Benutzung löst nicht den Rechtsschutz nach § 12 BGB aus[150].

82

Allerdings geht der zeichenrechtliche Schutz aus §§ 5, 15 MarkenG in seinem Anwendungsbereich grundsätzlich dem Namensschutz des § 12 BGB vor[151]. In seinem Anwendungsbereich vermittelt der zeichenrechtliche Schutz dem Inhaber des älteren

83

---

142 Vgl. LG Mannheim, NJW 1996, 2736.
143 Vgl. OLG Köln, CR 1999, 385, 386 – herzogenrath.de; ebenso: BGH, CR 2002, 525, 526 – shell. de; MMR 2003, 726, 727 – maxem.de; CR 2005, 362, 363 – mho.de; CR 2005, 284 – soco.de; CR 2005, 593, 594 – weltonline.de; CR 2005, 510, 511 – literaturhaus.de.
144 So OLG Köln, CR 1999, 385, 386 – herzogenrath.de.
145 Vgl. OLG Hamm, MMR 1998, 214 ff.
146 OLG Köln, CR 1999, 385, 386 – herzogenrath.de; LG Braunschweig, NJW 1997, 2687 – braunschweig.de; LG Lüneburg, CR 1997, 288, 289 – celle.de; OLG Brandenburg, MMR 2001, 174, 175 – luckau.de; LG Berlin, CR 2000, 700 – deutschland.de.
147 BGH, NJW 1996, 1672 m.w.N.
148 Nach BGH, CR 2002, 525, 526 – shell.de, haben allerdings kennzeichenrechtliche Ansprüche Vorrang vor dem Namensschutz nach § 12 BGB.
149 LG Potsdam, Urteil vom 16.1.2002 – 2 O 566/01 – polizeibrandenburg.de.
150 OLG Stuttgart, CR 2002, 529, 530 – netz.de.
151 BGH, CR 2002, 525 ff. – shell.de; CR 2002, 674 ff. – vossius.de.

Zeichens eine stärkere Rechtsposition, weil das prioritätsältere Zeichen grundsätzlich ein prioritätsjüngeres Zeichen verdrängt, so dass der Inhaber des jüngeren Zeichens auch dessen Verwendung als Domainname unterlassen muss[152]. Aus dem Namensrecht des § 12 BGB kann dagegen in der Regel nur gegen den Inhaber eines registrierten Domainnames vorgegangen werden, dem an diesem Namen selbst keine eigenen Rechte zustehen[153]. Kann sich der Inhaber des Domainnames dagegen auf ein eigenes Namensrecht stützen, kommt das Recht der Gleichnamigen zum Zuge. Dies bedeutet, dass sich beim Streit um den registrierten Namen grundsätzlich derjenige durchsetzt, der als erster diesen Namen für sich hat registrieren lassen[154]. Es gilt insoweit das Gerechtigkeitsprinzip der Priorität, das nur unter besonderen Umständen zurücktritt[155]. Selbst für den Fall, dass dem Domain-Inhaber keine Rechte an dem Namen zustehen, scheitert der Namensinhaber mit Unterlassungsansprüchen, wenn die Domainregistrierung der erste Schritt im Zuge der – für sich genommen rechtlich unbedenklichen – Aufnahme einer entsprechenden Benutzung als Unternehmenskennzeichen ist[156]. Der Inhaber eines identischen Unternehmenskennzeichens kann nämlich im Allgemeinen nicht verhindern, dass in einer anderen Branche durch Benutzungsaufnahme ein Kennzeichenrecht an dem gleichen Zeichen entsteht. Ist ein solches Recht erst einmal entstanden, muss auch die Registrierung des entsprechenden Domainnames hingenommen werden. Da es vernünftiger kaufmännischer Praxis entspricht, sich bereits vor der Benutzungsaufnahme den entsprechenden Domainname zu sichern, führt die gebotene Interessenabwägung dazu, dass eine der Benutzungsaufnahme unmittelbar vorausgehende Registrierung nicht als Namensanmaßung und damit als unberechtigter Namensgebrauch anzusehen ist.

84 Die oben beschriebenen Grundsätze gelten auch für Prominente. So unterlag beispielsweise der Moderator Günter Jauch vor dem OLG Köln[157] gegen die DENIC e.G. und einen weiteren Service Provider mit dem Begehren, die Dienste zur Einstellung der Bereithaltung seines Namens im Online-Abrufdienst zu verurteilen. Das Gericht begründete seine Entscheidung damit, dass der überragende Bekanntheitsgrad einer Person keine Sperre für die Anwendbarkeit des Rechts der Gleichnamigen im Internet sei. Insbesondere sei es im Einzelfall nur schwer möglich, geeignete Kriterien aufzustellen, anhand derer die Qualifikation einer Person der Zeitgeschichte als Berühmtheit festzustellen wäre, sodass Prominenten keine Ausnahme vom Recht der Gleichnamigen gewährt werden könne.

85 In diesem Zusammenhang soll ein gesonderter Blick auf die Domainnames von Gebietskörperschaften geworfen werden. Sie waren es insbesondere, die die Anwendung des Namensrechts auf Internetdomains in der Rechtsprechung ausdifferenzieren ließen. Hiernach gilt der Grundsatz der Entscheidung „heidelberg.de"[158], dass der User

---

152 BGH, GRUR 2002, 898, 900 – de facto; CR 2002, 674 ff. – vossius.de.
153 BGH, CR 2003, 845 ff. – maxem.de; CR 2005, 362, 363 – mho.de.
154 BGH, CR 2005, 525 ff. – shell.de; GRUR 2002, 898, 900 – de facto; CR 2005, 362, 363 – mho.de; vgl. hierzu auch Rdnr. 75 ff.
155 BGH, CR 2002, 525 – shell.de; CR 2005, 362, 363 – mho.de.
156 BGH, CR 2005, 362, 364 – mho.de.
157 OLG Köln, CR 2002, 533, 534 – guenter-jauch.de.
158 LG Mannheim, NJW 1996, 2736.

unter einer Domain ort.de Informationen des Ortes und nicht über den Ort erwarte, in dieser Allgemeinheit nicht mehr. So ist schon Vorsicht geboten, wenn sich die Second-Level-Domain und die hinter ihr stehende Top-Level-Domain widersprechen, wie etwa bei „karlsruhe.at"[159]. Ähnliches wird auch für die Top-Level-Domain „.biz" gelten, da diese schwerpunktmäßig von Wirtschaftsunternehmen verwendet wird und deshalb gerade nicht auf eine Gebietskörperschaft hinweist[160]. Anders liegt die Sache jedoch bei der allgemeinen Top-Level-Domain „.info". Sie ist nicht auf bestimmte Branchen oder Staaten begrenzt. Der Verkehr kann aus ihr also keine Anhaltspunkte über den Nutzer einer Domain gewinnen[161]. In einem derartigen Fall hat die Rechtsprechung stets angenommen, dass die Nutzung eines Ortsnamens unter einer schlüssigen oder indifferenten Top-Level-Domain wie „.de" bei deutschen Orten oder „.info" zu einem Unterlassungsanspruch der Gebietskörperschaft führt[162]. Hiernach erwartet der Verkehr von einer Domain „ort.de" Informationen des Ortes, nicht nur solche über den Ort. Anders kann es hingegen sein, wenn die Second-Level-Domain mit der Ergänzung „-info" ergänzt wird. In einem derartigen Fall besteht die beschriebene Erwartungshaltung des Verkehrs nicht[163].

Nach einer Entscheidung des Kammergerichts im Fall „oil-of-elf.de"[164] kann eine Verletzung des Namensrechts nach § 12 BGB trotz Vorliegens einer namensmäßigen Benutzung und Verwechslungsgefahr ausgeschlossen sein, wenn es nach Abwägung der widerstreitenden Belange an einer hinreichenden Interessenverletzung mangelt. Das Gericht sah die Namensanmaßung zwar als gegeben an, befand jedoch die Verletzung deshalb als gering, weil eine Zuordnungsverwirrung durch die Gestaltung der Homepage ebenso wie durch die eindeutigen Kurzzusammenfassungen der Suchmaschinen-Betreiber – zumindest auf den zweiten Blick – ausgeschlossen ist. Daher konnte es die Namensanmaßung mit einem Überwiegen der Meinungs- und Pressefreiheit der Umweltorganisation Greenpeace nach Art. 5 GG rechtfertigen und einen Unterlassungsanspruch des Ölkonzerns Elf verneinen.

86

> In **Fall 3a** kann eine Klage von Shell mangels eines Tätigwerdens im geschäftlichen Verkehr aufseiten des Andreas Shell nur auf das Namensrecht (§ 12 BGB) der Klägerin gestützt werden. Bei konsequenter Anwendung des Rechts der Gleichnamigen, das dem Prioritätsprinzip entspricht und dem geschäftlich Tätigen keinen Vorrang einräumt, müsste der Mineralölkonzern damit rechnen, dass er zur Verwendung mehr oder weniger zumutbarer Zusätze wie „shelloel. de" oder „shell-benzin.de" verurteilt würde, er mithin keine Erfolgsaussichten hätte.
>
> Allerdings ergibt sich für den Namen Shell die Besonderheit einer weltweiten überragenden Bekanntheit und Verkehrsdurchsetzung, der sich kaum jemand entziehen kann, sodass es ausnahmsweise gerechtfertigt erscheint, das Prioritätsprinzip zu durchbrechen und einen Schutz des Ölkonzerns wegen des berühmten Namens zuzulassen. Dies kann jedoch weiterhin nur für Unternehmen mit weit reichender Geschichte (krupp.de) und überragender Bekanntheit und

87

---

159 Beispiel zitiert nach OLG Düsseldorf, CR 2004, 538, 539.
160 BGH, CR 2007, 36, 37 – solingen.info.
161 OLG Düsseldorf, CR 2004, 538, 539.
162 LG Mannheim, NJW 1996, 2736 – heidelberg.de; LG Braunschweig, CR 1997, 414 – braunschweig.de; LG Ansbach, NJW 1997, 2688 – ansbach.de; OLG Karlsruhe, CR 1999, 783 – badwildbad.com; OLG Köln, NJW-RR 1999, 622 – herzogenrath.de; OLG Brandenburg, K&R 2000, 406 – luckau.de; OLG Köln, GRUR 2000, 798 – alsdorf.de.
163 OLG Düsseldorf, CR 2004, 538, 539.
164 KG, JurPC Web-Dok. 130/2002, Abs. 1-36.

Verkehrsgeltung (shell.de) gelten, ist jedoch nicht auf mittelständische Unternehmen übertragbar. Eine Klage der Shell hat daher Aussicht auf Erfolg.

7. Schutz aus einer geographischen Herkunftsangabe gegen die Domain?

88 Gem. § 127 Abs. 1 MarkenG dürfen geographische Herkunftsangaben im geschäftlichen Verkehr nicht für Waren oder Dienstleistungen benutzt werden, die nicht aus dem Gebiet stammen, das durch die geographische Herkunftsangabe bezeichnet wird, wenn bei der Benutzung solcher Angaben für Waren oder Dienstleistungen anderer Herkunft eine Gefahr der Irreführung über die geographische Herkunft entsteht. Die Norm kommt zur Anwendung, wenn auf der Website unter einer Domain beispielsweise Produkte angeboten werden, die nicht aus der jeweiligen Region stammen oder eine entsprechende Informationsplattform[165] betrieben wird. Hier kommt es darauf an, ob der irreführende Eindruck erweckt wird, der auf der Website angebotene Content stamme aus der fraglichen Region. Dies ist außerhalb von Online-Shops, die herkunftsfremde Ware vertreiben, zurückhaltend zu beurteilen[166], da sich niemand außerhalb von Online-Shops irgendwelche Vorstellungen über die Herkunft der unter der Domain verbreiteten Informationen machen wird.

89 § 127 Abs. 3 MarkenG schützt eine geographische Herkunftsangabe, die einen besonderen Ruf genießt, vor der Nutzung für Waren und Dienstleistungen anderer Herkunft auch dann, wenn die Gefahr einer Irreführung über die geographische Herkunft nicht besteht, sofern die Benutzung geeignet ist, den Ruf der geographischen Herkunftsangabe in unlauterer Weise auszunutzen oder zu beeinträchtigen. Auch hier ist Vorsicht geboten, da die Verwendung der Angabe als Domain eine „Benutzung für Waren oder Dienstleistungen anderer Herkunft" sein muss. Dies erscheint nach dem Zweck der Vorschrift problematisch. Ob hingegen eine Rufausbeutung oder Beeinträchtigung vorliegt, ist eine Frage des Einzelfalles.

8. Wettbewerbsrechtlicher Schutz gegen Domainnames gem. §§ 3, 4 Nr. 4 UWG

a) Domain-Grabbing

90 Domain-Grabbing hat sich zum Terminus technicus für die sittenwidrige Blockade einer Internet-Domain zulasten eines Zeicheninhabers bzw. Namensträgers entwickelt[167]. Soweit markenrechtliche oder namensrechtliche Vorschriften nicht greifen, beispiels-

---

165 Beispielsweise eine Informationsplattform über Champagner wie im Fall OLG München, WRP 2002, 111 ff. – Champagner.de.
166 Ebenso OLG München, WRP 2002, 111, 114 – Champagner.de.
167 Das LG Hamburg berichtet (CR 1999, 47, 48 – eltern.de), dass der Beklagte unter der fraglichen Domain seine Rechte an den Meistbietenden versteigerte.

weise weil Produktähnlichkeit fehlt oder keine Unterscheidungskraft einer Kennzeichnung besteht[168], kommt hilfsweise eine Anwendung von § 4 Nr. 4 UWG in Betracht. Einerseits kann im Domain-Grabbing der Gebrauch einer fremden Kennzeichnung liegen, um deren wirtschaftlich verwertbaren besonderen Ruf für sich auszunutzen. Andererseits kann es um die sittenwidrige Behinderung eines Zeicheninhabers gehen, dem ohne sachlichen Grund die Nutzung seines Zeichens als Domain durch Beharren auf einer formalen Rechtsposition verwehrt wird, um dieses – quasi erpresserisch – zu verkaufen[169]. Schließlich sind auch weitere wettbewerbsrechtliche Aspekte wie z.B. die Beteiligung an fremdem Vertragsbruch denkbar[170]. Entscheidend ist insofern stets eine Interessenabwägung.

Wettbewerbsrechtliche Ansprüche setzen stets ein Handeln im geschäftlichen Verkehr voraus. Dieses Tatbestandsmerkmal ist in Domain-Grabbing-Fällen regelmäßig gegeben. Das Berufen auf eine formale Rechtsposition, die man gegen Bezahlung aufgibt, stellt geschäftliches Handeln dar[171]. Auch jede Reservierung eines Domainames ist ein Handeln im geschäftlichen Verkehr[172].

Ein Wettbewerbsverhältnis zwischen den Parteien wird üblicherweise daraus abgeleitet, dass sie denselben Domainname für sich registrieren lassen wollen[173]. Durch die Registrierung eines Domainames werde nämlich eine Partei in ihren wettbewerblichen Entfaltungsmöglichkeiten eingeschränkt. Selbstverständlich kann ein Wettbewerbsverhältnis zwischen den Parteien auch aus der Branchengleichheit der in Frage stehenden Angebote, der Behinderung des Absatzes einer bestimmten Ware durch die andere Partei[174] oder der Ausnutzung des Ansehens oder des Rufs der in Bezug genommenen Ware resultieren[175]. Aus der gemeinsamen Benutzung des Mediums Internet an sich folgt indes noch kein Wettbewerbsverhältnis[176].

Im Rahmen der Interessenabwägung ist zu unterscheiden: Die Registrierung generischer Begriffe als Domainname ist im Grundsatz keinen rechtlichen Schranken unterworfen. Hier gilt vielmehr das Gerechtigkeitsprinzip der Priorität: Der Vorteil, der demjenigen zukommt, der als Erster die Registrierung eines beschreibenden Domainames erwirkt, kann nicht als sittenwidrig angesehen werden[177]. Dies gilt selbst dann, wenn an einem Gattungsbegriff gleichzeitig Namens- oder Kennzeichenrechte bestehen[178].

---

168 So die Entscheidungen LG Hamburg, MMR 1998, 46 – bike.de und LG Hamburg, MMR 1998, 485 – emergency.de.
169 So auch BGH, CR 2005, 511, 512 – literaturhaus.de; OLG Frankfurt, NJWE-WettbR 2000, 160, 161 – weideglueck.de, allerdings im Rahmen der Anwendung des § 826 BGB; LG Düsseldorf, CR 2002, 138, 139 – literaturen.de.
170 Vgl. z.B. LG Köln, CR 1998, 30 – spiele.de.
171 OLG Dresden, CR 1999, 589 ff. – Cyberspace.
172 BGH, CR 2009, 748, 751 – ahd.de.
173 BGH, CR 2009, 748, 751 – ahd.de.
174 BGH, GRUR 1994, 809, 810 – Markenverunglimpfung I; GRUR 1985, 550, 552 – Dimple; LG Düsseldorf, Urteil vom 30.1.2002 – 2a O 245/01 – scheiss-t-online.de.
175 Vgl. LG Hamburg, MMR 1998, 485, 487 – emergency.de.
176 LG Hamburg, MMR 1998, 485, 488 – emergency.de.
177 BGH, GRUR 2005, 687, 688 – weltonline.de; BGHZ 148, 1, 5 – mitwohnzentrale.de.
178 BGH, GRUR 2005, 687, 688 – weltonline.de; OLG Hamburg, MMR 2006, 608, 611 – ahd.de.

Eine Ausnahme besteht lediglich bei offensichtlichen Missbrauchsfällen[179]. Rechtsmissbräuchliches Verhalten ist etwa dann anzunehmen, wenn der Domain-Inhaber den Domainname ohne ernsthaften Benutzungswillen in der Absicht hat registrieren lassen, sich diesen von dem Inhaber eines entsprechenden Kennzeichen- oder Namensrechts abkaufen zu lassen[180]. Hierbei nimmt der Bundesgerichtshof entsprechend seiner Rechtsprechung zur rechtsmissbräuchlichen Verwendung einer Marke[181] noch einen ausreichenden Benutzungswillen des Domain-Inhabers an, wenn er die Absicht hat, diese bei Gelegenheit an interessierte Dritte zu verkaufen oder ihnen zur entgeltlichen Nutzung zu überlassen[182].

94 Das Gerechtigkeitsprinzip der Priorität tritt dann zurück, wenn der Anspruchsteller ein berechtigtes Interesse an der Domain besitzt, z.B. wegen des Bestands eines Kennzeichenrechts, der Domain-Inhaber die Domain aber in Behinderungsabsicht bösgläubig registrieren ließ oder auch ansonsten keinerlei schützenswertes Interesse darlegen kann[183]. Ein regelmäßig zur Behinderungsabsicht führender Umstand ist die Registrierung mehrerer Domains mit dem gleichen Begriff, ohne ein eigenes schützenswertes Interesse geltend machen zu können[184].

95 Streit verursachen häufig diejenigen Fälle, in denen die Domainregistrierung zeitlich vor der Entstehung des Kennzeichenrechts, aus dem gegen die Domain vorgegangen wird, lag. Der Bundesgerichtshof sieht in dem Vertragsschluss mit der Registrierungsstelle zwar ein relativ wirkendes vertragliches Nutzungsrecht an der Domain, das dem Domain-Inhaber ebenso ausschließlich zugewiesen ist wie das Eigentum an einer Sache[185]. Ein erst nach der Registrierung des Domainnames entstehendes Namens- oder Kennzeichenrecht eines Dritten setze sich daher nicht ohne Weiteres gegenüber dem Nutzungsrecht des Domain-Inhabers durch[186]. Das hat aber nur zur Folge, dass der Inhaber des später entstandenen Namens- oder Kennzeichenrechts nicht schon allein unter Berufung auf sein Recht dem Inhaber des Domainnames jedwede Nutzung und das Registrierthalten des Domainnames untersagen kann, solange keine Anhaltspunkte dafür bestehen, dass der Domainname in einer das Recht des Dritten verletzenden Weise verwendet werden soll[187]. Sobald der Domain-Inhaber die Begehungsgefahr für eine Kennzeichenverletzung schafft, kann der Kennzeicheninhaber aus dem prioritätsjüngeren Kennzeichenrecht gegen den Domain-Inhaber vorgehen. Dies ist z.B. der Fall, wenn der Domainname mit einer Website konnektiert wird, die branchenähnliche Produkte wie der Kennzeicheninhaber anbietet oder der Domain-Inhaber eine entsprechende Nutzung der Domain ankündigt. Diese Rechtsprechung hat insbesondere

---

179 BGH, CR 2009, 748, 753 – ahd.de; OLG Hamburg, MMR 2003, 668, 669 – schuhmarkt.de.
180 BGH, CR 2009, 748, 752 – ahd.de; BGH, GRUR 2008, 1099, Rdnr. 33 – afiliate.de.
181 BGH, WRP 2001, 160 ff. – Classe E.
182 BGH, CR 2009, 748, 753 – ahd.de.
183 Vgl. den Fall OLG Frankfurt, NJWE WettbR 2000, 160, 161 – weideglueck.de; BGH, GRUR 2005, 517, 518 – literaturhaus.de.
184 BGH, GRUR 2005, 517, 518 – literaturhaus.de.
185 BGH, GRUR 2005, 261 ff. – ad-acta.de.
186 BGH, GRUR 2008, 1099, Rdnr. 32 – afilia.de.
187 BGH, GRUR 2005, 687, 689 – weltonline.de; CR 2009, 748, 750 – ahd.de.

Auswirkung auf den möglichen Löschungsanspruch. Diesen verneint der Bundesgerichtshof, weil jenseits des kennzeichenverletzenden Gebrauchs Domainnutzungsmöglichkeiten bestünden, die das Kennzeichenrecht des Kennzeicheninhabers nicht verletzen[188].

In **Fall 4** sind kennzeichenrechtliche Ansprüche von M nicht gegeben. Diese scheitern bereits an der fehlenden kennzeichenmäßigen Benutzung der Domain „weideglueck.de" durch S, da er die Domain nicht mit Inhalten konnektiert hat. Es kann auch keine Begehungsgefahr für eine verwechslungsfähige Benutzung der Domain durch S festgestellt werden.

Somit bleibt nur die Prüfung wettbewerbsrechtlicher Ansprüche. S hat kein nachvollziehbares eigenes Interesse an der Domain „weideglueck.de". Sie steht zu seiner eigenen Tätigkeit in keinem Zusammenhang. Außerdem unterhält er bereits eine private Homepage unter einer anderen Domain. Sofern S nun noch ein Handeln im geschäftlichen Verkehr nachgewiesen werden kann, beispielsweise weil er die Domain zum Kauf angeboten hat, ist er gem. § 4 Nr. 4 UWG zur Unterlassung und zum Verzicht auf die Domain zu verurteilen. Das Wettbewerbsverhältnis ergibt sich aus der Konkurrenzsituation zwischen M und S betreffend die Nutzung der Domain. Der Verstoß gegen § 4 Nr. 4 UWG folgt aus dem Gesichtspunkt der sittenwidrigen Behinderung, da M vorrangige Interessen aus Kennzeichenrecht geltend machen kann und S kein schützenswertes Interesse an der Domain hat, sondern sie quasi „erpresserisch" veräußern möchte – an den Einzigen, der hierfür bereit sein könnte, Geld zu bezahlen.

Kann ein Handeln im geschäftlichen Verkehr nicht nachgewiesen werden, hängt es von der Plausibilität der Einlassungen von S ab, ob eine schikanöse, vorsätzlich sittenwidrige Schädigung durch ihn begründet werden kann (§§ 226, 826 BGB).

96

b) Sittenwidriges Umleiten von Kundenströmen durch Gattungsbezeichnungen als Domain

Second-Level-Domains werden gerne aus Gattungsbegriffen wie z.B. „wirtschaft-online", „messe" oder „rechtsanwalt"[189] gebildet. Sie stellen für ihren Inhaber ohne Zweifel einen erheblichen wirtschaftlichen Wert dar und provozieren Dritte, ihr Nachsehen bei der Registrierung derart interessanter Domains durch die Inanspruchnahme gerichtlicher Hilfe zu korrigieren[190]. Dies kann jedoch nur im Ausnahmefall Erfolg versprechend sein.

97

Die Registrierung von Gattungsbegriffen kann zunächst nicht durch die analoge Anwendung markenrechtlicher Löschungsansprüche (§§ 50 Abs. 1 Nr. 3, 8 Abs. 2 Nr. 2 MarkenG) und den Hinweis auf ein generelles Freihaltebedürfnis für Gattungsbegriffe als Domain verhindert werden. Hierzu hat das OLG Frankfurt[191] bereits festgestellt, dass es Dritten durch eine geringfügige Abwandlung ihrer Second-Level-Domain möglich sei, mit einem sehr ähnlichen Gattungsbegriff die tatsächliche Sperrwirkung des „First-come-first-served"-Prinzips zu überwinden. Eine analoge Anwendung der oben genannten Bestimmungen komme daher wegen der fehlenden Vergleichbarkeit von

98

---

188 BGH, CR 2009, 748, 752 – ahd.de.
189 OLG München, Urteil vom 22.11.2001 – 6 U 5611/00 – rechtsanwaelte.de.
190 Vgl. hierzu *Bettinger*, CR 2000, 618, 619.
191 OLG Frankfurt, WRP 1997, 341 – wirtschaft-online.de.

Kennzeichen und Domains nicht in Betracht. Diese Entscheidung hat allseits Anerkennung gefunden[192].

99 Umso größer war die Bestürzung, als das OLG Hamburg[193] in der bekannten „mitwohnzentrale.de"-Entscheidung die Verwendung einer Gattungsbezeichnung als Domain wegen Verstoßes gegen § 4 Nr. 10 UWG a.F. (= § 4 Nr. 4 UWG) verbot, da Kundenströme umgeleitet würden. Die in der Folgezeit unter Verweis auf diese Entscheidung in Anspruch genommenen Untergerichte trugen durch eine bemerkenswerte Vielfalt von divergierenden Entscheidungen dazu bei, die Verwirrung noch zu steigern[194]. Erst die „mitwohnzentrale.de"-Entscheidung des BGH vom 17.5.2001[195] hat zur Beruhigung der Szene beigetragen.

100 Der holzschnittartige Hinweis, das Umleiten von Kundenströmen sei wettbewerbswidrig, ist sicher nicht tragfähig. Schon nach der bisherigen Rechtsprechung des BGH war das Gegenteil der Fall[196]. Das Ausnutzen der Anziehungskraft eines Mitbewerbers durch einen Konkurrenten ist ebenso wettbewerbsimmanent wie das Eindringen in den Kundenkreis eines Mitbewerbers und das Ausspannen von dessen Kunden[197]. Auch ist das Ausnutzen von Mühe und Kosten des Mitbewerbers, um Interessenten zum eigenen Ladenlokal anzuziehen, nicht wettbewerbswidrig[198]. Erst das gezielte Abfangen von Kunden im engsten räumlichen Bereich vor dem Ladenlokal eines Mitbewerbers und deren Umleitung in das eigene Ladenlokal ist unzulässig[199]. Der sittenwidrige Behinderungseffekt ergibt sich hierbei aus der physischen Präsenz des Mitbewerbers, der sich zwischen den konkurrierenden Anbieter und den Kunden stellt, um diesem eine Änderung seines Kaufentschlusses aufzudrängen. Er bringt den Interessenten in eine psychische Zwangslage, der er sich nur schwer entziehen kann, und bewegt diesen so zum Betreten des eigenen Ladenlokals. Diese Konstellation ist im Internet nicht gegeben. Der User sieht sich gerade nicht der Präsenz eines Verkäufers ausgesetzt, der er

---

192 LG Hamburg, CR 2000, 617, 618 – lastminute.com; OLG Hamburg, CR 1999, 779 – mitwohnzentrale.de; OLG Braunschweig, CR 2000, 614, 615 – stahlguss.de; LG Köln, 31. Zivilkammer, MMR 2001, 197 – zeitarbeit.de; *Renck*, WRP 2000, 264; *Ernst*, MMR 2001, 181; ebenso danach BGH, CR 2001, 777, 778 ff. – mitwohnzentrale.de; a.A. LG Köln, 33. Zivilkammer, CR 2001, 193 – zwangsversteigerungen.de, mit dem Hinweis, dass die Markenrechtslage bei der Beurteilung der Frage, ob Gattungsbezeichnungen als Internet-Domains unter wettbewerbsrechtlichen Gesichtspunkten Bestand hätten, heranzuziehen sei.
193 OLG Hamburg, CR 1999, 779 – mitwohnzentrale.de.
194 Vgl. nur LG Köln, MMR 2001, 197 – zeitarbeit.de; OLG München, Entscheidung vom 9.12.2000, 29 W 2745/00 – apotheke.de; LG Stuttgart, Entscheidung vom 18.7.2000, 2 KfH O 61/00 – apotheke.com; LG München I, CR 2001, 194, 195 – autovermietung.com; LG Hamburg, CR 2000, 617, 618 – lastminute.com; LG München I, MMR 2001, 179, 180 – rechtsanwaelte.de; LG Köln, CR 2001, 193, 194 – zwangsversteigerungen.de; zum Streitstand in der Literatur vgl. die Darstellungen von *Hartmann*, CR 1999, 782; *Renck*, WRP 2000, 264; *Abel*, MMR 2000, 610; *Ernst*, MMR 2001, 181; *Bettinger*, CR 2000, 618; *Thiele/Rohlfing*, MMR 2000, 591 ff.; *Sosnitza*, K&R 2000, 209; *Hoeren*, EWiR 2000, 193 und 2000, 1129.
195 BGH, CR 2001, 777, 778 – mitwohnzentrale.de.
196 Vgl. nur BGH, GRUR 1986, 547, 548 – Handzettelwerbung.
197 BGH, GRUR 1986, 547, 548 – Handzettelwerbung; GRUR 1963, 200.
198 BGH, GRUR 1986, 547, 548 re. Sp. – Handzettelwerbung.
199 So BGH, GRUR 1986, 547, 548 – Handzettelwerbung; WRP 1963, 50 – Zahnprothesepflegemittel.

sich nur schwer widersetzen kann. Er bewegt sich im Internet vielmehr völlig frei und anonym. Er kann andere Angebote mit höchst geringem körperlichen und finanziellen Aufwand einholen. Die Bequemlichkeit oder Unkenntnis des Users ist nicht ausreichend, damit der User in unzulässiger Weise kanalisiert und umgeleitet wird.

Ein etwaiger Kanalisierungseffekt durch die Verwendung eines reinen Gattungsbegriffs als Domain begründet daher keinesfalls wettbewerbswidriges Verhalten[200]. Der User ist damit vertraut, dass er bei der Eingabe von Second-Level-Domains unter verschiedenen Top-Level-Domains regelmäßig unterschiedliche Informationen angeboten erhält. Er ist darüber hinaus an die Nutzung von Gattungsbezeichnungen als Domains gewöhnt[201]. Er wird somit im Regelfall nicht erwarten, unter einer derartigen Domain alle einschlägigen Anbieter vorzufinden, sondern ist sich der Zufälligkeit der gefundenen Ergebnisse bewusst. 101

Dies hat der BGH in der „mitwohnzentrale.de"-Entscheidung ausdrücklich klargestellt[202]. Mit der Verwendung des Gattungsbegriffs „Mitwohnzentrale" werde nur ein sich bietender Vorteil genutzt, ohne dabei in unlauterer Weise auf bereits dem Mitbewerber zuzurechnende Kunden einzuwirken. Das vom OLG Hamburg herangezogene Freihaltebedürfnis – Gattungsbegriffe dürfen nicht als Markennamen eingetragen werden – sei nicht berührt. Denn eine Internet-Adresse führe anders als eine Marke nicht zu einem Ausschließlichkeitsrecht. Mitbewerber seien nicht gehindert, in ihrer Werbung oder in ihrem Namen den Begriff „Mitwohnzentrale" zu verwenden. Schließlich liege – abgesehen von einer möglichen Irreführung – auch keine unsachliche Beeinflussung der Internet-Nutzer vor. Ein Verbraucher, der den Einsatz von Suchmaschinen als lästig empfinde und stattdessen direkt einen Gattungsbegriff als Internet-Adresse eingebe, sei sich im Allgemeinen über die Nachteile dieser Suchmethode, insbesondere über die Zufälligkeit des gefundenen Ergebnisses, im Klaren. 102

Der BGH wies aber auch darauf hin, dass die Zulässigkeit der Verwendung von beschreibenden Begriffen als Domainnames Grenzen habe. Zum einen könne es missbräuchlich sein, wenn der Verwender nicht nur die Gattungsbezeichnung unter einer Top-Level-Domain (hier: „.de") nutze, sondern gleichzeitig andere Schreibweisen oder die Verwendung derselben Bezeichnung unter anderen Top-Level-Domains blockiere. Zum anderen dürfe die Verwendung von Gattungsbezeichnungen nicht irreführend sein[203]. 103

Der Bundesgerichtshof hat damit die Registrierung generischer Begriffe als Domainnames weitreichend zugelassen und festgestellt, dass sie im Grundsatz keinen rechtlichen Schranken unterworfen ist[204]. Auch die Registrierung generischer Begriffe unterliegt dem Gerechtigkeitsprinzip der Priorität. Dies gilt selbst dann, wenn an einem 104

---

200 So auch LG Hamburg, CR 2000, 617, 618 – lastminute.com; LG Köln, MMR 2001, 197 – zeitarbeit.de; OLG Braunschweig, CR 2000, 614, 615; LG München I, CR 2001, 194, 195 – autovermietung.com; *Renck*, WRP 2000, 264.
201 BGH, GRUR 2005, 687, 688 – weltonline.de.
202 BGH, CR 2001, 777, 778 – mitwohnzentrale.de.
203 Dies war z.B. im Fall „steuererklaerung.de", OLG Nürnberg, WRP 2002, 343, 344, der Fall.
204 Hierzu ausdrücklich BGH, CR 2005, 593 – weltonline.de.

generischen Begriff gleichzeitig ein Namens- oder Kennzeichenrecht eines Dritten besteht, solange es sich hierbei nicht um einen bekannten Namen handelt[205]. Wenig überzeugend sind vor diesem Hintergrund Entscheidungen, die aus der Verwendung generischer Domains allein eine Irreführungsgefahr ableiten wollen[206]. Die Überlegung, dass der User in der Verwendung einer generischen Bezeichnung, gegebenenfalls ergänzt mit einem Ortsnamen, eine Alleinstellungsbehauptung sehen würde, erscheint schon mit Blick auf die allgemeinen Verkehrskreise realitätsfern, bei Internetnutzern, die an die Verwendung von Gattungsbezeichnungen gewöhnt sind, geradezu abwegig.

105 Nur im Ausnahmefall müssen durch die konkrete Gestaltung der Homepage Irreführungen des Verkehrs, beispielsweise durch klarstellende Zusätze, vermieden werden. Unterbleiben derartige Zusätze, kann die Nutzung von Branchenbezeichnungen für Portale problematisch sein, die aufgrund ihrer konkreten Gestaltung den Eindruck erwecken, sie böten ein umfassendes Angebot an. Hier muss Mitbewerbern wenigstens eine faire Chance der Teilnahme eingeräumt werden[207], um eine Irreführungsgefahr zu vermeiden.

106 In **Fall 5** sind Unterlassungsansprüche gegen A nicht gegeben. A ist berechtigt, eine Gattungsbezeichnung als Second-Level-Domain registrieren zu lassen. Zwar mag eine Reihe von Usern die Internet-Auftritte von Autovermietern nicht über Suchmaschinen, sondern durch die direkte Eingabe von Domains anwählen. User werden dazu aber primär die ihnen bekannten Marken der Marktführer nutzen. Wer gleichwohl den Gattungsbegriff „Autovermietung" als Second-Level-Domain eingibt, erkennt bei Aufruf der Website sofort, dass es sich um einen einzelnen Anbieter und nicht um ein umfassendes Portal handelt. Eine Kanalisierung von Kundenströmen ist daher nicht zu befürchten. Außerdem ist dem User bekannt, dass neben A eine Reihe weiterer Anbieter am Markt präsent sind. Die Ausnutzung der besonderen Einprägsamkeit der gewählten Domain ist per se noch nicht wettbewerbswidrig.

Eine Anwendung von § 4 Nr. 4 UWG kommt aber in **Fall 6** in Betracht. P hat ein Portal eröffnet, das dem User einen umfassenden, wenn auch nicht vollständigen Katalog der Berliner Pizzadienste präsentiert. Es ist also durchaus denkbar, dass User wegen des Portalcharakters der Website von P sich mit diesem einfachen Weg zu dem gewünschten Angebot eines Katalogs Berliner Pizzadienste zufrieden geben und aus Bequemlichkeit und weil sie die Adressen der Internet-Auftritte anderer Pizzadienste nicht kennen, diese nicht auch noch anwählen. Ein unlauteres Umleiten von Kundenströmen liegt hierin gleichwohl nicht, da P keine User, die schon eine Kontaktabsicht zu einem Mitbewerber gezeigt haben, zum Kontakt mit ihm drängt. Nach herrschender Auffassung liegt daher auch in Fall 6 kein Verstoß gegen § 4 Nr. 4 UWG vor. Zur Vermeidung einer Irreführung des Verkehrs ist P aber ein klarstellender Hinweis zu raten, dass er kein umfassendes Angebot Berliner Pizzadienste vorhalte und dass noch weitere Angebote bestünden.

c) Tippfehler-Domains

107 Bei einer „Tippfehler-Domain" handelt es sich um eine von einem Anbieter registrierten Domain, die den Zweck verfolgt, Schreibfehler bei der Eingabe des URL auszunutzen und Personen auf die eigene Website umzuleiten, die eigentlich durch tippfehlerfreie Eingabe

---

205 BGH, CR 2005, 593 – weltonline.de m.w.N.
206 So beispielsweise OLG Hamm, MMR 2003, 471 ff. – tauchschule-dortmund.de.
207 So auch OLG Braunschweig, CR 2000, 614, 615 – stahlguss.de; *Ernst*, MMR 2001, 181, 183; LG Frankfurt, CR 2001, 713 – drogerie.de.

eines URL auf eine andere Website gelangen wollten. In einem vom BGH entschiedenen Fall ging es um die Domain wetteronlin.de[208]. Der Registrierende verfolgte den Zweck, Nutzer auf die von ihm unter dieser Adresse betriebene Internetseite zu leiten, die eigentlich zu wetteronline.de wollten, sich aber vertippt hatten.

Der BGH stellte zunächst fest, dass diese Fallkonstellation nichts zu tun habe mit der Verwendung von Gattungsbegriffen in unterschiedlicher Schreibweise, etwa mit oder ohne Umlaute. Dies sei wettbewerbsrechtlich hinzunehmen[209]. Die Verwendung unterschiedlicher Schreibweisen ein und desselben Gattungsbegriffs sei in der Verwendung derartiger Bezeichnungen angelegt und Teil des Wettbewerbs. 108

Obwohl zwischen dem Betreiber von wetteronline.de und dem Betreiber einer Website, die Dritten entgeltliche Werbung ermöglicht, keine Branchennähe besteht, hat der BGH ein konkretes Wettbewerbsverhältnis zwischen den Beiden im Sinne von § 2 Abs. 1 Nr. 3 UWG bejaht. Da die Attraktivität von Internetwerbung davon abhänge, wie häufig und intensiv die Website von Interessenten besucht werde, kann das Umleiten von Besucherströmen durch das Betreiben einer Tippfehlerdomain den Absatz des Betreibers der Tippfehlerwebsite fördern und denjenigen von wetteronline.de behindern[210]. 109

Die Tippfehler-Domain hat der BGH unter dem Gesichtspunkt des Abfangens von Kunden geprüft. Es sei eine unlautere Behinderung des Mitbewerbers, wenn sich ein Mitbewerber gewissermaßen zwischen den anderen Mitbewerber und dessen Kunden stelle, um Letzteren eine Änderung ihres Entschlusses, das Angebot des Mitbewerbers in Anspruch zu nehmen, aufzudrängen[211]. Die Tippfehler-Domain würde typische und deshalb vorhersehbare Versehen bei der Adresseingabe ausnutzen und User, die auf eine andere Website wollten, auf das eigene Angebot umleiten. Hierfür bestehe kein schützenswertes Interesse. Hingegen bestünde ein Interesse des Mitbewerbers, seine Leistungen am Markt durch eigene Anstrengungen in angemessener Weise zur Geltung zu bringen. Umgeleitete Betroffene würden aus Verärgerung oder weil sie sich mit dem Grund der Fehlleitung nicht näher befassen wollten, einen anderen Wetterdienst suchen. Man könne nicht davon ausgehen, dass Nutzer den Fehler nur bei sich suchen und die richtige Schreibweise in der Browserzeile kontrollieren würden[212]. 110

d) Gefahr einer Irreführung des Verkehrs (§ 5 UWG)

Eine relevante Irreführungsgefahr kommt in Betracht, wenn aufgrund der Nutzung einer Domain und des Inhalts des mit ihr konnektierten Internetauftritts bei den ange- 111

---

208 BGH, GRUR 2014, 393 ff. – wetteronlin.de
209 BGH, GRUR 2014, 393 ff. – wetteronlin.de, zitiert nach juris, Rdnr. 41; OLG Köln, GRUR RR 2006, 19.
210 BGH, GRUR 2014, 393 ff. – wetteronlin.de, zitiert nach juris, Rdnr. 26; BGHZ 168, 314 ff. – Kontaktanzeigen, zitiert nach juris, Rdnr. 14.
211 BGH, GRUR 2009, 876 – Änderung der Voreinstellung II, Rdnr. 21; BGH, GRUR 2010, 346 – Rufumleitung, Rdnr. 15; BGH, GRUR 2012, 645 – Mietwagenwerbung, Rndr. 17; BGH, GRUR 2014, 393 – wetteronlin.de, Rdnr. 35.
212 BGH, GRUR 2014, 393 ff. – wetteronlin.de, Rdnr. 39.

sprochenen Verkehrskreisen eine unzutreffende Annahme über die Eigenschaft des Angebots oder des hinter ihr stehenden Anbieters erzeugt würde. Positiv ausgedrückt kann durch entsprechende Klarstellungen auf der Website selbst ein Irreführungspotenzial der Domain selbst beseitigt werden[213].

112 Irreführungsgefahren können dabei nicht nur von Second-Level-Domains ausgehen. Nachdem in Mode gekommen ist, Geschäftsbezeichnungen in die Top-Level-Domain auszudehnen und als Namensbestandteil zu nutzen, sind auch die TLDs in den Fokus wettbewerbsrechtlichen Interesses gerückt[214]. Zwar wissen die allgemeinen Verkehrskreise, dass die TLD eine reine Gattungsangabe ist und z.B. auf das Registrierungsland einer Domain hinweist. Gerade TLDs wie „.tv" (ccTLD für Tuvalu) werden aber gern verwendet, um einen Fernsehsender zu bezeichnen. Ebenso wird die Top-Level-Domain „.ag" benutzt, um den Eindruck hervorzurufen, man sei eine Aktiengesellschaft. Stimmen die Vorstellungen des Verkehrs nicht mit der Realität überein, ist die Annahme einer Irreführungsgefahr gem. § 5 UWG nahe liegend[215]. Hingegen löst eine Top-Level-Domain „.at" allein noch keine Fehlvorstellungen im Verkehr aus, wenn der Namensträger nicht aus Österreich, sondern aus Deutschland kommt. Der Verkehr erwartet hinter einer ccTLD keineswegs zwingend ein Angebot mit einem wie auch immer gearteten Bezug zu dem jeweiligen Land[216].

9. Der kennzeichenrechtliche Schutz von Domainnames

113 Die überwiegende Mehrzahl der gerichtlichen Entscheidungen zu Domain-Konflikten betrifft die Frage, ob aus einer Marke oder einer geschäftlichen Bezeichnung einschließlich eines Werktitels Rechte gegen den Benutzer einer identischen Domain hergeleitet werden können. Im Folgenden wird der umgekehrte Fall beleuchtet, nämlich ob *aus* einer Domain kennzeichenrechtliche Aspekte geltend gemacht werden können.

114 Dies setzt voraus, dass Domains überhaupt kennzeichenrechtliche Identifizierungsfunktion besitzen. Hier hat sich nach anfänglichem Widerstand von Instanzgerichten durchgesetzt, dass eine Domain typischerweise so gewählt wird, dass sie auf das Unternehmen des Betreibers einer Website oder die Produkte, die auf der Website präsentiert werden, hinweist und folglich ein hohes Identifizierungspotenzial besitzt[217]. Die Domain ist hierbei kein Kennzeichen sui generis, das neben den bestehenden Grundsätzen des Kennzeichenrechts ein Eigenleben entwickelt. Vielmehr kommt ein

---

213 Vgl. BGH, MMR 2001, 666 ff. – Mitwohnzentrale; OLG Hamburg, MMR 2003, 537 – Mitwohnzentrale II.
214 Vgl. OLG Hamburg, MMR 2004, 680, 681 – Tipp.ag.
215 So auch in dem Fall OLG Hamburg, MMR 2004, 680 ff. – Tipp.ag.
216 LG Hamburg, CR 2005, 307, 308 – Sartorius.at; OLG Karlsruhe, CR 1999, 783 – badwildbad.com.
217 So auch der Bundesgerichtshof in ständiger Rechtsprechung seit BGH, CR 2002, 525, 526 – shell.de.

kennzeichenrechtlicher Schutz von Domains nur in Betracht, wenn diese nach allgemeinen kennzeichenrechtlichen Grundsätzen die bekannten Schutzvoraussetzungen erfüllen[218].

a) Rechtsnatur der Domainnames

Die „Domain" ist zunächst nicht mehr als eine virtuelle Adresse im Internet, die den Standort gesuchter Informationen auf einem ans Internet angeschlossenen Computer (Server) angibt, wobei statt der technisch notwendigen IP-Nummer der korrespondierende Domainname eingesetzt wird. Der Domainname ist daher per se ein Faktum ohne jede rechtliche Zuordnungsfunktion. Eine Zuordnungs- und Kennzeichnungsfunktion kann sich nur aus der Benutzung in Verbindung mit Webinhalten entwickeln, wenn dadurch die Voraussetzungen eines Schutzgesetzes – als Name, Marke, Titel oder geschäftliche Bezeichnung – erfüllt sind[219]. Relevanz erhält die Fragestellung nach einem eigenständigen Schutz des Domainnames damit meist nur in den – sehr seltenen[220] – Fällen, in denen für die als Internetadresse eingesetzte Zeichenfolge nicht bereits aufgrund ihrer Benutzung in der realen Welt oder aufgrund Eintragung ins Markenregister gem. § 4 Abs. 1 MarkenG ein Kennzeichenschutz entstanden ist. Denn in all jenen Fällen beruht die Kennzeichnungskraft der Zeichenfolge nicht auf ihrer Nutzung als Internetadresse, sondern auf der Assoziation der Zeichenfolge mit einer Person, einem Unternehmen oder einem Produkt außerhalb des Internet. Der Domainname ist in diesem Fall nur eine von mehreren Benutzungsformen der bereits anderweitig geschützten Zeichenfolge, vergleichbar mit der Nutzung des Personennamens als Vanity-Telefonnummer, die ebenfalls nur einen Namensgebrauch darstellt und nicht zum Schutz der Telefonnummer nach § 12 BGB führt.

115

Ist die Zeichenfolge außerhalb des Internet jedoch unbekannt, so muss sich deren Kennzeichnungskraft ausschließlich aus ihrer Benutzung als Internetadresse ergeben. Richtigerweise muss die Frage lauten, ob im Einzelfall bereits die ausschließliche Verwendung einer Zeichenfolge als Domainname vom Verkehr als Hinweis auf ein Produkt, ein Unternehmen oder ein Werk verstanden wird und daher zur Entstehung einer Marke, eines Werktitels oder einer geschäftlichen Bezeichnung kraft Verkehrsgeltung führt.

116

---

218 BGH, CR 2005, 284 – soco.de; OLG München, CR 1999, 778 – tnet; OLG Hamburg, CR 1999, 184, 185 – emergency.de; *Hackbarth*, CR 1999, 186, 187; *Fezer*, MarkenR, 4. Auflage 2009, § 3 MarkenG Rdnr. 307 ff.; *Ingerl/Rohnke*, MarkenG, 3. Auflage 2010, nach § 15 Rdnr. 34 ff.
219 *Bücking*, NJW 1997, 1887; *Nordemann*, NJW 1997, 1891, 1892; *Renck*, NJW 1999, 3587, 3588; *Völker/Weidert*, WRP 1997, 652, 656; *Wiebe*, CR 1998, 157, 163; *Wegner*, CR 1999, 250.
220 Ebenso *Hoeren/Sieber/Viefhues*, Handbuch Multimedia Recht, Losebl., Teil 6 Rdnr. 57 f.; *Welzel*, MMR 2001, 131, 133.

b) Der Kennzeichenschutz der Domainnames

aa) Markenschutz

117 Markenschutz kann für eine Kennzeichenfolge gem. § 4 Nr. 1 MarkenG durch Eintragung ins Markenregister beim Deutschen Patent- und Markenamt erreicht werden. Ebenso kann ein Markenschutz ohne Registereintrag gem. § 4 Nr. 2 MarkenG entstehen, wenn kein Freihaltebedürfnis besteht und ein nicht unerheblicher Teil der Verkehrskreise in der Zeichenfolge einen Herkunftshinweis für ein Produkt sieht[221].

118 Die erforderliche Verkehrsgeltung kann insbesondere für Internetdienstleistungen in Betracht kommen. Man denke an Online-Banking-Angebote, Beratungsseiten oder Internetzeitungen. Als Warenmarken kommen beispielsweise Softwareangebote in Betracht. Indes geht es stets nur um die Kennzeichnung der Produkte, nicht um den Anbieter (z.B. Onlineshop), dessen Name als geschäftliche Bezeichnung geschützt werden könnte. Dies hängt davon ab, ob der Domain Namensfunktionen für das auf der Website betriebene Unternehmen zukommen[222]. In Rechtsprechung und Literatur war die Frage umstritten[223], wie im Folgenden gezeigt wird.

bb) Schutz als geschäftliche Bezeichnung

119 Wesentlich häufiger wird in Betracht kommen, dass eine Domain zur Kennzeichnung des Betreibens eines Internetangebotes verwendet wird. Man denke an amazon.de oder docmorris.de. Zur Begründung des Schutzes als geschäftliche Bezeichnung i.S.d. § 5 MarkenG ist dann eine Eigenartigkeit der Zeichenfolge erforderlich, die geeignet ist, vom Verkehr als Unterscheidungskriterium von anderen Unternehmen aufgefasst zu werden[224].

120 Auch Buchstabenkombinationen können, sofern die oben genannten Voraussetzungen vorliegen, als Domain Kennzeichenschutz genießen. Dies hat der BGH[225] bestätigt. Die tatsächliche Entwicklung bei der üblichen Bildung von Unternehmenskennzeichen gehe verstärkt in Richtung Verwendung von Abkürzungen. Oft seien als Marke eingetragene Abkürzungen und Geschäftsbezeichnungen identisch. Mit Blick auf diese Entwicklung könne nicht aussprechbaren Buchstabenkombinationen nicht mehr die Namensfunktion abgesprochen werden[226]. Es ist somit nach allgemeinen Regeln festzustellen, ob nach Auffassung des Verkehrs einer Buchstabenkombination Unterschei-

---

221 Wegen der Einzelheiten vgl. *Ingerl/Rohnke*, MarkenG, 3. Auflage 2010, nach § 15 Rdnr. 58; *Fezer*, MarkenR, 4. Auflage 2009, § 4 MarkenG, Rdnr. 37 ff.
222 BGH, GRUR 1986, 475, 476 – Fernschreibkennung, das Problem allerdings offenlassend.
223 Für das Erfordernis der Verkehrsgeltung: *Fezer*, MarkenR, 4. Auflage 2009, Einleitung G Rdnr. 36; Schutz ohne Verkehrsgeltung, wenn sich die Domain außerhalb des Internet auf Geschäftsbriefen etc. wiederfindet: so z.B. LG Düsseldorf, CR 1998, 688, 689 – jpnw.de; LG Düsseldorf, Entscheidungen 2000 der ZK 4, Heft 1 S. 21, 22 – babynet.de; *Hackbarth*, CR 1999, 186, 187; Schutz ohne Verkehrsgeltung und ohne Benutzung außerhalb des Internet: LG München I, CR 1999, 451, 452 – fnet; unklar: OLG Hamburg, CR 1999, 184, 186 – emergency.de.
224 *Ingerl/Rohnke*, MarkenG, 3. Auflage 2010, nach § 15 Rdnr. 4222.
225 BGH, GRUR 2001, 344, 345 – DB Immobilienfonds; OLG Hamburg, MMR 2006, 608, 611 – ahd.de.
226 BGH, GRUR 2001, 344, 345 – DB Immobilienfonds.

dungskraft zukommt oder ein konkretes Freihaltebedürfnis besteht. Letzteres kann vor allen Dingen dann der Fall sein, wenn das Zeichen mehrdeutig ist[227].

Second-Level-Domains werden auch gerne aus Gattungsbezeichnungen, geographischen Bezeichnungen oder solchen Worten, für die ein Freihaltebedürfnis besteht[228], gebildet. Wer einen Gattungsbegriff als Second-Level-Domain gewählt hat, kann hieraus keine kennzeichenrechtlichen Ansprüche gegen Dritte ableiten. Hierzu fehlt es an der Unterscheidungskraft der Second-Level-Domain, die nicht geeignet ist, auf das Unternehmen ihres Inhabers hinzuweisen[229]. 121

Der Bundesgerichtshof hat in der „soco.de"-Entscheidung[230] klargestellt, dass durch die Benutzung einer Domain ein Unternehmenskennzeichen erworben werden kann, wenn der Verkehr in der als Domainname gewählten Bezeichnung nichts Beschreibendes, sondern einen Herkunftshinweis erkennen kann[231]. Der Erwerb von Verkehrsgeltung ist somit nur dann erforderlich, wenn die Domain nicht ausschließlich einen Herkunftshinweis erkennen lässt, sondern z.B. beschreibenden Charakter hat. Soweit ein Zeichen auch außerhalb des Internet genutzt wird und dort bereits Verkehrsgeltung erlangt hat, stellt die Verwendung als Domain lediglich eine Benutzungsform des anderweitig zur Entstehung gelangten Unternehmenskennzeichenrechts dar. In diesem Fall bedarf es nicht der Beantwortung der Frage, ob in der Nutzung der Domain die Entstehung eines eigenen Unternehmenskennzeichens liegt. 122

Die „soco.de"-Entscheidung des Bundesgerichtshofs hat darüber hinaus klargestellt, dass die im Internet technisch bedingte ubiquitäre Nutzung einer Domain nicht auf einen räumlich unbeschränkten Wirkungsbereich eines Unternehmens schließen lasse[232]. Unternehmen mit einem lokalen Wirkungskreis weiten ihren Geschäftsbereich nicht allein deshalb unbeschränkt aus, weil sie einen Internetauftritt zum Abruf bereithalten. Soweit zwei lokale Unternehmen kennzeichenrechtlich über die Rechte an einer Domain streiten, kommt eine Kennzeichenverletzung nur in Betracht, wenn sich die Tätigkeit der Unternehmen außerhalb des Internet begegnet oder der Internetauftritt des vermeintlichen Zeichenverletzers unzweifelhaft auf eine Ausweitung des Geschäftsbetriebs hindeutet, die zu einer Konkurrenzsituation mit dem Angreifer führt. 123

cc) Titelschutz

Schließlich können Second-Level-Domains gem. § 5 Abs. 3 MarkenG Titelschutz genießen. Voraussetzung ist zunächst, dass sie ein immaterielles, auf geistiger Leistung beruhendes Gesamtwerk bezeichnen[233]. Erforderlich ist demnach, dass die Website 124

---

227 OLG Hamburg, MMR 2006, 608, 611 – ahd.de.
228 Vgl. BGHZ 21, 73 – Hausbücherei; BGH, GRUR 1977, 503 – Datenzentrale; OLG Frankfurt, NJW-RR 86, 535 – Alta moda; BGH, NJW-RR 1989, 808.
229 BGH, MMR 2005, 534 – weltonline.de; OLG Hamburg, CR 1999, 184, 186 – emergency.de.
230 BGH, CR 2005, 284, 285 – soco.de.
231 BGH, CR 2005, 284, 285 – soco.de; OLG München, CR 1999, 778 – tnet.de.
232 BGH, CR 2005, 284, 285 – soco.de; ebenso BGH, CR 2006, 54, 56 – seicom.
233 BGH, GRUR 1993, 767, 768 – Zappelfisch; *Fezer*, MarkenR, 4. Auflage 2009, § 8 MarkenG Rdnr. 312; *Wiebe*, CR 1998, 157, 160; *Omsels*, GRUR 1997, 328, 331.

selbst, die die Domain kennzeichnet, ein immaterielles, auf geistiger Leistung beruhendes Gesamtwerk darstellt, das vom Verkehr als möglicher Gegenstand des Wirtschaftsverkehrs, das üblicherweise besonders gekennzeichnet wird, betrachtet wird. Dies kommt bei Internet-Zeitschriften, -Büchern, -Katalogen, -Spielen oder -Rundfunksendungen in Betracht. Die reine Ansammlung von Informationen, mag sie noch so umfangreich sein, ist nicht ausreichend[234]. Die Abgrenzung hat danach zu erfolgen, ob der Schwerpunkt der zu beurteilenden Website auf dem Angebot der Informationsdienstleistung oder der Präsentation eines eigenständigen geistigen Arbeitsergebnisses liegt. Die Abgrenzung ist im Einzelfall schwierig. Als titelfähige Werke im Internet kommen Internetlexika (z.B. wikipedia), Onlinezeitungen (Netzeitung.de), virtuelle Welten (Secondlife) oder Informationsdienste (google-earth) in Betracht. Nicht titelfähig sind hingegen bloße Linksammlungen und Datenbanken, weil ihnen regelmäßig eine gedankliche Leistung mit kommunikativem Inhalt[235] fehlt. Auch Onlineveranstaltungen (Lern- und Schulungswebsites) kommen in Betracht. Bei Portalen und Communities wird es hingegen meist am immateriellen geistigen Gehalt des Produkts „Portal" oder „Community" fehlen.

10. Rechtsfolgen

a) Passivlegitimation

125 Anspruchsgegner ist unabhängig vom geltend gemachten Anspruch stets der Domain-Inhaber. Er ist als „descr:" registriert. Er kann sich auch nicht über §§ 7 ff. TMG und deren Haftungsfilterfunktion der Inanspruchnahme entziehen. Die Anwendung von §§ 7 ff. TMG würde voraussetzen, dass es sich bei dem Domain-Inhaber um den Anbieter eines Telemediums handelt. Dies ist nicht der Fall, da der Domain-Inhaber keine kommunikativen Inhalte anbietet[236]. Umstritten ist, ob neben dem Domain-Inhaber auch der „admin-c" passivlegitimiert ist. Hierzu sei auf die ausführliche Behandlung dieser Problematik in Kapitel VII verwiesen. Nach den DENIC-Registrierungsrichtlinien ist er die Person, die als Bevollmächtigter des Domain-Inhabers berechtigt und verpflichtet ist, sämtliche die Domain betreffenden Angelegenheiten verbindlich zu entscheiden. Zu verneinen ist in jedem Fall die Störereigenschaft jedoch für den technischen Ansprechpartner (tech-c) und den Zonenverwalter (zone-c). Ihnen kommt rechtlich wie tatsächlich lediglich technische Bedeutung zu. Sie besitzen weder eine Prüfungspflicht noch kann man ihnen eine solche zumutbar auferlegen, da ein etwaiger Störungszustand nicht ohne Weiteres erkennbar ist[237].

---

234 Deshalb unrichtig: OLG Dresden, CR 1999, 102, 103 – dresden-online.de.
235 Grundlegend: BGH, GRUR 1993, 767 ff. – Zappelfisch; *Fezer*, MarkenR, 4. Auflage 2009, § 15 MarkenG Rdnr. 263.
236 OLG Hamburg, MMR 2000, 92 – gluecksspiel.com; so auch *Spindler*, NJW 1997, 3193, 3195.
237 So jetzt auch OLG Hamburg, MD 2003, 1027, 1034 – nimm2.com; a.A. noch OLG Hamburg, MMR 2000, 92 – gluecksspiel.com.

b) Ansprüche

Unabhängig davon, aus welcher Anspruchsgrundlage Schutz gewährt wird, kann der Verletzte Ansprüche auf Unterlassung, Schadensersatz, Auskunft über den Umfang der Verletzung oder gar Löschung der Domain geltend machen. 126

aa) Unterlassungsanspruch

Unterlassungsansprüche folgen aus §§ 14 Abs. 5, 15 Abs. 4 MarkenG, §§ 3, 8 Abs. 1 Satz 1 UWG oder §§ 12, 1004 BGB. 127

Üblicherweise hat der Verletzte Anspruch darauf, dass jedwede verletzungsfähige Kennzeichnung durch den Verletzer unterlassen wird. Dies trifft im Bereich des Domain-Schutzes nur bedingt zu. 128

Der Unterlassungsanspruch ist dabei nicht erst dann gegeben, wenn ein nicht Berechtigter eine Website unter Nutzung einer die Rechte Dritter verletzenden Domain ins Netz stellt. Vielmehr ist bereits die durch den nicht Berechtigten vorgenommene Registrierung eines Zeichens als Domainname eine kennzeichenmäßige Benutzung und eine Namensanmaßung und damit eine Rechtsverletzung[238]. In der Registrierung einer Domain liege, so der Bundesgerichtshof, schon eine Zuordnungsverwirrung und es werde ein besonders schutzwürdiges Interesse des Kennzeicheninhabers beeinträchtigt[239]. Denn die mit dieser Bezeichnung gebildete Internetadresse könne nur einmal vergeben werden. Zwar muss jeder Kennzeichenrechtsinhaber hinnehmen, dass ein anderer Berechtigter ihm zuvorkommt und einen Domainname für sich registrieren lässt, er braucht aber nicht zu dulden, dass er aufgrund der Registrierung durch einen nicht Berechtigten von der Nutzung seines eigenen Namens ausgeschlossen wird. 129

Schwieriger liegen die Dinge bei Domains, deren Registrierung Markenrechte oder Rechte an geschäftlichen Bezeichnungen verletzen können. Die Registrierung eines Domainnames stellt nach der Rechtsprechung[240] keine Benutzung eines Zeichens im geschäftlichen Verkehr dar, solange kein Grabbing-Fall gegeben ist. Dies setzt vielmehr ernsthafte und greifbare tatsächliche Anhaltspunkte voraus, die ein solches Handeln vermuten lassen. Diese können in der Anmeldung der Domain durch ein kaufmännisches Unternehmen liegen. Hieraus kann aber keinesfalls hergeleitet werden, dass bei einer Verwendung der Domainnames neben dem Handeln im geschäftlichen Verkehr notwendig auch die weiteren Voraussetzungen kennzeichenrechtlicher Ansprüche gegeben sind[241]. Insbesondere stellt die Registrierung einer Domain noch keine kennzeichenmäßige Benutzung dar[242]. 130

---

238 BGH, CR 2005, 362, 363; CR 2003, 845 – maxem.de; vgl. aber den richtigen Hinweis des OLG Hamburg, MMR 2006, 608, 609 – ahd.de, dass es hierzu zumindest der Feststellung einer Begehungsgefahr der Nutzung der Domain für konkrete Inhalte bedarf.
239 BGH, CR 2003, 845 – maxem.de.
240 BGH, CR 2008, 730, 731 – Metrosex; CR 2005, 593 ff. – weltonline.de.
241 BGH, CR 2008, 730, 731, Rdnr. 19 – Metrosex.
242 BGH, CR 2008, 730, 731, Rdnr. 24 – Metrosex.

131 Zwar kann nur der Verletzte aus einem Unterlassungstitel gegen die Verwendung seines Kennzeichens als Second-Level-Domain unter jeder Top-Level-Domain vorgehen. Auch ist der Unterlassungsanspruch nicht auf die Verwendung des Zeichens als Internet-Domain beschränkt, sondern bezieht sich auf jede Art rechtswidriger Benutzung durch Dritte. Jedoch ist der Verletzte durch den Unterlassungstitel nur gegen die Benutzung identischer oder quasi identischer Bezeichnungen als Domainname gefeit, da das Erfordernis der Verwechslungsgefahr sehr eng ausgelegt wird und schon bei geringfügigen Abwandlungen und Zusätzen entfällt, um der Namensknappheit im Cyberspace wirksam begegnen zu können.

132 Der Unterlassungsanspruch kann auch nicht gegen die Registrierungsorganisation (z.B. DENIC) gerichtet werden, für alle Zeit einen konkreten Namen zur Nutzung als Domainname zu sperren. So scheiterte beispielsweise der ehemalige sächsische Ministerpräsident Kurt Biedenkopf mit dem Anliegen, der Registrierungsorganisation (hier: DENIC) für alle Zeit zu verbieten, dass sein Name in einem Domainname verwendet wird[243]. Der Bundesgerichtshof hat eine solche absolute Sperre eines Domainnames mit der Begründung verneint, ein namensgleicher Dritter könne ohne Weiteres eine Domain registrieren lassen. Hiergegen könne sich der Namensinhaber auch deshalb nicht wenden, weil der Registrierungsorganisation in einem derartigen Fall keine Prüfungspflichten oblägen[244]. Eine derartige Registrierung sei zulässig, so dass ein absoluter Anspruch auf Sperrung eines Domainnames von dem ehemaligen sächsischen Ministerpräsidenten nicht mit Erfolg geltend gemacht werden könne.

bb) Schadensersatzanspruch

133 Unter der Voraussetzung der zumindest fahrlässigen Begehung der Rechtsverletzung besteht regelmäßig ein Schadensersatzanspruch nach §§ 14 Abs. 6, 15 Abs. 5 MarkenG, §§ 823 Abs. 1, 12 BGB, § 826 BGB oder § 9 UWG.

134 Der Anspruch auf Ersatz des entstandenen Schadens ist – wie in markenrechtlichen und namensrechtlichen Auseinandersetzungen üblich – wahlweise nach dem tatsächlich entstandenen nachweislichen Schaden, in Form der Herausgabe des Verletzergewinns oder nach der Höhe einer angemessenen Lizenzgebühr für die Benutzung des Domainnames während der Dauer der Verletzung zu bemessen. Letztere dürfte hierbei die am einfachsten zu handhabende Berechnungsart darstellen, da sich derartige Lizenz- bzw. Pachtgebühren problemlos mit Hilfe der einschlägigen Domain-Mietbörsen[245] ermitteln lassen[246].

---

243 BGH, MMR 2004, 467, 468 – kurt-biedenkopf.de; Vorinstanz: OLG Dresden, MMR 2001, 459 ff.
244 BGHZ 148, 13, 20 – ambiente.de; MMR 2004, 467, 469 – kurt-biedenkopf.de.
245 Bsp. www.domain-markt.de; www.domainspezialist.de; www.sammler-shop.com.
246 A.A. wohl OLG Karlsruhe, CR 2003, 696, 697 – zwilling.de, wonach die Bekanntheit einer Marke, deren guter Ruf und dessen Ausnutzung keine Kriterien für die Bemessung des Schadens sein soll.

cc) Auskunftsanspruch

Auskunftsansprüche über die Verletzungshandlungen folgen aus § 242 BGB. Der Verletzte ist üblicherweise nicht in der Lage, den Umfang seines Schadens zu beziffern, solange er nicht über den Umfang der Verletzungshandlung voll informiert worden ist. Da dies dem Verletzer regelmäßig ein Einfaches ist, kann der Verletzte entsprechend Auskunft verlangen. Der in § 19 MarkenG geregelte Anspruch über Herkunft und Vertriebsweg spielt bei Markenverletzungen durch Domains keine Rolle, sei jedoch der Vollständigkeit halber erwähnt.

135

dd) Anspruch auf Übertragung einer Domain?

Früher wurde diskutiert, ob der Berechtigte vom Domain-Inhaber die Übertragung der Domain verlangen kann. Dieser dem Kennzeichenrecht eigentlich fremde Anspruch war vor einigen Jahren von besonderer Bedeutung, um zu verhindern, dass ein Dritter nach der Verzichtserklärung des Domain-Inhabers gem. dem „First-come-first-served"-Prinzip dem eigentlichen Berechtigten die Domain „wegschnappen" konnte. Die wirtschaftliche Bedeutung des Übertragungsanspruchs ist aber dort entfallen, wo die Registrierungsstellen sog. „Dispute-Einträge" zulassen. So wird beispielsweise von der DENIC [247] eine Domain mit einem Dispute-Eintrag versehen, wenn ein Dritter glaubhaft macht, dass er ein Recht auf die Domain hat und dieses gegenüber dem Domain-Inhaber geltend macht. Der Dispute-Eintrag hat Wirkung für ein Jahr (verlängerbar) und bewirkt, dass die Domain zwar weiter genutzt, jedoch nicht auf Dritte übertragen werden kann. Besondere Kosten sind mit dem Dispute-Eintrag nicht verbunden. Da dem Berechtigten auch kein Prioritätsverlust droht, kann er mit einem Dispute-Eintrag und der späteren Vorlage eines rechtskräftigen Titels erreichen, dass die Domain automatisch auf ihn eingetragen wird[248]. Für einen darüber hinausgehenden Übertragungsanspruch besteht dort kein wirtschaftliches Bedürfnis mehr.

136

> Fraglich ist, ob Shell in **Fall 3d** ein Übertragungsanspruch zusteht.
>
> Dieser kann nicht in Schadensersatz- oder Beseitigungsansprüchen gesehen werden. Folge eines Schadensersatz- oder Beseitigungsanspruchs ist nämlich, dass der Verletzer den Störungszustand nicht weiter aufrechterhalten darf[249]. Er ist aber nicht verpflichtet, an einer Verbesserung der Rechtsstellung des Verletzten mitzuwirken. Eine Übertragung der Domain würde den Verletzten aber besser stellen, als er vor der Kennzeichenverletzung stand. Danach war er nämlich nicht Inhaber einer registrierten Domain. Weiter scheitern auch Ansprüche aus §§ 687 Abs. 2, 681, 667 BGB bzw. § 812 Abs. 1 Satz 1 Alt. 2 BGB (Eingriffskondiktion). Die Registrierung einer Internet-Domain ist schon kein objektiv fremdes Geschäft des Berechtigten. Auch kann die Übertragung einer Domain nicht als Herausgabe des durch die Geschäftsführung Erlangten aufgefasst werden. Erlangt hat der Domain-Inhaber zwar die eigene Inhaberschaft an der Domain, die wiederum kann er nicht herausgeben. Der Wertersatzanspruch zu Gunsten des Berechtigten (§ 818 Abs. 2 BGB) hilft wenig weiter. Eine Herausgabe scheitert auch daran, dass für die Übertragung die Mitwirkung der DENIC erforderlich[250] wäre.

137

---

247 https://www.denic.de/service/dispute.
248 Vgl. *Bottenschein*, MMR 2000, 623, 625.
249 BGH, CR 2002, 525, 529 – shell.de; OLG Frankfurt a.M., MMR 2001, 158 – shuttle-soft-online.de; OLG Hamburg, MMR 2001, 196 – derrick.de; OLG Hamm, CR 1998, 241, 243 – krupp.de.
250 LG Hamburg, MMR 2000, 620, 623 – joop.de.

Die auch diskutierte Analogie zu § 894 BGB scheitert an einer Übertragbarkeit des Zweckes der Norm. Die Bestimmung ist Ausfluss des in § 892 BGB verankerten öffentlichen Glaubens des Grundbuchs. Die Registrierung einer Internet-Domain kann diesen jedoch gerade nicht beanspruchen. Die Registrierungsstellen übernehmen keine irgendwie geartete Garantie für die Rechtskonformität der Registrierung[251]. Auch eine Analogie zu § 8 Abs. 1 Satz 2 PatG scheitert. Hier handelt es sich um einen dinglichen Anspruch, der dem Herausgabeanspruch des § 985 BGB ähnlich ist. Der Anspruch folgt aus dem erfinderrechtlichen Charakter des Patents. Dieser Charakter ist bei Namens- und Kennzeichenrechten gerade nicht vorhanden[252]. Im Ergebnis ist ein Anspruch von Shell auf Übertragung des Domainnames – in Übereinstimmung mit dem BGH im gleichnamigen Fall – abzulehnen.

ee) Beseitigungsanspruch (Einwilligung in die Löschung)

138 **Fall 3b** verlangt Shell, den Beklagten zur Abgabe einer Verzichtserklärung zu verurteilen. Ziel des Klägers ist es, den nach Kündigung durch Andreas Shell frei werdenden und durch vorherigen Dispute-Eintrag blockierten Domainname für sich registrieren zu lassen. Notwendige Voraussetzungen für die Erfüllung eines solchen Verzichtsanspruchs gegen den Verletzer ist letztlich jedoch ein Tätigwerden, namentlich die Abgabe einer einseitigen Willenserklärung, der Kündigung nach § 7 Abs. 1 Satz 2 DENIC-RegBed.

Eine solche Handlung ist anerkanntermaßen vom Beseitigungsanspruch gem. § 12 BGB i.V.m. § 1004 BGB analog umfasst. Zum Zwecke der besseren Vollstreckbarkeit ist der Verletzer zur Einwilligung in die Löschung zu verurteilen, da der Verletzte dann sofort aus dem Urteil gem. § 894 Abs. 1 Satz 1 ZPO vollstrecken kann und nicht darauf angewiesen ist, dass der Verletzer auch tatsächlich den Löschungsantrag stellt und der Verletzte unter Umständen sogar erneut eine Leistungsklage auf Abgabe der Verzichtserklärung anstrengen muss.

139 Die Löschung der Registrierung eines Domain-Inhabers kann im Urteil deswegen nicht verfügt werden, weil die Registrierungsorganisation nicht Partei des Verfahrens ist. Der Anspruch ist daher stets auf die Einwilligung in die Löschung der Domainregistrierung durch den derzeitigen Domain-Inhaber gerichtet. Hier handelt es sich um einen Beseitigungsanspruch.

140 Ein Beseitigungsanspruch besteht grundsätzlich auch für den in seiner Marke oder geschäftlichen Bezeichnung Verletzten aus §§ 14 Abs. 5 bzw. 15 Abs. 4 MarkenG. Einer Herleitung des Beseitigungsanspruchs über §§ 14 Abs. 2 bzw. 15 Abs. 2 i.V.m. § 18 Abs. 3 MarkenG i.V.m. § 1004 BGB analog bedarf es insofern nicht[253]. Im Falle von Wettbewerbsverstößen steht dem Verletzten ein Anspruch aus § 8 Abs. 1 Satz 1 UWG zu. Daneben ist der verschuldensabhängige Beseitigungsanspruch aus den Schadensersatznormen gegeben, §§ 14 Abs. 6, 15 Abs. 5 MarkenG, § 823 Abs. 1 i.V.m. § 12 BGB, § 9 UWG.

141 Zu beachten ist jedoch, dass der Beseitigungsanspruch letztlich die Verpflichtung enthält, sich jedweder Nutzung der Internetdomain zu enthalten, gleichgültig, welche Inhalte unter dieser Domain angeboten werden. Ein derartiges „Schlechthin-Verbot" zur Nutzung eines Domainnames, das in einem Anspruch auf Zustimmung zur Löschung gipfelt, ohne Rücksicht darauf, was sich hinter der unter der Domain erreichbaren

---

251 So zutreffend LG Hamburg, MMR 2000, 620, 623 – joop.de.
252 Ebenso BGH, CR 2002, 525, 528 – shell.de.
253 OLG München, CR 1998, 556, 557.

Website verbirgt, ist im Regelfall nicht möglich[254]. Ein solches Verbot würde nämlich auch Handlungen erfassen, die möglicherweise nicht rechtswidrig sind oder für die keine Begehungsgefahr besteht. Etwas anderes gilt nur bei offensichtlichen Missbrauchsfällen, beispielsweise dann, wenn sich das Interesse des Domain-Inhabers an der Nutzung der Domain darauf beschränkt, diese Adresse für berechtigte Nutzer entweder vollständig zu sperren oder sie ihnen gegen Entgelt zu überlassen. Die hier im Vordergrund stehende Behinderungsabsicht lässt ein schützenswertes Interesse des Domain-Inhabers zurücktreten[255]. In diesem Fall ist der Domain-Inhaber – auch wenn markenrechtlich die Verwechslungsgefahr nur in einem eingeschränkten geschäftlichen Betätigungsbereich besteht – wettbewerbsrechtlich verpflichtet, vollständig von der Nutzung der Domain Abstand zu nehmen und dies gegenüber der Registrierungsorganisation zu erklären. Denn die Aufrechterhaltung der Domainregistrierung stellt sich als eine gezielte unlautere Behinderung gem. § 4 Nr. 4 UWG dar.

Fraglich ist, ob im **Fall 3b** seitens Shell die Zustimmung zur Löschung verlangt werden kann. Zwar liegt kein Fall der gezielten wettbewerblichen Behinderung gem. § 4 Nr. 4 UWG vor. Die Privatperson Andreas Shell ist bei dem gegebenen Sachverhalt nicht als Domain-Grabber zu beurteilen. Mit Blick darauf, dass die überragende Bekanntheit des Kennzeichens „Shell" der Privatperson Shell letztlich keine Möglichkeit lässt, die Domain auch außerhalb des Bereichs einer Verwechslungsgefahr zu nutzen, liegt ein Ausnahmefall vor, in dem Shell ein Anspruch auf Zustimmung zur Löschung der Domain zuzubilligen ist[256].

142

Fraglich ist weiter, ob dem seitens Shell in **Fall 3c** begehrten Erlass einer einstweiligen Verfügung mit dem Inhalt der Verpflichtung zur Abgabe einer Verzichtserklärung entsprochen werden kann.

Der Verzicht auf den Domainname setzt die Abgabe der Kündigungserklärung voraus, die als einseitige Willenserklärung nach § 894 ZPO vollstreckt werden müsste. Mit Rechtskraft eines entsprechenden Urteils würde das Urteil die fehlende Einwilligungserklärung des Domain-Inhabers ersetzen[257]. Ein derartiger Anspruch soll also vollendete Tatsachen schaffen. Er ist daher grundsätzlich nicht im einstweiligen Verfügungsverfahren durchsetzbar[258]. Keinesfalls kommt ein Beschluss ohne vorherige mündliche Verhandlung in Betracht, da eine Beschlussverfügung nicht der Rechtskraft fähig ist. Sie kann nämlich unbefristet mit dem Rechtsbehelf des Widerspruchs (§ 925 ZPO) angefochten werden und schon daher nicht gem. § 894 ZPO vollstreckt werden[259].

11. Alternative Streitbeilegung von Domainkonflikten

Die Möglichkeit eines vereinfachten Schiedsverfahrens ohne Einschaltung staatlicher Gerichte wurde von der Rechtspraxis rasch angenommen. Der besondere Vorteil außergerichtlicher, schiedsgerichtlicher Streitbeilegung liegt in der Schnelligkeit und den

143

---

254 Vgl. BGH, CR 2009, 748, 758 – ahd.de; OLG Hamburg, MMR 2002, 682 – siehan.de, GRUR-RR 2001, 126, 129 – Intershop.
255 OLG Hamburg, CR 2003, 288 – dollhouse.de; MMR 2006, 608, 613 – ahd.de.
256 Ebenso BGH, CR 2002, 525, 529 – shell.de.
257 So auch LG München I, MMR 2001, 61.
258 Wegen der Einzelheiten vgl. *Feddersen,* in: *Teplitzky*, Wettbewerbsrechtliche Ansprüche und Verfahren, 11. Auflage 2015, Kap. 54 Rdnr. 12 mit ausführlichen Nachweisen zum Meinungsstand; ebenso OLG Hamburg, MDR 1990, 1022.
259 So LG Wiesbaden, MMR 2001, 59, 60; a.A. LG München I, MMR 2001, 61.

überschaubaren Kosten derartiger Verfahren. Es ist auch Ausdruck der zunehmenden Tendenz, Streitigkeiten nicht mehr durch die ordentlichen Gerichte entscheiden zu lassen, sondern Mediatoren und Schiedsgerichten den Vorzug zu geben. Die EU befürwortet sogar ausdrücklich die Einrichtung von Stellen außergerichtlicher Einigungen im Bereich des elektronischen Geschäftsverkehrs. Grund dafür ist die teilweise unzulängliche Gesetzgebung für Online-Sachverhalte in Deutschland und Europa, die zu Rechtsunsicherheit führen. Die Parlamente haben Schwierigkeiten, die herkömmlichen Regelungen aus den Bereichen Schuldrecht, Handelsrecht, Urheberrecht oder Markenrecht den virtuellen Vorgängen im Internet anzupassen. Zudem schwindet das Vertrauen in die Gerichte aufgrund differierender und teils schwer nachvollziehbarer Entscheidungen. Dies alles ist Grund genug, die beiden wichtigsten Verfahren zur außergerichtlichen Streitbeilegung in Domainkonflikten vorzustellen.

a) ICANN-Schiedsverfahren

144 Seit dem 1.1.2000 stellt die Internet Corporation for Assigned Names and Numbers (ICANN) ein vereinfachtes Schiedsverfahren zur Beilegung von rechtlichen Auseinandersetzungen über Domains zur Verfügung: Die Uniform Domain Name Dispute Resolution Policy (UDRP), ergänzt durch die Rules for Uniform Domain Name Dispute Resolution Policy (RUDRP)[260]. Kommt es zu einer Domainstreitigkeit, so wenden sich die Parteien an eine der akkreditierten Schiedsstellen, die sog. Dispute Resolution Provider. Mittlerweile sind fünf derartige Provider anerkannt: Das Asian Domain Name Dispute Resolution Centre (ADNDRC)[261], das CPR Institute for Dispute Resolution (CPR)[262], die kanadische Gesellschaft eResolution Consortium (eRes)[263], The National Arbitration Forum (NAF)[264] und das WIPO (World Intellectual Property Organization) Arbitration and Mediation Center[265]. Eine Vielzahl von Domain-Auseinandersetzungen wurden insbesondere vor der WIPO-Schiedsstelle[266] geführt, die wegen der Qualität ihrer Entscheidungen hohes Ansehen genießt und oft angerufen wird. Leider wird gerne übersehen, dass nur ausgewählte TLDs Gegenstand eines Schiedsverfahrens sein können[267], weil die jeweilige Registrierungsstelle eine dahingehende Vereinbarung mit der ICANN geschlossen hat. Dies ist für die DENIC e.G. nicht der Fall; stattdessen nimmt die deutsche Registrierungsstelle sog. Dispute-Einträge vor, welche bewirken, dass der in Rede stehende Domainname für die Dauer des gerichtlichen oder außergerichtlichen Verfahrens nicht auf einen Dritten übertragbar ist. Ebenso häufig wird übersehen, dass dieses Verfahren nach der UDRP nur für Fälle des „Cybersquatting" und „Domain-

---

260 Vgl. https://www.icann.org/resources/pages/policy-2012-02-25-en; https://www.icann.org/resources/pages/rdrp-rules-2015-03-11-en.
261 Seit 28.2.2002 tätig. Büros in Beijing und Hong Kong.
262 Seit 22.5.2000 tätig.
263 Seit 1.1.2000 tätig und bis zum 16.10.2000 unter dem Namen DeC bekannt.
264 Tätig seit 23.12.1999.
265 Tätig seit 1.12.1999.
266 World Intellectual Property Organization, vgl. www.wipo.org.
267 Zum jeweils aktuellen Stand der streitbaren Domains siehe www.wipo.int/amc/en/domains/cctld[gtld].

Grabbings" greift, also für Fälle, in denen der Domain-Inhaber die Registrierung der Domain bösgläubig und ohne eigene Interessen, meist zum Zwecke der späteren Veräußerung an den wahren Berechtigten, vornahm.

Die Verfahrensregeln des Schiedsverfahrens sind in der Uniform Domain Name Dispute Resolution Policy (UDRP) enthalten. Daneben wurden sog. Rules for Uniform Domain Name Dispute Resolution Policy (RUDRP) geschaffen, die Einzelheiten zum Verfahrensablauf enthalten. Schließlich haben sich alle lizenzierten Schiedsstellen eigene ergänzende Verfahrensregeln gegeben.

145

Das Verfahren läuft in vier Schritten ab: Zunächst hat der Beschwerdeführer eine Beschwerdeschrift vorzulegen und einen Gebührenvorschuss nach der Gebührenordnung der WIPO[268] zu bezahlen. Die Gebühr beträgt 1.500 US-Dollar für eine Auseinandersetzung über bis zu 5 Domains. Sie erhöht sich auf 4.000 US-Dollar, sofern vom Beschwerdeführer statt einem Schiedsrichter drei Schiedsrichter gewünscht werden. Die Beschwerdeschrift kann auf einem entsprechenden Formular per E-Mail eingereicht werden. Originale und Kopien sind per Post nachzusenden. Nachdem die Beschwerdeschrift bei der Schiedsstelle in Genf eingegangen ist, überprüft ein sog. Falladministrator (Case Administrator), ob die Beschwerdeschrift den formellen Anforderungen der UDRP und der RUDRP entspricht. Gegebenenfalls erhält der Beschwerdeführer die Möglichkeit, die Mängel innerhalb von fünf Tagen zu beheben. Der Falladministrator leitet die Beschwerde ansonsten an den Beschwerdegegner weiter, der innerhalb von 20 Tagen eine Beschwerdeentgegnung einzureichen hat[269]. Nach Fristablauf bestimmt der Falladministrator einen Schiedsrichter aus der Liste der bei der WIPO zugelassenen Schiedsrichter, der innerhalb von 14 Tagen nach seiner Ernennung den Fall entscheidet. Die Entscheidung wird den Parteien und der zuständigen Domain-Registrierungsstelle zugeleitet. Die Registrierungsstelle hat die Entscheidung nach Ablauf von 10 Tagen, in denen die Parteien die Anstrengung eines Zivilprozesses zur Korrektur des Schiedsspruchs darlegen müssen, umzusetzen.

146

Aktivlegitimiert ist ausschließlich der Inhaber eines Markenrechts, das von einer nationalen Markenrechtsordnung anerkannt ist. Hierzu zählen auch Benutzungsmarken und Common Law Trademark Rights, nicht aber Unternehmenskennzeichen, Namen und Titel. Passivlegitimiert ist der Inhaber einer Domain im Bereich der oben genannten Top-Level-Domains. Gegen den Inhaber einer „.de"-Domain kann folglich auf diesem Wege derzeit nicht vorgegangen werden.

147

Inhaltlich muss der Beschwerdeführer darlegen und beweisen, dass der vom Beschwerdegegner registrierte Domainname mit der ihm zustehenden Marke nach dem anwendbaren Markenrecht identisch oder verwechslungsfähig ist[270].

148

---

268 www.wipo.int/amc/en/domains/fees/.
269 Wegen der Einzelheiten vgl. *Renck*, MMR 2000, 586, 587; *Bettinger*, CR 2000, 234, 235.
270 Vgl. die umfangreiche Darstellung entschiedener Fälle bei *Renck*, MMR 2000, 586, 587; eine umfassende und zu empfehlende Entscheidungssammlung der WIPO-Schiedsstelle ist abrufbar unter www.wipo. int/amc/en/domains/search/.

149 Erforderlich ist weiter, dass der Domain-Inhaber keine eigenen legitimen Interessen an der Domain geltend machen kann. Als eigene legitime Interessen werden gem. Ziffer 4 lit. c UDRP anerkannt:
- Der Domain-Inhaber hat vor Kenntnis des Konflikts erkennbare Vorbereitungen zur Aufnahme der Benutzung der Domain getroffen.
- Der Domain-Inhaber ist unter der Domain allgemein bekannt.
- Der Domain-Inhaber nutzt die Domain zu nichtkommerziellen oder sonst gerechtfertigten Zwecken und ohne die Absicht, Konsumenten Gewinn bringend umzuleiten oder die Marke herabzusetzen.

150 Hinzukommen muss schließlich, dass die Registrierung oder Nutzung der Domain bösgläubig erfolgte. Als Fallgruppen werden in Ziffer 4 lit. b UDRP genannt:
- Die Registrierung oder der Erwerb der Domain dient allein dem Verkauf an den Markeninhaber oder einen Wettbewerber des Markeninhabers, und die Forderung für die Übertragung der Domain übersteigt die entstandenen Kosten.
- Die Registrierung der Domain hindert den Markeninhaber an seinem Auftritt unter der Domain, und der Beschwerdegegner hat ein solches Verhalten bereits häufiger gezeigt.
- Die Registrierung der Domain dient vornehmlich zur Störung des Geschäftsverkehrs eines Wettbewerbers.
- Die Nutzung der Domain dient dazu, Internet-Benutzer aus wirtschaftlichen Interessen auf die eigene Website zu leiten, indem bewusst eine Verwechslungsgefahr zum Markeninhaber hergestellt wird.

151 So begrüßenswert dieses vereinfachte und preiswerte Verfahren zur Beilegung von Domain-Streitigkeiten ist, es wirft eine Reihe von Fragen auf. Abgesehen davon, dass der Beschwerdeführer für die von ihm behaupteten Tatsachen keinen Beweis im prozessrechtlichen Sinne erbringen muss, sondern sich die Schiedsstelle mit einer recht diffusen Form der Glaubhaftmachung zufrieden gibt, stellt sich die Frage, wieso sich ein Beschwerdegegner diesem Verfahren überhaupt unterwerfen muss. Dies setzt voraus, dass er dem Verfahren im Rahmen des Registrierungsvertrags mit der Registrierungsstelle seiner Domain zugestimmt hat. Dies ist unter AGB-rechtlichen Gesichtspunkten jeweils zu prüfen. Zweifelhaft ist in jedem Fall, ob für Domain-Inhaber, deren Domain vor dem 1.12.1999 registriert worden ist, dieses Verfahren Anwendung finden kann, da das Verfahren damals noch nicht existierte und der Domain-Inhaber ihm damit auch noch nicht zustimmen konnte. Kritisiert wird schließlich, dass die Schiedsstelle dazu neigt, den Anwendungsbereich der UDRP von den Fällen der missbräuchlichen Domain-Registrierung hinaus auf klassische Fälle der Kennzeichenverletzung zu erstrecken[271]. Dass umgekehrt jedoch auch die strikte Einhaltung des Erfordernisses einer „bösgläubigen Registrierung" nicht immer begrüßenswert ist, zeigt der Fall „zurich.biz"[272]. Die Klägerin Zurich Insurance Company verlor gegen die Webwide Internet Communication GmbH mangels Nachweisbarkeit der Bösgläubigkeit bei der Registrierung der Marke der Klägerin als Domain. Die Beklagte behauptete, die Domain zur

---
271 Vgl. die Hinweise bei *DeWolf/Paine*, INTA Boulevard, Vol. 55, Nr. 13 vom 15.7.2000, S. 1.
272 Entscheidung der WIPO, 25.7.2002, Case No. DBIZ2002-0224.

Erstellung einer Business-Plattform für die Stadt Zürich registriert zu haben und dabei die internationale Schreibweise verwendet zu haben. Eine Website wurde unter der Domain noch nicht betrieben, sodass eine Beeinträchtigung der Interessen der Klägerin nicht gegeben war.

b) ADR-Verfahren für .eu-Domains

Zwischenzeitlich wurde auch am tschechischen Schiedsgerichtshof eine Schiedsstelle etabliert. Diese behandelt in allen zwanzig Amtssprachen der Europäischen Union Beschwerden im Stil der UDRP betreffend die Domain „.eu" gem. Art. 4 Abs. 2d der EU-Domainverordnung[273]. Der tschechische Schiedsgerichtshof (CAZ) hat für das alternative Streitbeilegungsverfahren (kurz „ADR-Verfahren") Regeln ausgearbeitet[274]. Nach den sog. „ADR-Regeln" sowie den „Ergänzenden ADR-Regeln" wird das ADR-Verfahren in der Sprache durchgeführt, die für die Registrierung des strittigen Domainnames[275] gewählt wurde. Die ADR haben strukturelle Ähnlichkeit mit den UDRP. Auch hier findet das Verfahren weitgehend online statt, unterliegt klaren Fristen, und Entscheidungen werden entweder von einem Schiedsrichter oder von einem Gremium von drei Schiedsrichtern getroffen. Die getroffene Entscheidung ist obsolet, sofern ordentliche Gerichte angerufen werden[276].

152

Inhaltlich geht das ADR-Verfahren aber deutlich über das ICANN-Schiedsverfahren hinaus. Kann sich der Beschwerdeführer im Rahmen der UDRP nur gegen die bösgläubige Domainregistrierung wehren, sehen die ADR-Regeln auf Basis von Art. 21 Abs. 1 der VO (EG 874/2004) ein kennzeichenrechtliches Verfahren vor, bei dem es nicht auf die Bösgläubigkeit des Domain-Inhabers, sondern lediglich auf dessen fehlendes berechtigtes Interesse ankommt und bei dem „verwirrende Ähnlichkeit" mit einem Zeichenrecht des Beschwerdeführers geprüft wird[277]. Weitere Abweichungen materieller Art von der UDRP bestehen bei der Frage des vom Beschwerdeführer nachzuweisenden eigenen Rechts sowie der erforderlichen Bösgläubigkeit des Domain-Inhabers[278]. Die Entwicklung zeigt, dass alternative Streitbeilegungsverfahren in internationalen Fällen ein erfolgreiches Modell darstellen, die mit grenzüberschreitenden Fällen sich oft schwer tuenden nationalen Gerichte zu substituieren[279].

153

> In **Fall 7** kann Julia Roberts ein Schiedsverfahren vor der WIPO-Schiedsstelle durchführen. Voraussetzung hierfür ist aber, dass ihr ein Markenrecht zusteht. Die Inhaberschaft an dem natürlichen Namen „Julia Roberts" ist nicht ausreichend. Wegen ihrer Mitwirkung in einer Vielzahl bekannter Filme wird ihr Name nach englischem Recht (Common Law) als Markenrecht für die Dienstleistung Filmschauspiel geschützt. Aus diesem Markenrecht kann Julia Roberts vorgehen, da die Domain, die für S registriert ist, mit ihrem Markenrecht identisch, jedenfalls hochgradig

154

---

273 Verordnung (EG) Nr. 733/2002 des Europäischen Parlaments und des Rats vom 22.4.2002, ABl. EG L 113 vom 30.4.2002, S. 1 ff.
274 www.eu.adr.eu/adr/adr_rules/index.php.
275 Zu „Blüten" vgl. *Hoeren*, MMR 2006, 777, 778.
276 Einen umfassenden Überblick über das ADR-Verfahren bietet *Bettinger*, WRP 2006, 548 ff.
277 Wegen Einzelheiten vgl. *Mietzel*, MMR 2007, 282, 287 f.
278 *Mietzel*, MMR 2007, 282, 289; *Bettinger*, WRP 2006, 548, 561.
279 Vgl. *Mietzel/Orth*, MMR 2007, 757 ff.

verwechslungsfähig ist (Ziffer 4 lit. a i) der UDRP). Hinzu kommt, dass sich S durch die Registrierung einer Vielzahl von Domains unter Verwendung von Namen berühmter Schauspieler, die er dann zur Versteigerung anbietet, dem Vorwurf aussetzt, die Domain primär für Zwecke der Veräußerung an den eigentlichen Berechtigten (Ziffer 4 lit. b i) der UDRP) registriert zu haben. Ein berechtigtes Interesse von S ist indes nicht ersichtlich. Weder nutzt er die Domain gutgläubig in Verbindung mit einem korrespondierenden Kennzeichen zum Angebot von Waren oder Dienstleistungen, noch sind Anhaltspunkte für eine nicht gewerbliche gutgläubige Nutzung der Domain ersichtlich (Ziffer 4 lit. c i)–iii) der UDRP). Die WIPO-Schiedsstelle wird daher gem. Ziffer 15 der RUDRP entscheiden, dass die Domain an Julia Roberts zu übertragen ist.

c) Trademark Clearinghouse

155 ICANN hat wie oben dargestellt[280] – neue generische Topleveldomains eingeführt. In diesem Zusammenhang wurde ein Trademark Clearinghouse geschaffen. Dies ist eine zentrale Datenbank, in welcher Markeninhaber ihre Marken eintragen können. Die Registrare der neuen generischen TLDs informieren registrierte Markeninhaber, wenn Dritte unter ihrer Topleveldomain eine Secondleveldomain registrieren, welche mit der Marke des Markeninhabers identisch ist. Der Registrar informiert außerdem den Anmelder der Secondleveldomain über den Kollisionsfall[281]. Im weiteren Verfahren, Uniform Rapid Suspension System genannt, kann der Markeninhaber in einem Verfahren, dass noch schneller und noch preiswerter ist als das Verfahren nach den UDRP, in klaren Markenverletzungsfällen eine Löschung der Secondleveldomain erwirken[282,283].

12. Die Verantwortlichkeit der DENIC

156 Ohne die Registrierung der Domain durch die Registrierungsorganisation kommt es nicht zur Kennzeichenverletzung. Es gibt Marken, bei denen auch für den rechtlich Ungebildeten eindeutig ist, dass dem Domainanmelder eine Zeichenverletzung vorzuwerfen ist. Damit leistet die Registrierungsorganisation einen adäquat-kausalen Beitrag zur Kennzeichenverletzung. Dies wirft die Frage auf, ob sie als Störer auf Beseitigung der Kennzeichenrechtsverletzung in Anspruch genommen werden kann.

157 Der Bundesgerichtshof hat diese Frage[284] in seiner ersten Domainrechtsentscheidung verneint. Der Bundesgerichtshof hat hierbei zunächst zu Recht die Vorgängerbestimmungen der §§ 7 ff. TMG (§§ 8 ff. TDG) nicht geprüft. Diese finden lediglich auf die Verantwortlichkeit für das Bereithalten von Inhalten zur Nutzung und die Zugangsvermittlung zu diesen Inhalten Anwendung. Ausgehend von § 1 Abs. 1 Satz 1 TMG (§ 2 Abs. 1 TDG) fallen hierunter solche Daten nicht, die den technischen Übermittlungsvorgang als solchen ermöglichen, steuern oder sonst allein darauf zugeschnitten sind, je-

---

280 Vgl. Rdnr. 19.
281 Vgl. hierzu icann, Trademark Clearinghouse, Ziff. 6.1, abrufbar unter newgtlds.icann.org/en/about/trademark-clearinghouse.
282 Vgl. newgtlds.icann.org/en/applicants/urs.
283 Vgl. hierzu *Jaeger-Lenz*, GRUR-Prax 2012, 543 ff.; *Schmid*, CR 2012, 99 ff.
284 BGH, MMR 2001, 671 ff. – ambiente.de.

doch keine darüber hinausgehenden Informationen enthalten. Als Inhalt im Sinne dieser Vorschriften gilt daher nur diejenige Information, die von dem mithilfe der Domain identifizierten Rechner abgerufen werden kann, nicht jedoch die Information der Rechneradresse selbst[285]. Auch eine analoge Anwendung der genannten Vorschriften scheitert am Fehlen einer planwidrigen Lücke. Die genannten Bestimmungen regeln ausdrücklich nur die Verantwortlichkeit für Content, und es fehlen alle Anzeichen dafür, dass der Gesetzgeber die Haftung für rechtswidrige Domainnames in diesem Zusammenhang versehentlich unterließ[286].

Damit bleibt nur, Unterlassungsansprüche aus den allgemeinen Bestimmungen des § 12 BGB und der §§ 14 Abs. 2, 5, 15 Abs. 2, 4 MarkenG abzuleiten. Hiernach gilt als (mittelbarer) Zeichenverletzer jeder, der ursächlich einen Tatbeitrag zu einer unmittelbaren Zeichenverletzung eines Dritten leistet und die zur Vermeidung der Rechtsverletzung gebotenen und zumutbaren Maßnahmen unterlässt[287]. DENIC leistet durch die Vergabe von Second-Level-Domains jedenfalls einen Verursachungsbeitrag, der im Sinne der Äquivalenzformel ursächlich für die Zeichenverletzung durch den Anmeldenden ist. Gleichwohl setzt nach der Rechtsprechung des BGH eine Inanspruchnahme als Störer voraus, dass der Störer ihm obliegende zumutbare Prüfungspflichten verletzt hat[288]. Dem als Störer in Anspruch Genommenen müsse der Einwand offen stehen, dass ihm eine Prüfung – etwa weil der Störungszustand für ihn nicht ohne Weiteres erkennbar war – entweder überhaupt nicht oder jedenfalls nur eingeschränkt zumutbar gewesen sei. Gerade aus Gründen der Zumutbarkeit ist in der Vergangenheit beispielsweise auch der Presse nur eine ausgesprochen eingeschränkte Prüfungspflicht eingehender Anzeigen auf grobe und offensichtliche Wettbewerbsverstöße zugemutet worden[289]. Diese Gedanken sind auf die Funktion der DENIC anwendbar. Angesichts der großen Zahl der zu bearbeitenden Registrierungsanträge und im Hinblick darauf, dass den Besonderheiten jedes Einzelfalls Rechnung getragen werden müsste, ist DENIC eine Überprüfung der Registrierungsanträge auf kennzeichenrechtliche Unbedenklichkeit schlicht unzumutbar[290]. Hinzu kommt, dass die Prüfung der rechtlichen Zulässigkeit einer bestimmten Second-Level-Domain primär in den Verantwortungsbereich des Anmeldenden fällt[291]. Eine Haftung der DENIC kommt daher zunächst nur in Betracht, wenn sie vorsätzlich den ebenfalls vorsätzlich begangenen Kennzeichenrechtsverstoß des Anmeldenden fördern will bzw. diesen in Kenntnis der Rechtswidrigkeit billigend in Kauf nimmt. Darüber hinaus setzt die Störereigenschaft der DENIC voraus, dass ein offenkundiger, von dem zuständigen Sachbearbeiter unschwer zu erkennender Rechtsverstoß gegeben ist. Dies ist dann der Fall, wenn ein rechtskräftiger

158

---

285 So auch OLG Frankfurt, CR 1999, 707, 708 – ambiente.de; *Nordemann*, NJW 1997, 1891, 1897; *Bettinger/Freytag*, CR 1999, 28 m.w.N. Zu beachten ist jedoch, dass dem Aufsatz ein Rechtsgutachten für DENIC zu Grunde lag.
286 Ebenso OLG Frankfurt, CR 1999, 707, 708; *Bettinger/Freytag*, CR 1999, 28.
287 BGH, MMR 2001, 671 ff., 673 – ambiente.de.; OLG Düsseldorf, WRP 1996, 559, 562 – adp; BGH, MMR 2012, 529 ff. – regierung-oberfranken.de.
288 BGH, GRUR 1997, 313, 315 – Architektenwettbewerb.
289 BGH, GRUR 1993, 53 – Ausländischer Inserent; GRUR 1990, 1012 – Pressehaftung I; GRUR 1994, 54 – Schlankheitswerbung; GRUR 1995, 751 – Schlussverkaufwerbung II.
290 BGH, MMR 2001, 671 ff., 675 – ambiente.de.
291 OLG Frankfurt, CR 1999, 707, 708.

gerichtlicher Titel oder eine unstreitig wirksame Unterlassungserklärung vorliegt oder wenn die Rechtsverletzung derart eindeutig ist, dass sie sich dem Sachbearbeiter aufdrängen muss[292]. Letzteres ist beispielsweise im Fall der Registrierung eines berühmten Kennzeichens denkbar oder wenn ein panamesisches Unternehmen die Domain „regierung-oberfranken.de" registriert..

159 Das gleiche Ergebnis ergibt sich bei Anwendung von §§ 20 Abs. 1, 33 GWB. Soweit DENIC für die Vergabe von Second-Level-Domains ein marktstarkes Unternehmen ist, bedarf es im Rahmen des § 20 Abs. 1 GWB gleichwohl einer Interessenabwägung. Auch hier ist darauf abzustellen, welche Prüfungspflichten für DENIC zumutbar sind. Insofern ergibt sich aus der Anwendung des Kartellrechts kein anderes Ergebnis als aus der Anwendung des Kennzeichenrechts[293].

---

292 BGH, MMR 2001, 671 ff., 675 Abschn. c – ambiente.de; BGH, MMR 2012, 529 ff. Rdnr. 26 – regierung-oberfanken.de
293 BGH, MMR 2001, 671 ff., 676 – ambiente.de. Zur Anwendbarkeit von § 19 Abs. 4 Nr. 4 GWB: *Bücking*, GRUR 2002, 27

III. Electronic Commerce

E-Commerce, wie der Electronic Commerce kurz genannt wird, besitzt beachtliche Wachstumsraten, und dies, obwohl es meist um klassischen Versandhandel geht. Die Vorteile des E-Commerce liegen auf der Hand: Keine Bindung an Ladenschlussbestimmungen, kein Einkaufsstress, Zeitersparnis, unkompliziertes Bestellen, vergleichbare Preise, ausführliche Informationen und Kontakt zum Hersteller werden von Online-Shoppern häufig als die Vorteile des Einkaufens im Internet genannt[1]. Der virtuelle Schaufensterbummel wird hierbei insbesondere für den Erwerb von Software, Büchern, Computern und Zubehör, CDs, Unterhaltungselektronik, Eintrittskarten, aber auch für den Erwerb von Kleidung, Aktien und die Buchung von Reisen bevorzugt.

Fall 8[2]

Der 14-jährige Schüler S hat auf der Auktionsplattform unter www.eBay.de eine sog. „Airsoft"-Wasserpistole entdeckt, die der Versteigerer O in das Netz gestellt hatte. Da diese Wasserpistole echt klingende Maschinengewehrgeräusche abgeben kann, klickt S auf „Kaufen". In diesem Moment bemerkt Vater V, der Kriegsspielzeug kategorisch ablehnt, das Treiben von S und versucht, den Kauf rückgängig zu machen. Sekunden später erscheint die Meldung auf dem Bildschirm von S, dass die Bestellung ausgeführt werde. Als die Post Tage später die bestellte Wasserpistole liefert, verweigert V die Annahme und die Bezahlung mit dem Hinweis, er lehne Kriegsspielzeug kategorisch ab. Wie ist die Rechtslage?

Fall 9

Verbraucher V möchte im Online-Shop des deutschen Software-Herstellers S zusätzliche Software für seine Spielekonsole downloaden. Außerdem sucht er einen RAM-Baustein, um die Leistungsfähigkeit seines Laptops zu erhöhen. Als er auf der Homepage des S fündig geworden ist, möchte er rasch die Bestellung vornehmen. Zwar findet er auf der Homepage einen Link zu den „Allgemeinen Einkaufsbedingungen". Gleichwohl surft er über die umfangreichen Seiten der Produktbeschreibung weiter zur Bestellseite, kauft die Software und den RAM-Baustein und lädt die Software auch sofort herunter. Nach dem Installieren auf der Konsole merkt V, dass die Software viele Fehler enthält. Er möchte sie gerne zurückgeben. Auf der Suche nach der Adresse von S liest er die AGB durch, die aus 10 Paragrafen, die jeweils mit Überschriften versehen sind, bestehen. Dort findet er unter „Gewährleistung" die Regelung, dass Fehler in der Software nicht zur Rückgabe der Software berechtigen. S werde diese Fehler vielmehr soweit möglich beseitigen. Als wenige Tage später der RAM-Baustein geliefert wird, hat V bereits kein Interesse mehr an der Ware des S, weil er über dessen Geschäftsgebaren bezüglich der Software noch immer erzürnt ist. Er schickt den RAM-Baustein daher an S zurück. Als V kurz darauf die Rechnung über 150 Euro erhält, glaubt er seinen Augen nicht zu trauen. Darauf ist vermerkt, dass gem. § 7 der Allgemeinen Geschäftsbedingungen kein Widerrufsrecht für RAM-Bausteine bestehe, da es sich hierbei um eine Ware handele, die naturgemäß für die Rückgabe ungeeignet sei; dies gelte im Übrigen ebenso für Motherboards und andere Speichermedien. V sei zur Abnahme und Zahlung verpflichtet.

---

1 So schon zu den Pionierzeiten des elektronischen Handels: Focus, Heft 50/1998, S. 250.
2 Nach AG Freiburg, NJW-RR 1999, 637.

V hat das Vertrauen in S gänzlich verloren. Er möchte sich weder auf den Versuch einer Fehlerbeseitigung an der Software einlassen, noch ist er bereit, den RAM-Baustein zu bezahlen. Er ist der Auffassung, die Klausel des § 7 der Allgemeinen Geschäftsbedingungen sei rechtswidrig. V fragt, ob er die Rückgabe gerichtlich erzwingen kann.

163 ― **Fall 10**

Der französische Software-Anbieter S vertreibt gewaltverherrlichende Spiele. Nach seinen Recherchen ist der Vertrieb dieser Spiele in Griechenland zulässig. Seinen Online-Shop betreibt er daher von Griechenland aus. Von seinen Websites aus kann sich der User gegen entsprechende Bezahlung gewaltverherrlichende Spiele downloaden. Das Angebot richtet sich in englischer Sprache an User weltweit. Kann S vor einem deutschen Gericht auf Unterlassung in Anspruch genommen werden?

1. Arten des Electronic Commerce

164 Der Begriff des E-Commerce wird meist ohne weitere Differenzierung verwendet. Der Kauf eines Produktes von einem privaten Anbieter durch einen privaten Käufer – z.B. via ebay – ist wirtschaftlich gesehen natürlich E-Commerce. Darüber hinaus wird zwischen business-to-business-Geschäften („b2b") und business-to-consumer-Geschäften („b2c") unterschieden. b2b-Commerce findet hierbei regelmäßig zwischen Unternehmern und ihren Lieferanten statt, entweder durch Käufe auf einer Website oder innerhalb von purchasing systems oder trading communities. Im b2c-Bereich erfolgen Käufe typischerweise in virtuellen Shopping Centern wie Amazon, oder direkt von den Websites von Einzelhandelsunternehmen. Die Unterscheidung spielt rechtlich ein große Rolle, weil der Bestand eines Widerrufsrechts und vieler Informationspflichten davon abhängen, dass ein Geschäft als b2c-Geschäft eingeordnet wird.

Innerhalb des E-Commerce können folgende zwei Arten von Geschäften unterschieden werden:

a) Offline-Geschäfte

165 Sog. Offline-Geschäfte unterscheiden sich nicht von Bestellungen per Postkarte oder per Telefon. Lediglich der Vertragsschluss findet „online" statt. Die Leistungserbringung selbst erfolgt in herkömmlicher Weise, also beispielsweise durch Lieferung, Übersendung per Post etc. Beispiele hierfür sind die Bestellung von Büchern und CDs, aber auch Bestellungen in der Vielzahl von virtuellen Shopping-Malls im Internet.

b) Online-Geschäfte

166 Online-Geschäfte hingegen werden nicht nur „online" geschlossen, sondern auch „online" abgewickelt. Dies bedeutet, dass die Leistungserbringung ebenfalls „über das Netz" erfolgt. Im Bereich Warenlieferung setzt dies zwingend voraus, dass die zu liefernde Ware digitalisierbar ist (man denke etwa an Software, Musik, elektronische Bücher). Onlinefähig sind aber auch alle Arten von Dienstleistungen, sei es die Zurverfügungstellung von Daten, Internet-Telefonie und -TV oder die Ticketbuchung.

Die Unterscheidung zwischen Offline- und Online-Geschäften ist insbesondere steuerrechtlich von Bedeutung. Bei beiden Arten stellen sich aber zunächst die gleichen zivilrechtlichen Fragen. 167

2. Vertragsschluss im Internet

a) Die elektronische Willenserklärung

Rechtsgeschäfte können nur von rechtsfähigen (oder teilrechtsfähigen) und geschäftsfähigen Rechtssubjekten abgeschlossen werden. 168

Die von Rechtssubjekten abgegebenen Willenserklärungen setzen die Erklärung eines menschlichen Willens voraus[3]. Willenserklärungen per E-Mail oder per Mausklick sind heute unstreitig als „Erklärungen eines menschlichen Willens" anerkannt[4]. Dies setzt aber voraus, dass der Computer lediglich als technisches Medium eingesetzt wird, um unmittelbar den Willen des Erklärenden zu übermitteln. Was aber, wenn automatisierte Erklärungen abgegeben werden, also Erklärungen, die aufgrund einer entsprechenden Programmierung von dem Computer selbstständig erstellt und übermittelt werden, ohne im Einzelfall menschlich kontrolliert zu werden? Hier geht die h.M. davon aus, dass die Datenverarbeitungsanlage letztlich nur das eingegebene Programm ausführen kann, sodass die Willensbildung in allgemeiner Form durch die Software-Programmierung festgelegt[5] ist und somit auf einen menschlichen Willen zurückgeht[6]. 169

Ob diese Auffassung zwingend ist, erscheint fraglich. Bei der Computererklärung fungiert der Computer nämlich nicht nur als Kommunikationsmedium, sondern es wird ihm auch die Erstellung der Willenserklärung überlassen. Bei der Abgabe der Willenserklärung hat der „Erklärende" eigentlich keinen Erklärungswillen, er weiß nicht einmal, dass gegenwärtig eine Willenserklärung abgegeben wird. Dennoch wird die Qualifikation einer Computererklärung als Willenserklärung des Anlagenbetreibers allgemein bejaht[7]. So wird dem Anlagenbetreiber wegen der entsprechenden Software-Programmierung ein konkreter Geschäftswille „unterstellt"[8] oder es wird argumentiert, der Computer arbeite auf der Grundlage eines „generellen Willens des Anlagenbe- 170

---

3 So *Heun*, CR 1994, 595; *Redecker*, NJW 1984, 2390; *Mehrings*, MMR 1998, 30, 31.
4 *Mehrings*, MMR 1998, 30, 31; ebenso *Fringuelli/Wallhäuser*, CR 1999, 93; *dies.*, BB 2002, 469, 472; *Spindler*, ZIP 2001, 809, 810; BGH, CR 2002, 213 ff.
5 *Medicus*, Allgemeiner Teil des BGB, 10. Auflage 2010, Rdnr. 256; *Mehrings*, MMR 1998, 30, 31.
6 So auch *Medicus*, Allgemeiner Teil des BGB, 10. Auflage 2010, Rdnr. 256; *Mehrings*, MMR 1998, 30, 31.
7 Vgl. *Brauner*, Das Erklärungsrisiko beim Einsatz von elektronischen Datenverarbeitungsanlagen, 1988, S. 40; *Mehrings*, MMR 1998, 30, 31; *ders.*, BB 2002, 469, 472.
8 *Brauner*, Das Erklärungsrisiko beim Einsatz von elektronischen Datenverarbeitungsanlagen, 1988, S. 41.

treibers"[9], dieser habe einen „allgemeinen Handlungswillen" und ein „allgemeines Erklärungsbewusstsein"[10]. Andere sprechen von einer „Generalwillenserklärung"[11]. In der Tat macht sich der Anlagenbetreiber eine Computererklärung dadurch zu Eigen, dass er sie – entsprechend der ihm bekannten und von ihm gebilligten Software-Programmierung – in den Rechtsverkehr gelangen lässt[12].

b) Identifikation des Erklärenden

171 Ebenso wie bei Willenserklärungen, die unter Abwesenden (§ 130 Abs. 1 BGB) abgegeben wurden, stellt sich auch bei elektronischen Willenserklärungen das Problem der Echtheit der Erklärung und der Identität des Erklärenden[13].

172 Während man bei einer telefonisch übermittelten Willenserklärung schon durch entsprechendes sofortiges Nachfragen deren Echtheit überprüfen kann[14], oder bei einer per Telefax übermittelten Erklärung durch deren Unterzeichnung weitgehend Sicherheit über die Identität des Erklärenden erhält, kann bei der elektronischen Willenserklärung üblicherweise vor dem Vertragsschluss keine brauchbare Nachfrage erfolgen. Hinweise zur Identität des Erklärenden lassen sich bestenfalls aus der E-Mail-Adresse oder durch die Ermittlung der IP-Adresse des Betreibers des verwendeten Anschlusses erhalten. Der tatsächlich Erklärende, der als handelndes Subjekt für den Vertragsschluss ermittelt werden muss, kann auf diese Weise aber nicht verlässlich festgestellt werden, denn der Anschluss kann von einer Mehrzahl von Personen verwendet werden. Eine E-Mail-Adresse kann von jedermann eingerichtet werden, ohne dass die tatsächliche Identität offengelegt werden müsste.

173 Mit der Entwicklung des Massenkonsums wurde bereits Anfang des 20. Jahrhunderts für Massengeschäfte in Warenhäusern und ähnlichen Einrichtungen das schuldrechtliche Institut des „Geschäfts für den, den es angeht" geschaffen[15]. Ebenso wenig wie sich das Verkaufspersonal in einem Warenhaus für die Identität des Käufers interessiert, tut dies der Online-Anbieter. Es gibt keinen Anlass, die Grundsätze des Geschäfts, für den, den es angeht, nicht auch für den E-Commerce zu aktivieren[16]. Das Problem reduziert sich dann auf die Frage, wie der Anbieter sicher „zu seinem Geld kommt".

174 Soweit die Identifikation des Erklärenden für den Erklärungsempfänger aber bedeutend ist, muss er sich entsprechende Überprüfungen vorbehalten. Hierzu kann die Vergabe von Passwords und PIN-Codes durch den Erklärungsempfänger ebenso in

---

9 Vgl. *Soergel/Hefermehl*, BGB, 13. Auflage 2000, Vor § 116 Rdnr. 30.
10 So *Kuhn*, Rechtshandlungen mittels EDV und Telekommunikation, 1991, S. 54.
11 So *Schneider*, Handbuch des EDV-Rechts, 4. Auflage 2009, Kapitel B, Rdnr. 692.
12 So auch *Hübner*, Allgemeiner Teil des BGB, 2. Auflage 1996, Rdnr. 667; *Mehrings*, MMR 1998, 30, 31.
13 Vgl. hierzu den instruktiven Fall LG Bonn, CR 2004, 216 ff., 219.
14 Dies ist der Grund, warum § 147 Abs. 1 Satz 2 BGB den „Antrag mittels Fernsprecher" als Antrag unter Anwesenden betrachtet.
15 Vgl. hierzu *Medicus*, Allgemeiner Teil des BGB, 10. Auflage 2010, Rdnr. 920.
16 So auch *Fiege*, CR 1998, 41, 46.

Betracht kommen wie Offline-Prüfungen und Plausibilitätsrecherchen oder die Verwendung der Scoring-Technik. Durch die Einführung der elektronischen Signatur ist die rechtssichere Identifikation des Erklärenden möglich geworden, allerdings hat sich die Nutzung der elektronischen Signatur bis heute nicht durchgesetzt, weil diese unkomfortabel und teuer ist.

c) Das Angebot

Die Frage ist so alt wie das BGB: Stellt die Präsentation einer Leistung eine rechtlich bindende Willenserklärung im Sinne eines verbindlichen Angebots auf Abschluss eines Vertrages i.S.d. § 145 BGB dar oder ist sie lediglich eine invitatio ad offerendum, eine Aufforderung zur Abgabe eines Angebots[17]? Es kommt darauf an, wie ein Erklärungsempfänger den Inhalt einer Website nach Treu und Glauben und unter Berücksichtigung der Verkehrssitte verstehen muss[18]. Teilweise wird vertreten, das Angebot einer Website beinhalte auch ein rechtsverbindliches Angebot zu einem Vertragsschluss[19]. Diese Auffassung ist für den Regelfall abzulehnen. Es gibt keinen Grund, virtuelle Shopping-Malls anders zu behandeln als reale Warenhäuser. Ebenso ist dem Kunden klar, dass der Anbieter zunächst seine Liefermöglichkeit überprüfen und möglicherweise noch eine Bonitätsprüfung des Kunden durchführen muss. Dem Kunden ist vom täglichen Warenkauf bekannt, dass die Warenauslage oder die Schaufensterpräsentation lediglich eine invitatio ad offerendum darstellt. Diese Beurteilung wird er auf den virtuellen Einkauf übertragen. Websites stellen daher grundsätzlich nur eine invitatio ad offerendum dar[20]. Lediglich im Einzelfall kann aufgrund der besonderen Gestaltung der Websites ausnahmsweise ein verbindliches Angebot ad incertas personas angenommen werden. So hat z.B. das OLG Hamm[21] in der Entscheidung „ricardo.de" die zu beurteilende Website deshalb als verbindliches Vertragsangebot i.S.d. § 145 BGB gewertet, weil zusätzlich zur Website eine Vertragsklausel bestand, wonach der private Versteigerer bereits mit Freischaltung der Website, auf der sein Produkt präsentiert wird, vorab das Höchstgebot annehme. Der BGH[22] erteilte dieser Rechtsprechung allerdings eine Absage: Nach seiner Auffassung ist eine Vertragsklausel nicht als Auslegungshilfe für den Erklärungsgehalt der Website heranzuziehen, sondern vielmehr ihrerseits als rechtserhebliche Erklärung aufzufassen. Der BGH konnte demnach die Frage nach der Bedeutung der Website unbeantwortet lassen, da – mit der AGB-Klausel einerseits und dem Zuschlag andererseits – jedenfalls zwei übereinstimmende Willenserklärungen vorlagen, durch die der Vertrag zu Stande kam.

175

---

17 Zur Abgrenzung siehe ausführlich *MünchKomm/Busche*, BGB, 6. Auflage 2012, § 145 Rdnr. 10, 13.
18 *Hoeren/Sieber/Kramer*, Handbuch Multimedia Recht, Losebl., Teil 13.1. Rdnr. 61.
19 So beispielsweise *Mehrings*, MMR 1998, 31, 32.
20 BGH, NJW 2013, 598, Rdnr. 14; *Lachmann*, NJW 1984, 407; *Redecker*, NJW 1984, 2391; *Palandt/ Heinrichs*, BGB, 75. Auflage 2016, § 145 Rdnr. 2.
21 OLG Hamm, CR 2001, 117.
22 BGH, CR 2002, 213 ff.

d) Der Zugang elektronischer Willenserklärungen

176 Die Voraussetzungen für den Zugang einer elektronischen Willenserklärung hängen davon ab, ob es sich um eine verkörperte oder unverkörperte Erklärung unter An- oder Abwesenden handelt: Während eine unverkörperte Willenserklärung unter Anwesenden zugeht, wenn sie der Empfänger tatsächlich vernommen hat und der Erklärende damit rechnen konnte, dass seine Erklärung auch inhaltlich richtig verstanden wurde[23], ist der Zugang in allen anderen Fällen bereits dann bewirkt, wenn die Erklärung derart in den Machtbereich des Empfängers gelangt ist, dass bei Annahme gewöhnlicher Verhältnisse damit zu rechnen ist, er könne von ihr Kenntnis erlangen[24].

177 Entscheidend für den Zeitpunkt des Zugangs ist mithin die Frage, ob elektronische Erklärungen als verkörpert anzusehen sind. Bedenken ergeben sich aus der fehlenden Gegenständlichkeit der elektromagnetischen Impulse. Andererseits soll mit der Verschiebung des Zugangs einer unverkörperten Erklärung auf die tatsächliche Wahrnehmung primär die Flüchtigkeit und Einmaligkeit der Erklärung kompensiert werden. Da wegen der digitalen Speicherung elektronischer Erklärungen jedoch eine Reproduktion möglich ist, bedarf der Empfänger dieses Schutzes nicht. Der Zugang kann demnach bereits mit Eingang in den Machtbereich und bloßer Kenntnisnahmemöglichkeit als bewirkt angesehen werden. Wann dies der Fall ist, hängt davon ab, ob es sich bei der elektronischen Willenserklärung um eine solche unter An- oder Abwesenden handelt. Wegen der räumlichen Distanz zwischen Erklärendem und Empfänger liegt es nahe, zunächst einmal eine Erklärung unter Abwesenden anzunehmen. Davon abweichend ist nur im Falle der zeitlichen Unmittelbarkeit und der möglichen Interaktivität kein Grund ersichtlich, einen zeitlich versetzten fiktiven Zeitpunkt der Kenntniserlangung anzunehmen. So geht eine elektronische Willenserklärung im Falle von Livechats oder Online-Konferenzen mit Sichtbarwerden auf dem Screen des Empfängers (Wahrnehmbarkeit) zu, ebenso wie ein Schriftstück unter Anwesenden mit dessen Aushändigung zugeht. Gegen eine Auffassung, die bereits mit Passieren der internen Schnittstelle der Anlage des Empfängers den Zugang als bewirkt ansehen möchte[25], spricht, dass im Fall der Abgabe einer schriftlichen Erklärung unter Anwesenden ebenfalls nicht ausreichend ist, wenn das Schriftstück unbemerkt neben dem Empfänger abgelegt wird.

178 Ansonsten ist für den Eingang in den Machtbereich ausreichend, dass die elektronische Erklärung in fixierter und reproduzierbarer Form für den Empfänger abrufbar gespeichert ist. Hierfür ist der Eingang der Erklärung in der Mailbox des Users selbst dann ausreichend, wenn diese bei einem Provider eingerichtet ist und der User die Nachricht von dort erst „abholen" muss[26]. Einer Speicherung auf dem Rechner des Empfängers bedarf es nicht. Zugegangen ist die Erklärung jedoch erst dann, wenn unter

---

23 *Palandt/Ellenberger*, BGB, 75. Auflage 2016, § 130 Rdnr. 14; *Larenz/Wolf*, BGB, 9. Auflage 2004, § 26 Rdnr. 32.
24 BGHZ 67, 271, 275; 137, 205, 208; *Palandt/Ellenberger*, BGB, 75. Auflage 2016, § 130 Rdnr. 5.
25 *Mehrings;* MMR 1998, 33; *Sieber/Hoeren/Mehrings*, Handbuch Multimedia Recht, Losebl., Teil 13 Rdnr. 25 ff.; *Heun*, CR 1994, 595, 597.
26 So bereits OLG Köln, NJW 1990, 1608, 1609 für Btx. Ebenso *Dörner*, AcP 202 (2002), 363, 367 für E-Mails; *Palandt/Ellenberger*, 75. Auflage 2016, § 130 Rdnr. 17.

normalen Umständen mit dem Abruf der Nachricht gerechnet werden kann. Diese normative Zugangsfiktion kann nicht in jedem Fall gelten, da nicht selbstverständlich davon ausgegangen werden kann, dass jeder, der eine E-Mail-Adresse unterhält, genau diese auch tatsächlich als Kommunikationsweg für sich nutzen will und entsprechend überwacht[27]. Insbesondere bei Verbrauchern i.S.d. § 13 BGB setzt die Zugangsfiktion ein vorangehendes Einverständnis voraus. Dieses kann – ebenso wie für den vergleichbaren Fall einer Überweisung an Stelle der üblicherweise geschuldeten Barzahlung durch Angabe der Kontonummer – mit ausdrücklicher oder konkludenter Bekanntgabe der E-Mail-Adresse gerade gegenüber dem Vertragspartner geschehen, wie dies z.B. zur Teilnahme an einer Online-Auktion erforderlich ist. Hat der Vertragspartner die Adresse hingegen anderweitig in Erfahrung gebracht, kann die Fiktion nicht greifen. Anders ist demgegenüber die Situation beim Unternehmer i.S.d. § 14 BGB. Diesem kann unterstellt werden, dass er ein generelles Interesse am schnellen Informationsaustausch hat und daher auch mit der Nutzung des Mail-Servers einverstanden ist, sofern er eine E-Mail-Adresse unterhält und diese auch gezielt für Werbung im Telefonbuch oder auf Briefbögen verwendet[28].

Ist der Mail-Server als elektronischer Briefkasten anerkannt, so muss der Zeitpunkt der Zugangsfiktion anhand der Verkehrsanschauung und der zumutbaren Risikoverteilung näher bestimmt werden. Es ist abermals danach zu differenzieren, ob der Empfänger Verbraucher (§ 13 BGB) oder Unternehmer (§ 14 BGB) ist; des Weiteren, ob der Unternehmer sich eines vollautomatisierten Verfahrens bedient oder ob die Kenntnisnahme durch Mitarbeiter erforderlich ist.

179

Handelt es sich um einen Unternehmer i.S.d. § 14 BGB, der selbst ausdrücklich erklärt, vollautomatisiert zu arbeiten, besteht kein Anlass, die zumutbare Möglichkeit der Kenntnisnahme auf übliche Geschäftszeiten zu reduzieren.

180

Anders sind die Fälle zu beurteilen, in denen es der menschlichen Kenntnisnahme und Bearbeitung bedarf. Unabhängig davon, ob der Unternehmer als Empfänger einen eigenen Server betreibt oder der Mail-Server von einem Provider verwaltet wird, bei dem die Nachricht erst „abgeholt" und sodann auf dem eigenen Rechner gespeichert werden muss, kann der Zugang nicht zu jeder Tages- und Nachtzeit unmittelbar mit technischer Abrufbarkeit fingiert werden. Vielmehr muss bei Empfang außerhalb der üblichen Geschäftszeiten ein Zugang am Morgen des darauf folgenden Werktages[29] und bei Empfang während der Geschäftszeit am Ende des Arbeitstages angenommen werden. Eine permanente Kontrolle des elektronischen Briefkastens mit der Folge, dass die Erklärung sofort mit technischer Abrufbarkeit als zugegangen gilt, kann demgegenüber nicht gefordert werden[30], da dies eine unzumutbare Unterbrechung des normalen Arbeitsablaufs darstellte und in der Praxis kaum durchführbar wäre[31]. Ausreichend ist eine bloß „regelmäßige" Kontrolle während der Geschäftszeiten, wie sie bereits für

181

---

27 Vgl. auch *Ultsch*, NJW 1997, 3007.
28 So auch *Dörner*, AcP 202 (2002), 363, 368.
29 So OLG Rostock, NJW-RR 1998, 526; *Elzer/Jacoby*, ZIP 1997, 1821, für das Telefax.
30 A.A. *Ernst*, NJW-CoR 1997, 165, 166.
31 Vgl. *Dörner*, AcP 202 (2002), 363, 369.

das Telefax gefordert wurde[32]. In Zweifelsfällen gilt die Erklärung jedenfalls zum Ende des Arbeitstages als zugegangen.

182 Davon abzugrenzen sind die Fälle, in denen ein Verbraucher Empfänger der elektronischen Willenserklärung ist. Es kann nicht selbstverständlich davon ausgegangen werden, dass jeder, der über eine E-Mail-Adresse verfügt, auch jederzeit Zugang zu einem ans Internet angeschlossenen Rechner hat. Beispielsweise ist die portable und kostenlose Adresse „name@gmx.de" sehr beliebt und wird primär gerade von Usern verwendet, die über keinen eigenen Internetanschluss verfügen, Mails von unterwegs abrufen oder gar auf Internet-Cafés angewiesen sind. Es wäre daher unzumutbar, vom Verbraucher ebenso wie vom Unternehmer eine täglich mehrmalige Kontrolle des Mail-Servers zu verlangen[33]. Abhängig von den Umständen des Einzelfalls kann von Privatpersonen möglicherweise nicht einmal eine tägliche Kontrolle der Mailbox verlangt werden. Mit steigender Verbreitung der E-Mail-Kommunikation verschärfen sich hier die Anforderungen allerdings. Im Zweifel wird man auch unterscheiden müssen, ob und in welcher Intensität der Verbraucher anderweitig auf seine E-Mail-Adresse hingewiesen hat.

183 Schwierig ist der Beweis des Zugangs einer elektronischen Willenserklärung. Der Ausdruck eines E-Mail-Sendeprotokolls führt nicht weiter. Schon zum Telefax hat der BGH festgestellt, dass ein Sendeprotokoll nur die Herstellung der Verbindung zwischen Sende- und Empfangsgerät anzeigt[34] und außerdem leicht manipuliert werden kann. Nichts anderes kann für E-Mails gelten. Allerdings bestehen technische Möglichkeiten, etwa durch eine DSN-Erweiterung des E-Mail-Protokolls SMTP[35]. Hierdurch kann festgestellt werden, dass die Übermittlung einer E-Mail bis zum E-Mail-Server des Empfängers problemlos erfolgte. Der Absender erhält eine entsprechende Nachricht[36]. Dieser technische Standard wird zwischenzeitlich von allen etablierten Anbietern unterstützt. Hatte der BGH für das Telefax den Anscheinsbeweis für den Zugang eines Telefaxes noch damit verneint, es könne nicht nachgewiesen werden, dass Informationen tatsächlich übermittelt wurden[37], greift diese Argumentation bei Nutzung des oben genannten technischen Standards nicht mehr. Es spricht daher einiges dafür, dass eine entsprechende DSN-Mitteilung für einen Anscheinsbeweis tauglich ist[38].

184 Bei technischen Schwierigkeiten, welche den Zugang der via Internet abgesandten Erklärung vereiteln können, muss im Übrigen eine angemessene Risikoverteilung gefunden werden. Als unproblematisch erweist sich hier zunächst die Fallkonstellation der treuwidrigen Zugangsvereitelung, bei der der Zugang gem. § 162 Abs. 1 BGB analog fingiert wird. Darüber hinaus findet eine Zurechnung der Erklärung als im Machtbe-

---

32 BGHZ 67, 271, 278.
33 Ebenfalls für einen erheblich milderen Maßstab bei Privaten: *Ernst*, NJW-CoR 1997, 164, 166; *Mehrings*, MMR 1998, 30, 33.
34 BGH, NJW 1995, 665; ebenso OLG Dresden, NJW-RR 1994, 1485, 1486.
35 DSN: Delivery Status Notification; SMTP: Simple Mail Transfer Protocol.
36 Bei E-Mails, die auf Servern Dritter für ein späteres Abholen gespeichert werden, wird eine derartige Nachricht erst versendet, wenn die E-Mail tatsächlich vom Server abgerufen wird.
37 BGH, NJW-RR 2014, 683, Rdnr. 27.
38 So auch *Mankowski*, NJW 2004, 1901; *Loewenheim/Koch*, Praxis des Online-Rechts, 1998, S. 184; *Palandt/Ellenberger*, 75. Auflage 2016, § 130 Rdnr. 21.

reich des Empfängers eingegangen nur statt, wenn Letzteren bezüglich der Zugangsstörung eine Obliegenheitsverletzung trifft.

Welche Obliegenheiten der Empfänger zu erfüllen hat, um eine Zugangsfiktion zu verhindern, hängt vom jeweiligen Ort der Störung ab. Je nachdem, wessen Risikosphäre das Scheitern des Informationsflusses zuzurechnen ist, trifft die Obliegenheit den Empfänger oder aber den Absender. Grundsätzlich trägt zunächst der Absender die Übertragungsgefahr, da er sich für diesen Informationsweg entschieden hat[39]. Gehen Daten verloren, bevor sie den Mail-Server des Empfängers erreichen, ist kein Zugang bewirkt; der Absender muss sich um erneute Zustellung bemühen. Sobald der Mail-Server allerdings erreicht ist, könnte man die Auffassung vertreten, dass es fortan im Risikobereich des Empfängers liege, für die einwandfreie Speicherung der Erklärung zu sorgen. Ein Fehlverhalten des Providers als Empfangsbote wäre dem Empfänger mithin nach allgemeinen Grundsätzen[40] stets zuzurechnen[41]. Richtigerweise wird man differenzieren müssen: Zum einen können internetspezifische Fehler, wie etwa der Ausfall des DE-Nameservers der DENIC e.G. oder aber ein Stromausfall, wegen fehlender Einflussmöglichkeit des Providers nicht als dessen Pflichtverletzung angesehen werden. Zum anderen setzt eine Pflichtverletzung voraus, dass für den Empfänger überhaupt eine Pflicht zur Aufrechterhaltung des Servers besteht. Eine solche ist – in Anlehnung an den Zugang von Briefen[42] – nur dann anzunehmen, wenn es sich bei den Vertragsparteien um Kaufleute handelt, wenn bereits Vertragsbeziehungen bestehen oder zumindest angebahnt wurden und der Erklärungsempfänger dem Erklärenden gegenüber sein konkludentes Einverständnis mit diesem Informationsmedium erklärt hat. So muss der Erklärungsempfänger im Schulbeispiel der überfüllten Mailbox die Willenserklärung – einen weiteren Zustellungsversuch des Erklärenden vorausgesetzt[43] – nur dann gegen sich gelten lassen, wenn er wegen bestehender Vertragsbeziehungen mit dem Eingang von E-Mails rechnen musste und gleichwohl seine Mailbox nicht aufräumte und hinsichtlich ausreichender Speicherkapazität überprüfte[44]. Andernfalls ist der Erklärende auf den erneuten Zustellungsversuch auf anderem Weg zu verweisen, sobald er vom fehlgeschlagenen Zugang erfährt. Nichts anderes kann für das Stadium gelten, in dem die Erklärung bereits auf dem Server gespeichert, aber dennoch wegen technischer Störungen in der Hard- oder Software des Empfängers nicht abgerufen und gelesen werden kann. Ein Sonderproblem des Zugangs[45] ergibt sich in dieser Phase des Weiteren für den Fall, dass die Software von Absender und Empfänger nicht kompatibel sind und sich daraus eine Unleserlichkeit der Erklärung ergibt. Es fragt sich,

185

---

39 Im Ergebnis ebenso bezüglich der Haftung für den verzögerten Zugang eines eingeschriebenen Briefs BAG, NJW 1997, 146, 147; *Franzen*, JuS 1999, 429, 439.
40 *Palandt/Ellenberger*, BGB, 75. Auflage 2016, § 130 Rdnr. 17.
41 Dahingehend *Koch*, Internet-Recht, 1998, S. 142; *Taupitz/Kritter*, JuS 1999, 839, 842.
42 Hierzu *MünchKomm/Einsele*, BGB, 5. Auflage 2006, § 130 Rdnr. 17.
43 Ein erneuter Zustellungsversuch ist nur in jenen Fällen entbehrlich, in denen der Empfänger ausdrücklich und grundlos die Annahme verweigert oder aber bewusst und arglistig den Zugang verhindert. Vgl. BGHZ 137, 205, 209; *Palandt/Ellenberger*, BGB, 75. Auflage 2016, § 130 Rdnr. 18.
44 *Taupitz/Kritter*, JuS 1999, 839, 842; *Ultsch*, NJW 1997, 3007, 3008; *Dörner*, AcP 202 (2002), 363, 371.
45 *Dörner*, AcP 202 (2002), 363, 373; a.A. *Burgard*, AcP 195 (1995), 74, 106 f.

ob dem Empfänger zugemutet werden kann, permanent auf dem aktuellen Stand der Technik zu sein, und ob ihm daher die unleserlich gespeicherte Erklärung zugerechnet wird. Im Ergebnis dürfte dies wohl wegen der extremen Schnelllebigkeit und der teilweise hohen Kosten eines Softwareupdates zumindest für den Verbraucher i.S.d. § 13 BGB zu verneinen sein. Eine andere Beurteilung kann sich für den Unternehmer i.S.d. § 14 BGB ergeben, wenn dieser durch gezielten Einsatz der E-Mail-Adresse in der Werbung gerade seine angebliche Flexibilität und stete Erreichbarkeit demonstriert.

e) Der Vertragsschluss unter Abwesenden

186 Gem. § 147 Abs. 1 Satz 2 BGB[46] gelten Anträge, die mittels eines Fernsprechers oder einer sonstigen technischen Einrichtung von einer Person an eine andere Person gemacht werden, als Anträge unter Anwesenden. Bei der Benutzung des Internet bedient man sich zwar in der Regel einer Telefonleitung im weitesten Sinne, die bei ihrer konventionellen Verwendung zum „Fernsprechen" gedacht ist, doch fehlt es bei der Benutzung des Internet an der unmittelbaren Kommunikation. Die Verbindung erfolgt stets durch das sog. „Routing-Verfahren" und ist in den meisten Fällen zeitverzögert und daher nicht unmittelbar. Erklärungen über den Fernsprecher oder eine sonstige technische Einrichtung erlauben Nachfragen und die sofortige Überprüfung des materiellen Erklärungsinhalts, was bei einer Online-Willenserklärung üblicherweise gerade nicht möglich ist[47]. Aus diesem Grunde sind Vertragsabschlüsse via Internet grundsätzlich Vertragsabschlüsse unter Abwesenden i.S.d. § 147 Abs. 2 BGB[48]. Allein Verträge, die in sog. Chatrooms, über Whatsapp oder Online-Konferenzsystemen abgeschlossenen werden, gelten nach der Gesetzesbegründung zu § 147 Abs. 1 Satz 2 BGB[49] als unter Anwesenden geschlossen. In diesen Fällen können sowohl Interaktion als auch Unmittelbarkeit bejaht werden.

187 Gem. § 147 Abs. 2 BGB kann ein Angebot bis zu dem Zeitpunkt angenommen werden, in welchem der Antragende den Eingang der Antwort unter regelmäßigen Umständen erwarten darf. Es stellt sich damit die Frage nach der Länge der Annahmefrist i.S.d. § 147 Abs. 2 BGB, die sich aus dem Zeitraum für die Übermittlung des Antrags, der Bearbeitungs- und Überlegungszeit des Empfängers sowie aus der Zeit für die Übermittlung der Antwort an den Antragenden zusammensetzt[50]. Die Sekundenbruchteile für die Übermittlung eines Antrags spielen beim E-Commerce keine Rolle. Die Annahmefrist kann folglich nur solange dauern, wie dies für die elektronische Durchführung von Kontrollen – z.B. des Lagerbestandes oder der Bonität des Kunden – erforderlich ist. Angesichts der hohen Leistungsfähigkeit der heute im Einsatz befindlichen Daten-

---

46 In der Fassung des Gesetzes zur Anpassung der Formvorschriften des Privatrechts und anderer Vorschriften an den modernen Rechtsverkehr vom 3.7.2001, BGBl. I, S. 1542 ff.
47 *Mehrings*, MMR 1998, 30, 31.
48 So auch *Mehrings*, MMR 1998, 30, 32; *Ernst*, NJW-CoR 1997, 165, 166; *Heun*, CR 1994, 595, 597.
49 BR-Drs. 283/01, S. 21.
50 BGH, NJW 1996, 919, 921; OLG Frankfurt, NJW-RR 1986, 329.

banksysteme führt dies dazu, dass die von § 147 Abs. 2 BGB eigentlich gewährte Überlegungs- und Bearbeitungszeit auf wenige Sekunden zusammenschmilzt[51].

Ist, wie im Regelfall, die Website als invitatio ad offerendum zu verstehen, so kommt der Vertrag mit Zugang der Annahmeerklärung des Anbieters zu Stande.

188

Ist der Anbieter nicht Unternehmer i.S.d. § 14 BGB, ist die freiwillig erteilte „Auftragsbestätigung" des Privaten als Vertragsannahme zu verstehen. Fraglich ist allerdings, ob – entsprechend der vergleichbaren Situation beim Versandhandel, bei welchem nach der Verkehrssitte ein Verzicht des Erklärenden auf den Zugang der Annahmeerklärung üblich ist – von einem Zugangsverzicht beim Online-Kauf ausgegangen werden kann und somit die konkludente Annahme durch tatsächliche Vertragserfüllung ausreicht.

189

Während beim klassischen Versandhandel die Bestellung in der Regel per Telefon oder Postkarte aufgegeben wird, welche relativ zuverlässige Kommunikationsmittel darstellen, ist der Weg über das Rooting-System des Internet wegen seiner Störanfälligkeit gerade auch im Hinblick auf Virenbefall weitaus unsicherer. Der Besteller kann sich nicht zweifelsfrei darauf verlassen, dass seine Bestellung angekommen ist. Entdeckt er kurz nach Abgabe seines Antrags eine günstigere Offerte, so stellt sich die Frage, ob es dem Besteller zumutbar ist, bis zur Zusendung der Ware, die oftmals erst Tage später erfolgt, abzuwarten. Es erscheint im Hinblick auf den geringen Aufwand für den Anbieter einerseits und das Schutzbedürfnis des Bestellers andererseits angebracht, auch dem privaten Online-Anbieter die Obliegenheitspflicht einer Eingangsbestätigung aufzuerlegen[52]. Dies gilt umso mehr, als der Besteller vom b2c-commerce gewohnt ist, gemäß § 312i Abs. 1 Nr. 2 BGB i.V.m. Art. 246c Nr. 1 EGBGB über die einzelnen technischen Schritte bis zu einem Vertragsschluss unterrichtet zu werden. Der Benachrichtigungspflicht wäre bereits dadurch genügt, dass der Anbieter dem Vertragspartner eine kurze E-Mail „Auftrag eingegangen" zurücksendet. Kommt der Anbieter dieser Bestätigungspflicht nicht nach, so macht er sich im Fall einer Doppelbestellung durch den Kunden aus culpa in contrahendo (c.i.c.) gem. §§ 311 Abs. 2 und 3, 241 Abs. 2, 280 Abs. 1 Satz 2 BGB schadensersatzpflichtig[53].

190

f) Der Widerruf elektronischer Willenserklärungen

Der Widerruf einer elektronischen Willenserklärung, wie er von § 130 Abs. 1 Satz 2 BGB vorgesehen ist, ist praktisch unmöglich. Die Bestimmung sieht vor, dass wenn vor oder mit dem Zugang einer Willenserklärung dem Erklärungsempfänger auch der Widerruf zugeht, die abgegebene Erklärung unwirksam sei. Angesichts der hohen Übertragungsgeschwindigkeit und der schnellen, zum Teil sofortigen Bearbeitung von Online-Bestellungen, wird das Widerrufsrecht des § 130 Abs. 1 Satz 2 BGB faktisch ausgeschlossen.

191

---

51 *Dörner*, AcP 202 (2002), 363, 376.
52 Für gewerbliche Online-Anbieter sieht die Vorschrift des § 312i Abs. 1 Satz 1 Nr. 3 BGB vor, dass der Unternehmer dem Kunden dessen Bestellung unverzüglich zu bestätigen hat.
53 Vgl. *Palandt/Grüneberg*, BGB, 75. Auflage 2016, § 312i Rdnr. 11.

g) Die Anfechtung elektronischer Willenserklärungen

192 Welche Möglichkeit hat der Erklärende, wenn die online abgegebene Willenserklärung von seinem tatsächlichen Willen abweicht? Auch hier sind zwei Fälle zu unterscheiden:

193 Dies sind zum einen reine Übermittlungsfehler, die auf dem Weg der elektronischen Willenserklärung vom Absender zum Empfänger auftreten. Sie gehen zulasten des Erklärenden, der das Risiko der Falschübermittlung trägt. Er kann seine „falsche" Willenserklärung gem. § 120 BGB anfechten, schuldet dem Erklärungsempfänger jedoch gem. § 122 BGB Schadensersatz. Dies gilt auch, soweit regelmäßig zur Übermittlung elektronischer Willenserklärungen Internet Service Provider eingesetzt werden. Diese Provider sind „Einrichtungen" i.S.d. § 120 BGB[54].

194 Zum anderen sind dies jene weitaus häufigeren Fälle, in denen der Fehler bereits bei der Bildung, Formulierung oder Abgabe der Willenserklärung, mithin in der Sphäre des Erklärenden, auftritt. Es ist je nach Stadium des Willensbildungsprozesses zwischen folgenden drei Fehlerquellen zu differenzieren:

aa) Fehlendes Erklärungsbewusstsein

195 Zu nennen sind zunächst die Fälle, in denen dem Erklärenden bereits das Bewusstsein fehlt, überhaupt eine rechtlich relevante Erklärung abzugeben. Zu denken ist hierbei an den versehentlichen Mausklick: So ist beispielsweise bei automatischen Hotelbuchungsverfahren die Gefahr groß, dass sich der User nicht darüber im Klaren ist, dass seine vermeintlich unverbindliche Anfrage nach der Kapazität eines bestimmten Hotels zu einer genannten Zeit bereits ein verbindliches Angebot i.S.d. § 145 BGB darstellt. Die Ansichten, wie ein solcher versehentlicher Mausklick zu behandeln sei, reichen von der Verneinung bereits des Handlungswillens[55] über die pauschale Ablehnung der Rechtsverbindlichkeit der Erklärung[56] bis hin zur normativen Zurechnung der Erklärung[57] nach dem Schulbeispiel der Trierer Weinversteigerung[58]. Wer willentlich steuert handelt und sich lediglich der rechtlichen Relevanz seines Tuns nicht bewusst ist, hat allgemeinen Handlungswillen. Das Fehlen eines Erklärungsbewusstseins nimmt der Erklärung auch nicht ihre Rechtsverbindlichkeit. Zwar könnte mit Blick auf den einzig gesetzlich geregelten Fall eines fehlenden Erklärungsbewusstseins in § 118 BGB die Nichtigkeit der Erklärung angenommen werden[59]; jedoch muss mit der heute h.M.[60] die Anwendbarkeit dieser Vorschrift, welche die bewusste Nichtgeltung einer Erklärung im Auge hat, verneint werden, da der Erklärende gerade keinen aktuellen Erklärungs-

---

54 So auch *Mehrings*, MMR 1998, 30, 32; *Palandt/Ellenberger*, BGB, 75. Auflage 2016, § 120 Rdnr. 2.
55 Vgl. die Nachweise bei *Palandt/Ellenberger*, BGB, 75. Auflage 2016, vor § 116, Rdnr. 17.
56 BT-Drs. 14/6040, S. 173.
57 BGHZ 91, 324, 327, zitiert nach juris, Rdnr. 22; 109, 171, 177; *Hoeren/Sieber/Mehrings*, Handbuch Multimedia Recht, Losebl., Teil 13 Rdnr. 112; *Waldenberger*, EuZW 1999, 296, 300.
58 Hierzu *Canaris*, NJW 1974, 528; *ders.*, NJW 1984, 2281; *Thiele*, JZ 1969, 407.
59 Dahingehend noch *Canaris*, NJW 1974, 528; *Thiele*, JZ 1969, 407; OLG Düsseldorf, OLGZ 1982, 240; weitere Nachweise bei BGHZ 91, 324, 327.
60 BGHZ 91, 324, 330; 109, 171, 177; BGH, NJW 1995, 953; BGH, ZIP 1999, 1847; siehe auch BGH, NJW 2002, 363; *Palandt/Ellenberger*, BGB, 75. Auflage 2016, Einf. vor § 116 Rdnr. 17.

willen hat. Vielmehr muss der Erklärende das Risiko aus der Wahl seines Kommunikationsmittels selbst tragen. Dem Erklärenden muss klar sein, dass die durch ihn, den Empfänger oder einen Dritten formulierte Erklärung, welche er per Mausklick absendet, vom Empfänger als Willenserklärung aufgefasst wird. Er muss sich die Erklärung zurechnen lassen und kann diese lediglich nach § 119 Abs. 1 BGB anfechten[61].

bb) Fehler bei der Willensbildung

Die Verwendung unkorrekter oder veralteter Daten ist ebenso wie ein interner Rechenfehler[62] oder sonstige Irrtümer bei der Formulierung der Erklärung als Motivirrtum unbeachtlich und berechtigt daher nicht zur Anfechtung[63]. Dies gilt auch für automatisierte und digitale Erklärungen, deren Entstehung durch Optionswahl des Software-Programms aufgrund veralteter Daten beruht[64].   **196**

Indes hat der Bundesgerichtshof[65] in einem Fall, in dem ein Softwarefehler im Machtbereich des Anbieters zu einer fehlerhaften Preisangabe auf der Website geführt hat, entschieden, dass hier eine Anfechtbarkeit gemäß dem Rechtsgedanken des § 120 BGB gegeben sein müsse. Ob diese Annahme zwingend ist, erscheint fraglich. Immerhin ist der Fehler im Stadium der Willensbildung unterlaufen und ähnelt dem (verdeckten) Kalkulationsirrtum, der als Irrtum im Beweggrund grundsätzlich nicht zur Anfechtung berechtigt, auch wenn die falsche Berechnung auf Fehlern einer vom Erklärenden verwendeten Software beruht[66].   **197**

Andere Erklärungsfehler berechtigen ebenfalls nicht zur Anfechtung. Hier sind zunächst Hardware- und Softwarefehler zu nennen. Der Einsatz einer DV-Anlage legt hardware- und softwaremäßig die Ausgangsgrößen fest, mit denen Computererklärungen erzeugt werden. Es geht um einen Irrtum in der Willensbildung, nicht in der Willensäußerung. Derartige Fehler sind nicht anfechtbar[67].   **198**

Keine Anfechtungsmöglichkeit besteht daher auch in dem Fall, dass der Anbieter in einer Internetauktion einen deutlich unterhalb des Warenwertes liegenden Startpreis angibt, der dann von einem Höchstbietenden angenommen wird[68]. Abgesehen davon, dass die Behauptung, man habe sich bei Eingabe des Startpreises geirrt, meist unglaubhaft ist, würde es sich hier meist um einen Motivirrtum handeln. Erklärungsfehler, wie z.B. ein versehentliches Verschreiben bei der Eingabe, bedürften des gesonderten – schwierigen – Nachweises.   **199**

---

61 Für eine unmittelbare Anwendung des § 119 Abs. 1 BGB: OLG Dresden, WM 1999, 949, 951; *Medicus*, BGB AT, 8. Auflage 2002, Rdnr. 607 f.; für eine analoge Anwendung *Palandt/Ellenberger*, BGB, 75. Auflage 2016, Einf. vor § 116 Rdnr. 17.
62 BGHZ 139, 117.
63 Hierzu zuletzt *Pawlowski*, JZ 1997, 741, 742.
64 *Taupitz/Kritter*, JuS 1999, 839, 843; *Medicus*, BGB AT, 8. Auflage 2002, Rdnr. 256; LG Frankfurt, NJW-RR 1997, 1273 – Zinsfestschreibungsangebot an einen Kunden, das aufgrund des Zugriffs der EDV-Anlage auf veraltete Daten erfolgte.
65 Vgl. BGH, CR 2005, 355, 357.
66 So noch BGHZ 139, 177, 180.
67 So auch *Mehrings*, MMR 1998, 30, 33; *Medicus*, BGB AT, 8. Auflage 2002, Rdnr. 256.
68 BGH, CR 2015, 106 ff. – VW Passat; instruktiv: OLG Köln, CR 2007, 598 ff. – Rübenroder; a.A. noch OLG Oldenburg, CR 2007, 462 ff.

cc) Fehler bei der Abgabe der Willenserklärung

200 Jegliche Form der fehlerhaften Bedienung des Computers, sei es durch Vertippen oder Verrutschen des Cursors bei Betätigen der Maustaste, ist als Fehler in der Erklärungshandlung gem. § 119 Abs. 1 Alt. 2 BGB anfechtbar[69].

201 In **Fall 8** ist das Angebot des Versteigerers O auf der Internet-Auktionsplattform mangels anderer Indizien als invitatio ad offerendum zu bewerten. Das Angebot zum Abschluss eines Vertrags stammt folglich vom Schüler S und dessen Anklicken des Buttons „Kaufen". Diese Willenserklärung erreicht O, ohne dass sie zuvor widerrufen wurde (§ 130 Abs. 1 Satz 2 BGB). Das Angebot wurde von O angenommen. Die Annahmeerklärung war allerdings bedingt durch das höchste Gebot zum Zeitpunkt des Ablaufs der Bietzeit. Die Annahmeerklärung geht V gem. § 131 Abs. 2 BGB auch zu. Unterstellt man nun, dass S die Wasserpistole von seinem Taschengeld bezahlen wollte, könnte § 110 BGB greifen. Nach dieser Vorschrift wird das Verpflichtungsgeschäft voll wirksam, sobald der Minderjährige die ihm obliegende Leistung mit Mitteln des Taschengelds erbringt. Dies ist vorliegend nicht geschehen. Im Gegenteil, dadurch, dass V die Genehmigung des Geschäfts ablehnt, ist dieses endgültig unwirksam. Hieran würde sich auch nichts ändern, wenn S heimlich den Kaufpreis mit seinem Taschengeld bezahlen würde. Der zulässige Verwendungszweck von Taschengeld liegt im Ermessen des gesetzlichen Vertreters. Die Eltern von S lehnen Kriegsspielzeug ab. Dies ist S bekannt. Er kann damit durch die Bezahlung der Pistole mit Mitteln des Taschengelds nicht die Wirksamkeit des Kaufs herbeiführen. Unterstellt man hingegen, dass S die Wasserpistole rechtswirksam gekauft hatte, so stünde V vorliegend kein Widerrufsrecht nach § 312g Abs. 1 Satz 1 i.V.m. § 355 Abs. 1 Satz 1 BGB zu, da der Anwendungsbereich dieser Vorschriften auf Verbraucherverträge mit Unternehmern i.S.d. § 14 BGB begrenzt ist.

dd) Fortwirkung eines Irrtums auf die Willenserklärung

202 Von besonderer Bedeutung ist die Frage, ob eine fehlerhafte Angabe auf der Website, die als invitatio ad offerendum zu werten ist, auf eine, möglicherweise sogar automatisierte, Willenserklärung durchschlägt. Diese Frage wurde vom LG Köln[70] verneint mit dem Hinweis, der Fall läge ähnlich wie die fehlerhafte Auszeichnung von Schaufensterware, bei der im Falle eines Vertragsschlusses anerkanntermaßen ein unbeachtlicher Irrtum vorläge, der nicht zur Anfechtung berechtige. Diese Auffassung wurde schon vom OLG Frankfurt[71] verworfen. Der Bundesgerichtshof[72] hat sich schließlich der Auffassung angeschlossen, die eine Fortwirkung des Fehlers bis zur Willenserklärung annimmt. Diese Entscheidung ist zu begrüßen. Der elektronische Handel, der sich gerade durch effiziente automatisierte Vertragsschluss- und Auslieferungsverfahren auszeichnet, wäre weitgehend von den Möglichkeiten der Irrtumsanfechtung ausgeschlossen, da die Irrtümer beim Anbieter üblicherweise beim Ins-Netz-stellen des Angebots erfolgen und bis zur automatisierten Annahmeerklärung des Anbieters kaum mehr korrigierbar sind. Dies leuchtet auch umso mehr ein, als beispielsweise in dem vom Bundesgerichtshof entschiedenen Fall eine offensichtlich unrichtige Preisangabe von einem Zehntel des tatsächlichen Werts des angebotenen Notebooks vorlag – was für den User ohne Weiteres erkennbar war[73].

---

69 Vgl. AG Westerburg, MMR 2003, 609, 610.
70 LG Köln, CR 2003, 613, 614.
71 OLG Frankfurt, CR 2003, 450.
72 BGH, CR 2005, 355, 356.
73 So auch *Ernst*, CR 2005, 357.

3. Die Form der Rechtsgeschäfte im Internet – Einsatz der elektronischen Signatur

Ein Hauptproblem des elektronischen Handels ist, dass man seinen Vertragspartner nicht kennt. Der Vertragspartner ist auch nicht durch Angabe von Name, Adresse und Unterschrift auf einem Bestellschein zu ermitteln, wie dies im klassischen Versandhandel üblich ist. E-Commerce-Anbieter können vielmehr nur die IP-Adresse des Computers, der mit ihrem System kommuniziert hat, feststellen. Dies ist aber nicht ausreichend, um eine Willenserklärung einer konkreten Person zuzurechnen. Hierzu wären vielmehr erhebliche zusätzliche Ermittlungen über den Standort des kommunizierenden Servers und die dort bestehenden Zugriffsmöglichkeiten erforderlich. Die weitere Entwicklung des elektronischen Handels, insbesondere von wertvolleren Wirtschaftsgütern, hängt damit von der Einführung einer „elektronischen Unterschrift" ab, durch die im elektronischen Geschäftsverkehr der Urheber versendeter Daten und die Integrität dieser Daten festgestellt werden kann.

Durch das Gesetz zur Anpassung der Formvorschriften des Privatrechts und anderer Vorschriften an den modernen Rechtsgeschäftsverkehr[74] sind zwei neue Formtypen geschaffen worden: Die elektronische Form i.S.d. §§ 126 Abs. 3, 126a BGB, die fortan die Schriftform ersetzen kann, und die Textform i.S.d. § 126b BGB.

a) Die elektronische Form gem. §§ 126 Abs. 3, 126a BGB

Die elektronische Form selbst ist in § 126a BGB definiert. Sie ist gewahrt, wenn der Aussteller einer Erklärung dieser seinen Namen hinzufügt und das elektronische Dokument mit einer qualifizierten elektronischen Signatur nach dem Signaturgesetz versieht. Für den Fall eines Vertragsschlusses muss ein gleichlautendes Dokument von beiden Parteien elektronisch signiert sein.

aa) Funktionsweise der elektronischen Signatur[75]

Die elektronische Signatur basiert auf folgendem Verschlüsselungsprinzip: Es werden die lesbaren und zu schützenden Daten (sog. Klartext) mit Hilfe eines mathematischen Verfahrens abgeändert und derart verschlüsselt (kombinierte Buchstaben-Zahlen-Kette), dass sie für den Leser unverständlich werden (sog. Schlüsseltext). Die Entschlüsselung erfolgt ebenfalls in einem mathematischen Verfahren. Die Schlüssel für die Ver- und Entschlüsselung können identisch (symmetrische Verschlüsselung) oder verschieden (asymmetrische Verschlüsselung) sein. Da bei der symmetrischen Verschlüsselung die Gefahr besteht, dass der Schlüssel auch Außenstehenden bekannt wird, ist dieses System nur eingeschränkt für den Geschäftsverkehr einsetzbar. Mehr Sicherheit bietet dagegen das asymmetrische Verschlüsselungsverfahren. Hierbei werden zwei unterschiedliche, aber zusammengehörige Schlüssel verwendet. Während

---

74 Gesetz vom 13.7.2001, BGBl. I, S. 1542, zuletzt geändert durch Art. 4 des Gesetzes vom 17.7.2009, BGBl. I, S. 2091.
75 Vgl. allgemein zur elektronischen Signatur *Schmidl*, CR 2002, 508.

der sog. Private Key beim Anwender verbleibt, nur diesem bekannt ist und durch ein Passwort oder einen PIN-Code vor dem Zugriff Unberechtigter gesichert wird, ist der sog. Public Key für jedermann öffentlich zugänglich. Mithilfe des Public Key lässt sich der durch den Absender mithilfe des Private Key verschlüsselte Text in eine lesbare Form umwandeln. Voraussetzung für eine zweifelsfreie Feststellung der Identität des Urhebers eines Textes ist allerdings, dass eine Garantie dafür besteht, dass der Public Key einer bestimmten Person zugeordnet werden kann. Diese Garantie übernehmen die Zertifizierungsstellen, welche die Zuordnung des Public Key zu einer bestimmten Person durch „Zertifikate" sichern.

207 Da das asymmetrische Verschlüsselungsverfahren besonders zeitintensiv ist, wird zur Vereinfachung ein Hash-Code eingesetzt. Dieser komprimiert den ursprünglichen Klartext und bildet die Vorlage dessen, was dann letztlich mittels des Private Key zur sog. Signatur verschlüsselt wird. Der Hash-Code besitzt eine Länge von 160 bit und ist derart gestaltet, dass bereits die nur um 1 bit veränderte Ausgangsinformation bei Anwendung der gleichen mathematischen Transformation ausreicht, einen Hash-Wert zu erzeugen, bei dem ungefähr die Hälfte der 160 bits verändert ist. Er garantiert insofern die Authentizität der Nachricht. Auch ist es nicht möglich, aus einem Hash-Wert Rückschlüsse auf die zugrunde liegende Information zu ziehen. Der Hash-Code wird durch den Absender mithilfe seines Private Key verschlüsselt. Diese sog. Signatur wird sodann zusammen mit dem Klartext an den Empfänger versandt. Der Empfänger kann mit dem passenden Public Key die Signatur wieder entschlüsseln und erhält dadurch erneut den Hash-Code. Diesen kann der Empfänger schließlich mit demjenigen Hash-Code vergleichen, der ihm zusammen mit dem Public Key von der Zertifizierungsstelle übermittelt wurde. Stimmen beide Hash-Werte überein, ist die übermittelte Information dem jeweiligen User zuzurechnen.

Zusammenfassend lässt sich das Signaturverfahren wie folgt grafisch darstellen:

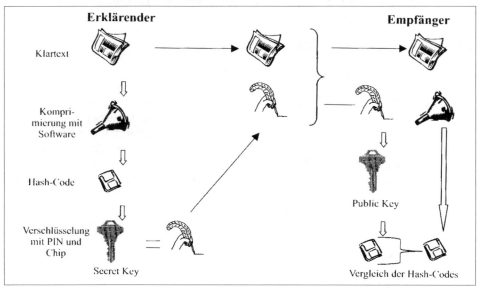

Das Signaturverfahren hat demnach gegenüber der herkömmlichen Unterschrift auf Papier einen entscheidenden Vorteil: Es kann nicht nur die Identität des Unterzeichners und die Urheberschaft der Erklärung festgestellt, sondern vor allem auch die Authentizität der gesamten Nachricht nachgewiesen werden, da der Hash-Code eine nachträgliche Veränderung des Textes offenkundig werden lässt.

208

Allerdings liegt die Kehrseite der Medaille auf der Hand: Dieses organisatorisch aufwändige Zertifizierungsverfahren wird nur dann eingesetzt werden, wenn auf elektronischem Wege bedeutende Daten übermittelt werden müssen oder wenn es um den Handel wertvoller Wirtschaftsgüter geht.

209

bb) Die Zertifizierungsstellen

In Umsetzung der Signatur-Richtlinie der EU[76] wurde das Signaturgesetz[77] neu gefasst[78]. Es ersetzt das Signaturgesetz vom 22.7.1997[79]. Das Gesetz unterscheidet zwischen „elektronischen Signaturen" (§ 2 Nr. 1 SigG), „fortgeschrittenen elektronischen Signaturen" (§ 2 Nr. 2 SigG), „qualifizierten elektronischen Signaturen" (§ 2 Nr. 3 SigG) und „qualifizierten elektronischen Signaturen mit Anbieter-Akkreditierung" (§ 15 Abs. 1 SigG)[80]:

210

Die einfachen „elektronischen" und „fortgeschrittenen" Signaturen zeichnen sich dadurch aus, dass im ersten Fall lediglich elektronische Daten an den Klartext angefügt werden (z.B. eine eingescannte Unterschrift des Verfassers) und im zweiten Fall eine Hard- und Software die eindeutige Zuordnung einer Nachricht zu einer bestimmten Person ermöglicht. Beiden Verfahren ist gemein, dass keine Zertifizierungsstelle eingeschaltet ist, die Sicherheit gegen technische und organisatorische Fehler bietet. Die sog. „qualifizierten elektronischen Signaturen" (§ 2 Nr. 3 SigG) unterscheiden sich von den „fortgeschrittenen elektronischen Signaturen" (§ 2 Nr. 2 SigG) dadurch, dass hierbei eine neutrale Zertifizierungsstelle für die Einhaltung der technischen Mindeststandards sorgt und selbst eine Archivierung der Zertifikate betreibt. Der Zertifizierungsdiensteanbieter muss die Aufnahme seines Betriebes lediglich anzeigen. Allerdings darf ein Zertifizierungsdiensteanbieter nur von Personen betrieben werden, die hierfür die erforderliche Zuverlässigkeit und Fachkunde besitzen. Darüber hinaus sind die gesetzlichen Sicherheitsanforderungen einzuhalten sowie ein Sicherheitskonzept vorzulegen und umzusetzen. Die Aufnahme des Betriebs ist der Bundesnetzagentur (BNetzA) anzuzeigen. Die BNetzA prüft das Sicherheitskonzept und überwacht auch die Einhal-

211

---

76 Richtlinie (EG) Nr. 93/1999 des Europäischen Parlaments und des Rates vom 13.12.1999 über gemeinschaftliche Rahmenbedingungen für elektronische Signaturen, ABl. EG L 13 vom 19.1.2000, S. 12 ff.
77 Gesetz über Rahmenbedingungen für elektronische Signaturen (Signaturgesetz) vom 16.5.2001, BGBl. I, S. 876, zuletzt geändert durch Art. 4 des Gesetzes vom 17.7.2009, BGBl. I, S. 2091.
78 Zum Regelungsgehalt des Signaturgesetzes vom 1.8.1997 und zur Entstehung des Signaturgesetzes vom 16.2.2001 siehe: *Köhler/Arndt*, Recht des Internet, 4. Auflage 2003, S. 74-83.
79 Gesetz zur Regelung der Rahmenbedingungen für Informations- und Kommunikationsdienste (Informations- und Kommunikationsdienste-Gesetz – IuKDG) vom 22.7.1997, BGBl. I, S. 1870.
80 Vgl. zu den unterschiedlichen Signaturverfahren *Roßnagel*, MMR 2002, 215.

tung der gesetzlichen Bestimmungen für den Betrieb des Zertifizierungsdienstes gem. § 4 SigG.

212 Auf höchster Stufe stehen die „akkreditierten" Signaturverfahren nach § 15 SigG. Für diese Zertifizierungsstellen gelten die materiellen Vorschriften der §§ 5-14 SigG. Der Zertifizierungsdienst ist vorab einer Sicherheitsprüfung der BNetzA (§ 3 SigG) unterworfen. Nach Kontrolle der technischen und organisatorischen Mindestanforderungen erhält die Zertifizierungsstelle ein Gütesiegel gem. § 15 SigG[81]. Die in der Bundesrepublik Deutschland akkreditierten Zertifizierungsdiensteanbieter werden abschließend von der Bundesnetzagentur bekanntgegeben[82].

213 Gem. § 11 SigG übernehmen die Zertifizierungsdiensteanbieter die Haftung für Schäden, die Dritte dadurch erleiden, dass sie auf die Angaben in einem qualifizierten Zertifikat vertrauen und der Zertifizierungsdiensteanbieter die Rechtsverletzung zu vertreten hat. Hierzu hat er eine Deckungsvorsorge, beispielsweise durch eine Haftpflichtversicherung, mit einer Mindestsumme von 250.000 Euro vorzuhalten.

214 Ob ein Zertifizierungsdiensteanbieter die Einhaltung der spezifischen Vorschriften für Signaturverfahren nach dem SigG bestätigt haben möchte oder nicht, obliegt nach § 1 Abs. 2 SigG seiner Entscheidung. Sinn dieser Regelung ist es, durch eine freiwillige Akkreditierung, mit der dann auch geworben werden darf, die Qualität der Zertifizierungsdienste und das Vertrauen des Rechtsverkehrs in ihre Tätigkeit zu steigern.

215 Wer als Internet-User eine elektronische Signatur der oben beschriebenen Art nutzen möchte, sollte mit Blick auf die unterschiedlichen Rechtsfolgen der einzelnen Verfahren, die seit Wirksamkeit des Gesetzes zur Anpassung der Formvorschriften des Privatrechts und anderer Vorschriften an den modernen Rechtsgeschäftsverkehr[83] an die unterschiedlichen Signaturverfahren geknüpft werden, entweder die Signatur nach § 2 Nr. 3 oder die Signatur nach § 15 Abs. 1 SigG vorziehen. Denn lediglich diese Signaturverfahren erfüllen das Schriftformerfordernis der §§ 126 Abs. 3, 126a Abs. 1 BGB. Die „einfache" und die „fortgeschrittene" elektronische Signatur nach § 2 Nr. 1 und 2 SigG können gem. § 127 Abs. 3 BGB lediglich eine vereinbarte qualifizierte Signatur ersetzen, wenn kein entgegenstehender Wille der Parteien ersichtlich ist, haben im Übrigen aber keine rechtliche Relevanz. Entschließt sich der User für die „qualifizierte" oder die „akkreditierte qualifizierte" Signatur, so muss er mit einem der bisher akkreditierten Zertifizierungsdiensteanbieter[84] einen Vertrag schließen, § 4 SigG.

216 Ist die Identität des Kunden zuverlässig nachweisbar, erhält er gegen Zahlung ein qualifiziertes Zertifikat, den sog. Public Key. Dieses wird für jedermann abrufbar veröffentlicht. Es enthält Angaben zum Namen des Antragstellers und kann Angaben über die Vertretungsmacht und sonstige, beispielsweise berufsbezogene Angaben zur Person

---

81 Vgl. *Roßnagel*, NJW 2001, 1817, 1821; *Dörner*, AcP 202 (2002), 363, 380.
82 Zum jeweils aktuellen Stand siehe die Homepage der BNetzA, www.bundesnetzagentur.de/ unter dem Stichwort „Zertifizierungsdiensteanbieter".
83 Gesetz vom 13.7.2001, BGBl. I, S. 1542.
84 Eine Liste der akkreditierten Unternehmen findet sich auf der Homepage der BNetzA, www.bundesnetzagentur.de.

(Attribute) enthalten, § 5 Abs. 2 SigG. Ein qualifiziertes Zertifikat kann auch unter einem Pseudonym erteilt werden. Mit dem Zertifikat wird der Antragsteller umfassend über die Sicherheit elektronischer Signaturen und ihre Rechtswirkung belehrt (§ 6 SigG).

Der Wert des qualifizierten Zertifikats für den elektronischen Rechtsverkehr ergibt sich nun daraus, dass es den Public Key trägt. Daneben erhält der Kunde vom Zertifizierungsdiensteanbieter den Private Key. Dieser ist in der Regel in digitaler Form verschlüsselt auf einer Chipkarte gespeichert. Des Weiteren erhält der Kunde ein Chipkarten-Lesegerät, welches er direkt an seinen PC anschließt. Für die Ausstellung des Zertifikats, die Software und das Lesegerät werden Jahres- und zum Teil auch Erstregistrierungsgebühren verlangt. Die Preise variieren mitunter sehr stark. 217

Ausländische Zertifikate, die von einem in der EU niedergelassenen Zertifizierungsdiensteanbieter ausgestellt worden sind, können gem. § 23 Abs. 2 SigG nur dann einem inländischen Zertifikat gleichgestellt werden, wenn die BNetzA nach § 18 Abs. 2 SigVO die Gleichwertigkeit der Sicherheit mit inländischen akkreditierten Unternehmen positiv festgestellt hat. Auch ausländische Hard- und Software-Produkte, die der Verschlüsselung dienen, werden nur dann für akkreditierte Signaturverfahren anerkannt, wenn für sie eine gleichwertige Sicherheit festgestellt wurde, § 23 Abs. 3 SigG. 218

cc) Anwendungsbereich der elektronischen Signatur

Die elektronische Form selbst wird in § 126a BGB definiert. Sie ist gewahrt, wenn der Aussteller einer Erklärung dieser seinen Namen hinzufügt und das elektronische Dokument mit einer qualifizierten elektronischen Signatur nach dem Signaturgesetz versieht. Für den Fall eines Vertragsschlusses muss ein gleichlautendes Dokument von beiden Parteien elektronisch signiert sein. 219

Gem. § 126 Abs. 3 BGB kann die Schriftform durch die elektronische Form ersetzt werden, wenn sich aus dem Gesetz nichts anderes ergibt. Eine Substitution der Schriftform ist von Gesetzes wegen z.B. für den Ausspruch einer arbeitsrechtlichen Kündigung (§ 623 BGB), die Erteilung eines Zeugnisses (§ 630 Satz 3 BGB), die Bürgschaftserklärung (§ 766 Satz 2 BGB), das Leibrentenversprechen (§ 761 Satz 2 BGB), das Schuldversprechen (§ 780 Satz 2 BGB) und das Schuldanerkenntnis (§ 781 Satz 2 BGB) ausgeschlossen. Wird für die vorgenannten Erklärungen dennoch die elektronische Signatur als Form gewählt, ist die Erklärung gem. § 125 Satz 1 BGB unwirksam. Die fehlende Form kann in den Fällen der §§ 311b Abs. 1 Satz 2, 518 Abs. 2, 766 Satz 3, 2301 Abs. 2 BGB durch Erfüllung geheilt werden. Ist keine gesetzliche Heilungsmöglichkeit vorgesehen, so kann es dem Gläubiger in seltenen Ausnahmefällen nach dem Grundsatz von Treu und Glauben (§ 242 BGB) verwehrt sein, sich auf die Nichtigkeit der Willenserklärung seines Vertragspartners zu berufen, wenn dieser arglistig seinen Vertragspartner über das Formerfordernis getäuscht hat[85]. Keinen Einfluss auf die Einhaltung der Formvorschriften hat hingegen eine eventuelle Unwirksamkeit des Vertrages zwischen dem Nutzer der elektronischen Signatur und dem Zertifizierungs- 220

---

85 BGHZ 16, 334, 337; 29, 6, 12.

diensteanbieter. Denn gem. § 2 Nr. 2 und 3 SigG ist Voraussetzung für die Einhaltung der Formvorschriften lediglich die Erfüllung der technischen und organisatorischen Voraussetzungen durch die Zertifizierungsstellen.

221 Ausreichend ist gem. § 127 Abs. 3 BGB auch, wenn bei der gewillkürten elektronischen Form elektronische Signaturen verwendet werden, die nicht dem Signaturgesetz entsprechen. In diesem Fall kann der Erklärungsempfänger nachträglich eine qualifizierte elektronische Signatur nach dem Signaturgesetz verlangen.

dd) Zurechnung bei Missbrauch der Signatur

222 Die elektronische Signatur ist grundsätzlich ein geeignetes Mittel, das Vertrauen der Verbraucher in den Online-Rechtsverkehr zu stärken. Allerdings werden sich im Gebrauch die Schwachstellen dieses Verfahrens zeigen. Insbesondere in der Verantwortungssphäre des Signatur-Inhabers selbst liegen die größten Missbrauchsgefahren. So ist fraglich, wann dem Inhaber einer Signatur Willenserklärungen zuzurechnen sind, die ein Dritter ohne Berechtigung unter dessen Namen abgegeben hat. Interessant sind sowohl diejenigen Fälle, in denen der Signatur-Inhaber die Geheimdaten bewusst an einen Dritten weitergegeben hat, der Inhaber aber mit dem konkreten Rechtsgeschäft nicht einverstanden ist, als auch die Fälle, in denen sich der Dritte ohne Wissen und Wollen des Signatur-Inhabers in den Besitz von Chipkarte und PIN gebracht hat.

(1) Wissentliche Überlassung der Signaturdaten an Dritte

223 Hat der Signatur-Inhaber die Geheimdaten wissentlich einem Dritten überlassen und nimmt dieser dann ein Rechtsgeschäft vor, so könnte man geneigt sein, eine Zurechnung der fremden Erklärung nach Rechtsscheinsgesichtspunkten analog §§ 164 ff. BGB vorzunehmen. Bei näherer Betrachtung erweist sich allerdings die Einordnung dieses Tatbestandes unter einen der bekannten Rechtsscheinstatbestände als schwierig: Von vornherein ausgeschlossen sind die gesetzlich normierten Rechtsscheinstatbestände, da weder die Chipkarte eine Vollmachtsurkunde i.S.d. § 172 Abs. 1 BGB darstellt, noch in der schlichten Weitergabe von PIN und Chipkarte eine Bekanntmachung i.S.d. § 171 Abs. 1 BGB gesehen werden kann. Die Annahme einer Duldungsvollmacht ist nur ausnahmsweise für den Fall gerechtfertigt, dass der Unbefugte für eine gewisse Dauer und wiederholt von Chipkarte und PIN Gebrauch macht[86], der Signatur-Inhaber davon wusste und dennoch nicht eingeschritten ist[87] und der Vertragspartner zur Zeit des Vertragsschlusses von der Duldung wusste und gutgläubig auf das Vorliegen einer Vollmacht vertraute[88]. In der Regel wird der Vertragspartner aber weder von der Vertretung, noch von deren Duldung etwas wissen, sodass eine Zurechnung der Willenserklärung unter dem Gesichtspunkt der Duldungsvollmacht grundsätzlich ausscheidet.

224 In Betracht kommt allerdings eine Zurechnung der fremden Erklärung analog § 172 BGB unter dem Gesichtspunkt der bewussten Risikoerhöhung durch willentliche Aus-

---

86 BGH, LM § 164 Nr. 9, 34; VersR 1971, 766.
87 BGH, NJW 1956, 460; NJW 1956, 1674; NJW 1988, 1199, 1200.
88 BGH, LM § 164 Nr. 13 und 34.

händigung eines Blanketts zum Zweck der Benutzung im Rechtsverkehr[89]. Zwar stellt die Chipkarte keine verkörperte Gedankenerklärung und somit keine Blanketturkunde dar. Jedoch muss der Anwendungsbereich des § 172 BGB dahingehend ausgedehnt werden, dass auch bereits die willentliche Überlassung der zur Fertigung der Unterschrift und Urkunde notwendigen Utensilien für die Annahme eines Blanketts ausreicht. Denn soll sich der elektronische Rechtsverkehr tatsächlich durchsetzen, darf die Körperlichkeit für den Beweiswert keine Rolle spielen. Ausschlaggebend muss vielmehr der Schutz des Vertrauens darin sein, dass derjenige, der Geheimdaten wie die Chipkarte und die PIN verwendet, mit dem Berechtigten identisch ist. Überdies kann mithilfe dieser Utensilien problemlos eine Urkunde hergestellt werden, die sich von einer unmittelbar durch den Signatur-Inhaber hergestellten Urkunde in nichts unterscheidet[90]. Wegen der fehlenden Erkennbarkeit eines Missbrauchs und dem Verbot für den Kunden aus dem Zertifizierungsvertrag, die Daten an Dritte weiterzugeben[91], besteht für den Vertragspartner ein besonderes Schutzbedürfnis. Der Signatur-Inhaber hat umgekehrt sich selbst ein erhebliches Risiko gesetzt, indem er die Daten willentlich aus der Hand gegeben hat[92]. Die Situation ist mit jener vergleichbar, in der der Geschäftsherr ein leeres Blatt unterschrieben weggibt; für diesen Fall ist eine Zurechnung nach den Grundsätzen der Blanketthaftung anerkannt[93].

Eine Anfechtung der konkludenten Vollmachterteilung durch Überlassung von PIN und Chipkarte ist durch den Berechtigten nicht mit der Begründung möglich, der Dritte habe die Vertretungsmacht missbraucht[94]. Denn bei der Blanketthaftung handelt es sich um eine Rechtsscheinshaftung, welche bereits deshalb nicht anfechtbar ist, weil sie für den Geschäftsherrn lediglich ein bewusst gesetztes Risiko realisiert[95].

(2) Unfreiwilliger Verlust der Signaturdaten

Problematisch sind diejenigen Fälle, in denen der Dritte die Daten in sonstiger Weise ohne freiwilliges Zutun des Berechtigten erlangt.

Richtig dürfte wohl sein, mit der Rechtsprechung[96] und der herrschenden Meinung[97] das Institut der Anscheinsvollmacht anzuerkennen und eine Zurechnung der Erklärung bereits dann vorzunehmen, wenn der Berechtigte bei Wahrung der im Verkehr erforderlichen Sorgfalt hätte erkennen und verhindern können, dass ein Unbefugter einen

---

89 *Staudinger/Schilken*, BGB, 2014, § 172 Rdnr. 8; *MünchKomm/Schubert*, BGB, 7. Auflage 2015, § 172 Rdnr. 4.
90 Für die ec-Karte: *Schinkels*, Die Verteilung des Haftungsrisikos für Drittmissbrauch von Medien des bargeldlosen Zahlungsverkehrs, Berlin 2001, S. 144 ff.
91 Beispielsweise „rät" die DATEV ihren Kunden, „die Signaturkarte ständig in persönlichem Gewahrsam aufzubewahren", siehe unter http://www.zs.datev.de/fs.php.
92 Dahingehend für die ec-Karte auch *Rossa*, CR 1997, 138, 143.
93 *MünchKomm/Schubert*, BGB, 7. Auflage 2015, § 172 Rdnr. 4.
94 BGHZ 40, 65, 68; *Ultsch*, in: *Immenhauser/Wichtermann*, Vernetzte Welt – globales Recht; Jahrbuch junger Zivilrechtswissenschaftler, 1998, S. 127, 138.
95 *Canaris*, Die Vertrauenshaftung im deutschen Privatrecht (1971), 36, 455.
96 BGH, CR 2011, 455 ff., zitiert nach juris, Rdnr. 12; NJW 1981, 1727, 1728; 1991, 1125; 1998, 1854, 1855.
97 *Palandt/Ellenberger*, BGB, 75. Auflage 2016, § 172 Rdnr. 18.

Rechtsscheinstatbestand schafft, auf den der Vertragspartner gutgläubig vertraut. Hat der Signatur-Inhaber mithin fahrlässig die Weitergabe der Daten verursacht, so muss er sich den dadurch gesetzten Rechtsschein zurechnen lassen. Bei welchem Verhalten von einer „fahrlässigen Weitergabe" auszugehen ist, ist im Einzelnen fraglich. So hat der BGH[98] bei Missbrauch einer Vollmachtsurkunde, der durch nachlässige Verwahrung erst ermöglicht worden war, unter Hinweis auf § 172 Abs. 1 BGB, wonach eine „Aushändigung" erforderlich ist, das Vorliegen einer Anscheinsvollmacht verneint. Nach unserer Auffassung kann es weder auf die im Begriff „Aushändigung" implizierte Gegenständlichkeit ankommen, noch auf die unterstellte Freiwilligkeit der Weitergabe. Denn fahrlässig handelte auch derjenige, der seine Chipkarte samt PIN zusammen in der Geldbörse aufbewahrte, auch wenn ihm diese gestohlen wurde. Eine Zurechnung kann folglich nur in Fällen der vis absoluta oder extremen Fällen der vis comulsiva ausscheiden; etwa, wenn der Signatur-Inhaber mit vorgehaltener Waffe zur Herausgabe der Chipkarte und zur Preisgabe der PIN gezwungen wird.

b) Die Textform gem. § 126b BGB

228 Mit Einführung der Textform in § 126b BGB hat der Gesetzgeber zur Anpassung des Formerfordernisses an das Internet-Zeitalter eine Herabstufung der Anforderungen an die Form in Kauf genommen. So ist in Fällen, in denen früher die eigenhändige Unterschrift erforderlich war (z.B. §§ 554 Abs. 3 Satz 1 und 556b Abs. 2 BGB), heute ausreichend, dass die Erklärung einem anderen gegenüber so abgegeben wird, dass sie in Schriftzeichen lesbar, die Person des Erklärenden angegeben und der Abschluss der Erklärung in geeigneter Weise erkennbar gemacht ist, z.B. durch die Nachbildung der Unterschrift des Erklärenden (Textform).

229 Eine zur „dauerhaften Wiedergabe von Schriftzeichen geeignete Weise" liegt vor, wenn die Wiedergabe mit Hilfsgeräten wie Drucker oder Bildschirm in Schriftzeichen wahrnehmbar gemacht werden kann. Zur Einhaltung der Textform ist des Weiteren erforderlich, dass die Person des Erklärenden ersichtlich ist und das Ende der Erklärung, etwa durch Nachbildung der Unterschrift, Einscannen, eine Abschlussformel oder den getippten Namen, erkennbar ist.

230 Zu bemängeln ist, dass der Gesetzgeber nur partielle Änderungen der Schrift- in die Textform durchgeführt hat, ohne sich bezüglich der übrigen Normen für die Beibehaltung der eigenhändigen Schriftform auszusprechen oder sich aber davon zu distanzieren.

---

98 BGH, NJW 1975, 2101.

4. Elektronische Kommunikation mit Gerichten und der öffentlichen Verwaltung

a) Kommunikation mit der öffentlichen Verwaltung

Die Übermittlung elektronischer Dokumente zwischen Bürger und Verwaltung und elektronische Erklärungen im Verwaltungsverfahren sind ohne Weiteres zulässig, soweit an das jeweilige Verwaltungsverfahren keine besonderen Formerfordernisse durch Sondervorschriften gestellt werden. Dies ergibt sich aus dem Grundsatz der Nichtförmlichkeit der Verwaltung[99]. Der Grundstein für eine gesetzliche Normierung der elektronischen Kommunikation mit der Verwaltung wurde schon durch das Formvorschriftenanpassungsgesetz[100] gelegt, das der Bundes- und den Landesregierungen die Ermächtigung zum Erlass von Rechtsverordnungen für die Einführung der besonderen elektronischen Form gibt. Mit dem dritten Gesetz zur Änderung verwaltungsrechtlicher Vorschriften[101] hat dann auch die elektronische Signatur durch § 3a Abs. 2 VwVfG Einzug in die Formvorschriften des Verwaltungsrechts des Bundes gefunden. Hiernach kann die elektronische Signatur der durch Gesetz angeordneten Schriftform gleichgestellt werden, wenn dies mindestens in einer Verordnung oder Satzung so vorgesehen wird. Entsprechende Vorschriften finden sich in § 87 AO und § 36a SGB I. Für eine analoge Anwendung von § 126a BGB besteht daher kein Raum[102]. Im Gegensatz zu § 126a BGB verzichtet § 3a VwVfG aber auf eine gesonderte Hervorhebung der Textform. Hierdurch soll dem Umstand Rechnung getragen werden, dass im Verwaltungsverfahren neben Schriftzeichen auch Pläne und technische Daten übermittelt werden.

231

Voraussetzung für die elektronische Kommunikation mit der Verwaltung ist gem. § 3a Abs. 1 VwVfG, dass der Empfänger hierzu einen Zugang eröffnet hat. Hierdurch wird dem Umstand Rechnung getragen, dass elektronische Kommunikationstechniken noch nicht flächendeckend, schon gar nicht in der Verwaltung, verbreitet sind. Die elektronische Kommunikation ist damit eine Option, die die freiwillige Nutzung der Beteiligten voraussetzt[103]. Damit ist die Frage aufgeworfen, wie die Eröffnung eines Zugangs festgestellt werden kann. Für Behörden wird hierbei ein eigener „Eröffnungs- bzw. Widmungsakt" gefordert[104]. Dies kann ausdrücklich oder konkludent erfolgen. Er kann beispielsweise in dem öffentlichen Internetauftritt einer Behörde liegen oder in der öffentlichen Angabe einer E-Mail-Adresse, z.B. in Briefköpfen oder auf der Homepage[105]. Ausreichend ist aber auch jede andere Form der Willensbekundung, beispielsweise durch Erlass oder Mitteilung. Auf private Beteiligte sind diese Grundsätze nicht

232

---

99 Vgl. hierzu *Catrein*, NVwZ 2001, 413, 414; *Holznagel/Krahn/Werthmann*, Electronic Government auf kommunaler Ebene, DVBl. 1999, 1477, 1481; *Kopp/Ramsauer*, VwVfG, 16. Auflage 2015, § 3a Rdnr. 6.
100 Gesetz vom 13.7.2001, BGBl. I, S. 1542.
101 Gesetz vom 21.8.2002, BGBl. I, S. 3322.
102 So schon vor Einführung von § 3a VwVfG ablehnend *Eifert/Schreiber*, MMR 2000, 340, 342; *Schmitz*, NVwZ 2000, 1238, 1243.
103 *Kopp/Ramsauer*, VwVfG, 16. Auflage 2015, § 3a Rdnr. 8.
104 Begründung zum Entwurf eines dritten Gesetzes zur Änderung verfahrensrechtlicher Vorschriften vom 13.5.2002, BT-Drs. 14/9000, S. 26.
105 *Schlatmann*, DVBl. 2002, 1005, 1009; *Kopp/Ramsauer*, VwVfG, 16. Auflage 2015, § 3a Rdnr. 12.

zu übertragen. Wer als Privater seine E-Mail-Adresse angibt, beispielsweise in seinem Briefbogen, signalisiert noch nicht mit der notwendigen Verbindlichkeit, dass er auf diesem Weg auch zuverlässig erreichbar ist. Eine Behörde wird sich in derartigen Fällen noch nicht darauf verlassen können, dass mit der bloßen Angabe einer E-Mail-Adresse eine Zugangseröffnung stattgefunden hat. Anders zu bewerten ist jedoch der Fall, dass die Privatperson selbst mit der Behörde die elektronische Kommunikation aufgenommen hat. Da hier regelmäßig eine Reaktion der Behörde erwartet wird, muss die Privatperson durch ihre Wahl des Kommunikationswegs damit rechnen, dass die Behörde ihr auf diesem Wege antwortet.

233 Eine besondere Form der elektronischen Kommunikation im Verwaltungsrecht stellt der elektronische Verwaltungsakt dar. § 37 Abs. 2 Satz 1, Abs. 3 Satz 1 VwVfG stellt den elektronischen Verwaltungsakt dem schriftlichen Verwaltungsakt gleich. Die Bestimmung ist durch das dritte Verwaltungsverfahrensänderungsgesetz[106] eingeführt worden. Das Gesetz unterscheidet hierbei zwischen normalen elektronischen Verwaltungsakten und solchen elektronisch erlassenen Verwaltungsakten, für die durch Rechtsvorschrift die Schriftform angeordnet sind (§ 37 Abs. 3 Satz 2 VwVfG). Während für Erstere wie beim schriftlichen Verwaltungsakt lediglich die erlassende Behörde erkennbar ist und der Name des Behördenleiters bzw. seines Vertreters oder Beauftragten wiedergegeben werden muss, ist im zweiten Fall auch das der Signatur zugrunde liegende Zertifikat bzw. ein qualifiziertes Attributzertifikat erkennbar. Gem. § 37 Abs. 4 VwVfG muss auch die dauerhafte Überprüfbarkeit für die nach § 3a Abs. 2 VwVfG erforderliche qualifizierte elektronische Signatur sichergestellt sein. Erlassen ist ein elektronischer Verwaltungsakt, wenn er dem Empfänger übermittelt worden ist. Dies setzt voraus, dass ein entsprechender Zugang, wie in § 3a Abs. 1 VwVfG vorgesehen, eröffnet worden ist. Ist für einen Verwaltungsakt, für den durch Rechtsvorschrift die Schriftform angeordnet ist, die elektronische Form verwendet worden, muss auch das der Signatur zugrunde liegende qualifizierte Zertifikat oder ein dazugehöriges qualifiziertes Attributzertifikat die erlassende Behörde erkennen lassen.

234 Am ehesten ist dem Bürger die elektronische Kommunikation mit dem Finanzamt bekannt. Unter dem Projektnamen „ELSTER"[107] können Steuererklärungen und -anmeldungen via Internet eingereicht werden[108]. Seit 2005 sind nahezu alle in Deutschland steuerpflichtigen Arbeitgeber und Unternehmer gesetzlich verpflichtet, ihre Lohnsteueranmeldungen und Umsatzsteuervoranmeldungen sowie die Lohnbescheinigungen ihrer Arbeitnehmer elektronisch über das ELSTER-System abzuwickeln. Auch bei den Bürgern findet dieser Kommunikationsweg Akzeptanz. Ausweislich der bei wikipedia[109] veröffentlichten Zahlen wurden 2015 20 Mio. Einkommensteuererklärungen elektronisch eingereicht und 6,1 Mio. Steuerbescheide elektronisch versandt.

---

106 Gesetz vom 21.8.2002, BGBl. I, S. 102.
107 Abkürzung für Elektronische Steuererklärung; Projekt der deutschen Steuerverwaltungen aller Länder und des Bundes zur Abwicklung der Steuererklärungen und Steueranmeldungen über das Internet.
108 Rechtliche Grundlage für ELSTER ist die Steuerdatenübermittlungsverordnung (StDÜV) vom 28.1.2003, BGBl. I, S. 139 ff.; vgl. hierzu auch BMF-Schreiben – IV D 4 – O 22 50 – 38/03 – abrufbar unter https://www.elsteronline.de/eportal/Gesetze.tax.
109 https://de.wikipedia.org/wiki/ELSTER#Zahlen_zur_Verbreitung_2010_bis_2015.

b) Elektronische Kommunikation mit der Justiz ab dem 1.1.2018

Die elektronische Kommunikation zwischen Justiz und Rechtsanwälten ist durch das Gesetz zur Förderung des elektronischen Rechtsverkehrs[110] neu geregelt worden. Gem. § 130a ZPO n.F. können ab dem 1.1.2018 Schriftsätze in elektronischer Form bei Gericht eingereicht werden, sofern sie mit einer qualifizierten elektronischen Signatur versehen sind und ein sog. sicherer Übertragungsweg gem. § 130a Abs. 4 ZPO[111] gewählt wird. Die technischen Rahmenbedingungen werden durch die Bundesregierung und die Landesregierungen für ihren Bereich kraft Rechtsverordnungen festgestellt[112]. 235

Als sicherer Übertragungsweg gilt gem. § 130a Abs. 4 ZPO insbesondere die Übertragung durch das besondere elektronische Anwaltspostfach (beA), das gem. § 31a BRAO von den Rechtsanwaltskammern eingerichtet worden ist. Wegen der in § 130d ZPO vorgesehenen Nutzungspflicht für Rechtsanwälte ab dem 1.1.2018 wird es der am häufigsten genutzte sichere Übertragungsweg sein. Für die Notare wird im Übrigen ein besonderes elektronisches Notarpostfach geschaffen. Dieses stellt zwar bislang noch keinen sog. sicheren Übermittlungsweg im Sinne der prozessrechtlichen Vorschriften dar, wird aber von der Bundesnotarkammer bereits als eindeutiges Postfach für jeden Notar eingerichtet[113]. 236

5. Die Einbeziehung von Allgemeinen Geschäftsbedingungen

Ein wesentliches Problem von Vertragsschlüssen im Internet ist, ob AGB wirksam einbezogen werden. Nicht oft genug betont werden kann, dass AGB eben nur dann Bestandteil des Vertrages werden, wenn der Verwender seinem Vertragspartner vor oder bei Vertragsabschluss in zumutbarer Weise die Möglichkeit zur Kenntnisnahme einräumt und ausdrücklich auf sie hinweist. 237

Verneint wird dies insbesondere bei nur flüchtiger Wahrnehmbarkeit, wie etwa bei Telefongesprächen[114]. Auch im Internet stehen die dargebotenen Informationen in der Regel lediglich flüchtig und oftmals unübersichtlich zur Verfügung. Es stellt sich daher die Frage, wann bei Angeboten via Internet von einer wirksamen Einbeziehung der AGB ausgegangen werden kann. 238

Während die Vorschriften von § 312d Abs. 1 BGB i.V.m. Art. 246a § 1 EGBGB lediglich bestimmte Informationspflichten über die bereits einbezogenen Allgemeinen Geschäftsbedingungen normieren, bestimmt § 305 Abs. 2 BGB, unter welchen Voraussetzungen die AGB wirksam einbezogen sind. Danach werden die AGB nur Vertragsbe- 239

---

110 Gesetz zur Förderung des elektronischen Rechtsverkehrs mit den Gerichten vom 10.10.2013, BGBl. I, S. 3786 ff.
111 In den übrigen Prozessordnungen finden sich parallele Regelungen, vgl. Fn. 110.
112 Zum Stand der noch zum EGVP erlassenen Rechtsverordnungen siehe http://www.egvp.de/rechtlicheGrundlagen/index.php.
113 http://www.egvp.de/index.php.
114 *Palandt/Grüneberg*, BGB, 75. Auflage 2016, § 305 Rdnr. 35.

standteil, wenn ein ausdrücklicher Hinweis erfolgt (Nr. 1), die andere Partei eine zumutbare Möglichkeit zur Kenntnisnahme erhält (Nr. 2) und mit deren Geltung einverstanden ist.

240 AGB müssen gem. § 305 Abs. 1 Satz 1 BGB vorformuliert sein. Es ist nicht zwingend eine schriftliche Fixierung erforderlich[115]. Wird sie allerdings gewählt, so steht es dem Verwender frei, in welcher Schriftart er die AGB niederlegt und wie er sie übermittelt[116]. Die Vorschrift hat allein Beweisfunktion, sodass anerkanntermaßen die Platzierung der AGB auf einer Website als ausreichend erachtet wird[117].

241 In Abgrenzung zur Individualvereinbarung, die den AGB gem. § 305b BGB vorgehen, müssen AGB für eine Vielzahl von Verträgen vorformuliert sein. In besonders gelagerten Fällen kann es fraglich sein, ob eine ursprünglich vorformulierte Erklärung ausnahmsweise durch die Art der konkreten Verwendung und Einbeziehung zu einer Individualerklärung geworden ist. Relevant wurde das Problem in der BGH-Entscheidung „ricardo.de"[118], in welcher der VIII. Senat überraschenderweise – entgegen aller bisherigen Lösungsansätze[119] – die Frage nach der Einbeziehung der AGB unbeantwortet ließ und stattdessen die im Prozess in Streit stehende Vertragsklausel kurzerhand als Individualerklärung auslegte, weil der Kunde diese zuvor aus einer Vielzahl von Optionen ausgewählt und angeklickt hatte. So sehr die juristische Konstruktion im zu entscheidenden Fall zu überzeugen vermag, so sehr birgt sie doch die Gefahr, dass der Online-Anbieter geneigt sein wird, dem Kunden seine Klauseln als Individual-Erklärungen unterzuschieben.

a) Ausdrücklicher Hinweis

242 Nach § 305 BGB werden AGB nur Vertragsbestandteil, wenn der Vertragspartner vor oder bei Vertragsschluss ausdrücklich auf die AGB hingewiesen hat, ihm die Möglichkeit zumutbarer Kenntnisnahme verschafft wird und er sich mit den AGB einverstanden erklärt.

243 Die Einbeziehung von AGB in den Vertrag erfordert gem. § 305 Abs. 2 Nr. 1 BGB einen ausdrücklichen Hinweis auf die AGB. Diesem Erfordernis ist bei Online-Verträgen nur Genüge getan, wenn der Verwender die AGB auf seiner Website bereithält[120], also ein quasi-räumlicher Bezug zum Ort des Vertragsschlusses besteht. Ein Hinweis außerhalb des Internet, wie etwa ein Aushang in den Geschäftsräumen, genügt bei Online-Verträ-

---

115 BGH, NJW 2001, 2635.
116 *Palandt/Grüneberg*, BGB, 75. Auflage 2016, § 305 Rdnr. 16.
117 So auch *Löhning*, NJW 1997, 1688.
118 BGH, CR 2002, 213 – ricardo.de.
119 Für die „unmittelbare Einbeziehungslösung": *Burgard*, WM 2001, 2102, 2105 ff.; für die Annahme eines Rahmenvertrages: *Sester*, CR 2001, 98, 101; *Spindler*, ZIP 2001, 809, 812; für einen Vertrag zu Gunsten Dritter: *Wiebe*, MMR 2000, 323, 325; *ders.*, MMR 2001, 109, 110 f.; für die Auslegungslösung: *Rüfner*, MMR 2000, 597, 598 ff.; *ders.*, JZ 2000, 715, 710; *Wilmer*, NJW-CoR 2000, 172, 173.
120 *Palandt/Grüneberg*, BGB, 75. Auflage 2016, § 305 Rdnr. 36.

gen nicht. Zum einen ist ein solcher nur zulässig, wenn ein ausdrücklicher Hinweis nur unter unverhältnismäßigen Schwierigkeiten möglich wäre; dies ist angesichts der problemlos möglichen Online-Hinweise nicht der Fall. Zum anderen fehlt es am erforderlichen räumlichen Bezug zum Ort des Vertragsschlusses. Nicht einmal die Platzierung der AGB im Hauptmenü genügt den Anforderungen des § 305 Abs. 2 BGB, da die Gefahr besteht, dass sie übersehen werden. Diese strenge Auffassung rechtfertigt sich dadurch, dass der Zweck des ausdrücklichen Hinweises nach der Rechtsprechung des BGH gerade darin liegt, dem Kunden Klarheit darüber zu verschaffen, dass der abzuschließende Vertrag seinem Inhalt nach maßgeblich durch AGB des Verwenders bestimmt werden soll[121]. Dies erfordert eine besondere Nähe zu der Vertragsschlussmaske der konkreten Website.

Der Hinweis muss vielmehr so platziert werden, dass sich der Kunde zwanglos mit den AGB des Verwenders befassen kann. Dies ist beispielsweise dadurch zu erreichen, dass der Hinweis auf der Bestellseite des Angebots in räumlicher Nähe zum „kaufen!"-Button angebracht wird und durch einen einfachen Link auf die ausdruckbaren AGB verweist[122]. Ist der Hinweis allerdings nicht eindeutig (z.B. bei einer Kennzeichnung als „Kontakt"), ist zweifelhaft, ob die Einbeziehung der AGB in den Vertrag gelungen ist[123].

244

Hierbei spielt es keine Rolle, ob der Online-Anbieter lediglich eine invitatio ad offerendum oder ein verbindliches Angebot zum Vertragsschluss abgibt, da der Kunde jedenfalls mithilfe der Bestellmaske eine verbindliche Willenserklärung abgibt. Ob diese Erklärung ein Angebot oder eine Annahme darstellt, ist für die Einbeziehung der AGB irrelevant.

245

Sofern die AGB ausschließlich auf der Website abgerufen werden können, ein Kunde jedoch außerhalb des Internet oder auch nur ohne unmittelbaren technischen Bezug zur Website, etwa via E-Mail, eine Erklärung abgibt, wird der Verkäufer dieses Angebot regelmäßig nur unter Zugrundelegung seiner AGB annehmen wollen. Wenn er dies auch zum Ausdruck bringt, liegt gem. § 150 Abs. 2 BGB eine Ablehnung des Antrags, verbunden mit einem neuen Antrag, vor. Soweit die Grundsätze über das Schweigen auf ein kaufmännisches Bestätigungsschreiben unanwendbar sind, bedarf es folglich noch einer Bestätigung des Kunden.

246

b) Zumutbare Möglichkeit zur Kenntnisnahme

Des Weiteren ist gem. § 305 Abs. 2 Nr. 2 BGB Voraussetzung einer wirksamen Einbeziehung der AGB, dass dem Kunden die zumutbare Möglichkeit zur Kenntnisnahme eingeräumt wird. Hieraus resultieren allgemeine Mindestanforderungen an die Gestaltung von AGB-Texten. So dürfen keine Formulierungen verwendet werden, die nur der Jurist versteht[124]. AGB müssen deutlich und sinnvoll gegliedert und der Text muss

247

---
121 BGH, NJW-RR 1987, 112, 113.
122 BGH, NJW 2006, 2976, zitiert nach juris, Rdnr. 16.
123 OLG Hamm, NJW 2005, 2319, zitiert nach juris, Rdnr. 22.
124 *Palandt/Grüneberg*, BGB, 75. Auflage 2016, § 305 Rdnr. 37.

sprachlich und inhaltlich klar sein[125]. Das Lay-out muss ein Mindestmaß an Übersichtlichkeit aufweisen[126]. Das Lesen der AGB darf keine Lupe erfordern[127].

248 Neben diesen allgemeinen Anforderungen bestehen medienspezifische Anforderungen für AGB im Internet. Nach der Auffassung des OLG Köln[128] bestand die Möglichkeit einer zumutbaren Kenntnisnahme von Btx-AGB nur, wenn es sich um relativ kurze Texte handelt, die klar gegliedert sind und sich problemlos abrufen lassen. Im konkreten Fall waren 7 Seiten und 15 Ziffern zumutbar. Die wichtigsten Klauseln fanden sich an vorderster Stelle. Diese Rechtsprechung ist auf AGB im Internet übertragbar. Wegen der Flüchtigkeit der Darstellung der AGB und ihrer schlechten Lesbarkeit am Bildschirm wird teilweise vertreten, dass AGB nur aus wenigen Sätzen bestehen dürften[129]. Deshalb ist auch beim Einstellen von AGB in eine Scrollbox Vorsicht geboten. Ist diese zu klein und ist die Kenntnisnahme der AGB daher unkomfortabel, besteht die Gefahr, dass dies als Verstoß gegen § 305 Abs. 2 Nr. 2 BGB gewertet wird[130], jedenfalls wenn die AGB nicht ausgedruckt werden können.

249 Die Tatsache, dass AGB regelmäßig nur unter Einsatz der Internet-Benutzungsgebühren wahrnehmbar sind, macht deren Kenntnisnahme noch nicht unzumutbar. Der Kunde selbst hat sich entschieden, das Medium Internet zur Vertragsanbahnung zu nutzen. Ihm ist daher klar, dass der Vertragsschluss selbst mit Kosten für ihn verbunden ist. Es stellt ein venire contra factum proprium dar, wenn der Kunde nun einwendet, die ihm – bekannte – Entgeltlichkeit der Kenntnisnahme der AGB sei ihm unzumutbar[131].

250 Eine zumutbare Möglichkeit der Kenntnisnahme liegt darüber hinaus vor, wenn AGB durch einen Hyperlink ohne weitere Zwischenschritte angeklickt werden können[132]. Dieser Auffassung ist zuzustimmen. Bei der Diskussion über die zumutbare Kenntnisnahme von AGB wird vielfach übersehen, dass der Kunde im Internet selbst die Dauer der Vertragsanbahnung bestimmen kann und so eine wesentlich höhere Möglichkeit der Kenntnisnahme von AGB besitzt, als dies bei üblichen Geschäftsabschlüssen der Fall ist. Das Aufrufen eines Hyperlinks ist kein größerer Aufwand als das Umdrehen eines Formulars, auf dessen Rückseite die AGB abgedruckt sind[133].

251 Dieser Auffassung ist auch der Bundesgerichtshof[134] gefolgt. Gerade die Verwendung von Links und deren Darstellung durch Unterstreichen gehöre zu den im Medium In-

---

125 OLG Hamburg, NJW-RR 1986, 1440; OLG Stuttgart, NJW-RR 1988, 786, 787.
126 OLG Saarbrücken, NJW-RR 1988, 858, 859.
127 BGH, NJW-RR 1986, 1311; NJW 1983, 2772, 2773.
128 CR 1998, 244.
129 LG Aachen, NJW 1991, 2159, 2160; LG Ravensburg, CR 1992, 1472, 1473; *Mehrings*, BB 1998, 2373, 2378.
130 So OLG Frankfurt, MMR 2007, 603.
131 So auch *Löhnig*, NJW 1997, 1688, 1689.
132 So auch *Köhler*, NJW 1997, 185, 187; *Ernst*, JuS 1997, 776, 777; *Mehrings*, BB 1998, 2373. Das LG Köln (CR 2003, 697 ff.) verlangt „besonders leicht verständliche und übersichtliche Klauseln".
133 Das OLG München, NJW-RR 2004, 913, 915, lässt sogar zwei Klicks bis zur Kenntnisnahmemöglichkeit der AGB genügen.
134 BGH, MMR 2006, 737, 738.

ternet üblichen Gepflogenheiten. Verwender von AGB dürften daher davon ausgehen, dass Verbraucher, die sich für ihre Bestellung des Internet bedienen, mit solchen Links ohne Weiteres umgehen könnten. Erforderlich sei aber, dass der Link gut sichtbar sei und die AGB ausgedruckt werden können[135].

Im Übrigen obliegt dem Verwender die Darlegungs- und Beweislast der Einbeziehung seiner AGB und damit auch die Beweislast für deren Inhalt im Zeitpunkt des Vertragsabschlusses[136]. Hinzu kommt, dass der Kunde AGB, die er online aufruft, ausdrucken und sie immerhin als Augenscheinsobjekt bei Gericht vorlegen kann, was zu einer erhöhten Darlegungslast des Verwenders führt[137]. Beruft sich schließlich der Verwender tatsächlich auf die nachträglich geänderten AGB, so ist er nach § 823 Abs. 2 BGB i.V.m. § 263 StGB sowie § 826 BGB schadensersatzpflichtig. 252

Da im Internet ein internationales Publikum auf die eigene Homepage zugreifen kann, stellt sich die Frage, in welcher Sprache die AGB abgefasst sein müssen, um Vertragsbestandteil zu werden. Grundsätzlich ist es empfehlenswert, für die AGB die Sprache zu verwenden, die der potenzielle Kunde, an den sich das Angebot richtet, spricht. Gleichzeitig ist jedoch auch klar und ersichtlich, dass man seine AGB nicht in sämtlichen weltweit gesprochenen Sprachen zur Verfügung stellen kann. Richtet sich somit ein Internet-Angebot ausschließlich an deutsche Kunden, sind die AGB in Deutsch abzufassen. Fehlt – wie in den meisten Fällen – eine solche Begrenzung auf den deutschsprachigen Raum, geht man im Allgemeinen davon aus, dass dem Durchschnittskunden englischsprachige AGB durchaus zuzumuten sind, jedenfalls soweit auch das übrige Angebot in englischer Sprache gefasst ist. 253

Man könnte sogar noch weitergehen und es bereits für ausreichend erachten, wenn die AGB in derselben Sprache wie das Angebot und die Bestellmaske verfasst sind, da der Kunde dann faktisch dieselbe Sprache benutzt und sich konkludent mit der Verwendung dieser Sprache als Vertragssprache einverstanden erklärt[138]. 254

6. Verbraucherschutz im Internet

Lange bevor der elektronische Handel sich zu einem beachtlichen Wirtschaftsfaktor entwickelte, war seitens der Europäischen Kommission entschieden worden, den Versandhandel in der Europäischen Union zu harmonisieren. Das Ergebnis dieser Bemühungen war die Fernabsatz-Richtlinie der EU[139]. Bei Verabschiedung der Richtlinie hatte der europäische Gesetzgeber leider nicht berücksichtigt, dass durch diese Richtlinie 255

---

135 BGH, MMR 2006, 737, 738; vgl. auch OLG Hamburg, MMR 2002, 677; OLG Hamm, MMR 2001, 105.
136 So auch *Mehrings*, BB 1998, 2373, 2379.
137 Deshalb verlangt BGH, MMR 2002, 737, 738 auch, dass AGB über einen Link ausgedruckt werden können müssen.
138 Dahingehend OLG Frankfurt, NJW-RR 2003, 704; *Palandt/Grüneberg*, BGB, 75. Auflage 2016, § 305 Rdnr. 40.
139 RL (EG) Nr. 7/1997 des Europäischen Parlaments und des Rates vom 20.5.1997 über den Verbraucherschutz bei Vertragsabschlüssen im Fernabsatz, ABl. EG L 144 vom 4.6.1997, S. 19 ff.

auch der elektronische Handel teilweise mit reguliert wurde. Nur so ist zu erklären, dass die Richtlinie „über bestimmte rechtliche Aspekte des elektronischen Geschäftsverkehrs im Binnenmarkt" (E-Commerce-Richtlinie)[140] Regelungen der Fernabsatz-Richtlinie überlagerte.

256 Die Fernabsatz-Richtlinie sah in ihrem Kern vor, dass der Verbraucher bei Fernabsatzverträgen in verschiedenen Stufen Informationen zu erhalten hat und ohne Angabe von Gründen einen geschlossenen Vertrag binnen 2 Wochen widerrufen kann.

257 Das in Umsetzung der Fernabsatz-Richtlinie erst am 30.6.2000 in Kraft getretene Fernabsatzgesetz ist bereits Ende 2001 wieder außer Kraft gesetzt worden, da es – nahezu unverändert[141] – in das Bürgerliche Gesetzbuch integriert wurde. Zwischenzeitlich ist das europäische Fernabsatzrecht reformiert worden, was wiederum zu Änderungen an den entsprechenden Vorschriften des BGB führte. Mit der Verbraucherrechtsrichtlinie der EU[142] wollte der europäische Gesetzgeber insbesondere den Versandhandel vollharmonisieren. Das bedeutet, dass die Mitgliedstaaten von der RL weder zu Gunsten des Verbrauchers, noch zu Gunsten des Unternehmers abweichen dürfen[143]. Nicht harmonisiert wurde das Recht der allgemeinen Geschäftsbedingungen und das Verbrauchsgüterkaufrecht. Das verbraucherschützende Konzept der RL basiert auf einer umfassenden Information des Verbrauchers durch den Unternehmer einerseits und auf einer Widerrufsmöglichkeit ohne Angabe von Gründen andererseits. Dieses Schutzkonzept lag zwar auch schon der bisherigen Rechtslage zu Grunde. Jedenfalls die Voraussetzungen des Widerrufs sind durch die Verbraucherrechtsrichtlinie aber stark verändert worden. Das deutsche Umsetzungsgesetz[144] trat am 13.6.2014 in Kraft.

a) Verträge zwischen Unternehmern und Verbrauchern

258 Die Verbraucherschutzvorschriften, die für den elektronischen Handel einschlägig sind, finden sich im Wesentlichen in den §§ 312c ff. BGB. Sie betreffen ausschließlich Verbraucherverträge (§ 310 Abs. 3 BGB), also Verträge zwischen einem Unternehmer und einem Verbraucher. Unternehmer ist dabei gem. § 14 BGB, wer in Ausübung seiner gewerblichen oder selbstständigen beruflichen Tätigkeit handelt. Hierzu muss derjenige planmäßig und dauerhaft Leistungen gegen ein Entgelt anbieten[145]. Handwerker,

---

140 RL (EG) Nr. 31/2000 des Europäischen Parlaments und des Rates vom 8.6.2000 über bestimmte rechtliche Aspekte der Dienste der Informationsgesellschaft, insbesondere des elektronischen Geschäftsverkehrs im Binnenmarkt (Richtlinie über den elektronischen Geschäftsverkehr), ABl. EG L 178 vom 17.7.2000, S. 1 ff.
141 Es erfolgten lediglich marginale redaktionelle Korrekturen.
142 RL 2011/83/EU des Europäischen Parlaments und des Rats vom 25.10.2011 über die Rechte der Verbraucher, zur Abänderung der RL 93/13/EG des Rates und der RL 1999/44/EG des Europäischen Parlaments und des Rats sowie zur Aufhebung der RL 85/577/EWG des Rates und der RL 97/7/EG des Europäischen Parlaments und des Rats, ABl. EG L 304 vom 22.11.2011, S. 64 ff.
143 Vgl. hierzu *Schirmbacher/Schmidt*, CR 2014, 107.
144 BGBl. I 2013, Nr. 58 vom 27.9.2013.
145 BGH, NJW 2006, 2250.

Kleingewerbbetreibende und Freiberufler fallen auch unter den Unternehmerbegriff. Dies gilt selbst dann, wenn diese Personen Branchen fremde Nebengeschäfte abschließen[146] oder nebenberuflich tätig sind[147].

Die Unternehmereigenschaft des Betreibers eines Onlineshops ist in der Regel unproblematisch festzustellen. Schwirig ist es hingegen mit Personen umzugehen, die häufig Waren oder Dienstleistungen im Netz „privat" anbieten.

259

Als gewerbliche Tätigkeit gilt üblicherweise eine planvolle, auf gewisse Dauer angelegte, selbstständige und wirtschaftliche Tätigkeit, die nach außen hervortritt. Indiz hierfür ist ein gewisser organisatorischer Mindestaufwand. Ein rein gelegentliches Tätigwerden ist nicht mit gewerblichem gleichzusetzen[148].

260

Verbraucher kann hingegen nur eine natürliche Person sein. Gem. § 13 BGB muss sie hierzu ein Rechtsgeschäft zu einem Zweck abschließen, der weder ihrer gewerblichen noch ihrer selbstständigen beruflichen Tätigkeit zugerechnet werden kann. Schwirig abzugrenzen ist hierbei meist, wenn ein Käufer nicht im Rahmen seiner beruflichen Tätigkeit, bspw. als Rechtsanwalt oder Steuerberater, oder gar im Rahmen eines gewerblich tätigen Unternehmens gehandelt haben will, sondern als Privatperson. Der Hintergrund dieser Einlassungen ist offensichtlich: Nur als Verbraucher kommt der Käufer in den Genuss eines Widerrufsrechts. Nach Auffassung des Bundesgerichtshofs[149] ist bei der Abgrenzung von Verbraucher- und Unternehmerhandeln zunächst von dem Grundsatz auszugehen, dass das rechtsgeschäftliche Handeln einer natürlichen Person nach dem Wortlaut des § 13 BGB grundsätzlich als Verbraucherhandeln anzusehen ist. Verbleiben Zweifel, welcher Sphäre das konkrete Handeln zuzuordnen ist, sei zu Gunsten der Verbrauchereigenschaft zu entscheiden[150]. Im Übrigen sei zunächst objektiv auf den mit dem Kauf verfolgten Zweck abzustellen (Lampe für Privatwohnung oder Laptop für das Büro). Etwas Anderes gelte nur, wenn die dem Unternehmer erkennbaren Umstände eindeutig und zweifelsfrei darauf hinweisen, dass die natürliche Person in Verfolgung ihrer gewerblichen oder selbstständigen beruflichen Tätigkeit handelt[151]. Der Kauf einer Lampe, die erkennbar für eine Privatwohnung geeignet ist, bleibt damit Verbraucherhandeln, auch wenn der Käufer die Lieferung an seine Rechtsanwaltskanzlei verlangt.

261

b) Sachlicher Anwendungsbereich der §§ 312c ff. BGB

Die §§ 312c ff. BGB sind auf alle Verbraucherverträge, also Verträge zwischen einem Unternehmer und einem Verbraucher anwendbar, sofern sie entgeltliche Leistungen

262

---

146 BGH, WuM 2009, 262, für eine Kreditvergabe; BGH, ZIP 2011, 1571, Rdnr. 19, für einen Verbrauchsgüterkauf.
147 Vgl. OLG Frankfurt, CR 2005, 883, 884.
148 A.A. LG Hanau, MMR 2007, 339; dort wurde der Weiterverkauf von 10 neuwertigen Gegenständen als gewerbsmäßig gewertet.
149 BGH, CR 2010, 43, 44.
150 BGH, CR 2010, 43, 44 Rdnr. 10.
151 BGH, CR 2010, 43, 44 Rdnr. 11.

zum Gegenstand haben. Die Vereinbarung unentgeltlicher Leistungen löst also nicht die Anwendbarkeit dieser Vorschriften aus. Dies wird z.B. relevant, wenn die „Gegenleistung" des Verbrauchers in der Preisgabe seiner Daten liegt (z.B. zur Nutzung kostenfreier Websites, für die sich der User registrieren muss)[152]. Die Preisgabe von Daten ist keine entgeltliche Leistung.

263 Vereinbarungen im E-Commerce sind weiter Fernabsatzverträge i.S.d. § 312c Abs. 1 BGB. Sie müssen im Rahmen eines Vertriebs- und Dienstleistungssystems geschlossen werden, das so organisiert ist, dass für Vertragsanbahnung und Vertragsabschluss ausschließlich Fernkommunikationsmittel[153] verwendet werden.

264 Das Gesetz erfasst unter den gesamten Voraussetzungen sämtliche online geschlossenen Verträge[154] und folglich den gesamten b2c-E-Commerce.

265 Fernabsatzverträge i.S.d. § 312c BGB sind außerdem nur solche, welche „im Rahmen eines für den Fernabsatz organisierten Vertriebs- oder Dienstleistungssystems" erfolgen. Der gelegentliche Online-Handel eröffnet also noch nicht den Anwendungsbereich der Fernabsatzvorschriften. Allerdings sind die Anforderungen diesbezüglich nicht zu hoch anzusetzen. Ausreichend ist, wenn der Unternehmer systematisch mit dem Angebot telefonischer Bestellung wirbt[155]; vorausgesetzt, gerade der Vertragsschluss findet unter Ausschluss jeglichen persönlichen Kontakts statt[156]. Überdies ist dieser ausnahmsweise Anwendungsausschluss („es sei denn") für den Verbraucher insofern nicht einschneidend, als der Unternehmer die Beweislast für das Fehlen einer organisierten Vertriebsstruktur trägt.

c) Informationspflichten

266 Die Vorschriften über Fernabsatzverträge basieren auf einem abgestuften System von Schutzmechanismen[157]. Zunächst greifen Informationspflichten des Unternehmers, die er vor Abgabe der Willenserklärung des Verbrauchers erfüllt haben muss. Bis zur vollständigen Erfüllung des Vertrags muss der Unternehmer weitere Informationspflichten befolgt haben. Danach steht dem Verbraucher ein Widerrufsrecht zu.

267 Dieses dreistufige System war zunächst durch das Fernabsatzgesetz und nach der Schuldrechtsreform durch §§ 312c ff., § 355 BGB i.V.m. der BGB-InfoVO[158] etabliert

---

152 *Schirmbacher/Schmidt*, CR 2014, 107, 108.
153 Fernkommunikationsmittel i.S.d. § 312c Abs. 2 BGB sind insbesondere Briefe, Kataloge, Telefonanrufe, Telefax, E-Mails, SMS, sowie Rundfunk, Tele- und Mediendienste.
154 Die Ausschließlichkeit der Verwendung von Fernkommunikationsmitteln hat zur Folge, dass der Verbraucherschutz der §§ 312b ff. BGB bereits dann nicht mehr gewährleistet ist, wenn die Vertragsanbahnung in den Geschäftsräumen stattfindet, da in diesem Fall kein Unterschied zu jenen Fällen besteht, in denen der Verbraucher nach vorheriger Besichtigung der Ware telefonisch den Kaufvertrag abschließt.
155 Vgl. BT-Drs. 14/2658, S. 85.
156 A.A. *MünchKomm/Wendehorst*, BGB, 4. Auflage 2001, § 1 FernAbsG Rdnr. 51.
157 *Arnold*, CR 1997, 526, 529.
158 BGB-InfoVO, in der Fassung der Bekanntmachung vom 5.8.2002, BGBl. I, S. 3002.

worden. Die BGB-InfoVO ist aber bald wieder abgeschafft worden und die Informationspflichten sind im Range eines formellen Gesetzes in das EGBGB aufgenommen worden: § 312d Abs. 1 BGB fordert nunmehr, dass der Unternehmer den Verbraucher nach Maßgabe des Art. 246a EGBGB unterrichtet. Art. 246a EGBGB legt dabei einen umfangreichen Katalog an Informationspflichten fest, die vor Abgabe der Vertragserklärung des Verbrauchers erfüllt sein müssen, um ihn klar und verständlich aufzuklären über alle relevanten Aspekte des Vertragsschlusses. Hierzu gehören die Identität des Anbieters, seine ladungsfähige Anschrift, die wesentlichen Merkmale der vertraglichen Leistungen einschließlich des Preises, die Zahlungsbedingungen, Lieferbedingungen und -kosten und das Bestehen oder Nichtbestehen eines Widerrufsrechts[159].

Spezielle Informationspflichten treffen den Unternehmer bei der Veräußerung digitaler Inhalte. Dies können Computerprogramme, Musik, Videos, Spiele oder Apps sein. Irrelevant ist, ob der Verbraucher die gekauften digitalen Inhalte per Download oder auf einen Datenträger übermittelt erhält[160]. Der Unternehmer muss über die Funktionsweise einschließlich des Kopierschutzes für solche Inhalte informieren. Ebenso muss er erklären, wie die erworbenen Inhalte verwendet werden können, also welche Hard- und Softwarevoraussetzungen der Käufer geschaffen haben muss (Art. 246a § 1 Abs. 1 Satz 1 Nr. 14 EGBGB). **268**

Etwas Verwirrung hat in diesem Zusammenhang die nahezu wortgleich aus der deutschen Fassung der Verbraucherrechts-RL übernommene Bestimmung des § 246a § 1 Abs. 1 Nr. 7 EGBGB ausgelöst, wonach der „Termin bis zu dem der Unternehmer die Waren liefern ... muss" anzugeben ist. Die allzu wörtliche Auslegung, wonach der Unternehmer – vor Vertragsschluss – ein fixes Lieferdatum angeben soll, verliert aus dem Auge, dass es dem Unternehmer vor Vertragsabschluss nicht möglich ist ein Datum anzugeben, weil er nicht weiß, wann der Kunde seine Bestellung aufgeben wird[161]. Die Rechtsprechung lässt daher die Angabe „ca. 2 – 4 Werktage" genügen[162]. **269**

§ 312j BGB regelt schließlich Einzelheiten, wie die Informationspflichten auf einer Website erfüllt werden müssen. Hervorzuheben ist Absatz 3 der Vorschrift, die sog. „Button-Lösung", die zur Bekämpfung von Abofallen eingeführt worden ist. Damit ein Verbraucher klar erkennen kann, wann ein Klick Geld kostet, muss der Bestellvorgang durch eine ausdrückliche Bestätigung des Verbrauchers ausgelöst werden, dass er sich zu einer Zahlung verpflichten möchte. Hierzu muss er einen Button anklicken, der gut **270**

---

159 Nach einer Entscheidung des OLG Frankfurt a.M., MDR 2001, 744, ist erforderlich, dass ein Interessent diese Informationen zwangsläufig abrufen muss, bevor er den Vertrag abschließt. Nach OLG Karlsruhe, ZIP 2002, 849, ist es nicht ausreichend, wenn Informationen zur Identität des Anbieters nur über einen Link „Kontakt" und dort unter der Überschrift „Impressum" angeführt sind. Das OLG München, NJW-RR 2004, 913, 915, lässt hingegen die Möglichkeit der Abrufbarkeit genügen, wenn die Informationen mit zwei Klicks erreichbar sind. Siehe auch OLG Köln, MMR 2010, 683 ff. – „Rücknahme von Kosmetika nur in unbenutztem Zustand"; OLG Hamm, MMR 2010, 684 – Öffnen der CD-Cellophanhülle.
160 Hierzu *Schirmbacher/Schmidt*, CR 2014, 107, 109.
161 So *Schirmbacher/Schmidt*, CR 2014, 107, 109; zum Problem: *Hoeren/Föhlisch*, CR 2014, 242 ff.
162 OLG München, Beschluss vom 8.10.2014 – 29 W 1935/14.

sichtbar mit nichts anderem als den Wörtern „zahlungspflichtig bestellen" oder einer gleichwertigen Formulierung beschriftet ist.

271 Das gesetzliche System von Informationspflichten lässt sich wie im folgenden Schaubild zusammenfassen:

Information des Verbrauchers	Vor Vertragsabschluss	Nach Vertragsabschluss
Gesetzliche Bestimmungen	§§ 312d, i, j BGB i.V.m. Art. 246a, c EGBGB	§ 312f Abs. 2 BGB i.V.m. § 246a EGBGB
Worüber?	Information über alle für den Verbraucher relevanten Details des Vertragsschlusses.	Bestätigung über den Inhalt des geschlossenen Vertrags.
Wann?	Bevor der Verbraucher seine auf den Vertragsschluss gerichtete Willenserklärung abgibt (Art. 246a § 4 Abs. 1 EGBGB)	Innerhalb angemessener Frist, spätestens mit der Lieferung bzw. Leistung.
Wie?	Klar und verständlich, abhängig von dem verwendeten Medium (Art. 246a § 4 Abs. 3 und 4 EGBGB).	Auf einem dauerhaften lesbaren Datenträger, soweit nicht schon vor Vertragsabschluss übermittelt

d) Informationspflichten über Kosten

272 Eine besondere Regelung hat die Information über Liefer-, Versandkosten und sonstige Kosten in § 312e BGB erfahren. Nach der Vorschrift kann der Unternehmer Kosten nur verlangen, soweit er den Verbraucher über diese Kosten im oben beschriebenen Sinne aufgeklärt hat. Als Kosten im Sinne der Vorschrift sind – vgl. Art. 6 Abs. 1 lit. e der Verbraucherrechts-RL – alle Aufwendungen gemeint, die der Verbraucher zum Erhalt der Ware tätigen muss.

273 Die Informationspflichten über Kosten ergänzten § 1 PAngV. § 1 Abs. 1 Satz 1 PAngV verlangt von einem Unternehmer die Angabe eines Preises, der einschließlich Umsatzsteuer und sonstiger Preisbestandteile zu zahlen ist (Gesamtpreis). § 1 Abs. 6 PAngV verlangt weiter, dass der Grundsatz der Preisklarheit und der Preiswahrheit eingehalten wird und Preise eindeutig zuzuordnen sowie leicht erkennbar, deutlich lesbar und sonst gut wahrnehmbar sein müssen. § 5a Abs. 3 Nr. 3 UWG sanktioniert die fehlende Angabe eines Endpreises sowie ggf. alle zusätzlichen Fracht-, Liefer- und Zustellkosten, sofern diese im Voraus berechnet werden können. Gesamtpreis ist dabei die Summe aller Einzelpreise und der Betrag, den der Kunde letztlich zum Erhalt der Ware bezahlen muss. Die Angabe „Preis gültig ab allen deutschen Flughäfen zzgl. Steuern und Gebühren..." reicht demnach nicht aus[163]. Auch Entgelte für Leistungen Dritter, die zwangsläufig in Anspruch genommen werden müssen, z.B. eine vom Hotelbetreiber zu bezahlende Tourismusabgabe[164], sind einzurechnen. Nicht zu den Preisbestandteilen gehören

---

163 BGH, GRUR 2001, 1167, 1168 – Fernflugpreise.
164 OLG Köln, GRUR-RR 2014, 298, 299.

Entgelte, die auf Grund getrennter Vereinbarungen oder Bestimmungen an Dritte zu zahlen sind, auch wenn sie der Anbieter einzieht (Maklerprovisionen, Notargebühren, Kurtaxen)[165]. Für Flugreisen gilt jedoch eine Spezialregelung in Art. 23 Abs. 1 VO (EG) Nr. 1008/2008 vom 24.9.2008, die LuftverkehrsdiensteVO. Art. 23 Abs. 1 der VO enthält eine detaillierte Regelung über die Preisangabe bei Flugpreisen. Der anzugebende Preis muss dabei neben dem Flugpreis alle anwendbaren Steuern und Gebühren, Zuschläge und Entgelte, die unvermeidbar und zum Zeitpunkt der Veröffentlichung vorhersehbar sind, enthalten. Gleichwohl müssen Steuern, Flughafengebühren und Zuschläge (z.B. Kerosinzuschlag) gesondert ausgewiesen werden. Die erforderlichen Informationen dürfen dem Verbraucher nicht erst gegeben werden, wenn er den Bestellvorgang durch Einlegen der Ware in den virtuellen Warenkorb bereits eingeleitet hat[166]. Der Verbraucher muss die Versandkosten, die für seine Kaufentscheidung eine Rolle spielen, bereits beurteilen können, wenn er sich mit dem Angebot näher befasst. Er muss dann eine „informierte, geschäftliche Entscheidung" treffen können. Es ist allerdings zu beachten, dass die Höhe von Liefer- und Versandkosten häufig vom Umfang der Gesamtbestellung des Kunden abhängen. Nach der Rechtsprechung des Bundesgerichtshofs[167] ist daher ausreichend, bei der Werbung für das einzelne Produkt den Hinweis „zzgl. Versandkosten" aufzunehmen, wenn sich bei Anklicken dieses Hinweises ein Fenster mit einer übersichtlichen und verständlichen Erläuterung der allgemeinen Berechnungsmodalitäten für die Versandkosten öffnet. Außerdem muss die tatsächliche Höhe der für den Einkauf anfallenden Versandkosten jeweils bei Aufruf des virtuellen Warenkorbs in der Preisaufstellung gesondert ausgewiesen werden.

Diese Informationen müssen dem Verbraucher nicht nur rechtzeitig vor dem Vertragsschluss, sondern nach Art. 246a § 4 Abs. 1 EGBGB vor der Abgabe seiner Willenserklärung vorliegen. Ein zeitgleicher Zugang der Informationen mit Vertragsschluss ist demnach nicht ausreichend, da dem Verbraucher dadurch die Möglichkeit genommen würde, diese Informationen seiner Entscheidung zu Grunde zu legen. Erforderlich ist eine angemessene Zeit zur Kenntnisnahme. Hinsichtlich der Form verlangt Art. 246a § 4 Abs. 1 EGBGB, dass die Informationen „in klarer und verständlicher Weise" zur Verfügung gestellt werden müssen. Ergänzend ist gemäß Art. 246a § 4 Abs. 3 EGBGB zu beachten, dass die Informationen „in einer dem eingesetzten Fernkommunikationsmittel angepassten Weise" übermittelt werden. Dies heißt nichts anderes, als dass die Informationen auf der Website einfach abrufbar sein müssen. Textform ist hier nicht erforderlich.

274

Sofern ein für die Vertragsanbahnung verwendetes Medium nur begrenzten Raum oder begrenzte Zeit für die dem Verbraucher zu erteilenden Informationen bietet, ist der Unternehmer nur verpflichtet, die in Art. 246a § 3 EGBGB genannten wesentlichen Informationen über die essentialia negotii zur Verfügung zu stellen, soweit er die übrigen Informationen in geeigneter Weise nachliefert.

275

---

165 Siehe *Köhler*, in: *Köhler/Bornkamm*, UWG, 33. Auflage 2015, § 1 PAngV, Rdnr. 17.
166 Vgl. BGH, GRUR 2008, 84 – Versandkosten, Rdnr. 33.
167 BGH, MMR 2010, 237, 238, Rdnr. 27.

276 Die zweite Stufe der Informationspflichten findet sich in § 312f Abs. 2 BGB. Der Unternehmer muss dem Verbraucher innerhalb einer angemessenen Frist, spätestens jedoch bei der Lieferung der Ware oder bevor mit der Ausführung der Dienstleistung begonnen wird, auf einem dauerhaften Datenträger, also z.B. per E-Mail, den Vertragsschluss bestätigen. Hierbei muss er den Vertragsinhalt wiedergeben und die vor dem Vertragsschluss notwendigen Informationen nach Art. 246a § 1 EGBGB wiederholen.

277 Verstöße gegen die beschriebenen Informationspflichten bleiben ohne Sanktion. Nach früher geltendem Recht konnte die Widerrufsfrist nur in Lauf gesetzt werden, wenn die Informationen für den Verbraucher vollständig erteilt worden waren. Individualvertragliche Sanktionen für unterlassene Informationen sind nun nicht mehr vorgesehen[168]. Damit bleibt nur die Möglichkeit, falls dem Verbraucher aus der unterlassenen oder falschen Information ein Schaden entsteht, über § 280 BGB eine Schadensersatzpflicht zu konstruieren. Der Unternehmer sieht sich darüber hinaus bei einem Verstoß gegen Art. 246a § 1 EGBGB einem Unterlassungsanspruch aus § 3a UWG ausgesetzt[169]. Voraussetzung ist jedoch, dass die Interessen der Verbraucher spürbar beeinträchtigt werden. Nach den Abmahnwellen zu der früheren Widerrufsbelehrung hat die Rechtsprechung[170] eine spürbare Beeinträchtigung von Verbraucherinteressen i.d.R. verneint. Unterlassungsansprüche dürften also nur schwierig durchzusetzen sein.

e) Besondere Pflichten im elektronischen Geschäftsverkehr

278 Sowohl Art. 10 und 11 der E-Commerce-RL als auch Art. 8 der Verbraucherrechts-RL sehen besondere Pflichten für den elektronischen Handel vor. Diese sind in §§ 312i und 312j BGB geregelt.

279 Mit Blick auf die Flüchtigkeit der elektronischen Medien verlangt § 312i BGB, dass dem Vertragspartner des Unternehmers (der nicht unbedingt Verbraucher sein muss) ein technisches Mittel zur Verfügung gestellt wird, mit dem er Eingabefehler vor Abgabe seiner Bestellung erkennen und berichtigen kann. Technisch wird dies umgesetzt, indem eine Zusammenfassung der von dem User eingegebenen Informationen erscheint und dem User eine entsprechende Korrekturmöglichkeit zur Verfügung gestellt wird (§ 312i Nr. 1 BGB). Darüber hinaus sind weitere Informationspflichten nach Art. 246c EGBGB zu erfüllen (§ 312i Nr. 2 BGB), der Zugang der Bestellung unverzüglich auf elektronischem Wege zu bestätigen (§ 312i Nr. 3 BGB) und die Möglichkeit zu verschaffen, die Vertragsbestimmungen einschließlich der AGB abzurufen und zu speichern (§ 312i Abs. 1 Nr. 4 BGB).

280 Gegenüber Verbrauchern hat der Unternehmer darüber hinaus zu Beginn des Bestellvorgangs anzugeben, ob Lieferbeschränkungen bestehen und welche Zahlungsmittel akzeptiert werden (§ 312j Abs. 1 BGB). Einen besonderen Hinweis verdient § 312j Abs. 3 BGB: Bei einem elektronischen Kauf muss der Verbraucher mit seiner Bestellung

---

168 Vgl. *Schirmbacher/Schmidt*, CR 2014, 107, 111.
169 Vgl. hierzu *Köhler/Bornkamm*, UWG, 33. Auflage 2015, § 4, Rdnr. 11.170.
170 OLG Hamburg, CR 2008, 116, 117.

ausdrücklich bestätigen, dass er sich zu einer Zahlung verpflichtet. Soweit die Bestellung über eine Schaltfläche erfolgt, muss die Schaltfläche gut lesbar mit den Worten „Zahlungspflichtig bestellen" oder einer entsprechenden eindeutigen Formulierung beschriftet sein. Die Vorschrift wurde 2012 als § 312g Abs. 3 BGB a.F. in das Gesetz eingefügt[171], um Kostenfallen im Internet entgegenzuwirken[172].

f) Widerrufsrecht

Die dritte – und zentrale – Stufe des Verbraucherschutzes stellt das Widerrufsrecht dar, also die Möglichkeit, sich grundsätzlich innerhalb einer gesetzlich festgelegten Frist durch einseitige Erklärung gegenüber dem Unternehmer und ohne weitere Angabe von Gründen von dem Vertrag lösen zu können. **281**

Für den Bereich des E-Commerce regeln §§ 312g, 355 BGB das Widerrufsrecht. Das Widerrufsrecht muss durch Erklärung gegenüber dem Unternehmer innerhalb von 14 Tagen, beginnend mit Vertragsschluss, ausgeübt werden. Zur Fristwahrung genügt die rechtzeitige Absendung des Widerrufs[173]. Bei einem Verbrauchsgüterkauf im Internet ist der Fristbeginn bis zum Eintreffen der Ware, bei einheitlicher Bestellung mehrerer Waren bis zum Eintreffen der letzten Ware, hinausgeschoben. Darüber hinaus beginnt die Widerrufsfrist nicht, solange der Verbraucher nicht über das Widerrufsrecht, wie es in Art. 246a § 1 Abs. 2 Satz 1 Nr. 1 EGBGB beschrieben ist, belehrt wurde[174]. **282**

Da es nicht sachgerecht ist, dem Verbraucher ein Widerrufsrecht zu gewähren, wenn er die vereinbarte Leistung schon in Anspruch genommen hat, erlischt das Widerrufsrecht gem. § 356 Abs. 4 und 5 BGB in diesen Fällen. Hat der Unternehmer mit der Ausführung einer Dienstleistung nach entsprechender Belehrung des Verbrauchers über den Verlust des Widerrufsrechts begonnen oder den Download von digitalen Inhalten freigeschaltet, erlischt das Widerrufsrecht des Verbrauchers ebenfalls. **283**

In einer Reihe von Fällen, die in § 312g Abs. 2 BGB geregelt sind, besteht schon gar kein Widerrufsrecht. Dies gilt für Waren, die nach Kundenspezifikationen hergestellt wurden ebenso wie für schnell verderbliche Waren, versiegelte Waren oder hygienisch sensible Waren. Ausgeschlossen ist auch die Kraftfahrzeugvermietung und die Lieferung von Speisen und Getränken, wenn ein konkreter Termin oder Zeitpunkt vereinbart wird. Kurzum: Es sind in § 312g Abs. 2 BGB Leistungen ausgeschlossen, die nicht mehr angeboten würden, wenn ein Widerrufsrecht eingeräumt würde. **284**

Schwierigkeiten haben in der Vergangenheit Kosmetika und andere Produkte bereitet, die aus hygienischen Gründen nicht zur Rückgabe geeignet erschienen[175]. Das OLG **285**

---
171 BGBl. I 2012, S. 1084.
172 RegE BT-Drs. 17/7745, S. 6.
173 §§ 312g Abs. 1, 355 Abs. 1 Satz 5, Abs. 2 BGB.
174 § 356 Abs. 3 Satz 1 BGB.
175 Vgl. OLG Koblenz, MMR 2011, 377 – wobei sich das OLG Koblenz nicht in der Lage sah, Badeenten in Vereinsfarben bzw. eine Badeente mit Vibratorfunktion unter den Begriff „Hygieneartikel" zu subsumieren.

Köln ließ gar die Rückgabe geöffneter Kosmetika in Ausübung eines Widerrufsrechts zu[176]. Nunmehr kommt es gem. § 312g Abs. 2 Nr. 3 BGB darauf an, ob die Versiegelung nach der Lieferung entfernt wurde und der Unternehmer daher nicht mehr prüfen kann, ob der Inhalt verunreinigt wurde[177].

286 Das Widerrufsrecht erlischt spätestens ein Jahr und zwei Wochen nach Lieferung bzw. Vertragsschluss (§ 356 Abs. 3 Satz 2 BGB).

287 Über das Widerrufsrecht ist der Verbraucher nach Maßgabe des Art. 246a § 1 Abs. 2 EGBGB zu belehren. Dies umfasst die Bedingungen, die Fristen und das Verfahren für die Ausübung des Widerrufrechts einschließlich der Übermittlung eines Musterwiderrufsformulars, wie es in Anlage 2 zu der Vorschrift vorgesehen ist. Die Formulierung einer korrekten Widerrufsbelehrung ist dabei durchaus anspruchsvoll. Das Scheitern vieler Unternehmer und ihrer Berater äußert sich in einer Fülle von Instanzrechtsprechung zu fehlerhaften Widerrufsbelehrungen. Der Gesetzgeber war daher schon 2002 dazu übergegangen, eine Musterwiderrufsbelehrung vorzusehen, deren Verwendung die korrekte Belehrung des Verbrauchers fingiert. Auch der Gesetzgeber hatte aber zunächst Schwierigkeiten mit der gesetzeskonformen Formulierung einer Musterwiderrufsbelehrung, weshalb Anlage 2 zu § 14 BGB-InfoVO a.F. von der Rechtsprechung teilweise als unwirksam erachtet wurde. Nunmehr findet sich eine – wirksame – Musterwiderrufsbelehrung als Anlage 1 zu Art. 246a Abs. 2 Satz 1 EGBGB. Wer diese Musterwiderrufsbelehrung verwendet, hat korrekt informiert mit der Folge, dass die Widerrufsfrist, sofern die übrigen Voraussetzungen erfüllt sind, zu laufen beginnt.

288 Der Verbraucher kann den Widerruf auf unterschiedliche Weise erklären. Zunächst kann er das Formular aus Anlage 2 zu Art. 246a § 1 Abs. 2 Satz 1 Nr. 1 EGBGB verwenden. Er kann seinen Widerruf aber auch ohne Verwendung des Musters erklären[178]. Schließlich kann er gem. § 256 Abs. 1 BGB den Widerruf online erklären, wenn ihm der Unternehmer hierzu eine Möglichkeit eingeräumt hat. In letzterem Fall muss der Unternehmer dem Verbraucher die Ausübung des Widerrufsrechts unverzüglich auf einem dauerhaften Datenträger (also z.B. per E-Mail) bestätigen.

g) Folgen des Widerrufs

289 Die Folgen eines wirksamen Widerrufs durch den Verbraucher sind in § 357 BGB geregelt. Die empfangenen Leistungen sind spätestens nach 14 Tagen Zug um Zug zurückzugewähren. Innerhalb dieser Frist muss der Verbraucher zunächst die erhaltene Ware zurücksenden. Solange der Verbraucher nicht den Nachweis erbracht hat, dass er die Ware abgesandt hat oder der Unternehmer die Ware zurückerhalten hat, muss der Unternehmer die Zahlung des Verbrauchers noch nicht erstatten (§ 357 Abs. 4 Satz 1 BGB). Liegen die Voraussetzungen hingegen vor, hat der Unternehmer die Rückzahlung

---

176 OLG Köln, MMR 2010, 683.
177 Hierzu *Schirmbacher/Schmidt*, CR 2014, 107, 112.
178 So Erwägungsgrund 44 der Verbraucherrechts-RL; ebenso *Schirmbacher/Schmidt*, CR 2014, 107, 117.

auf dem Wege vorzunehmen, auf dem der Verbraucher die Zahlung geleistet hat. Eine Zahlung per Kreditkarte ist also auf der gleichen Kreditkarte gutzuschreiben. Insbesondere muss der Unternehmer auch Versandkosten zurückerstatten, soweit der Verbraucher für die Lieferung die günstigste Standardlieferung ausgewählt hatte (§ 357 Abs. 2 BGB). Anders ist die Regelung zu den Rücksendekosten. § 357 Abs. 6 BGB sieht vor, dass die Kosten der Rücksendung grundsätzlich von dem Verbraucher zu tragen sind, wenn der Unternehmer den Verbraucher von dieser Pflicht vorab entsprechend unterrichtet hat. Hat er dies nicht, hat der Unternehmer die Kosten zu tragen. Der Unternehmer ist auch verpflichtet, die Ware auf eigene Kosten abzuholen, wenn sie so beschaffen ist, dass sie nicht per Post zurückgesandt werden kann.

Besonders umstritten ist von jeher die Frage gewesen, ob der Verbraucher, der eine Ware in Empfang nimmt und auf ihre Integrität überprüft, im Falle des Widerrufs Wertersatz zu leisten hat. Gemeint ist die Probefahrt mit den neuen Ski oder das Ausprobieren eines Spielzeugs. Besonders anschaulich wird das Problem bei der Probefahrt des neu zugelassenen Fahrzeugs, das im Falle des danach erklärten Widerrufs von dem Unternehmer nicht mehr als Neuwagen weiterverkauft werden kann. Der EuGH[179] hatte die Frage in einem Verfahren über den Onlinekauf eines gebrauchten Notebooks zu entscheiden, in welchem die Käuferin den Kaufvertrag nach mehreren Monaten widerrief, nachdem sie über ihr Widerrufsrecht nicht belehrt worden war. Der EuGH entschied, dass die Geltendmachung des Widerrufsrechts ohne negative Kostenfolge für den Verbraucher bleiben müsse. Dies sei der Ausgleich des Nachteils, dass der Verbraucher beim Fernabsatz die gekaufte Ware nicht zuvor anschauen und prüfen könne. Die Zahlung von Wertersatz komme nur in Betracht, wenn der Käufer die Ware mit einer „mit den Grundsätzen des Bürgerlichen Rechts sowie denen von Treu und Glauben oder der ungerechtfertigten Bereicherung unvereinbaren Art und Weise benutzt" habe. Der deutsche Gesetzgeber hat die EuGH-Rechtsprechung durch § 357 Abs. 7 Nr. 1 BGB umgesetzt. Der Verbraucher schuldet danach nur dann Wertersatz für den Wertverlust der zurückgesendeten Ware, wenn der Wertverlust auf einen Umgang mit der Ware zurückzuführen ist, der zur Prüfung der Beschaffenheit, der Eigenschaften und der Funktionsweise der Ware nicht notwendig war. Als Maßstab gilt dabei, dass der Verbraucher die Ware nur so in Gebrauch nehmen soll, wie ihm dies im Ladengeschäft möglich gewesen wäre[180].

290

Anderweitigen Wertersatz, z.B. für die bloße Nutzung der Ware während der Widerrufsfrist, ohne dass die Ware einen Wertverlust erlitten hätte, schuldet der Verbraucher nicht[181].

291

> In **Fall 9** könnte V zunächst ein Widerrufsrecht gem. §§ 312g Abs. 1 Satz 1, 355 Abs. 1 BGB zustehen. Dies wäre der einfachste Weg, der zur Rückgabe der Hard- und Software führt. Bei dem Onlinekauf durch V handelt es sich auch um ein Geschäft, das unter ausschließlicher Verwendung von Fernkommunikationsmitteln abgeschlossen wurde. Die Widerrufsfrist gem. § 355 Abs. 2 BGB ist auch noch nicht abgelaufen. Allerdings könnte sich aus § 312g Abs. 4 BGB ein Ausschluss des Widerrufsrechts ergeben: Gem. § 312g Abs. 2d Nr. 6 BGB ist ein Widerruf für

292

---

179 EuGH, MMR 2009, 744 ff. – Messner.
180 Siehe hierzu Erwägungsgrund 47 der Verbraucherrechts-RL.
181 So früher § 312e Abs. 1 BGB a.F.; *Schirmbacher/Schmidt*, CR 2014, 107, 118.

Software ausgeschlossen, wenn diese – offline – dem Verbraucher zugesandt und von diesem entsiegelt worden ist. Der Wortlaut dieser Regelung erfasst jedoch nicht den Download von Software. Hierzu findet sich in § 355 Abs. 5 BGB die passende Regelung. Das Widerrufsrecht erlischt beim Kauf digitaler Inhalte, wenn der Verbraucher nach entsprechender Belehrung über den Verlust seines Widerrufsrechts mit dem Download beginnt. Für die Frage, ob V die Software zurückgeben kann, kommt es mithin auf das Bestehen eines Rücktrittsrechts nach § 437 Nr. 2 i.V.m. §§ 440, 323 und 326 Abs. 5 BGB an. Dies könnte durch die Regelung in den Allgemeinen Geschäftsbedingungen von S abbedungen worden sein. Die AGB von S müssten hierzu gem. § 305 Abs. 2 BGB Vertragsinhalt geworden sein. V hatte die Möglichkeit, in zumutbarer Weise i.S.v. § 305 Abs. 2 Nr. 2 BGB von den AGB Kenntnis zu nehmen. 10 Bestimmungen sind von dem Verbraucher durchaus in zumutbarer Weise zur Kenntnis zu nehmen. Die AGB von S sind auch deutlich und sinnvoll gegliedert. Indes ist fraglich, ob S in ausreichendem Maße auf seine AGB hingewiesen hat. Ein Hinweis findet sich zwar unübersehbar auf seiner Homepage. Dies ist jedoch nicht ausreichend. Nach herrschender Auffassung muss der Hinweis auf die AGB unmittelbar auf der Bestellseite zu finden sein[182]. Diese durchaus strenge Auffassung hat ihren Sinn darin, dass dem Kunden Klarheit darüber verschafft werden soll, dass der abzuschließende Vertrag maßgeblich durch AGB des Verwenders bestimmt werden soll. Diese Funktion erfüllt ein Hinweis aber nur dann, wenn er in unmittelbarem Zusammenhang mit dem Abschluss des Kaufvertrags gegeben wird. Die AGB von S sind daher nicht wirksam in den Vertrag einbezogen worden. V kann gem. § 437 Nr. 2 i.V.m. §§ 440, 323, 326 Abs. 5 BGB vom Vertrag zurücktreten.

7. Beweiswert digitaler Dokumente

293 Ein weiterer wesentlicher Aspekt der Rechtssicherheit im elektronischen Geschäftsverkehr ist, ob elektronischen Mitteilungen ein Beweiswert zukommt. Vertragsschluss und Vertragsinhalt können im elektronischen Handel nämlich regelmäßig nur durch den Ausdruck digital gespeicherter Daten bewiesen werden. Derartige Ausdrucke stellen jedenfalls keine Privaturkunden i.S.v. § 416 ZPO dar. So fehlt es stets an der erforderlichen Unterschrift des Ausstellers. Ist ein privates elektronisches Dokument hingegen mit einer qualifizierten elektronischen Signatur versehen, steht es gem. § 371a Abs. 1 ZPO einer privaten Urkunde (§ 416 ZPO) gleich.

294 Für den mit einem Beglaubigungsvermerk versehenen Ausdruck eines öffentlichen elektronischen Dokuments, den eine öffentliche Behörde innerhalb der Grenzen ihrer Amtsbefugnisse oder eine mit öffentlichem Glauben versehene Person innerhalb des ihr zugewiesenen Geschäftskreises in der vorgeschriebenen Form erstellt hat, sowie für den Ausdruck eines gerichtlichen elektronischen Dokuments, der einen Vermerk des zuständigen Gerichts gem. § 298 Abs. 2 ZPO enthält, sieht § 371a Abs. 2 ZPO vor, dass diese elektronischen Dokumente einer öffentlichen Urkunde in beglaubigter Abschrift (§ 437 ZPO) gleichstehen.

295 Wird eine öffentliche Urkunde von einer Behörde eingescannt und die Übereinstimmung mit dem Original bestätigt, finden nach § 371b ZPO ebenfalls die Vorschriften über die Beweiskraft öffentlicher Urkunden (§ 437 ZPO) Anwendung.

---

182 Vgl. hierzu OLG Hamburg, CR 2002, 915, 916.

Jenseits dieser Fälle können digitale Dokumente aber nur in die richterliche Beweiswürdigung gem. § 286 ZPO einfließen[183]. Die Vertragspartner können demnach nicht sicher sein, Abschluss und Inhalt eines online geschlossenen Vertrages beweisen zu können. Selbst Sendeprotokolle bieten nach (noch) vertretener Auffassung des BGH keinen Anscheinsbeweis für den Zugang einer Erklärung, sondern können ebenfalls nur als Indiz im Rahmen des § 286 ZPO gewürdigt werden[184].

296

Teilweise wurde versucht, dieses Beweisproblem durch den Abschluss einer sog. Beweisvereinbarung zu lösen. Ob derartige Klauseln den Anforderungen der §§ 305 ff. BGB genügen, erscheint zweifelhaft[185]. Hinzu kommt, dass ein Richter nicht an die Definition der Parteien, sondern an die Regeln der ZPO gebunden ist, sodass eine Beweisvereinbarung im Prozess keine Bindungswirkung für den Richter erzeugt.

297

Letztlich kann man den erforderlichen Beweis für den Abschluss und Inhalt eines Vertrags nur erbringen, wenn die relevanten elektronischen Erklärungen mit einer elektronischen Signatur versehen worden sind. Während ausländische Rechtsordnungen, beispielsweise in Großbritannien und der Schweiz, elektronische Dokumente, die mit einer elektronischen Signatur versehen sind, als Urkunde anerkennen, ist der deutsche Gesetzgeber sogar noch einen Schritt weiter gegangen. In § 371a ZPO hat er einen Anscheinsbeweis für die Echtheit einer in elektronischer Form vorgelegten Willenserklärung geschaffen, der nur durch Tatsachen erschüttert werden kann, die es ernsthaft als möglich erscheinen lassen, dass die Erklärung nicht mit dem Willen des Signaturschlüsselinhabers abgegeben worden ist. Diese Regelung geht über die Regelungen zum Urkundenbeweis deshalb noch hinaus, weil die Vorschriften über den Urkundenbeweis nicht eine entsprechende Beweiserleichterung vorsehen. Dies ist auch sachgerecht, da ihnen eine geringere Fälschungssicherheit als der elektronischen Signatur zukommt. Im Prozess ist die elektronische Willenserklärung gem. § 371 Abs. 1 Satz 2 ZPO durch Vorlage oder Übermittlung der entsprechenden Datei anzutreten. Befindet sich diese nicht im Besitz des Beweisführers, gelten die §§ 422 ff. ZPO zum Urkundenbeweis entsprechend.

298

8. Das Herkunftslandprinzip

Keine andere Bestimmung der E-Commerce-Richtlinie war bis zu ihrem Erlass heißer umkämpft als das in Art. 3 Abs. 2 E-Commerce-Richtlinie „eingeführte" Herkunftslandsprinzip. Es wurde politisch missbraucht, um apokalyptische Bilder vom Zusammenbruch des Verbraucherschutzes, Lauterkeitsrechts und Gesundheitsschutzes zu zeichnen. Eine Reihe dieser Stellungnahmen waren insoweit schlicht dem Lobbyismus zuzuordnen.

299

---

183 So *Geis*, CR 1993, 653; *Heun*, CR 1995, 2, 3; vgl. AG Frankfurt a.M., JurPC Web-Dok. 125/2002, Abs. 1-10. Als ausreichendes Indiz abgelehnt wurde eine E-Mail durch das AG Erfurt, JurPC Web.Dok. 71/2002; ebenso AG Bonn, CR 2002, 301.
184 So BGH, NJW 1995, 665.
185 Vgl. *Hoeren*, CR 1995, 513, 516.

300 Hintergrund der Überlegungen der Kommission war, dass Internet-Angebote und -werbung vor den Gerichten aller Abrufstaaten an den in den Abrufstaaten geltenden Rechtsordnungen gemessen werden können[186]. Dies führt dazu, dass bei einem europaweiten Angebot im Internet sämtliche Rechtsordnungen der Länder zur Anwendung gelangen, an deren Bewohner sich das jeweilige Angebot bestimmungsgemäß richtet. Dies führt also letztlich zu einem „bunten Strauß" von anwendbaren Rechtsordnungen. Dem Diensteanbieter ist es weder sachlich noch finanziell zumutbar, sein Angebot nach – schlimmstenfalls – 28 verschiedenen Rechtsordnungen auszurichten oder gar so zu gestalten, dass es der schärfsten anwendbaren Rechtsordnung entspricht. Dieses sog. Bestimmungslandsprinzip kann keine taugliche Grundlage für die gedeihliche Entwicklung des elektronischen Handels sein.

301 Dies veranlasste die Kommission, über eine Alternative, nämlich das Herkunftslandsprinzip, nachzudenken. Es hat einen entscheidenden Vorteil für den Anbieter. Er muss sich lediglich nach einer – im Zweifel ihm bekannten – Rechtsordnung im Staate seiner Niederlassung richten. Die Bestimmungsstaaten des Angebots dürfen den Dienst nicht weiter reglementieren, sofern er im Herkunftsland dem dort geltenden Recht entspricht.

302 Damit liegt auch der entscheidende Nachteil des Herkunftslandsprinzips auf der Hand: Diensteanbieter werden sich Standorte in Staaten aussuchen, die nur ein geringes Schutzniveau betreffend Verbraucherschutzvorschriften besitzen oder wettbewerbsrechtlich kaum Beschränkungen kennen. Wegen des bisher kaum harmonisierten Wettbewerbs- und des nur teilweise harmonisierten Verbraucherschutzrechts sind Wettbewerbsverzerrungen im Bestimmungsland und damit letztlich ein deutliches Absinken des Schutzniveaus allgemein die Folge[187].

303 Die E-Commerce-Richtlinie hat daher einen Mittelweg beschritten. Da die Regelungen der E-Commerce-Richtlinie zwischenzeitlich in nationales Recht umgesetzt worden sind, wird im Folgenden auf den einschlägigen Gesetzestext des Telemediengesetzes (§ 3 TMG) abgestellt.

304 § 3 Abs. 1 TMG stellt zunächst klar, dass in der Bundesrepublik Deutschland niedergelassene Diensteanbieter dem nationalen Recht unterliegen. Diese Erkenntnis ist ebensowenig überraschend wie weiterführend. Art. 1 Abs. 4 E-Commerce-Richtlinie stellt klar, dass hierdurch die Regeln des internationalen Privatrechts nicht berührt werden. Mit anderen Worten, ob sich tatsächlich die inländischen Bestimmungen auf ein Online-Angebot anwenden lassen, ist letztlich doch kollisionsrechtlich zu prüfen[188].

305 § 3 Abs. 2 TMG regelt dann das eigentliche Herkunftslandprinzip, wonach Telemedien, die in der Bundesrepublik Deutschland von EU-ausländischen Anbietern angeboten oder erbracht werden, nicht eingeschränkt werden dürfen. Ein Telemedienanbieter, der

---

186 Vgl. zu den Einzelheiten *Arndt/Köhler*, EWS 2001, 102, 105; *Sack*, WRP 2002, 271.
187 *Arndt/Köhler*, EWS 2001, 102, 103.
188 Dies ist streitig, vgl. OLG Hamburg, GRUR 2004, 880, 881; KG, AfP 2006, 258, 259 ff.; a.A. OLG Hamburg, ZUM 2008, 63; hierzu nunmehr der Vorlagebeschluss des BGH an den EuGH: GRUR 2010, 261 ff., Rdnr. 29 ff.

in einem EU-Mitgliedstaat niedergelassen ist, und Telemediendienste nach dem dort geltenden Recht rechtmäßig erbringt, kann vom deutschen Recht gem. § 3 Abs. 2 TMG nicht weitergehend reglementiert werden, auch wenn im Inland schärfere Rechtsbestimmungen oder Gesetzesinterpretationen durch die Gerichte bestehen.

Ein Telemedienanbieter wird sich also ein Niederlassungsland innerhalb der EU aussuchen, das ein möglichst geringes Schutzniveau besitzt. Die Unangreifbarkeit seines Dienstes benachteiligt nun die Diensteanbieter im Bestimmungsland. Der hierdurch entstehende Druck auf den nationalen Gesetzgeber führt langfristig zu einem allgemeinen Absinken des Schutzniveaus. Um dies zu vermeiden, sieht Art. 3 Abs. 4 ECRL und ihm folgend § 3 Abs. 5 TMG vor, dass das inländische Recht im Bestimmungsland einen Dienst gleichwohl abweichend vom Herkunftslandprinzip reglementieren darf, wenn 306

– dies z.B. aus Gründen des Schutzes der öffentlichen Gesundheit oder des Verbraucherschutzes erforderlich ist (§ 3 Abs. 5 Nr. 1-3 TMG),
– die Maßnahmen der Abwehr ernsthafter oder schwer wiegender Gefahren für die geschützten Rechtsgüter dienen, und
– die Maßnahmen in einem angemessenen Verhältnis zu diesen Schutzzielen stehen.

Insbesondere Gerichte der Mitgliedstaaten müssen hierbei nicht das in Art. 3 Abs. 4 lit. b E-Commerce-Richtlinie festgelegte Abmahnverfahren (des Herkunftsstaates) oder Unterrichtungsverfahren (der Kommission) durchlaufen. Erwägungsgrund 25 der E-Commerce-Richtlinie gestattet Zivilgerichten ausdrücklich, Maßnahmen zu ergreifen, die von der Freiheit der Erbringung von Diensten der Informationsgesellschaft abweichen. Die Hürden hierfür sind allerdings, wie beschrieben, hoch. 307

Was bringt § 3 TMG für den von dem bisher geltenden Bestimmungslandprinzip gebeutelten Diensteanbieter in der Praxis? Nicht viel: § 3 TMG stellt in Übereinstimmung mit Art. 1 Abs. 4 E-Commerce-Richtlinie klar, dass weder der internationale Gerichtsstand noch das Kollisionsrecht geregelt werden sollten. Nach wie vor kann ein Kläger folglich Forumshopping betreiben. Nach wie vor hat das von dem Kläger angerufene Gericht das nach dem Kollisionsrecht der lex fori anwendbare materielle Recht zu bestimmen. Gerade im Bereich des Wettbewerbsrechts verbleibt es bei der Marktortregel gem. § 6 Abs. 1 Rom II-VO[189] und damit zunächst beim Bestimmungslandprinzip. Für den Telemedienanbieter hat sich also bis hierhin nichts geändert. Er kann nach wie vor vor deutschen Gerichten nach deutschem Wettbewerbsrecht verklagt werden[190]. 308

Der Telemedienanbieter kann nun aber einwenden, dass die Anwendung einer deutschen Norm ihn mehr reglementiere, als dies nach dem in seinem Herkunftsland geltenden Recht der Fall sei[191]. Dieser Einwand ist nicht neu. Seit der berühmten Dasson- 309

---

189 Verordnung (EG) Nr. 864/2007 über das auf außervertragliche Schuldverhältnisse anwendbare Recht vom 11.7.2007.
190 Vgl. z.B. OLG Hamburg, GRUR 2004, 880 ff. – Herkunftslandprinzip und grenzüberschreitende Internetwerbung.
191 Dieser Einwand wird sogar bei äußerungsrechtlichen Sachverhalten erhoben, vgl. BGH, GRUR 2010, 261, Rdnr. 29 ff.

ville-Entscheidung des EuGH[192] haben sich Zivilgerichte in EU-grenzüberschreitenden Fällen stets mit der Frage auseinanderzusetzen, ob die Anwendung einer innerstaatlichen Norm eine Maßnahme gleicher Wirkung i.S.d. Art. 34 AEUV darstellt und die Bestimmung daher im grenzüberschreitenden Verkehr zwischen den Mitgliedstaaten unanwendbar ist. Wenn man so will, wird das Herkunftslandprinzip seit über 40 Jahren vom EuGH aus den Grundfreiheiten des EG-Vertrags abgeleitet[193]. Von einer „Einführung" durch die E-Commerce-Richtlinie kann folglich keine Rede sein.

310 Ebenso bekannt ist, dass der Bestimmungsstaat aus überragenden Gründen des Gemeinwohls gleichwohl schärfere Reglementierungen vorsehen darf, wenn diese den grenzüberschreitenden Diensteanbieter nicht diskriminieren, zum Schutz eines überragenden Gemeinschaftsguts erforderlich sind und dem Verhältnismäßigkeitsgrundsatz im engeren Sinn entsprechen[194]. Auch im Bereich vertriebsbezogener Verkaufsmodalitäten konnte sich ein Diensteanbieter nicht auf Art. 34 AEUV berufen[195]. Neu ist allerdings, dass der Diensteanbieter darlegen und beweisen muss, dass sein Dienst in seinem Herkunftsland rechtmäßig betrieben werden kann[196]. Dies setzt die Darlegung der im Herkunftsland geltenden Rechtslage voraus (§ 293 ZPO)[197]. Dieses Erfordernis wird nicht nur zu einer erheblichen Verzögerung von Prozessen führen – ein entsprechender Einwand wäre nämlich auch im Verfahren des einstweiligen Rechtsschutzes zu prüfen, sofern er z.B. im Rahmen einer Schutzschrift glaubhaft gemacht worden ist. Es wird zu einer Flut von rechtsvergleichenden Gutachten führen, die das Prozessieren wesentlich verteuern. Wie dies mit dem Wunsch nach Rechtssicherheit und Vertrauen der Verbraucher[198] bzw. dem Zugang zu „wirksamen Möglichkeiten der Streitbeilegung"[199] in Einklang zu bringen sein soll, bleibt unerfindlich.

311 Gelangt das deutsche Gericht nach Überspringen dieser rechtsvergleichenden Hürde zu der Erkenntnis, dass eine Reglementierung nach deutschem Recht schärfer ist als die im Herkunftsland des Diensteanbieters, hat es weiter zu prüfen, ob diese – schärfere – Reglementierung dem Schutz einem der in § 3 Abs. 5 TMG genannten herausragenden Rechtsgüter dient, dieses Gut ernsthaft und schwer wiegend in Gefahr ist und die deutsche Regelung verhältnismäßig ist. Da § 3 Abs. 5 TMG Art. 3 Abs. 4 ECRL umsetzt, wird die entsprechende Rechtsfrage letztlich jeweils vom EuGH entschieden werden müssen[200]. Es ist auch nicht ersichtlich, dass in diesem System die Keck- und Mithouard-Rechtsprechung noch Platz hätte. Verkaufsmodalitäten können per definitionem keinen Rechtfertigungsgrund liefern, das Herkunftslandprinzip auszuhebeln. Diese Ableitung aus dem bislang so hoch gehaltenen Subsidiaritätsprinzip ist damit wohl abgeschafft.

---

192 EuGH, Slg. 1974, 837, 853 – Dassonville.
193 Ebenso *Waldenberger*, EuZW 1999, 296, 298; *Arndt/Köhler*, EWS 2001, 102, 103.
194 St. Rspr. des EuGH, vgl. Slg. 1979, 649, 664 – Cassis de Dijon.
195 EuGH, Slg. 1993-I, 6097 – Keck und Mithouard.
196 Vgl. hierzu OLG Hamburg, GRUR 2004, 880, 881.
197 Vgl. hierzu *Sommerlad/Schrey*, NJW 1991, 1377.
198 Erwägungsgrund 17 ECRL.
199 Erwägungsgrund 52 ECRL.
200 Vgl. *Arndt/Köhler*, EWS 2001, 102, 107.

Fazit: Kleine und mittelständische Telemedienanbieter werden sich das teuere und langwierige Prozessieren mit ungewissem Ausgang in den Bestimmungsländern nicht leisten können. Vor diesem Hintergrund stellt das – theoretisch sicherlich gut gemeinte – Herkunftslandprinzip in § 3 TMG keinen wesentlichen Fortschritt dar.

312

Bemerkenswert sind die Konsequenzen des Herkunftslandsprinzips allerdings für das deutsche Wettbewerbsrecht. Wettbewerbsrecht schützt traditionell zunächst den Mitbewerber vor unlauteren Verhaltensweisen von Konkurrenten[201]. Erst in neuerer Zeit hat sich durchgesetzt, dass der Mitbewerberschutz kein Selbstzweck ist, sondern letztlich dem Funktionieren des Marktes und damit Verbraucherinteressen dient[202]. Vor diesem Hintergrund bleibt nachhaltig zu bezweifeln, ob weite Teile des deutschen Wettbewerbsrechts unter Art. 3 Abs. 4 ECRL und § 3 Abs. 5 Nr. 3 und 4 TMG fallen. Keinesfalls wird die Nichtanwendung vieler Bestimmungen des noch immer stark regulierten deutschen Wettbewerbsrechts zu ernsthaften und schwerwiegenden Gefährdungen des Verbraucherschutzes führen. Handlungen des Behinderungswettbewerbs, der Rufausbeutung, des Rechtsbruchs von Marktverhalten regelnder Normen oder auch der Nachahmung dürften so wenig den Verbraucherschutz tangieren, dass sie keinesfalls nach § 3 Abs. 5 TMG zu rechtfertigen sein werden.

313

Fall 10 ist daher folgendermaßen zu lösen: Software-Anbieter S kann gem. Art. 7 Nr. 2 GVO[203] vor deutschen Gerichten verklagt werden. Nach dieser Bestimmung besteht ein Gerichtsstand am Tatort einer unerlaubten Handlung. Das Anbieten gewaltverherrlichender Spiele verstößt gegen § 3a UWG, § 823 Abs. 2 BGB i.V.m. §§ 11 Abs. 3, 131 Abs. 1 StGB. Tatort dieser Handlung ist sowohl der Handlungs- als auch der Erfolgsort. Bei einem Onlineangebot ist dies stets der Ort, an dem das Angebot bestimmungsgemäß abgerufen werden kann. Da sich das Angebot von S bestimmungsgemäß auch an deutsche User richtet, ist die internationale Zuständigkeit der deutschen Gerichte gegeben. Auch ist deutsches Recht anwendbar. Wettbewerbsrechtlich folgt dies aus der Marktortregel gem. § 6 Abs. 1 Rom II-VO. Hiernach ist das Wettbewerbsrecht des Staates anwendbar, an dem ein Angebot auf die Marktgegenseite, also den Verbraucher, trifft. Auch hier kommt es wiederum darauf an, dass das Angebot von S in der Bundesrepublik Deutschland bestimmungsgemäß abrufbar ist. Deliktsrechtlich folgt die Anwendung deutschen Rechts aus Art. 4 Rom II-VO. Nach deutschem Recht, § 3a UWG, § 823 BGB i.V.m. §§ 11 Abs. 3, 131 Abs. 1 StGB, wäre S zur Unterlassung seines Angebots zu verurteilen. Soweit er nun einwendet, nach griechischem Recht sei sein Angebot zulässig, gem. § 3 Abs. 2 TMG dürfe sein Angebot in Deutschland daher nicht untersagt werden, hat das deutsche Gericht nun über diese Behauptung gegebenenfalls Beweis zu erheben. Abhängig vom Ergebnis der Beweisaufnahme stellt sich die Folgefrage, ob das deutsche Verbot gem. § 3 Abs. 5 Nr. 1 TMG zum Schutz der öffentlichen Ordnung, insbesondere vor Verletzungen der Menschenwürde und des Jugendschutzes, gleichwohl Anwendung findet. Dies wäre der Fall, soweit das Verbot des § 131 StGB der Abwendung einer ernsthaften und schwerwiegenden Gefahr für den Jugendschutz und die Menschenwürde dient und das Verbot verhältnismäßig ist. Sind diese Fragen zu bejahen, kann sich S nicht auf das Herkunftslandprinzip berufen. Vielmehr sind die deutschen Bestimmungen gleichwohl anwendbar.

314

---

201 BGH, GRUR 1968, 106, 107 – Ratio-Markt; RGZ 120, 47, 49 – Markenverband; RGZ 128, 330, 342 – Graf Zeppelin; *Sack*, Festschrift *von Gamm*, S. 161, 177; *Pastor*, GRUR 1969, 571, 574.
202 So ausdrücklich § 1 UWG i.d.F. des Gesetzes vom 3.7.2004.
203 Verordnung (EU) Nr. 1215/2012 vom 12.12.2012 über die gerichtliche Zuständigkeit und die Anerkennung und Vollstreckung von Zivil- und Handelssachen, ABl. EU L 351, S. 1 ff.

9. b2c: Internet-Auktionen, eBay

a) Versteigerung im Sinne von § 34b GewO?

315 Online-Versteigerungen erfreuen sich einer großen Beliebtheit. Jedermann, der sich hat registrieren lassen, kann an der Versteigerung aller Arten von Waren und Dienstleistungen teilnehmen. Durch Eingabe eines Passworts kann der User bei der Versteigerung mitbieten. Über ein höheres Gebot oder sein höchstes Gebot wird er per E-Mail unterrichtet. Nach Eingang der Zahlung wird ihm die Ware oder Dienstleistung zur Verfügung gestellt.

316 Die gewerbsmäßige Versteigerung fremder beweglicher Sachen bedarf eigentlich gem. § 34b Abs. 1 GewO der Erlaubnis der zuständigen Behörde. Selbst wer als Einzelhändler die Auktion von Waren an Letztverbraucher durch eine Person vornehmen lässt, die im Besitz einer Versteigerungserlaubnis ist, ist gem. § 34b Abs. 6 Nr. 5b GewO daran gehindert, Waren, „die in offenen Verkaufsstellen feilgeboten werden und die ungebraucht sind", zu versteigern. Man fragt sich folglich, wie sich gleichwohl große Auktionsplattformen im Internet und sogar börsennotierte Internet-Auktionsunternehmen etablieren konnten.

317 Internet-Auktionen sind nur zulässig, wenn sie nicht unter den Versteigerungsbegriff des § 34b GewO fallen. Die Versteigerung ist aber weder in § 34b GewO noch in der Versteigerungsverordnung definiert. Die Literatur definiert die Versteigerung als zeitlich und örtlich begrenzte Veranstaltung, innerhalb derer eine Mehrzahl von Personen aufgefordert wird, eine Sache oder ein Recht in der Weise zu erwerben, dass diese Personen im gegenseitigen Wettbewerb, ausgehend von einem Mindestgebot, Vertragsangebote (Preisangebote) in Form des Überbietens dem Versteigerer gegenüber abgeben, der das höchste Gebot im eigenen oder fremden Namen annimmt[204]. Nun werden unter dem Begriff Internet-Auktion unterschiedliche Angebote gefasst. Als Versteigerung i.S.v. § 34b GewO kommen aber schon nur solche Angebote in Betracht, bei denen der Versteigerer nach Abgabe des höchsten Gebotes noch eine eigene Willenserklärung abgibt, um den rechtsgeschäftlichen Erfolg des Vertragsschlusses herbeizuführen[205] (Zuschlag). Derartige Veranstaltungen waren insbesondere in der Frühzeit der Internet-Auktionen verbreitet. In der Zwischenzeit hat sich durchgesetzt, dass der Anbieter einer Ware durch Einstellen der Ware auf die Auktionsplattform eine Willenserklärung in der Form eines Angebots abgibt, die sich an den innerhalb der Laufzeit der Internet-Auktion Meistbietenden richtet, der das Angebot qua Gebot annimmt.

318 Die vertragliche Bindung der Parteien beruht dann auch nicht auf dem Ablauf dieser Frist, sondern auf ihren – innerhalb der Laufzeit der Auktion wirksam abgegebenen – Willenserklärungen. Dass das Angebot an den Meistbietenden gerichtet ist und damit erst nach Auktionsende feststeht, wer als meistbietender Vertragspartner des Anbieters

---

204 Vgl. *Landmann/Rohmer/Bleuthe*, Gewerbeordnung, Losebl., § 34b Rdnr. 6a; *Fackler/Konermann*, Praxis des Versteigerungsrechts, München 1991, S. 10; *Marx/Arens*, Der Auktionator, Kommentar, 1992, § 34b Rdnr. 12; LG Hamburg, CR 1999, 526 – ricardo.de.
205 BGH, MMR 2002, 95; BGH, MMR 2005, 37, 38.

geworden ist, berührt die Wirksamkeit des Angebots nicht[206]. Letztere „Auktionen" können schon deswegen nicht unter den Versteigerungsbegriff des § 34b GewO fallen, weil es an einem Zuschlag fehlt. Hier kommen schlicht Kaufverträge zustande. Ein typisches Beispiel einer derartigen Auktion ist eBay. Dort wird gar in den AGB, denen man vor der Teilnahme an einer Auktionsveranstaltung zustimmen muss, der beschriebene Mechanismus des Vertragsschlusses vorgeschrieben.

Soweit Online-Auktionen durch Zuschlag i.S.d. § 156 BGB enden, ist streitig, ob Internet-Auktionen das Merkmal der „zeitlichen und örtlichen Begrenztheit" erfüllen[207]. Das Merkmal ist funktional auszulegen. Aufgabe des § 34b GewO ist insbesondere, die Lauterkeit und Seriosität der Veranstaltung zu gewährleisten und den Bieter vor Übervorteilung zu schützen[208]. Insofern ist für die zeitliche und örtliche Begrenztheit der Versteigerung ausreichend, dass einem Mitbieter erkennbar ist, wann die Veranstaltung endet, welche konkurrierenden Gebote abgegeben werden, ob das eigene Gebot erloschen ist oder ob es den Zuschlag erhalten hat. Dies trifft auf Online-Versteigerungen zu. Diese finden in einem „virtuellen Raum" statt, der den Charakter einer Versteigerung nicht verändert und es rechtfertigt, § 34b GewO auf Online-Auktionen anzuwenden. Zu Recht weist *Ernst*[209] darauf hin, dass auch bei herkömmlichen Versteigerungen telegraphisches Bieten möglich sei. Damit wäre sogar eine Veranstaltung mit ausschließlich schriftlichen Geboten denkbar. Internet-Auktionen sind auch durch einen festen zeitlichen Rahmen gekennzeichnet, und Bieter können jederzeit auf der Website der Veranstaltung den Stand der Gebote erkennen[210].

319

Diese Auffassung ist jedoch umstritten. Der Bund-Länder-Ausschuss, in dem die Anwendung wirtschaftsrechtlicher Vorschriften bundesweit abgestimmt wird, sieht in Online-Auktionen keine Versteigerungen i.S.v. § 34b GewO. Es fehle an dem Merkmal „zeitlich und örtlich begrenzte Veranstaltung", da hierfür mehrere Personen erforderlich seien, die grundsätzlich vor Ort anwesend sind. Dies sei bei Internet-Auktionen nicht gegeben. Ob dieser eher formale Aspekt ausschlaggebend sein kann, erscheint aber zweifelhaft. Die spezifischen Missbrauchsgelegenheiten bei Versteigerungen sind gerade auch bei Online-Auktionen anzutreffen. Das Publikum besitzt wegen der besonderen Schnelligkeit und Hektik des Geschehens nur begrenzt Abwägungs- und Vergleichsmöglichkeiten in Bezug auf Angebot und Preisgestaltung. Die Preisbildung ist noch undurchsichtiger als bei klassischen Auktionen. Insofern ist nicht einsichtig, warum § 34b GewO nicht auf Online-Auktionen anwendbar sein soll.

320

Unabhängig von der gewerberechtlichen Zulässigkeit von Internet-Auktionen sind die zwischen dem Anbieter und dem Bietenden geschlossenen Kaufverträge zivilrechtlich

321

---

206 BGH, MMR 2005, 37, 38.
207 Vgl. hierzu näher *Ernst*, in: *Spindler/Wiebe*, Internetauktionen und elektronische Marktplätze, 2. Auflage 2005, Kapitel 2, Rdnr. 3.
208 BVerwG, GewArch 1998, 241, 242.
209 *Ernst*, in: *Spindler/Wiebe*, Internetauktionen und elektronische Marktplätze, 2. Auflage 2005, Kapitel 2, Rdnr. 9.
210 LG Hamburg, CR 1999, 526, 527 – ricardo.de; so auch *Stögmüller*, K&R 1999, 391, 393; *Tettinger/Wank/Sieg*, Gewerbeordnung, 6. Auflage 1999, § 34b Rdnr. 1; a.A. *Bullinger*, WRP 2000, 253, 254.

wirksam. Eine Anwendung von § 134 BGB i.V.m. § 34b GewO kommt nicht in Betracht. Die Vorschrift richtet sich nur an den Auktionsveranstalter. Ein einseitiges Verbotsgesetz führt aber nicht zur Ungültigkeit eines Rechtsgeschäfts nach § 134 BGB[211].

b) Vertragsschluss bei Online-Auktionen

322 Die Frage, wie ein Vertrag im Rahmen einer Online-Auktion zustande kommt, kann nur nach intensiver Prüfung der Auktionsbedingungen, den von den Parteien abgegebenen Erklärungen und der Feststellung eines Zuschlags beantwortet werden.

323 Soweit eine Online-Auktion als „klassische" Versteigerung i.S.d. § 156 BGB betrachtet werden kann, liegt in dem Gebot des Bieters das Angebot zum Abschluss eines Vertrags, das der Versteigerer durch Zuschlag annimmt[212]. Das Gebot erlischt mit der Abgabe eines Übergebots oder dem Ende der Versteigerung. Der Zuschlag ist eine nicht empfangsbedürftige Willenserklärung. Er bringt den Vertrag auch dann zustande, wenn der Bieter sich aus der Auktion ausgeloggt hat.

324 Anders ist hingegen zu konstruieren, wenn es an einem Zuschlag fehlt. Betrachtet man beispielsweise die AGB für die Nutzung der deutschsprachigen eBay-Website, wird dort beschrieben, dass das Einstellen eines Artikels auf die eBay-Website als verbindliches Angebot zum Vertragsschluss über diesen Artikel zu werten sei. Dabei bestimme der Anbieter eine Frist, binnen derer das Angebot durch ein Gebot angenommen werden könne (Laufzeit der Online-Auktion). Das Angebot richte sich an den Bieter, der während der Laufzeit der Online-Auktion das höchste Gebot abgibt und etwaige, zusätzlich festgelegte Bedingungen im Angebot (z.B. bestimmte Bewertungskriterien) erfüllt. Der Bieter nimmt das Angebot durch Abgabe eines Gebots an. Das Gebot erlischt, wenn ein anderer Bieter während der Laufzeit der Online-Auktion ein höheres Gebot abgibt. Mit dem Ende der Auktion kommt zwischen dem Anbieter und dem das höchste Gebot abgebenden Bieter ein Vertrag über den Erwerb des von dem Anbieter in die eBay-Website eingestellten Artikels zustande. Die gewählte Auktionsplattform, vorliegend eBay, handelt für beide Parteien als Empfangsvertreter hinsichtlich der abzugebenden Willenserklärungen gem. § 164 Abs. 3 BGB. Dieser Konstruktion ist auch der Bundesgerichtshof[213] beigetreten. Für den Fall eBay bestätigt der BGH, dass es an einem Zuschlag und schon deshalb an der Anwendbarkeit des § 156 BGB fehle. Auch komme der Vertrag nicht durch bloßen Zeitablauf zustande, sondern – wie oben beschrieben – durch die innerhalb der Laufzeit der Auktion wirksam abgegebenen Willenserklärungen des Anbieters und des Höchstbietenden. Für die Richtigkeit dieser Einschätzung spricht bereits, dass die Teilnahme an einer eBay-Auktion die Mitgliedschaft bei eBay voraussetzt. In eine Auktion kann sich nur einloggen, wem ein eBay-Name und ein dazugehöriger Account zugeordnet wurden, was die Akzeptanz der beschriebenen AGB von eBay voraussetzt. Haben beide Vertragsparteien der in den

---

211 St. Rspr., vgl. BGHZ 46, 26; zuletzt BGH, NJW 2000, 1186; *Palandt/Ellenberger*, BGB, 75. Auflage 2016, § 134 Rdnr. 9; ebenso OLG Hamm, MMR 2001, 105, 109 – ricardo.de.
212 BGHZ 138, 339, 342.
213 BGH, MMR 2005, 37, 38.

AGB rechtlich vorgegebenen Konstruktion des Vertragsschlusses zugestimmt, fällt es schwer, ihre Willenserklärung anderweitig auszulegen, insbesondere wenn es hierzu an konkreten Indizien für einen anderslautenden Erklärungswillen fehlt.

c) Identität des Bieters, Vertretung

In vielen Fällen besteht Unklarheit über die Person des Bieters. Grund hierfür ist die Anonymität des Kommunikationsmediums, das technisch nur gestattet, eine bestimmte IP-Adresse zu registrieren, nicht aber die Person, die sie nutzt. 325

So hat das OLG München[214] festgehalten, dass die Nutzung einer eBay-Kennung eines Dritten als Handeln „unter" fremdem Namen zu beurteilen sei. Die Kennung stehe ausschließlich für ihren Inhaber, der dem Anbieter von eBay nach Auktionsende namentlich mit Anschrift bekannt gegeben werde. Ein Geschäft des Namensträgers sei nur dann anzunehmen, wenn das Auftreten des Handelnden auf eine bestimmte andere Person hinweise und der Anbieter der Ansicht sein durfte, der Vertrag komme mit dieser Person zustande[215]. Ein Eigengeschäft des Handelnden sei dann gegeben, wenn die Benutzung des fremden Namens bei dem Anbieter keine Fehlvorstellung über die Identität des Handelnden hervorgerufen hat, dieser den Vertrag also nur mit dem Handelnden abschließen wollte. Die Benutzung einer Kennung weise für den Anbieter aber ausschließlich auf die Person hin, die von eBay namentlich identifiziert werde. Auch das Bewertungssystem von eBay stütze dieses Ergebnis, da ansonsten der gute Ruf Dritter ausgenutzt werden könne und das Bewertungssystem seinen Sinn verlöre. Schließlich sprächen auch die AGB von eBay, die eine Übertragbarkeit von Mitgliedskonten ausschließen, für diese Auslegung der jeweiligen Willenserklärung. Damit kann im Falle der Verwendung der eBay-Kennung eines Dritten, etwa eines anderen Familienmitglieds, nur ein Kaufvertrag mit dem Inhaber der Kennung zustande kommen. 326

Solange die Nutzung der eBay-Kennung mit Einwilligung des jeweiligen Inhabers geschieht, entstehen kaum Schwierigkeiten[216]. Dann wird die in der Nutzung des eBay-Accounts liegende Erklärung dem Inhaber des Accounts zugerechnet, weil der Nutzer den Account mit Vollmacht des Inhabers genutzt hat. Anders ist die Lage jedoch, wenn die eBay-Kennung ohne die Einwilligung des Inhabers genutzt wird. Hier trägt nach wie vor der Verkäufer die Beweislast dafür, dass das Kaufgebot tatsächlich von dem von ihm in Anspruch genommenen Accountinhaber abgegeben wurde oder ihm jedenfalls zuzurechnen ist[217]. Eine ausdrückliche Vollmacht liegt in solchen Fällen nicht vor, es geht ja gerade um die abredewidrige oder jedenfalls -lose Nutzung des passwordgeschützten Accounts. Die Rechtsprechung geht auch nicht davon aus, dass es einen Anscheinsbeweis dafür gibt, dass derjenige, mit dessen eBay-Namen ein Höchstgebot abgegeben wurde, tatsächlich Vertragspartner geworden ist. Der Sicherheitsstandard im Internet sei nicht ausreichend, um aus der Verwendung eines geheimen Passworts 327

---

214 OLG München, MMR 2004, 625.
215 So auch BGH, NJW-RR 1988, 814.
216 Vgl. den Fall OLG München, MMR 2004, 625.
217 OLG Hamm, MMR 2007, 449.

auf denjenigen als Verwender zu schließen, dem dieses Passwort ursprünglich zugeteilt worden ist[218]. Entsprechende Risiken müsse der Internetnutzer einkalkulieren. Damit bleibt nur, die allgemeinen Grundsätze der Zurechnung missbräuchlichen Handelns Dritter nach Rechtsscheingrundsätzen zu aktivieren. So kommt z.B. die Annahme einer Duldungsvollmacht in Betracht, wenn der Inhaber der Kennung es wissentlich geschehen lässt, dass ein Dritter für ihn bei eBay als sein Vertreter auftritt[219], ein Fall, der wohl kaum praktisch vorkommen wird. Realistischer ist eine Haftung im Rahmen der Anscheinsvollmacht. Voraussetzung hierfür wäre, dass der Inhaber der Kennung zurechenbar den Rechtsschein für die Identität des tatsächlichen Bieters mit ihm als dem Inhaber der Kennung gesetzt hat und der Anbieter ein schutzwürdiges Vertrauen daran hatte, dass tatsächlich der Inhaber der eBay-Kennung handelte[220]. Allerdings wird die Annahme einer Anscheinsvollmacht häufig an der zurechenbaren Begründung des Rechtsscheins durch den Inhaber der eBay-Kennung scheitern. Allein die Speicherung des eBay-Namens und des Passworts auf dem heimischen Computer reicht hierfür sicherlich nicht aus[221]. Damit bleibt nur, mit Blick auf die Vielzahl komplikationslos verlaufender Internet-Auktionen[222] einen Anscheinsbeweis dafür anzunehmen, dass eine Online-Willenserklärung über ein passwortgeschütztes Benutzerkonto auch vom Inhaber des Benutzerkontos (eBay-Kennung) abgegeben worden ist. Dies gilt umso mehr, als für Dritte kaum ein Anreiz besteht, in ein Auktionsgeschehen manipulativ einzugreifen[223]. Das LG Bonn[224] hat diesen Ansatz indes verworfen. Sämtliche Teilnehmer einer Internet-Auktion würden sich der Gefahr eines Eingriffs unbefugter Dritter in das Online-Kommunikationssystem aussetzen, das nicht ausreichend technisch schützbar sei[225]. Das LG Bonn mag den konkreten Fall richtig entschieden haben, in dem der elfjährige Sohn dem Vater per eBay ein BMW M3-Cabrio ersteigert hatte, während dieser sich beruflich im Ausland aufhielt. Das Kind gab an, das Datenkabel seiner Playstation statt des versteckten Modemkabels verwendet zu haben. Außerhalb derartiger, vom Sachverhalt skurril anmutender Fälle mag man mit Blick auf die ungenügende Sicherung der eBay-Benutzerkonten gegen missbräuchliche Verwendung für die Ablehnung eines Anscheinsbeweises durch die Rechtsprechung Verständnis aufbringen. Der Preis hierfür ist, dass missbräuchlichen Einwendungen Tür und Tor geöffnet wird.

328 Die soeben beschriebenen möglichen Einschränkungen der vertraglichen Haftung eines Kontoinhabers für die unberechtigte Benutzung seines Kontos durch einen Dritten erklären sich daraus, dass eine Haftung des Kontoinhabers in solchen Fällen nur dann gerechtfertigt ist, wenn die berechtigten Interessen des Geschäftsgegners schutzwür-

---

218 OLG Hamm, MMR 2007, 449; OLG Köln, MMR 2002, 813; LG Bonn, MMR 2002, 255; LG Bonn, MMR 2004, 179; OLG Naumburg, OLG-R 2005, 105; *Hoffmann*, NJW 2004, 2569, 2571.
219 BGH, CR 2011, 455 ff., zitiert nach juris, Rdnr. 15; NJW 2002, 2325; NJW 1997, 312.
220 LG Bonn, CR 2002, 293; CR 2004, 218, 219; BGH, NJW 1981, 1728; NJW 1998, 1854.
221 So auch LG Bonn, CR 2004, 218, 220.
222 Vgl. näher *Winter*, MMR 2002, 836; CR 2004, 220, 221.
223 Zustimmend *Winter*, MMR 2002, 836; *Mankowski*, CR 2003, 44, 45.
224 LG Bonn, CR 2004, 218 ff.
225 Entsprechend hat auch der BGH eine Anwendung der Grundsätze der Anscheinsvollmacht verworfen: BGH, CR 2011, 455, zitiert nach juris, Rdnr. 16 f.

diger sind als die Interessen desjenigen, der aus der Sicht des Geschäftsgegners der Geschäftsherr ist. Es findet also eine Interessenabwägung statt[226].

In diesen Zusammenhang muss die Halzband-Entscheidung des BGH eingeordnet werden[227]. Der BGH hatte über die missbräuchliche Nutzung eines eBay-Kontos zu urteilen, über das die schlecht deutsch sprechende Ehefrau des Beklagten gefälschte Cartier-Halsbänder („SSSuper... tolle Halzband Cartier") anbot, die das Urheberrecht von Cartier verletzten. Der BGH sah eine Haftung des Kontoinhabers auf Unterlassung als gegeben an, weil dieser seine Kontaktdaten nicht unter Verschluss gehalten habe. Er habe vielmehr eine Gefahr geschaffen dafür, dass für den Verkehr Unklarheiten darüber entstehen können, welche Person unter dem betreffenden Mitgliedskonto gehandelt hat[228]. Dadurch werde die Möglichkeit, den Handelnden zu identifizieren und ggf. in Anspruch zu nehmen, erheblich beeinträchtigt.

329

Eine Schadenersatzhaftung hat der BGH indes ausgeschlossen, soweit der Kontoinhaber nicht damit rechnen muss, dass seine Ehefrau die Kontaktdaten zu dem rechtsverletzenden Handeln verwendet[229]. Diese Entscheidung steht nicht im Widerspruch zu den oben zitierten Urteilen, bei denen es um die vertragliche Haftung für ein vermeintlich abgeschlossenes Rechtsgeschäft geht. Denn auch der BGH hat in der Halzband-Entscheidung eine Interessenabwägung zwischen den Beteiligten vorgenommen. Er hat ebenfalls geprüft, ob die Interessen des Kontoinhabers schutzwürdiger sind als die des verletzten Urhebers. Wer die Kontaktdaten seines eBay-Mitgliedskontos pflichtwidrig nicht unter Verschluss hält, könne sich, so der BGH, nicht auf ein gegenüber dem Urheberrecht des verletzten Dritten vorrangiges Interesse berufen[230]. Hätte die Ehefrau des eBay-Kontoinhabers das eBay-Konto zur Nutzung von Käufen genutzt, wäre die Abwägung des BGH wahrscheinlich anders ausgefallen.

330

d) Missverhältnis von Wert der Ware und Versteigerungspreis

Ein weiteres, häufig auftretendes Problem ist, dass Verkäufer, deren Ware „zu billig" ersteigert worden ist, ihr eBay-Angebot reut und sie gerne den Vertragsschluss rückgängig machen wollen[231]. So hatte das OLG Köln[232] über ein eBay-Angebot für einen Rübenroder im Wert von 60.000 Euro zu entscheiden, der zu einem Startpreis von 1 Euro bei eBay eingestellt war. Der Käufer hatte bei Angebotsende das Höchstgebot von 51 Euro abgegeben, womit ein Kaufvertrag zu diesem Preis zustande kam. Der Verkäufer verweigerte die Übergabe und versuchte mit allen Mitteln, sich von dem Kaufvertrag zu lösen. Das OLG Köln entschied, dass ein derart geringer Kaufpreis nicht

331

---

226 BGH, GRUR 2009, 597, 598 – Halzband.
227 BGH, GRUR 2009, 597 ff. – Halzband.
228 BGH, GRUR 2009, 597 ff., Rdnr. 18 – Halzband.
229 BGH, GRUR 2009, 597 ff., Rdnr. 20 – Halzband.
230 BGH, GRUR 2009, 597 ff., Rdnr. 19 a.E. – Halzband.
231 Z.B. BGH, CR 2012, 60 ff. – Vertu-Handy; CR 2015, 106 ff. – VW Passat, mit umfangreicher Darstellung der Instanzrechtsprechung.
232 OLG Köln, MMR 2007, 446 ff.

zu einer Anfechtung wegen Irrtums berechtige. Allein enttäuschte Erwartungen bei einem Risikogeschäft könnten nicht zur Anfechtung berechtigen[233]. Weder liegt ein Erklärungsirrtum (der Verkäufer wollte eine Erklärung abgeben) noch ein Inhaltsirrtum (der Verkäufer hat die Erklärung abgegeben, die er abgeben wollte) vor. Die enttäuschte Erwartung stellt vielmehr einen Motivirrtum dar, der nicht unter § 199 Abs. 1 BGB fällt[234].

332 Ebenso wenig ist das Rechtsgeschäft sittenwidrig und damit nichtig. Allein ein erhebliches Missverhältnis zwischen Preis und Leistung reicht für eine Anwendung von § 138 Abs. 1 BGB nicht aus. Hinzutreten müssen vielmehr weitere die Sittenwidrigkeit begründende Umstände, wie etwa eine verwerfliche Gesinnung des Käufers. Besteht ein grobes, besonders krasses Missverhältnis zwischen Leistung und Gegenleistung, so rechtfertigt dieser Umstand zwar häufig den Schluss auf eine verwerfliche Gesinnung des Käufers und damit auf einen sittenwidrigen Charakter des Rechtsgeschäfts. Ein solches auffälliges, grobes Missverhältnis wird bei Grundstückskaufverträgen sowie Kaufverträgen über wertvolle bewegliche Sachen z.B. angenommen, wenn der Wert der Leistung annähernd doppelt so hoch ist wie derjenige der Gegenleistung[235]. Nach Auffassung des Bundesgerichtshofs kann aber auf Grund der Besonderheiten einer Internet-Auktion dort nicht bereits aus einem Missverhältnis von Leistung und Gegenleistung auf das für § 138 BGB erforderliche subjektive Tatbestandsmoment einer verwerflichen Gesinnung geschlossen werden[236]. Immerhin hat sich der Verkäufer regelmäßig selbst für den Weg der Online-Auktion entschieden – in Kenntnis der Spielregeln. Entschließt sich der Verkäufer selbst, ein Produkt zum Startpreis von 1 Euro bei eBay einzustellen, so müsse er sich hieran festhalten lassen.

333 In den Fällen, in denen der geringe Kaufpreis die Folge des vorzeitigen Abbruchs der Auktion war, kann der Verkäufer dem Käufer auch nicht den Einwand des Rechtsmissbrauchs (§ 242 BGB) entgegenhalten. Die Argumentation, der Käufer sei nicht schutzwürdig, weil er von dem nicht zu erwartenden vorzeitigen Abbruch der Auktion profitieren wolle und nicht damit rechnen könne, den Kaufgegenstand bei Fortgang der Auktion tatsächlich zu dem geringen Gebot zu erwerben, ist vom BGH zu Recht verworfen worden[237]. Denn es ist der Verkäufer, der das Risiko eines für ihn ungünstigen Auktionsverlaufs durch die Wahl eines niedrigen Startpreises unterhalb des Marktwerts ohne Einrichtung eines Mindestpreises eingegangen ist. Zudem hat der Verkäufer in dieser Fallgestaltung durch seinen freien Entschluss zum nicht gerechtfertigten Abbruch der Auktion die Ursache dafür gesetzt, dass sich das Risiko verwirklichte.

---

233 OLG Köln, MMR 2007, 446, 448 re. Sp.
234 BGH, CR 2015, 106 ff., zitiert nach juris, Rdnr. 8.
235 BGH, WM 1992, 441 unter II 2 a; BGH, NJW 2000, 1487 unter II 3; BGH, WM 1997, 230 unter III 1 und 1a; BGH, WM 1998, 932 unter IV 2 a und c; jeweils m.w.N.
236 BGH, CR 2012, 60 ff., zitiert nach juris, Rdnr. 18.
237 BGH, CR 2015, 106 ff., zitiert nach juris, Rdnr. 12; ebenso *Oechsler*, Jura 2012, 497, 500; *Härting*, Internetrecht, 5. Auflage 2014, Rdnr. 546; *Wenn*, jurisPR-ITR 16/2009 Anm. 4; *Höhne*, jurisPR-ITR 9/2009 Anm. 5; siehe auch *Sutschet*, in: BeckOK BGB, Stand: 1.8.2014, § 242 Rdnr. 93.

e) Sniper-Software

Nachdem bei Online-Auktionen üblicherweise die letzten Minuten und Sekunden von besonders hektischem Bieten geprägt sind, überrascht es nicht, dass im Internet Software angeboten wird, die elektronisches Bieten „exakt in letzter Sekunde" schafft (sog. Sniper-Software). Damit soll gelingen, dass der Nutzer der Software tatsächlich das letzte Gebot abgibt, wodurch sich seine Chance erhöht, Höchstbietender zu werden.

334

Hierbei kann dahingestellt bleiben, ob derartige Software gegen die jeweiligen Allgemeinen Geschäftsbedingungen der Auktionsplattform verstoßen. Am Vertragsschluss zwischen Anbieter und Bieter ändert dies nämlich nichts. Ein Vertragsverstoß des Bieters im Verhältnis zur Auktionsplattform kann keine Konsequenzen für das Verhältnis zwischen Anbieter und Bieter haben. Ebenso wenig verstößt das Angebot derartiger Software gegen wettbewerbsrechtliche Bestimmungen. So scheitert eine Anwendung von § 4 Nr. 4 UWG unter dem Gesichtspunkt der Marktstörung oder -behinderung daran, dass eine konkrete ernstliche Gefahr für den Bestand oder das Funktionieren des Wettbewerbs auf der Auktionsplattform kaum nachweisbar sein wird[238]. eBay in den USA lässt bis heute Sniper-Software zu, ohne dass hierdurch Marktverwerfungen erkennbar wären. Warum dies auf einer deutschen Auktionsplattform anders sein soll, ist schwer verständlich. Ebenso wenig liegt Verleiten zum Vertragsbruch vor. Dies würde voraussetzen, dass der Anbieter der Sniper-Software auf die Verletzung einer wesentlichen Vertragspflicht hinwirkt. Selbst wenn eine Auktionsplattform in ihren Allgemeinen Geschäftsbedingungen die Nutzung von Sniper-Software ausschlösse, läge hierin nur eine Nebenpflicht, die keinesfalls wettbewerbswesentlich wäre[239].

335

f) Anfechtung von Geboten

Gem. Ziff. 9 Nr. 1 Satz 1 der eBay-AGB ist das Einstellen eines Gegenstands zur Versteigerung ein verbindliches Verkaufsangebot im Rahmen der Online-Auktion. Dieses Angebot kann der Bieter nicht widerrufen mit dem Hinweis, noch vor Ablauf der ursprünglichen Bietzeit habe er die Löschung aller bis dahin eingegangenen Gebote veranlasst und den angebotenen Verkaufsartikel zurückgezogen, weil ihn das Angebot reut. § 130 Abs. 1 Satz 2 BGB, der Rechtsgrundlage hierfür sein könnte, wird durch Ziff. 9 Nr. 1 Satz 1 eBay-AGB gerade ausgeschlossen[240]. Es soll gerade die Unwiderruflichkeit des Vertragsangebots begründet werden. Die Allgemeinen Geschäftsbedingungen von eBay – „eBay-Grundsätze" genannt – stellen vielmehr lediglich einen Hinweis auf die gesetzlich gegebenen Anfechtungsmöglichkeiten gem. §§ 119 ff. BGB dar[241]. Der Widerruf eines Versteigerungsangebots kommt damit nur in Betracht, wenn ein Anfechtungsgrund gem. §§ 119 ff. BGB gegeben ist. Reut den Anbieter die Versteigerung aus anderen Gründen, bleibt er an sein Verkaufsangebot gebunden.

336

---

238 LG Berlin, CR 2003, 857.
239 LG Berlin, CR 2003, 857.
240 KG, MMR 2005, 709; OLG Oldenburg, MMR 2005, 766, 767.
241 KG, MMR 2005, 709.

g) Widerrufsrecht

337 Kaufverträge auf Online-Plattformen sind ohne Weiteres Fernabsatzverträge i.S.v. § 312c Abs. 1 BGB. Damit stellt sich die Frage, ob dem Höchstbietenden, mit dem der Kaufvertrag zustande kommt, ein Widerrufsrecht gem. § 312g Abs. 1 Satz 1 BGB zusteht, sofern er Verbraucher ist. Diese Frage war heftig umstritten[242]. Den Gegnern des Widerrufsrechts ist hierbei zuzubilligen, dass das Widerrufsrecht einen funktionsfähigen preistransparenten Markt für gebrauchte Güter, aber auch neue Waren, mit erheblichen Risiken belasten würde[243]. Der BGH[244] hat den Ausschluss eines Widerrufsrechts gem. § 312d Abs. 4 Nr. 5 BGB a.F., weil der auf der Auktionsplattform zustande gekommene Vertrag im Rahmen einer Versteigerung geschlossen worden sei, verworfen. § 312d Abs. 4 Nr. 5 BGB a.F. setze nämlich eine Versteigerung i.S.v. § 156 BGB voraus[245]. Hiernach kommt der Vertrag durch den Zuschlag zustande. An einem solchen Zuschlag fehlt es jedoch bei eBay- und anderen Internet-Auktionen vergleichbarer Konstruktion. Der Kaufvertrag kommt durch Willenserklärungen der Parteien gem. §§ 145 ff. BGB zustande. Der Bundesgerichtshof erteilte auch der Konstruktion eines „Zuschlags durch Zeitablauf" zur Erklärung des Vertragsschlusses bei eBay eine Absage. Der bloße Zeitablauf sei weder eine Willenserklärung noch könne er eine solche ersetzen. Die vertragliche Bindung der Parteien beruhe nicht auf dem Ablauf dieser Frist, sondern auf ihren innerhalb der Laufzeit der Auktion wirksam abgegebenen Willenserklärungen. Dieses Ergebnis unterstützt der Bundesgerichtshof mit dem Hinweis, dass § 312d Abs. 4 Nr. 5 BGB a.F. eine eng auszulegende Ausnahmevorschrift sei. Die Sorgen der Gegner des Widerrufsrechts konnte der Bundesgerichtshof schließlich mit dem Hinweis auf die Allgemeinen Geschäftsbedingungen von eBay, die selbst von dem Bestand eines Widerrufsrechts ausgingen, zerstreuen.

338 eBay-Bieter sind in der Regel Verbraucher. Die Rechtsprechung des Bundesgerichtshofs führt nun dazu, dass ein gesetzliches Widerrufsrecht immer dann besteht – und entsprechende Aufklärungspflichten nach sich zieht! –, wenn auf Anbieterseite ein Unternehmer i.S.v. § 14 Abs. 1 BGB auftritt. Bei Gewerbetreibenden, insbesondere gewerblichen Händlern, ist dies unproblematisch, ebenso wie bei Angehörigen der freien Berufe, Künstlern, Wissenschaftlern, Landwirten, Bauunternehmern, Werbeagenturen oder Autovermietern. Was aber ist mit Personen, die schon mehrfach oder gar vielfach Waren über eBay verkauften?

339 Als gewerbliche Tätigkeit gilt üblicherweise eine planvolle, auf gewisse Dauer angelegte, selbstständige und wirtschaftliche Tätigkeit, die nach außen hervortritt. Indiz hierfür ist ein gewisser organisatorischer Mindestaufwand. Ein rein gelegentliches Tätigwerden

---

242 Ein Widerrufsrecht befürworteten: LG Hof, MMR 2002, 760; LG Konstanz, MMR 2005, 54; AG Kehl, NJW-RR 2003, 1060; AG Itzehoe, MMR 2004, 637; ablehnend: AG Bad Hersfeld, MMR 2004, 500; *MünchKomm/Wendehorst*, BGB, 4. Auflage 2003, § 312d Rdnr. 45; *Hoffmann/Höpfner*, EWS 2003, 107 ff.; *Meents*, CR 2000, 610, 614; *Spindler*, MMR 2005, 41.
243 So *Spindler*, MMR 2005, 41.
244 BGH, MMR 2005, 37 ff.
245 Der Gesetzgeber hat das Problem gelöst, indem er für die Nachfolgenorm des § 312g Abs. 2 Nr. 10 BGB die persönliche Anwesenheit der Beteiligten fordert, die bei Online-Auktionen niemals vorliegt.

ist nicht mit gewerblichem gleichzusetzen[246]. Ein Indiz für unternehmerische Tätigkeit kann die Anzahl der eBay-Bewertungen sein, weil jeder Bewertung letztlich ein Verkauf über die Auktionsplattform vorausging. Allein aus der Anzahl der bisher getätigten Auktionsgeschäfte kann indes keine Geschäftsmäßigkeit geschlossen werden[247]. Jedoch ist ohne Weiteres von unternehmerischer Tätigkeit auszugehen, wenn ein Anbieter Gegenstände stetig ankauft, um sie dann über eBay weiter zu vertreiben[248]. Diese Rechtsprechung braucht Privatanbieter indes nicht zu beunruhigen. Immerhin hätte der Käufer, der sich auf das Widerrufsrecht beruft, in einem Prozess die Unternehmereigenschaft des Verkäufers zu beweisen. Die Aussichten hierfür sind ausgesprochen schlecht, solange der Verkäufer keine weitergehenden Informationen über seine Aktivitäten mitgeteilt hat.

Hierzu sind beispielsweise Fälle zu zählen, in denen der Anbieter einen „eBay-Shop" eröffnet. Ausweislich der eBay-eigenen Definition bietet ein eBay-Shop die beste Möglichkeit für professionelle Verkäufer, ihre Umsätze bei eBay und im Internet zu erhöhen. Auch wenn die Voraussetzungen hierfür lediglich 10 Bewertungspunkte sind, verwundert es bei dieser Definition nicht, dass das LG Berlin[249] eine Mutter von vier Kindern, die gebrauchte Kinderkleidung in einem von ihr eröffneten eBay-Shop anbot, als Unternehmerin betrachtete. Immerhin hatte die Anbieterin in einem Zeitraum von etwas mehr als drei Monaten 76 Kleidungsstücke zu einem Gesamtpreis von 955 Euro gekauft und diese in einigen Fällen nach kurzer Zeit mit einem höheren Preis wieder über eBay zum Verkauf angeboten. Die Tätigkeit der Anbieterin, so das LG Berlin, vermittle den Eindruck eines schwunghaften Handels mit Kinderkleidung, wie er vergleichbar in einem Secondhand-Laden vorgenommen werde.

340

Ein weiteres Indiz für die Unternehmereigenschaft eines Anbieters ist dessen Status als Powerseller. Hier handelt es sich um einen im Vergleich zu den sonstigen Nutzern kleinen Kreis von Anbietern, die pro Monat einen bestimmten Umsatz erzielen oder mindestens eine bestimmte Anzahl von Artikeln verkaufen. Die weit überwiegende Zahl der Powerseller bei eBay sind professionelle Händler. Wer sich als Privatperson dennoch den Status eines Powersellers einräumen lässt, muss nach Auffassung des OLG Koblenz[250] eine Umkehr der Beweislast in Kauf nehmen. Nicht mehr der Verbraucher muss die Unternehmereigenschaft des Anbieters nachweisen, sondern der Powerseller, dass er nicht als Unternehmer i.S.v. § 14 BGB zu qualifizieren ist. Die Entscheidung bestätigt die einhellige Auffassung in Rechtsprechung und Literatur zur Unternehmereigenschaft des Powersellers. Dieses Prädikat indiziert Nachhaltigkeit und Dauerhaftig-

341

---

246 A.A. LG Hanau, MMR 2007, 339; dort wurde der Weiterverkauf von 10 neuwertigen Gegenständen als gewerbsmäßig gewertet.
247 OLG Frankfurt, GRUR 2004, 708, 709; LG Hof, CR 2003, 854, 855; vgl. aber auch LG Mainz, CR 2006, 131, 132 und AG Bad Kissingen, CR 2006, 74, die aus der Eigenschaft eines Anbieters als Powerseller den Anscheinsbeweis für eine Unternehmereigenschaft ableiten.
248 OLG Frankfurt, CR 2005, 883, 884 für einen Powerseller mit 3767 eBay-Bewertungen, der angab „wöchentlich neue Ware aus Haushaltsauflösungen" zu erhalten; LG Hof, CR 2003, 854, 855.
249 MMR 2007, 401.
250 MMR 2006, 236.

keit der Betätigung. Immerhin muss er mindestens 300 Artikel pro Monat bei eBay verkaufen[251].

342 Ein Hinweis auf gewerbliches Handeln ist außerdem der Rechtsprechung zu § 14 MarkenG zu entnehmen. Eine Markenverletzung durch Angebote im Internet kommt nämlich nur in Betracht, wenn der Anbieter im geschäftlichen Verkehr handelt. Dies ist dann der Fall, wenn die Benutzung des Zeichens im Rahmen einer auf einen wirtschaftlichen Vorteil gerichteten kommerziellen Tätigkeit erfolgt[252]. Die Kriterien sind denen der Unternehmereigenschaft damit sehr ähnlich. Nach Auffassung des Bundesgerichtshofs liegt ein Handeln im geschäftlichen Verkehr nahe, wenn ein Anbieter wiederholt mit gleichartigen, insbesondere auch neuen Gegenständen handelt. Auch wenn ein Anbieter zum Kauf angebotene Produkte erst kurz zuvor erworben hat, spreche dies für ein Handeln im geschäftlichen Verkehr[253]. Die Tatsache, dass der Anbieter ansonsten gewerblich tätig ist, deutet ebenfalls auf eine geschäftliche Tätigkeit hin[254]. Auch das häufige Anbieten von Waren deutet auf eine geschäftliche Tätigkeit hin[255]. Zahl und Art der angebotenen Artikel sowie die Anzahl der getätigten Verkäufe sind starke Indizien für ein Handeln im geschäftlichen Verkehr. Gleiches gilt für die Art der angebotenen Waren[256]. Im konkreten Fall hat der Bundesgerichtshof beim Angebot von 18 Schmuckstücken, 8 Handtaschen, 4 Sonnenbrillen und 3 Paar Schuhen ein Handeln im geschäftlichen Verkehr angenommen, wobei innerhalb eines Monats insgesamt 51 Gegenstände bei eBay durch den Anbieter verkauft wurden. Weiter kann aus der Anzahl der Käuferreaktionen nach früheren Auktionen des Anbieters auf ein Handeln im geschäftlichen Verkehr geschlossen werden[257]. Ein typisches Indiz für die Unternehmereigenschaft eines eBay-Anbieters ist schließlich die Anzahl der über ihn abgegebenen Bewertungen[258].

343 Unklarheiten können weiter die Verbrauchereigenschaft eines Users betreffend eintreten. Dies ist dann der Fall, wenn schwierig abzugrenzen ist, ob er einen Kauf im Rahmen seiner beruflichen Tätigkeit, bspw. als Rechtsanwalt oder Steuerberater, oder gar im Rahmen eines gewerblich tätigen Unternehmens getätigt hat oder als Privatperson. Nach Auffassung des Bundesgerichtshofs[259] ist bei der Abgrenzung von Verbraucher- und Unternehmerhandeln zunächst von dem Grundsatz auszugehen, dass das rechtsgeschäftliche Handeln einer natürlichen Person nach dem Wortlaut des § 13 BGB grundsätzlich als Verbraucherhandeln anzusehen ist. Verbleiben Zweifel, welcher Sphäre das konkrete Handeln zuzuordnen ist, sei hiernach zu Gunsten der Verbrauchereigenschaft zu entscheiden[260]. Im Übrigen ist zunächst objektiv auf den mit dem Kauf

---

251 Vgl. hierzu OLG Frankfurt, MMR 2004, 685; OLG Frankfurt, MMR 2007, 378; *Ernst*, MMR 2004, 687; *Mankowski*, JZ 2005, 444, 451.
252 BGH, MMR 2008, 531, 532 – Internetversteigerung III.
253 So schon BGH, MMR 2004, 668 – Internetversteigerung I, mit Anm. *Hoeren*.
254 BGH, MMR 2007, 507 – Internetversteigerung II, mit Anm. *Spindler*.
255 BGH, MMR 2008, 531, 532 – Internetversteigerung III.
256 BGH, MMR 2009, 538, 539 – Ohrclips.
257 BGH, MMR 2008, 531, 532 – Internetversteigerung III.
258 *Mankowski*, CR 2006, 132, 133.
259 BGH, CR 2010, 43, 44.
260 BGH, CR 2010, 43, 44 Rdnr. 10.

verfolgten Zweck abzustellen (Lampe für Privatwohnung oder Laptop für das Büro). Etwas Anderes gelte nur, wenn die dem Unternehmer erkennbaren Umstände eindeutig und zweifelsfrei darauf hinwiesen, dass die natürliche Person in Verfolgung ihrer gewerblichen oder selbstständigen beruflichen Tätigkeit handelt[261]. Der Kauf einer Lampe, die erkennbar für eine Privatwohnung geeignet ist, bleibt damit Verbraucherhandeln, auch wenn der Käufer die Lieferung an seine Rechtsanwaltskanzlei verlangt.

Besteht ein Widerrufsrecht, so muss hierüber gem. § 312d Abs. 1 BGB i.V.m. Art. 246a § 1 Abs. 2, § 4 EGBGB klar und verständlich belehrt werden. Nicht ausreichend ist in jedem Fall, die Widerrufsbelehrung im „elektronischen Profil" des Verkäufers zu verstecken[262]. Erforderlich ist vielmehr, dass sich der Bieter spätestens im Zusammenhang mit den Modalitäten des Angebots über sein Widerrufsrecht informieren kann. Dies setzt voraus, dass der entsprechende Link auch einen Hinweis auf das Widerrufsrecht enthält. Jedenfalls ist es dem Verbraucher nicht zuzumuten, das Angebot nach einer möglichen Widerrufsbelehrung zu durchsuchen, zumal er nicht weiß, ob ein Widerruf möglich ist und ob sich daher überhaupt eine Widerrufsbelehrung in dem Angebot befindet. **344**

Zu den Einzelheiten des Widerrufsrechts sei auf oben verwiesen, da es für Online-Auktionen heute keine entsprechenden Besonderheiten mehr gibt. **345**

Das Widerrufsrecht besteht auch unabhängig von der Wirksamkeit des online geschlossenen Kaufvertrags. Käufe, die gegen ein gesetzliches Verbot (§ 134 BGB) verstoßen oder sonst sittenwidrig sind (§ 138 BGB), können nichtig sein. Man denke z.B. an den Erwerb eines Radarwarngeräts, da der Kauf nach dem für beide Seiten erkennbaren Vertragszweck auf eine Verwendung im Geltungsbereich der deutschen Straßenverkehrsordnung gerichtet ist[263]. Auch im Falle dieses nichtigen Fernabsatzvertrags besteht grundsätzlich ein Widerrufsrecht des Verbrauchers. Das Widerrufsrecht soll ein einfach auszuübendes Recht zur einseitigen Loslösung vom Vertrag sein. Hiergegen kann nicht eingewandt werden, dass nur ein wirksamer Vertrag widerrufen werden könne. Es ist nämlich anerkannt, dass etwa auch nichtige Rechtsgeschäfte angefochten werden können[264]. Ausnahmen können nur gelten, wenn die mit dem Widerrufsrecht verbundene Privilegierung des Verbrauchers ausnahmsweise nicht gerechtfertigt wäre. Man denke an die unzulässige Rechtsausübung (§ 242 BGB) wegen besonderer Schutzbedürftigkeit des Unternehmers, etwa bei arglistigem Verhalten des Verbrauchers. **346**

h) Gefahrübergang, Lieferung

Ist der Kaufvertrag über die Online-Auktionsplattform geschlossen, wird die Ware als klassisches Offline-Geschäft versendet. Dies geschieht im Wege des Versendungskaufs gem. § 447 BGB, im Rahmen dessen die Gefahr erst auf den Käufer übergeht, wenn der **347**

---

261 BGH, CR 2010, 43, 44 Rdnr. 11.
262 OLG Hamm, CR 2005, 666, 667.
263 Vgl. hierzu BGH, NJW 2005, 1490; BGH, MMR 2010, 174 m.w.N.
264 BGH, MMR 2010, 174, 175.

Anbieter die Ware der „zur Versendung bestimmten Person", also der Post oder dem Paketdienst, übergibt[265]. Gelangt die Ware letztlich zum Käufer, so überprüft dieser, ob ihr Ist-Zustand mit dem vereinbarten Zustand, insbesondere den Beschreibungen des Verkäufers einschließlich der abgebildeten Fotografie, übereinstimmt. Im Falle von Abweichungen stellt sich unweigerlich die Frage nach Gewährleistungsansprüchen. Diese werden durch Verkäufer, die nicht Unternehmer i.S.v. § 14 BGB sind, üblicherweise gem. § 475 Abs. 1 BGB i.V.m. § 437 BGB ausgeschlossen. Dies ist zulässig, soweit der Verkäufer den Mangel nicht arglistig verschwiegen hat oder er eine Garantie für die Beschaffenheit der Sache[266] übernommen hat (§ 444 BGB). Aber auch gegenüber einem Unternehmer, von dem der Käufer Ware über eine Internet-Auktionsplattform erworben hat, sind Gewährleistungsansprüche nicht ohne Weiteres mit einer Abweichung der Ist-Beschaffenheit von der Soll-Beschaffenheit der Ware zu begründen. Der Käufer weiß, dass er die Ware ungeprüft und daher mit einem gewissen Risiko erwirbt. Der Käufer hat seine persönliche Wertschätzung der Ware abgegeben, indem er Gebote abgibt. Mit einem Gebot von beispielsweise 1 Euro gibt er zu erkennen, dass er der zu erwerbenden Ware keinen besonderen Wert beimisst. Diesem Kaufen der „Katze im Sack"[267] kann der Käufer nur entgegenwirken, indem er beim Verkäufer per E-Mail den Zustand der Ware abfragt. Wenn der Käufer aber gleichwohl ein bindendes Gebot abgibt, so geht dies zu seinen Lasten, ohne dass er sich auf mangelnde Informationen in dem Angebot berufen könnte oder wegen des Gebrauchszustandes der Ware Gewährleistungsansprüche geltend machen könnte.

i) Anbieter-Bewertungen

348 Bei vielen E-Commerceangeboten – von eBay, über shopping malls wie Amazon bis zu Hotel- und Reisebuchungsplattformen – ist es üblich, den Anbieter bzw. sein Angebot zu bewerten. Neben einer Art Benotung erfolgt eine kurze stichwortartige Kommentierung der Leistungserbringung durch den Anbieter. Hierdurch werden nicht nur unseriöse Anbieter ausgegrenzt, sondern es wird eine noch nie dagewesene Transparenz geschaffen und – jedenfalls vereinzelt – Anreize zur Steigerung der Qualität des Angebots gesetzt. Hierdurch soll ein aussagekräftiges Bild des Anbieters und der von ihm angebotenen Leistungen in der Öffentlichkeit präsentiert werden, damit dieses wiederum Grundlage für künftige Kaufentscheidungen anderer Personen sein kann. Hieraus resultiert ein erhebliches Interesse der Beteiligten, sich gegen negative Bewertungen wehren zu können, unabhängig davon, ob es sich um unwahre Behauptungen oder exzessive Werturteile handelt.

349 eBay hat für sein Bewertungssystem[268] strenge Regeln zu Art und Inhalt von Bewertungen sowie ein Beschwerdemanagement für unangemessene Bewertungen eingeführt. Damit haben eBay-Mitglieder eine außergerichtliche Möglichkeit, sich gegen Bewer-

---

265 LG Berlin, MMR 2004, 189.
266 Vgl. hierzu BGH, MMR 2007, 311, 312.
267 LG Berlin, MMR 2004, 630, 632.
268 Die eBay policy zu unangemessenen Bewertungen durch Käufer finden sich unter http://pages.ebay.de/help/policies/feedbach-or.htm/#basics.

tungen zu wehren. Dort, wo derartige Systeme nicht zur Verfügung stehen, ist die Rechtsordnung gefragt. Rechtsschutz wird aus § 823 Abs. 1 BGB (eingerichteter und ausgeübter Gewerbebetrieb, allgemeines Persönlichkeitsrecht) oder § 824 BGB i.V.m. § 1004 BGB in Betracht kommen.

Nach der Sphärentheorie ist zunächst zu klären, in welchen Lebensbereich des Anbieters eingegriffen wird[269]. Soweit sich die Äußerung auf sein Angebot und die Leistungserbringung bezieht (was praktisch stets der Fall sein wird), ist seine Sozialspähre betroffen, in der er sich der Äußerungen Dritter stellen muss. Dann muss danach unterschieden werden, ob sich der Bewertete gegen Tatsachenäußerungen oder gegen Werturteile wehrt. Tatsachenäußerungen unterscheiden sich von Werturteilen dadurch, dass sie dem Beweis zugänglich sind. Meist lässt sich die Unterscheidung allerdings nicht eindeutig treffen, da beides miteinander vermischt ist, man spricht dann von einem auf Tatsachen basierten Werturteil oder einem Werturteil mit Tatsachenkern. Die Einordnung hängt von dem Schwerpunkt der Äußerung ab. Wird die Äußerung insgesamt durch Elemente der Stellungnahme, des Dafürhaltens oder Meinens geprägt, wird sie insgesamt als Werturteil behandelt[270]. 350

Wahre Tatsachenäußerungen stehen unter dem Schutz des Art. 5 Abs. 1 GG. Gegen sie kann sich der Bewertete in der Regel nicht wehren[271]. Unwahre Tatsachenäußerungen verletzen den Bewerteten in jedem Fall. Es ist sogar daran zu denken, dem Betroffenen einen Widerrufsanspruch gegen unrichtige Tatsachenbehauptungen einzuräumen[272]. Der unrichtigen Tatsachenbehauptung, die das allgemeine Persönlichkeitsrecht des Vertragspartners in seiner Ausprägung im Rahmen der Individualsphäre verletzt, mag zwar ein Interesse der interessierten eBay-Öffentlichkeit gegenüberstehen, über das Verhalten von Verkäufern und Käufern informiert zu werden. Ein derartiges Interesse ist aber nur bei nachweislich wahren Tatsachenbehauptungen schutzwürdig[273]. 351

Werturteile stehen hingegen unter dem besonderen Schutz des Art. 5 Abs. 1 GG, sodass die Abwägung mit dem Persönlichkeitsrecht des Bewerteten – noch dazu in dessen Sozialsphäre – praktisch stets zu Gunsten des Äußernden ausgeht. Nur wenn die Grenze zu der sog. Schmähkritik überschritten wird, die ausschließlich dazu dient, den Kritisierten zu diffamieren[274], besteht ein Unterlassungsanspruch. Hierbei ist zu beachten, dass überzogene oder gar ausfällige Kritik eine Äußerung für sich genommen noch nicht zur Schmähung macht[275]. Hinzutreten muss vielmehr, dass bei der Äußerung nicht mehr die Auseinandersetzung in der Sache, sondern die Diffamierung 352

---

269 BGH, CR 2009, 593 ff., zitiert nach juris, Rdnr. 31; zur Sphärentheorie siehe BGHZ 36, 77, 80 und 161, 266, 268; VersR 1981, 384, 385; VersR 2007, 511, 512; BVerfG, NJW 2003, 1109, 1111; Zimmermanns, ZfL 2003, 79, 80 f.
270 BGHZ 132, 13, 21; VersR 2002, 445, 446; VersR 2007, 249, 250; BVerfGE 61, 1, 9; 85, 1, 15; BVerfG, NJW 2008, 358, 359.
271 BGH, NJW 2007, 686 – Terroristentochter.
272 OLG Oldenburg, MMR 2006, 556 f.
273 LG Konstanz, MMR 2005, 54, 55.
274 OLG Köln, MD 2004, 84, 87 – Warning; LG Düsseldorf, CR 2004, 623, 624; a.A. LG Bad Kreuznach, das bei einer nur einmalig abgegebenen negativen Bewertung die Wiederholungsgefahr verneint.
275 AG Dannenberg, MMR 2006, 567, 568.

der Person im Vordergrund steht. Dies ist der Fall, wenn jenseits auch polemischer und überspitzter Kritik die persönliche Herabsetzung im Mittelpunkt der Äußerung steht[276].

353 Internet-Auktionsplattformen sind auch berechtigt, den Nutzervertrag mit Mitgliedern zu kündigen, wenn diese zu viele negative Bewertungen bekommen[277]. Soweit eine Kündigung aus wichtigem Grund erfolgen soll, bedarf es hierzu allerdings neben negativen Bewertungen handfester Indizien dafür, dass an der Redlichkeit des Mitglieds zu zweifeln ist. Da diese kaum nachweisbar sein werden, ist der Auktionsplattform anzuraten, eine ordentliche Kündigung des Nutzungsvertrags auszusprechen, die nicht begründet werden muss. Eine Begründungspflicht ergibt sich auch nicht aus kartellrechtlichen Bestimmungen, weil eine Internet-Auktionsplattform nicht zum Kreis der Leistungen der Daseinsvorsorge gehört, die einem Kontrahierungszwang unterliegen[278].

j) Exkurs: Marken- und Wettbewerbsrechtsverletzungen durch eBay-Angebote

354 Internet-Auktionsplattformen haben unweigerlich auch einen Quantensprung im rechtswidrigen Vertrieb von Plagiaten ermöglicht. Armbanduhren, Parfums, Textilien stehen an oberster Stelle. Da die Anbieter meist nicht greifbar sind, fragt sich, ob die Internet-Auktionsplattform verantwortlich gemacht und die Löschung der Angebote verlangt werden kann.

355 Der Bundesgerichtshof[279] hat die Frage verneint, solange die Internet-Auktionsplattform von rechtswidrigen Angeboten keine Kenntnis erlangt hat. Der Bundesgerichtshof prüft zunächst, ob die Internet-Auktionsplattform das Haftungsprivileg des § 10 TMG für sich in Anspruch nehmen kann[280]. Er verneint die Frage unter Hinweis auf § 7 Abs. 2 Satz 2 TMG, wonach Verpflichtungen zur Entfernung oder Sperrung der Nutzung von Informationen nach den allgemeinen Gesetzen auch im Falle der Nichtverantwortlichkeit des Diensteanbieters nach den §§ 8-10 TMG unberührt bleiben. Er erteilt allerdings der Auffassung eine Absage, dass das Telemediengesetz deshalb nicht anwendbar sei, weil die nach dem Markengesetz gegebene Verantwortlichkeit auf einer europarechtlichen Vorgabe (Markenrechtsrichtlinie) beruhe, die durch das Telemediengesetz nicht habe außer Kraft gesetzt werden können. Die Markenrechtsrichtlinie sagt nämlich nichts zur Störerhaftung. §§ 7 ff. TMG beruhen darüber hinaus ebenfalls auf einer europarechtlichen Vorgabe[281]. Konsequenterweise prüft der BGH damit die allgemeine Störerhaftung. Die mittelbare Störereigenschaft setzt dabei eine Prüfungspflicht und eine zumutbare Möglichkeit der Einhaltung dieser Prüfungspflicht voraus. Der BGH verneint eine Prüfungspflicht der Auktionsplattform für Markenverletzungen von Drittangebo-

---

276 BVerfG, NJW 1995, 3303; LG Düsseldorf, CR 2004, 623, 624.
277 Vgl. OLG Brandenburg, MMR 2005, 698, 699.
278 OLG Brandenburg, MMR 2005, 698, 699.
279 BGH, CR 2004, 763, 767 – Internetversteigerung I; MMR 2007, 507, 508 – Internetversteigerung II.
280 So noch OLG Düsseldorf, MMR 2004, 315, 317; LG Düsseldorf, MMR 2003, 110.
281 BGH, CR 2004, 763, 765.

ten. Bei täglich über 90 000 neuen Angeboten bei eBay dürfte eine derartige Prüfungspflicht auch schon technisch von vornherein ausgeschlossen sein. Sie würde auch das Geschäftsmodell der Auktionsplattform schlicht in Frage stellen[282]. Sie entspräche auch nicht den Grundsätzen, nach denen Unternehmen sonst für Rechtsverletzungen haften, zu denen es auf einem von ihnen veröffentlichten „Marktplatz", etwa in den Anzeigenrubriken einer Zeitung oder im Rahmen einer Verkaufsmesse, kommt. Immer dann, wenn die Internet-Auktionsplattform auf eine klare Rechtsverletzung hingewiesen worden ist, muss sie indes das konkrete Angebot unverzüglich sperren und auch Vorsorge treffen, dass es möglichst nicht zu weiteren derartigen Markenverletzungen kommt. Werden der Auktionsplattform beispielsweise mehrere klar erkennbare Markenverletzungen durch das Angebot von Rolex Replica bekannt, so muss sie zukünftig Angebote von Rolex-Uhren einer besonderen Prüfung unterziehen. Sie muss dann technische Filterverfahren einsetzen, die Angebote von Rolex-Uhren ausfiltern, und diese überprüfen.

Diese Entscheidungen sind zu begrüßen. Schon § 7 Abs. 2 Satz 1 TMG stellt den Diensteanbieter ausdrücklich davon frei, die gespeicherten Informationen zu überwachen oder nach Umständen zu forschen, die auf rechtswidrige Inhalte hinweisen. Dies gilt umso mehr, als es sich bei Auktionsplattformen um weitgehend automatisierte Systeme handelt, bei denen Verkäufern gegen Entgelt Software zur Verfügung gestellt wird, um den Abschluss von Kaufverträgen über das Internet zu erleichtern. Eine Kontrolle ist insoweit kaum möglich. 356

Diese Rechtsprechung liegt auf der Linie der Entscheidung des Bundesgerichtshofs zur Haftung der DENIC für Markenverletzungen durch Domainregistrierungen. Auch hier[283] urteilte der Bundesgerichtshof, dass DENIC, die die Aufgabe der Registrierung und Verwaltung von vielen Millionen Domains mit verhältnismäßig geringem Aufwand erledige, grundsätzlich keine Verpflichtung treffe, bei der Registrierung einer Domain zu prüfen, ob an der einzutragenden Bezeichnung Rechte Dritter bestehen. DENIC hatte der Bundesgerichtshof allerdings noch weitergehender entlastet. Eine Handlungspflicht der DENIC setze einen offenkundigen Rechtsverstoß voraus. Ansonsten müsse sie erst tätig werden, wenn ein rechtskräftiges Urteil oder eine entsprechende Vereinbarung mit dem Inhaber der Registrierung die bessere Rechtsposition des Anspruchstellers bestätige. 357

Wird Ware unter Hinweis oder im Vergleich zu Produkten Dritter angeboten, wird hierbei meist die Marke oder ein Unternehmenskennzeichen eines Herstellers verwendet. Hierbei handelt es sich um vergleichende Werbung, die gem. § 3 i.V.m. § 6 Abs. 2 Nr. 4 UWG dann unzulässig ist, wenn eine unlautere Rufausnutzung gegeben ist. Ausreichend ist allerdings nicht, dass überhaupt eine Marke oder ein Unternehmenskennzeichen eines Dritten aufgeführt wird[284]. Anderenfalls wäre jede vergleichende Werbung unzulässig, weil sie begrifflich voraussetzt, dass ein Mitbewerber oder dessen Erzeugnisse erkennbar gemacht werden. Es müssen vielmehr besondere, über die bloße 358

---

282 BGH, GRUR 2011, 152 ff. – Kinderhochstühle im Internet, CR 2004, 763, 767.
283 BGH, MMR 2001, 696 ff. – ambiente.de.
284 BGH, GRUR 2002, 828, 830 – Lottoschein.

Nennung der Marke hinausgehende Umstände hinzutreten, die den Vorwurf einer unlauteren Rufausnutzung rechtfertigen. Die Feststellung der Unlauterkeit muss dabei anhand einer Interessenabwägung unter Berücksichtigung der legitimen Funktion der vergleichenden Werbung und des Grundsatzes der Verhältnismäßigkeit erfolgen. Es kommt also darauf an, ob das legitime Anliegen eines eBay-Verkäufers zum Vergleich von Produkten unter geringerer Rufausnutzung erreichbar gewesen wäre. Hierbei ist die Frage zu beantworten, ob die konkrete Art der Verwendung eines fremden Kennzeichens notwendig war, um den Vergleich für den Interessenten transparent zu machen. Unzulässig kann es z.B. sein, die vergleichende Werbung so zu gestalten, dass dem Interessenten beim Betrachten des eBay-Angebots vorrangig die Marke des Drittanbieters ins Auge springt und das Layout der vergleichenden Werbung nicht der Aufklärung des Interessenten dient, sondern als „Eye-catcher" verwendet wird, um die Aufmerksamkeit des Interessenten auf das Angebot zu lenken[285].

10. Mobile Commerce, Apps

359   E-Commerce über das Smartphone funktioniert nach den gleichen Regeln, die bisher beschrieben worden sind. Ergänzend ist nur auf Art. 246a § 3 EGBGB hinzuweisen, wonach erleichterte Informationspflichten bei begrenzter Darstellungsmöglichkeit des genutzten Mediums bestehen. Noch nicht untersuchte Rechtsfragen entstehen aber dann, wenn der User über sein Smartphone Anwendungen, sog. Apps, für sein Smartphone erwirbt oder innerhalb der App weitere Käufe, bspw. für Landkarten, Onlinespielequipment, Daten oder Musik tätigt[286].

a) Vertragspartner

360   Apps, die auf Smartphones laufen, sind nur auf Plattformen erhältlich, zu deren Zugang sich der User registrieren muss[287]. Kauft der User eine App, stellt sich die Frage, ob der App Store-Betreiber sein Vertragspartner wird oder derjenige, der die App in den App Store eingestellt hat.

361   Teilweise wird vertreten, dass der App Store-Betreiber Vertragspartner werde[288]. Überzeugende Begründungen werden hierfür aber nicht genannt. Hingewiesen wird meist auf den erweckten objektiven Anschein[289]. Doch genau der führt in die entgegengesetzte Richtung. Auf einem Marktplatz, auch wenn der Zugang beschränkt ist, kauft man nicht beim Marktplatzbetreiber, sondern dem einzelnen Anbieter. Der User weiß,

---

285 KG, CR 2005, 671.
286 Apps können Titelschutz nach § 5 Abs. 3 MarkenG genießen, wenn sie hinreichend Unterscheidungskraft besitzen, BGH, Urteil vom 28.1.2016, Az. I ZR 202/14.
287 Z.B. Apple App Store, Google Play etc.
288 *Mankowski*, CR 2013, 508, 509; *Kremer*, CR 2011, 769; *Degmair*, K&R 2013, 213, 215; *Baumgartner/Ewald*, Apps und Recht 2013, Rdz. 62.
289 *Mankowski*, CR 2013, 508, 509.

dass im App Store Apps unterschiedlichster Anbieter eingestellt werden. Die AGB des App Stores[290] bestimmen, dass ein Vertrag zwischen dem User und dem „Veröffentlicher des Produkts" zu Stande kommt. Diese als allgemeine Geschäftsbedingungen zu wertenden Grundregeln für die Nutzung eines App Stores sind Basis der Nutzung der Plattform. Dies hat der BGH für eBay ebenso entschieden[291]. Der User, der auf der Plattform Erklärungen abgibt, gibt diese also im Lichte der von ihm akzeptierte allgemeinen Geschäftsbedingungen ab. In diesem Lichte versteht ein verständiger Empfänger die Erklärungen. Vertragspartner wird damit derjenige, der eine App in den App Store eingestellt hat.

b) Widerrufsrecht

Da der Download einer App über den Einsatz eines Fernkommunikationsmittels i.S.v. § 312c Abs. 2 BGB stattfindet, ist fraglich, ob ein Fernabsatzvertrag vorliegt, der Informationspflichten auslöst und dem Verbraucher ein Widerrufsrecht einräumt. Teilweise wird das Eingreifen eines Widerrufsrechts grundsätzlich bejaht, aber bei Vorliegen der Voraussetzungen des § 356 Abs. 5 BGB wiederum ausgeschlossen[292]. Die Auffassung übersieht, dass das Widerrufsrecht nach § 312g Abs. 1 BGB beim Erwerb von Apps wegen § 312 Abs. 2 Nr. 12 BGB ausgeschlossen ist. Wird die Leistung bei Abschluss der Verhandlungen sofort erbracht und bezahlt und liegt das zu zahlende Entgelt unter 40 Euro, handelt es sich um ein Kleingeschäft, das das Eingreifen der fernabsatzrechtlichen Normen nicht auslöst.

362

c) Vertragsinhalt

Nach den AGB der Store-Betreiber kann der User in den Stores einfache Nutzungslizenzen an den Apps erwerben. Da die Nutzungsüberlassung dauerhaft erfolgt und Apps als Standardsoftware zu betrachten sind, kommt Kaufrecht zur Anwendung; die Überlassung der Software erfolgt per Download[293].

363

d) Gratis Apps

Gratis Apps unterliegen dem Schenkungsrecht i.S.d. § 516 Abs. 1 BGB. Der Download der App führt gem. § 518 Abs. 2 BGB durch Bewirkung der versprochenen Leistung zur Wirksamkeit des Rechtsgeschäfts.

364

---

290 Z.B. die AGB des Apple App Stores, www.apple.com/legal/interent-services/itunes/de/terms.html#GIFTS.
291 BGH, MMR 2005, 37, 38 – ebay.
292 So z.B. *Mankowski*, CR 2013, 508, 514.
293 BGH, CR 2007, 75 – ASP; *Solmecke/Taeger/Feldmann*, Mobile Apps, 2013, S. 111.

e) In-App-Käufe

365 In-App-Käufe sind Rechtsgeschäfte, die der User während der Nutzung der App tätigt, um weitere Funktionen der App freizuschalten. Typischerweise kann der User Spielequipment im Rahmen eines Games, Kartenmaterial für eine Navigationsapp oder ein funktionales Upgrade der App selbst erwerben. In-App-Käufe sind Apple 2013 in den Vereinigten Staaten zum Verhängnis geworden. Die Federal Trade Commission (FTC) verpflichtete Apple im Rahmen eines gerichtlichen Vergleichs, 32,5 Mio. US-Dollar an Kunden zu erstatten, weil Kinder während eines Zeitraums von 15 Minuten, nachdem ihre Eltern eine App gekauft hatten, ohne Eingabe des Passworts und damit ohne Wissen der Eltern In-App-Käufe vornehmen konnten.

366 In der Tat stehen Jugendschutzfragen bei In-App-Käufen im Vordergrund. Nach § 107 BGB[294] kommt ein In-App-Kaufvertrag mit einem Jugendlichen nicht ohne Zustimmung des gesetzlichen Vertreters zu Stande. Ob ein Vertrag mit dem Inhaber des jeweiligen Store-Kontos zu Stande kommt, hängt davon ab, ob eine Haftung nach Rechtscheingrundsätzen begründet werden kann.

367 Das Widerrufsrecht ist nach § 312 Abs. 2 Nr. 12 BGB ausgeschlossen.

11. Außergerichtliche Streitbeilegung

368 Meinungsverschiedenheiten zwischen Verbrauchern und Unternehmern betreffend die vertragsgemäße Leistung des Vertragspartners sind typischerweise Streitigkeiten mit einer ausgesprochen geringen wirtschaftlichen Dimension. In solchen Bagatellfällen lohnt sich die Anrufung der ordentlichen Gerichte kaum. Umso attraktiver sollte es für beide Vertragspartner sein, alternative Möglichkeiten der Streitbeilegung in Anspruch zu nehmen.

369 In Deutschland haben sich Einigungsverfahren vor anerkannten Gütestellen bisher nicht durchgesetzt. Zwar sieht § 15a EG ZPO vor, dass durch Landesgesetz bestimmt werden kann, dass die Erhebung einer Klage mit einem Gegenstandswert, der 750 Euro nicht übersteigt, von der vorherigen Durchführung eines außergerichtlichen Einigungsversuchs vor einer Gütestelle abgängig ist. In manchen Bundesländern besteht dennoch kein derartiges Schlichtungsgesetz[295]. Bayern verlangt einen Schlichtungsversuch vor einem Rechtsanwalt oder einem Notar, andere Bundesländer haben eine Schiedsleutestruktur eingeführt[296].

---

294 Vgl. hierzu den instruktiven Fall in Fn. 13.
295 Z.B. Baden-Württemberg, das das 2000 erlassene Schiedsgesetz 2013 wieder aufgehoben hat.
296 Vgl. die Hinweise bei *Heßler* LGR, in: *Zöller*, ZPO, 31. Aufl. 2016, § 15a EG ZPO, Rdnr. 27.

11. Außergerichtliche Streitbeilegung

Seit dem 1.4.2016 ist darüber hinaus das Verbraucherstreitbeilegungsgesetz (VSBG) in Kraft[297]. Das Gesetz setzt die EU-Richtlinie über die alternative Streitbeilegung in verbraucherrechtlichen Streitigkeiten vom 21.5.2013[298] um. Nach dem Gesetz werden Verbraucherschlichtungsstellen in Trägerschaft eines eingetragenen Vereins eingeführt. In den Verbraucherschlichtungsstellen sind zertifizierte Mediatoren bzw. Volljuristen tätig. Die Anerkennung als Verbraucherschlichtungsstelle erfolgt durch das Bundesamt für Justiz. Darüber hinaus gilt seit dem 9.1.2016 die EU-Verordnung über die Online-Beilegung verbraucherrechtlicher Streitigkeiten[299]. Für den b2c-E-Commerce ergibt sich Folgendes:

370

Gem. § 4 Abs. 1 VSBG kann jeder Verbraucher bei einer Verbraucherschlichtungsstelle den Antrag stellen, zur außergerichtlichen Beilegung einer Streitigkeit aus einem Verbrauchervertrag (§ 310 Abs. 3 BGB) ein Schlichtungsverfahren durchzuführen. Das Verfahren folgt der Verfahrensordnung der Verbraucherschlichtungsstelle, die nach § 10 VSBG online abrufbar sein muss. Gem. § 11 VSBG kann das Verfahren elektronisch durchgeführt werden. Das Verfahren endet, wenn sich der Unternehmer dem Verfahren verweigert, ansonsten unterbreitet der Streitmittler nach § 19 VSBG einen begründeten Schlichtungsvorschlag, der sich an der bestehenden Rechtslage orientiert. Das Verfahren soll innerhalb von 90 Tagen abgewickelt sein. Für Verbraucher entsteht so eine kostenlose[300] und schnelle Alternative zum gerichtlichen Verfahren.

371

In der Europäischen Union niedergelassene Unternehmer, die online Waren oder Dienstleistungen anbieten oder Online-Marktplätze betreiben, gilt zudem Art. 14 Abs. 1 ODR-VO. Sie müssen auf ihrer Website einen Link zu der von der Kommission entwickelten und betriebenen OS-Plattform[301] setzen[302]. Hierbei handelt es sich um eine zentrale europäische Anlaufstelle für Verbraucher, die Zugang zu online geführten Streitbeilegungsverfahren suchen. Der Link muss für Verbraucher leicht zugänglich sein. Gem. Art. 14 Abs. 2 ODR-VO gelten ergänzende Informationspflichten, sofern ein Unternehmer verpflichtet ist, alternative Streitbeilegungsmöglichkeiten zu nutzen.

372

---

297 Gesetz zur Umsetzung der RL über Alternativstreitbeilegung in Verbraucherangelegenheiten und zur Durchführung der VO über Online-Streitbeilegung in Verbraucherangelegenheiten, vgl. hierzu BT-Drs. 18/5089.
298 ABl. EU L 165, S. 63 ff.; im Folgenden ADR-RL.
299 VO (EU) Nr. 524/2013 des Europäischen Parlaments und des Rats vom 21.5.2013 über die Onlinebeilegung verbraucherrechtlicher Streitigkeiten und zur Änderung der VO (EG) Nr. 2006/2004 und der RL 2009/22/EG, ABl. EU L 165, S. 1 ff., im Folgenden kurz ODR-VO.
300 Nach § 23 VSBG ist das Verfahren für den Verbraucher – außer in Mißbrauchsfällen – kostenlos.
301 OS = Onlinestreitbeilegung.
302 Die OS-Plattform ist unter folgendem Link erreichbar: http://ec.europa.eu/consumers/odr.

IV. Steuerrechtliche Fragen des Electronic Commerce

1. Einleitung

373 Nach dem Platzen der „Internetblase" an den Börsen zu Beginn des 21. Jahrhunderts war im elektronischen Handel eine gewisse Ernüchterung verbunden mit einer Verlangsamung des Wachstums der auf elektronischem Weg erzielten Umsätze eingetreten. Dies hat sich auch auf die steuerrechtliche Diskussion zum elektronischen Handel ausgewirkt, die seither in ruhigeres Fahrwasser gekommen ist, nachdem Ende des 20. Jahrhunderts noch vielfach die Befürchtung bestand, das globale Phänomen Internet werde das überwiegend nationalstaatliche Steuerrecht an seine Grenzen führen. Nachdem nunmehr allerdings unter dem Stichwort Web 2.0 wieder ein stetiges Ansteigen der im elektronischen Handel erzielten Umsätze festgestellt werden kann[1], werden auch die steuerrechtlichen Aspekte des elektronischen Handels wieder eine größere Bedeutung erlangen. Allerdings gilt nach wie vor, dass das Internet aller Voraussicht nach nicht zu einem Paradigmenwechsel der Besteuerung führen wird[2]. Diese Einsicht hat sich auch beim Steuergesetzgeber durchgesetzt, denn von der hektischen Betriebsamkeit, die das Internet in anderen Rechtsgebieten derzeit auslöst und die ursprünglich auch im Steuerrecht herrschte, ist trotz Web 2.0 in diesem Bereich derzeit wenig zu spüren. Vielmehr wird sowohl auf nationaler, aber auch auf europäischer – im ECOFIN – und globaler – bei der OECD – Ebene weiterhin intensiv diskutiert, auf welche Weise das Steuerrecht auf die neuen Herausforderungen reagieren muss. Eine solche Sachlichkeit hat die steuerrechtliche Diskussion nicht immer geprägt. Vielmehr lässt sich die bisherige Entwicklung wie folgt skizzieren:

a) Phase der Nichtzurkenntnisnahme in Deutschland

374 Während andere Finanzverwaltungen, insbesondere die australische und die US-amerikanische, bereits sehr früh, Anfang der 90er-Jahre, auf die mit dem Internet zusammenhängenden steuerrechtlichen Problemfelder aufmerksam wurden und diese in mehreren Studien untersuchen ließen[3], hatte der deutsche Fiskus die Entwicklung des Internet zunächst schlichtweg verschlafen. Stellungnahmen der Finanzverwaltung zum Problem des Electronic Commerce aus dessen Anfangszeit fehlen.

---

1 So hat der elektronische Handel nach Angaben des Hauptverbandes des Deutschen Einzelhandels in Deutschland im Jahr 2015 einen Umsatz von rund 41,7 Milliarden Euro erzielt. Für das Jahr 2016 werden E-Commerce-Umsätze in Höhe von 46,3 Milliarden Euro erwartet. Vgl. www.einzelhandel.de.
2 So schon *Fetzer*, Die Besteuerung des Electronic Commerce im Internet, 2000, S. 265.
3 Z.B.: Tax and the Internet, Discussion Report of the ATO Electronic Commerce Project, http://epublications.bond.edu.au/rlj/vol9/iss1/6; Selected Tax Policy Implications of Global Electronic Commerce, US Department of Treasury, https://www.treasury.gov/resource-center/tax-policy/Documents/internet.pdf.

b) Phase hektischer Betriebsamkeit

Ende 1997/Anfang 1998 lösten dann die übereinstimmend hohen Wachstumsprognosen für den elektronischen Handel eine Phase hektischer Betriebsamkeit bei den Finanzverwaltungen, vor allem aber im BMF, aus. Es wurde befürchtet, der elektronische Handel würde ein Wegbrechen des Steuersubstrates, insbesondere im Bereich der Umsatzsteuer, hervorrufen. Dies führte dazu, dass vorschnell Besteuerungsalternativen entwickelt wurden, die aus heutiger Sicht als untauglich zu bezeichnen sind.

375

So wurde beispielsweise als Alternative zur Umsatzsteuer die Einführung einer Abzugsteuer auf Kreditkartentransaktionen erwogen[4]. Der Ansatz war so einfach wie falsch: Man ging davon aus, dass alle Geschäfte, die im Internet abgewickelt werden, irgendwann zu einem realen Geldfluss führen. Weiter wurde vorausgesetzt, dass hierbei zwingend Dritte, nämlich Banken, eingeschaltet werden müssen. Die Banken sollten nun, sofern sie Geld für ein umsatzsteuerpflichtiges Geschäft transferieren, die Umsatzsteuer hierfür einbehalten und an den Fiskus abführen. Abgesehen davon, dass diese Art der Steuererhebung ein Fremdkörper im System der Umsatzbesteuerung gewesen wäre, sind auch nahezu alle Voraussetzungen, von denen dabei ausgegangen wurde, nicht gegeben: Erstens führen Geschäfte, die im Internet abgewickelt werden, nicht zwangsläufig zu einem realen Geldfluss, – die Nutzung von Cybercash oder die Führung von virtuellen Verrechnungskonten verhindern dies gerade. Zweitens ist es für die Banken in aller Regel nicht möglich, allein anhand des Geldflusses zu erkennen, ob er durch einen umsatzsteuerpflichtigen Vorgang ausgelöst wurde oder nicht; ob man seinen Kindern das monatliche Taschengeld überweist, oder ob man seine Bestellung bei einem Versandhaus bezahlt, kann die Bank meist nicht, oder nur mit erheblichem technischen Aufwand erkennen.

376

Ebenfalls in die Kategorie „Verzweiflungstat" sind die Überlegungen hinsichtlich einer Bittax[5] einzuordnen. Grundgedanke war hierbei, dass es nicht möglich ist, den Inhalt der übertragenen Daten zweifelsfrei festzustellen, ohne hierzu auf diese Daten zuzugreifen. Was sich aber relativ einfach feststellen lässt, ist die Menge der übertragenen Daten. Um die Besteuerungsmöglichkeit des elektronischen Handels nicht aus der Hand zu geben, sollte daher die Besteuerung an die Anzahl der übertragenen Bits, d.h. die Datenmenge, geknüpft werden. Als auf den ersten Blick relativ einleuchtender Vergleich diente dabei die Mineralölsteuer. Ähnlich wie man sich mit Autos auf Straßen und Autobahnen bewegt, bewegt man sich im Internet auf der Datenautobahn. Für das Vorankommen auf der Autobahn benötigt ein Kraftfahrzeug Benzin, das besteuert wird. Das Benzin der Datenautobahn sind die Bits; was läge also näher, als diese mit einer Bitsteuer zu belegen. Diese Überlegungen leiden an einem entscheidenden Denkfehler: Um in dem Bild des Autos zu bleiben: Mit einem Liter Benzin fährt ein Auto, sieht man einmal von typenspezifischen Unterschieden ab, immer ungefähr gleich weit. Eine bestimmte Menge Bits kann dagegen sehr nützlich sein, z.B. wenn es

377

---
4 *Selling/Dittmar*, How to Control Internet Transactions? – A Contribution from the Point of View of German Tax Inspectors, INTERTAX 1998, 88.
5 Ursprünglich stammt die Idee von *Arthur J. Cordell*, „New Taxes for a New Economy", Government Information in Canada/Information gouvernementale au Canada, Vol. 2, No. 4.2.

sich um ein Computerprogramm handelt. Sie kann aber auch völlig wertlos sein, z.B. bei Werbe-E-Mails. Werbe-E-Mails und Computerprogramme würden aber bei einer Bittax steuerlich gleich behandelt. Dies wäre vor dem Hintergrund der verfassungsrechtlich durch Art. 3 Abs. 1 GG garantierten Gleichheit der Abgabenerhebung verfassungswidrig.

c) Status quo

378 Sowohl die Finanzverwaltung als auch steuerberatende Berufe haben erkannt, dass das Internet zwar Veränderungen gerade auch für das Steuerrecht mit sich bringt, dass hierdurch aber nicht das Steuersystem in seiner Gesamtheit infrage gestellt werden muss. Zu dieser Einsicht hat entscheidend die Krise der New Economy an den Weltbörsen zu Beginn des 21. Jahrhunderts beigetragen.

379 Allerdings sind in den vergangenen Jahren unter dem Stichwort Web 2.0 eine ganze Reihe von neuen wirtschaftlich erfolgreichen Geschäftsmodellen im Internet entstanden. Dabei sind es im Gegensatz zu früher nun vielfach auch solche Geschäftsmodelle, die online-basiert sind, deren Bedeutung merklich zunimmt. Ein bereits heute sehr erfolgreiches Beispiel hierfür ist der Musikdownloadservice iTunes von Apple. Zu einem dramatischen Wegbrechen des Steuersubstrates hat dies jedoch noch nicht geführt. Auch eine grundlegende Neuorientierung des Steuerrechts war bisher nicht erforderlich.

380 Vielmehr hat das Internet dazu geführt, dass die bestehenden rechtlichen Regelungen punktuell an die Besonderheiten des elektronischen Geschäftsverkehrs angepasst worden sind. Derartige Anpassungen sind im Umsatzsteuerrecht erfolgt, wo etwa durch § 3a Abs. 5 Satz 2 Nr. 3 UStG eine spezifische Regelung für den elektronischen Handel besteht. Bereits angepasst wurden zudem die Regelungen über die elektronische Rechnungsstellung für Umsatzsteuerzwecke. Weitgehend unberührt sind hingegen bisher die ertragsteuerlichen Regelungen geblieben.

381 Eine grundlegende Änderung wurde allerdings im Bereich der Umsatzsteuer vorgenommen, die zumindest teilweise den Besonderheiten des elektronischen Geschäftsverkehrs geschuldet ist. Die EU-Finanzminister beschlossen im Dezember 2007, dass die Umsatzbesteuerung von zahlreichen Dienstleistungen im business-to-business-Bereich schrittweise bis zum Jahr 2019 vom Ursprungslandprinzip auf das Bestimmungslandprinzip umgestellt werden soll. Insbesondere elektronische Leistungen sollen demnach grundsätzlich nicht am Sitz des Anbieters umsatzbesteuert werden, sondern am Ort des Leistungsempfängers. Auch im business-to-consumer-Bereich gilt für elektronisch erbrachte Leistungen seit 1. Januar 2015 gem. § 3a Abs. 5 Satz 2 Nr. 3 UStG das sog. Empfängerortprinzip, d.h. der Leistungsort liegt nunmehr – unabhängig vom Sitzort des leistenden Unternehmers – am Ansässigkeitsort des Leistungsempfängers.

382 Nach wie vor große Schwierigkeiten bereiten die verfahrensrechtlichen Implikationen des Electronic Commerce, insbesondere die Kontrolle der Besteuerung. Dies darf auch deshalb nicht unterschätzt werden, weil das Problem eine verfassungsrechtliche

Dimension besitzt: Wie das Bundesverfassungsgericht in anderem Zusammenhang bereits entschieden hat[6], kann eine nicht ausreichend gewährte Durchsetzbarkeit der Besteuerung zu einem verfassungsrechtlich relevanten Gleichheitsverstoß führen. Auch in diesem Bereich gehen die Überlegungen allerdings tendenziell dahin, das bestehende Verfahren der Steuererhebung und -kontrolle nur an die geänderten Rahmenbedingungen anzupassen und nicht ein neues System zu schaffen. So wurde für den Bereich der Umsatzsteuer für Drittlandsunternehmen bereits im Jahr 2003 eine verfahrensrechtliche Modifikation vorgenommen: Diese Unternehmen können sich in einem EU-Mitgliedstaat registrieren lassen, um in diesem Staat alle umsatzsteuerlichen Verpflichtungen, die aus Leistungen in die EU resultieren, zu erfüllen. Ein vergleichbares Verfahren wurde nun auch für Unternehmen aus EU-Mitgliedstaaten eingeführt. Seit dem 1. Januar 2015 kann ein EU-Unternehmer seinen Deklarations- und Zahlungspflichten für Umsätze i.S.d. § 3a Abs. 5 UStG an einem sog. Mini-One-Stop-Shop nachkommen. Ein im Gemeinschaftsgebiet ansässiges Unternehmen kann seine Umsatzsteuerverpflichtungen gem. § 18 Abs. 4e UStG ausschließlich in seinem Sitzstaat erfüllen, selbst wenn es Umsätze erzielt, die materiell in einem anderen Mitgliedstaat der Umsatzbesteuerung unterliegen[7]. Das Umsatzsteueraufkommen wird dann in einem europaweiten Clearingverfahren zwischen den einzelnen Mitgliedstaaten entsprechend den materiellen Regelungen aufgeteilt.

2. Steuerrechtliche Problemfelder

Ein Großteil der Geschäfte, die zum Electronic Commerce im weiteren Sinn zählen, erweist sich bei genauerer Betrachtung aus steuerrechtlicher Sicht als weitgehend unproblematisch. Der elektronische Handel lässt sich in Offline-Geschäfte und Online-Geschäfte unterteilen. Zu ersteren zählen dabei all die Geschäfte, die zwar über das Internet angebahnt und unter Umständen auch abgeschlossen, die jedoch auf traditionellem Weg ausgeführt werden. 383

Beispiel für ein Offline-Geschäft: Ein Versandhaus hat seinen Katalog auch auf seiner Homepage im Internet abgelegt. Die Kunden können die Waren, die dort angeboten werden, durch das Senden einer E-Mail bestellen. Die Waren werden jedoch mit der traditionellen Post versandt. Bekanntestes Beispiel hierfür dürfte der Internethändler Amazon sein.

Unter Online-Geschäften sind dagegen solche Geschäfte zu verstehen, deren Ausführung im Internet stattfindet. Das Internet wird damit nicht nur als Kommunikationsmedium genutzt, sondern zur Erbringung der geschuldeten Leistung eingeschaltet. Eine Einbindung traditioneller Leistungswege fehlt dagegen. 384

Beispiel für ein Online-Geschäft: Ein Software-Unternehmen bietet seine Computerprogramme nicht nur über Einzelhändler an, sondern auch auf seiner Homepage im Internet zum Download. Das heißt, die Kunden können sich das gekaufte Produkt sofort auf ihren eigenen PC laden. Ein anderes Beispiel sind Musikdownloadservices wie iTunes.

---

6 BVerfGE 84, 239.
7 Vgl. Richtlinie 2008/8/EG vom 12.2.2008, ABl. EU L 44 vom 20.2.2008, S. 11. Dazu ausführlich *Ilsley/Paucksch/Rakhan*, MwStR 2014, 259.

385 Steuerrechtlich problematisch sind vorwiegend Online-Geschäfte. Offline-Geschäfte dagegen sind eine moderne Form des Versandhandels, die sowohl aus ertragsteuerlicher als auch aus umsatzsteuerlicher Sicht wie dieser zu behandeln sind.

386

Fall 11

Die in Deutschland ansässige V-AG betreibt ein Versandhandelsunternehmen, das insbesondere Kleidung an Endverbraucher verkauft. Sie bietet ihren Kunden die Möglichkeit, die Bestellungen entweder
(a) bei einem Callcenter mittels Telefon oder
(b) mittels E-Mail über das Internet aufzugeben.
Die bestellten Waren werden dann mit der Post verschickt. Kunde K1 bestellt ein Kleid telefonisch, Kunde K2 bestellt das gleiche Kleid mittels E-Mail, beide Kunden sind in Deutschland wohnhaft.

Beide Geschäfte sind sowohl ertragsteuerlich als auch umsatzsteuerlich gleich zu behandeln. Die V-AG ist nach § 1 Abs. 1 Nr. 1 KStG in Deutschland unbeschränkt körperschaftsteuerpflichtig. Sie hat nach §§ 7 Abs. 1, 8 Abs. 2 KStG Einkünfte aus Gewerbebetrieb und ist mit diesen, unabhängig davon, ob diese Einkünfte auf elektronischem oder auf traditionellem Wege vorbereitet wurden, körperschaftsteuerpflichtig.

Bei der Lieferung des bestellten Kleides handelt es sich umsatzsteuerrechtlich sowohl in Variante (a) als auch in Variante (b) um eine Lieferung i.S.d. § 3 Abs. 1 UStG, da dem Abnehmer hierbei die Verfügungsmacht über einen körperlichen Gegenstand verschafft wird. Dieser Vorgang unterliegt nach § 1 Abs. 1 Nr. 1 UStG der deutschen Umsatzsteuer. In beiden Fällen handelt es sich um ein Versandgeschäft i.S.d. § 3 Abs. 6 Satz 3 UStG, sodass als Ort der Lieferung nach § 3 Abs. 6 Satz 1 UStG der Ort gilt, an dem die Versendung beginnt, in der Regel also das Versandlager der V-AG. Dies gilt wiederum für (a) und (b).

Auch aus steuererhebungstechnischer Sicht bestehen hinsichtlich der beiden Varianten keine Unterschiede, da die Besteuerung eines Geschäftsvorganges in erster Linie an die Art und Weise der Leistungserbringung und nicht an vorgelagerte Handlungen wie die Bestellung anknüpft.

387 Es bleibt damit festzuhalten, dass die Gruppe der Offline-Geschäfte sowohl aus umsatzsteuerlicher als auch aus ertragsteuerlicher Sicht wie klassische Versandhandelsgeschäfte zu behandeln ist und diesen gegenüber keine Besonderheiten aufweist. Schwierigkeiten können sich bei ihrer Besteuerung nur dadurch ergeben, dass bei einer weiteren Zunahme grenzüberschreitender Warenlieferungen die Zollverwaltung an den Grenzen aufgrund der Masse der Lieferungen vor Kontrollproblemen steht.

388 Problematisch aus materiell- und formell-rechtlicher Sicht sind dagegen Online-Geschäfte, insbesondere der Handel mit digitalisierten Waren. Sie stellen eine neue Handelsform dar, die den klassischen Handel nicht nur ergänzt, sondern ihn teilweise substituieren kann. Dies zieht sowohl ertrag- als auch umsatzsteuerliche Probleme nach sich, die den Schwerpunkt der nachfolgenden Erörterungen bilden.

389 Eine immer größere wirtschaftliche Bedeutung erhalten zudem Online-Marktplätze und Online-Versteigerungen wie etwa eBay. Obwohl sie typischerweise zu einem Offline-Electronic-Commerce-Vorgang führen, bedürfen ihre steuerrechtlichen Folgen doch einer gesonderten Betrachtung. Dies betrifft sowohl die steuerrechtlichen Folgen für die Betreiber solcher virtuellen Marktplätze als auch für diejenigen, die über diese Marktplätze handeln.

3. Einkommensteuer

Fall 12 — 390

Die in Deutschland ansässige A-GmbH bietet ihren Kunden die Möglichkeit, auch über das Internet Bücher und Software zu bestellen, die sie dann durch die Post ausliefern lässt. Welche Art von Einkünften erzielt die A-GmbH hierbei?

Fall 13 — 391

Die in Deutschland ansässige B-GmbH bietet ihren Kunden die Möglichkeit, digitalisierte Bücher über das Internet im Wege des Downloads zu kaufen. Die Bücher werden hierzu auf einem Server in der Bundesrepublik bereitgehalten. Welche Art von Einkünften wird hierbei erzielt?

Fall 14 — 392

Die in Deutschland ansässige C-GmbH bietet ihren Kunden die Möglichkeit, digitalisierte Bücher über das Internet im Wege des Downloads zu kaufen. Sind die Einkünfte, die sie hierbei mit Buchverkäufen nach Deutschland erzielt, in der Bundesrepublik zu versteuern, wenn der genutzte Server im Ausland steht?

Fall 15 — 393

Die im Ausland ansässige D-GmbH bietet ihren Kunden die Möglichkeit, digitalisierte Bücher über das Internet im Wege des Downloads zu kaufen. Sind die Einkünfte, die sie hierbei mit Buchverkäufen nach Deutschland erzielt, in der Bundesrepublik zu versteuern, wenn der genutzte Server in der Bundesrepublik steht?

a) Einkunftsartermittlung

Sowohl das Einkommen- als auch das Körperschaftsteuergesetz kennt zwei Arten der materiellen Steuerpflicht: Die unbeschränkte Steuerpflicht gem. § 1 Abs. 1-3 EStG bzw. § 1 Abs. 1 KStG und die beschränkte Steuerpflicht gem. § 1 Abs. 4 EStG bzw. § 2 KStG. Der unbeschränkten Steuerpflicht unterliegen Personen und Gesellschaften, die im Inland ihren Wohnsitz i.S.d. § 8 AO oder gewöhnlichen Aufenthalt i.S.d. § 9 AO bzw. ihre Geschäftsleitung oder ihren Sitz i.S.d. §§ 10, 11 AO haben. Sie sind grundsätzlich mit ihrem gesamten weltweit erzielten Einkommen in Deutschland steuerpflichtig. Beschränkt steuerpflichtig können dagegen nur Personen ohne Wohnsitz und gewöhnlichen Aufenthalt im Inland bzw. Gesellschaften sein, die weder ihre Geschäftsleitung noch ihren Sitz im Inland haben, aber Einkünfte in der Bundesrepublik erzielen. Dadurch soll eine Quellenbesteuerung, d.h. eine Besteuerung am Ort des Aufkommens, gewährleistet werden. 394

Für die Bestimmung der materiellen Steuerpflicht ist zunächst von Interesse, welche Art von Einkünften eine Person erzielt. Dies ist weniger entscheidend für Personen, die in der Bundesrepublik unbeschränkt steuerpflichtig gem. § 1 Abs. 1-3 EStG bzw. § 1 Abs. 1 KStG sind, als für solche, die nur der beschränkten Steuerpflicht nach § 1 Abs. 4 EStG bzw. § 2 KStG unterliegen. Grundvoraussetzung für das Vorliegen der beschränk- 395 ten Steuerpflicht ist das Vorliegen inländischer Einkünfte i.S.d. § 49 EStG. Je nach Einkunftsart werden im Rahmen des § 49 EStG bestimmte, über die der §§ 13 ff. EStG hinausgehende, tatbestandliche Voraussetzungen aufgestellt, die Einkünfte erfüllen müssen, damit es sich um inländische – und damit der deutschen Einkommensteuer unterliegende – Einkünfte handelt. Im Ausland ansässige Personen sind daher selbst dann, wenn sie mit Geschäften in der Bundesrepublik Einkünfte i.S.d. § 2 Abs. 1 EStG erzielen, nicht zwangsläufig auch in der Bundesrepublik mit diesen Einkünften steuerpflichtig.

396 Für einen in Deutschland unbeschränkt steuerpflichtigen Unternehmer ist die Einkunftsqualifizierung im Hinblick auf die Feststellung der materiellen Steuerpflicht von untergeordneter Bedeutung, da er nach deutschem Recht immer Einkünfte aus Gewerbebetrieb hat. Aufgrund des bereits genannten Welteinkommensprinzips sind zunächst sämtliche seiner weltweit erzielten Einkünfte in der Bundesrepublik zu versteuern. Dies gilt nur dann nicht, wenn die Einkünfte in einem Staat erzielt werden, mit dem die Bundesrepublik Deutschland ein Doppelbesteuerungsabkommen (DBA) abgeschlossen hat. In diesem Fall entscheidet das Abkommen über die endgültige Zuweisung der Besteuerungshoheit. Besteht ein solches Abkommen hingegen nicht, kommt unter bestimmten Voraussetzungen allenfalls eine Anrechnung von im Ausland gezahlten Steuern auf die deutsche Steuerschuld des Unternehmers nach § 34c EStG in Betracht.

397 In den **Fällen 12, 13** und **14** stellt sich die Lösung daher wie folgt dar: Die GmbHs sind nach § 1 Abs. 1 Nr. 1 KStG in Deutschland unbeschränkt körperschaftsteuerpflichtig. Sie erzielen nach §§ 7 Abs. 1, 8 Abs. 2 KStG Einkünfte aus Gewerbebetrieb und sind mit diesen – unabhängig davon, ob diese Einkünfte auf elektronischem oder auf traditionellem Wege vorbereitet wurden – körperschaftsteuerpflichtig. In **Fall 14** könnte allerdings durch die Belegenheit des Server-Standortes im Ausland eine Freistellung der dort erzielten Einkünfte oder zumindest eine Anrechnung von im Ausland hierfür gezahlten Steuern in der Bundesrepublik vorgenommen werden.

In **Fall 15** muss dagegen zunächst die Einkunftsart ermittelt werden, bevor festgestellt werden kann, ob das Unternehmen in der Bundesrepublik beschränkt steuerpflichtig ist.

398 § 49 EStG knüpft das Vorliegen inländischer, d.h. der deutschen Steuer unterfallender Einkünfte je nach Einkunftsart an unterschiedliche Tatbestandsmerkmale. So liegen inländische Einkünfte aus Gewerbebetrieb nach § 49 Abs. 1 Nr. 2 EStG im Wesentlichen dann vor, wenn das ausländische Unternehmen im Inland hierfür eine Betriebsstätte unterhält oder einen ständigen Vertreter bestellt hat (§ 49 Abs. 1 Nr. 2a EStG). Einkünfte aus selbstständiger Arbeit sind nach § 49 Abs. 1 Nr. 3 EStG in der Bundesrepublik beschränkt steuerpflichtig, wenn die Tätigkeit im Inland ausgeübt oder verwertet wird. Für Einkünfte aus Vermietung und Verpachtung ist zur Begründung der beschränkten Steuerpflicht nach § 49 Abs. 1 Nr. 6 EStG hingegen erforderlich, dass das entsprechende Recht in der Bundesrepublik belegen ist bzw. dass es an einer hier belegenen Betriebsstätte verwertet wird. Die Einkunftsqualifizierung hat also entscheidende Bedeutung für die Bestimmung der materiellen Steuerpflicht. Bei dieser Einordnung darf nur darauf abgestellt werden, welchen Charakter die Aktivitäten des Unternehmens in der Bundesrepublik haben, nicht entscheidend ist dagegen das Verhalten im Heimatstaat des Unternehmens (sog. isolierende Betrachtungsweise, § 49 Abs. 2 EStG).

Grundsätzlich sind im elektronischen Handel alle 7 Einkunftsarten des § 2 Abs. 1 Satz 1 EStG denkbar. Vorwiegend sind aber

- Nr. 2, „Einkünfte aus Gewerbebetrieb",
- Nr. 3, „Einkünfte aus selbstständiger Arbeit", und
- Nr. 6, „Einkünfte aus Vermietung und Verpachtung"

von praktischer Bedeutung für Unternehmen. Nicht relevant dürften dagegen „sonstige Einkünfte" i.S.d. § 2 Abs. 1 Satz 1 Nr. 7 EStG sein, da es sich hierbei nicht – wie der Begriff vermuten lässt – um einen Auffangtatbestand handelt, sondern hierunter nur solche sonstigen Einkünfte fallen, die die Voraussetzungen des § 22 EStG erfüllen.

399

> Die Problematik der Einkunftsartbestimmung soll nachfolgend entsprechend **Fall 15** am Beispiel eines digitalisierten Buches verdeutlicht werden, analog gilt dies jedoch auch für den Verkauf entsprechender Musik-CDs oder von Standard-Software[8]. Bei Individual-Software dagegen bestehen einige Besonderheiten. Auf diese wird an gegebener Stelle eingegangen werden.

400

Wird ein Buch in gedruckter Form verkauft, führt dies beim Händler zu gewerblichen Einkünften, sofern die allgemeinen Voraussetzungen einer gewerblichen Tätigkeit beim Verkäufer vorliegen. Wenn ein Buch dagegen in digitalisierter Form verkauft wird, ist zu überlegen, ob hierdurch nicht Einkünfte aus „Vermietung und Verpachtung" gem. § 21 EStG erzielt werden. In Betracht kommt, dass es sich hierbei um eine zeitlich begrenzte Überlassung von Rechten i.S.d. § 21 Abs. 1 Satz 1 Nr. 3 EStG handelt, sofern dem Abnehmer von dem leistenden Unternehmer nicht nur das Recht zum Lesen, sondern auch das Recht zum Ausdrucken des Buches eingeräumt wird.

401

Ob es sich hierbei tatsächlich um eine Überlassung von Rechten handelt, hängt in erster Linie davon ab, welche Befugnisse dem Käufer beim Download konkret eingeräumt werden. Nur indizielle Bedeutung hat dafür die Bezeichnung – etwa „Lizenzvereinbarung" –, die die Vertragsparteien für das Rechtsgeschäft wählen. Im Rahmen der §§ 49 Abs. 1 Nr. 6, 21 EStG kommt insbesondere die Überlassung von Urheberrechten in Betracht. Urheberrechte sind nach § 73a Abs. 2 EStDV solche Rechte, die nach dem Urheberrechtsgesetz geschützt werden. Als körperliche Verwertungsrechte stehen dabei dem Urheber das Vervielfältigungsrecht (§ 16 UrhG), das Verbreitungsrecht (§ 17 UrhG) und das Ausstellungsrecht (§ 18 UrhG) zu, von denen insbesondere das Vervielfältigungsrecht von Relevanz sein könnte. Als unkörperliches Verwertungsrecht ist insbesondere das Recht der öffentlichen Zugänglichmachung (§ 19a UrhG) von Relevanz, das etwa bei On-Demand-Diensten einschlägig ist[9].

402

Zu beachten ist, dass in Fällen, in denen Schriftsteller, Künstler oder Erfinder selbst ihre Rechte verwerten, zwar eine Überlassung von Urheberrechten i.S.d. Urheberrechtsgesetzes vorliegen kann, dass dies aber dennoch nicht zu Einkünften aus Vermietung und Verpachtung nach § 21 Abs. 1 Satz 1 Nr. 3 EStG führt, sondern stets zu Einkünften aus selbstständiger Arbeit nach § 18 EStG[10].

403

---

8 Vgl. dazu auch: *Kessler*, IStR 2000, 70, 98; *Lüdemann*, FR 2000, 83; *Schallmoser*, in: *Blümich*, EStG, KStG, GewStG und Nebengesetze , 130. Ergänzungslieferung 2015, § 21 Rdnr. 457.
9 *Bullinger*, in: *Wandtke/Bullinger*, Urheberrecht, 4. Auflage 2014, § 19a Rdnr. 25.
10 *Schmidt/Kulosa*, EStG, 34. Auflage 2015, § 21 Rdnr. 57; *Hutter*, in: *Blümich*, EStG, KStG, GewStG und Nebengesetze, 130. Ergänzungslieferung 2015, § 18 Rdnr. 99 ff.

404 Problematischer bei der Einordnung sind die Fälle, in denen ein Dritter ein urheberrechtlich geschütztes Werk vermarktet. Wie bereits angedeutet, ist in dieser Konstellation entscheidend, welchen Umfang das den Kunden eingeräumte Recht zum Downloading hat. Wird dem Käufer nur das Recht zum einmaligen Ausdrucken des entsprechenden Buches eingeräumt, so werden keinerlei Rechte zeitweilig überlassen, die sich aus dem Urheberrechtsgesetz ergeben, da das Vervielfältigungsrecht i.S.d. § 16 UrhG eine Erlaubnis zur unbegrenzten Vervielfältigung erfordert. Auch sonst werden keine Rechte überlassen, die zur Annahme von Einkünften aus Vermietung und Verpachtung führen könnten. Der Käufer erhält wie beim klassischen Kauf nur das Recht, das Buch zu lesen. Hieran ändert die Tatsache, dass er das Buch auch durch Ausdrucken sichtbar machen darf, nichts[11].

405 Nicht so eindeutig zu entscheiden ist dagegen der Fall, in dem dem Käufer das Recht eingeräumt wird, die Daten, die er im Wege des Downloads erhalten hat, mehrfach auszudrucken. In der Literatur war vor allem für die entsprechende Problematik auf Abkommensebene, nämlich ob beim Download digitalisierter Musik-CDs Lizenzeinkünfte gem. Art. 12 Abs. 2 OECD-MA erzielt werden, umstritten, ob es sich hierbei um Einkünfte aus Vermietung und Verpachtung handelt[12]. Diese Problematik lässt sich jedoch durch eine wirtschaftliche Betrachtungsweise des Downloads und der zugrunde liegenden Rechtsgeschäfte bewältigen[13]. Soweit es um den Verkauf digitalisierter Waren geht, gibt es hierfür in der Regel ein entsprechendes Verkaufsgeschäft in der traditionellen Geschäftswelt. Letztlich wird nur der klassische Vertriebsweg durch den digitalen ersetzt. Es ist daher sinnvoll, einen digitalisierten Verkauf mit dem wirtschaftlich entsprechenden traditionellen Verkauf zu vergleichen, – und zwar unabhängig davon, ob die Vertragsparteien die Rechtsgeschäfte gleich bezeichnen oder nicht. Wird dem Käufer eines digitalisierten Buches vom Verkäufer das Recht zum einmaligen Ausdrucken eingeräumt, muss dies so behandelt werden wie der Verkauf eines gedruckten Buchexemplares. Erwirbt der Käufer eines digitalisierten Buches das Recht, das Buch zehnmal auszudrucken, wird dies steuerrechtlich so behandelt wie der Verkauf von zehn gedruckten Büchern. Entsprechendes gilt bei einer größeren Anzahl von Büchern. Erzielt der Verkäufer bei traditionellem Verkauf Einkünfte aus Gewerbebetrieb, so muss dies entsprechend auch für den Verkauf von digitalisierten Waren gelten. In den Fällen, in denen bei klassischen Rechtsgeschäften allerdings Einkünfte aus Vermietung und Verpachtung anfallen, muss dies entsprechend auch bei Downloading-Geschäften angenommen werden. Das wäre etwa dann der Fall, wenn der Verkäufer dem Abnehmer eines der Rechte, die sich aus dem Urheberrechtsgesetz ergeben, überlässt, z.B. die Erlaubnis, das Buch beliebig oft zu vervielfältigen, oder das Buch auf einem räumlich begrenzten Markt zu vertreiben.

406 Die Anwendung einer derartigen wirtschaftlichen Betrachtungsweise bei der Beurteilung von Internet-Geschäften entspricht im Ergebnis auch den Änderungen der

---

11 Vgl. dazu auch FG Köln, Urteil vom 22.11.2007, Az: 15 K 3601/04, Rdnr. 45 des amtlichen Umdrucks.
12 Vgl. *Zöllkau*, CR 1998, 290.
13 Vgl. *Fetzer*, Die Besteuerung des Electronic Commerce im Internet, 2000, S. 86.

Musterkommentierung der OECD zum Musterabkommen[14]. Danach führt das Softwaredownload nur dann zu Lizenzeinkünften i.S.d. Art. 12 OECD-MA, wenn dem Abnehmer neben dem Recht zur Nutzung der Software und zum Kopieren für eigene Zwecke weitere Rechte eingeräumt werden. Dies soll beispielsweise dann der Fall sein, wenn der Abnehmer das Recht erhält, Veränderungen an der Software vorzunehmen oder die Software weiter zu vermarkten. Ist eine solche Übertragung oder Einräumung von Rechten dagegen nicht Gegenstand des Downloadvertrages, werden durch das Downloading gewerbliche Einkünfte nach Art. 7 OECD-MA erzielt. Entgegen ersten Entwürfen zur Änderung der Musterkommentierung bezieht sich die aktuelle Fassung nicht mehr nur auf den elektronischen Vertrieb von Software über das Internet, sondern auch auf andere elektronische Inhaltsleistungen. Hierdurch hat die OECD eine begrüßenswerte Klarstellung der Kommentierung vorgenommen. Hilfreich bei der Einkünftequalifikation sind in diesem Zusammenhang auch die Diskussionsergebnisse der OECD-Arbeitsgruppe zur Einordnung von elektronischen Einkünften. Hierin werden nahezu 30 denkbare Geschäftstransaktionen betrachtet. Auch hierbei wurde die überwiegende Anzahl der Transaktionen dem Bereich der gewerblichen Einkünfte zugeordnet[15].

Eine derartige wirtschaftliche Betrachtungsweise, die als Vergleichsmaßstab das einem Internet-Geschäft entsprechende klassische Geschäft heranzieht, führt zu eindeutigen Ergebnissen, die auch den verfassungsrechtlichen Vorgaben des Art. 3 Abs. 1 GG gerecht werden, da Sachverhalte, die in wesentlichen (wirtschaftlichen) Punkten übereinstimmen, auch gleich behandelt werden. **407**

In einem ersten Schritt ist daher auch für den Computerhandel mit digitalisierten Waren zu prüfen, ob Einkünfte aus Gewerbebetrieb i.S.d. § 15 EStG erzielt werden. In einem zweiten Schritt ist im Rahmen der beschränkten Steuerpflicht festzustellen, ob diese die zusätzlichen Voraussetzungen inländischer Einkünfte nach § 49 Abs. 1 Nr. 2 EStG erfüllen. **408**

Einkünfte aus Gewerbebetrieb werden grundsätzlich in § 15 Abs. 2 EStG definiert. Demnach sind für einen Gewerbebetrieb die folgenden Merkmale konstituierend: Es muss sich um eine selbstständige Betätigung handeln, die nachhaltig und mit Gewinnerzielungsabsicht (nach anderer Auffassung genügt bereits die Einnahmeerzielungsabsicht) durch Teilnahme am wirtschaftlichen Verkehr ausgeübt wird und die nicht Land- und Forstwirtschaft, selbstständige Arbeit oder Vermögensverwaltung ist[16]. Wird eine Verkaufstätigkeit demnach isoliert betrachtet als gewerbliche Tätigkeit eingestuft, muss weiter geprüft werden, ob ein ausländischer Unternehmer hierbei inländische Einkünfte erzielt. **409**

---

14 Vgl. dazu *Bernütz/Weinreich*, WPg 2001, 690.
15 *OECD*, Draft by Treaty Characterization TAG, Characterization of E-Commerce Payments – Revised draft, www.oecd.org.
16 Ausdrücklich werden zwar nur Land- und Forstwirtschaft sowie selbstständige Arbeit erwähnt, nach h.M. darf jedoch auch keine Vermögensverwaltung vorliegen; vgl. *Tipke/Lang*, Steuerrecht, 22. Auflage 2015, § 9 Rdnr. 414, 417.

410 Im Regelfall dürfte davon auszugehen sein, dass im business-to-consumer-Bereich der Handel mit digitalisierten Waren im Internet auch bei ausländischen Anbietern in der Bundesrepublik zu gewerblichen Einkünften führt. Der beschränkten deutschen Steuerpflicht unterliegen sie jedoch nur dann, wenn die nach § 49 Abs. 1 Nr. 2 EStG für die Inlandsverknüpfung der Einkunftserzielung geforderten weiteren Voraussetzungen erfüllt sind. Hierbei sind insbesondere die Alternativen der Ziffer 2a – eine im Inland unterhaltene Betriebsstätte und ein im Inland bestellter ständiger Vertreter – von Interesse. Sollte es sich dagegen um Direktgeschäfte handeln, d.h. Geschäfte ohne Einschaltung einer Betriebsstätte oder eines ständigen Vertreters im Inland, wären Einkünfte, die mit Verkäufen nach Deutschland erzielt werden, gleichwohl in der Bundesrepublik nicht zu besteuern.

b) Abgabenrechtliche Beurteilung grenzüberschreitender Online-Geschäfte – Betriebsstättenbegründung im Internet i.S.d. § 12 AO

411 In Inbound-Fällen, d.h. bei Konstellationen, in denen ein nicht in der Bundesrepublik Deutschland unbeschränkt Steuerpflichtiger in Deutschland auf elektronischem Weg Umsätze erzielt, sind damit die Voraussetzungen des § 49 EStG zu prüfen. Entsprechend § 49 Abs. 1 Nr. 2a EStG soll zunächst untersucht werden, welche Einrichtungen im Internet eine Betriebsstätte begründen können. Entscheidend für die Qualifizierung einer Einrichtung als Betriebsstätte im nationalen Abgabenrecht ist die Betriebsstättendefinition des § 12 AO. Demnach ist für die Begründung einer Betriebsstätte eine feste Geschäftseinrichtung erforderlich, die räumlich und zeitlich dauerhaft ist, die der Tätigkeit des Unternehmens dient und in dessen Verfügungsmacht steht. Einrichtungen, die im Internet-Handel als Betriebsstätte in Betracht kommen, sind die Website eines Inhaltsanbieters, dessen Internet Service Provider, der PC des Kunden und der Internet-Server des Inhaltsanbieters.

412 Die Website des Inhaltsanbieters übernimmt auf den ersten Blick die Funktionen, die bisher ein Ladenlokal übernommen hat; über sie werden Waren angeboten und beworben und mittels ihrer werden dann die schuldrechtlichen Verträge angebahnt und abgeschlossen. Sie lässt sich dennoch nicht als Betriebsstätte qualifizieren, da es ihr an der erforderlichen räumlichen und zeitlichen Dauerhaftigkeit fehlt. Websites können beliebig verändert werden, sie können in Sekunden von einem Server auf einen anderen transferiert werden, und sie sind nur so lange visuell wahrnehmbar, wie der Kunde sie auf seinem PC darstellen möchte. All dies spricht gegen die Annahme einer Betriebsstätte.

413 Es ließe sich weiter überlegen, ob der PC eines Kunden eine Betriebsstätte für Inhaltsanbieter begründen kann, da ein solches Unternehmen seine Download-Angebote über diesen PC ausliefert. Auch dieser Ansatz ist unzutreffend, da das anbietende Unternehmen über die Einrichtungen seines Internet Service Providers (ISP) in aller Regel ebenso wenig Verfügungsmacht hat wie der Kunde bei seinem PC. Sofern der Kunde über seinen eigenen Home-PC Zugang zum Internet hat und nicht von einem bestimmten Versandhandelsunternehmen für Bestellzwecke ein Eingabegerät zur Verfü-

gung gestellt bekommt, hat er die alleinige Verfügungsbefugnis über diesen Computer. Er kann das Angebot des anbietenden Unternehmens allein durch Ausschalten des PC beenden. Auch der Hinweis auf die Einbindung des PC in die Auslieferungskette geht fehl. Im Hinblick darauf stellt der PC nur eine moderne Form eines Postfachs des Kunden dar, von dem niemand behaupten wird, es begründe die Betriebsstätte eines Unternehmens.

Sofern ein Inhaltsanbieter nicht unmittelbar an das Internet angeschlossen ist und seine Inhalte dort präsentiert, benötigt er für den Internetzugang einen ISP, über dessen Computer die Unternehmenstätigkeiten abgewickelt werden. Diskutiert wurde daher, ob die Einrichtungen des ISP eine Betriebsstätte des Inhaltsanbieters begründen können[17]. Dies ist ebenfalls zu verneinen, da der Unternehmer in aller Regel keinerlei Verfügungsmacht über die sachlichen und persönlichen Einrichtungen des ISP hat. Typischerweise besteht zwischen ISP und Inhaltsanbieter lediglich eine Vereinbarung darüber, dass der ISP das Angebot des Inhaltsanbieters überhaupt ins Netz stellt. Solche Webhosting-Verträge geben dem Inhaltsanbieter jedoch im Regelfall nicht das Recht, die Nutzung bestimmter Einrichtungen des ISP zu verlangen; vielmehr stellen sie je nach Ausgestaltung Dienst- oder Werkverträge dar, durch die der Inhaltsanbieter an den Einrichtungen des ISP keine schuldrechtliche oder dingliche Verfügungsmacht erhält. Dies wäre jedoch unabdingbare Voraussetzung für die Annahme einer Betriebsstätte.

414

Wesentlich schwieriger zu beantworten ist die Frage, ob ein konkreter Server eine Betriebsstätte begründet, sofern auf ihm digitalisierte Waren zum Downloading bereitgestellt werden. Bejahendenfalls würden sich für Unternehmer erhebliche Gestaltungsspielräume ergeben, die nahezu einem Steuerwahlrecht gleichkämen. Sie könnten durch die technisch unproblematische Verlegung des Server-Standortes die Voraussetzungen der beschränkten Steuerpflicht nach § 49 Abs. 1 Nr. 2a EStG bewusst herbeiführen oder vermeiden, je nachdem, welche Alternative sich steuerlich vorteilhafter auswirkt.

415

Betrachtet man den Internet-Server auf Grundlage der allgemeinen Voraussetzungen des § 12 AO an eine Betriebsstätte, ergibt sich folgendes Bild[18]:

416

Erforderlich für die Annahme einer Betriebsstätte i.S.d. § 12 AO ist zunächst, dass der Server eine feste Geschäftseinrichtung darstellt. Eine feste Geschäftseinrichtung kann jeder körperliche Gegenstand sein, der geeignet ist, Grundlage einer Unternehmenstätigkeit zu sein[19]. In der Regel wird ein Unternehmen nicht einen ganzen Server nutzen, sondern nur einen Teil der dort vorhandenen Festplattenkapazität kaufen oder anmieten. Dies ändert jedoch nichts daran, dass es sich bei dem Internet-Server selbst um eine feste Einrichtung handelt. Ob der Server insgesamt von einem Unternehmen genutzt wird oder nur teilweise, ist dafür unerheblich. Zu vergleichen ist dies etwa mit

417

---

17 *Spatschek*, Steuern im Internet, 2000, Rdnr. 54.
18 Bisher ist nicht abschließend geklärt, ob und unter welchen Voraussetzungen ein Internetserver eine Betriebsstätte begründen kann, vgl. dazu *Musil*, in: *Hübschmann/Hepp/Spitaler*, AO/FGO, 235. Ergänzungslieferung 2015, § 12 Rdnr. 43a.
19 Vgl. BFH, BStBl. 1993 II, 462.

der Anmietung eines Hotelzimmers, was zweifelsohne eine feste Geschäftseinrichtung darstellen kann[20].

418 Der Server dient dem Unternehmen sowohl räumlich als auch zeitlich dauerhaft. Zwar ist es technisch durchaus möglich, den Server-Standort innerhalb kurzer Zeit zu verlagern, dies stellt jedoch nicht den Regelfall dar. Selbst wenn die Inhalte, die auf dem Server abgelegt sind, ständig verändert werden, wirkt sich dies nicht auf die Dauerhaftigkeit des Servers an sich aus (auch der Inhalt eines Warenlagers ändert sich ständig, ohne dass davon die Dauerhaftigkeit des Lagers beeinflusst wird).

419 Weitere Voraussetzung ist, dass der Server in der Verfügungsmacht des Inhaltsanbieters steht. Dies ist jedenfalls dann der Fall, wenn er einen eigenen Server unterhält. Im Regelfall wird es jedoch gerade nicht so sein, sondern der Inhaltsanbieter wird sich der Hilfe eines ISP bedienen, um sein Angebot im Internet zu präsentieren. Nach ständiger Rechtsprechung des BFH ist jedoch für das Merkmal der Verfügungsmacht nicht Alleinverfügungsmacht über die Geschäftseinrichtung erforderlich, sondern es kann schon die Mitverfügungsmacht ausreichend sein[21]. Hier kommt es nun auf die genaue Ausgestaltung des Vertrages zwischen ISP und Inhaltsanbieter an: Wird ein Webhosting-Vertrag geschlossen, der im Hinblick auf den genutzten Server keine genaueren Angaben enthält – was den Normalfall darstellen dürfte –, liegt keine ausreichende Verfügungsmacht des Inhaltsanbieters über den Server vor. Der Inhaltsanbieter kann im Rahmen seines bestehenden Vertragsverhältnisses mit dem ISP allerdings auch Vereinbarungen darüber treffen, dass seine Inhalte auf einem konkreten Server abzulegen sind und er Zugriff auf diesen Server hat; in diesem Fall kann er im Rahmen des Vertragsverhältnisses zumindest wie ein Mieter über die Serverkapazitäten verfügen. Dies ist nach der Rechtsprechung des BFH ein ausreichendes Mitverfügungsrecht i.S.d. § 12 AO[22]. Hier bietet sich also durch die vertragliche Gestaltung des Webhosting-Vertrages die Möglichkeit, die Betriebsstätteneigenschaft eines Servers jedenfalls im abgabenrechtlichen Sinne bewusst herbeizuführen oder aber zu vermeiden.

420 Als letzte Voraussetzung für die Annahme einer Betriebsstätte ist erforderlich, dass die Geschäftseinrichtung der Tätigkeit des Unternehmens dient. Im Gegensatz zum Abkommensrecht, in dem bloße Hilfstätigkeiten nicht genügen („Ausüben einer Tätigkeit", Art. 5 Abs. 1 OECD-MA), ist im nationalen Abgabenrecht die Art der Tätigkeit unerheblich. Ausreichend können insoweit auch Hilfs- oder Nebentätigkeiten sein[23]. Problematisch ist hingegen, ob ein „Dienen" im Sinne dieser Vorschrift selbst dann vorliegt, wenn in der Einrichtung kein Personal beschäftigt wird, was bei einem Server in der Regel der Fall ist. In einer in diesem Zusammenhang oft zitierten Entscheidung zu der Frage, ob die Pipeline eines ausländischen Unternehmens, die durch die Bundesrepublik verläuft, eine inländische Betriebsstätte begründet, hat der BFH festgestellt, dass das Vorhandensein von Personal keine zwingende Voraussetzung für die

---

20 BFH, BStBl. 1974 II, 327.
21 Vgl. BFH, BStBl. 1961 II, 317.
22 BFH, BStBl. 1961 II, 317.
23 Vgl. BFH, BStBl. 1972 II, 289.

Begründung einer Betriebsstätte i.S.d. § 12 AO darstellt[24]. Folgt man dieser Ansicht, erfüllt ein Server auch die Voraussetzung des „Dienens" i.S.d. § 12 AO.

Dadurch kann nach nationalem Abgabenrecht der Server durchaus als Betriebsstätte angesehen werden, auch wenn dies in der Literatur teilweise mit guten Gründen angezweifelt wird[25]. Rechtsprechung zu der Frage, ob denn ein Server eine Betriebsstätte i.S.d. § 12 AO begründet, gibt es bisher nicht. Das Schleswig-Holsteinische Finanzgericht hat lediglich entschieden, dass ein Server die Voraussetzungen des abkommensrechtlichen Betriebsstättenbegriffs erfüllen kann[26]. Liest man die Entscheidung, bestehen kaum Zweifel, dass das Gericht auch – was vorliegend nicht entscheidungserheblich war – dieselbe Bewertung auf abgabenordnungsrechtlicher Ebene treffen würde. Der Bundesfinanzhof hat in seinem Revisionsurteil die Frage, ob ein Server eine Betriebsstätte begründet, ebenfalls nicht abschließend beantwortet. Er sah sie im konkreten Sachverhalt als nicht entscheidungserheblich und hat den Fall zur weiteren Sachverhaltsaufklärung an das Finanzgericht zurück verwiesen[27].

421

Ein ausländisches Unternehmen kann demnach durch das Aufstellen eines Servers in Deutschland nach deutschem Abgabenrecht eine inländische Betriebsstätte begründen, was zur beschränkten Steuerpflicht der dort erzielten Einkünfte nach § 49 Abs. 1 Nr. 2a EStG führen kann. Soll diese Situation vermieden werden, sollten ausländische Unternehmen den Server-Standort nicht in der Bundesrepublik wählen. Daneben kann die Begründung einer inländischen Betriebsstätte dadurch vermieden werden, dass der Vertrag zwischen ISP und ausländischem Inhaltsanbieter so gestaltet wird, dass sich daraus keine Verfügungsmacht des ausländischen Anbieters über einen speziellen Server ableiten lässt.

422

c) Abkommensrechtliche Beurteilung grenzüberschreitender Online-Geschäfte

Zu beachten ist, dass bei grenzüberschreitenden Internet-Aktivitäten nicht nur die einschlägigen nationalen Regelungen zu beachten sind, sondern auch eventuell bestehende Doppelbesteuerungsabkommen. Sie haben die Aufgabe, Doppelbesteuerungen von Einkünften in den Vertragsstaaten zu verhindern. So kann ein zugunsten der Bundesrepublik nach nationalem Recht bestehendes Besteuerungsrecht für Einkünfte eines beschränkt Steuerpflichtigen aufgrund eines Doppelbesteuerungsabkommens mit anderen Staaten eingeschränkt werden, da diese Abkommen als völkerrechtliche Verträge dem nationalen Recht vorgehen (vgl. § 2 AO). Umgekehrt kann ein Doppelbesteuerungsabkommen auch dazu führen, dass ein Unternehmen, das in Deutschland unbeschränkt steuerpflichtig ist, gleichwohl mit bestimmten im Ausland erzielten Einkünften von der deutschen Steuer freigestellt wird. Besteht ein derartiges Doppelbe-

423

---

24 BFH, Urteil vom 30.10.1996, Az: II R 12/92, IStR 1997, 147.
25 Vgl. dazu ausführlich *Fetzer*, Die Besteuerung des Electronic Commerce im Internet, 2000, S. 95 ff.
26 Schleswig-Holsteinisches Finanzgericht, Urteil vom 6.9.2001, Az: II 1224/97, IStR 2002, 134.
27 BFH, Urteil vom 5.6.2002, Az: I R 86/01, BB 2002, 1864.

steuerungsabkommen nicht, ist allenfalls eine Anrechnung von im Ausland gezahlten Steuern auf diese Einkünfte unter den Voraussetzungen des § 34c EStG möglich.

424 Aus Vereinfachungsgründen wird in der Folge auf das OECD-MA von 2014[28] Bezug genommen, dem ein großer Teil der Doppelbesteuerungsabkommen, die die Bundesrepublik abgeschlossen hat, entspricht[29].

aa) Betriebsstättenbegründung im Internet i.S.d. Art. 5 OECD-MA

425 Nach Art. 7 Abs. 1 OECD-MA werden Unternehmensgewinne grundsätzlich im Sitzstaat besteuert, sofern das Unternehmen nicht im anderen Vertragsstaat seine Tätigkeit durch eine dort belegene Betriebsstätte ausübt. Die Definitionen von „Unternehmensgewinnen" und „Betriebsstätte" sind dabei im Vergleich zu den entsprechenden nationalstaatlichen Definitionen von „Einkünfte aus Gewerbebetrieb" und „Betriebsstätte" grundsätzlich eigenständig. Soweit jedoch die Bundesrepublik Anwenderstaat des OECD-MA ist, legt sie zumindest den Unternehmensbegriff i.S.d. § 15 Abs. 2 EStG aus, da das OECD-MA weder in Art. 7 noch an anderer Stelle diesen Begriff definiert und damit Art. 3 Abs. 2 OECD-MA zur Anwendung kommt, wonach in einem derartigen Fall die nationalstaatlichen Definitionen anwendbar sind[30]. Liegen also beim Verkauf digitalisierter Waren Einkünfte aus Gewerbebetrieb i.S.d. § 15 EStG vor, so erfüllen sie auch die Voraussetzungen nach Art. 7 Abs. 1 OECD-MA.

426 Im Hinblick auf die Definition der Betriebsstätte ist diese Vorgehensweise jedoch nicht ohne Weiteres möglich, da sich hier in Art. 5 Abs. 1 OECD-MA eine Legaldefinition der Betriebsstätte findet. Übereinstimmung zu der nationalen Norm des § 12 AO besteht in Wortlaut und Inhalt noch insoweit, dass eine Betriebsstätte eine feste Geschäftseinrichtung voraussetzt. Darüber hinaus bestehen jedoch bereits sprachliche Unterschiede, weil § 12 AO davon spricht, die Betriebsstätte müsse dem Unternehmen „dienen", während nach Art. 5 Abs. 1 OECD-MA erforderlich ist, dass durch die Betriebsstätte die Tätigkeit des Unternehmens ganz oder teilweise „ausgeübt" wird. Inwieweit hierdurch auch inhaltliche Unterschiede zum Ausdruck gebracht werden ist umstritten. Der BFH geht in seiner oft zitierten „Pipeline"-Entscheidung[31] wohl davon aus, dass die Begrifflichkeiten synonym verwandt werden, wofür er teilweise heftig kritisiert wurde[32]. Hauptkritikpunkt ist dabei, dass der BFH entgegen der bisherigen Auffassung ausführt, eine Betriebsstätte erfordere auch im abkommensrechtlichen Sinn keinerlei Personal, also noch nicht einmal Wartungspersonal. Dies ist umso überraschender, als die OECD-Musterkommentierung zu Art. 5 Abs. 1 OECD-MA in diesem Punkt zum Entscheidungszeitpunkt eindeutig war: „Eine Betriebsstätte kann aber auch dann vorliegen, wenn die

---

28 OECD-Musterabkommen 2014 zur Vermeidung der Doppelbesteuerung auf dem Gebiet der Steuern vom Einkommen und vom Vermögen (OECD-MA 2014), Stand: Juli 2014.
29 Probleme ergeben sich bei der Frage der Betriebsstättenbegründung bei solchen Doppelbesteuerungsabkommen, die eine Aktivitätsklausel haben. Siehe hierzu *Kaminski/Strunk*, IStR 2007, 189.
30 Vgl. *Wassermeyer/Wassermeyer*, DBA, 131. Ergänzungslieferung 2015, Art. 7 MA, Rdnr. 16, 20.
31 BFH, Urteil vom 30.10.1996, Az: II R 12/92, IStR 1997, 147.
32 Vgl. nur *Günkel*, IWB 1997/4 Fach 3a, Gruppe 1, 589.

Tätigkeit des Unternehmens hauptsächlich durch automatisch arbeitende Maschinen geleistet wird und die Aufgabe des Personals lediglich darin besteht, die Maschinen aufzustellen, zu bedienen, zu überwachen oder in Stand zu halten"[33]. Erforderlich wäre demgemäß zwar nicht, dass hauptsächlich Personal die Geschäfte ausführt, das grundsätzliche Vorhandensein von Personal wird jedoch vorausgesetzt.

Nach teilweise kontroverser Diskussion innerhalb der OECD und ihrer Mitgliedstaaten hat die OECD die Musterkommentierung zu Art. 5 OECD-MA im Hinblick auf die Problematik der Begründung von Betriebsstätten durch Internet-Server ergänzt (Tz. 42.1-42.10)[34]. Nach Auffassung der OECD ist für die Frage, ob ein Server eine Betriebsstätte begründen kann, zunächst zwischen der Server-Hardware und der Server-Software, mit der ein Server betrieben wird, zu differenzieren. Demnach kann die Software allein niemals Betriebsstätte eines Unternehmens sein, weil es ihr an der notwendigen räumlichen und zeitlichen Dauerhaftigkeit fehle. Deshalb soll auch die Homepage eines Unternehmens, die ja nichts anderes als ein Softwareprodukt ist, nicht Betriebsstätte i.S.d. Art. 5 OECD-MA sein. Die Hardware eines Servers soll hingegen durchaus die Voraussetzungen des Art. 5 OECD-MA erfüllen können. Nach Tz. 42.3 ist hier jedoch wiederum zu differenzieren: Befindet sich der Server im Eigentum eines Inhaltsanbieters oder hat der Anbieter einen konkreten Server gemietet und übt dieser die Tätigkeit des Unternehmens durch denselben Server aus, so ist der Server dann Betriebsstätte, wenn die weiteren Voraussetzungen des Art. 5 Abs. 4 OECD-MA erfüllt sind, was dann der Fall ist, wenn die Aufgaben, die von einem Server unternommen werden, nicht bloße Hilfstätigkeiten oder vorbereitende Tätigkeiten sind. Vielmehr kann ein Server nur dann Betriebsstätte sein, wenn er Kernfunktionen der Geschäftstätigkeit eines Unternehmens ausübt. Wann dies der Fall ist, hängt vom konkreten Einzelfall ab (Tz. 42.7). Nach der OECD-Musterkommentierung stellt ein Server für ISP im Regelfall deshalb eine Betriebsstätte dar, weil es gerade der Kern des Geschäfts eines ISP sei, Server zu betreiben und zur Nutzung bereitzuhalten. Für Inhaltsanbieter hingegen könne ein Server nur dann eine Betriebsstätte sein, wenn er zentrale Aufgaben übernehme; etwa wenn er als Plattform für das Downloading dient, nicht aber, wenn er lediglich Informationen für anderweitig vertriebene Produkte bereithält.

427

Bedient sich ein Inhaltsanbieter hingegen eines ISP, ohne dass im Rahmen dieser Vertragsbeziehung die Nutzung eines bestimmten Servers vereinbart wird, ist der vom ISP zur Verfügung gestellte Server nur Betriebsstätte des Providers, nicht aber des Inhaltsanbieters. Unabhängig von der konkreten vertraglichen Gestaltung zwischen Provider und Inhaltsanbieter verneint die OECD hier die Verfügungsmacht des Inhaltsanbieters über den Server. Die Verfügungsmacht habe hier allein der ISP (Tz. 42.3).

428

Unerheblich für die Frage der Betriebsstättenbegründung ist es hingegen nach Tz. 42.6, ob am Server-Standort Personal vorhanden ist oder nicht. Damit weicht die OECD von der bisher vertretenen Auffassung, dass eine Betriebsstätte zumindest in untergeordnetem Umfang den Einsatz personeller Mittel erfordere, ab: Die Begründung einer

429

---

33 *Wassermeyer/Wassermeyer*, DBA, 131. Ergänzungslieferung 2015, Art. 5 MK Rdnr. 10.
34 Vgl. auch *Bernütz/Weinreich*, WPg 2001, 690. Dazu auch *Jacobs*, Internationale Unternehmensbesteuerung, 8. Auflage 2015, S. 336 ff.

Betriebsstätte i.S.d. Art. 5 OECD-MA durch Aufstellen eines Servers hängt nicht vom Vorhandensein personeller Mittel am Betriebsstättenstandort ab.

430 Damit ergibt sich hinsichtlich der Problematik der Betriebsstätteneigenschaft eines Internet-Servers auf Grundlage der geänderten Musterkommentierung des OECD-MA folgendes Bild: Ein Internet-Server ist nur dann Betriebsstätte eines Inhaltsanbieters, wenn der Inhaltsanbieter Eigentümer dieses Servers ist oder zumindest eine eigentümerähnliche Stellung besitzt und wenn die Tätigkeiten des Servers nicht lediglich Hilfstätigkeiten i.S.d. Art. 5 Abs. 4 OECD-MA sind. Dies entspricht im Ergebnis auch der Auffassung der OFD Karlsruhe, die bisher als einzige Oberfinanzdirektion explizit zur Frage der Betriebsstättenbegründung durch Server im Internet Stellung genommen hat[35]. Hiernach soll der ausländische Server eines inländischen Unternehmens keine Betriebsstätte i.S.d. Art. 5 OECD-MA begründen. Gleichwohl ist die Bedeutung dieser Verfügung für die vorliegende Problematik eher gering, weil sich die Verfügung mit einem speziellen Fall eines Servers beschäftigt. Die OFD Karlsruhe hatte sich mit einem Server zu befassen, der nur das Angebot eines Unternehmens darstellte und Werbung hierfür machte. Zu Recht wurden diese Tätigkeiten als Hilfs- bzw. Nebentätigkeiten i.S.d. Art. 5 Abs. 4 OECD-MA eingestuft. Von wesentlich größerer Aussagekraft ist hingegen die bisher einzige gerichtliche Entscheidung zu der Serverproblematik. Das Schleswig-Holsteinische Finanzgericht hat auf Grundlage des DBA Schweiz, das in den hier interessierenden Punkten dem OECD-MA entspricht, entschieden, dass ein in der Schweiz belegener Server eine Betriebsstätte begründet, mit der Konsequenz, dass dort erzielte Einkünfte nicht der deutschen Besteuerung unterfallen[36].

431 Der BFH hat die Frage, ob ein Server eine Betriebsstätte begründet, noch nicht abschließend entschieden[37]. Auch wenn der BFH diese Frage offen gelassen hat, lassen sich seiner auf das Urteil des FG Schleswig-Holstein ergangenen Revisionsentscheidung doch einige Anhaltspunkte für die zukünftige Rechtsentwicklung entnehmen[38]: Es spricht viel dafür, dass jedenfalls bei Nutzung eines eigenen Servers – bei entsprechender Vertragsgestaltung auch bei Nutzung des Servers eines ISP – dieser Server als Betriebsstätte des Inhaltsanbieters auch im abkommensrechtlichen Sinn beurteilt werden wird. Allerdings bedeutet dies nicht, dass damit auch alle Einkünfte, die unter Einschaltung dieses Servers erzielt werden, von der deutschen Besteuerung freigestellt werden. Obwohl der BFH auf Grundlage des DBA Schweiz judizierte, lässt sich seiner Entscheidung doch die allgemeine Tendenz entnehmen, dass er eine solche Freistellung von Einkünften eher restriktiv beurteilen würde. Im von ihm entschiedenen Fall sah er nur die Möglichkeit zur Anrechnung von im Ausland auf diese Einkünfte gezahlten Steuern auf die deutsche Steuerschuld.

432 Unterhält also ein in Deutschland ansässiges Unternehmen im Ausland einen Server, kann dies zwar als ausländische Betriebsstätte i.S.d. Art. 5 OECD-MA anerkannt wer-

---

35 OFD Karlsruhe, Vfg. vom 11.11.1998, S 1301 A – St 332.
36 Schleswig-Holsteinisches Finanzgericht, Urteil vom 6.9.2001, Az: II 1224/97, IStR 2002, 134.
37 BFH, Urteil vom 5.6.2002, Az: I R 86/01, BB 2002, 1864.
38 BFH, Urteil vom 5.6.2002, Az: I R 86/01, BB 2002, 1864.

den. Gleichwohl sind Steuerverlagerungen deutscher Unternehmen durch Aufstellen eines Servers im DBA-Ausland aber nicht ohne Weiteres möglich.

Nicht ausgeschlossen werden kann, dass eine solche Konstruktion von der Finanzverwaltung als Gestaltungsmissbrauch i.S.d. § 42 AO angesehen würde. Die Folge wäre, dass am Server-Standort angefallene Gewinne gleichwohl in der Bundesrepublik und möglicherweise zusätzlich am Server-Standort im Ausland besteuert würden. Ob diese Auffassung rechtlich haltbar ist, erscheint mehr als zweifelhaft. Sie ist weder mit der Rechtsprechung des BFH zu § 42 AO noch mit der Rechtsprechung des EuGH zur Niederlassungsfreiheit des Art. 49 AEUV in Einklang zu bringen[39]. Einem Steuerpflichtigen steht es demnach nämlich grundsätzlich frei, die für ihn steuerlich günstigste Option zu wählen. Nach ständiger Rechtsprechung des BFH macht allein das Motiv, Steuern zu sparen, eine Gestaltung noch nicht unangemessen i.S.d. § 42 AO[40]. Der Annahme eines Gestaltungsmissbrauchs ist durch das bereits zitierte Urteil des Schleswig-Holsteinischen Finanzgerichts[41] und zumindest implizit auch durch die darauf folgende BFH-Entscheidung[42] zu Recht eine Absage erteilt worden. Inwieweit sich die „Verschärfung" des § 42 AO hierauf auswirken wird, lässt sich derzeit noch nicht beurteilen[43]. **433**

Angesichts der bisher nur einzelfallartig vorliegenden Rechtsprechung ist es nach wie vor nicht möglich, verbindliche Aussagen darüber zu treffen, in welchem Umfang die Wahl des Server-Standorts tatsächlich zur steuerlichen Belastungsoptimierung eingesetzt werden kann. Es kann daher an dieser Stelle lediglich ein Überblick über die sich bisher abzeichnenden Leitlinien gegeben werden: **434**

Zunächst einmal ist auf den Fall einzugehen, in dem ein ausländischer Unternehmer, der in einem Staat ansässig ist, mit dem die Bundesrepublik ein DBA abgeschlossen hat, einen Server in Deutschland unterhält (sog. Inbound-Fall): Bejaht man die Betriebsstätteneigenschaft eines Servers sowohl abkommensrechtlich als auch abgabenrechtlich, hätte dies zur Konsequenz, dass ein Unternehmen, das einen deutschen Server besitzt, in der Bundesrepublik eine Betriebsstätte unterhält und die dort erzielten Einkünfte nach § 49 Abs. 1 Nr. 2a EStG, Art. 7 Abs. 1 OECD-MA in der Bundesrepublik beschränkt steuerpflichtig sind, da die Voraussetzungen inländischer Einkünfte erfüllt sind. Sollte der Sitzstaat des Unternehmens das Doppelbesteuerungsabkommen nicht in diesem Sinne auslegen und daher die in der Bundesrepublik zu versteuernden Einkünfte nicht von der Besteuerung ausnehmen, müssten die Bundesrepublik und der entsprechende Staat ein Verständigungsverfahren nach Art. 25 OECD-MA durchführen, um das entstandene Problem der Doppelbesteuerung zu lösen. **435**

Ergibt sich auf Grundlage eines Doppelbesteuerungsabkommens hingegen, dass es sich bei einem Server zwar im abgabenrechtlichen, nicht aber im abkommensrechtlichen Sinn um eine Betriebsstätte handelt, stellt sich die Besteuerungssituation folgendermaßen dar: Das Abkommensrecht als völkerrechtliche Vereinbarung geht dem **436**

---

39 Vgl. dazu *Arndt/Fetzer*, BB 2001, 1175.
40 BFH, BStBl. 1992 II, 695, 696; BStBl. 1993 II, 253, 254.
41 Schleswig-Holsteinisches Finanzgericht, Urteil vom 6.9.2001, Az: II 1224/97, IStR 2002, 134.
42 BFH, Urteil vom 5.6.2002, Az: I R 86/01, BB 2002, 1864.
43 Vgl. dazu *Häuselmann*, BB 2008, 20, 23.

nationalen Abgabenrecht vor (vgl. auch § 2 AO). Da es sich abkommensrechtlich um ein Direktgeschäft handelt, d.h. ein Geschäft ohne steuerrechtlich relevanten Anknüpfungspunkt in Deutschland, kommt es in der Bundesrepublik auch nicht zur Besteuerung der Einkünfte. Eine Besteuerung des ausländischen Unternehmens wird nur in dessen Sitzstaat vorgenommen, da es sich zwar abgabenrechtlich um inländische Einkünfte i.S.d. § 49 EStG handelt, dieses Besteuerungsrecht von dem vorgehenden Doppelbesteuerungsabkommen aber nicht anerkannt wird.

437 Liegt hingegen ein Sachverhalt vor, der bereits auf abgabenrechtlicher Ebene die Beurteilung eines Servers als Betriebsstätte nicht zulässt – etwa mangels Verfügungsmacht eines Inhaltsanbieters über den Server –, kommt es auf die abkommensrechtliche Beurteilung nicht mehr an. Handelt es sich bei dem Server bereits abgabenrechtlich nicht um eine Betriebsstätte, so bedeutet dies für die nationale Beurteilung, dass die Voraussetzungen des § 49 Abs. 1 Nr. 2a 1. Alt. EStG nicht vorliegen. Damit bestehen keine inländischen Einkünfte des ausländischen Unternehmens. Die Bundesrepublik macht also keinen Besteuerungsanspruch für die am Server erzielten Einkünfte geltend, sodass es sich eigentlich nicht um einen DBA-Fall handelt. Besteuert werden diese Einkünfte daher nur im Sitzstaat des Unternehmens.

438 Einfacher – wenn auch nicht unbedingt günstiger – stellt sich die Situation für den Unternehmer dar, der in einem Staat ansässig ist, mit dem die Bundesrepublik kein Doppelbesteuerungsabkommen geschlossen hat. Für die Frage, ob ein Server, den der Unternehmer in Deutschland betreibt, eine Betriebsstätte begründet, kommt es dann nur auf die abgabenrechtliche Definition an. Handelt es sich bei dem Server abgabenrechtlich um eine Betriebsstätte, so ist der ausländische Unternehmer mit den hier erzielten Einkünften in der Bundesrepublik beschränkt steuerpflichtig nach § 49 Abs. 1 Nr. 2a EStG, – und zwar unabhängig davon, ob er auch in seinem Sitzstaat mit diesen Einkünften steuerpflichtig ist. Eine Doppelbesteuerung der inländischen Einkünfte des Unternehmers ist daher nicht auszuschließen.

439 Für Unternehmen, die in der Bundesrepublik unbeschränkt steuerpflichtig sind (Outbound-Fall), stellt sich die Situation folgendermaßen dar: Ein in der Bundesrepublik unbeschränkt Steuerpflichtiger ist grundsätzlich mit seinem gesamten Einkommen – unabhängig davon, wo er es erzielt – im Inland steuerpflichtig (sog. Welteinkommensprinzip). Dieses umfassende Besteuerungsrecht der Bundesrepublik wird in der Regel nur durch Doppelbesteuerungsabkommen eingeschränkt. Das bedeutet, dass in den Fällen, in denen ein in Deutschland unbeschränkt Steuerpflichtiger einen Server in einem Staat platziert, mit dem kein Doppelbesteuerungsabkommen besteht, die dort erzielten Einkünfte dennoch in der Bundesrepublik steuerbar sind. Ein entgegenstehendes Doppelbesteuerungsabkommen, das die grundsätzliche Regelung abändern würde, besteht gerade nicht.

440 In Fällen, in denen ein Doppelbesteuerungsabkommen besteht, ist wiederum zu differenzieren. Schreitet der BFH auf dem bisher sich abzeichnenden Weg voran und erkennt unter den dargestellten Voraussetzungen die Betriebsstätteneigenschaft eines Servers an, kann dies abhängig vom relevanten Doppelbesteuerungsabkommen dazu führen, dass die am ausländischen Server-Standort erzielten Einkünfte in der Bundes-

republik von der Besteuerung freigestellt werden und das Besteuerungsrecht dem Staat zusteht, in dem der Server steht. Dies gilt dann nicht, wenn – wie im vom BFH entschiedenen Fall – der Server keine aktive Tätigkeit ausübt. In dem Fall kann – je nach Ausgestaltung des relevanten DBA – allerdings noch die Anrechnung der im Ausland gezahlten Steuern auf die deutsche Steuerschuld in Frage kommen.

Erkennt der BFH dagegen zukünftig einen Server grundsätzlich nicht als Betriebsstätte im abkommensrechtlichen Sinn an, bleibt es bei der Grundregel, dass alle Einkünfte des unbeschränkt Steuerpflichtigen in der Bundesrepublik zu versteuern sind, da das Doppelbesteuerungsabkommen bei einer derartigen Auslegung keine andere Zuweisung vornimmt. Sollte der Vertragsstaat das Doppelbesteuerungsabkommen in diesem Punkt anders auslegen und den Server als Betriebsstätte ansehen mit der Folge einer Steuerpflicht in diesem Staat, müsste wiederum ein Verständigungsverfahren zwischen den beteiligten Staaten gem. Art. 25 OECD-MA das dann entstandene Problem der Doppelbesteuerung lösen. 441

> Für **Fall 14** bedeutet dies, dass die C-GmbH zunächst in Deutschland mit ihren gesamten Einkünften steuerpflichtig ist. Sollte der Server in einem Staat aufgestellt sein, mit dem kein DBA besteht, bleibt es bei diesem Ergebnis. Handelt es sich dagegen um den Server in einem Staat, mit dem ein DBA besteht, kommt es darauf an, wie das relevante DBA den Server einordnet. Bejaht es die Betriebsstätteneigenschaft, kommt es in der Bundesrepublik zu einer Freistellung der am Server-Standort erzielten Einkünfte und zu einer Besteuerung in dem Vertragsstaat. Verneint das DBA die Betriebsstätteneigenschaft des Servers, bleibt es dabei, dass das Unternehmen mit seinen gesamten Einkünften in der Bundesrepublik steuerpflichtig ist, da es sich abkommensrechtlich um ein Direktgeschäft handelt. 442
>
> In **Fall 15** ist ebenfalls zu differenzieren: Sofern die D-GmbH in einem Land ansässig ist, mit dem ein OECD-MA entsprechendes DBA abgeschlossen wurde und der BFH abgaben- oder abkommensrechtlich die Betriebsstätteneigenschaft eines Servers verneint, ist die D-GmbH mit den Einkünften, die am deutschen Server erzielt werden, nur in ihrem Heimatland steuerpflichtig, da es sich um ein Direktgeschäft handelt. Erkennt der BFH in diesem Fall dagegen die Betriebsstätteneigenschaft des Servers im abkommens- und abgabenrechtlichen Sinn an, ist die D-GmbH in der Bundesrepublik beschränkt steuerpflichtig, da sie dann die Voraussetzungen nach § 49 Abs. 1 Nr. 2a EStG und Art. 7 Abs. 1 OECD-MA für inländische Einkünfte erfüllt. Ist die D-GmbH dagegen in einem Staat ansässig, mit dem kein entsprechendes DBA besteht, erzielt sie ebenfalls inländische Einkünfte i.S.d. § 49 Abs. 1 Nr. 2a EStG, die in der Bundesrepublik immer zu versteuern sind, ohne dass es zu einer Freistellung im Heimatstaat des Unternehmens kommen muss.

bb) Ständiger Vertreter i.S.d. Art. 5 Abs. 5 OECD-MA

Inländische Einkünfte i.S.d. § 49 Abs. 1 Nr. 2a EStG – und damit die Voraussetzungen der beschränkten Steuerpflicht in der Bundesrepublik – können auch dann vorliegen, wenn ein Unternehmen im Inland einen ständigen Vertreter bestellt hat. Was unter einem ständigen Vertreter zu verstehen ist, wird in § 13 AO definiert. Demnach ist darunter eine Person zu verstehen, der sich der Steuerpflichtige im Inland zur Erzielung seiner Einkünfte bedient und die den Sachanweisungen des Vertretenen unterliegt[44]. Ausreichend ist dabei jedoch nicht jede Hilfstätigkeit des Vertreters, vielmehr muss eine nachhaltige Betätigung vorliegen. 443

---

44 *Klein/Brockmeyer*, AO, 12. Auflage 2014, § 13.

444 Es wurde in der Literatur diskutiert, ob der Internet Service Provider (ISP) oder die Homepage des Unternehmens einen ständigen Vertreter des Unternehmens begründen können. Beides ist jedoch eindeutig abzulehnen: Das Verschaffen des Internet-Zugangs durch den ISP stellt im Vergleich zur Verkaufstätigkeit des Unternehmers lediglich eine Hilfstätigkeit dar. Zudem besitzt der Unternehmer keine Sachweisungsbefugnis über den ISP, sodass dieser kein ständiger Vertreter des Unternehmers sein kann.

445 Bei der Homepage lässt sich die Vertretereigenschaft bereits durch einen Blick auf den Wortlaut des § 13 AO verneinen. Zwar ist zuzugeben, dass über die Homepage Verträge abgeschlossen werden, was bisher typischerweise durch Vertreter geschehen ist. Dennoch erfordert § 13 AO eindeutig eine „Person". Die Homepage ist jedoch weder eine natürliche noch eine juristische Person, sodass sie, gleich welche Aufgaben sie wahrnimmt, kein ständiger Vertreter des Unternehmers ist.

446 Keine Probleme bereitet der ständige Vertreter abkommensrechtlich. Zwar werden nach Art. 5 Abs. 5 OECD-MA bestimmte Personen abkommensrechtlich ebenso behandelt wie eine inländische Betriebsstätte, jedoch gehen die Anforderungen, die hierfür von diesen Personen erfüllt sein müssen, über die des § 13 AO hinaus. Wenn daher die oben dargestellten Personen und Einrichtungen bereits nicht die abgabenrechtlichen Anforderungen nach § 13 AO erfüllen, genügen sie erst recht nicht den weitergehenden Voraussetzungen des OECD-MA.

d) Gewinnabgrenzung zwischen Unternehmen und Betriebsstätte

447 Die bisherigen Überlegungen führen dazu, dass lediglich der Server als Mittel zur Betriebsstättenverlagerung in Betracht kommt. Dies bedeutet selbstverständlich nicht, dass alle Einkünfte, die in irgendeinem Zusammenhang mit der Tätigkeit des Servers stehen, auch diesem allein zugeordnet werden. Es stellt sich vielmehr die Frage, welche konkreten Einkünfte der Betriebsstätte zugeordnet werden können. Die beschränkte Steuerpflicht des § 49 EStG soll die Quellenbesteuerung von Einkünften gewährleisten. Ihr unterfallen also nur die Einkünfte, die in der inländischen Betriebsstätte erzielt worden sind. Wie festgestellt werden kann, welche Einkünfte an einer Betriebsstätte und welche im Stammhaus angefallen sind, gehört zu den ungelösten einkommensteuerrechtlichen Fragen des Handels mit digitalisierten Waren. Dabei handelt es sich nicht um ein grundlegend neues Problem, sondern nur um die neue Dimension eines Problems, das bereits beim global trading erhebliche Schwierigkeiten bereitet. Die zunehmende Vernetzung von Unternehmen, Tochtergesellschaften und Betriebsstätten führt dazu, dass es sehr schwierig wird, bei einer Leistung die zugrunde liegenden Einzelbeiträge festzustellen. Einigkeit besteht wohl noch insoweit, dass die herkömmlichen Gewinnzurechnungsmethoden in diesem Bereich versagen. Eine der diskutierten möglichen Lösungen ist die sog. „Profit Split Method", die auch bei der Verrechnungspreisbestimmung verbundener Unternehmen zur Anwendung kommen kann, da auch in diesem Bereich die Standardmethoden zur Verrechnungspreisbestimmung, also insbesondere der Fremdvergleichsgrundsatz, zu versagen drohen[45]. Bei der Profit

---

45 *Portner*, IStR 1998, 549; *Strahl*, KÖSDI 2008, Nr. 1 15861.

Split Method wird – verkürzt gesagt – der erwartete Gewinn einer Transaktion zwischen den Unternehmensteilen ermittelt und dann auf die Unternehmensteile auf einer wirtschaftlichen Grundlage aufgeteilt. Inwieweit sich dadurch angemessene Ergebnisse für die Einkunftszurechnung im Internet erzielen lassen, kann derzeit nicht abschließend beantwortet werden.

Die erste finanzgerichtliche Stellungnahme hierzu bevorzugt eine gemischte Methode zwischen direkten und indirekten Methoden. Demnach sollen Vermögen, Erträge und Aufwendungen der Betriebsstätte soweit nach der direkten Methode zugewiesen werden, wie dies nach den Umständen des Einzelfalles tatsächlich möglich ist. Verbleibendes Vermögen, verbleibende Erträge und Aufwendungen werden anschließend im Sinne einer korrigierenden Schätzung auf Grundlage der indirekten Methode zwischen Stammhaus und Betriebsstätte aufgeteilt[46]. Ob eine solche Kombination der beiden grundlegenden Berechnungsmethoden tatsächlich zu handhabbaren Ergebnissen führen kann, wird sich allerdings erst in der Praxis erweisen müssen. **448**

Auf diese Problematik soll hier nicht weiter eingegangen werden, da es sich bei der Gewinnabgrenzung bereits im herkömmlichen Geschäftsverkehr um eine der schwierigsten Fragestellungen des Einkommens- und Doppelbesteuerungsrechts handelt, deren ausführliche Behandlung den Rahmen dieses Buches übersteigen würde[47]. **449**

Sollte die ausländische Betriebsstätte zunächst keine Gewinne erwirtschaften, sondern Anlaufverluste verursachen, ist zu berücksichtigen, dass deren Anerkennung bei der Besteuerung des deutschen Steuerpflichtigen im Nicht-DBA-Fall nur unter Berücksichtigung der Regelung des § 2a Abs. 1 und 2 EStG möglich ist. Die im DBA-Fall hierfür geltenden Regelungen des § 2a Abs. 3 Sätze 1-3 EStG sind mit Wirkung zum Veranlagungszeitraum 1999 aufgehoben worden. **450**

e) Bilanzierung von Internet-Domain und Website

Sofern ein Unternehmen einen Internetauftritt unterhält, d.h. insbesondere über eine eigene Domain verfügt, unter der eine Unternehmenshomepage abgerufen werden kann, stellt sich die Frage nach der steuerlichen Bilanzierung von Domain und Website[48]. Hierbei sind folgende Punkte zu berücksichtigen: **451**
1. Ist eine Website/Domain ein Wirtschaftsgut?
2. Wenn ja, besteht ein Aktivierungsverbot?
3. Wie sieht es mit der Abschreibungsmöglichkeit und Nutzungsdauer aus?

---

46 Schleswig-Holsteinisches Finanzgericht, Urteil vom 6.9.2001, Az: II 1224/97, IStR 2002, 134. Dazu allgemein *Baumhoff/Ditz/Greinert*, DStR 2007, 1461.
47 Vgl. dazu *Portner*, IStR 1998, 549; *Pinkernell/Ditz*, FR 2001, 1193 und 1271; *Ditz*, IStR 2002, 210; *Spatschek/Strunk*, in: *Moritz/Dreier*, Rechts-Handbuch zum E-Commerce, 2. Auflage 2005, 1016 ff.
48 *Keßler*, DB 1998, 1341; *Schiel/Nolte*, DB 2002, 541; *Fischer/Vielmeyer*, BB 2001, 1234; *Eberlein*, DStZ 2003, 677; *Ballof*, EStB 2005, 303; *Wübbelsmann*, DStR 2005, 1659; *Petereit*, StB 2005, 288; *Kanzler*, FR 2007, 698; *Schmittmann*, StuB 2007, 217; *Hoffmann*, PiR 2007, 265.

4. Wie sieht es mit außerplanmäßigen Abschreibungen, Wartungs- und Aktualisierungskosten aus?

aa) Internet-Domain

452 Die inzwischen h.M. geht – insofern in Einklang mit der Rechtsprechung – davon aus, dass es sich bei einer Domain um ein nicht abnutzbares immaterielles Wirtschaftsgut handelt[49]:

1. Dem Bilanzierenden entstehen im Regelfall Aufwendungen für den Erwerb einer Domain, die einen konkreten Vorteil für seinen Betrieb hervorrufen – die Domain kann unter anderem für Werbung und Vertrieb genutzt werden.
2. Dieser Vorteil ist selbstständig veräußerbar bzw. verwertbar. Dies wird daran deutlich, dass zwischenzeitlich mit besonders werbewirksamen Domains ein reger Handel stattfindet.
3. Der Vorteil hat für den Betrieb einen über den Bilanzstichtag hinausgehenden Nutzen, denn im Regelfall wird eine einmal eingerichtete Domain über einen längeren Zeitraum genutzt.

453 Für die Aktivierung der Kosten einer Domain ergibt sich daraus Folgendes: Im Falle des entgeltlichen Erwerbs ist eine Domain mit den aufgewendeten Anschaffungskosten zu aktivieren, d.h. bei der Erstregistrierung mit dem an die Domainvergabestelle zu entrichtenden Entgelt, beim entgeltlichen Zweiterwerb, d.h. dem Erwerb von einem Dritten, der die Domain zunächst für sich bei der Vergabestelle registriert hat, mit dem hierfür gezahlten Preis[50]. Wiederkehrende Aufwendungen für die Domain, wie jährliche Gebühren oder ähnliches, können als Wartungs-/Pflegeaufwendungen sofort als Betriebsausgaben angesetzt werden.

454 Umstritten war die Frage der Abnutzbarkeit einer Domain und damit die Frage nach der Zulässigkeit gewinnmindernder Abschreibungen auf die Domain. In der Literatur wurde hierbei die Auffassung vertreten, dass jedenfalls Teilwert- oder Sonderabschreibungen zulässig sein müssten[51]. Der BFH hat mit der Vorinstanz angenommen, dass eine Domain keinem Wertverzehr unterliegt, sich mithin weder substanziell noch wirtschaftlich abnutzt und insoweit auch keine Abschreibungen zulässig sind[52].

bb) Website

455 Von der Domain zu trennen ist das eigenständige Wirtschaftsgut Website[53]. Im Hinblick auf die Websites eines Unternehmens ist davon auszugehen, dass es sich eben-

---

49 *Eberlein*, DStZ 2003, 677; *Ballof*, EStB 2005, 303; *Wübbelsmann*, DStR 2005, 1659; FG Rheinland-Pfalz, Urteil vom 16.11.2004, Az: 2 K 1431/03, DStRE 2005, 309, bestätigt von BFH, Urteil vom 19.10.2006, Az: III R 6/05, DStR 2007, 335.
50 Vgl. *Krumm*, in: *Blümich*, EStG, KStG, GewStG und Nebengesetze, 130. Ergänzungslieferung 2015, § 5 Rdnr. 645.
51 Vgl. *Wübbelsmann*, DStR 2005, 1659.
52 BFH, Urteil vom 19.10.2006, Az: III R 6/05, DStR 2007, 335.
53 BFH, Urteil vom 19.10.2006, Az: III R 6/05, DStR 2007, 335; dazu auch OFD Koblenz, S 2133 A – St 31 4.

falls um ein immaterielles Wirtschaftsgut des Anlagevermögens handelt[54]. Aufwendungen, die für die Erstellung der Website durch Dritte, also außerhalb des nutzenden Unternehmens stehende Personen, entstanden sind, sind als Anschaffungskosten zu aktivieren. Die Kosten für den laufenden Unterhalt einer Website, also Kosten der Aktualisierung und Pflege des Internetauftritts, können ebenso sofort als Betriebsausgaben angesetzt werden. Wird allerdings ein Internetauftritt völlig neu gestaltet, sind die Aufwendungen hierfür wiederum als nachträgliche Anschaffungskosten zu aktivieren.

Im Hinblick auf die Zulässigkeit von Abschreibungen auf Websites lässt sich derzeit noch keine zuverlässige Prognose wagen, wie die Rechtsprechung diese Frage beurteilen wird. Anders als bei Domains unterliegen Websites jedenfalls einer wirtschaftlichen Abnutzung, da die Entwicklung in diesem Bereich nach wie vor rasant ist. Die Frage ist jedoch, wie die gewöhnliche Nutzungsdauer einer Website zu bestimmen ist. In der Literatur wird die Auffassung vertreten, hierbei seien die Regelungen über die Anschaffung von Software analog anzuwenden[55]. Dies ist nicht zuletzt deshalb, weil auch für Software die gewöhnliche Nutzungsdauer keinesfalls geklärt ist, nicht unproblematisch. Auch hier muss die Nutzungsdauer im Einzelfall bestimmt werden. Angesichts des hohen Entwicklungstempos im Internet sollte man hier allerdings im Zweifel von einer eher kürzeren Nutzungsdauer als etwa bei Software ausgehen. 456

f) Steuerliche Gestaltungsmöglichkeiten

Das Internet birgt aufgrund der Tatsache, dass es nahezu jedermann eine weltweite geschäftliche Betätigung unabhängig vom tatsächlichen Sitz oder Aufenthalt ermöglicht, gerade für das Steuerrecht neue Herausforderungen. Ein Steuerwahlrecht, wie vielfach erhofft, entsteht gleichwohl nicht. 457

Auf folgende Vorgaben sollte im elektronischen Handel geachtet werden, um steuerliche Optimierungen zu erzielen: 458

(1) Ausländische Unternehmen sollten es vermeiden, in der Bundesrepublik einen Server zu unterhalten, da dieser nach nationalem Abgabenrecht eine Betriebsstätte begründen kann, mit der Folge, dass dort erzielte gewerbliche Einkünfte in Deutschland beschränkt steuerpflichtig sind. Dies gilt uneingeschränkt für solche Unternehmen, die ihren Sitz in einem Staat haben, mit dem die Bundesrepublik kein Doppelbesteuerungsabkommen abgeschlossen hat. Bei Unternehmen, die in einem Staat ansässig sind, mit dem die Bundesrepublik ein solches Abkommen abgeschlossen hat, kommt es darauf an, wie das relevante DBA den Betriebsstättenbegriff definiert. Kommt das Abkommen zu dem Ergebnis, dass es sich bei einem Server im abkommensrechtlichen Sinn um eine Betriebsstätte handelt, können die Voraussetzungen der beschränkten Steuerpflicht in Deutschland vorliegen, das Unternehmen wird aber 459

---

54 *Schmidt/Weber-Grellet*, EStG, 34. Auflage 2015, § 5 Rdnr. 270; *Krumm*, in: *Blümich*, EStG, KStG, GewStG und Nebengesetze, 130. Ergänzungslieferung 2015, § 5 Rdnr. 644.
55 *Eberlein*, DStZ 2003, 677, 681; *Krumm*, in: *Blümich*, EStG, KStG, GewStG und Nebengesetze, 130. Ergänzungslieferung 2015, § 5 Rdnr. 644.

insoweit in seinem Sitzstaat im Regelfall von der Besteuerung freigestellt. Erkennt das relevante DBA dagegen den Server nicht als Betriebsstätte im abkommensrechtlichen Sinn an, kommt es zu keiner Besteuerung in Deutschland, da das Abkommensrecht, dem zufolge in diesem Fall ein Direktgeschäft vorliegt, dem nationalen Abgabenrecht vorgeht.

460 (2) Für Inländer gestaltet sich die Steuerverlagerung ins Ausland durch die Wahl des Server-Standortes schwieriger. Wird der Server in einen Staat verlegt, mit dem kein DBA besteht, ist der Inländer dennoch in der Bundesrepublik mit seinen gesamten Einkünften steuerpflichtig. Lediglich wenn der Server in einem Land platziert wird, mit dem ein Doppelbesteuerungsabkommen besteht, lassen sich steuerliche Optimierungen erreichen, sofern das relevante DBA den Server abkommensrechtlich als Betriebsstätte anerkennt. Gleichwohl sind Steueroptimierungen durch die Verlagerung des Server-Standortes nicht problemlos möglich: Erstens hat die Bundesrepublik mit ausgesprochenen Niedrigsteuerländern keine Doppelbesteuerungsabkommen abgeschlossen. Zweitens lässt sich keine verlässliche Prognose hinsichtlich der Haltung des BFH zu den abkommensrechtlichen Fragen stellen. Drittens schließlich steht zu befürchten, dass die Finanzverwaltung im bloßen Aufstellen eines Servers im Ausland vorerst einen Gestaltungsmissbrauch i.S.d. § 42 AO annehmen wird und damit die Freistellung dort erzielter Gewinne bzw. die Anrechnung dort gezahlter Steuern in der Bundesrepublik versagt[56]. Dass eine solche Auffassung allerdings nicht haltbar ist, ergibt sich auch aus dem bereits mehrfach zitierten Urteil des Schleswig-Holsteinischen Finanzgerichts und dem darauf folgenden Revisionsurteil des BFH[57].

461 (3) Da im Internet räumliche Entfernungen nahezu irrelevant sind, sollten Unternehmen, die mit digitalisierten Waren handeln, aus steuerlicher Sicht eine Sitzverlegung in ein Niedrigsteuerland zumindest in Betracht ziehen, da eine physische Präsenz im Wohnsitzstaat des Kunden nicht mehr unbedingt erforderlich ist.

462 (4) Zumindest aber sollte über die Gründung einer selbstständig rechtsfähigen ausländischen Internet-Gesellschaft nachgedacht werden, die einen Internet-Server betreut. Hierbei ist aber eine genaue Abwägung der steuerrechtlichen Folgen notwendig, da die erforderliche Repatriierung der Gewinne der ausländischen Tochtergesellschaft unter Umständen die steuerlichen Vorteile der Gründung gerade wieder aufhebt. Auch kann hierbei nicht ausgeschlossen werden, dass die Finanzverwaltung hier einen Fall des § 42 AO bejahen würde.

463 (5) Sowohl bei der Sitzverlegung als auch bei der Gründung einer ausländischen Tochtergesellschaft sind zudem die Vorschriften der Hinzurechnungsbesteuerung ausländischer Gewinne im Rahmen des Außensteuergesetzes (AStG) zu beachten. Die Hinzurechnungsbesteuerung tritt gem. § 7 Abs. 1 AStG ein, wenn unbeschränkt Steuerpflichtige an einer ausländischen Gesellschaft, die in einem Niedrigsteuerland belegen ist, zu mehr als der Hälfte beteiligt sind und diese Gesellschaft sog. passive Einkünfte i.S.d. § 8 AStG erzielt. Handelt es sich bei der ausländischen Gesellschaft jedoch um

---

56 Vgl. dazu *Arndt/Fetzer*, BB 2001, 1175.
57 Schleswig-Holsteinisches Finanzgericht, Urteil vom 6.9.2001, Az: II 1224/97, IStR 2002, 134; BFH, Urteil vom 5.6.2002, Az: I R 86/01, BB 2002, 1864.

eine Gesellschaft, die die Geschäfte in Eigenregie abwickelt und bei der nicht die Muttergesellschaft oder ein in Deutschland ansässiger Anteilseigner der eigentlich Handelnde ist, liegen in der Regel aktive Tätigkeiten i.S.d. § 8 Abs. 1 Nr. 4 AStG vor, die eine Hinzurechnungsbesteuerung ausschließen. Dies lässt sich dadurch erreichen, dass die ausländische Tochter beispielsweise die Rechte an einem Buch erwirbt und vermarktet und hierbei nicht die inländische Mutter oder der inländische Anteilseigner eingeschaltet wird. Darüber hinaus werden aktive Einkünfte regelmäßig auch dann erzielt werden, wenn bei der ausländischen Gesellschaft ein für derartige Geschäfte in kaufmännischer Weise eingerichteter Geschäftsbetrieb vorliegt.

4. Umsatzsteuer

Fall 16 — 464

Unternehmer A bietet seinen Kunden die Möglichkeit, auch über das Internet Bücher zu bestellen, die er dann durch einen Paketdienst ausliefern lässt. A beliefert auch Kunden im grenznahen innergemeinschaftlichen Ausland. Unterliegen diese Leistungen der deutschen Umsatzsteuer?

Fall 17 — 465

Unternehmer B bietet seinen Kunden die Möglichkeit, digitalisierte Bücher über das Internet im Wege des Downloadings zu kaufen. Er leistet wie A auch an Kunden im innergemeinschaftlichen Ausland. Handelt es sich hierbei um Lieferungen oder sonstige Leistungen, und unterliegen diese der deutschen Umsatzsteuer? Wie ist die Beurteilung, wenn B seinen Sitz in den USA hat?

Fall 18 — 466

Unternehmer C bietet Kunden Standard-Software und Individual-Software an. Er verkauft diese über seinen Versandhandel auch an Endabnehmer im innergemeinschaftlichen Ausland. Handelt es sich hierbei um Lieferungen oder sonstige Leistungen, und unterliegen diese der deutschen Umsatzsteuer?

Fall 19 — 467

Unternehmer D bietet Kunden Standard-Software und Individual-Software an. Er verkauft diese im Wege der Online-Lieferung als Downloading unmittelbar über das Internet an Endabnehmer auch im innergemeinschaftlichen Ausland. Handelt es sich hierbei um Lieferungen oder sonstige Leistungen, und unterliegen diese der deutschen Umsatzsteuer? Wie ist die Beurteilung, wenn D seinen Sitz in den USA hat?

Es wurde bereits angedeutet, dass im Bereich der Umsatzbesteuerung der Gesetzgeber – auch in Umsetzung europarechtlicher Richtlinienvorgaben[58] – auf die neuen Herausforderungen des elektronischen Handels reagiert hat. Dies betrifft insbesondere die

468

---

58 Zuletzt durch das sog. Mehrwertsteuerpaket, RL 2008/8/EG vom 12.2.2008, ABl. EU L 44 vom 20.2.2008, S. 11; RL 2008/9/EG vom 12.2.2008, ABl. EU L 44 vom 20.2.2008, S. 23.

Regelungen zum Ort einer elektronisch erbrachten Leistung sowie das Vorsteuervergütungsverfahren im grenzüberschreitenden Handel[59].

469 Zudem wurde im Umsatzsteuergesetz das sog. Einortprinzip verankert. Es betraf zunächst nur Unternehmen aus Drittländern, d.h. außerhalb der EU ansässige Unternehmen, die in das Gemeinschaftsgebiet hinein umsatzsteuerpflichtige Leistungen erbringen. Sie können sich in einem EU-Mitgliedstaat für umsatzsteuerliche Zwecke registrieren lassen und dort alle innerhalb der EU ausgeführten steuerbaren und steuerpflichtigen Umsätze versteuern. Eine ähnliche Regelung wurde auch für Unternehmer aus dem Gemeinschaftsgebiet, die innerhalb der EU Leistungen i.S.d. § 3a Abs. 5 Satz 2 UStG an Nichtunternehmer erbringen, geschaffen[60].

470 Bereits durch das Steueränderungsgesetz 2003 wurden darüber hinaus die Vorschriften über die Rechnungsstellung neu gefasst[61]. Sie lassen es unter bestimmten Voraussetzungen auch zu, dass auf elektronischem Weg erbrachte Rechnungen zum Vorsteuerabzug berechtigen.

a) Die Steuerbarkeit von Umsätzen im Electronic Commerce

471 Für den Electronic Commerce sind aus umsatzsteuerrechtlicher Sicht im Wesentlichen die folgenden Punkte von erhöhter Relevanz:
1. Liegt überhaupt eine steuerbare Leistung vor?
2. Liegt der Leistungsort im Inland?
3. Welcher Steuersatz ist anwendbar?
4. Wie stellt sich das Besteuerungsverfahren dar?
5. Welche Anforderungen muss eine elektronische Rechnung erfüllen, um zum Vorsteuerabzug zu berechtigen?

472 Der erste Schritt bei der Beantwortung der Frage, ob für einen Geschäftsvorgang Umsatzsteuer anfällt, ist die Prüfung, ob überhaupt ein steuerbarer Umsatz vorliegt. Der Hauptfall der Umsatzsteuerbarkeit ist in § 1 Abs. 1 Nr. 1 UStG geregelt. Demnach ist ein Umsatz steuerbar, wenn ihm eine Lieferung oder sonstige Leistung gegen Entgelt zugrunde liegt, die von einem Unternehmer im Rahmen seines Unternehmens im Inland ausgeführt wird.

473 Diese erste Voraussetzung des Vorliegens einer umsatzsteuerrechtlich relevanten Leistung bereitet bei Geschäften, die über das Internet abgewickelt werden, im Regelfall kein Problem.

---

59 Insbesondere die Regelungen zum Ort der Leistung durch das Jahressteuergesetz 2009 (JStG) vom 19.12.2008, BGBl. I, S. 2794; das Jahressteuergesetz 2010 (JStG) vom 8.12.2010, BGBl. I, S. 1768 und das Kroatien-Anpassungsgesetz vom 25.7.2014, BGBl. I, S. 1266.
60 Vgl. Art. 369a-369k MwStSystRL in der ab dem 1.1.2015 geltenden Fassung; Umsetzung durch § 18 Abs. 4e bzw. § 18h UStG.
61 Zweites Gesetz zur Änderung steuerrechtlicher Vorschriften vom 15.12.2003 (Steueränderungsgesetz 2003 – StÄndG 2003), BGBl. I, S. 2645; mit diesem wurde die Rechnungsrichtlinie, RL 2001/115/EG vom 20.12.2001, ABl. EG 2002 L 15, S. 24 umgesetzt.

b) Abgrenzung Lieferung – sonstige Leistung

Für die Bestimmung der materiellen Umsatzsteuerpflicht ist es zudem erforderlich festzustellen, ob es sich bei einer Leistung um eine Lieferung i.S.d. § 3 Abs. 1 UStG handelt, oder ob eine sonstige Leistung i.S.d. § 3 Abs. 9 UStG vorliegt. Die Bestimmung der Leistungsart ist nicht Selbstzweck, sondern hat weitreichende Konsequenzen für die Steuerbarkeit eines Umsatzes. So bestimmt sich der Leistungsort – und damit die Festlegung, in welchem Staat eine Leistung umsatzsteuerpflichtig ist – bei Lieferungen grundsätzlich nach § 3 Abs. 5a UStG, d.h. in der Regel danach, wo die Verfügungsmacht über den Gegenstand der Leistung übertragen wird. Bei sonstigen Leistungen dagegen bestimmt sich der Leistungsort grundsätzlich nach § 3a Abs. 1 UStG, das bedeutet am Sitz des leistenden Unternehmers. Allerdings wird hier bei einer Reihe von Leistungen von dieser Grundregel abgewichen, wenn beispielsweise einer der abschließenden Katalogtatbestände des § 3a Abs. 4 UStG vorliegt oder eine Leistung i.S.d. § 3a Abs. 5 Satz 2 UStG an einen Nichtunternehmer erbracht wird.

474

Weitere Konsequenzen der Einordnung als Lieferung oder sonstige Leistung ergeben sich darüber hinaus für die Anwendbarkeit des ermäßigten Steuersatzes nach § 12 Abs. 2 UStG.

475

Als Lieferung gelten gem. § 3 Abs. 1 UStG solche Leistungen, bei denen ein Unternehmer einem Abnehmer im Rahmen des Unternehmens die Verfügungsmacht über einen Gegenstand gegen Entgelt verschafft. Da die Umsatzsteuer als eine der wenigen Steuerarten auf europäischer Ebene bereits der Harmonisierung unterliegt, sind für die Definition gesetzlicher Tatbestandsmerkmale immer auch die dem Umsatzsteuergesetz zugrunde liegenden europäischen Richtlinien heranzuziehen. Als besonders bedeutsam für das Umsatzsteuerrecht erweist sich dabei die 6. Mehrwertsteuer-Richtlinie von 1977[62], mit der eine weitgehende Vereinheitlichung der bis dahin bestehenden unterschiedlichen nationalen europäischen Mehrwertsteuersysteme erreicht wurde. Ihre Regelungen finden sich heute in der Mehrwertsteuersystemrichtlinie, mit der im Jahr 2006 eine Zusammenfassung der bis zu diesem Zeitpunkt in mehreren Einzelrichtlinien verstreuten umsatzsteuerlichen Regelungen herbeigeführt wurde[63]. Die Lieferung eines Gegenstandes ist nach Art. 14 Abs. 1 der MwStSystRL die Übertragung der Befähigung, wie ein Eigentümer über einen körperlichen Gegenstand zu verfügen. Im Einklang mit dieser Legaldefinition sieht die Rechtsprechung und die ganz h.M. der Literatur als wesensnotwendige Voraussetzung einer Lieferung das Leisten eines körperlichen Gegenstandes i.S.d. § 90 BGB an[64].

476

Als Gegenstück zur Lieferung wird die sonstige Leistung in Art. 24 Abs. 1 MwStSystRL definiert. Sonstige Leistungen sind demnach all die Leistungen, die keine Lieferung

477

---

62 Richtlinie (EG) Nr. 77/388/EWG des Rates vom 17.5.1977, ABl. EG L 145 vom 13.6.1977, S. 1.
63 Richtlinie 2006/112/EG des Rates über das gemeinsame Mehrwertsteuersystem vom 28.11.2006, ABl. EU L 347, S. 1, ber. ABl. EU 2007 L 335, S. 60.
64 Vgl. auch zur Frage, wann im Electronic Commerce umsatzsteuerrechtlich eine Lieferung vorliegt Abschn. 3a.12 Abs. 4 und 5 UStAE.

i.S.d. Art. 14 Abs. 1 der Richtlinie sind. Dem entspricht die Definition der sonstigen Leistung in § 3 Abs. 9 UStG.

478 Bei den Büchern in **Fall 16** handelt es sich um körperliche Gegenstände i.S.d. § 90 BGB, die an die Abnehmer geleistet werden. Erfüllt ist hier daher der Tatbestand der Lieferung nach § 3 Abs. 1 UStG. Ob die Bücher über das Internet oder auf klassische Weise bestellt werden, wirkt sich dabei umsatzsteuerrechtlich nicht aus. Entscheidend für die Beurteilung ist nur die Art und Weise der Leistung selbst, nicht hingegen die des Bestellmediums.

In **Fall 17** fällt die Antwort, ob es sich um eine Lieferung oder um eine sonstige Leistung handelt, zunächst ebenso einfach. Da den Abnehmern keine Verfügungsmacht über körperliche Gegenstände verschafft wird, kann es sich bei der Übertragung digitalisierter Bücher nur um eine sonstige Leistung nach § 3 Abs. 9 UStG handeln.

479 Diese Auffassung ist inzwischen unbestritten[65], hat im europäischen Umsatzsteuerrichtlinienrecht Einzug gefunden und ist für das deutsche Umsatzsteuerrecht durch BMF-Schreiben bestätigt worden[66]. Die Konsequenzen dieser Einordnung sind weitreichend und teilweise widersprüchlich; auf sie soll später noch eingegangen werden. Es sei nur darauf hingewiesen, dass die gesetzliche Einordnung als sonstige Leistung zwar naheliegend, aber auch vor dem Hintergrund der obigen Definitionen keinesfalls zwingend war. Zum einen findet auch beim Download eine Materialisierung auf der Festplatte des Abnehmers statt, zum anderen wird in der Kommentarliteratur zu § 90 BGB – der den zivilrechtlichen Begriff des Gegenstandes enthält – mehrheitlich die Auffassung vertreten, dass bei der Übertragung von Computerprogrammen auf die Festplatte die Regel des § 90 BGB zumindest analog Anwendung findet[67].

480 Trotz dieser Bedenken ist nun de lege lata davon auszugehen, dass die überwiegende Anzahl der online erbrachten Leistungen grundsätzlich sonstige Leistungen im Sinne des Umsatzsteuergesetzes sind[68].

481 Folgt man dieser Auffassung, erfüllt jedenfalls in **Fall 17** das Downloading der digitalisierten Bücher die Voraussetzungen einer sonstigen Leistung i.S.d. § 3 Abs. 9 UStG. Das bedeutet, dass für die Bestimmung des Leistungsortes grundsätzlich die Regelung des § 3a UStG Anwendung findet.

482 Nicht völlig überzeugend ist auch die Beurteilung des Downloads von Software[69]. Dies findet seine Ursache bereits in der differenzierten Behandlung von Software im herkömmlichen Handel: Demnach soll nämlich der Verkauf von Standard-Software regelmäßig umsatzsteuerlich zu einer Lieferung führen, während der Verkauf von Individual-Software eine sonstige Leistung darstellen soll. Diese bereits im herkömmlichen

---

65 Vgl. dazu *Nieskens*, UR 2003, 313; *Erben/Pawlitschko*, ITRB 2005, 22; *Bartsch*, Betrieb und Wirtschaft 2004, 51; *Henseler*, UVR 2004, 44; *Winter*, UStB 2003, 213. Siehe auch Abschn. 3a.12 Abs. 3 und 5 UStAE.
66 BMF-Schreiben vom 9.10.2014, IV D 3 – S 7340/14/10002.
67 Vgl. *Palandt/Ellenberger*, BGB, 75. Auflage 2016, § 90 Rdnr. 2.
68 Abschn. 3a.12 Abs. 3 UStAE; so bereits zuvor OFD Cottbus, Vfg. vom 27.12.2000, S 7117 f – 5 – St 242; OFD Düsseldorf, Vfg. vom 11.1.1999, S 7100 A – St 141, DStR 1999, 238; OFD Hannover, Vfg. vom 23.2.1999, S 7100 – 936 – StH 532– S 7100 – 384 – StO 355, DStR 1999, 675; OFD Frankfurt a.M., RVfg. vom 29.12.1998, S 7100 A – 166 – St IV 10, BB 1999, 300; OFD Koblenz, Vfg. vom 22.6.1998 und vom 29.9.1998, S 7100 A – St 51 2.
69 Vgl. hierzu Abschn. 3a.12 Abs. 3 und 6 UStAE.

Handel nicht unbestreitbare Auffassung hatte im elektronischen Handel zunächst zu folgendem widersprüchlichen Ergebnis geführt:

> In **Fall 18** sollte bisher einmal eine Lieferung i.S.d. § 3 Abs. 1 UStG, das andere Mal eine sonstige Leistung i.S.d. § 3 Abs. 9 UStG vorliegen, was dazu führt, dass der Leistungsort im einen Fall nach § 3 Abs. 5a UStG, im anderen hingegen nach § 3a UStG zu bestimmen ist. Diese Differenzierung wurde von der Literatur als unsachgemäß kritisiert, da auch beim Verkauf von Standard-Software regelmäßig nicht die Verschaffung der Verfügungsmacht an den Datenträgern im Vordergrund stehe, sondern wie bei der Individual-Software auch die Programmierleistung. Der BFH hat sich bisher noch nicht explizit zu dieser Problematik geäußert; in einer Entscheidung zur Anwendbarkeit des ermäßigten Steuersatzes hat er aber Standard-Software als immaterielles Wirtschaftsgut eingestuft, was ebenfalls gegen die Behandlung als Lieferung sprechen würde[70]. Trotz aller – auch steuersystematischer – Bedenken hat die Finanzverwaltung bisher an dieser Differenzierung festgehalten[71].
>
> Für den Download von Software ist mit § 3a Abs. 5 Satz 2 Nr. 3 UStG gesetzlich vorgegeben, dass hierdurch grundsätzlich der Tatbestand der sonstigen Leistung erfüllt wird[72]. Das bedeutet, dass in **Fall 19**, unabhängig davon, ob Gegenstand des Downloads Standard- oder Individual-Software ist, ebenfalls eine sonstige Leistung i.S.d. § 3 Abs. 9 UStG vorliegt und die Bestimmung des Leistungsortes nach § 3a UStG erfolgt.

483

Die gegenwärtige – nach wie vor nicht überzeugende – Rechtslage stellt sich daher wie folgt dar:

484

- Wird das Internet lediglich als Bestellmedium genutzt, werden aber im Übrigen körperliche Waren geliefert (sog. Offline-Geschäfte), handelt es sich hierbei um Lieferungen i.S.d. § 3 Abs. 1 UStG.
- Leistungen, die unmittelbar über das Internet erbracht werden (sog. Online-Geschäfte), werden grundsätzlich als sonstige Leistungen i.S.d. § 3 Abs. 9 UStG behandelt. Dies gilt nicht nur für digitalisierte Waren, sondern auch für alle Arten von Computerprogrammen, d.h. sowohl für Standard- als auch Individual-Software.
- Werden Computerprogramme auf klassischem Wege verkauft, werden Standardprogramme als Lieferung und Individual-Software wird als sonstige Leistung behandelt.

c) Art der sonstigen Leistung

Abhängig von der Einordnung des Vorgangs als Lieferung oder sonstige Leistung bestimmt sich dann der Ort der Leistung und mit ihm, welchem Staat im grenzüberschreitenden Geschäftsverkehr die Besteuerungshoheit zusteht. Die umsatzsteuerrechtliche Beurteilung von Online-Geschäften folgt dabei der des klassischen Versandhandels:

485

> In **Fall 16** stellt sich die Bestimmung des Leistungsortes wie folgt dar: Es handelt sich bei dem Verkauf des Buches um eine Lieferung i.S.d. § 3 Abs. 1 UStG. Der Leistungsort bestimmt sich daher nach § 3 Abs. 5a UStG. Da A die Lieferung der Bücher durch die Post vornehmen lässt, handelt es sich um einen Versendungskauf i.S.d. § 3 Abs. 6 Satz 3 UStG, d.h., Ort der Lieferung ist der Ort, an dem die Versendung beginnt – eigentlich Deutschland. Gleichwohl unterliegt die Lieferung nicht der deutschen Umsatzsteuer, sondern nach § 3c Abs. 1 UStG der Umsatzsteuer

486

---

70 Vgl. BFH, BStBl. 1987 II, 728.
71 Abschn. 3.5 Abs. 2 Nr. 1, Abs. 3 Nr. 8 Satz 1 UStAE.
72 Abschn. 3a.12 Abs. 3 Nr. 2 UStAE.

des Wohnsitzstaates des Abnehmers, sofern es sich hierbei um einen Endverbraucher handelt. Diese Regelungen gelten unabhängig davon, ob das Internet zur Bestellung genutzt wird oder nicht.

487 Eine andere Beurteilung ergibt sich für Online-Geschäfte (**Fall 17** und **Fall 19**), die ja – wie bereits dargestellt – sonstige Leistungen sind. Grundsätzlich wird eine sonstige Leistung gem. § 3a Abs. 1 Satz 1 UStG an dem Ort ausgeführt, an dem der leistende Unternehmer seinen Sitz hat, bzw. gem. § 3a Abs. 1 Satz 2 UStG an einer entsprechenden Betriebsstätte, sofern der Empfänger der Leistung kein Unternehmer ist. Ist der Empfänger einer Leistung hingegen ein Unternehmer, der die Leistung für sein Unternehmen erwirbt, liegt der Ort der Leistung nach § 3a Abs. 2 UStG grundsätzlich an dem Ort, an dem der Empfänger sein Unternehmen betreibt bzw. am Ort einer entsprechenden Betriebsstätte. Diese Grundregeln gelten jedoch dann nicht, wenn eine der Ausnahmeregelungen nach § 3a Abs. 3-8 UStG oder §§ 3b, 3e oder 3f UStG eingreift. Die Ausnahmen des Abs. 3 kommen in den obigen Fallbeispielen nicht in Betracht. Hier könnte man allenfalls darüber nachdenken, ob beim Download eine wissenschaftliche, künstlerische oder sportliche Leistung im Vordergrund steht. Hierfür wird allerdings ein positives Tun vorausgesetzt, das künstlerischen, wissenschaftlichen oder sportlichen Charakter hat. Nicht ausreichend ist dagegen, dass das Ergebnis eines solchen Tuns, z.B. eine Plattenaufnahme oder eine CD-ROM, verkauft wird.

aa) Dienstleistungen an Nichtunternehmer im Drittlandsgebiet, § 3a Abs. 4 UStG

488 Während bei Leistungen an nichtunternehmerische Leistungsempfänger im Inland und im Gemeinschaftsgebiet der Leistungsort nach § 3a Abs. 1 UStG grundsätzlich am Sitz des leistenden Unternehmens bzw. dessen Betriebsstätte liegt, kommt es in bestimmten Fällen nach § 3a Abs. 4 UStG bei Leistungen an nichtunternehmerische Empfänger, die im Drittland ihren Sitz bzw. Wohnsitz haben, zu einer Leistungsortverlagerung an den Ort des Leistungsempfängers. Erste Voraussetzung hierfür ist, dass eine der abschließend aufgezählten Leistungen des § 3a Abs. 4 Satz 2 UStG vorliegt. Bei Online-Geschäften bedürfen dabei stets die folgenden Ausnahmeregelungen einer näheren Betrachtung:
– Nr. 1 – Übertragung von Urheberrechten,
– Nr. 4 – Datenverarbeitung,
– Nr. 5 – Informationsüberlassung.

(1) § 3a Abs. 4 Satz 2 Nr. 1 UStG „Übertragung von Urheberrechten"

489 Im Einzelfall kann es sich beim Download von Software oder digitalisierten Waren um die Übertragung von Urheberrechten i.S.d. § 3a Abs. 4 Satz 2 Nr. 1 UStG handeln. Dies ist jedoch nur dann der Fall, wenn dem Abnehmer hierbei ein ausschließliches Nutzungsrecht übertragen oder eingeräumt wird. Beim Downloading durch Endverbraucher ist dies regelmäßig nicht gegeben. Sie erhalten lediglich eine Kopie des auf dem Server bereitgehaltenen Programmes oder Buches zur eigenen Nutzung. Eine Übertragung von Urheberrechten findet dagegen im Normalfall nicht statt[73].

---

73 Vgl. BFH, BStBl. 1997 II, 372.

(2) § 3a Abs. 4 Satz 2 Nr. 4 UStG „Datenverarbeitung"

In Betracht kommt darüber hinaus, dass es sich beim Downloading digitalisierter Waren um einen Fall der Datenverarbeitung nach § 3a Abs. 4 Satz 2 Nr. 4 UStG handelt. Datenverarbeitung im Sinne dieser Regelung liegt dann vor, wenn bestimmte vom Nutzer eingegebene Daten durch die Datenverarbeitungsanlage in einem bestimmten vorher festgelegten Sinne ausgewertet werden und das Ergebnis dann dem Auftraggeber mitgeteilt wird[74]. Diese Voraussetzungen liegen beim Download im Regelfall jedoch nicht vor. So fehlt es sowohl an der Eingabe von Daten durch den Kunden als auch an der Auswertung solcher Daten durch den Unternehmer. 490

Eine Datenverarbeitung im obigen Sinne kann hingegen dann vorliegen, wenn ein Unternehmer für seine Kunden Internet-Datenbankrecherchen vornimmt. Kein Anwendungsfall des § 3a Abs. 4 Satz 2 Nr. 4 UStG ist hingegen – anders als zunächst von der Finanzverwaltung vertreten[75] – das Webhosting, das ein Fall des § 3a Abs. 5 Satz 2 Nr. 3 UStG ist. 491

(3) § 3a Abs. 4 Satz 2 Nr. 5 UStG „Informationsüberlassung"

Denkbar ist auch, dass es sich beim Downloading digitalisierter Güter um Informationsüberlassung i.S.d. § 3a Abs. 4 Satz 2 Nr. 5 UStG handelt. Hierunter fällt die Überlassung von Erkenntnissen, die geeignet sind, beim Abnehmer Verwendung zu finden. Allerdings ist zu beachten, dass die Überlassung von Informationen i.S.d. § 3a Abs. 4 Satz 2 Nr. 5 UStG einen dem § 3a Abs. 4 Satz 2 Nr. 1 UStG vergleichbaren Anwendungsbereich hat. Erforderlich ist in beiden Varianten, dass nicht nur eine Übermittlung rechtlich geschützter Inhalte stattfindet, sondern dass die den Inhalten zugrunde liegenden Rechte übertragen oder eingeräumt werden. Der Unterschied der Regelungen besteht demnach nur darin, dass § 3a Abs. 4 Satz 2 Nr. 5 UStG solche Leistungen umfasst, die nicht unter den strengen Schutz der in Nr. 1 aufgezählten Rechte fallen. Auch für die Überlassung von Informationen ist also die Übertragung oder Einräumung von Rechten – etwa an Know-how – erforderlich. Bei business-to-consumer-Downloading-Geschäften ist dies in der Regel nicht der Fall[76]. § 3a Abs. 4 Satz 2 Nr. 5 UStG ist daher nicht anwendbar. 492

bb) Telekommunikations-, Rundfunk- und Fernsehdienstleistungen sowie elektronisch erbrachte Dienstleistungen, § 3a Abs. 5 UStG

Auch in den Fällen des § 3a Abs. 5 UStG kommt es zu einer Verlagerung des Leistungsortes gegenüber § 3a Abs. 1 UStG[77]. Empfängt ein Nichtunternehmer eine sonstige Leistung i.S.d. § 3a Abs. 5 Satz 2 UStG, wird die Leistung an dem Ort ausgeführt, an 493

---

74 Abschn. 3a.9 Abs. 15 UStAE.
75 OFD Cottbus, Vfg. vom 27.12.2000, S 7117 f – 5 – St 242.
76 In diesem Sinne überzeugend auch FG Köln, Urteil vom 22.11.2007, Az: 15 K 3601/04, Rdnr. 59 des amtlichen Umdrucks. Vgl. auch Abschn. 3a.9 Abs. 16 UStAE.
77 Vgl. zur Umstellung auf das Verbrauchs- bzw. Empfängerortprinzip zum 1.1.2015 *Grambeck*, UR 2013, 241; *Bathe*, BC 2014, 387; *Feil/Weigl/Rothballer*, BB 2014, 2072; *Ilsley/Paucksch/Rakhan*, MwStR 2014, 259.

dem der Leistungsempfänger seinen Wohnsitz, seinen gewöhnlichen Aufenthaltsort oder seinen Sitz hat. Durch das Kroatien-Anpassungsgesetz[78] wurden die Nummern 11-13 aus dem Katalog des § 3a Abs. 4 Satz 2 UStG gestrichen. Die dort aufgeführten Telekommunikations-, Rundfunk- und Fernsehdienstleistungen sowie elektronisch erbrachten Dienstleistungen werden seit 1.1.2015 in § 3a Abs. 5 UStG geregelt. § 3a Abs. 5 UStG basiert unionsrechtlich auf Art. 58 MwStSystRL und erfasst folgende Leistungen:
- Nr. 1 – Telekommunikationsleistungen,
- Nr. 2 – Rundfunk- und Fernsehdienstleistungen,
- Nr. 3 – auf elektronischem Weg erbrachte sonstige Leistungen

(1) § 3a Abs. 5 Satz 2 Nr. 1 UStG „Telekommunikationsleistungen"

494 Bereits durch das Umsatzsteueränderungsgesetz 1997 vom 12.12.1996[79] wurde in den Katalog des § 3a Abs. 4 UStG eine Regelung über „sonstige Leistungen auf dem Gebiet der Telekommunikation" aufgenommen. Hintergrund der Einführung dieser Vorschrift waren Befürchtungen des Gesetzgebers, dass die zunehmenden Möglichkeiten der Telekommunikation zu Arbeitsplatzverlagerungen ins Ausland und damit verbunden auch zu Steuerausfällen führen könnten. Gem. Art. 24 Abs. 2 MwStSystRL sind Telekommunikationsdienstleistungen alle Dienstleistungen zum Zweck der Übertragung, Ausstrahlung oder des Empfangs von Signalen, Schrift, Bild und Ton oder Informationen jeglicher Art mittels technischer Anlagen[80]. Telekommunikationsleistungen, die von Drittlandsunternehmern erbracht, aber im Inland genutzt oder ausgewertet werden, sind gem. § 3a Abs. 6 Satz 1 Nr. 3 UStG als im Inland erbracht anzusehen.

495 Das Bundesfinanzministerium hat erklärt[81], dass Telekommunikationsleistungen im Sinne des Umsatzsteuergesetzes weitgehend mit den Telekommunikationsdienstleistungen im Sinne des Telekommunikationsgesetzes übereinstimmen. Diese umfassen jedoch nicht den inhaltlichen Gehalt einer Leistung, sondern stellen vielmehr auf die technische Übertragungsleistung ab. Beim Download steht nicht die technische Übertragungsleistung, sondern die Inhaltsleistung im Vordergrund, sodass § 3a Abs. 5 Satz 2 Nr. 1 UStG hierauf keine Anwendung findet.

496 § 3a Abs. 5 Satz 2 Nr. 1 UStG ist dagegen anwendbar auf solche Leistungen, die gerade die technische Übertragungsleistung zum Gegenstand haben. Beispiele hierfür sind VoIP-Dienste, E-Mail-Dienste, Internet-Zugangsdienste und Videotelefonie-Dienste[82].

---

78 Gesetz zur Anpassung des nationalen Steuerrechts an den Beitritt Kroatiens zur EU und zur Änderung weiterer steuerlicher Vorschriften vom 25.7.2014, BGBl. I, S. 1266; mit diesem wurde unter anderem die Dienstleistungs-Richtlinie, RL 2008/8/EG vom 12.2.2008, ABl. EU L 44 vom 20.2.2008, S. 11 umgesetzt.
79 BGBl. 1996 I, S. 1851.
80 Abschn. 3a.10 Abs. 1 Satz 1 UStAE enthält eine dem Unionsrecht entsprechende Definiton.
81 Abschn. 3a.10 Abs. 1 UStAE.
82 Abschn. 3a.10 Abs. 2 Satz 2 UStAE.

(2) § 3a Abs. 5 Satz 2 Nr. 2 UStG „Rundfunk- und Fernsehdienstleistungen"

Rundfunk- und Fernsehdienstleistungen sind Radio- und Fernsehprogramme, die über Kabel, Antenne oder Satellit verbreitet werden. Deren umsatzsteuerliche Beurteilung ändert sich auch nicht dadurch, dass ein Programm zugleich über das Internet als Livestream übertragen wird.

497

Nicht um Rundfunk- oder Fernsehdienstleistungen handelt es sich allerdings dann, wenn ein Programm ausschließlich über das Internet erbracht wird. Dann liegt eine Leistung nach § 3a Abs. 5 Satz 2 Nr. 3 UStG vor. Webradio und Webfernsehen, die ausschließlich über das Internet erbracht werden, fallen daher nicht unter § 3a Abs. 5 Satz 2 Nr. 2 UStG, sondern unter § 3a Abs. 5 Satz 2 Nr. 3 UStG, der jedoch ebenfalls eine Verlagerung des Leistungsortes anordnet[83]. Unabhängig davon, ob es sich bei dem Leistungsempfänger um einen Unternehmer oder einen Nichtunternehmer handelt, wird die Leistung nach § 3a Abs. 2 bzw. § 3a Abs. 5 UStG am Ort des Leistungsempfängers erbracht.

498

(3) § 3a Abs. 5 Satz 2 Nr. 3 UStG „auf elektronischem Weg erbrachte sonstige Leistungen"

Besonderes Augenmerk ist auf § 3a Abs. 5 Satz 2 Nr. 3 UStG – „auf elektronischem Weg erbrachte sonstige Leistungen" – zu richten. § 3a Abs. 5 Satz 2 Nr. 3 UStG „auf elektronischem Weg erbrachte sonstige Leistungen" umfasst den Großteil der heute Anwendung findenden Online-Geschäfte. Von § 3a Abs. 5 Satz 2 Nr. 3 UStG werden insbesondere folgende Umsätze erfasst[84]:

499

- Download digitaler Produkte. Dies betrifft den Download von E-Books, Bildern, Texten, Tönen, Datenbanken, Musik, Filmen, Software (einschließlich Standard- und auch Individualsoftware).
- Dienste, die in elektronischen Netzen eine Präsenz zu geschäftlichen oder persönlichen Zwecken vermitteln oder unterstützen; insbesondere die Bereitstellung von Websites, Webhosting und die Fernwartung von Software und Hardware[85].
- Von einem Computer automatisch generierte Dienstleistungen über das Internet oder ein elektronisches Netz auf der Grundlage spezifischer Dateneingaben des Leistungsempfängers; dies betrifft insbesondere elektronische Datenbanken, Suchmaschinen.
- Sonstige automatisierte Dienstleistungen, für deren Erbringung das Internet oder ein elektronisches Netz erforderlich ist; hierunter werden insbesondere Webrundfunk, Fernunterrichtsleistungen, Online-Versteigerungen, virtuelle Marktplätze und die Angebote von Internet Service Providern, soweit sie über die bloße technische Zugangsverschaffung zum Internet hinausgehen, verstanden.

---

83 Abschn. 3a.11 Abs. 2 UStAE.
84 Abschn. 3a.12 Abs. 2 und 3 UStAE.
85 Zur umsatzsteuerlichen Behandlung von EDV-Wartungsverträgen vgl. *Metzler*, BC 2007, 49.

500 Für die Leistungsortbestimmung – und damit die Frage, ob ein Umsatz im Inland steuerbar ist – ergeben sich daraus folgende Konsequenzen:

d) Leistungsort bei unternehmerischen Empfängern

501 Bei Leistungen an einen Unternehmer gilt grundsätzlich das Empfängerortprinzip. Liegt eine sonstige Leistung vor, liegt der Leistungsort nach § 3a Abs. 2 UStG dort, wo der Empfänger sein Unternehmen betreibt. Leistungen, die an einen Unternehmer im Inland erbracht werden, sind damit stets im Inland steuerbar, und zwar unabhängig davon, ob der leistende Unternehmer im Inland, im Gemeinschaftsgebiet oder im Drittland seinen Sitz hat.

502 Bei Unternehmen, die im Ausland ihren Sitz haben und Leistungen erbringen, die so nach § 3a Abs. 2 UStG im Inland steuerbar sind, ist allerdings § 13b Abs. 1, Abs. 2 Nr. 1[86], Abs. 5 Satz 1 UStG zu beachten, der zu einer Verlagerung der Steuerschuldnerschaft auf den (unternehmerischen) Leistungsempfänger führt. Abweichend von § 13a Abs. 1 Nr. 1 UStG ist in diesen Fällen damit nicht mehr der leistende Unternehmer, sondern der Leistungsempfänger Steuerschuldner.

503 Wird die Leistung an der Betriebsstätte eines Unternehmers ausgeführt, so ist abweichend davon der Ort dieser Betriebsstätte maßgebend. Ebenso wie bei der Einkommensteuer ist es für bestimmte Konstellationen daher auch umsatzsteuerrechtlich relevant, unter welchen Bedingungen Einrichtungen im Internet eine Betriebsstätte begründen können. Grundsätzlich gilt auch für das UStG, da es keine eigenständige Definition der Betriebsstätte enthält, die Definition des § 12 AO. Insoweit kann zunächst auf die einkommensteuerrechtlichen Ausführungen zur Betriebsstätte verwiesen werden. Auch für umsatzsteuerliche Fragen kommt insbesondere der Internet-Server als Betriebsstätte des leistenden Unternehmers in Betracht, sodass auf den ersten Blick eine Verlagerung des Ortes der Leistung in das steuergünstigere Ausland leicht möglich erscheint. Obgleich § 12 AO grundsätzlich für alle Steuergesetze gilt, sind jedoch bei der Auslegung des Betriebsstättenbegriffs im UStG Besonderheiten zu beachten. Diese bestehen, da das UStG – wie bereits erwähnt – aufgrund von europäischen Richtlinien europaweit harmonisiert worden ist. Nach ständiger Rechtsprechung des EuGH ist bei der Auslegung nationaler Regelungen immer auf die Vereinbarkeit der Auslegung mit der entsprechenden europarechtlichen Regelung zu achten (sog. richtlinienkonforme Auslegung)[87]. Diese Vorgabe hat für die Auslegung des Betriebsstättenbegriffes weitreichende Folgen. Während nämlich nach der Rechtsprechung des BFH das Vorhandensein von Personal keine zwingende Voraussetzung für die Annahme einer Betriebsstätte ist[88], geht der EuGH bisher in ständiger Rechtsprechung davon aus, dass eine Betriebsstätte im Sinne der MwStSystRL zwingend nur dann vorliegen

---

86 Abhängig davon, ob der leistende Unternehmer im übrigen Gemeinschaftsgebiet oder in einem Drittland ansässig ist, ist § 13b Abs. 1, Abs. 5 Satz 1 bzw. § 13b Abs. 2 Nr. 1, Abs. 5 Satz 1 UStG anzuwenden.
87 Vgl. hierzu *Arndt/Fischer/Fetzer*, Europarecht, 11. Auflage 2015, Rdnr. 181 ff.
88 BFH, IStR 1997, 147.

kann, wenn dort Personal vorhanden ist[89]. Dieser Auffassung hat sich auch die Finanzverwaltung angeschlossen[90]. Vor diesem Hintergrund erscheint es zurzeit nicht möglich, den Internet-Server als Betriebsstätte im Sinne des UStG anzusehen. Das führt gleichwohl zu dem unbefriedigenden – und steuersystematisch schwer erklärbaren – Ergebnis, dass es durchaus möglich ist, den Server zwar als Betriebsstätte im einkommensteuerrechtlichen Sinn anzusehen, den gleichen Server aber nicht als Betriebsstätte im Sinne des UStG anzuerkennen. Es bleibt abzuwarten, ob der EuGH seine Rechtsprechung in diesem Punkt ändert – was zurzeit eher unwahrscheinlich sein dürfte – oder ob es zu einem grundsätzlichen Überdenken des Betriebsstättenbegriffs auch im einkommensteuerrechtlichen Sinn auf nationaler Ebene kommt. Eine Betriebsstättenbegründung durch Errichtung eines Servers ist derzeit jedenfalls umsatzsteuerrechtlich nicht möglich.

e) Leistungsort bei nichtunternehmerischen Empfängern

Im Vergleich zur bisherigen Rechtslage, gemäß der für die einzelnen Leistungen unterschiedliche Voraussetzungen bestanden, ist die Einordnung nach § 3a Abs. 5 Satz 2 UStG für die Bestimmung des Leistungsortes bei nichtunternehmerischen Empfängern von untergeordneter Bedeutung: **504**

Wird eine Leistung nach § 3a Abs. 5 Satz 2 UStG erbracht, so wird die sonstige Leistung an dem Ort ausgeführt, an dem der Leistungsempfänger seinen Wohnsitz, seinen gewöhnlichen Aufenthaltsort oder seinen Sitz hat. § 3a Abs. 5 Satz 2 UStG verschiebt mithin den Leistungsort in den Mitgliedstaat, in dem der tatsächliche Verbrauch stattfindet. Folglich ist der Vorgang, ebenso wie bei unternehmerischen Empfängern, am Empfängerort steuerbar. **505**

Im Gegensatz zu § 3a Abs. 4 Satz 2 Nr. 13 UStG a.F. ist eine Differenzierung nach dem Ansässigkeitsort des Leistungsempfängers nicht mehr vorzunehmen. § 3a Abs. 5 UStG gilt nicht nur im Verhältnis zu Drittländern, sondern auch innerhalb der EU. Unabhängig davon, ob der Leistungsempfänger im Gemeinschaftsgebiet oder in einem Drittland ansässig ist, liegt der Leistungsort gem. § 3a Abs. 5 Satz 2 Nr. 3, Abs. 5 Satz 1 UStG am Ort des Empfängers. Der Vorgang ist somit im Staat des Leistungserbringers nicht steuerbar, die Besteuerung erfolgt vielmehr im Staat des Dienstleistungsempfängers. **506**

Ebenso ist nach der Gesetzesänderung[91] für die Bestimmung des Leistungsortes grundsätzlich unerheblich, ob der leistende Unternehmer in der EU oder einem Drittland ansässig ist. Diese Unterscheidung ist jedoch im Rahmen des Besteuerungsverfahrens relevant[92]. **507**

---

89 EuGH, Slg. 1985-I, 2251; EuGH, Slg. 1997-I, 1005; EuGH, Slg. 1997-I, 4383.
90 OFD München, Vfg. vom 28.7.2003, S 7117 f – 26 St 431.
91 Gesetz zur Anpassung des nationalen Steuerrechts an den Beitritt Kroatiens zur EU und zur Änderung weiterer steuerlicher Vorschriften vom 25.7.2014, BGBl. I, S. 1266.
92 Vgl. dazu Kapitel IV. 4. g).

508 Wird hingegen eine sonstige Leistung nach § 3a Abs. 5 Satz 2 Nr. 1 oder 2 UStG erbracht, kommt bei der Leistung durch einen im Drittland ansässigen Unternehmer die Sonderregelung des § 3a Abs. 6 Satz 1 Nr. 3 UStG in Betracht. Danach gilt eine Leistung, die im Inland genutzt oder ausgewertet wird, auch dann als im Inland ausgeführt, wenn der Leistungsempfänger nicht im Inland ansässig ist.

509 Diese Regelung gilt für auf elektronischem Weg erbrachte Dienstleistungen i.S.d. § 3a Abs. 5 Satz 2 Nr. 3 UStG mangels einer entsprechenden Verweisung nicht. Für die Bestimmung des Leistungsortes ist nach § 3a Abs. 5 Satz 1 UStG der Ansässigkeitsort des Leistungsempfängers maßgeblich.

510 Für die Fallbeispiele bedeutet dies, dass in den **Fällen 17** und **19** beim Download der digitalisierten Bücher und der Standard-Software eine sonstige Leistung vorliegt. In beiden Fällen handelt es sich um „auf elektronischem Weg erbrachte sonstige Leistungen" i.S.d. § 3a Abs. 5 Satz 2 Nr. 3 UStG. Für die Leistungsortbestimmung ist bei nicht-unternehmerischen Empfängern § 3a Abs. 5 UStG maßgeblich, der gegenüber § 3a Abs. 1 UStG vorrangig ist. D.h., der Leistungsort liegt am Ansässigkeitsort des Leistungsempfängers. B bzw. D können nach § 18h UStG an dem neuen Besteuerungsverfahren[93] teilnehmen und ihre Umsätze in Deutschland erklären. Dies hat den Vorteil, dass sie sich nicht in jedem einzelnen Land, in dem sie Leistungen i.S.d. § 3a Abs. 5 Satz 2 UStG an Nichtunternehmer erbringen, umsatzsteuerlich registrieren müssen.

Haben B bzw. D ihren Sitz in den USA, also umsatzsteuerrechtlich in einem Drittland, ändert sich diese Beurteilung nicht. Der Leistungsort liegt auch hier gem. § 3a Abs. 5 Satz 2 Nr. 3 UStG am Empfängerort. Für das Besteuerungsverfahren ist § 18 Abs. 4c, Abs. 4d UStG zu beachten.

f) Anwendbarkeit des ermäßigten Steuersatzes nach § 12 Abs. 2 UStG

511 Eine weitere umsatzsteuerliche Frage des elektronischen Handels ist, ob Leistungen, die online erbracht werden, dem ermäßigten Steuersatz nach § 12 Abs. 2 UStG unterliegen, wenn die entsprechende traditionelle Leistungserbringung nach diesem besteuert würde. Das Problem soll an zwei Beispielen veranschaulicht werden:
(1) Ein Buch wird in der Bundesrepublik in einem Fall in gedruckter Form und in einem anderen Fall digitalisiert über das Internet verkauft.
(2) Software wird auf herkömmliche Weise und im Wege des Downloadings verkauft.

aa) Buchverkauf

512 Bücher, die in gedruckter Form verkauft werden, sind Lieferungen i.S.d. § 3 Abs. 1 UStG. Bestimmte Lieferungen unterliegen nach § 12 Abs. 2 Nr. 1 UStG dem ermäßigten Steuersatz von derzeit 7 %, sofern sie in einer Anlage zum UStG aufgeführt sind. Bücher, Zeitschriften und andere grafische Erzeugnisse sind als Nr. 49 der Anlage zu § 12 Abs. 2 Nr. 1 und 2 UStG aufgeführt und unterliegen daher dem ermäßigten Steuersatz.

513 Wird nun das gleiche Buch nicht mehr in gedruckter, sondern in digitalisierter Form über das Internet verkauft, handelt es sich, wie bereits oben ausgeführt, nach zurzeit in

---

93 „Mini-One-Stop-Shop" (MOSS) bzw. „Kleine einzige Anlaufstelle" (KEA); eingeführt durch das Gesetz zur Anpassung des nationalen Steuerrechts an den Beitritt Kroatiens zur EU und zur Änderung weiterer steuerlicher Vorschriften vom 25.7.2014, BGBl. I, S. 1266.

Finanzverwaltung und Literatur herrschender Auffassung stets um eine sonstige Leistung i.S.d. § 3 Abs. 9 UStG. Dies bedeutet jedoch, dass eine Anwendung des ermäßigten Steuersatzes nach § 12 Abs. 2 Nr. 1 UStG i.V.m. Nr. 49 der Anlage zu § 12 Abs. 2 Nr. 1 und 2 UStG de lege lata nicht mehr möglich ist. Nach dem eindeutigen Wortlaut des § 12 Abs. 2 Nr. 1 UStG findet er nur auf Lieferungen Anwendung. Es ist daher weiter zu prüfen, ob eine Anwendung des ermäßigten Steuersatzes nach § 12 Abs. 2 Nr. 2 ff. UStG in Betracht kommt. Hiernach ist auch für bestimmte sonstige Leistungen lediglich eine 7%ige Umsatzsteuer abzuführen. In Betracht kommt vorliegend ausschließlich eine Steuerermäßigung nach § 12 Abs. 2 Nr. 7c UStG – „Einräumung, Übertragung und Wahrnehmung von Rechten, die sich aus dem Urheberrechtsgesetz ergeben". Nach dem Urheberrechtsgesetz besitzt der Urheber als Rechte zur körperlichen Verwertung das Vervielfältigungsrecht nach § 16 UrhG, das Verbreitungsrecht nach § 17 UrhG und das Ausstellungsrecht nach § 18 UrhG. Beim Kauf eines Buchexemplares werden im Regelfall jedoch keine derartigen Rechte übertragen oder eingeräumt, weshalb eine Anwendung des ermäßigten Steuersatzes ausscheiden muss. Es kommt der Regelsteuersatz zur Anwendung[94].

514 Dies führt zu dem widersprüchlichen Ergebnis, dass es bei dem Verkauf des gleichen Buches zur Anwendung von zwei verschiedenen Umsatzsteuersätzen kommt, wenn das Buch einmal in gedruckter Form und einmal in digitalisierter Form verkauft wird. Dieses Ergebnis ist nicht nur unter steuersystematischen Gesichtspunkten höchst bedenklich, sondern ist auch vor dem allgemeinen Gleichheitssatz des Art. 3 Abs. 1 GG nur schwer zu halten. Angesichts der zunehmenden Verbreitung elektronischer Lesegeräte wie iPad und Kindle wird dieses Problem in Zukunft deutlich zunehmen und bedarf daher dringend einer Lösung.

515 Gleichwohl wäre ein nationaler Alleingang mit dem Ziel, vergleichbare elektronische und herkömmliche Produkte mit einem einheitlichen Steuersatz zu belegen, aufgrund der europarechtlichen Determinierung des Umsatzsteuerrechts nicht möglich. Auch die MwStSystRL sieht in ihrer derzeitigen Fassung keine Möglichkeit vor, elektronische Produkte, die mit herkömmlichen Printerzeugnissen vergleichbar sind, ebenfalls mit einem ermäßigten Steuersatz zu besteuern. Vielmehr lässt auch die Richtlinie einen ermäßigten Steuersatz nur für Druckerzeugnisse im herkömmlichen Sinn zu. Der EuGH hat daher in zwei Parallelentscheidungen die Anwendung eines ermäßigten Mehrwertsteuersatzes auf elektronische Bücher als europarechtswidrig beanstandet[95].

516 Entsprechend der oben dargestellten gleichheitsrechtlichen Problematik auf der Ebene des Verfassungsrechts ist jedoch auch diese Regelung unter gleichheitsrechtlichen Gesichtspunkten – auf der Ebene des primären Europarechts – problematisch. Der EuGH hat in seiner Rechtsprechung den allgemeinen Gleichheitssatz als fundamentalen Rechtssatz des Europarechts anerkannt[96]. Demnach gilt auch für Europarecht: Eine verbotene Diskriminierung liegt dann vor, wenn gleiche Sachverhalte ungleich oder

---
94 So auch FG Köln, Urteil vom 22.11.2007, Az: 15 K 3601/04 Rdnr. 63 des amtlichen Umdrucks in einem insoweit vergleichbaren Fall des Videodownloadings.
95 EuGH, Urteile vom 5.3.2015, Az: C-479/13, MMR 2015, 308; Az: C-502/13, MMR 2015, 313.
96 Vgl. dazu *Arndt/Fischer/Fetzer*, Europarecht, 11. Auflage 2015, Rdnr. 408 ff.

ungleiche Sachverhalte gleich behandelt werden, ohne dass hierfür ein rechtfertigender Grund vorliegt[97]. Mit den oben gemachten Ausführungen zur verfassungsrechtlichen Problematik der geltenden nationalen Steuersatzregelungen kommt man daher auch auf der europarechtlichen Ebene zur Unzulässigkeit der entsprechenden Richtlinienregelungen. Neben einer Anpassung des Umsatzsteuergesetzes wäre daher zuvörderst eine Anpassung der MwStSystRL erforderlich. Die Kultusministerien von Frankreich, Polen, Italien und Deutschland haben eine gemeinsame Erklärung zur Mehrwertsteuer auf E-Books abgegeben, in der sie die Gleichbehandlung mit herkömmlichen Büchern fordern[98]. Sie haben die Europäische Kommission aufgefordert, die derzeitige „ungerechtfertigte Schlechterstellung von E-Books" durch einen entsprechenden Gesetzesvorschlag zu beenden.

bb) Softwareverkauf

517 Bei Softwareverkäufen war die Situation bisher schon verwirrend. So war bei Standard-Software der Regelsteuersatz anzuwenden, da es sich um Lieferungen handelt, die nicht in der Anlage zum UStG aufgeführt sind. Bei Individual-Software handelt es sich dagegen um sonstige Leistungen. Diese sollten unter § 12 Abs. 1 Nr. 7c UStG (Übertragung oder Einräumung von Rechten, die sich aus dem UrhG ergeben) fallen, sodass hierfür der ermäßigte Steuersatz von 7 % erhoben wird[99]. Es bleibt abzuwarten, ob es sich auch auf diese Fragen auswirkt, dass Software, sofern sie über Computernetze geleistet wird, stets als sonstige Leistung eingeordnet werden soll. Bisher ist davon auszugehen, dass Individual-Software stets dem ermäßigten Steuersatz und Standard-Software stets dem Regelsteuersatz unterliegt.

518 Der oben dargestellte Wertungswiderspruch stellt eine wesentliche praxisrelevante Beeinträchtigung der Wettbewerbsneutralität der Mehrwertsteuer dar.

g) Besteuerungsverfahren

519 Vor dem Hintergrund der sich immer deutlicher abzeichnenden umsatzsteuerrechtlichen Schwierigkeiten, die der elektronische Handel mit sich bringt, hat sich auch die Europäische Kommission intensiv mit den Möglichkeiten der Anpassung des geltenden Mehrwertsteuersystems, d.h. insbesondere der MwStSystRL, beschäftigt[100]. Im Verlauf des Anpassungsverfahrens hat sich wieder einmal die Schwierigkeit einer einheitlichen europäischen Steuerpolitik, die von mitgliedstaatlichen Partikularinteressen geprägt wird, erwiesen. Eine der getroffenen Maßnahmen betrifft das Besteuerungsverfahren von Drittlandsunternehmen einerseits und Unternehmen im Gemeinschaftsgebiet andererseits, für die das sog. Einortprinzip eingeführt wurde[101]. Die Richtlinienvorgaben

---

97 EuGH, Slg. 1980, 417 – Bier und Wein.
98 Vgl. Pressemitteilung der Bundesregierung Nr. 110/15 vom 19.3.2015.
99 *Klenk/Weymüller*, in: *Sölch/Ringleb*, UStG, 75. Ergänzungslieferung 2015, § 12 Rdnr. 321.
100 *Arndt/Fetzer*, BB 2000, 1341.
101 Richtlinie 2008/8/EG vom 12.2.2008, ABl. EU L 44 vom 20.2.2008, S. 11, Art. 358a-369 für Drittunternehmer und Art. 369a-369k für EU-Unternehmen.

wurden in § 18 Abs. 4c und 4d UStG bzw. § 18 Abs. 4 e und § 18h UStG umgesetzt. Für das Besteuerungsverfahren ist danach zu differenzieren, ob der leistende Unternehmer in einem Drittland oder der EU ansässig ist. Zudem ist maßgeblich, ob die Leistung an eine Privatperson oder einen Unternehmer erbracht wird:

aa) Leistungen eines Drittlandsunternehmers an Nichtunternehmer

Das Besteuerungsverfahren für Unternehmen, die nicht im Gemeinschaftsgebiet ihren Sitz haben und elektronische Leistungen an nichtunternehmerische Empfänger im Gemeinschaftsgebiet erbringen, ist wie folgt geregelt:

520

Solche Unternehmen können abweichend von § 18 Abs. 1-4 UStG nach § 18 Abs. 4c UStG entscheiden, sich lediglich in einem EU-Mitgliedstaat für umsatzsteuerliche Zwecke registrieren zu lassen, sofern sie ausschließlich Umsätze nach § 3a Abs. 5 UStG im Gemeinschaftsgebiet erbringen (seit 1. Januar 2015 werden alle Leistungen i.S.d. § 3a Abs. 5 Satz 2 UStG erfasst). Will ein Unternehmen hiervon Gebrauch machen und sich in der Bundesrepublik registrieren lassen, so muss es dies dem Bundeszentralamt für Steuern vor Beginn der Tätigkeit in der EU anzeigen. Danach muss das Unternehmen für jedes Kalendervierteljahr bis zum 20. Tage nach Ablauf des vorangegangenen Vierteljahres eine Steuererklärung beim Bundeszentralamt für Steuern abgeben, § 18 Abs. 4c Satz 1 UStG. In ihr muss es alle Umsätze angeben, die mit Leistungen i.S.d. § 3a Abs. 5 Satz 2 UStG in das Gemeinschaftsgebiet erzielt wurden, aufgeschlüsselt nach jeweiligem Mitgliedstaat und dort geltendem Umsatzsteuersatz.

521

Die Verteilung des so angefallenen Umsatzsteueraufkommens wird durch die VO 815/2012/EU geregelt[102]. Demnach ist der Registraturstaat dafür verantwortlich, dass das Umsatzsteueraufkommen den Staaten zufließt, in denen die elektronischen Leistungen tatsächlich verbraucht wurden.

522

Folgen ergeben sich dadurch auch für den Vorsteuerabzug. Entscheidet sich ein Unternehmen für das Verfahren des § 18 Abs. 4c UStG, so kann es Vorsteuerbeträge gem. § 16 Abs. 1a Satz 3 UStG nicht im Rahmen des Vorsteuerabzugs, sondern nur im Rahmen des Vorsteuervergütungsverfahrens nach § 16 Abs. 1a, § 18 Abs. 9 Satz 1 UStG i.V.m. § 59 Satz 1 Nr. 4 UStDV beim Bundeszentralamt für Steuern geltend machen.

523

§ 18 Abs. 4d UStG regelt korrespondierend dazu den umgekehrten Fall: Registriert sich der Unternehmer in einem anderen Mitgliedstaat für umsatzsteuerliche Zwecke, hat er dort auch die Leistungen anzugeben, die gem. § 3a Abs. 5 UStG in Deutschland ausgeführt wurden. Nach § 18 Abs. 4d UStG muss der Unternehmer dann insoweit in Deutschland keine Erklärungen nach § 18 Abs. 1-4 UStG abgeben.

524

---

102 Verordnung (EU) Nr. 815/2012 des Rates vom 13.9.2012, ABl. EU L 249 vom 14.9.2012, S. 3, Art. 5 und Anhang III.

bb) Leistungen eines EU-Unternehmers an Nichtunternehmer

525 Erbringt ein EU-Unternehmer sonstige Leistungen i.S.d. § 3a Abs. 5 Satz 2 UStG an Nichtunternehmer mit Sitz, Wohnsitz oder gewöhnlichem Aufenthaltsort im Gemeinschaftsgebiet, gilt seit 1.1.2015 die sog. Mini-One-Stop-Shop-Regelung[103]. Die Bestimmungen entsprechen im Wesentlichen der Regelung für nicht im Gemeinschaftsgebiet ansässige Unternehmer (§ 18 Abs. 4c und Abs. 4d UStG). Gem. § 18 Abs. 4e UStG können EU-Unternehmer ihre nach § 3a Abs. 5 UStG in Deutschland erbrachten Leistungen in ihrem Ansässigkeitsstaat erklären. D.h. jeder EU-Unternehmer kann die Umsatzsteuer für Leistungen, bei denen der Leistungsort in einem anderen Mitgliedstaat liegt, in dem Mitgliedstaat erklären, in dem er ansässig ist. Er muss jedoch jeweils den Steuersatz des entsprechenden Leistungsortes ansetzen.

526 Entscheidet sich der Unternehmer für das Verfahren nach § 18 Abs. 4e UStG, können auch hier Vorsteuerbeträge nur im Rahmen des Vorsteuervergütungsverfahrens (§ 16 Abs. 1a, § 18 Abs. 9 Satz 1 UStG i.V.m. § 59 Satz 1 Nr. 4 UStDV) geltend gemacht werden.

527 Spiegelbildlich dazu regelt § 18h UStG, dass in Deutschland ansässige Unternehmer ihre in anderen Mitgliedstaaten erbrachten Umsätze und die dafür geschuldete Umsatzsteuer in der Bundesrepublik beim Bundeszentralamt für Steuern gemeinsam anmelden und entrichten können.

cc) Unternehmerischer Leistungsempfänger

528 Bei unternehmerischen Empfängern elektronischer Leistungen ist dagegen die Regelung des § 13b UStG zu beachten (sog. reverse charge). Durch § 13b Abs. 1, Abs. 2 Nr. 1[104], Abs. 5 Satz 1 UStG wird eine Verlagerung der Steuerschuldnerschaft auf den Leistungsempfänger vorgenommen. Abweichend von der umsatzsteuerlichen Grundregel des § 13a Abs. 1 Nr. 1 UStG, wonach Umsatzsteuerschuldner der leistende Unternehmer ist, wird dadurch bei unternehmerischen Leistungsempfängern, die Leistungen von einem nicht im Inland ansässigen Unternehmer erhalten, die Steuerschuldnerschaft auf den Leistungsempfänger verlagert.

---

103 Vgl. dazu den Leitfaden zur kleinen einzigen Anlaufstelle für die Mehrwertsteuer der Europäischen Kommission vom 23.10.2013, abrufbar unter http://ec.europa.eu/taxation_customs/resources/documents/taxation/vat/how_vat_works/telecom/one-stop-shop-guidelines_de.pdf; sowie den Fragen- und Antwortenkatalog des BZSt zum Verfahren Mini-One-Stop-Shop, http://www.bzst.de/DE/Steuern_International/Mini_One_Stop_Shop/FAQ/faq_M1SS_node.html.
104 Abhängig davon, ob der leistende Unternehmer im übrigen Gemeinschaftsgebiet oder in einem Drittland ansässig ist, ist § 13b Abs. 1, Abs. 5 Satz 1 bzw. § 13b Abs. 2 Nr. 1, Abs. 5 Satz 1 UStG anzuwenden.

h) Vorsteuerabzug nach § 15 UStG

Im unternehmerischen Geschäftsverkehr ist es für den Leistungsempfänger von entscheidender Bedeutung, dass er für ihm in Rechnung gestellte Umsatzsteuerbeträge den Vorsteuerabzug nach § 15 UStG geltend machen kann. Es sei an dieser Stelle unterstellt, dass es sich bei dem Leistungsempfänger um einen materiell-rechtlich vorsteuerabzugsberechtigten Unternehmer handelt, der eine digitalisierte Leistung erhalten hat. Erforderlich ist dann, dass der vorsteuerabzugsberechtigte Unternehmer eine Rechnung besitzt, die den Erfordernissen des § 14 UStG entspricht. Nach § 14 Abs. 1 Satz 1 UStG ist Rechnung „jedes Dokument, mit dem über eine Lieferung oder sonstige Leistung abgerechnet wird, gleichgültig, wie dieses Dokument im Geschäftsverkehr bezeichnet wird".

529

Ein wesentlicher Vorteil des elektronischen Handels liegt in der Möglichkeit, Zeit und Kosten zu reduzieren, indem papierlos gehandelt wird und vollständige Geschäftsvorgänge mittels Internet abgewickelt werden. Auch die Rechnungsstellung kann vereinfacht werden, wenn statt der herkömmlichen Papierrechnung, die umständlich mittels Brief verschickt werden muss, eine elektronische Rechnung beispielsweise über E-Mail ausgestellt wird, oder wenn nur noch die Abrechnung der Kreditkarte, die zur Zahlung eingesetzt wurde, über die abgewickelten Geschäfte Auskunft gibt.

530

§ 14 Abs. 1 Satz 7 Alt. 2 UStG lässt es daher unter der Voraussetzung, dass der Rechnungsempfänger dem zustimmt, zu, Rechnungen auch auf elektronischem Weg zu übermitteln[105]. Diese Zustimmung ist an keine bestimmte Form gebunden. Sie kann daher auch konkludent erklärt werden[106].

531

Soll eine Rechnung auf elektronischem Weg übermittelt werden, müssen die Echtheit der Herkunft sowie die Unversehrtheit des Inhalts gewährleistet sein[107]. Dies kann nach § 14 Abs. 3 UStG auf zwei Arten erfolgen[108]:

532

- Entweder die Rechnung wird mit einer qualifizierten elektronischen Signatur oder einer qualifizierten elektronischen Signatur mit Anbieter-Akkreditierung nach dem Signaturgesetz versehen, § 14 Abs. 3 Nr. 1 UStG. Dies gilt insbesondere, wenn eine Rechnung per E-Mail übertragen wird; oder

- im EDI-Verfahren, wenn der elektronische Datenaustausch vereinbart wurde und der Einsatz von Verfahren vorgesehen ist, die die Echtheit und Unversehrtheit der Daten gewährleisten, § 14 Abs. 3 Nr. 2 UStG.

Aufbau und Ablauf der elektronischen Rechnungsübermittlung müssen dabei für die Finanzverwaltung innerhalb angemessener Frist nachprüfbar sein, § 145 AO. Dies setzt

533

---

105 Dazu *Groß/Georgius*, BC 2005, 104. Die OFD Nürnberg hat hier ein Musterformular entworfen, Az: S 7000 – 14/St 43 vom 12.2.2004.
106 Vgl. BMF-Schreiben vom 29.1.2004, IV B 7 S 7280 – 19/04.
107 Vgl. dazu Abschn. 14.4 UStAE.
108 Zur elektronischen Rechnung mit Fremdsignierung siehe *Roßnagel*, BB 2007, 1233.

eine Dokumentation voraus, dass das Verfahren den Anforderungen der Grundsätze ordnungsgemäßer DV-gestützter Buchführung (GoBS) genügt[109].

i) Steuerliche Gestaltungsmöglichkeiten

534 Bei Beachtung einiger Vorgaben lassen sich auch auf Grundlage des derzeit geltenden Umsatzsteuergesetzes die steuerlichen Belastungen im Hinblick auf die Umsatzsteuer durchaus optimieren.

535 Für die steuerliche Beratung kann man zusammenfassend folgende Hinweise geben:
- Leistungen, die über das Internet erbracht werden, werden bei business-to-consumer-Transaktionen seit 1. Januar 2015 im Ansässigkeitsstaat des Leistungsempfängers besteuert. Ziel des Kroatien-Anpassungsgesetzes ist es, bestehende Wettbewerbsverzerrungen durch unterschiedliche Steuersätze innerhalb der EU zu beseitigen. Da seit 1. Januar 2015 der Leistungsort unabhängig vom Sitzstaat des leistenden Unternehmers bestimmt wird, ist im Gegensatz zur bisherigen Rechtslage eine Sitz- bzw. Betriebsstättenverlagerung in Mitgliedstaaten mit einem niedrigen Mehrwertsteuersatz aus umsatzsteuerlicher Sicht nicht mehr zu empfehlen.
- Die Betriebsstättenbegründung im Niedrigsteuerausland durch Verlagerung eines Internet-Servers ist allerdings aus umsatzsteuerlicher Sicht nicht möglich, da der EuGH für die Annahme einer Betriebsstätte stets das Vorhandensein von Personal fordert. Um umsatzsteuerlich eine Betriebsstätte zu begründen, wäre daher die Gründung einer ausländischen Tochtergesellschaft erforderlich. Da damit allerdings Schwierigkeiten bei der steuergünstigen Repatriierung der Unternehmensgewinne entstehen können, ist es erforderlich, die steuerlichen Vor- und Nachteile genau abzuwägen.
- Es ist aus steuerlicher Sicht unbedingt zu empfehlen, bei allen Leistungen, die über das Internet in Anspruch genommen werden, eine elektronische Rechnung zu fordern, die zumindest mit einer qualifizierten elektronischen Signatur nach dem deutschen Signaturgesetz versehen ist.

5. Steuerrechtliche Implikationen von virtuellen Marktplätzen und Online-Auktionen

536 Zu den erfolgreichsten Internetanwendungen gehören virtuelle Marktplätze und Internet-Auktionen, deren bekanntestes Beispiel sicherlich eBay ist. Die über eBay und vergleichbare Dienste getätigten Umsätze sind in den vergangenen Jahren erheblich gestiegen. Sowohl für Händler als auch Marktbetreiber spielen dabei ertragsteuerliche, vor allem aber umsatzsteuerliche Aspekte eine nicht zu vernachlässigende Rolle[110].

---

109 Vgl. BMF-Schreiben vom 29.1.2004, IV B 7 S 7280 – 19/04.
110 Dazu *Backu*, ITRB 2005, 115.

a) Umsatzsteuerpflicht von Marktbetreibern

Die Betreiber virtueller Marktplätze und von Online-Auktionen erbringen umsatzsteuerrechtlich im Regelfall eine sonstige Leistung i.S.d. § 3 Abs. 9 UStG. Während zunächst umstritten war, ob die Betreiber von virtuellen Marktplätzen und Online-Auktionen umsatzsteuerlich eine in der Bundesrepublik steuerbare Vermittlungsleistung erbringen, ist diese Frage durch § 3a Abs. 5 Satz 2 Nr. 3 UStG nun für virtuelle Marktplätze, Online-Auktionen und Download-Märkte beantwortet. Unter den in § 3a Abs. 5 Satz 2 Nr. 3 UStG verwandten Begriff der „auf elektronischem Weg erbrachten sonstigen Leistungen" fällt nun auch deren Tätigkeit, sei es die Bereitstellung von Musikstücken zum entgeltlichen Download oder der Betrieb von virtuellen Marktplätzen und Auktionen sowie damit zusammenhängende Dienstleistungen[111].

537

Dies bedeutet, dass, soweit eine solche Leistung an einen unternehmerischen Empfänger im Inland geleistet wird, der Leistungsort nach § 3a Abs. 2 Satz 1 UStG im Inland liegt, und zwar unabhängig davon, ob der Anbieter seinen Sitz im Inland, im Gemeinschaftsgebiet oder im Drittland hat. Allerdings kommt dem ausländischen Anbieter die Verlagerung der Steuerschuldnerschaft nach § 13b UStG zugute. Erhält also ein in Deutschland ansässiges Unternehmen eine solche Online-Leistung von einem im Ausland ansässigen Unternehmen, geht gem. § 13b Abs. 1, Abs. 2 Nr. 1, Abs. 5 Satz 1 UStG die Steuerschuldnerschaft auf das deutsche Unternehmen über. Dies gilt selbst dann, wenn das deutsche Unternehmen Kleinunternehmer i.S.d. Umsatzsteuerrechts ist.

538

Leistungen von virtuellen Marktplätzen, die an nichtunternehmerische Empfänger erbracht werden, sind dann in der Bundesrepublik steuerpflichtig, wenn der nichtunternehmerische Empfänger in der Bundesrepublik ansässig. In diesem Fall kommt es auch nicht zum Übergehen der Steuerschuldnerschaft nach § 13b UStG. Es bleibt vielmehr dabei, dass der Unternehmer Umsatzsteuerschuldner ist. Für im Drittland und Gemeinschaftsgebiet ansässige Unternehmen kommt in diesem Fall das oben unter IV. 4. g) dargestellte Verfahren zur Anwendung.

539

b) Umsatzsteuerpflicht von Nutzern

Wer als Privatperson über Handelsplattformen wie eBay Sachen verkauft und einen Gesamtumsatz von 17 500 Euro im vorangegangenen Jahr nicht überschritten hat und im laufenden Jahr voraussichtlich einen Umsatz von weniger als 50.000 Euro tätigt, ist Kleinunternehmer i.S.d. § 19 Abs. 1 UStG. Dies bedeutet, dass für die verkauften Sachen grundsätzlich keine Umsatzsteuer anfällt und auch auf einer Rechnung keine Umsatzsteuer ausgewiesen werden darf. Wird irrtümlich doch auf Rechnungen die Umsatzsteuer ausgewiesen, wird diese auch gem. § 14c Abs. 2 UStG gegenüber dem Finanzamt geschuldet. Auf die Anwendung der Kleinunternehmerregelung kann gem. § 19 Abs. 2 UStG verzichtet werden. Dies hat zur Folge, dass der Kleinunternehmer wie

540

---

111 Vgl. Abschn. 3a.12 Abs. 2 und 3 UStAE.

ein Unternehmer umsatzsteuerpflichtig ist, dafür aber auch das Recht zum Vorsteuerabzug erhält.

541 Wer als Unternehmer Waren über virtuelle Marktplätze verkauft, erbringt damit eine steuerbare und steuerpflichtige Lieferung, soweit sich der Leistungsort im Inland befindet. Dies ist grundsätzlich nach § 3 Abs. 6 Satz 1 UStG der Fall, wenn die Ware von der Bundesrepublik aus versandt wird. Für Lieferungen ins Ausland gelten allerdings die folgenden Ausnahmen: Bei Lieferungen an Unternehmer in das übrige Gemeinschaftsgebiet liegt eine innergemeinschaftliche steuerfreie Lieferung nach § 4 Nr. 1b UStG vor. Bei Lieferungen ins Drittland liegt grundsätzlich eine steuerfreie Ausfuhrlieferung gem. § 4 Nr. 1a UStG vor.

542 Die Vorsteuerabzugsberechtigung unternehmerischer Empfänger von Waren, die auf diese Art und Weise erworben wurden, richtet sich nach den allgemeinen Regelungen. Das bedeutet, dass ein Unternehmer, der Waren von Privatpersonen bzw. Kleinunternehmern erwirbt, keine Vorsteuerabzugsmöglichkeit besitzt. Allerdings kann er zur Vermeidung von ungerechtfertigten Belastungen von der Möglichkeit zur Differenzbesteuerung nach § 25a UStG Gebrauch machen.

c) Einkommensteuerpflicht von Marktbetreibern

543 Betreiber von virtuellen Marktplätzen und Online-Auktionen erzielen hierdurch, soweit sie gewerblich handeln, Einkünfte aus Gewerbebetrieb gem. § 15 EStG. Diese Einkünfte sind in der Bundesrepublik steuerbar, wenn der Steuerpflichtige entweder im Inland unbeschränkt steuerpflichtig ist oder die weiteren Voraussetzungen der beschränkten Steuerpflicht nach § 49 EStG vorliegen.

d) Einkommensteuerpflicht von Nutzern

544 Soweit es um die ertragsteuerliche Behandlung von Verkäufen über virtuelle Marktplätze geht, ist wie folgt zu differenzieren: Verkäufe von Privatpersonen, die gelegentlich über solche Marktplätze tätig werden, kann man im Regelfall der privaten Vermögensverwaltung zurechnen. Selbst bei regelmäßigem Verkauf ist die Gewerblichkeit dann zu verneinen, wenn gebrauchte Sachen verkauft werden, bei denen der Verkaufserlös unter den Anschaffungskosten liegt. Erst wenn eine Privatperson durch eine regelmäßige Betätigung, mit der Gewinne erzielt werden sollen, etwa durch den An- und Verkauf von Waren, auftritt, können steuerpflichtige Einkünfte aus Gewerbebetrieb vorliegen.

545 Bei professionellen Internethändlern, also etwa sog. Powersellern, die neben dem Verkauf in einem Laden auch über das Internet Waren verkaufen oder auch nur über das Internet handeln, liegen stets steuerpflichtige Einkünfte aus Gewerbebetrieb i.S.d. § 15 EStG vor.

6. Verfahrensrechtliche Probleme

Bei allen materiell-rechtlichen Unklarheiten und Widersprüchen, die der elektronische Handel für die Besteuerung nach sich zieht, darf nicht übersehen werden, dass das Hauptproblem der Besteuerung des elektronischen Handels auf verfahrensrechtlicher Ebene bei der Kontrolle der Steuererhebung liegt.

546

a) Probleme der steuerlichen Kontrolle

Schwierigkeiten resultieren dabei zunächst aus der zunehmenden Internationalisierung geschäftlicher Transaktionen gerade auch im business-to-consumer-Bereich. Verbunden hiermit ist ein Anstieg der Zahl ausländischer Steuerschuldner auch im Nicht-DBA-Ausland. Da nur wenige Rechts- und Amtshilfeabkommen auch in Steuersachen bestehen, ist eine faktische Nichtbesteuerung der in entsprechenden Staaten ansässigen Unternehmen nicht auszuschließen.

547

Praktikable Lösungsvorschläge hierfür bestehen bisher nicht. Von Seiten der Literatur wurde für den Bereich der Einkommensteuer erwogen, ob nicht unabhängig von einer inländischen Betriebsstätte oder einem ständigen Vertreter eine pauschale Abzugsteuer auf solche Online-Leistungen erhoben werden sollte, die im Inland genutzt oder verwertet werden[112]. Hierbei sollte der inländische Abnehmer einer Online-Leistung von der von ihm geschuldeten Gegenleistung einen Steueranteil einbehalten und für das ausländische Unternehmen an das deutsche Finanzamt abführen. Für den Bereich der Umsatzteuer wurden bereits entsprechende Regelungen geschaffen; ob diese allerdings die Kontrollproblematik lösen könnten, ist zumindest zweifelhaft[113]. Die Probleme einer Abzugsteuer im Quellenstaat liegen auf der Hand: Da der Steuerabzug von allen inländischen Abnehmern, d.h. sowohl von Unternehmen als auch von privaten Endverbrauchern, vorgenommen werden müsste, käme es zur Einbindung einer großen Anzahl privater Endverbraucher in die Steuererhebung. Hiermit wäre ein erheblicher administrativer Aufwand verbunden. Das Problem der Verpflichtung, einen Fiskalvertreter zu bestellen, liegt ebenfalls in der Durchsetzbarkeit: Ein Unternehmen, das auf den Cayman Islands Sitz und Server hat, wird kaum freiwillig einen Fiskalvertreter in der Europäischen Union bestellen. Wie eine Weigerung sanktioniert werden soll, ist unklar.

548

Problematischer ist, dass der Electronic Commerce im Internet im Vergleich zum klassischen Handel eine Reihe von Besonderheiten aufweist, die die Steuererhebung und -kontrolle, insbesondere bei Online-Geschäften, erheblich erschweren können.

549

In erster Linie sind dies die folgenden vier Faktoren:

550

(1) Zunächst die hohe Standortelastizität des Internets; durch die Unabhängigkeit des Internets von räumlichen Entfernungen sowie geografischen und politischen

---

112 *Strunk*, in: *Kleineidam*, Unternehmenspolitik und Internationale Besteuerung – Festschrift für Lutz Fischer, 1999, S. 259.
113 *Selling*, in: *Fischer/Strunk*, Steuerliche Aspekte des Electronic Commerce, 1998, S. 160.

Grenzen können Unternehmen den Ort ihres Sitzes nicht nur nahezu beliebig wählen, sondern auch ohne größeren Aufwand wieder verlegen, da eine physische Präsenz in einem bestimmten Land nicht mehr zwingend erforderlich ist, um dieses Land als Absatzmarkt zu erhalten. Für die Finanzverwaltung bedeutet dies eine Zunahme grenzüberschreitender Sachverhalte bei gleichzeitigem Verlust von Kontrollmöglichkeiten an den Grenzen.

(2) Hinzu kommt das potenziell hohe Maß an Anonymität, das sich denjenigen, die über das Internet kommunizieren, eröffnet und das die Identifizierung eines Steuerpflichtigen für die Finanzverwaltung erheblich beeinträchtigt.

(3) Weitere Probleme resultieren daraus, dass im elektronischen Handel mit einer zunehmenden Disintermediation – d.h. einem Wegfall von Zwischenhändlern in der Vertriebskette – zu rechnen ist. Hierdurch fallen für die Finanzverwaltung die Möglichkeiten von Gegenproben und Verprobungen bei den verschiedenen Beteiligten einer Vertriebskette, die bisher als Kontrollinstrumentarien für die Besteuerung dienen, weitgehend weg.

(4) Zusätzlich verhindert die Entmaterialisierung der Leistungen, dass durch Prüfung von Wareneingängen und Warenausgängen wie bisher auf den Umsatz eines Unternehmens geschlossen werden kann.

551 Durch das Zusammenspiel dieser Besonderheiten des Electronic Commerce entsteht die Gefahr der faktischen Nichtbesteuerung des elektronischen Handels aufgrund mangelnder Kontrollmöglichkeiten. Welch überragende Bedeutung gerade die steuerliche Kontrolle für die Besteuerung insgesamt hat, zeigt das Urteil des BVerfG zur Besteuerung von Kapitalerträgen[114]. Demnach beinhaltet die verfassungsmäßig durch Art. 3 Abs. 1 GG garantierte Gleichmäßigkeit der Besteuerung nicht nur eine materielle, sondern auch eine formelle Komponente. Aus dieser folgt, dass der Gesetzgeber bei einer Steuernorm das Besteuerungsverfahren so ausgestalten muss, dass materiellrechtlich bestehende Besteuerungsansprüche auch tatsächlich durchgesetzt und kontrolliert werden können. Kann das nicht gewährleistet werden, führt dies zur Verfassungswidrigkeit der gesamten Steuernorm[115].

b) Internetspezifische Lösungsansätze

552 Von entscheidender Bedeutung wird es daher sein, Wege zu finden, die Besteuerung des elektronischen Handels kontrollieren zu können. Wichtig ist hierfür, dass der Finanzverwaltung Möglichkeiten zur Verfügung stehen, die Beteiligten und den Inhalt einer geschäftlichen Transaktion zweifelsfrei zu identifizieren. Hierbei bieten sich mehrere Ansatzpunkte: erstens eine Anknüpfung an die IP-Adressen der Internet-Nutzer zu deren Identifizierung oder zweitens eine Anknüpfung an die digitale Signatur.

553 Die erste Überlegung stützt sich darauf, dass im Internet jedem angeschlossenen Rechner eine zunächst eindeutige IP-Adresse zugeordnet ist, mit deren Hilfe der Rechner im

---

114 BVerfGE 84, 239.
115 BVerfGE 84, 239.

Netz identifiziert werden kann. Erhielte nun die Finanzverwaltung die Möglichkeit, auf die Internet-Protokolle von E-Commerce-Unternehmen zuzugreifen, könnte sie anhand dieser Daten unter Umständen feststellen, mit wem und mit welchem Inhalt das Unternehmen über das Netz kommuniziert hat. Zurzeit allerdings scheitert dieser Lösungsvorschlag noch daran, dass Kunden großer Internet-Provider lediglich dynamisch, d.h. jedes Mal, wenn sie eine Verbindung zum Internet aufbauen, eine neue IP-Adresse zugewiesen bekommen.

Daneben wurde auch erwogen, ob man durch Anknüpfung an die digitale Signatur eine eindeutige Identifizierung der Beteiligten einer Internet-Transaktion erreichen kann. Dieser Ansatz erscheint ebenfalls nicht Erfolg versprechend. Digitale Signaturen werden im E-Commerce im Regelfall erst ab einem bestimmten Geschäftsvolumen eingesetzt. Bei geringwertigen Transaktionen lohnt sich der hiermit verbundene Aufwand kaum. Das bedeutet, dass bei Anknüpfung an die digitale Signatur nur ein bestimmter Teil des E-Commerce überhaupt erfasst würde. Hinzu kommt, dass selbst bei Verwendung einer digitalen Signatur nicht zweifelsfrei festgestellt werden kann, wer Inhaber dieser Signatur ist. Sowohl das deutsche Signaturgesetz als auch die europäische Signatur-Richtlinie sehen nämlich zwingend vor, dass digitale Signaturen auch unter einem Pseudonym beantragt werden können, ohne dass vorgesehen ist, dass die wahre Identität an die Steuerbehörden übermittelt werden darf. Auch die Anknüpfung an die digitale Signatur zur Identifizierung der Beteiligten scheint derzeit jedenfalls die Identifizierungsschwierigkeiten im elektronischen Handel nicht zu lösen. 554

c) Erweiterung der allgemeinen Kontrollbefugnisse der AO

Vor dem Hintergrund dieser ungelösten Kontrollproblematik hat die Finanzverwaltung die Chance genutzt, ihre Kontrollbefugnisse im Rahmen der Außenprüfung um die Möglichkeit einer EDV-System-Prüfung zu erweitern, ohne dass dabei allerdings zwischen Online- und Offline-Geschäften differenziert würde. Durch das Gesetz zur Senkung der Steuersätze und zur Reform der Unternehmensbesteuerung[116] sind die §§ 146, 147 AO dahingehend erweitert worden, dass es der Finanzverwaltung möglich ist, im Rahmen der Außenprüfung unmittelbar auf die EDV-Systeme von Unternehmen zuzugreifen, um die elektronisch gespeicherten Daten dieser Unternehmen zu prüfen[117]. Neben dieser unmittelbaren Zugriffsmöglichkeit können die Unternehmen auch dazu verpflichtet werden, die Daten nach den Vorgaben der Finanzverwaltung auszuwerten oder auf einem maschinell verarbeitbaren Datenträger zur Verfügung zu stellen. Zudem sollen die Unternehmen gewährleisten, dass die Daten während der gesetzlichen Aufbewahrungspflichten verarbeitbar vorgehalten werden. 555

Zu diesen Änderungen ist zunächst zu bemerken, dass sie im Hinblick auf die steuerliche Kontrolle des elektronischen Handels – insbesondere des Online-Electronic Commerce – keine wesentliche Verbesserung der Situation bringen können. Eines der 556

---

116 BStBl. 2000 I, 1433.
117 Hierzu *Hagenkötter*, NJW 2002, 1977.

Hauptprobleme bei der steuerlichen Kontrolle des Internet liegt für die Finanzverwaltung darin, die Beteiligten eines Geschäftsvorganges zu identifizieren. Wie hierzu die generelle Zugriffsmöglichkeit auf die EDV-Systeme von Unternehmen beitragen soll, ist nach wie vor nicht deutlich. So kann durch die Änderungen bestenfalls die Kontrolle des business-to-business-Bereichs erleichtert werden. Für den unter Kontrollgesichtspunkten wesentlich problematischeren business-to-consumer-Bereich sind sie dagegen gänzlich ohne Wirkung, weil die insbesondere für die Umsatzbesteuerung wesentliche Erfassung des Endverbrauchers hiermit nicht bewerkstelligt werden kann; denn seine Identität ist aus der Buchführung des Unternehmens im Regelfall nicht zu ermitteln. Neben den Einwänden gegen die Zwecktauglichkeit dieser neuen Kontrollmöglichkeiten bestehen auch ganz erhebliche verfassungsrechtliche – insbesondere datenschutzrechtliche – Bedenken[118].

557 Es bleibt demnach festzuhalten, dass die AO-Änderungen nicht nur für die Gewährleistung der steuerlichen Kontrolle des elektronischen Handels weitgehend wirkungslos, sondern zudem verfassungsrechtlich bedenklich sind[119].

d) Einsatz von Xpider

558 Angesichts der unbefriedigenden Situation hat die Finanzverwaltung auch den über das Internet abgewickelten Geschäften im business-to-consumer-Bereich eine erhöhte Aufmerksamkeit zukommen lassen, um das Steueraufkommen zu sichern. Dies betrifft insbesondere solche gewerblichen Händler, die vorgeblich als Privatpersonen über virtuelle Marktplätze und Online-Auktionen wie eBay zum Teil erhebliche Umsätze erzielen. Die Finanzverwaltung hat eine spezielle Suchmaschine Xpider zur Verfügung, mit der Angebote im Internet systematisch ausgewertet werden können, um so gewerbliche Händler zu identifizieren. Grundlage hierfür ist die Neuregelung des § 5 Abs. 1 Nr. 17 FVG, der dem Bundeszentralamt für Steuern die Aufgabe zuweist, die Landesfinanzverwaltungen bei der Überwachung der Umsatzbesteuerung des elektronischen Handels zu unterstützen[120]. Der Bundesrechnungshof hatte allerdings zunächst deutliche Kritik an Xpider geübt und dem Verfahren mangelnde Effektivität vorgeworfen[121]. Das BMF hat daraufhin einen verstärkten personellen und sachlichen Aufwand zugesichert, woraufhin die Xpider-Software dahingehend verbessert wurde, dass nicht mehr nur virtuelle Marktplätze und Online-Auktionshäuser, sondern alle unternehmerischen Aktivitäten im Netz überwacht werden können[122].

---

118 Zur Kritik an den Kontrollbefugnissen vgl. *Kromer*, DStR 2001, 1017; *Strunk/Zöllkau*, BB 2001, 703.
119 Fraglich ist nicht nur die Zwecktauglichkeit des Gesetzes als solches, sondern darüber hinaus auch die Vereinbarkeit der erweiterten Kontrollbefugnisse der AO mit dem Grundrecht auf informationelle Selbstbestimmung gem. Art. 2 Abs. 1 i.V.m. Art. 1 Abs. 1 Satz 1 GG. Zur Kritik an den Kontrollbefugnissen vgl. *Kromer*, DStR 2001, 1017; *Strunk/Zöllkau*, BB 2001, 703.
120 Weitere Informationen zu Xpider finden sich auf der Website des Bundeszentralamtes für Steuern http://www.bzst.de.
121 Vgl. BT-Drs. 16/3200, S. 207.
122 Vgl. FTD, Bericht vom 19.6.2007 „Steuersünder – online aufgespürt".

Darüber hinaus wird auch die Steuerfahndung zunehmend gezielt im Electronic Commerce tätig, um solche Internethändler zu identifizieren, die gewerblich tätig sind, ohne ihren dadurch entstehenden einkommen- und umsatzsteuerlichen Verpflichtungen nachzukommen. Dabei steht der Steuerfahndung die Möglichkeit eines Auskunftsersuchens gem. § 93 AO an die Betreiber der Online-Marktplätze zur Verfügung, um die vollständigen Daten eines Online-Händlers zu erhalten. Bei derartigen Anfragen können nicht nur Personendaten übermittelt werden, sondern auch Angaben über die unternehmerischen Aktivitäten der betreffenden Person in den vorangegangenen Jahren.

559

e) Ausblick

Auch weiterhin bestehen allerdings nach wie vor Zweifel, ob derzeit die Gleichmäßigkeit der Besteuerung aufgrund der Kontrollprobleme gewährleistet werden kann. Entscheidend für die Besteuerung des E-Commerce wird es daher sein, Lösungen auf diese verfahrensrechtlichen Fragen zu finden. Hier scheint sich eine gewisse Resignation breit zu machen. Angesichts der Tatsache, dass die Fortentwicklung des Electronic Commerce, der Mobile Commerce, nunmehr bereits Realität geworden ist, ist dies durchaus auch verständlich. Der M-Commerce bringt wiederum völlig neue Herausforderungen für das Steuerrecht mit sich. Gleichwohl gilt es sich diesen Herausforderungen zu stellen. Sollte es nämlich nicht gelingen, die Besteuerung von Electronic Commerce und Mobile Commerce sicherzustellen, wird dadurch letztendlich auch die Legitimation für die Besteuerung herkömmlicher Geschäfte infrage gestellt.

560

V. Internet-Angebote und Urheberrecht

561 ⎯ **Fall 20**[1]

Der Online-Dienst O unterhält unter der Domain „baumarkt.de" einen Dienst, bei dem nach vorheriger Eingabe eines Suchworts durch eine Suchmaschinenfunktion auf eine Liste mit anderen Websites verwiesen wird und durch Links zu diesen Websites Verbindungen hergestellt werden können. Ruft der User einen dieser Links auf, erscheinen innerhalb eines Rahmens, den O vorgegeben hat, die Websites eines Heimwerkerprodukte herstellenden Unternehmens (Framing). Der Werkzeughersteller W, dessen Website ebenfalls mit einem derartigen Link versehen wurde, ist der Auffassung, dass das Angebot von O gegen urheberrechtliche Bestimmungen verstößt.

562 ⎯ **Fall 21**[2]

Der Verleger V verlegt das „Handelsblatt" und die „Wirtschaftswoche" und betreibt darüber hinaus den Dienst „Wirtschaftsdatenbank". Das Unternehmen U erbringt für Kunden entgeltliche Leistungen zum Aufbau elektronischer Pressearchive. Hierzu verwertet U auch Beiträge aus dem Handelsblatt und der Wirtschaftswoche. U lässt sich von Kunden Exemplare der auszuwertenden Zeitschrift übermitteln, in denen zu archivierende Beiträge gekennzeichnet sind. Die Beiträge werden in ein Datenverarbeitungssystem eingescannt. Daraufhin werden die gewünschten Beiträge elektronisch ausgeschnitten und in einem Archivsystem indexiert. Das bearbeitete Dokument wird dem Kunden am folgenden Arbeitstag per E-Mail wieder zur Verfügung gestellt. Es wird vom Kunden zur Archivierung und zum Abruf in dessen DV-Anlage übernommen. V behauptet, in dem Verhalten von U liege ein Verstoß gegen urheberrechtliche Bestimmungen.

563 ⎯ **Fall 22**[3]

Musikproduzent M spielt mit Zustimmung der Berechtigten Synthesizer-Instrumentalversionen von Musikwerken (sog. Musical Instruments Digital Interface Files=MIDI-Files) ein. Provider P betreibt ein Musikforum im Internet. Auf einem Server von P können Nutzer Musikdateien, einschließlich MIDI-Files, herauf- oder herunterladen, wobei eine redaktionelle Betreuung und Kontrolle dieser Vorgänge nicht stattfindet. P weist in seinen Allgemeinen Geschäftsbedingungen außerdem darauf hin, dass die Nutzung dieses Dienstes nur unter Beachtung geltenden Rechts und der Rechte Dritter zulässig sei. Die bei ihm gespeicherten Dateien werden erst zum Download freigegeben, wenn sog. „Scouts" die Dateien auf das Vorhandensein von Viren und für sie erkennbare Copyright-Vermerke überprüft haben. Scouts sind Mitarbeiter von P, die auf freiwilliger Basis diese Tätigkeit verrichten. Unter den von dem Musikforum vorgehaltenen Musikdateien sind auch MIDI-Files von M. Er hält den Betrieb des Musikforums für rechtswidrig. Wie ist die Rechtslage?

---

1 Nach OLG Düsseldorf, ZUM-RD 1999, 492 – baumarkt.de.
2 Nach BGH, MMR 1999, 409 – elektronische Pressearchive.
3 Nach OLG München, CR 2001, 333 – MIDI-Dateien im AOL-Musikforum.

1. Patentrechtlicher Schutz für Websites und ihre Komponenten?

Gem. § 1 Abs. 3 Nr. 3 PatG und Art. 52 Abs. 2 lit. c EPÜ gelten Programme für Datenverarbeitungsanlagen nicht als Erfindungen und sind daher vom Patentschutz ausgeschlossen[4]. Der hieraus häufig vorschnell gezogene Schluss, Software sei nicht patentierbar, ist nicht nur unrichtig, sondern ebenso wenig auf Websites und ihre Komponenten übertragbar. Der Grund, dass Patentschutz für Software grundsätzlich verneint wird, liegt darin, dass Patentschutz nur für die Lösung einer technischen Aufgabe mit technischen Mitteln gewährt wird[5]. Die menschliche Leistung bei der Erstellung von Software ist hingegen schöpferischer und damit gedanklicher Art. Sie bedient sich keiner Mittel, die sich außerhalb der menschlichen Verstandestätigkeit auf technischem Gebiet befinden[6]. Patentschutz kommt demnach nur in Betracht, wenn ein Programm einen neuen erfinderischen Aufbau einer Datenverarbeitungsanlage erfordert oder lehrt, oder wenn ihm die Anweisung zu entnehmen ist, die Anlage auf eine neue, bisher nicht übliche und nicht naheliegende Art und Weise zu benutzen[7]. Dies kann beispielsweise der Fall sein, wenn die Software in technische Abläufe eingebunden ist, v.a. durch die Aufarbeitung von Messergebnissen oder die Steuerung, Regelung oder Überwachung des Ablaufs technischer Einrichtungen[8]. Schließlich soll Software sogar dann Patentschutz genießen, wenn sie die Umsetzung einer auf technischen Überlegungen beruhenden Erkenntnis darstellt. Erforderlich ist damit kurz gesprochen, dass das Programm wesensbestimmender Bestandteil eines technischen Gerätes geworden ist.

564

Diese Voraussetzungen erfüllen Websites offensichtlich nicht. Sie stellen letztlich Datensammlungen dar, die von einem Server unabhängig von der Hardware abgerufen werden sollen. Eine technische Lehre ist mit ihnen nie verbunden.

565

Das heißt aber selbstverständlich nicht, dass die mit einer Website verbundene Technik nicht doch patentfähig sein kann. So gelang es beispielsweise British Telecom (BT), 1976 beim britischen Patentamt ein Patent auf einen technischen Vorläufer der Hyperlinks zu erwirken. Dieses Patent wurde 1989 auch in den USA geschützt. Auf Basis dieses sog. „Sargent-Patents"[9] verklagte British Telecom 2002 einen amerikanischen Internet Provider und verursachte viel Aufregung, da die Gefahr gesehen wurde, dass BT die Hyperlink-Technik für sich monopolisieren wollte. Die Klage wurde allerdings abgewiesen. Das Patent betraf ein veraltetes technisches Verfahren, das sich deutlich von der heute angewandten Hyperlink-Technik unterscheidet.

566

---

4 Schon der BGH (BGHZ 67, 22, 27 – Dispositionsprogramm; BGH, GRUR 1986, 531, 533 – Flugkostenminimierung) hat in ständiger Rechtsprechung die Patentierbarkeit von Software abgelehnt.
5 Vgl. EPA, CR 1991, 21; EPA, GRUR Int. 1990, 465.
6 BGH, GRUR 1992, 36, 38 – Chinesische Schriftzeichen.
7 Vgl. BGH, GRUR 1992, 33, 35 – Seitenpuffer; BGHZ 67, 22, 29 – Dispositionsprogramm; BGH, GRUR 1986, 531, 533 – Flugkostenminimierung; BGH, GRUR 1980, 849 ff. – Antiblockiersystem; BGH, GRUR 1992, 430 ff. – Tauchcomputer.
8 BGH, GRUR 1992, 33, 35 – Seitenpuffer; BGH, CR 2000, 500 ff. – Sprachanalyseeinrichtung; CR 2000, 281 ff. – Logikverifikation.
9 U.S. Patent No. 4873662.

567 Ein weiteres Beispiel ist die MPEG-Technologie, die bei der Wiedergabe von Audiocontent auf Websites eine große Rolle spielt. Die Fraunhofer-Gesellschaft und andere Firmen besitzen Softwarepatente auf Teilverfahren und verlangen Lizenzgebühren für mp3-Encoder. Bei der Entwicklung des mp3-Formats soll indes auf Patente der Bell Laboratories zurückgegriffen worden sein. Alcatel-Lucent, Eigentümer von Bell Laboratories, führte daher weltweit Patentverletzungsverfahren, auch gegen die Fraunhofer-Gesellschaft.

2. Die Website als Werk i.S.d. § 2 UrhG

a) Kein Ideenschutz

568 § 1 UrhG stellt klar, dass „Werke" Urheberschutz genießen. Werke im Sinne des Urheberrechtsgesetzes sind persönliche geistige Schöpfungen (§ 2 Abs. 2 UrhG). Eine Schöpfung ist immer eine Verkörperung menschlicher Kreativität. Solange diese schöpferische Fantasie noch keine konkrete Ausgestaltung in Form einer „Schöpfung" gefunden hat, ist sie als Idee oder bloßer Gedanke urheberrechtlich schutzlos[10]. So ist auch die Konzeption einer Website nicht schutzfähig[11]. Für Software hat § 69a Abs. 2 Satz 2 UrhG dies explizit festgeschrieben.

b) Werkbegriff und Internet

569 Zentraler Begriff des Urheberrechts ist also das „Werk" als „persönliche geistige Schöpfung". Für Software bestimmt § 69a Abs. 3 UrhG, dass ein Werk vorliegt, wenn es „das Ergebnis der eigenen geistigen Schöpfung des Urhebers ist". Andere Kriterien, beispielsweise qualitative oder ästhetische, bleiben unberücksichtigt.

570 Lange Zeit war umstritten, wann z.B. ein Computerprogramm die erforderliche gestalterische Höhe besitzt. Anerkannte die Rechtsprechung den Schutz von Software-Programmen vor Einführung der §§ 69a ff. UrhG nur, wenn das „Schaffen eines Durchschnittsprogrammierers deutlich übertroffen" wurde[12], musste diese Rechtsprechung nach Umsetzung der EU-Computerrechts-Richtlinie[13] erweiternd korrigiert werden. Heute ist jedes individuelle Computerprogramm, das „statistisch einmalig" ist, urheberrechtlich geschützt[14]. Für die Praxis resultiert hieraus eine tatsächliche Vermutung der Urheberrechtsschutzfähigkeit von Software[15]. Das „look and feel" eines Computerpro-

---

10 BGH, GRUR 1977, 547, 551 – Kettenkerze; GRUR 1979, 705, 706 – Notizklötze; *Nordemann*, in: *Fromm/Nordemann*, Urheberrecht, 11. Auflage 2014, § 2 Rdnr. 44.
11 OLG München, ZUM 1986, 292, 294, für die Konzeption eines Warenzeichenlexikons.
12 BGHZ 94, 276, 287 – Inkassoprogramm; GRUR 1991, 449 – Betriebssystem.
13 RL (EG) Nr. 91/250/EWG des Rates vom 14.5.1991 über den Schutz von Computerprogrammen, ABl. EG L 122 vom 17.5.1991, S. 42.
14 Vgl. hierzu OLG Karlsruhe, CR 1994, 607, 611; *Erdmann/Bornkamm*, GRUR 1991, 877; *Czychowski*, in: *Fromm/Nordemann*, Urheberrecht, 11. Auflage 2014, § 69a Rdnr. 16; *Raubenheimer*, CR 1994, 69 ff.
15 *Erdmann/Bornkamm*, GRUR 1991, 877, 879.

gramms, also die Bildschirmmaske, ist jedoch nur unter der Voraussetzung des § 2 Abs. 1 Nr. 7 UrhG als grafische Gestaltung schutzfähig[16].

Ob Websites als Computerprogramme geschützt werden können, ist umstritten. Ein Computerprogramm ist eine Folge von Befehlen, die nach Aufnahme in einen maschinenlesbaren Träger fähig ist, mittels einer informationsverarbeitenden Maschine eine bestimmte Funktion oder Aufgabe oder ein Ergebnis auszuführen, anzuzeigen oder zu erzielen[17]. Zum Teil wird vertreten, dass § 69a Abs. 2 Satz 1 UrhG für alle Ausdrucksformen eines Programms gelte, so dass eine html-Datei, und zwar sowohl mit Blick auf ihr Erscheinungsbild im Web-Browser als auch der Source-Code, den man in einem Editor-Programm betrachten kann, geschützt sei[18]. Eine Website sei nämlich nichts anderes als eine Folge von Befehlen in der Codierungssprache html, die genau die Eigenschaften, die soeben beschrieben wurden, besäße. Die herrschende Meinung lehnt diese Auffassung ab. Der html-Code ist ein bloßes Hilfsmittel zur Kommunikation einer vorgegebenen Bildschirmgestaltung im Netz[19]. Dass bestimmte Informationen in eine html-Codierung gebracht werden, begründet nicht die Annahme einer Programmierleistung[20]. Auch aus dem Wortlaut von § 69a Abs. 2 UrhG („Ausdrucksformen") ist zu schließen, dass der Schutz von Computerprogrammen vor allem den Programmcode sowie die innere Struktur und Organisation des Programms umfasst[21]. Davon zu unterscheiden ist das durch das Programm hervorgebrachte und auf dem Bildschirm sichtbar gemachte Arbeitsergebnis. Der schöpferische Gehalt einer Website verkörpert sich letztlich nicht in der Programmierung, sondern in der sich durch Sprache, Bild und gegebenenfalls Ton vermittelten gedanklichen Aussage[22]. Folgt man der herrschenden Meinung, ist der Softwareschutz für Websites noch nicht ganz vom Tisch: Als Computerprogramme werden im Bereich Internet beispielsweise Browser, Search-Engines, E-Mail-Software oder Software zur Aktivierung von Links geschützt. Websites selbst sind keine Computerprogramme, sondern Datensammlungen[23], in die gegebenenfalls kleine Computerprogramme integriert werden. Demnach kann die Werkeigenschaft einer Website nur nach den allgemeinen Kriterien (§ 2 Abs. 1 UrhG) erfüllt sein. Insbesondere ist eine Leistung mit gestalterischer Höhe i.S.d. § 2 Abs. 2 UrhG erforderlich. Diese liegt nach der Rechtsprechung dann vor, wenn die Leistung des Webdesigners bei Gegenüberstellung mit einer durchschnittlichen Gestaltertätigkeit das Durchschnittskönnen deutlich übersteigt[24]. Andere Kriterien, beispielsweise qualitative oder geschmackliche, bleiben unberücksichtigt. Auch Teile von Websites können selbststän-

571

---

16 OLG Karlsruhe, CR 2010, 427, 428 m.w.N.; OLG Düsseldorf, MMR 1999, 729; OLG Hamburg, GRUR-RR 2001, 289; a.A. noch OLG Karlsruhe, CR 1994, 607, 609 sowie die Vorauflage.
17 OLG Frankfurt, MMR 2005, 705.
18 *Cichon*, ZUM 1998, 889; *Koch*, GRUR 1997, 417, 420.
19 OLG Rostock, MMR 2008, 116, 117; OLG Frankfurt, MMR 2005, 705, 706; *Leistner/Bettinger*, CR-Beilage 12/1999, 16; *Gaster*, MMR 1999, 734; *Köhler*, ZUM 1999, 548.
20 *Kaboth*, in: *Möhring/Nikolini*, UrhG, 3. Auflage 2014, § 69a Rdnr. 7.
21 OLG Düsseldorf, CR 2000, 184.
22 So OLG Frankfurt, MMR 2005, 705, 706; ebenso *Schricker/Loewenheim*, Urheberrecht, 4. Auflage 2010, § 2 Rdnr. 217.
23 Vgl. *Köhler*, ZUM 1999, 548.
24 Vgl. BGHZ 94, 279, 287 – Inkassoprogramm; BGH, GRUR 1993, 34, 36 – Bedienungsanweisung; *Köhler*, ZUM 1999, 548.

digen Schutz genießen, wenn sie allein Werkeigenschaft besitzen[25]. Selbst kleinste Teile einer Website können danach Schutz genießen, sofern sie noch in Form und Inhalt individuelle Prägung aufweisen (sog. kleine Münze).

572 Aus diesen grundsätzlichen Überlegungen folgt für die urheberrechtliche Schutzfähigkeit von Websites Folgendes:

573 **(aa)** Abgrenzbare literarische Texte, die Teil einer Website sind, werden gem. § 2 Abs. 1 Nr. 1 UrhG als Sprachwerke geschützt. Der Text muss aber „das Alltägliche und Handwerkliche deutlich überragen". Dies gilt insbesondere für die Schutzfähigkeit von wissenschaftlichen Sprachwerken, Anwaltsschriftsätzen oder etwa Briefen[26]. Einfachen werbemäßigen Beschreibungen oder alltäglichen Geschäftsbriefen, wie sie auf einer Website häufig vorkommen, ist der Urheberschutz ebenfalls zu versagen.

574 **(bb)** Fotografien sind als Lichtbildwerke gem. § 2 Abs. 1 Nr. 5 UrhG geschützt. Gerade mit Blick auf den ergänzenden Leistungsschutz gem. § 72 UrhG werden an die gestalterische Höhe von Fotografien (nicht: des fotografierten Objekts!) nicht unerhebliche Anforderungen gestellt. Werkschutz genießen regelmäßig künstlerische Fotografien und solche Fotografien, bei denen besondere Gestaltungsmittel und fotografische Techniken eingesetzt werden[27]. Bei der Gestaltung von Websites werden Lichtbildwerke eher selten geschaffen. Meist werden vorbestehende Bilder verwendet und durch Scannen digitalisiert, d.h. vervielfältigt. Hierauf wird noch einzugehen sein. Wird dabei das Bild durch Fotocomposing schöpferisch umgestaltet, entsteht jedenfalls ergänzend ein Bearbeitungsurheberrecht, § 3 UrhG[28]. Hervorzuheben ist schließlich noch, dass Computergrafiken nicht dem Lichtbilderschutz nach § 72 UrhG unterliegen[29]. Gemeint sind Fotografien, die über entsprechende Software verfremdet und verändert worden sind und dadurch kein Lichtbild i.S.d. Gesetzes mehr darstellen, weil sie nicht mehr „unter Benutzung strahlender Energie erzeugt" worden sind[30].

575 **(cc)** Lay-out und Satz der Website könnten theoretisch gem. § 2 Abs. 1 Nr. 7 UrhG Schutz genießen. Die erforderliche gestalterische Höhe wird bei Websites jedoch nur selten bejaht werden können[31].

576 **(dd)** Verwendete Musik ist über § 2 Abs. 1 Nr. 2 UrhG schutzfähig. Hierbei genießt insbesondere die Melodie, aber auch der individuell ästhetische Eindruck des Werkes Schutz[32]. Gleiches kann für den Rhythmus, die Instrumentierung und den Aufbau von Tonfolgen gelten. Selbst Melodienteile oder einzelne Motive können Schutz genießen,

---

25 BGHZ 9, 262, 266 – Lied der Wildbahn I; BGHZ 28, 234, 237 – Verkehrskinderlied; *Nordemann*, in: *Fromm/Nordemann*, Urheberrecht, 11. Auflage 2014, § 2 Rdnr. 116.
26 *Loewenheim*, in: *Schricker/Loewenheim*, Urheberrecht, 4. Auflage 2010, § 2 Rdnr. 87.
27 Vgl. OLG Düsseldorf, GRUR 1997, 49, 51 – Beuys Fotografien; *Nordemann*, in: *Fromm/Nordemann*, Urheberrecht, 11. Auflage 2014, § 72 Rdnr. 2.
28 *Schack*, JZ 1998, 753.
29 OLG Hamm, MMR 2005, 106, 107.
30 So OLG Hamm, MMR 2005, 106, 107; *Lauber-Rönsberg*, in: *Möhring/Nikolini*, Urheberrecht, 3. Auflage 2014, § 72 Rdnr. 11.
31 ÖOGH, GRUR Int. 2002, 349, 350 – telering.at.
32 BGH, GRUR 1981, 267, 268.

sofern sie eine ausreichende Länge besitzen, die eine gestalterische Höhe erkennen lässt[33]. Was aber ist mit dem Sound, also der bestimmten Form der Instrumentierung? Er ist prinzipiell nicht schutzfähig. Arrangements und Klangfarbenmodulationen können höchstens als Bearbeitung selbstständigen Schutz nach § 23 UrhG erlangen[34]. Das Soundsampling, also die Entnahme von kurzen (schutzfähigen) Sequenzen aus vorhandenen Tonträgern und deren Einspeisung in eigene Sounddatenbanken[35] ist zunächst von § 53 Abs. 1 UrhG gedeckt. Die Verwendung derartiger Sequenzen für das eigene kompositorische Schaffen ist urheberrechtlich relevant, wegen des geringen Umfangs der Sequenzen aber in der Regel als freie Benutzung gem. § 24 UrhG zulässig[36].

(ee) Doch auch eine bestimmte technische Realisierung einer Website kann urheberrechtlich schutzfähig sein. Dies wurde bspw. anerkannt, wenn ein Webdesigner seine Internetseite durch die gezielte Verwendung von Sprache so optimiert, dass sie bei der Eingabe von Alltagsbegriffen in eine Suchmaschine unter den ersten Suchergebnissen erscheint[37]. Hier geht es um die Auswahl, die Einteilung und die Anordnung von Suchbegriffen. Jedenfalls wenn von einer geschickten Auswahl und Anordnung der Schlüsselworte die Rede sein kann, wird man – ausnahmsweise – der Website eine individuelle Prägung im Sinne gestalterischer Höhe zubilligen können.

Alle genannten Werkarten folgen unterschiedlichen Anforderungen an die für den Schutz notwendige gestalterische Höhe. Betreffend Computerprogramme[38], Datenbanken[39] und Fotografien[40] ist nach dem jeweils einschlägigen – gleichlautenden – Richtlinientext „eine eigene geistige Schöpfung" zu verlangen. Dieser „europäische Werkbegriff" wird vom EuGH übernommen. So hat der EuGH in der Entscheidung Infopaq I[41] festgestellt, dass elf Worte aus einem Zeitungsartikel vom Vervielfältigungsrecht erfasst sein könnten. Bei der grafischen Benutzeroberfläche eines Computerprogramms[42] verwies der EuGH wiederum auf die „eigene geistige Schöpfung"[43]. Ob eine einheitliche Beurteilung der erforderlichen gestalterischen Höhe bei allen Werkarten vom Europarecht vorgegeben wird, wird in der deutschen Literatur kontrovers diskutiert[44]. Der BGH hat in der Entscheidung Geburtstagszug[45] die bisher erhöhten Anforderungen an die Gestaltungshöhe bei Werken der angewandten Kunst auf die „eigene geistige Schöpfung" zurückgeschraubt. Insofern lässt sich tendenziell schon davon sprechen, dass ein europäischer Werkbegriff sich auch im deutschen Recht durchsetzt.

---

33 BGH, GRUR 2015, 1189 Tz. 44 – Goldrapper.
34 Vgl. im Einzelnen: *Tenschert,* ZUM 1987, 612.
35 Vgl. hierzu *Hoeren,* GRUR 1989, 10, 11; *Hertin,* GRUR 1989, 578.
36 So *Nordemann,* in: Fromm/Nordemann, Urheberrecht, 11. Auflage 2014, § 2 Rdnr. 48.
37 OLG Rostock, GRUR-RR 2008, 1 ff., zitiert nach juris, Rdnr. 15.
38 Art. 1 Abs. 3 der Computerrechts-RL 91/250/EWG.
39 Art. 3 Abs. 1 der Datenbank-RL 96/9/EG.
40 Art. 6 der RL 2001/106/EG.
41 EuGH, GRUR 2009, 1041 ff. – Infopaq I.
42 EuGH, GRUR 2011, 220, Rdnr. 45, 51 – BSA/Kulturministerium.
43 So auch EuGH, GRUR 2012, 817 ff. – Benutzerhandbuch.
44 Vgl. *Handig* GRUR-Int. 2012, 974 ff.; *Obergfell,* GRUR 2014, 621 ff.; a.A. *Schultze,* GRUR 2009, 1021 ff.
45 BGH, GRUR 2014, 175, 178 Rdnr. 34 f.

c) Websites als Datenbankwerke – § 4 Abs. 2 UrhG

579 Websites können weiter in ihrer Gesamtheit als Datenbankwerke i.S.d. § 4 Abs. 1, 2 UrhG geschützt sein. Hierunter wird eine Sammlung von Werken, Daten und anderen unabhängigen Elementen verstanden, die aufgrund der Auswahl oder der Anordnung der Elemente eine persönlich geistige Schöpfung darstellt. Zu denken ist hier an Adressenspeicher, Abstractsammlungen oder Sammlungen von Geburtstagen, Sportergebnissen, Leistungen, Börsenkursen etc. Voraussetzung ist, dass nicht nur chronologisch, alphabetisch oder numerisch geordnete Register geschaffen werden[46]. Das Erfordernis der funktionellen Selbstständigkeit und Unabhängigkeit der Elemente[47] kann entgegen anderslautender Ansicht[48] nicht wegen der technischen Verknüpfung der Einzelelemente bei Erstellung der Website im html-Format verneint werden. Denn die schutzfähige Leistung liegt gerade in der Sammlung und Verbindung von bisher selbstständigen Elementen – Texten, Bildern, Tonsequenzen – zu einem einheitlichen Ganzen; die Art und Weise ihrer Verbindung kann nicht zum Ausschluss der Schutzfähigkeit führen. Der Anspruch an die gestalterische Höhe in Auswahl und Anordnung wird bei einer Website sicher nur ausnahmsweise erfüllt sein[49].

580 Für Websites bedeutet dies, dass die Auswahl und Anordnung selbstständiger Werke, Daten oder „anderer unabhängiger Elemente, die einzeln mithilfe elektronischer Mittel oder auf andere Weise zugänglich sind" (vgl. § 4 Abs. 1 UrhG), ebenfalls Schutz genießen kann, sofern die Auswahl und die Anordnung eine persönliche geistige Schöpfung darstellen. Dies kann z.B. schon bei der Prüfung wissenschaftlicher Texte vor Eingliederung in eine Sammlung anhand zuvor aufgestellter Sachkriterien auf Relevanz und Qualität zur gestalterischen Höhe der Datenauswahl führen[50]. Von derartigen Ausnahmefällen abgesehen, gewinnen Datensammlungen ihren Wert aber regelmäßig eher aus der Vollständigkeit und Aktualität der gespeicherten Informationen[51] und multimediale Homepages aus der Wirkung der Gestaltung der verwendeten medialen Werke, nicht aber aus der besonderen Art ihrer Anordnung oder Verknüpfung. In diesen Fällen versagt der urheberrechtliche Werkschutz.

581 Wann ein Datenbankwerk eine persönlich geistige Schöpfung darstellt, ist mit Blick auf Art. 3 Abs. 1 der Datenbank-Richtlinie[52] zu bestimmen – immerhin ist § 4 Abs. 2 UrhG das Ergebnis der Umsetzung des Art. 3 Abs. 1 der Datenbank-Richtlinie[53]. Daher sind die Schutzanforderungen an das Datenbankwerk richtlinienkonform zu bestimmen. Hinzu kommt, dass die Kommission bei der Redaktion der Datenbank-Richtlinie vor dem Problem stand, dass in verschiedenen europäischen Staaten verschiedene Origi-

---

46 *Czychowski*, in: Fromm/Nordemann, Urheberrecht, 11. Auflage 2014, § 4 Rdnr. 3.
47 *Schricker/Loewenheim*, Urheberrecht, 4. Auflage 2010, § 4 Rdnr. 41; *Flechsig*, ZUM 1997, 577, 580.
48 *Sosnitza*, CR 2001, 693, 696.
49 Ebenso *Wiebe/Funkat*, MMR 1998, 69, 73.
50 *Hoebbel*, CR 1993, 12, 15.
51 Ebenso *Hoebbel*, CR 1993, 12, 15.
52 RL (EG) Nr. 96/9 des Europäischen Parlaments und des Rates vom 11.3.1996 über den rechtlichen Schutz von Datenbanken, ABl. EG L 77 vom 27.3.1996, S. 20.
53 BGH, MMR 2007, 589, 590 – Gedichttitelliste I.

nalitätsstandards für den Schutz von Datenbanken existierten. Es war der gesetzgeberische Wille der Kommission, grundlegende konzeptionelle Unterschiede abzubauen und ein einheitliches europäisches Schutzniveau für Datenbanken einzuführen[54]. Dies belegt Erwägungsgrund 4 der Datenbank-Richtlinie.

Einen Hinweis darauf, wie die Werkeigenschaft eines Datenbankwerks europäisch definiert werden soll, enthält Erwägungsgrund 15 der Datenbank-Richtlinie. Hiernach soll als Kriterium, ob eine Datenbank für den urheberrechtlichen Schutz in Betracht kommt, allein gelten, ob der Urheber mit der Auswahl oder der Anordnung des Inhalts der Datenbank eine eigene geistige Schöpfung vollbracht hat. Andere Kriterien sollen außen vor bleiben. Diese Definition entspricht weitgehend dem Schutzstandard, den der BGH[55] und ihm folgend die Obergerichte betreffend den Schutz von Computerprogrammen gewähren und dem nunmehr auch der europäische Werkbegriff[56] folgt. Betrachtet man weiter, dass die Herausbildung eines uniformen europäischen Schutzstandards im Urheberrecht für alle Werkkategorien Ziel der Politik der Kommission ist[57], liegt es nahe, für den urheberrechtlichen Schutz von Datenbankwerken die gleichen Anforderungen vorzusehen, wie sie für Computerprogramme in Art. 1 Abs. 3 der Computerrechts-Richtlinie 91/250/ EWG und Art. 6 der Schutzdauer-Richtlinie 93/98/ EWG[58] vorgesehen sind[59]. Nichts anderes ist mit Blick auf Websites angemessen. Es wäre nicht einzusehen, dass Teile einer Website, die als Datenbankwerk zu qualifizieren sind, einem anderen Schutzniveau unterliegen sollen als die Teile, die Computerprogramme darstellen. Dies spricht dafür, jeder statistisch einmaligen, individuellen Ordnungsgesichtspunkten unterliegende Datensammlung Werkcharakter zuzusprechen[60].

582

d) Die Website als Sammelwerk – § 4 Abs. 1 UrhG

Als Sammelwerk i.S.d. § 4 Abs. 1 UrhG werden Sammlungen von Werken, Daten oder sonstigen Elementen verstanden, die jeweils selbstständig sind und aufgrund der besonderen Auswahl oder Anordnung eine persönliche geistige Schöpfung darstellen[61]. Da eine Website, welche die Voraussetzungen eines Sammelwerkes erfüllt, meist auch den Anforderungen eines Datenbankwerkes genügen wird, geht der Schutz nach § 4 Abs. 2 UrhG als lex specialis dem des § 4 Abs. 1 UrhG in der Regel vor.

583

---

54 *Gaster*, Der Rechtsschutz von Datenbanken, 1999, Art. 3 Rdnr. 116.
55 BGH, NJW 1993, 3136, 3137 – Buchhaltungsprogramm, m.w.N. zur Literatur.
56 Siehe oben Rdnr. 578.
57 Vgl. *Gaster*, Der Rechtsschutz von Datenbanken, 1999, Art. 3 Rdnr. 118.
58 RL (EG) Nr. 93/98 des Rates vom 29.10.1993 zur Harmonisierung der Schutzdauer des Urheberrechts und bestimmter verwandter Schutzrechte, ABl. EG L 290 vom 24.11.1993, S. 9.
59 BGH, MMR 2007, 589, 590 – Gedichttitelliste I; ebenso *Gaster*, Der Rechtsschutz von Datenbanken, 1999.
60 Im Ergebnis ebenso *Sosnitza*, CR 2001, 693, 696.
61 *Loewenheim*, in: Schricker/Loewenheim, Urheberrecht, 4. Auflage 2010, § 4 Rdnr. 36.

e) Die Website als Multimediawerk – § 2 Abs. 1 UrhG

584 Wenn die Website besonders komplex und einfallsreich gestaltet ist, kann die einzelne Webpage oder die gesamte Website im Einzelfall als Multimediawerk i.S.d. § 2 Abs. 1 UrhG[62] geschützt sein[63].

3. Leistungsschutzrechte und Internet

585 Unterhalb des Werkbegriffs kennt das Urheberrecht Schutz für Leistungen, die keine persönlich-geistigen Schöpfungen darstellen. Allerdings ist der Schutz nach Umfang und Dauer begrenzt[64]. Diese Leistungsschutzrechte sind unter dem Titel „Verwandte Schutzrechte" in den §§ 70-87e UrhG geregelt. Im Folgenden sind die für den Schutz von Websites in Betracht kommenden Leistungsschutzrechte ihrer Bedeutung entsprechend skizziert.

a) Schutz des Herstellers einer Datenbank

586 Durch Art. 7 IuKDG ist mit Wirkung vom 1.1.1998 der Schutz des Datenbankherstellers gem. §§ 87a ff. UrhG in das Urheberrecht aufgenommen worden. Die Vorschriften gehen auf die EU-Datenbank-Richtlinie[65] zurück.

587 Nach dem Wortlaut von § 87a Abs. 1 UrhG ist eine schutzfähige Datenbank jede „Sammlung von Werken, Daten oder anderen unabhängigen Elementen, die systematisch oder methodisch angeordnet und einzeln mithilfe elektronischer Mittel oder auf andere Weise zugänglich sind und deren Beschaffung, Überprüfung oder Darstellung eine nach Art und Umfang wesentliche Investition erfordert".

588 Bei der Auslegung des Begriffs der Datenbank kommt es nicht darauf an, dass eine persönlich-geistige Schöpfung, sondern nur, dass eine ausreichende wirtschaftliche Leistung im Sinne einer „wesentlichen Investition" vorliegt[66]. Eine Datenbank muss daher keinesfalls Werkcharakter i.S.d. §§ 2 oder 4 UrhG haben. Vielmehr ist der Datenbankbegriff in Übereinstimmung mit Art. 7 der Datenbank-Richtlinie weit zu fassen, und insbesondere ist keine Mindestanforderung qualitativer Art an eine Datenbank zu stellen[67]. Dies belegt, dass es letztlich um die wettbewerbsrechtliche Kategorie des

---

62 Für eine Anerkennung der Multimediawerke als unter § 2 Abs. 1 UrhG fallende Werkgattung: *Dreier*, GRUR 1997, 859, 860; *Schricker*, GRUR 1996, 815, 823; *Bechthold*, GRUR 1998, 18, 24; offen gelassen LG Düsseldorf, CR 1998, 763, 764.
63 Dahingehend OLG Rostock, MMR 2008, 116; *Schack*, MMR 2001, 9, 12.
64 Vgl. §§ 72 Abs. 3, 82, 84, 85 Abs. 2, 87c und d UrhG.
65 RL (EG) Nr. 96/9 des Europäischen Parlaments und des Rates vom 11.3.1996 über den rechtlichen Schutz von Datenbanken, ABl. EG L 77 vom 27.3.1996, S. 20.
66 EuGH, CR 2005, 412, 414 – Schutz von Datenbanken; OLG Köln, MMR 2007, 443, 444; *Köhler*, ZUM 1999, 551, 553.
67 Vgl. hierzu näher EuGH, CR 2005, 412, 415.

Investitionsschutzes und weniger um eine urheberrechtliche Fragestellung geht, was auf die Entstehungsgeschichte der Datenbank-Richtlinie zurückzuführen ist[68].

aa) Schutz von Webpages und Websites

Websites enthalten heute meist die Verknüpfung eines oder mehrerer Texte mit Grafiken, Fotografien, Hyperlinks und akustischen Inhalten (multimediale Gestaltung). Mit Blick auf Erwägungsgrund Nr. 17 der Datenbank-Richtlinie, wonach die Richtlinie Sammlungen von literarischen, künstlerischen, musikalischen oder anderen Werken sowie von anderem Material in jeglicher Form erfasst, liegt es nahe, Websites grundsätzlich nach § 87a UrhG zu schützen. Dies verbietet indes das Erfordernis einer „systematischen und methodischen Anordnung", das § 87a Abs. 1 Satz 1 UrhG aus Art. 1 Abs. 2 der Datenbank-Richtlinie übernommen hat.

589

Für den Schutz von Websites bedeutet dies Folgendes: Datenhaufen oder „Datafiles" können mangels vorliegenden Ordnungsprinzips keinen Schutz als Datenbank genießen[69]. Bereits eine alphabetische, historische oder quantitative Ordnung von Hyperlinks, Fotografien oder Texten wird aber ausreichen[70]. Eine quantitativ unterste Schwelle betreffend die Menge des angeordneten Materials lässt sich nicht einheitlich definieren. Entscheidend ist, ab welcher Zahl geordneten Materials erkennbar wird, ob der Sammlung ein Ordnungsprinzip zugrunde liegt. Bei zehn, fünf und meistens auch schon bei drei Hyperlinks, Abbildungen oder Texten wird man das zugrunde liegende Ordnungssystem ohne Weiteres durchschauen können. Dies mag im Einzelfall aber anders sein. Eine Unterschreitung der Zahl drei wird jedenfalls kaum ausreichen[71].

590

Wann multimediale Homepages geschützt sein können, ergibt sich noch nicht ohne Weiteres aus dem bisher Gesagten. Die Aneinanderreihung von Texten, Abbildungen und akustischen Informationen stellt per se keine systematische Anordnung dar. Andererseits sieht Erwägungsgrund 17 der Datenbank-Richtlinie gerade vor, dass die Zusammenstellung von Texten, Tönen, Bildern etc. vom Begriff der Datenbank erfasst werden soll. Erwägungsgrund 17 wurde bei der Redaktion der Richtlinie eingefügt, um zu verdeutlichen, dass auch multimediale Leistungen von der Richtlinie erfasst werden sollen[72].

591

Ob eine multimediale Website dem Datenbankbegriff unterfällt, lässt sich letztlich nur ermitteln, wenn man einen etwas genaueren Blick auf die technische Funktionsweise einer multimedialen Gestaltung wirft: Basis jeder multimedialen Anwendung ist eine Sammlung von voneinander unabhängigen Daten in Form von Texten, Abbildungen, Fotografien, Videosequenzen und Tönen (Meta-Daten). Um diese Informationen abzurufen, bedarf es eines „Managementsystems", das den Zugriff auf die gespeicherten

592

---

68 Vgl hierzu *Gaster*, Der Rechtsschutz von Datenbanken, 1999, Art. 7 Rdnr. 432.
69 OLG Hamburg, GRUR 2000, 318 ff. – Börsendaten; OLG Köln, MMR 2007, 443, 444.
70 Vgl. für den Schutz einer E-Mail-Adressdatenbank LG Düsseldorf, MMR 2003, 538 ff.
71 Dies kann ausnahmsweise sicherlich anders sein, wenn das Ordnungsprinzip sich schon aufgrund einer auf Erweiterung angelegten Anordnung des Materials ergibt, obwohl bisher lediglich 1 oder 2 Sammelobjekte vorliegen.
72 Vgl. *Gaster*, Der Rechtsschutz von Datenbanken, 1999, Art. 1 Rdnr. 76, 89.

Informationen realisiert. Darüber liegt schließlich die Benutzeroberfläche der Website, die es dem User erlaubt, mit der Managementsoftware[73] zu kommunizieren[74]. Technisch möglich ist auch, bei der Gestaltung einer multimedialen Website ein zweistufiges Modell zu wählen. In diesem Fall werden Managementsoftware und Datenbank selbst durch ein einheitliches Computerprogramm ersetzt[75].

593 Jedes in html erstellte Dokument, also letztlich jede Website, funktioniert nach diesem Prinzip. Über html werden alle notwendigen Informationen über den Aufbau einer Website festgelegt. Das html-Dokument wird von dem Webbrowser gelesen, der sich die einzelnen Elemente der Website gem. den Angaben in dem html-Dokument zusammensucht, zusammenfügt und auf der Benutzeroberfläche des Browsers ausgibt[76]. Insofern liegt in einer multimedialen Website eine Sammlung von Daten oder anderen unabhängigen Elementen i.S.d. § 87a UrhG[77]. Die in html-Dokumenten enthaltenen Strukturinformationen stellen eine methodische Anordnung im Sinne der Vorschrift (Ordnungsprinzip) dar. Die einzelnen Elemente können „einzeln mithilfe elektronischer Mittel" zugänglich gemacht werden, da der Nutzer über seinen Webbrowser die in dem html-Dokument definierten Einstellungen ignorieren und ein eigenes Lay-out definieren kann, bei dem einzelne Elemente gesondert abgerufen oder unterdrückt werden. Hinzu kommt, dass der Anwender oftmals die Präsentation der Website durch das Anklicken einzelner Elemente selbst beeinflussen kann[78].

594 Der Schutz einer Website nach § 87a UrhG kommt aber nur in Betracht, wenn deren „Beschaffung, Überprüfung oder Darstellung eine nach Art oder Umfang wesentliche Investition erfordert". Diesem Wortlaut des § 87a UrhG liegt die Bestimmung des Art. 7 Abs. 1 der Datenbank-Richtlinie zu Grunde. Dort ist ähnlich von einer „in qualitativer oder quantitativer Hinsicht wesentlichen Investition" die Rede[79]. Gem. Erwägungsgrund 19 kommt der Schutz „sui generis" des Art. 7 der Datenbank-Richtlinie in Betracht, wenn eine „ausreichend erhebliche Investition" getätigt worden ist.

595 Das Kriterium des Investitionsschutzes ist dem deutschen Recht wohlbekannt. Es handelt sich aber nicht um eine urheberrechtliche, sondern um eine wettbewerbsrechtliche Kategorie[80]. In der deutschen Literatur wurde Art. 7 Abs. 1 der Datenbank-Richtlinie daher bisher auch als wettbewerbsrechtlich geprägte Norm verstanden[81]. Die britische Lesart schlägt in dieselbe Kerbe[82].

---

73 Die Managementsoftware unterfällt isoliert nicht dem Datenbankschutz – vgl. Erwägungsgrund 23 – sondern dem Softwareschutz.
74 Vgl. *Wiebe/Funkat*, MMR 1998, 69, 72.
75 Zu den Einzelheiten vgl. *Wiebe/Funkat*, MMR 1998, 69, 72.
76 Ebenso: *Wiebe/Funkat*, MMR 1998, 69, 72.
77 Zustimmend: OLG Frankfurt, MMR 2004, 476, 477.
78 Vgl. *Köhler*, ZUM 1999, 551, 553; zustimmend OLG Frankfurt, MMR 2005, 705, 706.
79 BGH, GRUR 2005, 857, 858 – Hit Bilanz; OLG Köln, CR 2006, 368, 369.
80 Vgl. hierzu *Sambuc*, Der UWG-Nachahmungsschutz, 1996, Rdnr. 474.
81 Vgl. *von Gamm*, GRUR 1993, 203, 204; *Wuermeling*, NJW-CoR 1996, 183, 184; *Gaster*, CR 1997, 669, 673.
82 So auch *Gaster*, CR 1997, 669, 673.

Die ausdifferenzierten Grundsätze der deutschen Rechtsprechung zum wettbewerbsrechtlichen Leistungsschutz können aber nicht in Art. 7 Abs. 1 der Datenbank-Richtlinie hineininterpretiert werden. Dies verbietet sich schon aus der Entstehungsgeschichte der Vorschrift, in der es nicht darum ging, deutsche wettbewerbsrechtliche Grundsätze zum Harmonisierungsmaßstab europäischer Normen zu machen. Im Gegenteil: Die Kommission sah den bestehenden wettbewerbsrechtlichen Schutz gerade nicht als ausreichend an, um Datenbankinvestitionen adäquat zu schützen. Entsprechend fordert der Wortlaut von Art. 7 Abs. 1 der Datenbank-Richtlinie keine wettbewerbliche Eigenart. Erwägungsgrund 7 der Datenbank-Richtlinie stellt vielmehr ausschließlich darauf ab, dass der Aufbau einer Datenbank eine erhebliche menschliche, technische und finanzielle Investition erfordert, während diese zu einem Bruchteil der zu ihrer unabhängigen Entwicklung erforderlichen Kosten kopiert oder abgefragt werden könne. Hier zeigt sich letztlich eine Wertentscheidung des europäischen Gesetzgebers. Datenbanken stellen einen erheblichen Wert dar, auch wenn sie keine gestalterische Höhe besitzen und nicht wettbewerblich eigenartig sind. Da eine Kommunikationsgesellschaft davon lebt, dass gesammelte Daten Dritten zur Nutzung zur Verfügung gestellt werden, muss für den Hersteller jeder Datenbank eine Motivation geschaffen werden, seine Aufbauleistung nicht nur zu amortisieren, sondern auch wirtschaftlich angemessen zu verwerten. Dies ist nur möglich, wenn dem Hersteller der Datenbank umfassende rechtliche Schutzmöglichkeiten zur Seite gestellt werden, die nicht nur unter schwer zu erfüllenden Voraussetzungen eingreifen. Dieses Argument öffnet letztlich den Blick auf eine zweckorientierte und angemessene Auslegung des Begriffes „erhebliche Investition". Es kommt nur darauf an, ob jemand einen wirtschaftlichen Einsatz erbracht hat, den er nicht erbracht hätte, wenn das Leistungsergebnis Dritten ohne Weiteres zur Verwertung frei zugänglich wäre. Maßstab für die „erhebliche Investition" ist damit das wirtschaftlich zu akzeptierende Monopolisierungsinteresse des Herstellers der Datenbank. Hierbei kann der wirtschaftliche Einsatz nicht nur in der Nutzung finanzieller Mittel liegen, sondern ebenso im Einsatz menschlicher und technischer Ressourcen. Entscheidend ist, dass in quantitativer oder qualitativer Hinsicht der Einsatz wesentlich ist[83].

596

Welche Investitionen letztlich den Datenbankschutz begründen, war lange Zeit unklar. Um eine Datenbank zu erstellen, muss die Datenbank aufgebaut und aktualisiert werden. Es muss eine Datenbanksoftware eingesetzt und Daten müssen gesammelt, überprüft und in die Datenbank eingeordnet werden. Hierbei fallen Personalkosten, Erwerbskosten für Daten und sonstiger Einsatz von Menschen, Material oder Finanzen an. Der Europäische Gerichtshof[84] hat entschieden, dass nur solche Investitionen relevant sind, die eingesetzt werden, um Daten zu ermitteln. Investitionen, die eingesetzt werden, um Elemente, aus denen der Inhalt der Datenbank besteht, überhaupt erst zu schaffen, sind nicht erfasst. Im konkreten Fall waren Kosten für die Ermittlung europäischer Fußballspielpläne berücksichtigungsfähige Investitionen. Die Kosten der Erstellung und der Darstellung von Spielplänen, die für das Glücksspiel relevant sein

597

---

83 EuGH, CR 2005, 412, 415 Rdnr. 44 – Schutz von Datenbanken; OLG Köln, CR 2006, 368, 369.
84 EuGH, GRUR 2005, 244, 247 – BHB Pferdewetten; CR 2005, 412, 415 Rdnr. 44 – Schutz von Datenbanken.

sollten, hingegen nicht. Das Recht des Datenbankschutzes solle, so der EuGH, nicht die Schaffung von Auswahlelementen fördern, sondern den Schutz von Datenbanken[85]. Diese Rechtsprechung ist vom Bundesgerichtshof bestätigt worden[86]. Ob Aufwendungen für die Datenbanksoftware berücksichtigungsfähig sind, ist nicht abschließend geklärt. Nach der Rechtsprechung des EuGH kann man faustregelartig sagen, dass unabhängige vorangegangene Leistungen, bei denen sich als reines Neben- oder Abfallprodukt noch eine Datenbank ergibt, nicht geschützt sind, Kosten des Aufbaus der Darstellung und Aktualisierung der Datenbank hingegen sehr wohl. In der Entscheidung „Gedichtstitelliste" ging der BGH so von einer schutzfähigen Investition aus, da es um Mittel ging, unter den vorhandenen Gedichten diejenigen herauszufinden, die den Kriterien entsprechen, die für die Erstellung der Gedichtstitelliste maßgeblich waren. Das Erstellen der Gedichte selbst – oder wie in den EuGH-Entscheidungen das Erstellen von Wettplänen und Spielplänen – unterfällt nicht dem Sui-generis-Schutz.

598 Für den Schutz einer Website bedeutet dies Folgendes: Das Erstellen eines Videos, einer Fotografie oder von Musik, die auf einer multimedialen Website eingestellt wird, mag kostenintensiv sein. Diese Kosten spielen bei der Frage der erheblichen Investition i.S.v. § 87a UrhG keine Rolle. Die hier relevanten Kosten sind allein die Kosten der Erstellung der Website aus den vorhandenen Daten.

599 Als „erhebliche Investition" i.S.v. Art. 7 Abs. 1 Datenbank-Richtlinie und i.S.v. § 87a Abs. 1 UrhG ist damit der Aufwand zu bezeichnen, der nicht nur unerheblich ist und dem Leistenden eine wirtschaftlich verwertbare Position verschafft hat, die er üblicherweise nur gegen Vergütung mit Dritten teilt[87]. Für den Schutz von Websites bedeutet dies, dass jede Gestaltung, die eine methodische Anordnung von Informationen – z.B. im html-Format – aufweist, schutzfähig ist, sobald sie als Ganzes oder in Teilen einer wirtschaftlichen Verwertbarkeit unterliegt und damit ein Übernahmeinteresse Dritter bestehen könnte. Das Mindestmaß an Arbeitsaufwand und wirtschaftlicher Investition wird regelmäßig erfüllt sein.

600 Hierdurch soll die wettbewerbsrechtliche Kategorie des Investitionsschutzes, die keine Mindestanforderungen qualitativer Art an eine Datenbank stellt, in das Urheberrecht integriert werden. Auch vor diesem Hintergrund ist der Datenbankbegriff des Art. 7 Datenbank-Richtlinie weit zu fassen[88].

bb) Schutz von Schlagzeilen- und Hyperlinksammlungen

601 Die Erstellung einer Linksammlung kann, wenn sie unter erheblichem zeitlichen, personellen und wirtschaftlichen Aufwand erstellt wurde und gepflegt wird, als Datenbank nach § 87a UrhG geschützt sein. Erforderlich ist allerdings, dass diese Sammlung

---

85 A.A. *Lehmann,* CR 2005, 15, 16.
86 BGH, CR 2010, 190, 191 – Gedichtstitelliste III.
87 Verneint für die Zusammenstellung und Gestaltung eines Online-Branchenverzeichnisses aus öffentlich zugänglichen Quellen: LG Düsseldorf, ZUM 2002, 65 – Branchenbuch.
88 Im Ergebnis ebenso EuGH, CR 2005, 412, 413 Rdnr. 20; *Leistner/Bettinger,* MMR Beilage 12/1999, 20; OLG Köln, MMR 2007, 443, 444 – DWD-Wetterdaten; *Leistner,* Der Rechtsschutz von Datenbanken im deutschen und europäischen Recht, 2000, S. 168.

dem Hersteller einen wirtschaftlichen Wert verschafft, den er vernünftigerweise nur gegen Entgelt Dritten überlassen würde. Davon kann zumindest in den Fällen ausgegangen werden, in denen für die Aktualisierung und Pflege der Linksammlung dauerhaft Personal benötigt wird, weil der Umfang und die Methodik der Anordnung dies erforderlich machen[89]. Aber auch dann, wenn die Linksammlung eine eigene geistige Leistung insofern erfordert, als Kommentierungen[90] oder weiterführende Informationen[91] zu den verlinkten Inhalten erstellt werden, ist ein Schutz nach § 87a UrhG zu bejahen.

cc) Der Datenbankhersteller

Rechte an der Datenbank stehen gem. § 87b UrhG dem Datenbankhersteller zu. Dies ist gem. § 87a Abs. 2 UrhG derjenige, der die Investition vorgenommen hat. Gem. Erwägungsgrund 41 der Datenbank-Richtlinie versteht man hierunter die Person, die die Initiative ergreift und das Investitionsrisiko trägt[92]. Auftragnehmer fallen nicht unter den Begriff des Herstellers. Soweit eine Person oder ein Unternehmen eine eigene Website erstellt, ist der Herstellerbegriff also unproblematisch. Schwieriger wird die Beurteilung von Auftragsproduktionen und Hilfestellungen Dritter. Hier gilt, dass die Initiative regelmäßig von dem Unternehmen ausgehen wird, das sich durch die entsprechende Website abbilden möchte. Dort wird regelmäßig das Investitionsrisiko liegen. Interne Mitarbeiter oder externe Auftragnehmer sind daher keine Hersteller im Sinne der Datenbank-Richtlinie. Auch Werbeagenturen und Provider fallen regelmäßig nicht unter den Herstellerbegriff.

602

b) Schutz des Lichtbildners

Unterhalb des Schutzes von Lichtbildwerken gewährt § 72 Abs. 1 UrhG dem Lichtbildner ein Leistungsschutzrecht. Erforderlich ist nur, dass die Abbildung als Fotografie von einer natürlichen Person angefertigt wurde. Hierzu zählen auch Fotografien von Belichtungsautomaten (beispielsweise Passbildautomat)[93] oder von Satelliten[94]. Lichtbildner ist der Hersteller des Lichtbilds ohne Rücksicht darauf, ob es in Erfüllung arbeits- oder dienstvertraglicher Pflichten hergestellt wurde. Dem Lichtbildner steht insbesondere das Recht zu, seine Urheberbezeichnung zu fordern[95] und über die Verwertung des Lichtbildes, insbesondere im Wege der Vervielfältigung, zu entscheiden. Zu berücksichtigen ist, dass bereits das Einscannen eines Lichtbilds eine Vervielfältigungshandlung darstellt, die zustimmungsbedürftig ist[96]. Das Leistungsschutzrecht

603

---

89 AG Rostock, CR 2001, 786.
90 LG München I, ZUM 2001, 1008.
91 LG Düsseldorf, Beschluss vom 10.8.2001 – 12 O 330/01 – Parkplatztreff-Datenbank.
92 OLG Köln, CR 2006, 368, 370.
93 Vgl. *Lauber-Rönsberg*, in: *Möhring/Nikolini*, Urheberrecht, 3. Auflage 2014, § 72 Rdnr. 16.
94 LG Berlin, GRUR 1990, 270 – Satellitenfoto.
95 OLG München, MMR 1998, 147, 148.
96 *Maaßen*, ZUM 1992, 338, 344.

wird gem. § 72 Abs. 3 UrhG für 50 Jahre ab dem Erscheinen des Lichtbilds bzw. 50 Jahre nach seiner Herstellung gewährt.

c) Schutz des ausübenden Künstlers

604 §§ 73 ff. UrhG sehen den Schutz des ausübenden Künstlers vor. Dieser hat das ausschließliche Recht, die Vervielfältigung und Verbreitung eines Bild- oder Tonträgers zu verbieten, der „Darbietungen" des ausübenden Künstlers enthält. Die Darbietungen können allenfalls Schutz über § 22 KUG genießen. Aus diesem Grund scheitern auch meist Ansprüche ausübender Künstler gegen Soundsampling, soweit schutzunfähige Werkpartikel gesampelt werden[97]. Schließlich muss – zumindest nach herrschender Meinung – eine künstlerische Werkinterpretation vorliegen[98].

d) Schutz des Herstellers eines Tonträgers – §§ 85 ff. UrhG

605 Der Hersteller eines Tonträgers genießt Leistungsschutz gem. § 85 Abs. 1 UrhG. Geschützt wird durch diese Vorschrift die organisatorische, technische und wirtschaftliche Leistung des Herstellens eines Tonträgers. Der Tonträgerhersteller kann sich hiernach gegen das Nachpressen oder Überspielen seines Tonträgers wehren (§ 85 Abs. 1 UrhG). Streitig ist, ob der Tonträgerhersteller sich gegen die auszugsweise Verwendung eines Tonträgers wehren kann. Die Frage spielt insbesondere dort eine Rolle, wo Melodienteile übernommen werden. Dies wird in der Literatur teilweise bejaht[99]. Die Gegenauffassung betont, dass sich §§ 85, 86 UrhG gegen das Raubkopieren von Tonträgern, nicht aber gegen das Übernehmen von Melodienteilen, Toncollagen oder Sound wendet[100].

4. Die Rechte des Urhebers

606 Die Rechte des Urhebers an seinem geschützten Werk gliedern sich in die Urheberpersönlichkeitsrechte und die wirtschaftlichen Verwertungsrechte. Gerade bezüglich der wirtschaftlichen Verwertungsrechte wurde rasch klar, dass die nationalen Urheberrechtsverordnungen dem typischerweise länderübergreifenden elektronischen Verkehr mit urheberrechtlich geschützten Leistungsergebnissen nichts Adäquates entgegenzusetzen hatten. Einerseits schuf dieses Medium Schutzlücken bei den Rechten des Urhebers (man denke nur an die Regelungsbedürftigkeit des Uploading oder die Unsicherheit über die Einschätzung vorübergehender technischer Vervielfältigungsakte), aber auch eine Sicherung der in einer Kommunikationsgesellschaft erforderlichen kos-

---

97 Vgl. *Hoeren*, GRUR 1989, 10, 12.
98 H.M., vgl. BGH, GRUR 1981, 419, 420 – Quizmaster; die Frage ist umstritten; vgl. zu den Einzelheiten *Schaefer*, in: *Fromm/Nordemann*, Urheberrecht, 11. Auflage 2014, § 73 Rdnr. 7.
99 Vgl. *Hertin*, GRUR 1989, 578; *Hertin*, GRUR 1991, 722, 730; *Schorn*, GRUR 1989, 579.
100 OLG Hamburg, ZUM 1991, 545 – Rolling Stones; *Hoeren*, GRUR 1989, 580.

tenfreien Nutzungsmöglichkeiten andererseits. Rasch wurden daher auf internationaler Ebene Konsultationen aufgenommen, die im WIPO Urheberrechtsvertrag (WCT)[101] und der Europäischen InfoSoc-Richtlinie[102] ihren Niederschlag gefunden haben. Schon die Verabschiedung der Multimedia-Richtlinie war von dem Aufeinanderprallen des angloamerikanischen und des kontinentaleuropäischen urheberrechtlichen Schutzkonzepts geprägt. Die Auseinandersetzungen zwischen Kommission, Lobbyisten und nationalen Regierungen[103] waren außerdem von unterschiedlichen Schwerpunkten der Mitgliedstaaten geprägt, die einerseits den größtmöglichen Schutz des Urhebers (gemeint war üblicherweise die Musikindustrie) oder die Sicherung der unentgeltlichen Nutzungsmöglichkeiten andererseits in den Vordergrund stellten. Die Diskussionen setzten sich auf nationaler Ebene fort. Die InfoSoc-Richtlinie wurde stufenweise durch zwei Urheberrechtsnovellen in deutsches Recht umgesetzt. In einem sog. „ersten Korb" wurden Bestimmungen umgesetzt, die sich aus zwingenden, fristgebundenen Vorgaben der Richtlinie sowie aus verbindlichen Vorgaben des WIPO Urheberrechtsvertrags und des WIPO Vertrags über Darbietung und Tonträger ergaben[104]. Zu den wichtigsten Regelungen dieser Urheberrechtsnovelle gehörte die Einführung des eigenen Verwertungsrechts der öffentlichen Zugänglichmachung (§ 19a UrhG) und der Klarstellung in § 44a UrhG, dass vorübergehende Vervielfältigungshandlungen, die wesentlicher Teil eines technischen Verfahrens sind und keine eigenständige wirtschaftliche Bedeutung haben, zwar unter § 16 UrhG fallen, jedoch zulässig sind. Außerdem wurde § 52a UrhG (öffentliche Zugänglichmachung für Unterricht und Forschung) eingeführt und § 53 Abs. 1 UrhG (Voraussetzungen der Zulässigkeit der Privatkopie) gerade auch mit Blick auf Internettauschbörsen, überarbeitet.

In einem sog. „zweiten Korb"[105] wurde § 53 Abs. 1 UrhG (Privatkopie) weiter präzisiert, eine Regelung zur Wiedergabe von Werken an elektronischen Leseplätzen eingefügt (§ 52b UrhG), und erstmals wurden Vereinbarungen über unbekannte Nutzungsarten (§§ 31a ff. UrhG) zugelassen. Besonders umstritten waren in diesem Zusammenhang die von Verbraucherschützern und Werknutzervertretern erhobenen Forderungen, die Privatkopie auch gegen DRM-Systeme (Kopierschutz) durchzusetzen, oder die letztlich verworfene p2p-Bagatellklausel, also die straffreie Teilnahme an Internettauschbörsen. Seit 2010 wird darüber hinaus ein „dritter Korb", also weitere Novellierungen des Urheberrechts, diskutiert. Neben einer Einschränkung des Rechts der Privatkopie auf die Vervielfältigung von käuflich erworbenen Originalen (§ 53 Abs. 1 Satz 1 UrhG) sollte das Public Viewing geregelt werden. Beide Änderungen sind bisher nicht umgesetzt worden. Zum 1.8.2013 ist der Schutz des Presseverlegers in das Gesetz aufgenommen worden (§ 87g Abs. 4 UrhG)[106]. Die Vorschrift richtet sich gegen die Auswertung von

607

---

101 WIPO Urheberrechtsvertrag vom 20.12.1996, ABl. EG C 165 vom 6.5.1998, S. 10.
102 RL (EG) Nr. 29/2001 des Europäischen Parlaments und des Rats zur Harmonisierung bestimmter Aspekte des Urheberrechts und der verwandten Schutzrechte in der Informationsgesellschaft vom 22.5.2001, ABl. EG L 167 vom 22.6.2001, S. 10; im Folgenden „InfoSoc-Richtlinie".
103 Vgl. hierzu *Hoeren*, MMR 2000, 515.
104 Vgl. Gesetz zur Regelung des Urheberrechts in der Informationsgesellschaft vom 10.9.2003, BGBl. I, S. 1774 ff.
105 Zweites Gesetz zur Regelung des Urheberrechts in der Informationsgesellschaft vom 26.10.2007, BGBl. I, S. 2513.
106 8. Gesetz zur Änderung des Urheberrechtsgesetzes vom 7.5.2013, BGBl. I, S. 1161 ff.

Presseerzeugnissen durch gewerbliche Anbieter von Suchmaschinen, die Inhalte entsprechend aufbereiten. Das öffentliche Zugänglichmachen von Presseerzeugnissen oder von Teilen hiervon ist danach innerhalb eines Jahres nach Veröffentlichung des Presseerzeugnisses (§ 87g Abs. 2 UrhG) durch Suchmaschinenanbieter unzulässig. Mit Wirkung zum 1.1.2017 ist darüber hinaus ein Zweitverwertungsrecht für Urheber von wissenschaftlichen Beiträgen (§ 38 Abs. 4 UrhG) geschaffen worden. Außerdem wurde die Nutzung von Werken, deren Urheber nicht oder nur schwer ermittelbar ist, vereinfacht (sog. verwaiste Werke, §§ 61 ff. UrhG)[107].

a) Urheberpersönlichkeitsrechte

608 Für die Gestaltung von Websites sind folgende Urheberpersönlichkeitsrechte von Bedeutung:

- § 13 Satz 2 UrhG, Bestimmungsrecht des Urhebers, das Werk mit einer Urheberbezeichnung zu versehen und zu bestimmen, welche Bezeichnung zu verwenden ist.

  Der Gestalter einer Website, der Textautor, der Arrangeur einer Musik oder der Hersteller einer Abbildung haben folglich das Recht, auf einer Website genannt zu werden, sofern sie schutzfähige Werke erstellt haben oder ihnen Leistungsschutzrechte zustehen. Beim Abschluss von Nutzungsverträgen oder Website-Erstellungsverträgen (beispielsweise mit einem Provider) ist darauf zu achten, dass vertraglich – soweit erwünscht – ein Verzicht auf die Urhebernennung vereinbart wird. Stillschweigend verzichtet ein Urheber nur dann auf sein Namensnennungsrecht, wenn dies branchenüblich ist[108]. Dies wird für bestimmte Fälle der Multimedia- oder Online-Nutzung bejaht[109].

- § 14 UrhG, Entstellung des Werkes

  Der Urheber hat weiter das Recht, die Entstellung oder eine andere Beeinträchtigung seines Werkes zu verbieten, soweit seine Interessen gefährdet werden.

609 Hierzu gehört auch, dass das Werk an sich unberührt gelassen wird, aber in einem inakzeptablen Umfeld erscheint[110]. Insofern ist denkbar, dass die Nutzung eines Werkes auf einer Website – mag sie im Einzelfall an sich zulässig sein – für den Urheber wegen Beeinträchtigung des Werkes unzumutbar ist und daher verboten werden kann.

---

107 Gesetz zur Nutzung verwaister und vergriffener Werke und einer weiteren Änderung des Urheberrechtsgesetzes vom 1.10.2013, BGBl. I, S. 3728.
108 Vgl. BGH, GRUR 1995, 671, 673 – Namensnennungsrecht des Architekten; *Dustmann*, in: *Fromm/Nordemann*, Urheberrecht, 11. Auflage 2014, § 13 Rdnr. 14.
109 Vgl. *Kreile/Wallner*, ZUM 1997, 625, 628.
110 Vgl. das Beispiel der Veröffentlichung eines wissenschaftlichen Werkes im „Playboy", OLG München, NJW 1996, 135 – Herrenmagazin; ebenso LG Düsseldorf, ZUM 1986, 158.

b) Vervielfältigungsrecht

Von den Verwertungsrechten des Urhebers ist das Vervielfältigungsrecht (§ 16 UrhG) das wichtigste. Eine Vervielfältigung ist die „Herstellung einer oder mehrerer Festlegungen, die geeignet sind, das Werk den menschlichen Sinnen auf irgendeine Weise wiederholt unmittelbar oder mittelbar wahrnehmbar zu machen"[111]. Die Dauer der Festlegung spielt hierbei keine Rolle. Ausreichend ist selbst die von vornherein beabsichtigte nur vorübergehende körperliche Festlegung des Werkes[112] – etwa die Speicherung auf einer Festplatte zum Zwecke der Drucklegung[113].

610

Nicht jeder Vorgang, der technisch eine Vervielfältigung darstellt, ist aber auch ein urheberrechtlich relevanter Vervielfältigungsvorgang. Ist das Sichtbarmachen einer Website, das Laden in den Arbeitsspeicher, das Downloading, das Uploading, das Mirroring etc. jeweils eine zustimmungspflichtige Vervielfältigungshandlung? Die Frage ist parallel zur Vervielfältigungsproblematik bei Computerprogrammen zu lösen, da es sich bei Websites wie bei Software um elektronische Vervielfältigungsvorgänge handelt.

611

Eine Vervielfältigungshandlung i.S.d. § 16 Abs. 1 UrhG liegt immer dann vor, wenn Vervielfältigungsstücke des Werkes hergestellt werden, gleichviel, ob vorübergehend oder dauerhaft, in welchem Verfahren und in welcher Zeit. Damit ist klargestellt, dass selbst die kurzzeitige, nicht wahrnehmbare Zwischenspeicherung im Arbeitsspeicher grundsätzlich eine Vervielfältigung i.S.d. § 16 Abs. 1 UrhG darstellt. Davon zu trennen ist die Frage, ob für eine derart kurze Zwischenspeicherung ohne eigenen wirtschaftlichen Wert eine Zustimmung des Urhebers – verbunden mit einem eventuellen Vergütungsanspruch – anzuerkennen ist. Dies ist zu verneinen. In Umsetzung des Art. 5 Abs. 1 der InfoSoc-Richtlinie wird dies nach § 44a UrhG[114] für solche „vorübergehende Vervielfältigungshandlungen" ausgeschlossen, „die flüchtig oder begleitend sind und einen integralen und wesentlichen Teil eines technischen Verfahrens darstellen und deren alleiniger Zweck es ist,

612

1. eine Übertragung in einem Netz zwischen Dritten durch einen Vermittler oder
2. eine rechtmäßige Nutzung

eines Werkes oder sonstiger Schutzgegenstände zu ermöglichen, und die keine eigenständige wirtschaftliche Bedeutung haben". Erwägungsgrund 33 der InfoSoc-Richtlinie benennt ausdrücklich das „Browsing" und das „Caching" als unter diese Bestimmung fallend. Bei richtlinienkonformer Auslegung der Ausnahmebestimmung des § 44a UrhG ist das Browsing somit nicht als urheberrechtlich relevante Vervielfältigung i.S.d. § 16 Abs. 1 UrhG anzusehen[115].

---

111 St. Rspr., vgl. zuletzt BGH, GRUR 1983, 208, 209 – Presseberichterstattung und Kunstwiedergabe II; *Dustmann*, in: *Fromm/Nordemann*, Urheberrecht, 11. Auflage 2014, § 16 Rdnr. 9.
112 Vgl. *von Gamm*, UrhG 1968, § 16 Rdnr. 10.
113 KG, CR 2002, 252.
114 Ob § 44a UrhG auch für Computerprogramme gilt, die in §§ 69a ff. UrhG eine Sonderregelung erfahren haben, ist fraglich. § 44a UrhG ist jedenfalls auf Datenbankwerke unmittelbar anwendbar, nach herrschender Meinung auf Computerprogramme jedenfalls analog; vgl. *Schricker/Loewenheim*, Urheberrecht, 4. Auflage 2010, § 44a Rdnr. 3.
115 Vgl. hierzu ausführlich Rdnr. 622.

613 Die Lösung des Problems der kurzzeitigen Zwischenspeicherung über eine Ausnahmevorschrift nach § 44a UrhG ist insoweit begrüßenswert, als sie den Begriff der Vervielfältigung i.S.d. § 16 Abs. 1 UrhG für neue Technologien öffnet, ohne zugleich dem Urheber bzw. dessen Verwerter Nutzungsentgelte zugestehen zu müssen, für welche der Nutzer keinen – wahrnehmbaren – Gegenwert erhält.

c) Recht der öffentlichen Zugänglichmachung

614 Üblicherweise werden Werke im Internet auf einem Server platziert und damit der Öffentlichkeit auf Abruf zur Übermittlung zur Verfügung gestellt. Art. 8 WCT[116] spricht ebenso wie Art. 3 Abs. 1 InfoSoc-Richtlinie[117] im Anschluss an den internationalen Sprachgebrauch von einem „Right of making available". Die Einordnung dieses Rechts in das deutsche Urheberrecht bereitete zunächst Schwierigkeiten. Mit dem sprachlich missglückten Begriff der „öffentlichen Zugänglichmachung" wurde in § 19a UrhG dann eine neue eigenständige Nutzungsform in das Gesetz aufgenommen, wonach das Bereithalten zum Abruf einen eigenständigen urheberrechtlichen Tatbestand darstellt. Das Werk muss gem. § 19a UrhG einer Öffentlichkeit zugänglich gemacht werden, die es nach Ort und Zeit beliebig nutzen kann. Auf die temporale Simultanität des klassischen Öffentlichkeitsbegriffs gem. § 15 Abs. 3 UrhG kommt es damit nicht mehr an.

d) Bearbeitungsrecht

615 Die Bearbeitung eines urheberrechtlich schutzfähigen Werks bedarf gem. § 23 UrhG nicht der Einwilligung des Urhebers. Erst die Veröffentlichung oder Verwertung des so bearbeiteten Werkes ist zustimmungspflichtig. Allein die Umgestaltung eines Datenbankwerks bedarf bereits vor der Bearbeitung der Einwilligung des Urhebers, § 23 Satz 2 UrhG[118].

616 Die Bearbeitung ist von der freien Benutzung gem. § 24 UrhG abzugrenzen. Kennzeichen der Bearbeitung ist ihre Abhängigkeit vom Originalwerk. Dieses wird weiterentwickelt, umgeformt, bleibt aber in seinem Wesenskern erhalten. Die freie Benutzung hingegen schafft ein neues Werk und löst sich von dem Original. Von einer freien Benutzung ist daher zu reden, wenn das Original lediglich Anregung zu eigenem selbstständigen Schaffen gewesen ist[119]. Die entlehnten eigenpersönlichen Züge des geschützten älteren Werkes müssen verblassen bzw. völlig zurücktreten. Nach der Rechtsprechung werden strenge Anforderungen an das Vorliegen einer freien Benutzung

---

116 WIPO Urheberrechtsvertrag vom 20.12.1996, ABl. EG C 165 vom 30.5.1998, S. 8.
117 RL (EG) Nr. 29/2001 des Europäischen Parlaments und des Rats zur Harmonisierung bestimmter Aspekte des Urheberrechts und der verwandten Schutzrechte in der Informationsgesellschaft vom 22.5.2001, ABl. EG L 167 vom 22.6.2001, S. 10.
118 Für Computerprogramme gilt § 69c Nr. 2 UrhG.
119 Vgl. BGHZ 122, 53, 60 – Alcolix; BGH, GRUR 1994, 191, 193 – Asterix-Persiflagen; KG, NJW 1996, 2379 – Verhüllter Reichstag.

gestellt. Einzig bei Parodien, also der ironisierenden künstlerischen Auseinandersetzung mit einem vorbestehenden Werk, werden die Anforderungen gelockert. Auch hier muss jedoch ein innerer Abstand zu dem älteren Werk vorliegen. Die Übernahme einer Komposition unter parodistischer Veränderung des Schlagertextes ist beispielsweise keine freie Benutzung[120].

e) Urheber in Arbeits- und Dienstverhältnissen

Urheber eines Werkes kann nur eine natürliche Person sein. Es gilt der Grundsatz, dass Urheber der Schöpfer des Werkes ist (§ 7 UrhG). Dies bedeutet, dass auch der Urheber, der in seiner Eigenschaft als Arbeitnehmer Websites gestaltet, grundsätzlich als Urheber zu betrachten wäre. Im Einzelfall ist aber genau zu prüfen, ob nicht §§ 43, 69b oder 87a Abs. 2 UrhG eingreifen. Insofern besteht eine relativ unübersichtliche Regelung. Multimedia-Anwendungen an sich stellen meist keine Software i.S.d. § 69a UrhG dar. So kommt § 69b UrhG nicht zur Anwendung. Ist eine Website ein Datenbankwerk i.S.d. § 4 Abs. 2 UrhG, gilt die allgemeine Regelung des § 43 UrhG. Hiernach steht das Verwertungsrecht an der Datenbank dann dem Arbeitgeber zu, wenn es gerade Inhalt und Wesen des Arbeits- oder Dienstverhältnisses ist, Datenbanken zu erstellen. Der Programmierer der Datenbank besitzt folglich keine Verwertungsrechte am Datenbankwerk. Besitzt eine Datenbank hingegen keinen Werkcharakter, gilt als Berechtigter der Hersteller der Datenbank i.S.d. § 87a Abs. 2 UrhG. Dies ist derjenige, der die Investition in die Datenbank vorgenommen hat, also regelmäßig der Arbeitgeber oder gar der Auftraggeber des Arbeitgebers. Ist eine Website weder als Computerprogramm noch als Sammelwerk noch als Datenbank zu begreifen, verbleibt es letztlich ebenfalls bei § 43 Abs. 1 UrhG. Der Programmierer, der angestellt ist, um eine Website zu erstellen, ist der Verwertungsrechte verlustig gegangen. Der Programmierer, der nur ausnahmsweise für seinen Arbeitgeber Content ins Internet stellt, ist hingegen Inhaber der Verwertungsrechte.

617

Die Unübersichtlichkeit dieser Bestimmung führt letztlich zu zufälligen Ergebnissen. Hier ist dringend eine Überarbeitung des Gesetzessystems erforderlich.

618

5. Urheberrechtsrelevante Verletzungshandlungen im Internet

a) Uploading

Beim sog. Uploading wird Content vom eigenen Rechner auf den mit dem Internet angeschlossenen Server heraufgeladen. Hierzu vervielfältigt der Content-Provider den Inhalt und überträgt ihn auf den eigenen oder den Server des Hostproviders. Uploading ist urheberrechtlich stets als Vervielfältigung i.S.d. § 16 UrhG zu werten.

619

---

120 OLG München, ZUM 1991, 432, 433 – Gabi wartet im Park.

b) Downloading

620 Das Downloading ist der entgegengesetzte Vorgang. Hier werden Daten von Servern im Internet auf den eigenen Rechner übertragen, was zu einer dauerhaften Speicherung auf der Festplatte des Users führt. Auch hierin liegt anerkanntermaßen ein Vervielfältigungsakt i.S.d. § 16 UrhG[121].

c) Bereithalten zum Abruf

621 Zwischen dem Uploading und dem Downloading steht das Bereithalten von Inhalten auf dem Server. Wie dargestellt, handelt es sich beim „making available" i.S.d. Art. 8 WCT und Art. 3 Abs. 1 InfoSoc-Richtlinie um eine eigenständige Nutzungsart des Werks, welche durch § 19a UrhG (Recht zur öffentlichen Zugänglichmachung) geregelt ist.

d) Browsing

622 Das Sichtbarmachen von Inhalten auf dem Bildschirm ist integraler Bestandteil des Surfens im Netz. Hierbei werden Daten von Servern auf den Rechner des Users übertragen, aber eben nur vorübergehend. Das Surfen zu einer anderen Website führt grundsätzlich zu einem Löschen der Daten im Arbeitsspeicher des Rechners des Users. Die Frage, ob diese vorübergehende Festlegung von Inhalten im RAM-Speicher eines Computers einen Vervielfältigungsakt i.S.v. § 16 UrhG darstellt, ist durch Erwägungsgrund 33 der InfoSoc-Richtlinie entschieden. Dort werden das Browsing und Caching[122] als technische Vervielfältigungshandlung bezeichnet, die keine eigenständige wirtschaftliche Bedeutung haben und daher vom Vervielfältigungsrecht des Urhebers ausgenommen seien. Der EuGH[123] hat dies ausdrücklich bestätigt. Die urheberrechtliche Freistellung erfüllt auch die Voraussetzungen des 3-Stufen-Tests aus Art. 5 Abs. 5 der InfoSoc-Richtlinie[124]. Damit ist höchstrichterlich festgestellt, dass das Browsing urheberrechtlich zulässig ist, solange die Inhalte der jeweiligen Website rechtmäßig im Netz stehen. Nur dann greift Art. 5 Abs. 1 lit. a der InfoSoc-Richtlinie. Ob dies auch für rechtswidrig zugänglich gemachte Inhalte zutrifft, ist bisher ungeklärt. Während § 44a UrhG nach seinem Wortlaut durchaus eingreifen könnte – sodass auch das Browsen auf rechtswidrig ins Netz gestellte Inhalte urheberrechtlich zulässig wäre –, scheint die Auslegung des EuGH zu Art. 5 Abs. 5 lit. b der InfoSoc-Richtlinie eher dagegen zu sprechen. Zu Privatkopien hat der EuGH nämlich entschieden, dass Privatkopien von rechtswidrigen Vorlagen keinesfalls zulässig seien[125].

---

121 Allgemeine Meinung, vgl. nur OLG München, CR 2001, 333, 337; LG München I, MMR 2000, 431, 432 – AOL-Musikforum; *Schricker/Loewenheim*, Urheberrecht, 4. Auflage 2010, § 16 Rdnr. 23.
122 Hierzu EuGH, CR 2014, 594 ff. – PRCA/NLA.
123 EuGH, CR 2014, 594 ff., Rdnr. 25 – PRCA/NLA.
124 EuGH, CR 2014, 594 ff., Rdnr. 53 ff. – PRCA/NLA.
125 EuGH, WRP 2014, 682 ff., Rdnr. 28 – ACI Adam.

e) Sichtbarmachen auf dem Bildschirm

Streitig war früher auch, ob die Wiedergabe von Content auf dem Bildschirm des Users einen Vervielfältigungsakt darstellt. Die Sichtbarmachung auf dem Bildschirm ist die Benutzung des vervielfältigten Werkexemplars durch seine Visualisierung. Es handelt sich um eine flüchtige Handlung, die einen wesentlichen Teil der PC-Nutzung darstellt und deren alleiniger Zweck es ist, eine rechtmäßige Nutzung eines Werks zu ermöglichen. Eine eigenständige wirtschaftliche Bedeutung kommt ihr nicht zu, so dass § 44a UrhG greift. Das Sichtbarmachen auf dem Bildschirm unterliegt daher nicht dem Ausschließlichkeitsrecht des Urhebers gem. § 16 UrhG[126]. 623

f) Hyperlinks

Hyperlinks (kurz: Links) geben einen Hinweis auf Inhalte fremder Websites und bieten zugleich die technische Möglichkeit, eine direkte Verbindung zu dieser Website herzustellen. Sie wirken wie Fußnoten, stören den Textfluss nicht und geben dem User zugleich ein umfassendes Nachschlagewerk mit an die Hand. Je nach Art ihrer technischen Wirkungsweise sind der „Surface Link", der „Deep Link", der „Inline Link" und die sog. „Frames" zu unterscheiden[127]. Während die Surface Links eine Verbindung zu anderen Homepages herstellen, führen Deep Links den User an den Homepages vorbei direkt zur gesuchten Webpage. Beiden Techniken ist gemein, dass der User selbst den Link betätigen muss und anhand der Uniform Resource Locator (URL)[128] erkennen kann, bei welchem Anbieter er sich gerade befindet. In diesem Punkt unterscheiden sich der Inline Link und das Framing entscheidend von den vorgenannten Techniken, da diese ohne Zutun des Users automatisch geladen werden und innerhalb von Bruchteilen von Sekunden den fremden Inhalt auf dem Screen sichtbar machen, ohne den Wechsel erkenntlich zu machen. Erschwerend kommt beim sog. Framing hinzu, dass die fremden Inhalte aus ihrem ursprünglichen Zusammenhang herausgelöst und inhaltlich unverändert in ein neues Fenster (Frame) eingefügt werden. Diese Einbettung in neuen Kontext erschwert die Zuordnung der Information nicht unerheblich, da der Eindruck erweckt wird, es handele sich um eine Offerte des Frameverwenders. 624

Von der Frage der urheberrechtlichen Bedeutung eines Links zu unterscheiden ist die viel diskutierte Frage[129] nach der Verantwortlichkeit des Link-Providers für die verlinkten Inhalte bzw. der Haftungsbeschränkung nach §§ 7 ff. TMG, auf die an anderer Stelle einzugehen sein wird. 625

---

126 EuGH, CR 2014, 594 ff., Rdnr. 63 – PRCA/NLA.
127 Daneben besteht auch für den User die Möglichkeit, selbst Links zu setzen, etwa als Lesezeichen, um den Zugang zu besonders aufgesuchten Websites zu beschleunigen.
128 *Hoeren/Sieber/Sieber*, Handbuch Multimedia Recht, Losebl., Teil 1, Rdnr. 79.
129 *Sieber*, Verantwortlichkeit im Internet, 1999, Rdnr. 310; *Bettinger/Freytag*, CR 1998, 545, 550; *Freytag*, Haftung im Netz, 1999, S. 231; *Hoeren/Sieber/Spindler*, Handbuch Multimedia Recht, Losebl., Teil 29, Rdnr. 132, 319; *Plaß*, WRP 2000, 599; *Schack*, MMR 2001, 9, 16.

626 Das bloße Setzen eines Links erfüllt keine Nutzungshandlung nach §§ 15 ff. UrhG, da der Content auf dem Server des Berechtigten verbleibt[130]. Der Link ermöglicht also eine Vervielfältigung, stellt selbst aber keine dar. Erst durch die Aktivierung der Links wird die entsprechende Ausgangs-Website in den Arbeitsspeicher des Rechners des Users geladen und ein urheberrechtlich relevanter Vorgang geschaffen. Die Aktivierung eines Links ist vom Vervielfältigungsrecht des § 16 Abs. 1 UrhG umfasst. Denn im Gegensatz zum gewöhnlichen Browsing wählt der User hierbei eine „Abkürzung", die sich nicht als notwendiger „integraler und wesentlicher Teil eines technischen Verfahrens" zur rechtmäßigen Nutzung darstellt, sondern eine Zusatzleistung darstellt. Allerdings dürfte in den allermeisten Fällen eine rechtmäßige Vervielfältigung i.S.d. § 53 UrhG vorliegen, wenn die Inhalte zu privaten, wissenschaftlichen oder schulischen Zwecken abgerufen werden.

627 Greift keine der Schranken nach §§ 52 ff. UrhG ein, so stellt sich die Frage, ob und wie der Linksetzende für die vom User letztlich vorgenommene, von ihm jedoch erst ermöglichte Urheberrechtsverletzung einzustehen hat. In Betracht kommt lediglich eine Verantwortlichkeit nach den allgemeinen Grundsätzen der Störer- und Verschuldenshaftung. Anknüpfungspunkt ist die technische Verbindungsherstellung zum fremden Content, welche kausal für die vom User durch Aktivierung des Links verursachte Vervielfältigungshandlung i.S.d. § 16 Abs. 1 UrhG ist. Der Bundesgerichtshof hat auch diese Frage grundsätzlich verneint[131]. Wenn der Zugang zu einem Werk durch das Setzen von Hyperlinks erleichtert wird, werde hierdurch grundsätzlich kein urheberrechtlicher Störungszustand geschaffen. Die Gefahr rechtswidriger Nutzungen eines vom Berechtigten selbst im Internet öffentlich bereitgehaltenen Werks wird durch Hyperlinks Dritter auch qualitativ nicht verändert, sondern nur insofern erhöht, dass dadurch einer größeren Zahl von Nutzern der Zugang zu dem Werk eröffnet wird.

628 Dieser Auffassung hat sich auch der EuGH angeschlossen[132]. Der EuGH verneinte, dass im Setzen eines Links eine „öffentliche Wiedergabe" i.S.v. Art. 3 Abs. 1 der InfoSoc-Richtlinie liege[133]. Das Zielpublikum der ursprünglichen Wiedergabe seien alle potenziellen Besucher der betreffenden Seite gewesen. Die Website sei für sämtliche Internetnutzer frei zugänglich gewesen. Der Link würde hierzu kein neues Publikum schaffen, weshalb in einem Link auch keine öffentliche Wiedergabe liegen könne. Etwas anderes könne nur gelten, wenn durch den Link Nutzungsbeschränkungen umgangen würden. Dann sei möglich, dass Nutzer des Links als neues Publikum anzusehen seien, weil durch die Umgehung einer elektronischen Zugangssperre anderen Usern als den ursprünglich Berechtigten Zugang zu dem Inhalt vermittelt würde[134].

---

130 So auch BGH, CR 2003, 920, 922 – Paperboy.
131 BGH, CR 2003, 920, 922 – Paperboy.
132 EuGH, WRP 2014, 414 ff. – Svensson.
133 EuGH, WRP 2014, 414 ff., Rdnr. 24 – Svensson.
134 EuGH, WRP 2014, 414 ff., Rdnr. 31 – Svensson.

aa) Surface Links

Surface-Links verlinken auf die Homepage eines Internetauftritts. Sie sind von der Svensson-Rechtsprechung des EuGH ohne Weiteres erfasst. Das Problem elektronischer Zugangssperren stellt sich nicht. Surface-Links sind zweifelsfrei zulässig.

629

bb) Deep Links

Die Besonderheit der Deep Links liegt in der „Umschiffung" der Homepage. Dies ist an sich noch nicht problematisch und fällt zunächst ohne Weiteres unter die Svensson-Rechtsprechung des EuGH. Problematisch ist aus Sicht des an der Website Berechtigten allerdings, dass eventuell von ihm installierte Werbebanner nicht mehr aufgerufen werden und ihm dadurch wesentliche Einnahmen entgehen[135]. Noch einschneidender ist ein Direktverweis auf bestimmten Content, wenn dadurch wichtige rechtliche Hinweise, etwa Allgemeine Geschäftsbedingungen, umgangen werden können. Allerdings lassen sich die aufgezeigten Probleme sehr leicht dadurch beseitigen, dass der Website-Betreiber die Werbung oder die AGB als selbstladenden Banner installiert, welche auf jeder Website automatisch erscheinen und die mittels Mausklick zu schließen sind. Es spricht demzufolge das Vorhandensein von Werbung verbunden mit sog. Counter, die der Erfassung der Zugriffszahlen dienen, zunächst für ein generelles Einverständnis des Website-Betreibers zur Verlinkung[136]. Eine andere Beurteilung kann sich nach einer Einzelfallprüfung aus entsprechenden Hinweisen auf der Homepage des Betreibers oder wegen technischer Zugangsschranken ergeben, die durch den Deep Link gegen den Willen des Berechtigten umgangen werden[137]. Eine Störerhaftung ist dort regelmäßig dann zu bejahen, wenn der den Deep Link Setzende sich über den ausdrücklichen oder konkludent geäußerten Willen des Content Providers (z.B. durch eine technische Schutzmaßnahme oder Zugangsschranke geäußert) hinwegsetzt. Ansonsten ist das Setzen von Deep Links aus urheberrechtlicher Sicht nicht zu beanstanden[138].

630

cc) Embedded content/Framing/Inline Links

Bindet der Betreiber einer Website Fotografien, Videos, Blogs oder sonstige Inhalte in seine Website ein, spricht man von embedded content. Bei einem Klick auf den entsprechenden Bereich der Website wird der Inhalt abgerufen und in einem vom Website-Betreiber definierten Rahmen (Frame) angezeigt. Je nach Technik wird der Inhalt auch ohne direktes Anklicken aufgerufen. Teilweise entsteht der Eindruck, der embedded content sei Teil der Website der verlinkenden Website.

631

---

135 Aus diesem Grund ein Einverständnis verneinend *Schack*, MMR 2001, 599, 603.
136 Ebenso *Plaß*, WRP 2000, 599, 603; a.A. *Ernst*, K&R 1998, 536, 539; LG Köln, MMR 2001, 551 – Werbeframing.
137 Ebenso *Sosnitza*, CR 2001, 693, 699; offengelassen in BGH, CR 2003, 920, 922 – Paperboy.
138 LG München I, K&R 2002, 258.

632 Teilweise wurde behauptet, embedded content müsse behandelt werden wie ein Hyperlink[139]. Andere[140] sehen hierin eine urheberrechtlich relevante Nutzungshandlung. Die entscheidende Frage ist, ob fremder Inhalt, der auf die eigene Website verlinkt und dadurch zugänglich gemacht wird, öffentlich zugänglich gemacht wird i.S.v. § 19a UrhG. Diese Frage stellte der BGH mit Beschluss vom 16.5.2013[141] dem EuGH. Der EuGH hatte indes, nachdem das Vorabentscheidungsersuchen des BGH bei ihm anhängig wurde, die Entscheidung Svensson[142] erlassen. Dies gab dem BGH jedoch keinen Grund, die Vorlage zurückzunehmen, obwohl in der Literatur[143] die Auffassung vertreten wurde, dass die Vorlagefrage des BGH damit beantwortet sei. Dieser hielt ausdrücklich mit Beschluss vom 10.4.2014[144] am Vorlageersuchen fest. Der BGH verwies auf die Unterschiede zwischen einem Hyperlink, der zu der Weiterleitung auf eine andere Website führe, und einem verlinkten Frame[145], der auf der Seite erscheine, auf der sich der User befände. Hierauf ging der EuGH aber nicht ein, sondern verneinte die ihm gestellte Frage mit kurzer Begründung[146] unter Verweis auf die Svensson-Rechtsprechung zum Hyperlink[147]. Der EuGH urteilte, dass keine öffentliche Wiedergabe i.S.v. Art. 3 Abs. 1 der InfoSoc-Richtlinie vorläge, wenn auf einer Internetseite anklickbare Links zu Werken bereitgestellt würden, die auf anderen Websites frei zugänglich seien. Hierdurch würde kein neues Publikum erreicht. Auch bei einer Verlinkung fremder Inhalte mittels eines Frames werde kein neues Publikum erreicht. Eine öffentliche Wiedergabe scheide damit aus[148].

633 Der BGH hat dies jedenfalls soweit akzeptiert, als der fragliche Content mit Zustimmung des Berechtigten ins Netz gestellt wurde[149]. Der Fall, dass sich z.B. ein Video ohne Zustimmung des Berechtigten auf Youtube fände und nun von Dritten verlinkt würde, sei vom EuGH bisher nicht entschieden, befand der BGH[150]. Es bleibt abzuwarten, ob der EuGH tatsächlich auf die Zustimmung des Berechtigten abhebt, wofür gute Gründe sprechen. Es wäre nämlich ein Wertungswiderspruch, einerseits Privatkopien von rechtswidrigen Vorlagen für unzulässig zu halten[151], andererseits aber Frames rechtswidrig ins Netz gestellter Inhalte zu gestatten.

---

139 Vgl. *Ott*, ZUM 2008, 556, 559; *Schricker/Loewenheim*, Urheberrecht, 4. Auflage 2010, § 19a Rdnr. 46.
140 OLG Düsseldorf, MMR 2012, 118, 119; LG München I, MMR 2007, 260; *Ullrich*, ZUM 2010, 853, 861.
141 BGH, GRUR 2013, 818 – Die Realität.
142 EuGH, GRUR 2014, 360 ff. – Svensson.
143 Z.B. *Wille*, GRUR-Prax 2014, 331.
144 BGH, BeckRS 2014, 11840 – Die Realität.
145 BGH, GRUR-Prax 2014, 331 – Die Realität; mit diesem Beschluss bekräftigte der BGH seinen schon zuvor (WRP 2013, 1047 ff.) ergangenen Vorlagebeschluss.
146 EuGH, WRP 2014, 1441 ff. – BestWater International/Mebes und Potsch.
147 EuGH, WRP 2014, 414 – Svensson.
148 EuGH, WRP 2014, 1441 ff. – BestWater International/Mebes und Potsch, Rdnr. 16.
149 BGH, GRUR 2016, 171 ff. – Die Realität II.
150 Dieser Fall, so der BGH, werde erst in der Rechtssache C-160-15, GS Media BV/Sanoma Media Netherlands BV entschieden, der derzeit beim EuGH anhängig sei.
151 EuGH, WRP 2014, 682 ff., Rdnr. 28 – ACI Adam.

In **Fall 20** ist zunächst zu prüfen, ob die Website von W urheberrechtlichen Schutz genießt. Am einfachsten wird meist der ergänzende Leistungsschutz für Fotografen (§ 72 UrhG) festzustellen sein. Ob der Text gem. § 2 Abs. 1 Nr. 1 UrhG oder die Gestaltung der Website als Ganzes über § 87a UrhG schutzfähig ist, ist eine Frage des Einzelfalls. Gelangt man zu einer Schutzfähigkeit, stellt sich weiter die Frage, ob die identische Übernahme der Website von W in einem Frame von O urheberrechtlich als öffentliche Wiedergabe i.S.v. § 15 Abs. 2 UrhG zu bewerten ist. Dies ist nach der Rechtsprechung des EuGH zu verneinen, da durch das Framing kein neues Publikum erreicht wird.

634

g) Parodie und Internet

Die Parodie ist kein Begriff des deutschen Urheberrechts. Indes findet sich in Art. 5 Abs. 3 lit. k der InfoSoc-Richtlinie ein europarechtlicher Begriff der Parodie[152]. Eine Parodie zeichnet sich nach Auffassung des EuGH dadurch aus, dass sie an ein bestehendes Werk erinnert, gleichzeitig aber ihm gegenüber wahrnehmbare Unterschiede aufweist. Zusätzlich zeige die Parodie Ausdruck von Humor oder einer Verspottung. Urheberrechtliche Schutzhöhe müsse eine Parodie selbst nicht aufweisen[153].

635

Parodien im Internet werden im deutschen Recht als freie Nutzung eines Werks i.S.v. § 24 Abs. 1 UrhG gewertet. Diese Norm bedarf wegen Art. 5 Abs. 3 lit. k der InfoSoc-Richtlinie einer einschränkenden Auslegung. Ob eine zulässige Parodie vorliegt, ist nach Auffassung des EuGH im Rahmen eines angemessenen Ausgleichs des Rechts des Urhebers des parodierten Werks einerseits und des Rechts auf freier Meinungsäußerung des Parodierenden andererseits zu bestimmen. So richtig die vom EuGH verlangte Abwägung auch unter grundrechtlichen Gesichtspunkten sein mag, sie schafft Unsicherheit, in welchen Fällen eine Parodie ausnahmsweise unzulässig sein soll. Der EuGH[154] nennt beispielhaft die diskriminierende Aussage, mit der ein Urheber sein Werk nicht in Verbindung bringen lassen müsse.

636

6. Die Einräumung von Lizenzen – §§ 31 ff. UrhG

Durch die Schaffung des neuen Verwertungsrechts der öffentlichen Zugänglichmachung nach § 19a UrhG wird die diskutierte Problematik verstärkt, ob die Verbreitung via Internet von bestehenden Lizenzverträgen im Einzelfall gedeckt ist oder nicht.

637

Da das „Right of making available" bzw. das Recht der öffentlichen Zugänglichmachung eine eigenständige Nutzungsart darstellt[155], kann diese Verwertungsform auch nicht von einer anderen, bereits vertraglich eingeräumten Nutzungsform automatisch

638

---

152 EuGH, WRP 2014, 1181 ff., Rdnr. 15 – Johan Deckmyn/Helena Vandersteen.
153 EuGH, WRP 2014, 1181 ff., Rdnr. 21 – Johan Deckmyn/Helena Vandersteen.
154 EuGH, WRP 2014, 1181 ff., Rdnr. 29 – Johan Deckmyn/Helena Vandersteen; vgl. ebenso *Eichelberger*, WRP 2015, 804, 809.
155 OLG Hamburg, ZUM 2000, 870; *Katzenberger*, Elektronische Printmedien und Urheberrecht, 1996, S. 96.

mitumfasst sein[156]. Vielmehr darf der Lizenznehmer das Werk nur dann via Internet oder sonstigen On-demand-Diensten der Öffentlichkeit zugänglich machen, wenn der Lizenzvertrag diese konkrete Form auch umfasst. Ist eine ausdrückliche Bezeichnung der fraglichen Nutzungsart i.S.d. § 31 Abs. 5 UrhG nicht vorgenommen worden, so ist auf die sog. Zweckübertragungslehre abzustellen und zu fragen, ob der Einsatz dieser Nutzungsform für die vertragsgemäße Verwertung des Werks erforderlich ist[157]. Hierbei ist von einer restriktiven Vertragsauslegung auszugehen, da dem Urheber die Möglichkeit verbleiben soll, an den Erträgen seines Werkes in angemessener Weise zu partizipieren[158]. Im Ergebnis werden die nach deutschem Urheberrecht geschlossenen Lizenzverträge, wenn sie nur ein „Verbreitungsrecht" i.S.d. § 17 UrhG vorsehen, im Zweifel das Recht der öffentlichen Zugänglichmachung i.S.d. § 19a UrhG nicht umfassen, da § 17 Abs. 1 UrhG zwingend eine körperliche Fixierung voraussetzt. Anders ist es hingegen bei US-amerikanischen Lizenzverträgen, welche ein Recht zur „distribution" vorsehen[159]. Der Begriff „distribute" umfasst nach US-amerikanischer Rechtsterminologie auch die unkörperliche Verwertung, sodass das Recht auf öffentliche Zugänglichmachung bereits heute von den Lizenzverträgen umfasst ist. Angesichts der Ubiquität des Internet wäre es dennoch ratsam, auch die US-Lizenzverträge dahingehend abzuändern, dass ausdrücklich klargestellt wird, ob ein Up- oder Download gestattet sein soll.

639 Das Internet schafft dauernd neue, bisher unbekannte Nutzungsarten. Diese sind im Zweifel nach dem Grundsatz „in dubio pro auctore" von den vertraglich eingeräumten Nutzungsrechten nicht umfasst. Dies ergab sich aus § 31 Abs. 4 UrhG a.F., wonach die Einräumung von Nutzungsrechten für noch nicht bekannte Nutzungsarten unwirksam war. Die Norm ist zwischenzeitlich aufgehoben[160]. Gem. § 31a UrhG kann der Urheber nun auch Rechte für unbekannte Nutzungsarten einräumen, sofern dies durch einen der Schriftform bedürfenden Vertrag geschieht. Er kann die Rechtseinräumung jedoch widerrufen, solange der Vertragspartner noch nicht begonnen hat, das Werk in der neuen Nutzungsart zu nutzen. Gem. § 32c UrhG hat der Urheber darüber hinaus Anspruch auf eine angemessene Vergütung, wenn der Vertragspartner eine neue Art der Werknutzung nach § 31a UrhG aufnimmt, die im Zeitpunkt des Vertragsschlusses vereinbart, aber noch unbekannt war. Für die Fälle des § 19a UrhG kommen die Übergangsregelungen aus § 137l UrhG zur Anwendung. Hat der Urheber hiernach zwischen dem 1.1.1966 und dem 1.1.2008 einem anderen alle wesentlichen Nutzungsrechte ausschließlich sowie räumlich und zeitlich unbegrenzt eingeräumt, so gelten die zum Zeitpunkt des Vertragsschlusses unbekannten Nutzungsrechte, wie beispielsweise das Nutzungsrecht aus § 19a UrhG in Verträgen jedenfalls vor 1995[161], ebenfalls als einge-

---

156 Siehe die Begründung des LG Berlin, MMR aktuell 11/1999, XXIII.
157 BGH, GRUR 1984, 528, 529 – Bestellvertrag; BGH, GRUR 1984, 656, 657 – Vorentwurf.
158 BGH, GRUR 1996, 121, 122 – pauschale Rechtseinräumung.
159 Vgl. beispielsweise die BSD-Lizenzen (www.freebsd.org/copyright/).
160 Vgl. Art. 1 des zweiten Gesetzes zur Regelung des Urheberrechts in der Informationsgesellschaft vom 26.10.2007, dort Nr. 3; BGBl. I, S. 2513 ff.; näheres bei *Hoeren*, MMR 2007, 615 ff.
161 Mit Blick auf die technische und wirtschaftliche Entwicklung des Internet wird man ab diesem Zeitpunkt von der Online-Nutzung als bekannter Nutzungsart ausgehen können.

räumt, sofern der Urheber nicht dem anderen gegenüber der Nutzung widerspricht. Der Widerspruch muss indes innerhalb eines Jahres erhoben sein.

7. Einschränkungen des Urheberrechts

a) Zitatrecht – § 51 UrhG

§ 51 UrhG ist eine der am häufigsten missverstandenen Normen des Urheberrechtsgesetzes. Die Missverständnisse sind durch die Neufassung der Norm durch den sog. „zweiten Korb" der Urheberrechtsnovelle noch verstärkt worden. § 51 Satz 1 UrhG wurde im Anschluss an die Filmzitatentscheidung des BGH[162] generalklauselartig neu gefasst und erfasst auch Multimediawerke[163]. Die Neufassung der Norm hat die Zitierfreiheit jedoch nicht grundlegend erweitert, sondern lediglich einzelne, aus der unflexiblen Grenzziehung des bisherigen Rechts folgende Lücken geschlossen. Zitierfähig sind nun nicht nur Sprachwerke, sondern alle denkbaren Werke.

640

§ 51 Nr. 1 UrhG regelt das sog. Großzitat, also die Übernahme des gesamten Werkes in ein selbstständiges wissenschaftliches Werk zur Erläuterung des Inhalts. Ein wissenschaftliches Werk liegt nicht vor, wenn das Werk Unterhaltungszwecken dient. Populärwissenschaftliche Werke sind aber ausreichend[164]. Das Großzitat darf aber nur zur Erläuterung des Inhalts des wissenschaftlichen Werks dienen. Schmückt das Werk lediglich aus, wofür regelmäßig das Fehlen eines äußeren oder inneren Bezugs zwischen Werk und Zitat spricht, ist die Übernahme unzulässig.

641

Vollständige Bildzitate sind außerhalb des § 51 Nr. 1 UrhG anerkanntermaßen zulässig. Ein sinnvolles Zitieren ohne eine vollständige Wiedergabe des zitierten Bildwerks ist nicht möglich, daher wird das Bildzitat, das eigentlich unter § 51 Nr. 1 UrhG fällt, nach den Regeln des § 51 Nr. 2 UrhG (Kleinzitat) für zulässig erachtet[165].

642

Ein Kleinzitat (§ 51 Nr. 2 UrhG) liegt vor, wenn Teile eines Werkes in einem selbstständigen Sprachwerk (Wissenschaftlichkeit des Sprachwerks ist nicht erforderlich) „angeführt" werden. Dies ist der Fall, wenn sie als Beleg für die vertretene Auffassung, als Beispiel, zur Verdeutlichung oder zur Vertiefung des Dargelegten dienen[166]. Auch ist nur die Wiedergabe kleiner Ausschnitte des Werkes zulässig. Ein brauchbares Unterscheidungsmerkmal für die Zulässigkeit der Übernahme fremden geistigen Eigentums („anführen") ist die Prüfung, was von dem zitierenden Werk übrig bleibt, wenn das „Zitat" entfernt wird[167]. Das Sprachwerk ist hierbei weit zu verstehen und erfasst auch Websites und elektronische Darstellungen. Ein Zitat setzt zwingend die Quellenangabe gem. § 63 UrhG voraus. Ein Zitat ohne Quellenangabe ist ein unzulässiges Plagiat.

643

---

162 BGHZ 99, 162, 165 – Filmzitat.
163 Vgl. die Gesetzesbegründung in BT-Drs. 16/1828, S. 25.
164 Vgl. *Dustmann*, in: *Fromm/Nordemann*, Urheberrecht, 11. Auflage 2014, § 51 Rdnr. 24.
165 Vgl. KG, ufita 54 (1969), 296, 300 – Extradienst; *Dustmann*, in: *Fromm/Nordemann*, Urheberrecht, 11. Auflage 2014, § 51 Rdnr. 40.
166 Vgl. BGHZ 28, 234, 240 – Verkehrskinderlied; BGHZ 50, 147, 155 – Kandinsky I.
167 OLG Frankfurt, ZUM 1993, 97, 99 – Städel.

644 Teilweise wird vertreten, Hyperlinks, also aktivierbare Hinweise auf einer Website auf fremden Content, stellten ein Zitat dar, der „Anchor Text" in einem Browsermenü sei der erforderliche Quellenhinweis i.S.d. § 63 UrhG[168]. Diese Auffassung ist abzulehnen. Erst die Aktivierung des Links zum Downloading führt zur Herstellung eines Vervielfältigungsexemplars i.S.d. § 51 UrhG auf dem Rechner und wäre quellenangabepflichtig. Dennoch kann der den Hyperlink Setzende im Einzelfall aus Störerhaftung für eine Vervielfältigungshandlung durch den User, der den Link aktiviert, verantwortlich sein. Das ist insbesondere dann der Fall, wenn ein Inline Link gesetzt und zugleich der URL des Content Providers unterdrückt wurde oder wenn es sich um das sog. Framing handelt. Da in diesen Fällen der Urheber des Content gerade nicht mehr erkennbar ist, kommt auch die Schranke des § 51 UrhG mangels Quellenangabe (§ 63 UrhG) nicht zum Tragen. Die übrigen Formen des Linking – wie Hyperlink und Deep Link – stellen letztlich nichts anderes als eine Fußnote dar und sind daher sowieso ohne Weiteres, also ohne Anwendung des § 51 UrhG, zulässig.

b) Vervielfältigung zum privaten Gebrauch – § 53 UrhG

645 § 53 UrhG sieht eine Reihe gesetzlicher Einschränkungen des Verwertungsrechts des Urhebers vor. Diese umfassen insbesondere den privaten Gebrauch, den sonstigen eigenen Gebrauch und den Gebrauch zu Unterrichtszwecken. Rechtspolitisch umstritten ist, inwieweit diese Bestimmung auf Content aus dem Internet anwendbar ist. Diese Norm war in der jüngeren Vergangenheit daher auch Gegenstand heftiger Auseinandersetzungen zwischen den Lobbyisten der Musik- und Filmindustrie einerseits und Verbraucherschützern und Verwertervertretern andererseits. Es ging um die Austarierung des privaten Nutzungsrechts im digitalen Zeitalter. Die Musikindustrie warnte vor der existenzgefährdenden Wirkung von p2p-Tauschbörsen, Verbraucherschützer vor einer „Kriminalisierung der Schulhöfe". In der Tat ist eine Austarierung der Interessen schwierig. § 53 UrhG hat daher nicht nur im Rahmen des „ersten Korbs" der Urheberrechtsnovelle, sondern nunmehr auch im Rahmen des „zweiten Korbs" der Urheberrechtsnovelle Änderungen erfahren. Gleichwohl muss zunächst geklärt werden, wann diese Bestimmung auf Content aus dem Internet anwendbar ist. Für Datenbankwerke bestimmt § 53 Abs. 5 UrhG, dass eine Vervielfältigung von Werkteilen zum privaten Gebrauch, zur Aufnahme in ein eigenes Archiv und zum sonstigen eigenen Gebrauch nicht zulässig ist und der eigene wissenschaftliche Gebrauch auch nur im nicht gewerblichen Bereich erlaubt ist. Betreffend Datenbanken, die über §§ 87a ff. UrhG geschützt sind, gilt § 87c UrhG. Computerprogramme fallen unter §§ 69b ff. UrhG. Ihre Vervielfältigung kann keinesfalls durch § 53 UrhG gerechtfertigt werden[169].

646 Für das Downloading von Content aus dem Internet bedeutet dies Folgendes: Websites, die als Datenbanken Werkschutz genießen (§ 4 Abs. 2 UrhG), dürfen zum eigenen wissenschaftlichen Gebrauch, soweit die Vervielfältigung zu diesem Zweck geboten ist,

---

168 Vgl. die Nachweise bei *Koch*, GRUR 1997, 417, 430.
169 Vgl. *Czychowski,* in: *Fromm/Nordemann,* Urheberrecht, 11. Auflage 2014, § 69a Rdnr. 43.

heruntergeladen werden, wenn dies nicht zu gewerblichen Zwecken erfolgt (§ 53 Abs. 5 UrhG). Besitzt eine Website keinen Sammelwerk-, aber Datenbankcharakter, darf sie darüber hinaus zur Veranschaulichung des Unterrichts, sofern dies nicht zu gewerblichen Zwecken erfolgt, vervielfältigt werden (§ 87c Abs. 1 Nr. 2 UrhG). Ist eine Website weder Sammelwerk noch Datenbank, ist ihre Vervielfältigung nach den allgemeinen Bestimmungen des § 53 UrhG zulässig.

Streitig war lange, ob die Privilegierung der Vervielfältigung zum privaten Gebrauch auch eingreift, wenn sich der User eine Werkkopie von rechtswidrig in das Internet gestelltem Content zieht. Eine zwingende Antwort auf diese Frage enthielt Art. 5 Abs. 2 InfoSoc-Richtlinie nicht, sondern eröffnete dem nationalen Gesetzgeber Gestaltungsspielräume. Obwohl Art. 5 Abs. 2 InfoSoc-Richtlinie große Ähnlichkeit mit § 53 UrhG aufwies[170], entschied sich der deutsche Gesetzgeber dafür, die Privatkopie nur freizustellen, wenn sie weder unmittelbar noch mittelbar Erwerbszwecken dient und zur Vervielfältigung nicht eine „offensichtlich rechtswidrig" hergestellte Vorlage verwendet wird. Der Gesetzgeber übersah jedoch, dass beim Filesharing meist Vorlagen ins Netz gestellt werden, die zunächst als zulässige Privatkopie rechtmäßig hergestellt worden sind, also nur das Angebot zum Download der erforderlichen Zustimmung des Urhebers entbehrte. Um auch diese Schutzlücke zu schließen, wurde § 53 Abs. 1 UrhG nochmals präzisiert. Nunmehr kommt es auf die Rechtmäßigkeit des Insnetzstellens an. Nach wie vor schafft die Gesetzesfassung aber keine Rechtssicherheit, schon gar nicht für den urheberrechtlich ungebildeten User. Ungeklärt ist schon, was ein mittelbarer Erwerbszweck sein soll. Der Hinweis, die konkrete Vervielfältigung dürfe nicht zu beruflichen oder Erwerbszwecken verwandt werden[171], weist bestenfalls darauf hin, dass jede letztlich einem gewerblichen oder beruflichen Ziel dienende Nutzungshandlung von § 53 UrhG ausgeschlossen sein soll. Eine konkrete Grenzziehung erfolgt nicht. Unklarheit wird auch bei einem User herrschen, der bei einer Musiktauschbörse im Internet einen Titel herunterladen will und sich darüber klar werden muss, ob das ins Netz gestellte Vervielfältigungsexemplar offensichtlich rechtswidrig hergestellt worden ist. Dies soll dann der Fall sein, wenn bei verständiger Würdigung des Einzelfalls, insbesondere der Art der Vorlage oder der spezifischen Form ihrer Zurverfügungstellung, keine ernsthaften Zweifel an ihrer Rechtswidrigkeit bestehen können[172]. Man fragt sich indes, wie eine im Internet zum Download bereitgehaltene Datei Anhaltspunkte für einen rechtswidrigen Kopiervorgang geben soll. Aus der Tatsache allein, dass es sich nicht um ein vom Hersteller selbst oder mit seiner Zustimmung in Verkehr gebrachtes Werkexemplar handelt, kann noch nicht ohne Weiteres darauf geschlossen werden, dass die Kopie rechtswidrig hergestellt oder ins Netz gestellt worden ist. Hilfreicher ist daher der Versuch, die Abgrenzung danach vorzunehmen, ob die Möglichkeit einer Erlaubnis durch den Rechteinhaber sowie einer irgendwie gearteten Privilegierung aller Wahrscheinlichkeit nach ausgeschlossen werden kann[173]. Dies ist z.B. der Fall, wenn

647

---

170 Vgl. *Hoeren*, MMR 2000, 515, 519; *Kröger*, CR 2001, 316, 318.
171 *Loewenheim*, in: *Schricker/Loewenheim*, Urheberrecht, 4. Auflage 2010, § 53 Rdnr. 23.
172 *Loewenheim*, in: *Schricker/Loewenheim*, Urheberrecht, 4. Auflage 2010, § 53 Rdnr. 23.
173 *Loewenheim*, in: *Schricker/Loewenheim*, Urheberrecht, 4. Auflage 2010, § 53 Rdnr. 23.

eine CD ersichtlich einen Kopierschutz besitzt[174], Musikstücke aus der CD gleichwohl im Internet auftauchen. Ebenso eindeutig dürfte der Download eines Films vor dessen Kinostart sein.

648 Ob diese Fassung von § 53 Abs. 1 UrhG Bestand haben wird, ist aber angesichts der EuGH-Rechtsprechung i.S. ACI Adam[175] zweifelhaft. Der EuGH hatte entschieden, dass eine Schrankenbestimmung für Privatkopien unterscheiden müsse danach, ob eine Quelle rechtmäßig oder unrechtmäßig sei. Dies schließt aus, die Privatkopie einer nicht offensichtlich rechtswidrig ins Netz gestellten Quelle ohne Weiteres als legale Privatkopie zu bezeichnen[176].

649 Es ist auch darauf hinzuweisen, dass eine Vervielfältigung zum privaten Gebrauch dann ausscheidet, wenn der Kopiervorgang nicht mehr privat stattfindet – etwa am heimischen CD-Brenner –, sondern in die Öffentlichkeit verlegt wird. So steht in Australien der sog. „Copy Cat CD Duplicator"[177] des Herstellers Multi Tech[178] in Supermärkten und Szene-Kneipen. Diese ermöglichen es, innerhalb weniger Minuten CDs für nur fünf australische Dollar in tadelloser Klangqualität zu kopieren. Würden diese Geräte auch in Deutschland aufgestellt, stellte sich die Frage, ob auf die Benutzung dieser Geräte die Rechtsprechung zu Kopierläden übertragen werden kann, wonach es für einen Haftungsausschluss des Betreibers ausreicht, wenn dieser einen deutlich sichtbaren Hinweis anbringt. Dieses Problem könnte sich künftig auch für das Uploading von mittels mp3-Technik komprimierten Songs aus dem Internet ergeben, wenn ein CD-Brenner mit einer Münzvorrichtung ausgestattet und in Internet-Cafés aufgestellt würde.

650 Grundgedanke der Privilegierung privater Kopien nach § 53 UrhG ist, dass jedermann die Möglichkeit haben soll, sich Informationen zu beschaffen; und zwar auch dann, wenn er sich den Erwerb eines lizenzierten Vervielfältigungsstücks nicht leisten kann. Verhindert werden soll allerdings, dass ein Dritter aus der Situation Kapital schlägt, indem er die Anfertigung der Kopie kommerzialisiert. Daher enthält § 53 Abs. 1 Satz 2 UrhG einen Ausschluss der Schranke für den Fall der Entgeltlichkeit der Herstellung privater Kopien. Zwar könnte man einwenden, dass es sich bei dem „Copy Cat CD Duplicator" um ein Selbstbedienungsgerät handele, sodass Satz 2 des § 53 UrhG nicht zur Anwendung käme, jedoch widerspräche diese Argumentation dem Sinn und Zweck der Vorschrift und würde zudem einem Missbrauch Tür und Tor öffnen. Die Nutzung derartiger CD-Brenner ist demnach nur nach ausdrücklicher Zustimmung und Lizenzierung durch die Urheber der Songs zulässig; die Schranke des § 53 UrhG kann nicht greifen.

---

174 Das Urheberrecht verzichtet ausdrücklich auf eine Durchsetzung der Privatkopie gegen technische Schutzmaßnahmen (DRM) zum Zwecke des Kopierschutzes durch den Urheber, vgl. Gesetzesbegründung zum 2. Korb der Urheberrechtsnovelle, BT-Drs. 16/1828, S. 14, 20.
175 EuGH, GRUR 2014, 546 ff. – ACI Adam.
176 So auch *Czychowski/Nordemann*, GRUR-RR 2015, 185, 189.
177 Die Vertriebsrechte für den deutschen Markt liegen bei der Firma Hamiltons Kontor. Das Gerät soll einen Preis von ca. 3700 Euro haben.
178 www.multi-tech.com.au.

c) Elektronische Werkarchive

Elektronische Werkarchive (z.B. Pressearchive) zeichnen sich dadurch aus, dass urheberrechtlich geschützte Werke ganz oder teilweise elektronisch vervielfältigt, indexiert und zur Nutzung innerhalb eines Unternehmens oder durch Geschäftskunden archiviert werden. Die berechtigten User können dann auf diese Daten zugreifen und sie gegebenenfalls vervielfältigen.

651

Um ein urheberrechtlich geschütztes Werk in ein derartiges elektronisches Archiv aufzunehmen, bedarf es eines urheberrechtlich relevanten Vervielfältigungsvorgangs i.S.d. § 16 UrhG[179]. Dieser bedarf der Zustimmung des Urhebers. Soweit die Zustimmung nicht eingeholt ist, könnte man diskutieren, die Privilegierung für Pressespiegel gem. § 49 UrhG anzuwenden. Zum Zwecke des freien Informationszugangs gestattet § 49 UrhG die Vervielfältigung und Verbreitung einzelner Artikel aus Zeitungen sowie ihre öffentliche Wiedergabe, sofern die Artikel politische, wirtschaftliche oder religiöse Tagesfragen betreffen und nicht mit einem Vorbehalt der Rechte versehen sind. § 49 UrhG regelt aber nur Textcontent. Bildmaterial, das den Text erläutert, fällt nicht hierunter[180]. Die Übernahme von Texten ist auch nur im Hinblick auf Zeitungen und andere lediglich dem Tagesinteresse dienende Informationsblätter zulässig. Rundfunkarchive und Texte, die nicht politische, wirtschaftliche oder religiöse Tagesfragen betreffen, etwa mit wissenschaftlichem oder kulturellem Inhalt, fallen von vorneherein nicht unter die Vorschrift. Schließlich muss der übernommene Artikel im Zeitpunkt der Übernahme aktuell sein[181]. Eine Anwendung von § 49 UrhG auf elektronische Pressearchive kommt daher meist nicht in Betracht.

652

Selbst soweit § 49 Abs. 1 UrhG von seinem Wortlaut eingreifen könnte, sieht die Rechtsprechung[182] in § 49 Abs. 1 UrhG eine eng auszulegende Ausnahmevorschrift[183]. Zwar ist die Anwendung von § 49 UrhG auch auf elektronische Pressespiegel vom BGH zwischenzeitlich anerkannt[184], soweit nur eine „In-house"-Nutzung vorgesehen ist und bestimmte einschränkende Voraussetzungen erfüllt sind; auf elektronische Werkarchive hat der BGH die Anwendung der Vorschrift aber nicht erstreckt.

653

Eher in Betracht kommt die Anwendung von § 53 Abs. 2 Satz 1 Nr. 2 UrhG. Hiernach dürfen einzelne Vervielfältigungsstücke des Werkes zur Aufnahme in ein eigenes Archiv hergestellt werden, soweit die Vervielfältigung zu diesem Zweck geboten ist und als Vorlage für die Vervielfältigung ein eigenes Werkstück benutzt wird. § 53 Abs. 2 Satz 1 Nr. 2 UrhG bezieht sich aber nur auf Archive, deren Zweck sich in einer unter sachlichen Gesichtspunkten geordneten Sammlung vorhandener Werke zum internen Gebrauch

654

---

179 Vgl. BGH, MMR 1999, 409, 411 – Elektronische Pressearchive.
180 Vgl. nur *Hoeren*, MMR 1999, 412.
181 Wegen der Einzelheiten vgl. *Rehbinder*, ufita 48 (1966), 102, 103.
182 Vgl. OLG Köln, CR 2000, 352, 353; OLG Hamburg, CR 2000, 658, 659.
183 Vgl. die ausführliche Begründung des OLG Hamburg, CR 2000, 658, 660; auch BGH, CR 2002, 827, 830 – elektronischer Pressespiegel.
184 BGH, CR 2002, 827 ff. – elektronischer Pressespiegel; vgl. hierzu auch *Niemann*, CR 2002, 817 ff.

erschöpft[185]. Schon die Nutzung eines Archivs durch Betriebsangehörige stellt aber keinen „internen Gebrauch" mehr dar. Dies ist auch bei einer kommerziellen Nutzung des Archivs auszuschließen. Problematisch ist weiter, dass durch ein elektronisches Archiv eine zusätzliche Verwertungsmöglichkeit des Ursprungswerks geschaffen wird, da durch den einfachen Zugriff die Nutzung von Informationen erheblich erleichtert und verstärkt und dadurch die Gefahr begründet wird, dass die dem Urheber vorbehaltene Auswertung des Werks in wesentlichem Umfang beeinträchtigt wird. § 53 Abs. 2 Satz 1 Nr. 2 UrhG findet daher ebenfalls meist keine Anwendung[186].

655 Der Aufbau von elektronischen Archiven unter Zugriff auf urheberrechtlich geschützte Werke Dritter verstößt daher in der Regel gegen §§ 16, 97 UrhG, sofern dies zur unternehmensweiten oder gar gewerblichen Nutzung geschieht[187].

656 In **Fall 21** stellt das Einscannen der Zeitschriftenbeiträge durch U einen urheberrechtlich relevanten Vervielfältigungsvorgang dar. Die elektronische Bearbeitung und Indexierung fällt als Umgestaltung unter § 23 UrhG. Die Übermittlung des bearbeiteten Dokuments an den Kunden ist ebenfalls ein Vervielfältigungsakt des umgestalteten Werks, der der Zustimmung des Urhebers bedarf. Da diese nicht vorliegt, ist zu fragen, ob eine gesetzliche Gestattung der Verwertung existiert. § 49 UrhG ist als Ausnahmevorschrift eng auszulegen. Ein vom Wortlaut der Vorschrift erfasster Fall liegt nicht vor, da keine Vervielfältigung und Verbreitung in anderen Zeitungen und keine öffentliche Wiedergabe durch U erfolgt. Auch § 53 Abs. 2 Satz 1 Nr. 2 UrhG greift nicht. Der Archivzweck der Kunden von U beschränkt sich nicht auf die geordnete Sammlung zum internen Gebrauch, da die Nutzung durch Betriebsangehörige von U keinen internen Gebrauch mehr darstellt. Das Verhalten von U ist daher urheberrechtlich unzulässig.

8. Filesharing, Internet-Tauschbörsen

a) Die mp3-Tauschbörsen Napster und Gnutella

657 Als der 19-jährige Collegestudent *Shawn Fanning* eine kleine Software entwickelte, die es seinen Freunden und ihm erlaubte, ihre digitalen Musiksammlungen untereinander auszutauschen, erwartete er sicher nicht, dass sich diese – angeblich nach seinem Spitznamen „Napster" benannte – Software explosionsartig im Netz verbreiten und er noch im selben Jahr eine gewerbliche Internet-Tauschbörse für digitale Musikdateien gründen würde – vom zwischenzeitlichen Siegeszug der p2p-Börsen ganz zu schweigen. Wie wenige Erscheinungsformen von Online-Aktivitäten war Napster ausgesprochen erfolgreich und erschütterte weltweit die hergebrachten Grundsätze des Urheberrechts. Die juristischen Auseinandersetzungen um Napster waren weniger wegen den mit einer Internet-Tauschbörse verbundenen – lösbaren – urheberrechtlichen Fragestellungen interessant. Sie legten vielmehr schonungslos offen, wie wenig die im Offline-Zeitalter austarierten Urheberrechtsordnungen für eine globalisierte Onlinewelt taugten.

---

185 So BGHZ 134, 250, 257 – CB-Infobank I; BGH, MMR 1999, 409, 412 – Elektronische Pressearchive.
186 Ebenso BGH, MMR 1999, 409 – Elektronische Pressearchive.
187 OLG Brandenburg, CR 2012, 734 ff. – Onlinearchivierung.

Dabei hatte Napster nur ein Grundprinzip des Internet fruchtbar gemacht, nämlich **658** dass jeder Teilnehmer des Datennetzes gleichzeitig als Nutzer und Anbieter mit anderen Teilnehmern des Datennetzes kommunizieren kann und muss, damit das System funktioniert[188]. Die von Napster initiierte sog. „Peer-to-peer"-Technik (p2p) ermöglicht Nutzern eines Netzwerks den Zugriff auf Informationen, die von anderen Nutzern bereitgestellt werden. Dabei werden die Dateien nicht auf zentralen Netzwerkrechnern gespeichert, sondern liegen dezentral auf den Festplatten der jeweiligen Teilnehmer. P2p ist daher auch für Unternehmen ein attraktives Zukunftsmodell, da es den Austausch und die Weitergabe von Wissen unterstützt, statt wie bislang an einem Punkt zu bündeln. Mit p2p können Mitarbeiter eines Unternehmens beispielsweise zur gleichen Zeit am selben Projekt arbeiten, ohne im selben Büro zu sitzen[189].

Der Siegeszug der Tauschbörsen ist eng verknüpft mit der mp3-Technologie[190]. Das **659** mp3-Format gestattet es, ganze Musikalben zu komprimieren und preiswert und schnell über das Internet an Dritte zu versenden. Die p2p-Software ist dann letztlich eine Art elektronischer Makler. Die Funktionsweise von Tauschbörsen basiert meist auf einem Protokoll, das eine Server-Client-Funktion zur Verfügung stellt. Anders als bei den zunächst etablierten Tauschbörsen mit Zentralrechner – vgl. Napster – bedarf es heute keiner zentralen Unterstützung durch einen Zentralrechner oder einen Betreiber mehr. Mithilfe der Software wählt man einen anderen Teilnehmer an, der gerade online ist[191]. Von dem zunächst angesteuerten Rechner wird die Anfrage des Client an alle anderen Rechner weitergeleitet, die gerade online sind. Wird eine Datei bei der Suche gefunden, erfolgt der Dateiaustausch direkt zwischen den Nutzerrechnern[192].

Die wirtschaftliche Dimension von Musik-Tauschbörsen ist gewaltig. Seit Anfang des **660** Jahrtausends sind die Plattenverkäufe der Musikindustrie Jahr für Jahr zum Teil dramatisch eingebrochen; eine Entwicklung, die gerade auch auf den Siegeszug der p2p-Technologie zurückzuführen ist. Die Antwort der Musikkonzerne, selbst den legalen Verkauf von Musik über das Internet als Alternative voranzutreiben, hat wenig gerettet. Betrachtet man, dass nach Branchenschätzungen monatlich ein in die Milliarden gehender Schaden durch rechtswidrig heruntergeladene Musiktitel angerichtet wird, wird nicht nur die wirtschaftliche Bedeutung des Filesharing, sondern auch die Aussichtslosigkeit des Kampfs der Musikindustrie deutlich.

---

188 Vgl. *Kreutzer*, GRUR 2001, 193.
189 Vgl. hierzu FAZ vom 14.2.2001, S. 3.
190 MPEG3 audiolayer ist ein Tonformat, mit dem sich Musik und Sprache ohne großen Qualitätsverlust elektronisch speichern lässt. Die Daten werden komprimiert; die zu erfassende Datenmenge sinkt enorm: Während ein durchschnittliches Musikstück (3,5 Minuten) noch rund 35 MB an Speicherplatz benötigt, belegt das gleiche Lied im mp3-Format zwischen 1,5 und 3 MB – je nach gewünschter Tonqualität. Auf einer normalen Audio-CD lassen sich ca. 11 Musikalben im mp3-Format unterbringen.
191 Hierzu benutzt man als hostcatcher die Gnutella-Software oder eine der im Internet zu findenden IP-Listen.
192 Zu Einzelheiten der Funktionsweise vgl. *Kreutzer*, GRUR 2001, 193, 195.

661 Juristisch reagierte die Musikindustrie auf die urheberrechtlichen Herausforderungen von Napster mit einem Frontalangriff[193]. Die weltweite Beachtung, die der Rechtsstreit fand, stellte zunächst im Wesentlichen eine gigantische kostenlose Werbemaßnahme für Napster dar, obwohl kein Gericht den fraglichen Argumenten von Napster folgte. Nachdem die überwiegende Mehrheit der über Napster getauschten Musikstücke urheberrechtlich geschützt seien, könne sich Napster nicht darauf berufen, man wisse nicht, welche Musikfiles von den Usern jeweils getauscht würden. Ebenso wenig folgten die Gerichte dem Verweis auf die Entscheidung des U.S. Supreme Court zum Verkauf von Videorecordern[194]. Die Universal Studios versuchten in den 80er-Jahren den Verkauf von Videorecordern zu unterbinden mit dem Hinweis, mit diesen Geräten könnten urheberrechtswidrig Raubkopien von Videofilmen gefertigt werden. Der U.S. Supreme Court verwarf diese Argumentation, weil Videorecorder eine umfangreiche urheberrechtlich zulässige Nutzung gestatten, wie beispielsweise das Mitschneiden von Fernsehprogrammen oder das Erstellen einer privaten Kopie einer Videokassette. Die urheberrechtlich zulässigen Einsatzmöglichkeiten von Napster erschienen den Gerichten jedoch verschwindend gering. Kaum ein gemeinfreies Musikstück würde über Napster gehandelt. Napster sei vielmehr gerade darauf angelegt, urheberrechtlich geschützte Musikstücke rechtswidrig zu vervielfältigen und zu verbreiten. Der U.S. Supreme Court bestätigte diese Rechtsprechung[195].

662 Das juristische Ringen war damit – zumindest für die Vereinigten Staaten von Amerika – entschieden. Der Betrieb von Musiktauschbörsen ist unzulässig und strafbar. Es wäre allerdings naiv anzunehmen, die Musikindustrie hätte damit der Hydra Filesharing den Rest gegeben. Erfahrungsgemäß werden die Betreiber von Musiktauschbörsen eher motiviert, ihre Tauschbörsen kreativer zu gestalten bzw. die Tauschbörsen geographisch dem Zugriff effektiven Rechtsschutzes zu entziehen. Solange sich bei den großteils jugendlichen Nutzern kein Unrechtsbewusstsein diesbezüglich durchsetzt, erscheint der Kampf der Musikindustrie aussichtslos.

b) Urheberrechtliche Beurteilung des Filesharing nach deutschem Recht

aa) Komprimierung der Dateien

663 Um mp3-Dateien zum Tausch anbieten zu können, muss der Provider unter Umständen eine notwendige Digitalisierung analoger Tonaufnahmen vornehmen. Hierbei

---

193 Vgl. A & M Records Inc., Geffen Records Inc., Interscop Records, Sony Music Entertainment, Atlantic Recording Corporation, Island Records Inc., Universal Records Inc., Electra Entertainment Group, Arista Records, Sire Record Group Inc., Polygram Records, Virgin Records America, Warner Brothers Records vs. Napster, U.S. District Court for the Northern District of California (NDCal) case no. 99-05183 MHP, abrufbar unter legal.web.aol.com/decisions/dlip/napsteropinion.pdf.
194 U.S. Supreme Court 464 US 417 (1984) Sony Corporation vs. Universal Studios, http://laws.findlaw.com/us/464/417.html.
195 Entscheidung vom 27.6.2005 in Sachen Metro-Goldwyn-Mayer Studios Inc. et al. vs. Grokster Ltd. et al. Nr. 04-480, 545 U.S._2005. Abrufbar unter www.supremecourtus.gov/opinions/sliplists/s545pt2.html.

handelt es sich um einen Vervielfältigungsakt i.S.d. §§ 16, 75, 85 Abs. 1 UrhG[196]. Neben der Digitalisierung ist eine Komprimierung des Musikstücks in das mp3-Format erforderlich. Für die Komprimierung werden unter psychoakustischen Kriterien überflüssige, insbesondere redundante Bestandteile des Tonsignals aus dem Datensatz herausgefiltert, die das menschliche Gehör nicht wahrnehmen kann[197]. Insoweit könnte eine Umgestaltung des Musikwerks i.S.d. § 23 Abs. 1 UrhG vorliegen, die nur mit Einwilligung des Urhebers des umgestalteten Werks verwertet werden darf. Nach dem Zweck des § 23 Satz 1 UrhG schützt diese Norm aber nur das Interesse des Urhebers, über die Verwertung seines Werks auch in veränderter Form zu entscheiden. Schutzwürdige Interessen des Urhebers werden bei der technischen Komprimierung eines ansonsten unveränderten Musikstücks jedoch nicht tangiert. Der ästhetische Gesamteindruck und die individuelle Gestaltung des Werks bleiben unverändert. Es wird daher argumentiert, dass § 23 UrhG auf die Komprimierung einer Musikdatei keine Anwendung findet[198]. Der Streit ist müßig, da die Komprimierung in jedem Fall zu einer weiteren Vervielfältigung des Musikwerks führt[199]. Dieser Vervielfältigungsvorgang bedarf in jedem Fall der Zustimmung des Urhebers.

bb) Ins Netz stellen

Der Anbieter stellt die komprimierte Musikdatei zum Download zur Verfügung. Dies ist ein Fall der öffentlichen Zugänglichmachung i.S.d. § 19a UrhG (Right of making available)[200] und ein weiterer Vervielfältigungsakt. Sowohl die Vervielfältigung als auch das Bereithalten zum Downloaden bedarf der Zustimmung des Urhebers bzw. Nutzungsberechtigten (§§ 75 Satz 2, 85 Satz 1 UrhG). **664**

Der uploadende User kann sich auch nicht auf § 52 UrhG berufen, wonach die „öffentliche Wiedergabe" eines erschienenen Werks dann zulässig ist, wenn weder Veranstalter, noch ausübende Künstler einen Erwerbszweck verfolgen und Teilnehmer unentgeltlich zugelassen werden. Der Urheber ist gem. § 52 Abs. 1 Satz 2 UrhG aber in jedem Fall zu vergüten. Hierzu wird vertreten[201], Anbieter von Musikfiles in p2p-Netzen handelten nicht zu einem Erwerbszweck. Sie beteiligten sich nämlich gerade deshalb an der Musiktauschbörse und böten eigene Files an, um sich auch selbst derartige Files beschaffen zu können. Diese Auffassung ist abzulehnen. Der (ausreichende) mittelbare Erwerbszweck von Teilnehmern an Musiktauschbörsen liegt in der Möglichkeit, als wirtschaftlichen Vorteil die Download-Möglichkeit von Musikfiles zu erhalten. Im Übrigen ist zweifelhaft, ob überhaupt ein Fall der öffentlichen Wiedergabe vorliegt. Bei Musiktauschbörsen geht es um die öffentliche Zugänglichmachung von Werken, nicht **665**

---

196 *Schricker/Loewenheim*, Urheberrecht, 4. Auflage 2010, § 16 Rdnr. 23; *Dustmann*, in: *Fromm/Nordemann*, Urheberrecht, 11. Auflage 2014, § 16 Rdnr. 12; *Kreutzer*, GRUR 2001, 193, 197.
197 Wegen Einzelheiten vgl. *Kreutzer*, GRUR 2001, 193, 197.
198 So *Kreutzer*, GRUR 2001, 193, 197; *Schricker/Loewenheim*, Urheberrecht, 4. Auflage 2010, § 23 Rdnr. 8; a.A. *Loewenheim/Koch*, Praxis des Online-Rechts, 1998.
199 *Mönkemöller*, GRUR 2000, 663, 667; *Kreutzer*, GRUR 2001, 193, 198.
200 So auch OLG München, CR 2001, 333, 336; LG München I, MMR 2000, 431, 433 – AOL-Musikforum.
201 Vgl. *Kreutzer*, GRUR 2001, 193, 202.

um deren öffentliche Wiedergabe[202]. Schließlich verbietet § 53 Abs. 5 Satz 1 UrhG die öffentliche Wiedergabe von Vervielfältigungsstücken, die zum privaten Gebrauch hergestellt wurden. Dies trifft zwar nicht auf die von dem Anbieter erworbene CD, wohl aber auf die gefertigte mp3-Kopie zu[203].

cc) Haftung von p2p-Tauschbörsenbetreibern

666 Über den Server der Musiktauschbörse finden weder Vervielfältigungshandlungen statt, noch wird der Content zum Abruf bereitgehalten. Vielmehr findet der Datenaustausch unmittelbar zwischen den beiden Peers statt[204], sodass der Börsenbetreiber zumindest keine unmittelbare Urheberrechtsverletzung begeht[205]. Denkbar ist allerdings eine mittelbare Beteiligung des Tauschbörsenbetreibers an der Urheberrechtsverletzung der User, welche die Musikdateien ins Netz stellen und damit das Recht der öffentlichen Zugänglichmachung i.S.d. § 19a UrhG nach allgemeinen Grundsätzen der Störer- und Verschuldenshaftung verletzen. Als kausale Handlungen kommen das Anbieten der erforderlichen Software, die Zugangsvermittlung zu den Usern untereinander und das Betreiben des Servers in Betracht, da diese erst die Rechtsverletzung durch den User ermöglichen. Allerdings könnten §§ 7 ff. TMG eingreifen, aus denen sich möglicherweise eine Haftungsprivilegierung außerhalb des Unterlassungsbereichs ergibt.

667 Voraussetzung einer Anwendbarkeit des TMG ist – in Abgrenzung zum TKG – zunächst, dass es sich bei den von der Tauschbörse erbrachten Leistungen nicht um eine Telekommunikationsdienstleistung i.S.d. § 3 Nr. 24 TKG, sondern um eine kommunikative Dienstleistung i.S.d. § 1 Abs. 1 TMG handelt. Da die Tauschbörse keine eigenständige technische Infrastruktur errichtet, scheidet eine Anwendbarkeit des TKG aus.

668 Für Tauschbörsen, die mit einem zentralen Server arbeiten, kommt die Anwendung von § 10 TMG in Betracht. Indes speichert ein Tauschbörsenbetreiber keine fremden Inhalte für dritte User. Er hält lediglich Informationen über Möglichkeiten des Abrufs bereit. Er hat auch keine Einwirkungsmöglichkeit auf das speichernde System des uploadenden Users. Im Falle der Kenntnis von rechtswidrigen Inhalten kann der Tauschbörsenbetreiber die Inhalte auch nicht ohne Weiteres löschen. Der klassische Fall des Tauschbörsenbetreibers liegt insofern anders als der des AOL-Musikforum-Falles des OLG München. Dort konnten User MIDI-Dateien von einem Server downloaden, der in die Verantwortung von AOL Deutschland fiel[206]. Ein zentraler Tauschbörsenbetreiber ist jedoch nicht anders zu behandeln als ein dezentraler Tauschbörsenbetreiber, der sog. host caches betreibt. Diese dienen lediglich der Beschleunigung des Netzaufbaus unmittelbar zwischen den Peers. Beide Fälle sind nicht unter § 8 Abs. 1 TMG zu subsumieren. Für Unterlassungsansprüche hat der Bundesgerichtshof[207] ohnehin festgestellt,

---

202 So auch *Dustmann*, in: *Fromm/Nordemann*, Urheberrecht, 11. Auflage 2014, § 52 Rdnr. 8.
203 A.A.: *Kreutzer*, GRUR 2001, 193, 202.
204 Im Gegensatz hierzu konnte eine Haftung von AOL bejaht werden, da die Dateien auf Servern von AOL gespeichert waren, Midi-Entscheidung des OLG München, CR 2001, 333; Vorinstanz LG München I, ZUM 2000, 418.
205 Dahingehend auch *Braun*, GRUR 2001, 1100.
206 Vgl. OLG München, CR 2001, 333 ff.; LG München I, MMR 2000, 431, 434 – AOL-Musikforum.
207 BGH, CR 2004, 763, 765 – Markenverletzung im Internet.

dass die Haftungsfilter des TMG unanwendbar sind. Im Übrigen regelt § 8 TMG lediglich die Haftungsfreistellung von rein technischen, automatisierten Durchleitungen von Informationen, also einen automatisierten, telekommunikationsähnlichen Vorgang. Ein Tauschbörsenbetreiber ist aber an dem Vorgang der Übermittlung des ins Netz gestellten Content selbst nicht beteiligt. In der Vermittlung eines Kontakts zwischen zwei Peers wird jedenfalls keine Zugangsvermittlung i.S.v. § 8 TMG geleistet. Der Tauschbörsenbetreiber haftet damit nach den allgemeinen Grundsätzen.

Teilweise wurde versucht, die Rechtsprechung des Bundesgerichtshofs zur Verantwortlichkeit der Hersteller und Betreiber von Tonband- und Kopiergeräten nutzbar zu machen[208]. Hiernach ist die Haftung von Herstellern und Betreibern derartiger Geräte, mit deren Hilfe Urheberrechtsverletzungen begangen werden können, auf die Pflicht begrenzt worden, Warnhinweise an den Geräten anzubringen, welche geeignet sind, den Kunden von Verletzungshandlungen abzuhalten. Diese Auffassung ist abzulehnen, weil sie die Realitäten von Tauschbörsen nicht trifft. Tonband- und Kopiergeräte werden fast ausschließlich zu legalen Handlungen verwendet. Hier ist es gerechtfertigt, wegen Einzelfällen rechtswidrigen Handelns nicht die Technik an sich in Frage zu stellen. Anders liegen die Dinge beim Tauschbörsenbetreiber: Die überwiegende Zahl der betriebenen Tauschbörsen dient letztlich dazu, urheberrechtswidrig Content an Dritte zu übermitteln. Gemeinfreier Content findet sich in Tauschbörsen üblicherweise nicht. Dem Tauschbörsenbetreiber ist dies bekannt. Das rechtfertigt es, ihn nicht von der haftungseinschränkenden Rechtsprechung des Bundesgerichtshofs zu Tonband- und Kopiergeräten profitieren zu lassen. Richtigerweise sind dem Tauschbörsenbetreiber vorsätzliche Beihilfehandlungen zu Urheberrechtsverletzungen vorzuwerfen. Dies führt zu der in jedem Einzelfall intensiv zu prüfenden Frage, ob dem Betreiber des Host-Caches bzw. Hersteller der Software klar war, dass die von ihm initiierte Tauschbörse so gut wie ausschließlich zu illegalem Handeln genutzt werden wird. Die Rechtsprechung jedenfalls ist bisher in den Fällen, in denen ihr diese Frage vorgelegt worden ist, stets zur Bejahung einer Verantwortlichkeit, mindestens wegen Beihilfe, gelangt[209]. Kann eine Beihilfehandlung nicht nachgewiesen werden, greift die Lehre von der Störerhaftung. Dann muss dem Tauschbörsenbetreiber eine Prüfungspflicht obliegen, die er trotz der zumutbaren Möglichkeit ihrer Erfüllung nicht erfüllt hat. Ist das Geschäftsmodell eines File-Hosting-Dienstes nicht von vornherein auf Rechtsverletzungen angelegt, ist der Umstand, dass der Betreiber durch eigene Maßnahmen die Gefahr einer rechtsverletzenden Nutzung des Dienstes fördert, bei der Bestimmung des Umfangs der ihm als Störer obliegenden Prüfpflichten zu berücksichtigen[210]. Leistet ein File-Hosting-Dienst durch sein konkretes Geschäftsmodell Urheberrechtsverletzungen in erheblichem Umfang Vorschub, so ist ihm allerdings eine umfassende regelmäßige Kontrolle der Linksammlungen zuzumuten, die auf seinen Dienst verweisen[211].

---

208 BGHZ 17, 266 – Tonbandgeräte I; BGH, GRUR 1984, 54 – Kopierläden.
209 Vgl. OLG München, CR 2001, 333, 336 – AOL-Musikforum; U.S. Supreme Court, Entscheidung vom 27.6.2005, Az.: 04-480, abrufbar unter: www.supremecourtus.gov/opinions/sliplists/s545pt2.html.
210 BGH, WRP 2013, 1348 ff. Rdnr. 34 – File Hosting Dienst; BGHZ 194, 339 ff. Rdnr. 39 – Alone in the dark.
211 BGH, WRP 2013, 1348 ff. Rdnr. 44, 57 – File Hosting Dienst.

670 Jedenfalls ab dem Zeitpunkt, in welchem er – beispielsweise durch einen Dritten – Informationen über rechtswidrige Handlungen in seiner Tauschbörse erhält, hat er die erforderlichen Maßnahmen zur Störungsbeseitigung und zukünftigen Verhinderung zu ergreifen. Da die Grundsätze der Störerhaftung nur auf Unterlassungsansprüche anwendbar sind, kommt in diesem Fall eine Schadensersatzhaftung nicht in Betracht.

dd) Haftung des downloadenden Users

671 Der Download von mp3-Files aus dem Internet stellt ohne Weiteres eine Vervielfältigung i.S.d. § 16 UrhG dar. Die entscheidende Frage ist aber, ob sich der private User, der mp3-Files von einem Provider herunterlädt, auf die Schranke des § 53 Abs. 1 UrhG berufen kann. Hiernach ist dem User die Herstellung einzelner Vervielfältigungsstücke eines Werkes zum privaten Gebrauch gestattet. Die Austarierung der widerstreitenden Interessen der Nutzer einerseits und der Musikindustrie andererseits ist schwierig, zumal es keinen Raum für Kompromisslösungen gibt. Selbst der Vorschlag einer „p2p-Bagatelle" wurde vom Gesetzgeber verworfen. Letztlich haben sich die Interessen der Musikindustrie durchgesetzt. Mit dem „ersten Korb" der Urheberrechtsnovelle wurde zunächst eine für das Filesharing wenig hilfreiche Formulierung gewählt. Die Privilegierung des Downloads sollte daran gebunden sein, dass keine „offensichtlich rechtswidrig hergestellte Vorlage verwendet wird". Diese Formulierung übersah jedoch, dass bei p2p-Tauschbörsen üblicherweise die entsprechenden Vorlagen als zulässige Privatkopien rechtmäßig hergestellt werden. Erst das Angebot zum Download, § 19a UrhG, erfolgt ohne die erforderliche Zustimmung des Rechteinhabers und stellt damit eine Urheberrechtsverletzung dar. Mithin kommt es hier nicht auf die Herstellung der Vorlage, sondern auf deren unerlaubte öffentliche Zugänglichmachung an. Mit dem „zweiten Korb" der Urheberrechtsnovelle wurde § 53 Abs. 1 UrhG dahingehend präzisiert, dass die Privilegierung auch ausgeschlossen ist, wenn eine offensichtlich rechtswidrig öffentlich zugänglich gemachte Vorlage verwendet wird. Dies führt dazu, dass praktisch keine der heute gängigen Tauschbörsen, insbesondere soweit sie von Jugendlichen frequentiert werden, eine Möglichkeit des rechtmäßigen Downloads gem. § 53 Abs. 1 UrhG mehr bietet. Denn in all diesen Fällen ist klar, dass ins Netz gestellte Vervielfältigungen von privat angeschafften CDs und DVDs den User nicht berechtigten, die Werke gem. § 19a UrhG öffentlich zugänglich zu machen[212].

ee) Anspruch auf Besichtigung der Filesharing-Software gem. § 101a UrhG

672 Die Verfolgung von Urheberrechtsverletzungen im Internet stellt die Berechtigten meist vor tatsächliche Schwierigkeiten. Wie kann man einem User konkret Urheberrechtsverletzungen nachweisen? Hierzu ist erforderlich, Zugriff auf Datenträger des Users zu erhalten. Deswegen wurde lange versucht, einen Auskunftsanspruch gegen den Tauschbörsenbetreiber oder den downloadenden User für den Berechtigten zu begründen.

---

212 Ob § 53 Abs. 1 UrhG in der aktuellen Fassung Bestand haben kann, ist angesichts der EuGH-Rechtsprechung (EuGH, GRUR 2014, 546 ff. – ACI Adam) fraglich.

Hier hat sich die Rechtslage 2008 mit Umsetzung der Enforcement-Richtlinie[213] erheblich geändert[214].

Gem. § 101a Abs. 1 UrhG kann nunmehr ein Anspruchsteller verlangen, dass er eine Sache besichtigen kann oder ihm eine Urkunde vorgelegt wird, wenn sich die Sache oder die Urkunde in der Verfügungsgewalt einer Person befindet, die mit hinreichender Wahrscheinlichkeit das Urheberrecht oder ein anderes nach dem Urhebergesetz geschütztes Recht widerrechtlich verletzt. Der Begriff der Sache ist dabei weit zu verstehen[215]. Es kann somit auch die Vorlage einer Filesharing-Software oder von Datenträgern verlangt werden. Der Anspruch kann im Wege der einstweiligen Verfügung ohne vorherige Anhörung des Gegners im Beschlusswege geltend gemacht werden (§ 101a Abs. 3 UrhG). Damit wird das Risiko minimiert, dass der vermeintliche Urheberrechtsverletzer seine Spuren rasch beseitigt und der Besichtigungsanspruch ins Leere geht. Der Sinn dieses Besichtigungsanspruchs ist, dem Verletzten durch die Vorlage von Datenträgern und die Besichtigung von Software die Möglichkeit zu geben, seinen Verdacht des Vorliegens einer Urheberrechtsverletzung zu erhärten. Nur dann kann er nämlich mit Erfolg einen Anspruch auf Unterlassung oder Schadenersatz geltend machen. Diese Besichtigungsmöglichkeit basiert letztlich auf Art. 43 Abs. 1 des TRIPs-Übereinkommens, dessen Vorbild die Anton-Piller-Order des englischen Rechts war[216]. Die entscheidende Frage hierbei ist, wann die „hinreichende Wahrscheinlichkeit" einer Urheberrechtsverletzung gegeben ist. Anhaltspunkte finden sich in § 170 Abs. 1 StPO, der den hinreichenden Tatverdacht des Strafrechts regelt. Hier gilt, dass bei vorläufiger Beurteilung der Beweissituation eine spätere Verurteilung wahrscheinlich sein muss. In die gleiche Richtung weist die berühmte Faxkartenentscheidung[217] des BGH aus dem Jahr 2002, in der er § 809 BGB für das Urheberrecht fruchtbar gemacht hat. Wer sich hiernach Gewissheit verschaffen will, ob ihm gegen den Besitzer einer Sache ein Anspruch auf Ansehung der Sache zusteht, kann verlangen, dass der Besitzer ihm die Sache zur Besichtigung vorlegt. Schon damals hatte der Bundesgerichtshof entschieden, dass hierfür kein erheblicher Grad an Wahrscheinlichkeit erforderlich sei. Letztlich wird man abwägen müssen. Eine hinreichende Wahrscheinlichkeit kommt insbesondere in Betracht, wenn der Verdacht auf einem konkreten typischen Sachverhalt beruht.

673

Besonders schwierig ist allerdings die Umsetzung der Norm. Dem Interesse des Verletzten auf Besichtigung steht das Interesse des Anspruchsgegners auf Wahrung seiner Geschäftsgeheimnisse entgegen. Hier hat sich das sogenannte „Düsseldorfer Besich-

674

---

213 RL Nr. 2004/48/EG des Europäischen Parlaments und des Rats zur Durchsetzung der Rechte des geistigen Eigentums, ABl. EG L 195 vom 2.6.2004. Diese wiederum geht zurück auf das TRIPs-Abkommen von 1994.
214 Gesetz zur Verbesserung der Durchsetzung von Rechten des geistigen Eigentums vom 7.7.2008, BGBl. I, S. 1191 ff., das die §§ 97-101a UrhG neu gefasst hat.
215 So schon BGHZ 150, 377 ff. – Faxkarte; zuvor bereits zum Patentrecht BGHZ 93, 191, 198 ff. – Druckbalken.
216 Right to search premises and seize evidence without prior warning (Anton-Piller KG vs. Manufacturing Processes Limited [1976] Ch 55).
217 BGH, GRUR 2002, 1046 ff.

tigungsverfahren" etabliert[218]. Die für Patent- und Urheberstreitsachen zuständigen Kammern des LG Düsseldorf haben ein austariertes Verfahren entwickelt, wie den widerstreitenden Interessen der Parteien im Rahmen des Besichtigungsanspruchs Genüge getan werden kann. Letztlich handelt es sich um ein selbstständiges Beweissicherungsverfahren gem. § 485 Abs. 2 Satz 2 ZPO, bei dem vom Gericht die Begutachtung der Sache durch einen Sachverständigen angeordnet wird. Das Verfahren wird zunächst einseitig, also ohne vorherige Anhörung des Anspruchsgegners durchgeführt. Dies wird mit der besonderen Eilbedürftigkeit und der Gefahr von Vereitelungsmaßnahmen des mutmaßlichen Verletzers begründet. Das Beweissicherungsverfahren wird durch eine einstweilige Verfügung flankiert, die darauf gerichtet ist, den Antragsgegner zu verpflichten, die Besichtigung der Sache und die Anwesenheit der hierfür erforderlichen Personen zu dulden. Die Rechte des Anspruchsgegners werden durch die Anwesenheit seiner Anwälte bei der Besichtigung gewahrt, die ihrerseits gem. §§ 172, 174 GVG zur Geheimhaltung verpflichtet werden.

c) Auskunftspflicht von Internet Service Providern

675 Um Betreibern von Internet-Tauschbörsen das urheberrechtswidrige Handwerk zu legen, muss ein Verletzter zunächst herausfinden, wer Betreiber der Musiktauschbörse ist. Hierbei wird er auch ohne größere Mühe die IP-Adresse des Servers ermitteln können, auf den Musikstücke unter Verletzung von Urheberrecht upgeloaded worden sind. Die IP-Adresse weist auf einen konkreten Access-Provider hin, der dem Tauschbörsenbetreiber den Zugang zum Internet ermöglicht. Dies gilt selbst dann, wenn dem Tauschbörsenbetreiber keine statische (ständige) IP-Adresse, sondern eine dynamische IP-Adresse zugewiesen wird, die der Access-Provider aus einem IP-Nummernblock auswählt und bei jedem Einwahlvorgang neu dem Tauschbörsenbetreiber zuweist. Doch nur der Access-Provider weiß, wem er eine IP-Adresse zugewiesen hat.

676 Es fragt sich nun, ob der Verletzte einen Auskunftsanspruch über die Person des Tauschbörsenbetreibers gegen den Access-Provider geltend machen kann. Dieser Anspruch wurde früher aus einer analogen Anwendung von § 101a Abs. 1 UrhG abgeleitet. Zwischenzeitlich ist in § 101a UrhG der Besichtigungsanspruch geregelt. Der mögliche Auskunftsanspruch über die Person des Tauschbörsenbetreibers kann sich nunmehr aus § 101 Abs. 9 UrhG ergeben. Die Bestimmung ist durch das Gesetz zur Verbesserung der Durchsetzung von Rechten des geistigen Eigentums[219] in das Urhebergesetz aufgenommen worden. Sie dient gerade der Bekämpfung von Rechtsverletzungen im Rahmen von Internet-Tauschbörsen[220]. Kann die Ermittlung der Person, die eine konkrete IP-Adresse genutzt hat, nur unter Verwendung von Verkehrsdaten (§ 3 Nr. 30 TKG) erteilt werden, bedarf es hierfür einer vorherigen richterlichen Anordnung über die Zulässigkeit der Verwendung. Dieses Antragsverfahren gem. § 101 Abs. 9 UrhG ist ein Vorschaltverfahren zum Auskunftsanspruch, durch den wiederum Unterlassungs- oder

---

218 Vgl. die Beschreibung bei *Kühnen,* GRUR 2005, 185 ff.; ders., Mitt. 2009, 211 ff.
219 Gesetz vom 7.7.2008, BGBl. I, S. 1191.
220 BT-Drs. 16/5048, 39 f., 59 f.

Schadenersatzansprüche gegen den zu ermittelnden Urheberrechtsverletzer vorbereitet werden. Der Anspruch richtet sich gegen den Access-Provider und ist vor den Zivilgerichten am Sitz des Access-Providers geltend zu machen[221].

Die richterliche Anordnung im Vorschaltverfahren nach § 101 Abs. 9 UrhG schafft einen eigenen Erlaubnistatbestand für die Datenverwendung neben § 96 TKG[222]. Die Verkehrsdaten, die der Access-Provider nicht – also auch nicht freiwillig – herausgeben darf, werden durch das Erfordernis der richterlichen Anordnung geschützt. Dem Antrag des Rechteinhabers ist zu entsprechen, wenn dieser darlegt, dass er Inhaber der Rechte an einem geschützten Werk, etwa einem Film oder Computerspiel, ist. Er muss weiter darlegen, dass eine widerrechtliche Verletzung seiner Rechte in der Internet-Tauschbörse stattgefunden hat[223]. Die Rechtsverletzung muss schließlich in gewerblichem Ausmaß erfolgt sein[224]. Diese liegt schon dann vor, wenn ein aktueller und damit wirtschaftlich noch interessanter Film, ein Computerspiel oder ein aufwändiges Computerprogramm getauscht wurde.

677

Das Problem ist nun, dass wegen der Praxis von Providern, die Verkehrsdaten nur wenige Tage zu speichern, die Gefahr einer Erledigung des Antrags entsteht. Dem wird heute mit einer einstweiligen Anordnung des Gerichts entgegengewirkt, die dem Rechtsgedanken des § 49 FamFG entnommen wird. Dem Provider wird aufgegeben, die entsprechenden Daten einstweilen, d.h. bis zur abschließenden Entscheidung im Verfahren nach § 101 Abs. 9 UrhG, zu speichern[225]. Der Beschluss kann selbstständig angefochten werden. Mit der gerichtlich erzwungenen Auskunft des Access-Providers kann der Rechteinhaber dann den vermeintlichen Verletzer zivilrechtlich in Anspruch nehmen.

678

Was aber, wenn der Access-Provider die Verkehrsdaten unmittelbar nach Beendigung einer Internetverbindung löscht, um damit einer gerichtlichen Inanspruchnahme zu entgehen? Hier wird diskutiert, ob der Rechteinhaber, der während einer andauernden Internetverbindung eine Verletzung seiner Rechte wahrnimmt, von dem Access-Provider eine Verkehrsdatenspeicherung auf Zuruf verlangen kann. Die Hamburger Rechtsprechung[226] sieht einen derartigen Anspruch als gegeben an, wenn der Rechteinhaber während des Bestehens der Verbindung mitteilt, dass er bezüglich der Verbindung einen Antrag nach § 101 Abs. 9 UrhG stellen will. Der Anspruch wird aus dem gesetzlichen Schuldverhältnis abgeleitet, das sich aus dem bestehenden Auskunftsanspruch ergebe. Der Access-Provider habe alles zu unterlassen, was die Erteilung der Auskunft in Frage stelle. Das OLG Frankfurt[227] hat den Anspruch einer „Speicherung auf Zuruf"

679

---

221 Der Regelstreitwert dieses Verfahrens liegt bei 3.000 Euro. Vgl. OLG Köln, Beschluss vom 9.10.2008, Az. 6 W 123/08.
222 Vgl. OLG Karlsruhe, GRUR-RR 2009, 379.
223 Vgl. OLG Frankfurt, GRUR-RR 2009, 296 ff.; OLG Karlsruhe, GRUR-RR 2009, 379 ff.; OLG Zweibrücken, MMR 2010, 214 ff.; OLG Schleswig, GRUR-RR 2010, 239 ff.
224 Vgl. OLG Köln, GRUR-RR 2009, 9; MMR 2009, 334; OLG Schleswig, GRUR-RR 2010, 239; a.A. OLG Oldenburg, MMR 2009, 188; GRUR-RR 2009, 382.
225 OLG Köln, GRUR-RR 2009, 9; OLG Karlsruhe, GRUR-RR 2009, 379.
226 LG Hamburg, MMR 2009, 570; OLG Hamburg, Urteil vom 17.2.2010, Az. 5 U 60/09.
227 MMR 2010, 109.

abgelehnt. Die gesetzlichen Voraussetzungen für einen derartigen Anspruch lägen nicht vor. Zumal das Gesetz verlange, dass die Auskunftserteilung von einer richterlichen Gestattung abhänge. Dieses Erfordernis werde unterlaufen, wenn man einen Anspruch auf „Speicherung auf Zuruf" bejahe.

680 In **Fall 22** haftet der User, der MIDI-Dateien in das Musikforum einstellt, gem. §§ 97, 16, 19a UrhG. Im Uploading ist ein Vervielfältigungsvorgang (§ 16 UrhG) sowie eine öffentliche Zugänglichmachung (§ 19a UrhG) zu sehen. Ob in dem Digitalisieren und Komprimieren ein Bearbeitungsvorgang i.S.d. § 23 UrhG zu sehen ist, ist umstritten. Dies kann jedoch dahinstehen, da in jedem Fall eine Vervielfältigung erfolgt. Der uploadende User verstößt damit gegen das Leistungsschutzrecht des Künstlers, der die MIDI-Files eingespielt hat (§ 75 Satz 2 UrhG).

Das Musikforum selbst verstößt ebenfalls gegen §§ 19a, 75 Satz 2 UrhG. Dies ist jedenfalls dann der Fall, wenn dem Betreiber des Musikforums klar sein muss, dass das von ihm betriebene Forum gerade dazu dient, rechtswidrige Kopien zu handeln. Dies ist vorliegend der Fall. So hat das Musikforum sog. „Scouts" zur Überwachung der in das Forum eingestellten Dateien eingesetzt. Deren Aufgabe war es, in die Musikstücke integrierte versteckte Copyright-Vermerke zu entdecken, damit die entsprechenden Dateien zum Herunterladen gesperrt werden können. Offenbar war dem Betreiber des Musikforums klar, dass auf dem betriebenen Server urheberrechtswidrige Inhalte zur Nutzung bereitgehalten wurden. Die Scouts verrichteten ihre Arbeit jedoch offensichtlich unzuverlässig. Dies war dem Betreiber des Musikforums bekannt. Sämtliche MIDI-Files, die auf dem Forum angeboten wurden, genossen Urheberrechtsschutz und konnten gleichwohl von jedermann downgeloaded werden. Hierin liegt eine Beihilfehandlung zum Verstoß gegen §§ 19a, 75 Satz 2 UrhG.

Der User, der derartige Files herunterlädt, verstößt gegen § 16 Abs. 1 UrhG. Auf die Ausnahmebestimmung des § 53 Abs. 1 UrhG kann sich der User nur berufen, wenn der Download nicht einmal mittelbar Erwerbszwecken diente und die Rechtswidrigkeit der upgeloadeten Dateien nicht offensichtlich war. Letzteres ist eine Frage des Einzelfalls. Bei MIDI-Dateien von aktuellen Musikstücken, die bekanntermaßen urheberrechtlich geschützt sind, und von denen eine Privilegierung durch den Berechtigten aller Wahrscheinlichkeit nach ausgeschlossen werden kann, wird man mit einer Bejahung von § 53 UrhG zurückhaltend sein müssen.

d) Sperrung von Inhalten durch Internet Service Provider

681 Die einfachste Lösung im Kampf gegen rechtswidrig ins Netz gestellte Inhalte wäre sicherlich, von dem Access-Provider zu verlangen, den Zugang zu einer Website zu sperren. Derartigen Ansprüchen steht die deutsche Rechtsprechung sehr zurückhaltend gegenüber[228]. Der EuGH hat allerdings entschieden[229], dass Sperransprüche gegen Internetaccess-Provider durchaus möglich seien. Der EuGH urteilte aus Art. 3 Abs. 3 der InfoSoc-Richtlinie und grenzte die Sperrpflicht des Access-Providers nur unter Zumutbarkeitsgesichtspunkten ein[230]. Dieses Argument wurde vom OLG Köln[231] und nunmehr auch durch den BGH[232] genutzt, um der Musikindustrie im Fall Goldesel.to Sperransprüche gegen Access-Provider zu verweigern. Sperransprüche kommen daher nur in Betracht, wenn alle Möglichkeiten, Betreiber einer Internetseite oder den Hostprovi-

---

228 OLG Hamburg, GRUR-RR 2014, 140-3DL.AM; ebenso OLG Köln, GRUR 2014, 1081 ff. – Goldesel.to.
229 EuGH, GRUR 2014, 468 ff. – UPC Telekabel/Constantinfilm.
230 EuGH, GRUR 2014, 468 ff., Rdnr. 59 – UPC Telekabel/Constantinfilm.
231 OLG Köln, GRUR 2014, 1081 ff. – Goldesel.to.
232 BGH, GRUR-Prax 2016, 59.

der in Anspruch zu nehmen scheitern, weil diese auch durch Einschaltung einer Detektei oder von staatlichen Ermittlungsbehörden nicht ermittelt werden können.

9. Screen Scraping

Viele Online-Angebote bedienen sich heute der Daten von fremden Onlineangeboten. Man denke an Portale für Reise-, Hotel- oder Flugbuchungen, aber auch Gebrauchtwagenbörsen. All diesen Angeboten ist gemeinsam, dass sie die Online-Datenbanken dritter Anbieter, also z.B. von Reiseveranstaltern oder Fluggesellschaften, auf Basis der von dem User angegebenen Suchkriterien auslesen und relevante Daten in die Präsentation des eigenen Suchergebnisses einbinden – meist um auch eine direkte Buchung oder einen Kauf anzubieten. Die Betreiber der frei zugänglichen Online-Datenbanken versuchen die Aktivitäten dieser sog. Screen Scraper zu verhindern, weil potenzielle Kunden vom eigenen Angebot auf das des Screen Scrapers umgeleitet werden. Dies hat Auswirkungen auf die Werbeeinnahmen des Anbieters, weil sich potenzielle Kunden nicht, jedenfalls nicht so lange, auf seiner Website aufhalten, als sie es ohne den Screen Scraper getan hätten[233]. Technische Schutzvorkehrungen helfen hierbei derzeit wenig, weil sie häufig die Erreichbarkeit der Datenbank oder ihre Operabilität einschränken und damit die Attraktivität der Website reduzieren. Daher versuchen die Anbieter, die Nutzung ihrer Online-Datenbanken mit rechtlichen Mitteln zu schützen und z.B. von der Zustimmung zu Allgemeinen Geschäftsbedingungen abhängig zu machen, wonach die gewerbliche Nutzung der Datenbanken nur durch Endkunden erlaubt und insbesondere Screen Scraping untersagt sei.

An rechtlichen Ideen fehlt es freilich nicht. So wurde zunächst ein „virtuelles Hausrecht" des Datenbankbetreibers diskutiert. Dieser könne – ebenso wie ein Ladengeschäftsinhaber durch eine Hausordnung – den Zugriff auf seine Seite durch einseitig aufgestellte Nutzungsregeln in rechtlich wirksamer Weise beschränken. Die Rechtsprechung hat diese Idee allerdings zu Recht frühzeitig verworfen. Das Hausrecht habe seine gesetzliche Grundlage im Eigentums- oder Besitzrecht des Hausrechtsinhabers und schütze damit absolute Rechtspositionen. Eine Website sei hingegen nicht mit absolutem Rechtsschutz versehen. Ihr Sinn bestehe gerade darin, von Dritten „besucht" und zur Kenntnis genommen zu werden[234]. Eine rechtlich wirksame Nutzungsbeschränkung könne daher nur erfolgen, wenn der Zugang zur Datenbank von dem vorherigen Abschluss eines entsprechenden Vertrags abhängig gemacht werde, in dem die Nutzungsbeschränkung vereinbart wird.

Ein solcher Vertragsschluss setzt Angebot und Annahme voraus. Allein in der Nutzung einer Website durch den Screen Scraper kann kein ausreichender Bindungswille zum Abschluss eines Vertrages gesehen werden. Es handelt sich hierbei nur um einen Realakt, dem von Seiten des Users erkennbar noch keine Rechtsfolgen – auch nicht kon-

---
233 *Eleste*, CR 2015, 447.
234 OLG Frankfurt, CR 2009, 390; OLG Hamburg, Urteil vom 24.10.2012, 5 U 38/10, zitiert nach juris, Rdnr. 230.

kludent – zugemessen werden sollen[235]. In Betracht kommt vielmehr, dass sich der Nutzer der Datenbank per Mausklick mit Nutzungsbedingungen einverstanden erklären muss, anderenfalls die Nutzung der Datenbank technisch nicht möglich ist[236]. Mit dem Setzen des Hakens in der Checkbox könnte dann ein Vertrag zu Stande kommen. Widersetzt sich der User den verabredeten Nutzungsbeschränkungen, bestünde ein vertraglicher Unterlassungsanspruch[237]. Ob jeweils der Rechtsbindungswille des Users zum Abschluss eines entsprechenden Nutzungsvertrags vorliegt, muss allerdings sehr genau geprüft werden und ist häufig zweifelhaft.

685 In Betracht kommt weiter, Unterlassungsansprüche auf das sui-generis-Datenbankrecht (§§ 87a ff. UrhG) zu stützen. Hierbei ist zunächst festzuhalten, dass die Datenbanken von Automobilhändlern, Immobilienmaklern oder Fluggesellschaften, auf die entsprechende Portale zugreifen, unter den Datenbankbegriff des § 87a UrhG fallen. Sie stellen nämlich jeweils eine systematische und methodische Anordnung von Daten dar, die elektronisch einzeln zugänglich sind[238]. Datenbankschutz wird aber nur gewährt, soweit es sich bei der Datenbank um eine „wesentliche Investition" handelt. Hierzu ist der Einsatz menschlicher, finanzieller oder technischer Ressourcen erforderlich, z.B. in die Darstellung der Datenbank oder in die Überprüfung und Pflege des Inhalts der Datenbank. Der EuGH unterscheidet hierbei zwischen Investitionen zur Erzeugung der Elemente der späteren Datenbank, die für § 87a UrhG nicht berücksichtigungsfähig seien[239], und Investitionen in die Erzeugung der Datenbank, die hingegen berücksichtigungsfähig sein sollen. Personalkosten für die Datenbankpflege wären dementsprechend auch nicht berücksichtigungsfähig. Im Widerspruch hierzu hat der BGH Personalkosten für Wissenschaftler zur bibliografischen und literaturhistorischen Auswertung der wichtigsten deutschen Gedichte für eine Datenbank allerdings als berücksichtigungsfähig erachtet[240]. Der EuGH hat seine Rechtsprechung dennoch zwischenzeitlich[241] bestätigt. Auf dieser Basis schaffte es Ryanair, Investitionen in Flugbuchungssoftware, Server, Rechenzentrum und Personalkosten als relevante Investition anerkannt zu bekommen[242]. Die Anforderungen an die Höhe der Investition dürfen hierbei nicht zu hoch angesetzt werden[243]. Es reicht aus, wenn bei objektiver Betrachtung keine ganz unbedeutenden, von Jedermann leicht zu erbringenden Aufwendungen erforderlich waren.

---

235 OLG Hamburg, Urteil vom 24.10.2012, Az. 5 U 38/10, zitiert nach juris, Rdnr. 231; OLG Frankfurt, CR 2009, 390, Rdnr. 10.
236 Der EuGH hat in der Ryanair-Entscheidung festgehalten, dass Datenbanken durch vertragliche Nutzungsbeschränkungen geschützt werden dürfen; EuGH, MMR 2015, 189 ff. – Ryanair.
237 In diese Richtung weist – allerdings im Rahmen einer wettbewerbsrechtlichen Anspruchsprüfung – OLG Hamburg, CR 2009, 390 ff., Rdnr. 234 ff. unter Hinweis auf BGH, GRUR 2011, 56, 59 – Session ID.
238 Vgl. § 87a Abs. 1 UrhG; hierzu auch: EuGH, CR 2005, 412, 414 – Fixtures-Fußballspielpläne II; OLG Hamburg, CR 2009, 526, 527 – Screen Scraping.
239 EuGH, GRUR 2005, 244 ff. – BHB Pferdewetten; GRUR 2005, 252 ff. – Fixtures-Fußballspielpläne.
240 BGH, GRUR 2007, 688 ff. – Gedichtstitelliste II.
241 EuGH, GRUR 2012, 386 ff.
242 OLG Hamburg, Urteil vom 24.10.2012, Az. 5 U 38/10 – Ryanair, zitiert nach juris, Rdnr. 172.
243 BGH, CR 2011, 498 – 2. Zahnarztmeinung, Rdnr. 23.

Mit Hilfe der Software des Screen Scrapers kann ein User Teile der Daten aus der jeweiligen Datenbank eines Anbieters entnehmen und vervielfältigen, auf den Rechner des Users übertragen und dort abspeichern. Dass der User damit zumindest einen Teil der Datenbank i.S.v. § 87b Abs. 1 UrhG vervielfältigt, ist anerkannt[244]. Damit bleibt die Frage, ob durch die Software ein „nach Art und Umfang wesentlicher Teil der Datenbank vervielfältigt" wird. Quantitativ muss hierzu das entnommene Datenvolumen im Verhältnis zum Gesamtvolumen der Datenbank betrachtet werden[245]. Dies ist für den einzelnen privaten Nutzer auszuschließen. Selbst Autohändler oder professionelle Reisevermittler, die eine derartige Website permanent benutzen, erreichen hierbei nicht die erforderliche Nutzungsintensität. Soweit man den Begriff des „wesentlichen Teils" in qualitativer Hinsicht auslegt, müssen gerade solche Daten aus der Datenbank entnommen werden, welche eine besondere Investition im Verhältnis zu den übrigen Daten erfordern. Dies ist in den beschriebenen Fällen ebenfalls schwer vorstellbar.

686

In Betracht kommt aber, gem. § 87b Abs. 1 Satz 2 UrhG darauf abzustellen, dass die Rechte des Datenbankherstellers dadurch verletzt werden, dass ein nach Art und Umfang unwesentlicher Teil der Datenbank wiederholt und systematisch vervielfältigt wird, sofern diese Handlungen einer normalen Auswertung der Datenbank zuwiderlaufen. Die Vorschrift verbietet Entnahmehandlungen aus der Datenbank, die durch ihren wiederholten und systematischen Charakter darauf hinauslaufen würden, die Datenbank in ihrer Gesamtheit oder einem wesentlichen Teil wieder zu erstellen[246]. Es geht also um die kumulative Wirkung von unwesentlichen Vervielfältigungshandlungen, die letztlich das Schutzrecht umgehen. Kumuliert muss damit ein wesentlicher Teil der Datenbank entnommen werden[247]. Ob die Nutzungshandlung von § 87b UrhG verboten ist, entscheidet also letztlich eine Abwägung der beteiligten Interessen. Hierbei wird insbesondere das Geschäftsmodell des Screen Scrapers untersucht. Die bisher ergangene Rechtsprechung hat die Geschäftsmodelle der Screen Scraper stets wohlwollend betrachtet und daher Ansprüche aus § 87b UrhG verneint[248].

687

Schließlich kommt noch die Prüfung einer unlauteren Behinderung i.S.v. § 4 Nr. 4 UWG in Betracht. Unter dem Gesichtspunkt des Schleichbezugs könnte das Handeln des Screen Scrapers legitime Absatzinteressen des Datenbankbetreibers verletzen, weil sein Vertriebskonzept behindert wird. Allein das Hinwegsetzen über die als AGB formulierten Nutzungsbedingungen der Website rechtfertige allerdings nicht den Behinderungsvorwurf, urteilte der Bundesgerichtshof[249]. Wenn ein Datenbankbetreiber seine Datenbank für die Allgemeinheit zugänglich mache, müsse er im Interesse der Funktionsfähigkeit des Internet hinnehmen, dass Kunden die Möglichkeit von internetüblichen Suchdiensten nutzten und nicht selbst unmittelbar die Website des Datenbankbetreibers aufsuchten. Letztlich stimmen die Wertungen im Rahmen des Investitions-

688

---

244 OLG Hamburg, CR 2009, 526, 528; CR 2011, 47 ff. – Autobingooo III.
245 EuGH, GRUR 2005, 244 ff. – BHB-Pferdewetten, Rdnr. 70.
246 EuGH, GRUR 2005, 244 ff. – BHB-Pferdewetten, Rdnr. 86.
247 OLG Hamburg, CR 2009, 526, 530.
248 BGH, CR 2011, 757 ff. – Automobilonlinebörse; BGH, GRUR 2014 – Ryanair, 785 ff.; OLG Hamburg, Urteil vom 24.10.2012, Az. 5 U 38/10, Rdnr. 197 ff.
249 BGH, GRUR 2014, 785 ff., zitiert nach juris, Rdnr. 34.

schutzes gem. § 87b UrhG mit der Interessenabwägung im Rahmen von § 4 Nr. 4 UWG, ob ein Geschäftsmodell einen Mitbewerber – rechtswidrig – behindert, überein.

10. Streaming

689 Das Geschäftsmodell des Streaming boomt. Sowohl Musik (Spotify, Apple Music), Fernsehserien (clipfish, Mediatheken) oder ganze Kinofilme (netflix, watchever etc.) können per Streaming über das Internet mobil konsumiert werden. Der Vorteil des Streaming liegt darin, dass die Wiedergabe umfangreicher Video- oder Audiodateien nicht davon abhängt, dass die vollständige Datei zunächst heruntergeladen werden muss. Wiedergabe und Empfang des Inhalts können vielmehr parallel stattfinden.

a) Technik

Technisch werden zwei Arten von Streaming unterschieden.

690 Das lineare Streaming, auch Live-Streaming genannt, ist an einen festen Sendeplan gebunden. Wie beim Empfang eines TV-Programms kann der gestreamte Inhalt also nur zu einem bestimmten Zeitpunkt von einer Vielzahl von Usern (Multicast) empfangen und wiedergegeben werden. Technisch kommuniziert der Server mit dem Usergerät in Echtzeit, sodass zu keinem Zeitpunkt eine vollständige Kopie des Inhalts hergestellt wird.

691 Beim nichtlinearen Streaming, auch Streaming On Demand genannt, ist der Abruf des Inhalts nicht echtzeitgebunden. Beginn und Unterbrechungen des Streamings sind vom User frei wählbar, da es sich um eine direkte einzelne Verbindung des Users zu dem Server handelt (Unicast). Im Detail unterscheiden sich die diversen Streaming-Portale in der genutzten Technik. Bei youtube beispielsweise wird das Progressive Download eingesetzt, wobei der Inhalt zumindest vorübergehend im Arbeitsspeicher oder auf der Festplatte des Usergeräts gespeichert wird. Dennoch kann schon während des Downloads die Datei abgespielt werden[250]. Einen anderen Weg geht das True-Streaming. Beim True-Streaming wird der zu übertragende Content geteilt, komprimiert und im Internet zwischengespeichert. Während des Abspeicherns werden die einzelnen Pakete wieder zusammengesetzt. Es befindet sich aber nie eine vollständige Kopie des Inhalts auf dem Gerät des Users. Die Kommunikation erfolgt über TCP und UDP[251]. Die Wiedergabe kann beginnen, wenn eine ausreichend große Datenreserve vorhanden ist. Abgespielte Datenpakete werden gelöscht. Während der Wiedergabe finden kürzeste Speicherungen im Prozessorspeicher und im Audiovideospeicher des Wiedergabegerätes statt. Teilweise wird der übertragene Inhalt nach der Wiedergabe im Cache-Speicher des Geräts vorübergehend abgelegt[252].

---

250 Vgl. hierzu *Koch*, GRUR 2010, 574, 575.
251 User Datagram Protocol.
252 *Wandtke/von Gerlach*, GRUR 2013, 676, 677.

b) Bereitstellen des Inhalts

Zur rechtlichen Betrachtung ist zunächst das Bereitstellen des Inhalts für das Streaming einerseits und das Streaming durch das empfangende Gerät andererseits zu unterscheiden.

Jede Form des Upload ist ein Vervielfältigungsvorgang und setzt gem. § 16 Abs. 1 UrhG ein entsprechendes urheberrechtliches Nutzungsrecht voraus. Beim Live-Streaming wird hierzu oft zu Unrecht darauf hingewiesen, dass die übertragene Veranstaltung – z.B. die UEFA-Champions League – nicht urheberrechtlich schutzfähig sei. Dies übersieht, dass stets der ausstrahlende Sender ein Leistungsschutzrecht gem. § 87 Abs. 1 Nr. 1 UrhG für sich in Anspruch nehmen kann. Je nach Veranstaltung kommt auch ein Leistungsschutzrecht ausübender Künstler (§ 73 UrhG) oder des Veranstalters (§ 81 UrhG) in Betracht. Insofern greift jeder Upload von Inhalten, um sie dem Streaming zugänglich zu machen, ohne Weiteres in urheberrechtliche Nutzungsrechte ein. Das Gleiche gilt, wenn das Bereitstellen der Inhalte ohne Upload, also ohne technische Vervielfältigung erfolgt, sodass nur von einem öffentlichen Zugänglichmachen (§ 19a UrhG) die Rede sein kann. Beim On-Demand-Streaming liegt die Verletzung urheberrechtlicher Nutzungsrechte auf der Hand, wenn Inhalte zum Zwecke des Streamings bereitgestellt werden.

c) Streamen des Inhalts

Die rechtliche Diskussion blendet die eben angesprochenen Fragen meist aus und fokussiert sich auf die Betrachtung, inwieweit sich der streamende User rechtswidrig verhält. Dies setzt voraus, dass der User in ein urheberrechtliches Nutzungsrecht eingreift. In Betracht kommt dabei nur das Vervielfältigungsrecht (§ 16 UrhG). Beim Progressive-Download lässt sich dies am einfachsten feststellen, weil dort eine vollständige Kopie des Inhalts auf dem Rechner des Users erstellt wird[253]. Andere Streamingtechniken vervielfältigen kleine bis kleinste Teile des Inhalts, sodass diskutiert werden kann, ob diese Werkteile überhaupt noch schutzfähig sind[254]. Richtigerweise führt auch das Aneinanderhängen kleiner Werkteile letztlich zu einer „sukzessiven Vervielfältigung" des ganzen Inhalts[255], was für einen Eingriff in das Vervielfältigungsrecht ausreicht.

d) Vorübergehende Vervielfältigung (§ 44a UrhG)

Für die rechtliche Zulässigkeit von Streaming wird nun weiter vorgebracht, dass es dort um lediglich vorübergehende Vervielfältigungshandlungen gehe, die über die Schran-

---

253 *Busch*, GRUR 2011, 496, 497; *Knies*, CR 2014, 140, 141.
254 So z.B. *Loewenheim*, in: *Schricker/Loewenheim*, Urheberrecht, 4. Auflage, 2010, § 16 Rdnr. 14 – allerdings zu Tonfolgen und Teilen von Zeitungsartikeln.
255 So richtig *Knies*, CR 2014, 140, 141; *Busch*, GRUR 2011, 496, 498; *Wandtke/von Gerlach*, GRUR 2013, 676, 678; ebenso für das Streaming: OGH, GRUR Int. 2012, 934, 937.

kenbestimmung des § 44a UrhG aus dem Vervielfältigungsrecht herausfielen. Vorübergehende Vervielfältigungshandlungen, die flüchtig sind und einen integralen und wesentlichen Teil eines technischen Verfahrens darstellen und deren alleiniger Zweck es ist, eine rechtmäßige Nutzung eines Werkes zu ermöglichen, sind hiernach zulässig, wenn sie keine eigenständige wirtschaftliche Bedeutung besitzen. Da die Vorschrift der Umsetzung von Art. 5 Abs. 1 der InfoSoc-Richtlinie[256] dient, ist sie im Lichte der Richtlinie auszulegen. So wird die Erstellung von Cachekopien vom EuGH als zugelassene vorübergehende Vervielfältigung i.S.v. Art. 5 Abs. 1 InfoSoc-Richtlinie angesehen[257]. Alle Fälle des Streaming, in denen keine Kopie des Inhalts auf dem Gerät des Users dauerhaft gespeichert wird, könnten daher in den Anwendungsbereich von § 44a UrhG fallen. Probleme bereitet das Progressive-Streaming, weil dort eine Kopie auf dem streamenden Gerät gespeichert wird, die vom User auch dauerhaft gespeichert werden kann. Allerdings erfolgt diese Speicherung aus technischen Gründen. Solange kein willentliches Abspeichern durch den User erfolgt, könnte man auch solche Sachverhalte unter § 44a UrhG fassen[258].

e) Rechtmäßige Quelle

696 Es kommt damit entscheidend darauf an, wie das Tatbestandsmerkmal „rechtmäßige Nutzung" ausgelegt wird. Erwägungsgrund 33 der InfoSoc-Richtlinie verlangt hierzu eine Nutzung, die „vom Rechteinhaber zugelassen bzw. die nicht durch Gesetze beschränkt ist". Hieraus wird teilweise abgeleitet, dass die gestreamte Quelle rechtmäßig sein müsse[259]. Indes ist schwer zu erklären, weshalb Caching und Browsing – unabhängig von der Quelle – zulässig sein sollen, der rezeptive Werkgenuss per Streaming hingegen nicht. Der EuGH hat zum bloßen Empfang einer Fernsehsendung als solche und deren visueller Darstellung im privaten Kreis festgestellt, dass dies keinem urheberrechtlichen Nutzungsrecht zuwiderlaufe[260]. Diese Auffassung hätte die umfassende Rechtmäßigkeit des Streaming zur Folge und würde auch das Streamen offensichtlich rechtswidrig zur Nutzung bereitgestellter Inhalte erlauben[261].

697 Gegen diese weite Auslegung der Schutzschranken spricht Art. 5 Abs. 5 der InfoSoc-Richtlinie, wonach durch die fragliche Nutzung eines Werks dessen normale Verwertung nicht ungebührlich beeinträchtigt werden darf. Es liegt damit nahe, den Rechtsgedanken des § 53 Abs. 1 UrhG heranzuziehen, der private Vervielfältigungen nur zulässt, wenn das Original nicht aus einer offensichtlich rechtswidrigen Quelle stammt[262].

---

256 RL 2001/29/EG zur Harmonisierung bestimmter Aspekte des Urheberrechts und der verwandten Schutzrechte in der Informationsgesellschaft, ABl. EG Nr. I1167 vom 22.6.2001, S. 10, kurz InfoSoc-Richtlinie.
257 EuGH, CR 2014, 594 ff. – PRCA/NLA, Rdnr. 26.
258 So bspw. AG Potsdam, BeckRS 2014, 19901.
259 *Wandtke/von Gerlach*, GRUR 2013, 676, 680.
260 EuGH, CR 2012, 36 – FAPL/Merfil.
261 In diese Richtung weist die Stellungnahme der Bundesregierung im Zusammenhang mit den Redtube-Abmahnungen vom 30.12.2013, BT-Drs. 18/751; ebenso LG Köln, GRUR-RR 2014, 114.
262 So auch *Busch*, GRUR 2011, 496, 502. Der EuGH wird die Frage auf Vorlage der Rechtbank Midden-Nederland, GRUR Int. 2016, 180 ff. – Filmspeler, demnächst beantworten.

Damit lässt sich auch der Fall lösen, dass ein rechtswidrig ins Netz gestellter aktueller Kinofilm durch die Streamingtechnik einem breiten Publikumskreis bekanntgemacht wird, was zweifellos gegen Art. 5 Abs. 5 der InfoSoc-Richtlinie verstößt. Für den durchschnittlichen User ist ohne Weiteres erkennbar, dass ein aktueller Kinoblockbuster zum Streamen eine ebenso offensichtlich rechtswidrige Quelle darstellt, wie dies beim Filesharing angenommen wird. Insofern müssen die beim Filesharing angelegten Maßstäbe auch beim Streaming gelten. Dass Streaming eines Pay-TV-Fußballangebots offensichtlich rechtswidrig sein muss, erschließt sich dem normalen User ohne Weiteres ebenso, wie die Rechtswidrigkeit des bereits beschriebenen Kinoblockbusters. Für den normalen youtube-Nutzer ist hingegen nicht erkennbar, ob die ins Netz gestellte Videosequenz offensichtlich rechtswidrig hergestellt oder vervielfältigt wurde.

f) Drei-Stufen-Test

Das oben befürwortete Ergebnis, dass § 44a UrhG im Lichte des § 53 Abs. 1 UrhG auszulegen ist, ist nun noch am Drei-Stufen-Test zu überprüfen. Der Drei-Stufen-Test stammt aus Art. 2 Abs. 2 RBÜ bzw. Art. 13 des TRIPs-Übereinkommens. Er wurde in Art. 5 Abs. 5 der InfoSoc-Richtlinie übernommen[263]. Hiernach dürfen Ausnahmen und Beschränkungen des urheberrechtlichen Nutzungsrechts nur in bestimmten Sonderfällen angewandt werden (1), in denen die normale Verwertung des Werkes oder des sonstigen Schutzgegenstands nicht beeinträchtigt wird (2) und die berechtigten Interessen des Rechtsinhabers nicht ungebührlich verletzt werden (3). Der Drei-Stufen-Test führt zu einer möglicherweise engeren Auslegung von Schrankenbestimmungen des UrhG wie z.B. § 44a UrhG, weil er im Rahmen der Vollharmonisierung durch die InfoSoc-Richtlinie die Grenzen der Schrankenbestimmungen festlegt. § 44a UrhG stellt einen Sonderfall dar, der in Art. 5 Abs. 1 InfoSoc-Richtlinie ausdrücklich genannt ist. Ob das Streaming die normale Verwertung eines Inhalts beeinträchtigt und berechtigte Interessen des Rechtsinhabers ungebührlich verletzt, muss der EuGH klären. Der österreichische OGH hatte dem EuGH dementsprechend die Frage gestellt, ob Voraussetzung des zulässigen Streamings die Rechtmäßigkeit der Quelle sei[264]. Der Europäische Gerichtshof[265] hat diese Frage allerdings nicht beantwortet. Nachdem der EuGH die Privatkopie von einem rechtswidrig ins Netz gestellten Inhalt als nicht von einer Schrankenbestimmung gedeckt ansieht[266], ist naheliegend, die gleichen Erwägungen beim Streaming anzustellen.

698

Schon heute kann man konstatieren: Die Auffassung, die Streaming unabhängig von der Rechtmäßigkeit der Quelle für zulässig erklärt, wird kaum Chancen haben, im Rahmen des Drei-Stufen-Tests zu bestehen. Denn selbstverständlich beeinträchtigen Strea-

699

---

263 Siehe Erwägungsgrund 44 der RL; der Drei-Stufen-Test ist der entscheidende Maßstab für die Anwendung der einzelnen Vorschriften des UrhG, BGH, NJW 1999, 1953, 1959 – Kopienversanddienst.
264 OGH, Entscheidung vom 11.5.2012, Az. 4 Ob 6/12d, GRUR Int. 2012, 934 ff. – Kino.to/UPC.
265 EuGH, Urteil vom 27.3.2014, Az. C 314/12.
266 EuGH, Urteil vom 5.3.2015, C-463/12, GRUR 2015, 478 ff. – ACI Adam.

mingangebote und Pay-TV Übertragungen der Champions League oder das Streamingangebot eines Kinoblockbusters die kommerzielle Verwertung des jeweiligen Inhalts.

700 Sollte es tatsächlich auf die objektive Rechtmäßigkeit der ins Netz gestellten Quelle ankommen, hat der Nutzer das Nachsehen, da er bspw. bei youtube die urheberrechtliche Rechtmäßigkeit einer Quelle außerhalb der Offensichtlichkeit nicht ermitteln kann[267].

11. Cloud Computing

701 In diesen Zusammenhang gehört auch die urheberrechtliche Beurteilung von Cloud Computing. iCloud, MyCloud, OneDrive und Dropbox sind nur Beispiele einer Vielzahl angebotener Produkte für nicht kommerzielle User. Es geht darum, dass virtuelle, über Internetbrowser abrufbare Server Speicherplatz, Entwicklungsplattformen, Softwareapplikationen oder Business-Prozesse wie bspw. CRM-Lösungen als Service zur Verfügung gestellt werden. Das Symbol der Wolke beschreibt dabei, dass sich die Dienste nicht auf einem Server befinden, sondern auf einer Vielzahl von Servern, die virtuell als „Wolke" zusammengefasst werden. Cloud Computing ist also nichts anderes als ein Bündel modularer Services, welche eigenständig oder in Kombination angeboten werden[268].

702 Urheberrechtliche Nutzungsrechte an Software, die im Rahmen des Cloud Computing Dienste anbietet, können nicht durch das klassische Softwarelizenzmodell eingeräumt werden. Softwarenutzungslizenzen sind üblicherweise an einen physikalischen Rechner bzw. eine physikalische IT-Infrastruktur gebunden. Andere Nutzungsbeschränkungen sind zeitlicher Art oder beschränken die Anzahl von Vervielfältigungsstücken. Beim Cloud Computing gibt der Anbieter die Software aber nicht aus der Hand, sondern behält die Kontrolle. Der User wird Teile der Software lediglich in seinem Browsercache und im Arbeitsspeicher seines PCs technisch bedingt vorübergehend nach § 44a UrhG speichern[269]. Das gleiche Ergebnis folgt aus § 69d Abs. 1 UrhG. Der Anwender ist aufgrund des Servicevertrags, der ihm die Nutzung der Software erlaubt, als Berechtigter i.S.d. Norm anzusehen. Eine dritte Auffassung meint, dass relevante Vervielfältigungshandlungen nur in der Wolke stattfänden, so dass keine urheberrechtliche Vervielfältigung des Anwenders vorläge[270]. Nach der Entscheidung des BGH „Internetvideorecorder"[271] ist es naheliegend, Vervielfältigungen im Arbeitsspeicher oder Browser von Kunden als urheberrechtlich relevante Vervielfältigungshandlungen zu bewerten. Ob die derzeit in der Literatur herrschende Auffassung, Cloud Computing bedürfe keiner Softwarelizenzen, tatsächlich haltbar ist, erscheint daher ausgesprochen zweifelhaft[272].

---

267 So auch *Czychowski/Nordemann*, GRUR-RR 2015, 158, 189.
268 Infra-Structure as a Service (IaaS), Plattform as a Service (PaaS), Software as a Service (SaaS) und Business-Process as a Service (BPaaS).
269 Vgl. nur *Schricker/Loewenheim*, Urheberrechtsgesetz, 4. Auflage 2010, § 44a Rdnr. 11 ff.
270 *Niemann/Paul*, K&R 2009, 444, 450.
271 BGH, CR 2009, 598 ff.; hierzu *Niemann*, CR 2009, 661 ff.
272 *Niemann/Paul*, K&R 2009, 444, 448; *von Diemar*, IP Manager 2010, 54, 56.

VI. Internet-Angebote und Wettbewerbsrecht

Fall 23[1]

Provider P betreibt im Internet einen Online-Shop. Um User auf sein Angebot hinzuweisen, sendet er ihnen E-Mails zu unter der Betreffzeile „Tolle Angebote im Online-Shop P". Die E-Mail-Adressen hat P bei einem gewerblichen E-Mail-Adressenhändler erworben. Ob einzelne User sich generell gegen den Empfang von Werbe-E-Mails wenden, weiß P nicht. Die Zentrale zur Bekämpfung unlauteren Wettbewerbs nimmt P wegen unzulässiger Belästigung auf Unterlassung in Anspruch. Wie ist die Rechtslage?

Fall 24[2]

Versicherung V versichert das Reparaturrisiko von Haushaltsgroßgeräten. V bewirbt die von ihr angebotene Dienstleistung auf ihrer Website im Internet. Um User auf ihre Website zu lenken, hat sie diese mit unsichtbaren Metatags versehen wie beispielsweise „Miele", „Bauknecht" und „Neff". Küchengerätehersteller K, dessen Marke ebenfalls als Metatag von V verwendet wurde, hält dies für unzulässig. Kann K die Versicherung V auf Unterlassung in Anspruch nehmen?

1. Anwendbarkeit des UWG

Zweifellos findet das Recht gegen den unlauteren Wettbewerb, insbesondere das UWG[3], auch auf Präsentationen im Internet Anwendung. Dies ist jedenfalls der Fall, soweit sich eine Internet-Präsentation (auch) an den deutschen Verbraucher wendet.

a) Geschäftliche Handlung

Voraussetzung für die Anwendung des Wettbewerbsrechts ist zunächst geschäftliches Handeln (§§ 3 Abs. 1, 2 Abs. 1 Nr. 1 UWG). Dies ist immer dann der Fall, wenn die fragliche Tätigkeit der Förderung eines Zwecks dient, der nicht amtlicher oder privater Natur ist. Wettbewerbsrechtlich relevant sind folglich nur Handlungen, in denen eine Teilnahme am Wirtschaftsleben zum Ausdruck kommt. Gerade für den Bereich des Internet ist dieses Tatbestandsmerkmal genau zu prüfen. Eine Vielzahl von Stellungnahmen im Internet sind rein privater Natur, z.B. Meinungsäußerungen, Berichte etc. ohne kommerziellen Charakter. Die klarste Form des geschäftlichen Handelns ist das dauerhafte Produktangebot auf einer Website. Entsprechend ist zu vermuten, dass die Website eines Gewerbetreibenden grundsätzlich ein Handeln zur Förderung des eigenen Unternehmens darstellt[4]. Schwieriger ist die Lage bei Privatpersonen einzustufen.

---

1 Nach LG Kiel, CR 2000, 848.
2 Nach OLG München, MMR 2000, 540, 546 – Hanseatic.
3 Gesetz gegen den unlauteren Wettbewerb vom 3.3.2010, zuletzt geändert durch Gesetz vom 2.12.2015, BGBl. I, S. 2158.
4 BGH, GRUR 1962, 34, 36 – Torsana; GRUR 1962, 45, 47 – Betonzusatzmittel.

Hier sind Art und Zweck der Äußerung zu ermitteln. Dies ist oftmals nicht einfach. So ist schon Vorsicht geboten, aus der Wahl einer Top-Level-Domain, beispielsweise .com, Schlüsse auf den Geschäftsbezug eines Internetauftritts zu ziehen. .com-Domains sind nämlich für jedermann registrierbar. Die Wahl einer derartigen Domain mag aber gleichwohl ein erster Hinweis auf die von dem Domain-Inhaber verfolgten Absichten sein. Ein besonders starkes Indiz wird die Platzierung von Banner-Werbung sein. Wer seinen Internetauftritt durch Fremdwerbung finanziert, wird nur im Ausnahmefall argumentieren können, keine Geschäftszwecke zu verfolgen. Gleiches gilt für den Fall, dass sich auf einer Website-Präsentation Indizien für unternehmerisches Handeln finden oder sich der gewerbliche Charakter aus den ersichtlichen Interessen des Website-Betreibers ergibt.

707 § 2 Abs. 1 Nr. 1 UWG definiert die geschäftliche Handlung als jedes Verhalten einer Person zugunsten des eigenen oder eines fremden Unternehmens vor, bei oder nach einem Geschäftsabschluss, das objektiv mit der Absatzförderung zusammenhängt. Diese rein objektive Definition beruht auf Art. 2d der Richtlinie über unlautere Geschäftspraktiken[5] und ersetzt das aus subjektiven und objektiven Tatbestandsmerkmalen zusammengesetzte frühere Kriterium „Handeln zu Zwecken des Wettbewerbs".

708 Der objektive Zusammenhang mit der Absatzförderung ist zunächst immer dann gewahrt, wenn diese alleiniger Zweck der Handlung gewesen ist. So handeln Anbieter von Waren und Dienstleistungen regelmäßig geschäftlich. Handlungen von Medienunternehmern und Wissenschaftlern dienen hingegen in erster Linie anderen Zwecken als der Absatzförderung. Hier muss in jedem Einzelfall festgestellt werden, dass die Absatzförderung ausnahmsweise im Vordergrund stand, wie z.B. bei der Akquisition von Anzeigen durch Medienunternehmer. Auch bei der Feststellung, ob ein Zusammenhang mit der Förderung des Absatzes eines Dritten besteht, ist typischerweise Vorsicht geboten, jedenfalls dann, wenn der Dritte primär persönliche oder satzungsmäßige Ziele verfolgt (beispielsweise ein Verband) oder sonstige naheliegende, eigene Interessen im Vordergrund stehen[6]. Gerade bei Anbietern von Informationen und Nachrichten im Internet bedarf es daher einer genauen Prüfung, was der Zweck einer Website ist und ob zu ihrer Finanzierung ein Geschäftsmodell dahinter steht.

709 Schließlich können geschäftliche Handlungen auch noch nach Vertragsabschluss vorgenommen werden. Das Merkmal der Absatzförderung ist hierbei weit zu verstehen und erfasst auch Handlungen bei der Lieferung von Waren.

710 Geschäftliche Handlungen können grob in zwei Kategorien unterteilt werden, nämlich Wettbewerbshandlungen gegenüber Mitbewerbern (b2b) und Wettbewerbshandlungen gegenüber anderen Marktteilnehmern, insbesondere Verbrauchern (b2c). Beide Bereiche sind heute weitgehend europarechtlich harmonisiert. Werbung, die die Interessen von Mitbewerbern beeinträchtigt, ist etwa irreführende (§ 5 UWG), nachahmen-

---

5 Richtlinie 2005/29/EG des Europäischen Parlaments und des Rats vom 11.5.2005 über unlautere Geschäftspraktiken im binnenmarktinternen Geschäftsverkehr zwischen Unternehmen und Verbrauchern, ABl. EG L 149, S. 22.
6 Vgl. die Nachweise bei *H. Köhler*, in: *Köhler/Bornkamm*, UWG, 34. Auflage 2016, § 2 Rdnr. 37 ff.

de (§ 4 UWG) oder vergleichende Werbung (§ 6 UWG). Dieser Bereich ist durch die Werberichtlinie der EU[7] harmonisiert. Werbung, die die Interessen der Verbraucher beeinträchtigt (z.B. §§ 3, 4a, 5, 5a oder 7 UWG) ist durch die Richtlinie über unlautere Geschäftspraktiken (UGP-Richtlinie)[8] harmonisiert. Beide Richtlinien sind in der aktuellen Fassung des Gesetzes gegen unlauteren Wettbewerb umgesetzt worden. Das materielle deutsche UWG unterliegt damit weitgehend dem Gebot der gemeinschaftsrechtskonformen Auslegung.

Für die Prüfung wettbewerbsrechtlicher Ansprüche hat dies folgende Konsequenzen: 711
- Bei geschäftlichen Handlungen gegenüber Unternehmern (b2b) ist stets von § 3 Abs. 1 UWG auszugehen. Hiernach sind unlautere geschäftliche Handlungen unzulässig. Eine Konkretisierung unlauterer geschäftlicher Handlungen ergibt sich in §§ 3a 4, 5 oder 6 UWG. Existiert kein Spezialtatbestand, ist auf die Generalklausel des § 3 Abs. 1 UWG zurückzugreifen.
- Bei geschäftlichen Handlungen gegenüber Verbrauchern (b2c) ist zuerst die sog. schwarze Liste im Anhang zu § 3 Abs. 3 UWG zu prüfen. Durch die UGP-Richtlinie wurde im Anhang zu § 3 Abs. 3 UWG eine Liste von 30 Tatbeständen in das Gesetz eingefügt, die per se (stets) unzulässig sind, unabhängig davon, ob sie Interessen von Marktteilnehmern beeinträchtigen oder aus sonstigen Gründen unlauter sind. Für das Internet von besonderer Bedeutung sind die unberechtigte Verwendung von Gütezeichen und Qualitätskennzeichen (Ziff. 2), Lockangebote (Ziff. 5), das Erwecken des Eindrucks, eine Ware sei in Deutschland verkehrsfähig (Ziff. 9), redaktionell getarnte Werbung (Ziff. 11), die Angabe, durch den Erwerb einer Ware ließen sich Gewinnchancen bei einem Glücksspiel erhöhen (Ziff. 16), und das Angebot einer Ware als gratis, wenn später gleichwohl Kosten entstehen (Ziff. 21). Greifen die Tatbestände der schwarzen Liste nicht, sind die die Unlauterkeit konkretisierenden Bestimmungen der §§ 3a-6 UWG zu prüfen. Hilfsweise ist die Generalklausel des § 3 Abs. 1 UWG anzuwenden. In den beiden letztgenannten Fällen ist aber ergänzend darauf zu achten, dass § 3 Abs. 2 UWG geprüft wird. Geschäftliche Handlungen gegenüber Verbrauchern sind – außerhalb der schwarzen Liste – nämlich nur dann unzulässig, wenn sie der für den Unternehmer geltenden unternehmerischen Sorgfalt widersprechen und geeignet sind, das wirtschaftliche Verhalten des Verbrauchers wesentlich zu beeinflussen.
- Belästigende Werbung ist außerhalb der genannten Schemata eigenständig gem. § 7 UWG zu prüfen.

b) Aktivlegitimation

Wettbewerbsrechtliche Ansprüche können nur von den in § 8 Abs. 3 UWG Genannten 712 geltend gemacht werden. Neben Mitbewerbern und den Industrie- und Handelskammern bzw. Handwerkskammern sind dies insbesondere Wettbewerbsverbände und

---

7 RL 2006/114/EG des Europäischen Parlaments und des Rates vom 12.12.2006 über irreführende und vergleichende Werbung, ABl. EG L 376 vom 27.12.2006, S. 21.
8 RL 2005/29/EG des Europäischen Parlaments und des Rates vom 11.5.2005 über unlautere Geschäftspraktiken, ABl. EG L 149 vom 11.6.2005, S. 22 ff.

Verbraucherzentralen. Nicht anspruchsberechtigt sind die von einem Wettbewerbsverstoß betroffenen Verbraucher und sonstigen Marktteilnehmer. Der Individualschutz von Verbrauchern und sonstigen Marktteilnehmern ist vielmehr nur über das bürgerliche Recht zu erreichen[9].

713 (1) Ein wesentlicher Grundpfeiler des wettbewerbsrechtlichen Schutzmodells ist, dass die Einhaltung der gesetzlichen Bestimmungen nicht behördlich kontrolliert, sondern diese Aufgabe insbesondere den Mitbewerbern auferlegt wird. Das Gesetz verbindet damit die berechtigte Erwartung, dass ein Konkurrent, der unlauter erlangte Wettbewerbsvorsprünge rasch erkennt, auch am ehesten geneigt ist, deren Abstellung durchzusetzen. Dies wirft die schwierige Frage auf, wann von einem Mitbewerber i.S.v. § 8 Abs. 3 Nr. 1 UWG gesprochen werden kann. Hierzu bedarf es eines konkreten Wettbewerbsverhältnisses des Konkurrenten zu seinem Wettbewerber. Ein konkretes Wettbewerbsverhältnis setzt stets voraus, dass sich die beteiligten Unternehmen auf demselben sachlich, räumlich und zeitlich relevanten Markt betätigen[10]. Nach dem Bedarfsmarktkonzept ist dies dann der Fall, wenn sich die Waren oder Dienstleistungen nach ihren Eigenschaften, ihrem Verwendungszweck und ihrer Preislage so nahe stehen, dass sie der verständige Nachfrager als austauschbar ansieht[11]. Hierbei muss nicht stets Branchenidentität bestehen. Vielmehr sind die besonderen Marktverhältnisse zu prüfen[12]. Ein konkretes Wettbewerbsverhältnis kann auch zwischen branchenfremden Gewerbetreibenden bestehen. Dies wurde beispielsweise zwischen einer Kaffeerösterei und einem Blumenladen bejaht, weil der Kaffeehersteller mit dem Hinweis „statt Blumen Onko Kaffee" warb[13]. Ebenso entsteht nach der Rechtsprechung ein Wettbewerbsverhältnis im Hinblick auf die Vermarktung von Abbildungen von Automobilen und Unternehmenskennzeichen zwischen einem Automobilhersteller und einer Werbeagentur[14]. Eine Werbeagentur hatte das Unternehmenskennzeichen Rolls Royce, die Kühlerfront eines entsprechenden Automobils und die „Flying Lady", zu Werbezwecken für eine Spirituose verwendet, wodurch die Möglichkeit von Rolls Royce gemindert wurde, diese Zeichen selbst gewerblich zu verwerten. Ausreichend ist auch, wenn ein Wettbewerber den Ruf eines branchenfremden Gewerbetreibenden ausbeutet[15]. Unerheblich ist schließlich, dass die Beteiligten auf unterschiedlichen Wirtschaftsstufen, z.B. als Hersteller einerseits und Händler andererseits, tätig sind[16].

714 Für Wettbewerbshandlungen im Internet spielt die räumliche Marktabgrenzung eine besondere Rolle. Nicht jeder, der eine Website betreibt, die aus technischen Gründen bundesweit abrufbar ist, kann auch bundesweit von Angehörigen der gleichen Branche nach § 8 Abs. 3 Nr. 1 UWG in Anspruch genommen werden. Hierzu ist vielmehr erfor-

---

9 *Köhler*, GRUR 2003, 265, 267; Begr. RegE UWG zu § 8, BT-Drs. 15/1487, S. 22.
10 BGH, GRUR 2001, 78 – falsche Herstellerpreisempfehlung.
11 BGH, GRUR 2002, 228, 229 – Lottoschein.
12 KG, WRP 2001, 48: Austauschbarkeit von Matratzen und Teppichen als Schlafunterlagen im Hinblick auf die vielen in Berlin lebenden Türken und Araber.
13 BGH, GRUR 1972, 553 – statt Blumen Onko Kaffee.
14 BGH, GRUR 1983, 247, 249 – Rolls Royce.
15 BGH, GRUR 1960, 144, 146 – Bambi; NJW 1986, 379 – Dimple; GRUR Int. 1985, 474, 475 – ein Champagner unter den Mineralwässern.
16 Ständige Rechtsprechung seit BGH, GRUR 1957, 342, 347 – Underberg.

derlich, dass sich die räumliche Konkurrenz der Beteiligten entweder aus dem Verhalten eines Unternehmens außerhalb des Internets ergibt, beispielsweise durch bundesweite Werbung oder bundesweite Geschäftstätigkeit. Oder aber es muss dem Internetauftritt deutlich zu entnehmen sein, dass durch den Internetauftritt der Tätigkeitsbereich des Unternehmens auf das Tätigkeitsgebiet des Mitbewerbers ausgeweitet werden sollte[17].

(2) Häufig verfolgen auch sog. Wettbewerbsverbände, also „rechtsfähige Verbände zur Förderung gewerblicher oder selbstständiger beruflicher Interessen" i.S.v. § 8 Abs. 3 Nr. 2 UWG, Wettbewerbsverstöße. Durch Abmahnvereine in den 90er Jahren in Verruf geraten stellen diese Organisationen heute die zweite wichtige Säule des Sanktionsgefüges des Wettbewerbsrechts dar. Es handelt sich hier nicht nur um Branchenverbände und Kammern, wie die der Rechtsanwälte, Ärzte, Architekten, Steuerberater etc. Häufig werden sog. Wettbewerbsvereine[18] aktiv. Sie sind allerdings nur dann klagebefugt, wenn die Bekämpfung unlauteren Wettbewerbs nicht lediglich Vorwand zur Einnahme von Abmahnkosten darstellt, sondern Satzungszweck und wesentliche Tätigkeit des Verbands ist. Dies setzt eine ausreichende personelle und finanzielle Ausstattung voraus[19], damit das Wettbewerbsgeschehen beobachtet und bewertet werden kann und auch unklare Rechtslagen gegen marktmächtige Branchenteilnehmer geklärt werden können[20]. Von besonderer Bedeutung ist die Mitgliederstruktur der Vereine. Sie sind nur dann anspruchsberechtigt, wenn ihnen eine erhebliche Zahl von Unternehmen angehört, die Waren oder Dienstleistungen gleicher oder verwandter Art auf demselben Markt vertreiben. Mit anderen Worten: Mitbewerber i.S.v. § 8 Abs. 3 Nr. 1 UWG müssen direkt oder indirekt, beispielsweise vermittelt durch die Mitgliedschaft der Industrie- und Handelskammern, zu den Mitgliedsunternehmen gehören[21].

c) Passivlegitimation

Gegner eines wettbewerbsrechtlichen Anspruchs und damit passivlegitimiert ist zunächst derjenige, der eine beanstandete Wettbewerbshandlung begeht oder als Anstifter oder Gehilfe an ihr teilnimmt und damit ebenfalls dem zivilrechtlichen Täterbegriff (§ 830 Abs. 2 BGB) unterfällt.

Der Kreis derjenigen, die für Unterlassungsansprüche verantwortlich sind, wird indes erheblich weiter gezogen. Nach ständiger Rechtsprechung des Bundesgerichtshofs haftete früher in entsprechender Anwendung von § 1004 BGB auch derjenige als sog. Störer, der – ohne Täter oder Teilnehmer zu sein – ohne Wettbewerbsförderungsabsicht und ohne Verschulden an dem Wettbewerbsverstoß eines Dritten in der Weise

---

17 BGH, MD 2005, 275, 277 – Soco.de.
18 Z.B. Zentrale zur Bekämpfung unlauteren Wettbewerbs e.V., Bad Homburg; Verband für sozialen Wettbewerb, Berlin (VSW); Verein gegen Unwesen in Wirtschaft und Gewerbe, Köln (VgU).
19 BGH, GRUR 2000, 1093, 1095 – Fachverband.
20 Vgl. hierzu *H. Köhler/Feddersen*, in: *Köhler/Bornkamm*, UWG, 34. Auflage 2016, § 8 Rdnr. 3.45 ff.
21 BGH, WRP 1997, 843, 845 – Emil-Grünbär-Club; GRUR 1995, 604, 605 – vergoldete Visitenkarten.

beteiligt war, dass er in irgendeiner Weise willentlich und adäquat kausal unter Herbeiführung der rechtswidrigen Beeinträchtigung mitwirkt[22]. Da die Störerhaftung bei dieser weiten Definition über Gebühr auf Dritte erstreckt werden würde, die nicht selbst die rechtswidrige Beeinträchtigung vorgenommen haben, verlangte die Rechtsprechung zusätzlich die Verletzung von Prüfungspflichten, deren Einhaltung dem Betroffenen zumutbar war. Der Umfang der Prüfungspflichten bestimmt sich danach, ob und inwieweit dem als Störer in Anspruch Genommenen nach den Umständen eine Prüfung zuzumuten ist[23]. Relevant waren hierbei die Aufgabenstellung des als Störer in Anspruch Genommenen sowie die Eigenverantwortung desjenigen, der die rechtswidrige Beeinträchtigung selbst unmittelbar vorgenommen hat[24]. Die Haftungsfilter der §§ 7 ff. TMG sind nach der Rechtsprechung auf Unterlassungsansprüche nicht anwendbar und spielten daher für die Einschränkung der Störerhaftung keine Rolle[25].

718 Für das Wettbewerbsrecht geht der Bundesgerichtshof zwischenzeitlich einen anderen Weg zur Einschränkung der wettbewerbsrechtlichen Passivlegitimation, der allerdings nicht auf urheberrechtliche Sachverhalte oder die Verletzung gewerblicher Schutzrechte (z.B. Markenrecht) übertragen werden kann[26]. Erstmals mit der Entscheidung „Jugendgefährdende Medien bei eBay"[27] begründet der Bundesgerichtshof, dass Personen, deren Handeln im geschäftlichen Verkehr die ernsthafte Gefahr begründe, dass Dritte durch das Wettbewerbsrecht geschützte Interessen von Marktteilnehmern verletzen, aufgrund einer wettbewerbsrechtlichen Verkehrspflicht dazu verpflichtet seien, diese Gefahr im Rahmen des Möglichen und Zumutbaren zu begrenzen. Wer gegen diese Verkehrspflicht verstoße, sei Täter einer unlauteren Wettbewerbshandlung. Mit dieser Entscheidung begann der Bundesgerichtshof ein neues Kapitel in der dogmatischen Herleitung der wettbewerbsrechtlichen Passivlegitimation[28]. Im konkreten Fall jedenfalls hat der BGH verlangt, dass eBay ihre Auktionsplattform auf das Angebot jugendgefährdender Inhalte überprüft, jedenfalls dann, wenn eBay hierzu einen konkreten Hinweis erhält. Dann sei eBay nicht nur verpflichtet, dieses konkrete Angebot unverzüglich zu sperren, sondern müsse auch zumutbare Vorsorgemaßnahmen treffen, z.B. durch den Einsatz von Suchsoftware, damit es möglichst nicht zu weiteren gleichartigen Rechtsverletzungen kommt[29].

---

22 Vgl. BGH, GRUR 1997, 313, 316 – Architektenwettbewerb; GRUR 2002, 902, 904 – Vanity-Nummer; GRUR 2003, 969, 970 – Ausschreibung von Vermessungsleistungen; GRUR 2004, 693, 695 – Schöner Wetten; GRUR 2004, 860, 864 – Internetversteigerung.
23 BGH, GRUR 2004, 693, 695 – Schöner Wetten; GRUR 2004, 860, 864 – Internetversteigerung.
24 BGH, GRUR 2004, 693, 695 – Schöner Wetten; OLG Stuttgart, GRUR-RR 2007, 336, 337 – Störerhaftung bei Überlassung eines eBay-Accounts.
25 Ständige Rechtsprechung, vgl. BGH, CR 2004, 763 ff. – Internetversteigerung I; zuletzt BGH, CR 2007, 523, 524 – Internetversteigerung II; näheres siehe Kapitel VII. 4.
26 So ausdrücklich BGH, GRUR 2004, 860 – Internetversteigerung.
27 BGH, WRP 2007, 1173 ff.
28 BGH, GRUR 2011, 152 ff. – Kinderhochstühle im Internet.
29 Näheres zur wettbewerbsrechtlichen Passivlegitimation bei Unterlassungsansprüchen unter Kapitel VII. 4.

d) Wettbewerbsrechtliche Sanktion des Verstoßes gegen außerwettbewerbsrechtliche Vorschriften

Eine Reihe von außerwettbewerbsrechtlichen Vorschriften enthält Regelungen, die den Wettbewerb beeinflussen können. Neben Vorschriften zum Schutz des geistigen Eigentums können dies handelsrechtliche Vorschriften oder Vorschriften zum Schutz einzelner Personengruppen (z.B. Jugendschutzbestimmungen) sein, aber auch Normen, die bestimmte Branchen regulieren, wie beispielsweise Bestimmungen des Arzneimittelrechts, der Gewerbeordnung oder von Berufsordnungen. Von besonderer Bedeutung sind die produktbezogenen Werbebeschränkungen, wie sie sich z.B. in den §§ 3 ff. HWG (Heilmittelwerbegesetz), den Bestimmungen des Lebensmittel- und Futtermittelgesetzbuches oder etwa des Weingesetzes finden. Von ebenso großer Bedeutung sind produktbezogene Informationspflichten, wie sie sich in der Fertigpackungsverordnung, der Nährwertkennzeichnungsverordnung, dem Textilkennzeichnungsgesetz, dem Medizinproduktegesetz oder der Kosmetikverordnung finden[30]. Der Verstoß gegen derartige Normen kann gem. § 3a UWG unlauter sein. Dies setzt voraus, dass die gesetzliche Vorschrift, gegen die verstoßen worden ist, auch dazu bestimmt ist, im Interesse der Marktteilnehmer das Marktverhalten zu regeln. Ob dies der Fall ist, ist im Einzelfall durch Auslegung der Norm zu ermitteln. Insofern genügt es nicht, dass eine Norm die Volksgesundheit, Arbeitnehmer, Gläubiger oder Schuldner schützt. Die Norm muss vielmehr neben Mitbewerbern oder Verbrauchern Personen schützen, die als Anbieter oder Nachfrager von Waren und Dienstleistungen tätig sind. Dies wird am Beispiel des Ladenschlussgesetzes deutlich. Würde dieses Gesetz nur die Interessen der Arbeitnehmer und nicht zugleich zumindest auch die Interessen der Mitbewerber schützen[31], würde es nicht die Voraussetzungen des § 3a UWG erfüllen. In Betracht kommen damit nur noch Normen mit Marktbezug, und zwar solche, die Marktverhalten zumindest auch regeln sollen. Marktzutrittsschranken wie in §§ 60, 86 Abs. 1 HGB oder Beschränkungen der erwerbswirtschaftlichen Betätigung von kommunalen Unternehmen kommen hingegen nicht in Betracht. Als Faustregel lässt sich sagen, dass eine Marktverhaltensregel die Qualität, Sicherheit oder Unbedenklichkeit der angebotenen Waren oder Dienstleistungen sicherstellen will[32]. Dies kann durch produktbezogene Regelungen, aber auch durch Regelungen betreffend die fachliche Qualifikation eines Unternehmers, etwa Zulassungsregelungen für freie Berufe und sonstige Gewerbe, geschehen.

719

Ausreichend für die Annahme eines Wettbewerbsverstoßes ist ein objektiv rechtswidriges Verhalten. Schuldhaftes Verhalten, wie die fahrlässige Unkenntnis des Rechtsverstoßes, sind ebenso wenig erforderlich wie eine Kenntnis des Rechtsverstoßes. So reicht beim Betrieb einer Internet-Apotheke jeder Verstoß gegen arzneimittelrechtliche oder heilmittelwerberechtliche Bestimmungen aus, um einen Wettbewerbsverstoß zu diagnostizieren, da diese Bestimmungen ohne Weiteres die Sicherheit und Unbedenk-

720

---

30 Vgl. die Einzelheiten bei *H. Köhler*, in: *Köhler/Bornkamm*, UWG, 34. Auflage 2016, § 3a Rdnr. 1.193 ff.
31 BGH, GRUR 1981, 424, 426 – Tag der offenen Tür II.
32 BGH, GRUR 2002, 825, 826 – Elektroarbeiten.

lichkeit der angebotenen Arzneimittel und der pharmazeutischen Dienstleistungen sicherstellen wollen. Die Unkenntnis der Verschreibungspflichtigkeit eines Arzneimittels schützt den Website-Betreiber hierbei ebenso wenig wie die Einlassung, ihn treffe kein Verschulden.

721 Besonders umstritten war, ob §§ 307 ff. BGB, also das AGB-Recht im BGB, Marktverhaltensregeln darstellen. In diesem Fall könnte ein Mitbewerber allgemeine Geschäftsbedingungen seines Konkurrenten, soweit diese gegen §§ 307 ff. BGB verstoßen, wegen Verstoßes gegen § 3a UWG gerichtlich verbieten lassen. Hiergegen wurde eingewandt, dass AGB nur die Regelung von Individualinteressen beträfen, sie also i.d.R. keine das Marktverhalten bestimmende Funktion besäßen[33]. Letztlich folgte der BGH dieser Auffassung nicht[34]. Der BGH sieht die Klauselverbote der §§ 307 ff. BGB als Marktverhaltensregeln an[35]. Für andere Klauselverbote des Zivilrechts hat der BGH die Anwendbarkeit von § 3a UWG ebenfalls ausdrücklich festgestellt[36].

722 Die Auffassung des BGH führt dazu, dass die AGB-Kontrolle zwischen Wettbewerbern eröffnet wird. Sind §§ 307 ff. BGB Marktverhaltensregeln, und greift damit § 3a UWG, können entsprechende Wettbewerbsverstöße von Mitbewerbern gegen Konkurrenten geltend gemacht werden. Mitbewerber sind wettbewerbsrechtlich klagebefugt i.S.v. § 8 Abs. 3 Nr. 1 UWG. Ob sich die Rechtsprechung mit der dann zu erwartenden Klagewelle tatsächlich einen Gefallen tut, bleibt abzuwarten. Dies gilt umso mehr, als die AGB-Kontrolle durch Verbraucherzentralen und Wettbewerbsverbände nach dem Unterlassungsklagegesetz eigentlich funktioniert. Mit der Klagebefugnis von Mitbewerbern hat man gerade im Internet schlechte Erfahrungen gemacht und eine Reihe von Abmahnwellen produziert – die Vielzahl von Prozessen wegen vermeintlich unrichtiger Widerrufsbelehrungen sei nur beispielhaft genannt.

2. Impressumspflicht für Websites gem. § 5 TMG, § 55 RStV

723 Je nach angesprochenem Personenkreis ist Websites ein Impressum beizufügen, das das aus der Sicht des Gesetzgebers jeweils bestehende Informationsbedürfnis des angesprochenen Adressatenkreises über den Anbieter befriedigen soll.

a) § 5 TMG

724 Die Informationspflichten des § 5 TMG treffen alle Websitebetreiber, die Websites im Rahmen ihrer wirtschaftlichen Betätigung unterhalten. Jeder geschäftsmäßige, in der

---

33 OLG Hamburg, GRUR-RR 2007, 287, 288; OLG Köln, GRUR-RR 2007, 285; weitere Nachweise bei BGH, GRUR 2010, 1117 ff., zitiert nach juris, Rdnr. 27.
34 Vgl. die Nachweise in BGH, GRUR 2010, 1117 ff., zitiert nach juris, Rdnr. 28.
35 BGH, GRUR 2012, 949 ff., zitiert nach juris, Rdnr. 46.
36 BGH, GRUR 2012, 949 ff., zitiert nach juris, Rdnr. 43; BGH, GRUR 2010, 1117, Rdnr. 26 ff. – Gewährleistungsausschluss im Internet; BGH, GRUR 2010, 1120, Rdnr. 22 – Vollmachtnachweis; vgl. hierzu *H. Köhler*, in: *Köhler/Bornkamm*, UWG, 34. Auflage 2016, § 3a Rdnr. 1.292 f.

Regel gegen Entgelt angebotene Telemediendienst muss daher leicht erkennbar, unmittelbar erreichbar und ständig verfügbar halten:
- den Namen und die ladungsfähige Anschrift der Niederlassung des Anbieters,
- bei juristischen Personen die Vertretungsberechtigten[37],
- Angaben, die eine schnelle elektronische Kontaktaufnahme und unmittelbare Kommunikation ermöglichen, also Telefonnummer[38] und E-Mail-Adresse,
- Angaben zur behördlichen Zulassung und zuständigen Aufsichtsbehörde,
- Angaben zur Eintragung in einem öffentlichen Register (Handelsregister, Vereinsregister, Partnerschaftsregister etc.),
- Angaben zur Kammerangehörigkeit, gesetzlichen Berufsbezeichnung und Link zu den berufsrechtlichen Regelungen,
- Umsatzsteueridentifikationsnummer.

Homepages, die rein privaten Zwecken dienen und die keine Telemediendienste bereitstellen, die sonst nur gegen Entgelt verfügbar sind, fallen nicht unter die Impressumspflicht des § 5 TMG[39]. Nicht erfasst sind auch Websites, von denen aus ein Link zu einem geschäftsmäßigen Angebot gesetzt wird[40]. Was aber, wenn private Websites versuchen, zumindest die Hostingkosten über die Teilnahme an affiliate-Programmen mit Werbebannern oder Werbeanzeigen zu kompensieren? Dies führt unweigerlich zum Eingreifen von § 5 TMG. 725

b) § 55 Abs. 1 RStV

Anbieter von Telemedien, die nicht ausschließlich persönlichen oder familiären Zwecken dienen, haben nach dieser Vorschrift Namen und Anschrift bzw. bei juristischen Personen auch Namen und Anschrift des Vertretungsberechtigten verfügbar zu halten. Auf die Norm wird in § 1 Abs. 4 TMG verwiesen. Die Norm richtet sich an die typischen privaten Websitebetreiber, die nicht unter § 5 TMG fallen. Anonymität gewährt das Gesetz damit nur noch den Anbietern, die gem. § 55 Abs. 1 RStV „ausschließlich persönlichen oder familiären Zwecken" dienen. Dies war ausdrücklicher Wille des Gesetzgebers[41]. Der mögliche Kreis derartiger Ausnahmen ist mithin ausgesprochen eng zu ziehen. Immer dann, wenn der Content einer Website den engsten persönlichen Lebensbereich, an dem kein berechtigtes Interesse Dritter besteht und auch nicht provoziert werden soll, betroffen ist, greift keine Impressumspflicht. Die unwidersprochene Erfassung der Website durch Suchmaschinen oder der passwortfreie Zugang zu nicht nur familiär bedeutsamen Informationen führt bereits zu den Informationspflichten gem. § 55 Abs. 1 RStV. 726

---

37 OLG Düsseldorf, MMR 2009, 266, 267.
38 OLG Köln, MMR 2004, 412; gegen die Angabepflicht einer Telefonnummer OLG Hamm, MMR 2004, 549; EuGH, MMR 2009, 25, 25: Der EuGH verlangt aber die nachträgliche Angabe einer Telefonnummer, wenn der User diese anfragt.
39 BT-Drs. 16/3078, S. 14; Ott, MMR 2007, 354, 355.
40 Ott, MMR 2007, 354, 355.
41 Vgl. Landtag von Baden-Württemberg, Drs. 14/558, S. 38 f.; Ott, MMR 2007, 354, 356.

c) § 55 Abs. 2 RStV

727 Gesteigerten medienrechtlichen Informationspflichten unterliegen journalistisch-redaktionell gestaltete Angebote gem. § 55 Abs. 2 RStV. Die Bestimmung ist mit der presserechtlichen Impressumspflicht[42] vergleichbar. Hier geht es nämlich um die elektronische Presse oder, wie die Gesetzesbegründung schreibt, „Angebote, die massenkommunikativen Charakter aufweisen"[43]. Auf die Entgeltlichkeit des Dienstes kommt es nicht an.

d) Gestaltung des Impressums

728 Die Angaben des Impressums müssen unmittelbar erreichbar und leicht erkennbar sein. Diesen gesetzlichen Anforderungen in § 5 Abs. 1 TMG ist Genüge getan, wenn das Impressum in der Fußleiste einer Website dauerhaft abrufbar ist. Dies ist vom Bundesgerichtshof[44] bestätigt worden[45]. Die Website kann neben „Impressum" auch „Kontakt" oder „Anbieterkennzeichnung" genannt werden[46]. Indes ist nicht ausreichend, wenn der User die Seite zunächst über den Bildschirm scrollen muss[47], oder die Information erst nach einigem Suchen gefunden werden kann[48].

e) Verstoß gegen § 3a UWG

729 Schuldhafte Verstöße gegen § 5 TMG stellen eine Ordnungswidrigkeit dar, die gem. § 16 Abs. 2 Nr. 1, Abs. 3 TMG mit einer Geldbuße von bis zu 50.000 Euro geahndet werden kann. Da es sich bei TMG-Verstößen um Bagatelldelikte handelt und die Verfolgung von Ordnungswidrigkeiten dem Opportunitätsprinzip unterliegt, ist mit Blick auf die notorische Überlastung der Verwaltung nicht zu erwarten, dass diese Sanktion häufig zum Einsatz gelangt. Es droht schon eher eine Inanspruchnahme durch Wettbewerbsverbände und Verbraucherschutzverbände gem. § 3 UKlaG, da es sich bei der Impressumspflicht um eine verbraucherschützende Norm handelt, die den Unterlassungsanspruch nach § 2 UKlaG auslöst.

730 Von besonderer Bedeutung sind die – kostenpflichtigen – Abmahnungen von Konkurrenten, die meist kollusiv mit einem befreundeten Anwalt arbeiten und massenhaft Impressumspflichtverstöße im Internet verfolgen. Auch wenn man Zweifel daran haben kann, ob die Pflicht zur Angabe der Umsatzsteueridentifikationsnummer verbraucherschützenden Charakter besitzt, hat der Bundesgerichtshof[49] § 5 TMG insgesamt

---

42 Z.B. § 8 LPresseG-BW.
43 Landtag von Baden-Württemberg, Drs. 14/558, S. 39.
44 BGH, MMR 2007, 40, 41.
45 So auch die Literatur, vgl. nur *Ott*, WRP 2003, 945, 948.
46 BGH, MMR 2007, 40, 41; OLG Hamburg, MMR 2003, 105; *Ott*, MMR 2007, 354, 357 m.w.N.
47 OLG München, MMR 2004, 321, 322.
48 OLG Brandenburg, MMR 2006, 617.
49 BGH, MMR 2007, 40.

verbraucherschützenden Charakter zugesprochen, was bei einem Rechtsverstoß unweigerlich zur Anwendung von § 3a UWG führt[50].

Damit bleibt nur noch, bei massenhaften Abmahnungen einzuwenden, der beanstandete Rechtsverstoß beeinträchtige die Interessen der Marktteilnehmer nicht in spürbarer Weise (§ 3a UWG). Dies kann jedoch nur im Ausnahmefall zum Erfolg führen. Die Frage der Spürbarkeit i.S.v. § 3a UWG ist nach der Art der Handlung, der Schwere, der Häufigkeit, der Marktmacht und der Anzahl der Betroffenen zu bestimmen[51]. Ausgeschlossen werden über § 3a UWG ausschließlich Bagatellfälle. Die Rechtsprechung sieht in der Verbreitung eines wettbewerbswidrigen Verhaltens über das Internet ein wesentliches Kriterium, das den Rechtsverstoß regelmäßig über die Bagatellschwelle hebt[52].

731

3. Unverlangte Werbung per E-Mail (Spaming)

Die Kontraktion von „spiced ham" – „spam" – ist nicht nur das Markenzeichen des amerikanischen Lebensmittelkonzerns Hormel. Der komprimierte Dosenschinken erlangte durch den Restaurantsketch von Monty Python aus dem Jahr 1970 Metaphernwürde, weil dort hundertfach der Begriff fällt und jegliche Kommunikation unterminiert. Treffender kann man die Geisel der Internetkommunikation, das Zusenden unverlangter Werbung, nicht beschreiben. Regierung und Gesetzgeber nähern sich dem Problem mit schon unglaublicher Naivität. So gründete im Juli 2005 das Bundesministerium für Ernährung, Landwirtschaft und Verbraucherschutz das „Projekt Spamkampagne", das alle unfreiwillig Bespamten aufforderte, derartige Mails auf eine bestimmte Website weiterzuleiten. Das Projekt ertrank in der Flut von 2,4 Mio. Spambotschaften. Die auf der Website eingerichtete Beschwerdestelle wurde 2006 wegen Überlastung geschlossen[53]. Der Gesetzgeber meinte gar, 60- bis 90% des E-Mail-Verkehrs, der jährlich 40 Mrd. Euro Schaden anrichtet, durch Bußgeldtatbestände, wie den des „verschleierten Absenders" oder der „verschleierten Werbeintention" (§§ 6 Abs. 2 Satz 1; 16 Abs. 1, Abs. 3 TMG) bekämpfen zu können. Wie absehbar war, haben sich die fast ausnahmslos ausländischen Absender von Spams von dem deutschen Ordnungswidrigkeitentatbestand nicht beeindrucken lassen.

732

Wettbewerbsrechtlich ist die Rechtslage ebenfalls eindeutig. Die unverlangte Kontaktaufnahme mit Fernkommunikationsmitteln ist prinzipiell unlauter. Dies ist für Telefonwerbung im privaten Bereich seit langem anerkannt[54] – gleiches gilt regelmäßig auch

733

---

50 OLG Karlsruhe, WRP 2006, 1039, 1041; OLG Düsseldorf, MMR 2009, 266, 267; OLG Hamm, MMR 2008, 469.
51 *H. Köhler*, in: *Köhler/Bornkamm*, UWG, 34. Auflage 2016, § 3a Rdnr. 194 ff.
52 OLG Karlsruhe, WRP 2006, 1039, 1041; OLG Hamm, MMR 2009, 552, 553; OLG Düsseldorf, MMR 2008, 266, 267; a.A. OLG Brandenburg, Beschluss vom 17.9.2009, Az: 6 W 141/09.
53 Vgl. hierzu die Meldung auf www.faz.net vom 2.1.2007 von *Oliver Jungen*.
54 BGH, GRUR 1995, 220, 221.

im gewerblichen Bereich[55] und für den Bereich der Telefax-Werbung[56]. Begründet wird die Sittenwidrigkeit mit der von derartiger Werbung ausgehenden Belästigung, Störung und Behinderung. Für Btx-Werbung[57] wurde diese Rechtsprechung ebenfalls übernommen, da es als Belästigung empfunden wurde, wenn ein Teilnehmer beim Leeren des elektronischen Briefkastens unverlangte Werbung erst aussortieren musste, nachdem sich die Sendung auf seinem Bildschirm unter Zeit- und Kostenaufwand aufgebaut hatte. Im Anschluss an diese Rechtsprechung hatte sich jeweils durchgesetzt, dass zumindest unverlangte E-Mail-Werbung, die nicht als Werbung gekennzeichnet ist, unzulässig ist[58]. Allerdings entstand teilweise der Eindruck, dass die bisherige Rechtsprechung zur Telefonwerbung, Telefax-Werbung und Btx-Werbung als „Tradition" missverstanden wurde und Gerichte teilweise der Versuchung erlagen, bekannte Argumente allzu holzschnittartig auf den Bereich E-Mail zu übertragen. Man darf nämlich nicht übersehen, dass im Bereich der E-Mail-Werbung durch die fortgeschrittene Technik eine veränderte Interessenlage besteht. Dies zeigt sich bereits daran, dass anders als bei der Telefonwerbung durch eine unverlangte E-Mail (Spam) kein spürbarer Eingriff in die Individualsphäre erfolgt. Ebenso wenig kommt es im Gegensatz zur Telefax-Werbung zu einer Blockade von Empfangsanlagen des Users. Als Argument gegen die Zulässigkeit von E-Mail-Werbung verbleibt daher die Belästigung des Users, der durch die allgemein enorm angewachsene Werbeflut kein Informationsinteresse durch unverlangte Werbung mehr besäße[59]. Hinzu komme, dass bei einem weiteren Ausbreiten dieser Werbeform das Netz sehr schnell überlastet wäre und der User wegen Überlaufs seines Accounts seinen Internet-Zugang nicht mehr nutzen könne[60]. Diesen Argumenten wird entgegengehalten, ein Belästigungseffekt des Users sei schon deshalb auszuschließen, weil dieser die unverlangte E-Mail – ungelesen – aus seiner Mailbox entfernen könne. Eine Vielzahl von Mailbox-Systemen böte darüber hinaus schon heute die Möglichkeit, unverlangte E-Mails auszufiltern[61]. Der hierzu erforderliche Aufwand einschließlich des Kostenaufwands sei für den User hinnehmbar[62]. Dies gelte jedenfalls, soweit die Werbung schon in der Betreffzeile als solche gekennzeichnet sei[63].

734 Die Lösung des Problems hat der Europäische Gesetzgeber durch die Richtlinie über die Verarbeitung personenbezogener Daten und den Schutz der Privatsphäre in der

---

55 BGH, CR 2009, 733, 734 – E-Mail Werbung II.
56 Vgl. BGH, GRUR 1996, 208.
57 BGH, GRUR 1988, 614, 617.
58 Vgl. LG Berlin, CR 1998, 623, 624; CR 1998, 499; CR 1999, 187, 188; LG Traunstein, CR 1998, 171, 172; LG Berlin, MDR 2001, 391; LG Paderborn, MMR 2001, 710; AG Dachau, MMR 2002, 185.
59 So LG Traunstein, NJW 1998, 1648, zitiert nach *Leupold/Bräutigam/Pfeiffer*, WRP 2000, 575, 592.
60 So *Hoeren*, MMR 1999, 192, 197.
61 Kostenlose Anti-Spam-Software ist unter www.netzwelt.de/software-list/41-antispam.html abrufbar.
62 So LG Braunschweig, CR 2000, 854; *Leupold/Bräutigam/Pfeiffer*, WRP 2000, 575, 592.
63 So auch *Schmittmann*, CR 1998, 499, 500; *Leupold*, WRP 1998, 270, 279; *Reichelsdorfer*, CR 1998, 172, 173.

elektronischen Kommunikation⁶⁴ angepackt. In Art. 13 Abs. 1 der Richtlinie ist festgelegt, dass „die Verwendung (...) elektronischer Post für die Zwecke der Direktwerbung" von den Mitgliedstaaten „nur bei vorheriger Einwilligung der Teilnehmer gestattet werden darf". Damit hat sich die EU für die einheitliche Anwendung des sog. „Opt-In-Modells" auf alle Formen der elektronischen Post, mithin neben SMS auch für E-Mails, entschieden. In Abs. 2 des Art. 13 der Richtlinie ist lediglich für die Direktwerbung im Fall einer bereits bestehenden Kommunikationsbeziehung zwischen Unternehmer und Kunde eine Ausnahme vorgesehen. Danach kann ein Unternehmer unter Angabe seiner authentischen Adresse (Abs. 4) E-Mail-Werbung betreiben, wenn

- er die E-Mail-Adresse von dem betroffenen Kunden selbst erhalten hat,
- der Kunde nicht von vornherein, etwa durch Eintragung in sog. Opt-out-Listen, die Zusendung von elektronischer Werbung ausdrücklich abgelehnt hat,
- die Werbung eigene ähnliche Produkte betrifft wie diejenigen, derentwegen die Kommunikationsbeziehung zum Kunden entstanden ist und
- der Kunde die deutlich erkennbare tatsächliche Möglichkeit erhält, die konkrete E-Mail-Werbung im Einzelfall gebührenfrei und problemlos abzulehnen.

Der Europäische Gesetzgeber hat damit das aus der Briefkastenwerbung bekannte und bewährte „Opt-out-Modell" zu Gunsten eines generellen Verbots zurückgedrängt und somit die Rechtsprechung des BGH⁶⁵ zur Btx-Werbung übernommen. Er widerspricht damit auch dem Gros der einzelstaatlichen Regelungen in den USA, wonach lediglich die unautorisierte, anonyme E-Mail-Werbung vollständig untersagt ist, während bei Offenlegung der Identität des Absenders elektronische Werbung erlaubt ist, sofern dem Kunden die Möglichkeit zur Eintragung in eine Opt-out-Liste gegeben wird, um die Ablehnung weiterer E-Mail-Werbung kundzutun⁶⁶.

735

Das Gesetz gegen den unlauteren Wettbewerb⁶⁷ hat diese Richtlinie auf nationaler Ebene durch eine gesetzliche Regelung zur unverlangten Kontaktaufnahme mittels Kommunikationsmittel umgesetzt. Spaming ist gem. § 7 Abs. 1 UWG unzulässig, wenn ein Marktteilnehmer unzumutbar belästigt wird. Als Marktteilnehmer gelten gem. § 2 Abs. 2 UWG neben Mitbewerbern und Verbrauchern alle Personen, die als Anbieter oder Nachfrager von Waren oder Dienstleistungen tätig sind. Eingeschlossen sind insbesondere auch Verbände, Behörden und Vereine, die ebenfalls ein schutzwürdiges Interesse daran haben, vor belästigender Werbung bewahrt zu bleiben⁶⁸. Das Gesetz wählt damit einen recht umständlichen Weg, um den Begriff „Jedermann" zu umschreiben. Unzumutbar ist nach der Legaldefinition von § 7 Abs. 2 Nr. 3 UWG insbeson-

736

---

64 Richtlinie (EG) des Europäischen Parlaments und des Rates vom 12.7.2002 über die Verarbeitung personenbezogener Daten und den Schutz des Privatsphäre in der elektronischen Kommunikation, ABl. EG L 201 vom 31.7.2002, S. 37.
65 BGH, NJW 1996, 660.
66 Siehe beispielsweise die Regelungen des California Business and Professions Code (Section 17538.45), der Colorado Revised Statutes (Section 1, Title 6, Article 2.5) und des Virginia Code (Chapter 9. Personal Jurisdiction in certain Actions, Section 8.01-328.1 [2003]); abrufbar unter www.spamlaws.com/us.html.
67 Gesetz gegen den unlauteren Wettbewerb in der Fassung der Bekanntmachung vom 2.12.2015, BGBl. I, S. 2158.
68 *H. Köhler*, in: *Köhler/Bornkamm*, UWG, 34. Auflage 2016, § 7 UWG Rdnr. 30.

dere jegliche Werbung unter der Verwendung elektronischer Post – gemeint ist Spaming –, ohne dass eine Einwilligung der Adressaten vorliegt. Eine unzumutbare Belästigung ist selbst dann zu bejahen, wenn die E-Mail im Betreff von vornherein klar und unzweideutig als Werbung gekennzeichnet ist[69].

737 Gemäß dem oben beschriebenen Opt-in-Model schreibt § 7 Abs. 3 UWG vor, wann ausnahmsweise keine unzumutbare Belästigung anzunehmen ist. Die Bestimmung entspricht weitgehend Art. 13 Abs. 2 der Datenschutz-Richtlinie für elektronische Kommunikation.

738 (a) Der Unternehmer muss im Zusammenhang mit dem Verkauf einer Ware oder Dienstleistung die E-Mail-Adresse des Kunden erhalten haben. Hierzu ist insbesondere erforderlich, dass es tatsächlich zu einem Vertragsschluss kam. Vertragsverhandlungen oder gar lediglicher Informationsaustausch sind nicht ausreichend[70].

739 (b) Die E-Mail-Adresse darf nur zur Direktwerbung für eigene ähnliche Waren oder Dienstleistungen des Unternehmers verwendet werden. Die beworbene Ware oder Dienstleistung muss also dem gleichen erkennbaren oder doch typischen Verwendungszweck oder Bedarf des Kunden entsprechen[71].

740 (c) Der Kunde darf der Verwendung nicht widersprochen haben. Geht dem Unternehmer ein Widerspruch des Kunden zu – unabhängig von dem Kommunikationsmittel, das der Kunde wählt –, ist die Versendung von unverlangten E-Mails unzulässig.

741 (d) Der Kunde muss bei der Mitteilung der Adresse und bei jeder Verwendung seiner E-Mail-Adresse klar und deutlich darauf hingewiesen werden, dass er der Verwendung jederzeit widersprechen kann. Für den Widerspruch dürfen keine zusätzlichen Kosten als die üblichen Kommunikationskosten entstehen.

742 Der Einwand der Unwesentlichkeit (§ 3 Abs. 2 UWG) ist Spamern grundsätzlich verwehrt. So ist die entsprechende Einschränkung in § 3 UWG nicht auf § 7 UWG übertragbar, weil es sich insoweit um einen eigenständigen Unzulässigkeitstatbestand handelt. Die Rechtsprechung sieht auch schon in der Versendung einer einzigen Mail eine so intensive Beeinträchtigung, dass der Rechtsverstoß nicht als Bagatelle bewertet werden kann[72]. Es ist auch ohne Weiteres möglich, gegen Spamer im Wege des einstweiligen Rechtsschutzes vorzugehen. Die erforderliche Wiederholungsgefahr ist schon bei Zusendung einer einzigen Mail regelmäßig gegeben und nur durch Abgabe einer strafbewehrten Unterlassungserklärung auszuräumen[73].

743 Die gesetzliche Regelung hilft aber wenig, wenn der Absender unverlangter E-Mails nicht feststellbar und greifbar ist. § 7 Abs. 2 Nr. 4 UWG verbietet daher anonyme E-Mails, also solche, bei der die Identität des Absenders, in dessen Auftrag die Nachricht über-

---

69 *H. Köhler*, in: *Köhler/Bornkamm*, UWG, 34. Auflage 2016, § 7 Rdnr. 200.
70 *Köhler/Lettl*, WRP 2003, 1019, 1027; a.A. *Leistner/Pohlmann*, WRP 2003, 817, 822; *Ohlenburg*, MMR 2003, 83, 84, wonach Vertragsverhandlungen ausreichend sein sollen.
71 *Köhler/Lettl*, WRP 2003, 1019, 1028.
72 LG Berlin, CR 2004, 544, 545 l. Sp.
73 LG Hamburg, MMR 2006, 244.

mittelt wird, verschleiert oder verheimlicht wird oder bei denen keine gültige Adresse vorhanden ist, an die der Empfänger eine Aufforderung zur Einstellung derartiger E-Mails richten kann bzw. er dies nur unter Einsatz erhöhter Übermittlungskosten tun kann.

Da unverlangte E-Mail-Werbung in anderen Staaten der Welt (noch) für zulässig erachtet wird, stellt sich die Frage der Behandlung grenzüberschreitender Fälle. Nach dem Tatortprinzip kommt deutsches Wettbewerbsrecht zur Anwendung, weil unverlangte E-Mails von Usern in Deutschland abgerufen werden können. Das Herkunftslandprinzip gem. Art. 3 Abs. 3 der Richtlinie über den elektronischen Geschäftsverkehr ist auf unverlangte E-Mails nicht anwendbar. Diese Einschränkung der Möglichkeiten der Direktwerbung verstößt auch nicht gegen primäres Gemeinschaftsrecht (Art. 34, 56 AEUV), da es sich um eine Verkaufsmodalität i.S.d. Keck-Rechtsprechung des EuGH handelt[74]. 744

> In **Fall 23** ist die Zentrale zur Bekämpfung unlauteren Wettbewerbs gem. § 8 Abs. 3 Nr. 2 UWG aktivlegitimiert. Der Unterlassungsanspruch besteht, weil das Versenden unverlangter Werbe-E-Mails einen Verstoß gegen § 7 Abs. 2 Nr. 3 UWG darstellt. 745
>
> Nicht anders ist die Rechtslage, wenn P seine Werbung aus einem EU-Mitgliedstaat versendet. Das Herkunftslandprinzip ist gem. § 3 Abs. 4 Nr. 3 TMG nicht auf Spaming anwendbar. Nach der „Keck und Mithouard"-Rechtsprechung des Europäischen Gerichtshofs sind auch Art. 34 ff., 56 ff. AEUV nicht verletzt.

4. Standesrecht im Internet

Die Verletzung berufsständischer Regelungen kann ebenfalls als Bruch von Marktverhaltensregeln gegen § 3a UWG verstoßen. Hier ist jedoch Vorsicht vor einer generalisierenden Betrachtungsweise geboten. Nicht jede standesrechtliche Norm schützt Marktteilnehmer. Gerade das anwaltliche Standesrecht hat oft den Schutz der Rechtspflege und nicht der Konkurrenz zu garantieren[75]. An dieser Stelle kann nicht das gesamte anwaltliche Standesrecht, das bei Internetauftritten zu beachten ist, abgehandelt werden. Es seien daher lediglich einige Einzelfälle herausgegriffen, die als Marktverhaltensregeln wettbewerbsrechtliche Bedeutung erlangt haben. 746

(1) Hierzu gehören z.B. § 43b BRAO und § 6 BORA[76]. Gem. § 43b BRAO ist Werbung für einen Rechtsanwalt nur erlaubt, soweit sie über die berufliche Tätigkeit in Form und Inhalt sachlich unterrichtet und nicht auf die Erteilung eines Auftrags im Einzelfall gerichtet ist.[77] Das Werbeverbot ist im Lichte des Art. 12 Abs. 1 GG dahingehend auszulegen, dass es im Ergebnis nicht zu einer unverhältnismäßigen Beschränkung der grundrechtlichen Berufsfreiheit führt[78]. Soweit eine Internet-Präsentation nicht rekla- 747

---

74 Vgl. KG, NJW-CoR 1998, 111; LG Berlin, NJWE-WettbR 1997, 86, 88.
75 Vgl. z.B. AGH Baden-Württemberg, BB 1996, 2539; *Hoß*, AnwBl. 2002, 377, 379.
76 BGH, GRUR 2005, 520, 521 – Anwaltswerbung auf Kanzleihomepage.
77 Vgl. hierzu die Entscheidung des BVerfG vom 19.2.2008, 1 BvR 1886/06, wonach die Versteigerung von anwaltlichen Beratungsleistungen nicht gegen § 43b BRAO verstößt.
78 BVerfG, NJW 2000, 3195; BVerfG, NJW 2001, 3324.

mehaft gehalten ist, bestehen gegen Websites von Rechtsanwälten grundsätzlich keine Einwände[79]. Wann allerdings im Einzelfall die Grenze von der bloßen Information zur reißerischen Werbung überschritten ist, hängt neben der äußeren Form auch von Inhalt und Verlinkung der Website ab. Bezüglich der Form unterliegt der Anwalt bei der Gestaltung seiner Website grundsätzlich keinen Grenzen; insbesondere kann er auch Musik- und Videosequenzen verwenden, solange ein sachlicher Bezug zum Aussagegehalt der Website gewahrt ist[80]. Vorstellbar ist beispielsweise ein virtueller Rundgang durch die Kanzleiräume oder die Präsentation eines Videoclips, der die Tätigkeitsschwerpunkte und Spezialgebiete der Kanzlei sachlich darstellt. Inhaltlich sind neben Adressangaben der Sozietät und Vitae der Anwälte auch allgemein gehaltene Slogans und Logos zulässig. So hat das BVerfG[81] klargestellt, dass der Ausspruch „So kommen Sie zu Ihrem Recht" als Wegbeschreibung nicht marktschreierisch sei und eine gegenteilige engere Auslegung des § 43b BRAO[82] gegen Art. 12 Abs. 1 GG verstoße. Auch sind Werbesprüche, wie etwa „Seit ca. 2 Jahren habe ich mich auf dem Gebiet des Teilzeitwohnrechts in Spanien spezialisiert", welche Qualität oder Qualifikation herausstellen oder gar vergleichend sind, jedenfalls zulässig, wenn sie inhaltlich zutreffen[83]. Unzulässig – allerdings nicht im Hinblick auf die standes- und werberechtlichen Vorschriften, sondern aufgrund einer richtlinienkonformen Interpretation des § 7 UWG – ist die unaufgeforderte Zusendung von sog. Newslettern, mittels derer der Anwalt auf aktuelle Entscheidungen, Projekte und Vorträge aufmerksam macht. Unproblematisch ist hingegen die Aufforderung an den potenziellen Mandanten, seinerseits dem Anwalt eine E-Mail zu schicken[84].

748 (2) Strittig ist die Einrichtung von Gästebüchern im Internet. Hierbei handelt es sich um eine Website, bei der Besucher Eintragungen vornehmen können, die von jedermann, der ebenfalls die Website besucht, gelesen werden können. Das LG Nürnberg-Fürth hält ein derartiges Anwaltsgästebuch für unzulässig[85]. In Gästebüchern würden regelmäßig positive Dinge niedergelegt, sodass die Gefahr überzogener subjektiver Belobigungen und damit unsachlicher Werbung bestünde. Die abstrakte Gefahr durch Präsentation eines solchen Gästebuches kann per se noch nicht zu einem Verstoß gegen § 6 Abs. 1 BORA i.V.m. § 3a UWG führen[86]. Zu beachten ist jedoch, dass der Anwalt durch Eröffnung eines solchen Forums bewusst eine Gefahrenquelle schafft, für deren Kontrolle er wegen ihm obliegender Verkehrspflichten gegebenenfalls verantwortlich ist. Ihn trifft mithin die Pflicht, die Einträge in regelmäßigen Abständen zu kontrollieren und gegebenenfalls zu löschen. Werden übertriebene Lobpreisungen so-

---

79 Vgl. auch BGH, GRUR 2005, 520, 521 – Anwaltswerbung auf Kanzleihomepage.
80 Beispielsweise hat das OLG München, AnwBl. 1998, 478, einen Werbespot eines überwiegend im Verkehrsrecht tätigen Anwalts wegen der Einspielung von Crash-Geräuschen untersagt, weil der sachliche Bezug zum Aussagegehalt der Website nicht mehr gegeben sei.
81 BVerfG, NJW 2001, 3324.
82 So die Entscheidung des AGH München, Urteil vom 8.6.1999, BayAGH II 7/99.
83 A.A. LG Leipzig, BRAK-Mitt. 2002, 97.
84 Vgl. LG Nürnberg-Fürth, CR 1997, 415, 416 für den gleichlautenden § 57a Steuerberatergesetz.
85 LG Nürnberg-Fürth, CR 1998, 622.
86 Ebenso *Kleine-Cosack*, Das Werberecht der rechts- und steuerberatenden Berufe, 1999, Rdnr. 395.

gar auf Initiative des Anwalts vorgenommen, so haftet dieser ohnehin unmittelbar auf Unterlassung und Schadensersatz nach §§ 3, 5 UWG.

(3) Hinsichtlich der Wahl des Domainnames bestehen in standesrechtlicher Hinsicht kaum Einschränkungen. Selbst die Verwendung schlagwortartiger Domains wird von der Rechtsprechung nicht als Werbung i.S.d. § 43b BRAO eingestuft[87], sofern die sachliche Unterrichtung im Vordergrund steht. Nur im Fall von völlig übertriebenen und marktschreierischen Bezeichnungen, wie „top-kanzlei.de" oder „promi-kanzlei.de", ist das Erfordernis der Sachlichkeit nicht mehr gewahrt. Im Einzelfall schwierig ist die Einordnung von Domains wie „erbrechts-spezialist.de" oder „steuerrechts-fachmann.de"; kann der Inhaber und Betreiber der Domain eine Qualifikation als Fachanwalt des korrespondierenden Spezialgebiets nachweisen, so sind selbst diese qualifizierenden Bezeichnungen nicht zu beanstanden[88].

749

(4) Dem Anwalt ist es außerdem gestattet, auf seiner Website Links zu anderen Homepages zu setzen. Man denke an Verweise auf Entscheidungssammlungen oder juristische Fachverlage. Umstritten ist die Rechtslage indes im Hinblick auf fachfremde Verlinkungen. Diese werden von der Rechtsprechung teilweise für unzulässig erachtet[89].

750

(5) Nach einhelliger Auffassung[90] stellt es jedenfalls dann einen Verstoß gegen § 2 Rechtsdienstleistungsgesetz i.V.m. § 3a UWG dar, wenn der User einen entsprechenden Rechtsberatungsvertrag[91] mit dem Provider und nicht mit dem Anwalt direkt abschließt. Meist wird jedoch eine Klärung der Frage, an wen sich eine Willenserklärung des Users richtet, nicht möglich sein, weil weder die objektiven Umstände der Anfrage eine eindeutige Aussage erlauben, noch sich der User mit dieser Frage befassen wird. Der Bundesgerichtshof hat indes darauf hingewiesen, dass der Wille der vertragsschließenden Parteien im Zweifel auf eine den Vertragszweck nicht gefährdende Gestaltung gerichtet sei[92]. Den Parteien sei daher der Wille zu unterstellen, im Zweifel einen Vertragsschluss zwischen User und Rechtsanwalt herbeizuführen.

751

Zu beachten sind allerdings die besonderen Vorschriften der §§ 312d ff. BGB, wonach der online beratende Rechtsanwalt als Unternehmer i.S.d. § 14 BGB gegenüber seinem Mandanten gewisse Informationspflichten einhalten muss. Außerdem sind die Informationspflichten der Dienstleistungs-Informationspflichten-Verordnung (DL-InfoV) zu beachten[93].

752

---

87 LG Hannover, CR 2001, 467 – recht-freundlich.de; AGH Berlin, MMR 2002, 609 – presserecht.de.
88 *Müller*, WRP 2002, 160, 164; *Hoß*, AnwBl. 2002, 377, 381; vgl. aber auch LG Leipzig, BRAK-Mitteilungen 2002, 97.
89 Vgl. LG Köln, Beschl. vom 20.10.1998, Az. 31 O 817/98, zitiert nach: *Dahns/Krauter*, Anwaltliche Werbung im Internet, BRAK-Mitteilungen 2004, 2, 4 (Fn. 37); ebenso *Steinbeck*, NJW 2003, 1481, 1484; a.A. *Härting*, AnwBl. 2000, 343, 345.
90 Vgl. OLG München, CR 1999, 25, 26; OLG München, GRUR-RR 2001, 12, 14; KG, GRUR-RR 2001, 16, 17.
91 Zum Begriff der rechtsberatenden Tätigkeit siehe BGH, NJW 2002, 2877.
92 BGHZ 152, 153, 158 – telefonische Rechtsberatung; NJW 2000, 1333, 1335; BGH, FamRZ 2005, 1086, 1088.
93 BGBl. I, 2010, S. 267; hierzu *Ernst*, CR 2010, 481 ff.

5. Heil- und Arzneimittel im Internet

a) Zulässigkeit von Internet-Apotheken

753 Bis zum 31.12.2003 sah § 43 AMG das Verbot des gewerbsmäßigen Versands verschreibungspflichtiger Arzneimittel vor. Das Verbot wurde durch ein Werbeverbot für verschreibungspflichtige Arzneimittel außerhalb der Fachkreise nach § 10 Abs. 1 HWG a.F. sowie für den Versand apothekenpflichtiger Arzneimittel nach § 8 HWG a.F. flankiert. Dem Betrieb von Internet-Apotheken war damit in Deutschland, jedenfalls für den Bereich apothekenpflichtiger Arzneimittel, der Boden entzogen. Der Patient musste seine Arzneimittel in der Apotheke und vor allen Dingen zu regulierten Preisen, die in der Arzneimittelpreisverordnung festgeschrieben waren, erwerben. Dem flächendeckenden Netz an Apotheken in Deutschland garantierte es hohe Arzneimittelpreise und kommode Gewinnspannen – nicht zuletzt auch zu Gunsten der Arzneimittelhersteller. Versuche, dieses System im Rahmen der unzähligen Kostendämpfungsgesetze der Vergangenheit aufzubrechen, scheiterten stets an der Lobbyarbeit der einflussreichen Pharmabranche.

754 Einem kleinen Internet-Start-Up, getragen von deutschen Investoren, ist es zu verdanken, dass mit den Mitteln des Europarechts und der Möglichkeiten des Internet-Vertriebs ein tiefgreifender Strukturwandel beim Vertrieb verschreibungspflichtiger Arzneimittel und des gesamten Berufsstandes der Apotheker eingeläutet wurde. Die Internet-Apotheke 0800docmorris.com wurde als niederländische Apotheke in Kerkrade, wenige Kilometer von der deutschen Grenze entfernt, errichtet, um verschreibungspflichtige Arzneimittel in die Bundesrepublik Deutschland zu exportieren. Der Versand verschreibungspflichtiger Arzneimittel war nämlich in den Niederlanden ohne Weiteres zulässig – in Deutschland aber wie dargestellt verboten. Die Internet-Apotheke wurde dementsprechend in Deutschland in eine Vielzahl wettbewerbsrechtlicher Verfahren verwickelt, und per einstweiliger Verfügung wurde der Versand verschreibungspflichtiger Arzneimittel in die Bundesrepublik Deutschland verboten[94]. Der Streit entzündete sich an der Frage, ob § 43 Abs. 1 AMG durch die Ausnahmevorschrift des § 73 Abs. 2 Nr. 6a AMG, der den Bezug von Arzneimitteln durch Endverbraucher aus anderen Mitgliedstaaten der EU gestattet, eingeschränkt wird. Dies war nach Auffassung der deutschen Gerichte nicht möglich, da es an der Voraussetzung „ohne berufs- und gewerbsmäßige Vermittlung" fehlte. Die Auffassung von 0800docmorris.com, § 73 Abs. 2 Nr. 6a AMG sei gemeinschaftsrechtskonform auszulegen und im Übrigen verstoße das Versandhandelsverbot verschreibungspflichtiger Arzneimittel generell gegen Art. 28, 30 EG (= Art. 34 ff. AEUV), wurde von den Gerichten nicht geteilt.

755 Das Landgericht Frankfurt a.M.[95] legte den Fall schließlich dem Europäischen Gerichtshof zur Vorabentscheidung gem. Art. 234 EG (heute: Art. 267 AEUV) vor. Die

---

94 OLG Frankfurt, ZIP 2001, 1164; LG Frankfurt, EWiR 2001, 39 – DocMorris I m. Anmerkung *Hoeren*; LG Frankfurt, ZIP 2000, 2080 – DocMorris II; *Meyer*, E-Commerce mit Arzneimitteln, 2000, S. 35 ff.
95 LG Frankfurt a.M., NJW 2001, 2824.

Vorlagefragen wurden in der Literatur umfassend aufbereitet[96]. Der EuGH stellte am 11.12.2003[97] fest, dass ein absolutes Versandhandelsverbot für Arzneimittel gegen Art. 28 EG (Art. 34 AEUV) verstoße. Ausschließlich das Verbot des Versandhandels verschreibungspflichtiger Arzneimittel sei gemeinschaftsrechtlich (Art. 36 AEUV) zu rechtfertigen. Mit Blick auf die Gefahren für die Volksgesundheit bedürfte die öffentliche Versorgung mit verschreibungspflichtigen Arzneimitteln einer strengeren Kontrolle als der Vertrieb nicht verschreibungspflichtiger, jedoch apothekenpflichtiger Arzneimittel. Das Entsprechende gelte für die Bewerbung derartiger Arzneimittel. Der EuGH begründete seine Auffassung damit, dass die Zulassung einer Ausgabe verschreibungspflichtiger Arzneimittel ohne apothekerliche Kontrolle das Risiko erhöhe, dass ärztliche Verschreibungen missbräuchlich oder fehlerhaft verwendet werden. Im Übrigen berge gerade der grenzüberschreitende Handel von Arzneimitteln die Gefahr, dass der Käufer Arzneimittel erwirbt, die in einer anderen Sprache etikettiert und mit einer fremdsprachlichen Gebrauchsinformation versehen sind, was gravierende Folgen nach sich ziehen kann. Der Europäische Gerichtshof verwarf die Auffassung des Deutschen Apothekerverbands, dass der Versandhandel (preiswerter) ausländischer Arzneimittel letztlich das Preissystem der Arzneimittelpreisverordnung torpediere und ohne diese Preisbindung die deutschen Apotheken in ihrem Bestand gefährdet und damit die Existenz des deutschen Gesundheitswesens beeinträchtigt sei. Der EuGH räumte zwar ein, dass die Gefährdung des finanziellen Gleichgewichts des Systems der sozialen Sicherheit einen zwingenden Grund des Allgemeininteresses darstellen könne[98]. Der Europäische Gerichtshof rügte indes, dass pessimistische Prognosen nicht durch Vortrag begründet und insbesondere die Erforderlichkeit der Arzneimittelpreisverordnung nicht dargelegt worden sei. Er öffnete damit die Tür für Spekulationen, ob die Arzneimittelpreisverordnung überhaupt noch gemeinschaftsrechtlich haltbar ist.

Der deutsche Gesetzgeber hatte die Entscheidung nicht abgewartet. In der Sorge, das Versandhandelsverbot verstoße gegen europarechtliche Bestimmungen, wurde durch das GKV-Modernisierungsgesetz vom 14.11.2003[99] das Versandhandelsverbot aufgehoben. Der Versandhandel von Arzneimitteln wurde vielmehr unter den Vorbehalt einer behördlichen Erlaubnis gem. § 11a ApoG gestellt. Die Erlaubnis zum Versand apothekenpflichtiger Arzneimittel wird hiernach öffentlichen Apotheken erteilt, die sich einem versandbezogenen Qualitätssicherungssystem gem. § 11a Nr. 2 ApoG unterworfen haben. Das Qualitätssicherungssystem dient der Aufrechterhaltung von Mindestanforderungen an die Qualität von Verpackung und Lieferung, Pünktlichkeit und Sicherheit, den gewünschten Adressaten zu erreichen.

756

Mit diesem Musterbeispiel, wie das Internet und seine globalisierende Wirkung regulierte Märkte aufbrechen kann, waren die Umwälzungen im deutschen Gesundheits-

757

---

96 Vgl. *Koenig/Meurer/Engelmann*, PharmaR 2003, 113; *Streinz*, EuZW 2003, 37 ff.; *Dettling*, PharmaR 2003, 194 ff.; *Dettling/Lenz*, Der Arzneimittelvertrieb in der Gesundheitsreform, 2003, S. 33 ff.
97 EuGH, NJW 2004, 131 ff. – DocMorris.
98 EuGH, Slg. 1998-I, 1931, Rdnr. 41 – Kohll; Slg. 2001-I, 5363, S. 471 Rdnr. 47 – van Braekel; Slg. 2001-I, 5363, S. 464 Rdnr. 72 – Smits und Peerbooms.
99 GKV-Modernisierungsgesetz vom 14.11.2003, BGBl. I, S. 2190 ff.

wesen noch nicht abgeschlossen. In den Fokus der Diskussion geriet nun die Arzneimittelpreisverordnung selbst und das Mehrbesitzverbot, nicht zuletzt ausgelöst durch die dargestellten kryptischen Anmerkungen des Europäischen Gerichtshofs.

758 0800docmorris.com vertrieb nunmehr nicht nur legal verschreibungspflichtige Arzneimittel im Wege des Versands in die Bundesrepublik Deutschland. Dies geschah sogar zu erheblich billigeren Preisen als dies die Arzneimittelpreisverordnung vorsah. Dies führte zwangsläufig zu der Frage, ob ausländische Apotheken an die deutsche Arzneimittelpreisverordnung gebunden sind[100]. Der Gemeinsame Senat der obersten Gerichtshöfe des Bundes hat diese Frage 2012 bejaht[101] und damit gleiche Wettbewerbsbedingungen für alle Marktteilnehmer in Deutschland hergestellt.

b) Heilmittel im Internet

759 Auf deutschen Websites haben sich eine Reihe von Gesundheitsplattformen etabliert, die kosmetische Mittel, Heilmittel und freiverkäufliche Arzneimittel im Wege des E-Commerce zum Erwerb anbieten.

760 Bei der Gestaltung dieser Websites ist darauf zu achten, dass ein Arzneimittel, das in Deutschland nicht zugelassen ist, auf einer Website nicht beworben werden darf[102]. § 3a HWG ist auf alle Fälle anwendbar, in denen Websites in Deutschland bestimmungsgemäß abrufbar sind. Dies dürfte bei Websites in deutscher Sprache regelmäßig der Fall sein. Hingewiesen sein soll in diesem Zusammenhang nochmals auf § 10 HWG, wonach für verschreibungspflichtige Arzneimittel nur bei Ärzten, Zahnärzten, Tierärzten, Apothekern und Personen, die mit diesen Arzneimitteln erlaubterweise Handel treiben, geworben werden darf.

761 Einige Homepages schaffen Bereiche, die nur durch Eingabe eines Benutzernamens und eines Passworts betreten werden können. Hierdurch soll sichergestellt werden, dass sich der User zunächst als Mitglied eines Fachkreises legitimiert hat, bevor er Zugang zu Werbung erhält, die an §§ 10, 11 oder 12 HWG gemessen wird. Streitig ist jedoch, wie rigide die Zugangskontrolle zu derartigen, den Fachkreisen vorbehaltenen Räumen sein muss. Teilweise wird für ausreichend erachtet[103], dass die jeweilige www-Adresse nur an ausgewählte Personen ausgegeben und ansonsten geheimgehalten werden dürfte. Diese Auffassung ist realitätsfern und lädt Laien geradezu ein, die jeweilige Website zu besuchen. Die tatsächliche Geheimhaltung dürfte im Übrigen kaum nachweisbar sein. Ebenso unmaßgeblich ist der Wille des Werbenden, Fachkreise ansprechen zu wollen, wenn gleichzeitig Laien der Zugang ohne Weiteres möglich ist[104]. Nach richtiger Auffassung muss sich ein User daher über ein Passwort, das er aufgrund des Nachweises seiner Zugehörigkeit zu einem Fachkreis erhalten hat, vor

---

100 Vgl. hierzu *Dettling*, PharmaR 2003, 401 ff.; *Mand*, GRUR Int. 2005, 637 ff.
101 GmS-OGB, GRUR 2013, 417 ff. – Internetapotheke; entgegen BSG, GesR 2008, 654-662.
102 Vgl. den vom BGH, CR 2006, 539, 542 – Arzneimittelwerbung im Internet, entschiedenen Fall.
103 *Czettritz*, Pharma-Recht, 1997, 88, 89.
104 So auch *Gröning*, Heilmittelwerberecht, Losebl., § 2 Rdnr. 9.

dem Zugang zu dem relevanten Internetauftritt legitimieren[105]. Ebenso ausreichend dürfte sein, mit dem User allgemeine Zugangsbedingungen zu vereinbaren, durch die er vertragsstrafegesichert bestätigt, Fachkreisen anzugehören. Letzter Weg ist aber nur gangbar, wenn dem User deutlich vor Augen geführt wird, dass er für den Fall eines Verstoßes gegen die abgegebene Erklärung eine entsprechend hohe Vertragsstrafe verwirkt hat.

Oft findet man auf Gesundheits-Homepages Hyperlinks zu heilmittelwerberechtlich relevanten Inhalten. Fraglich ist, ob derjenige, der einen Link auf eine fremde Website setzt, für den Inhalt dieser Website mitverantwortlich gemacht werden kann. Hier gelten die allgemeinen Grundsätze. Auf Kapitel VII. sei verwiesen. Für die spezifischen Verhältnisse der Heilmittelwerbung sei lediglich auf Folgendes hingewiesen: 762

Wer im Wege des Framing oder mit anderen technischen Mitteln dem User den Eindruck vermittelt, er habe die Website nicht gewechselt und befinde sich noch immer auf der Website der Gesundheitsplattform, macht sich möglicherweise fremde Inhalte zu Eigen und haftet selbstverständlich heilmittelwerberechtlich für deren Inhalt, § 7 Abs. 1 TMG. Gleiches gilt, wenn sich aus der Art und Weise der Gestaltung einer Website ergibt, dass sich der Linksetzende, obwohl er ausdrücklich darauf verweist, dass der Link auf fremden Content führt, den hinter dem Hyperlink stehenden Inhalt zu Eigen machen möchte[106]. Entscheidend ist insoweit die Umgebung des Link, die erkennbare Absicht des Linksetzenden sowie die Art und Weise der Gestaltung der Website. 763

So ist bei einem Hyperlink, der beispielsweise auf eine erkennbar fremde Werbung für ein verschreibungspflichtiges Arzneimittel verweist, das Sich-zu-Eigen-Machen dann kaum mehr in Abrede zu stellen, wenn via Bannerwerbung neben dem Hyperlink gleichzeitig auf den Hersteller des verschreibungspflichtigen Arzneimittels verwiesen wird. Ein weiteres Argument wird bei einer Vielzahl von Hyperlinks greifen: Wer faktisch eine Beratungsplattform für Arzneimittel schafft, die er in der Form einer Sammlung von Hyperlinks betreibt, wird schwerlich argumentieren können, er mache sich die Information nicht zu Eigen. Gerade wegen der Hyperlinks lockt er User auf seine Website. Er macht sich diese damit im wettbewerbsrechtlichen Sinne zu Eigen. Schließlich sei darauf hingewiesen, dass Produkte, die später im Online-Shop vertrieben werden und auf die nun durch einen Hyperlink hingewiesen wird, letztlich ebenfalls beworben werden. 764

Insofern ist unbedingt erforderlich, dass ein Hyperlink gesetzt wird, der – für den User ersichtlich – auf eine fremde Website führt, deren Inhalt sich der Linksetzende nicht zu Eigen machen möchte, sondern für die er nur eine technische Zugangsmöglichkeit schafft. 765

Hinzuweisen ist weiter darauf, dass Unternehmen mit Sitz außerhalb der Bundesrepublik Deutschland Heilmittelwerbung verboten ist, sofern sie nicht innerhalb der EU 766

---

105 So auch *Doepner*, Heilmittelwerbegesetz, 2. Auflage 2000, § 2 Rdnr. 15; *Ernst*, Pharma-Recht, 1998, 195, 199; *Gröning*, Heilmittelwerberecht, Losebl., § 2 Rdnr. 10.
106 Vgl. *Marwitz*, MMR 1999, 83, 86; *Engels/Köster*, MMR 1999, 522; LG München I, CR 1999, 592, 593, zur Anwendbarkeit des Markenrechts.

oder des EWR für dieses Unternehmen die sich nach dem HWG ergebenden Pflichten übernehmen. Dies erfasst z.B. auch § 6 Nr. 1 HWG, wonach bereits die Erwähnung eines nicht zitierfähigen Gutachtens oder Zeugnisses ausreicht, um eine Werbung unzulässig zu machen. Bei Hyperlinks zu wissenschaftlichen, fachlichen oder sonstigen Veröffentlichungen ist § 6 Nr. 2 HWG zu berücksichtigen, der Vorgaben für die Bezugnahme und damit für das Umfeld des Hyperlinks macht. Aus der Fachliteratur entnommene Zitate, Tabellen und sonstige Darstellungen müssen wortgetreu übernommen werden (§ 6 Nr. 3 HWG).

767 Schließlich ist noch § 4 HWG zu beachten, nach dem Heilmittelwerbung im Internet gewisse Pflichtangaben enthalten muss, sofern sie sich an die Fachkreise wendet. Für Heilmittelwerbung außerhalb der Fachkreise ist gem. § 4 Abs. 3 HWG anzugeben: „Zu Risiken und Nebenwirkungen lesen Sie die Packungsbeilage und fragen Sie Ihren Arzt oder Apotheker".

6. Arztwerbung im Internet

768 Berufsgruppen, denen zunächst die Präsentation im Internet wegen strenger berufsrechtlicher Regeln verwehrt war, profitieren von zwischenzeitlich eingetretenen Liberalisierungstendenzen in der Rechtsprechung. So hat das Bundesverfassungsgericht hervorgehoben[107], dass der Arzt neben der auf seiner Leistung und seinem Ruf beruhenden Werbewirkung in bestimmten Grenzen auch Ankündigungen mit werbendem Charakter machen dürfe. Er dürfe allerdings die Grenze einer interessengerechten und sachangemessenen Information, die keinen Irrtum erregt, nicht überschreiten[108]. Diese Grenze hat zwischenzeitlich auch in die Berufsordnungen der Landesärztekammern und in § 27 der Musterberufsordnung der deutschen Ärztinnen und Ärzte[109] Eingang gefunden. Klare Regeln für den Internetauftritt von Ärzten gibt es aber nicht.

769 Unproblematisch zulässig sind im Rahmen des Internetauftritts eines Arztes Praxisinformationen, sofern deren Gestaltung und Inhalte das ärztliche Berufsbild nicht schädigen und sie keine werbenden Herausstellungen und anpreisenden Darstellungen enthalten. Da das Bundesverfassungsgericht aber anerkannt hat, dass in bestimmten Grenzen auch Ankündigungen mit werbendem Charakter erlaubt sind, müssen darüber hinaus auch werbliche Angaben zulässig sein, die in angemessener Weise auf die Leistung des Arztes hinweisen und ein vorhandenes, an den Arzt herangetragenes Informationsinteresse befriedigen[110]. Dies gilt insbesondere für den Internetauftritt eines Arztes, bei dem es sich um eine passive Darstellungsplattform handelt, die in der Regel von interessierten Personen, die bestimmte Informationen suchen, ausgewählt wird. Wo indes genau die Grenze zulässiger Werbung, die das ärztliche Berufsbild nicht ver-

---

107 BVerfGE 71, 162, 174; BVerfG, NJW 2001, 2788, 2789.
108 BVerfGE 82, 18, 28; BVerfG, WRP 2003, 1099, 1100.
109 Siehe http://www.bundesaerztekammer.de/fileadmin/user_upload/downloads/pdf-Ordner/MBO/MBO_02.07.2015.pdf.
110 BGH, GRUR 2001, 181, 182 – Dentalästhetika; BGH, WRP 2004, 221, 223 – Arztwerbung im Internet.

fälscht, verläuft, ist eine Frage des Einzelfalls. So hat der Bundesgerichtshof[111] die Angabe von Praxisschwerpunkten gebilligt. Hierin liege keine Behauptung qualifizierender besonderer Fähigkeiten gegenüber anderen Ärzten. Gleiches gilt für die Auseinandersetzung mit alternativen Behandlungsmethoden, soweit diese zutreffend und nicht reißerisch aufgemacht sind. Der Bundesgerichtshof hat selbst das Einstellen einer Mitgliedsurkunde von einer Branchenvereinigung als zulässig gewertet, weil das Sachlichkeitsgebot eingehalten sei. Schließlich könne dem Arzt trotz des auch emotional geprägten Vertrauensverhältnisses zwischen Arzt und Patient nicht verboten werden, Sympathiewerbung zu betreiben, soweit durch sie nicht der Informationscharakter in den Hintergrund gedrängt werde.

7. Metatags und Adwords

a) Metatags

Metatags sind Schlagwörter, die im Kopf einer Website sichtbar oder unsichtbar aufgeführt werden, damit Suchmaschinen beim Erkennen des entsprechenden Schlagworts die Website in eine Datenbank aufnehmen und dem Suchenden im Rahmen einer Hitliste zeigen. Bestimmte Suchwörter werden erfahrungsgemäß von Suchmaschinen besonders oft gesucht. Ein entsprechendes Metatag kann beispielsweise dazu führen, dass eine kleine Autowerkstatt bei Anbringung eines Metatags „DaimlerChrysler" auf ihrer Website immer dann in einer Liste aufgeführt wird, wenn der Suchende die Homepage von DaimlerChrysler sucht.

770

Metatags sollen auf die Website und damit auf den Geschäftsbetrieb des Benutzenden hinweisen[112]. Fraglich ist aber, ob das Setzen eines Metatags tatsächlich eine kennzeichenmäßige Benutzung darstellt. Dass das Erfordernis eines kennzeichenmäßigen Gebrauchs für die Annahme einer Verletzungshandlung erforderlich ist, war zwar bisher streitig, ist nun aber vom EuGH[113] und vom BGH[114] bestätigt worden. Erforderlich ist damit, dass im Setzen eines Metatags eine Kennzeichnung von Waren oder Dienstleistungen liegt. Dies richtet sich nach dem Eindruck der beteiligten Verkehrskreise, die eine Suchmaschine benutzen, wenn eine bestimmte Website als Treffer aufgeführt wird. Nach Auffassung des OLG Düsseldorf[115] liegt in der Verwendung eines Schlagworts als Metatag keine kennzeichenmäßige Benutzung eines fremden Kennzeichens. Es fehlt an einem wahrnehmbaren Vorgang. Die angesprochenen Verkehrskreise, die sich der Suchmaschine bedienten, bildeten ihre Vorstellung von der Kennzeichnung der angebotenen Dienstleistungen anhand des für sie wahrnehmbaren Teils der als Treffer aufgeführten Internetseiten. Diese Auffassung wurde von den übrigen Instanz-

771

---

111 BGH, WRP 2004, 221, 223 – Arztwerbung im Internet.
112 Vgl. LG Mannheim, MMR 1998, 217 – Markenverletzung durch Suchmaschinen; zur vergleichbaren Problematik bei Telefonbüchern: BGH, WRP 1994, 739 – Suchwort.
113 EuGH, MarkenR 1999, 84 ff. – BMW; MarkenR 2002, 394 – Arsenal.
114 GRUR 2002, 814 ff. – Festspielhaus; GRUR 2002, 809 ff. – Frühstücksdrink I; GRUR 2002, 812 ff. – Frühstücksdrink II.
115 MMR 2004, 319.

gerichten[116] und letztlich auch vom BGH[117] abgelehnt. Der BGH weist darauf hin, dass es nicht entscheidend sei, dass das Suchwort für Nutzer auf der entsprechenden Internetseite nicht sichtbar werde. Maßgeblich sei vielmehr, dass mit Hilfe des Suchwortes das Ergebnis des Auswahlverfahrens beeinflusst und der Nutzer auf diese Weise zu der entsprechenden Internetseite geführt werde. Das Suchwort diene somit dazu, den Nutzer auf das dort werbende Unternehmen und sein Angebot hinzuweisen[118]. Warum dies „maßgeblich" sein soll, erläutert der Bundesgerichtshof allerdings nicht. Insofern kann die Entscheidung nicht überzeugen. Es bleiben die Einwände, dass es nicht Ziel des Metatag ist, ein Unternehmen oder ein Produkt zu individualisieren, was gegen eine kennzeichenmäßige Benutzung spricht. Ebenso wenig richtet sich die technische Funktion des Metatag an den Menschen, sondern an Software.

772 Bejaht man die kennzeichenmäßige Benutzung, ist weiter in jedem Einzelfall der Bestand einer Verwechslungsgefahr zu prüfen. Nur wenn die Voraussetzungen der §§ 14 Abs. 2, 15 Abs. 3 MarkenG gegeben sind, kommt ein Rechtsverstoß in Betracht. Darüber hinaus gibt es Fälle, in denen fremde Kennzeichen zweifellos als Metatags benutzt werden dürfen. Es sind die Fälle des § 23 Nr. 2 MarkenG. In Betracht kommt z.B., dass der Metatag eines Anbieters auf sein Angebot, wenn er Angebote von Wettbewerbern in zulässiger Weise vergleicht und dabei Unternehmenskennzeichen oder Marken dieser Wettbewerber anführt, verweist[119]. Zulässig ist auch, wenn der Metatag in sonstiger Weise auf den Inhalt der Berichterstattung auf der Website unter der Nennung fremder Kennzeichen hinweist und dieser Fall von § 23 MarkenG erfasst wird[120].

773 Nicht höchstrichterlich geklärt ist, ob zur rechtlichen Beurteilung auch auf die Bestimmungen des Wettbewerbsrechts zurückgegriffen werden kann. Ein Verstoß gegen § 4 Nr. 3 lit. b UWG kommt hier in Betracht, weil ein Wettbewerber die Qualität seines Angebots zu einem Dritten in Beziehung setzt, um dessen guten Ruf als Vorspann für eigene wirtschaftliche Zwecke auszunutzen[121]. Hierzu bedarf es zwischen den Parteien eines konkreten Wettbewerbsverhältnisses. Allein die Ausnutzung eines fremden Rufs als Vorspann eigener Werbung begründet ein derartiges Wettbewerbsverhältnis um die Ausnutzung des Zeichens[122]. Unlauter ist das Setzen von Metatags, wenn deren Verwendung in keinem sachlichen Zusammenhang zu den auf einer Website bereitgehaltenen Informationen und Inhalten steht und wenn sie eine Belästigung, ein übertriebenes Anlocken oder eine Form des gezielten Abfangens von Kunden i.S.d. § 4 Nr. 4 UWG sowie eine Täuschung der angesprochenen Verkehrskreise i.S.d. § 5 Abs. 1 UWG darstellen. Auch die US-amerikanische Rechtsprechung löst diese Fälle wettbewerbsrechtlich als unlautere Vorspannwerbung. Der Hinweis auf eine renommierte Anwalts-

---

116 Vgl. OLG München, MMR 2000, 546; GRUR-RR 2005, 220; OLG Hamburg, GRUR-RR 2005, 118, 119; OLG Karlsruhe, MMR 2004, 256; LG Frankfurt, MMR 2000, 493, 494; LG Braunschweig, MMR 2006, 178.
117 BGH, MMR 2006, 812, 813 – Impuls III.
118 BGH, MMR 2006, 812, 814 – Impuls III.
119 BGH, MMR 2006, 812, 814 – Impuls III.
120 Vgl. LG München I, CR 2007, 467, 468.
121 Vgl. beispielsweise BGHZ 40, 391, 398 – Stahlexport; BGHZ 86, 90, 95 – Rolls Royce; BGH, GRUR 1969, 413, 415 – Angelique.
122 BGH, BGHZ 86, 90 – Rolls Royce.

kanzlei in Metatags eines Webdesigners wurde als unlautere Vorspannwerbung verboten[123].

> In **Fall 24** kann K den V dann auf Unterlassung in Anspruch nehmen, sofern das Setzen eines Metatag eine kennzeichenmäßige Benutzung der Marke von K darstellt. Hiergegen spricht, dass ein Metatag nicht für die menschliche Kenntnisnahme gesetzt wird. Es handelt sich um ein Schlagwort, das nicht zur Individualisierung einer Leistung oder zur Unterscheidung einer Leistung von anderen Leistungen eingesetzt wird. Indes verstößt V gegen § 4 Nr. 3 lit. b UWG, weil er den guten Ruf der Produkte von K als Vorspann für eigene wirtschaftliche Zwecke ausnutzt und den guten Ruf von K ausbeutet.

774

b) Adwords

Die Metatag-Technik ist veraltet. Suchmaschinen setzen heute weitaus intelligentere Technologien ein. Eine davon wird als Adword-Werbung bzw. Keyword-buying bezeichnet. Diese von der Suchmaschine google eingeführte Technik zeichnet sich dadurch aus, dass ein Interessent gegenüber dem Suchmaschinenbetreiber kostenpflichtig die Stichwörter angibt, unter denen seine vierzeilige Textanzeige bei google erscheinen soll. Die Anzeige wird neben den Ergebnissen eines Suchvorgangs eingeblendet unter der Spaltenüberschrift „Anzeigen". Spätestens mit den Adwords haben Suchmaschinen ihre Unschuld verloren. Ihre Werbefreiheit war lange Zeit ein Zeichen ihrer Unabhängigkeit von Anzeigengeldern und Garant für die schnelle Ladbarkeit der Rechercheergebnisse. Diese von Usern geschätzten Eigenschaften sind nun Vergangenheit.

775

Bei der Keyword-Werbung ist zu unterscheiden. In der Funktion „exact match" erscheint die Anzeige des Werbenden nur, wenn das gebuchte Keyword exakt mit der Eingabe des Users in Google übereinstimmt. Bei „phrase match" erscheint die Anzeige des Werbenden, wenn das Keyword Teil der eingegebenen Wortfolge des Users ist. Bei der – häufig gebuchten – Option „broad match" erscheint die Anzeige des Werbenden, wenn die Eingabe des Users in der Suchmaske dem Keyword oder „relevant variations of the keyword" entspricht[124].

776

Zunächst hat die Rechtsprechung auch Adwords als kennzeichenrechtliche Benutzung einer Marke angesehen[125]. Mit Durchdringung des hinter Google Adwords stehenden technischen Sachverhalts hat sich diese Einstellung geändert[126]. Die Frage, ob der Verkehr erwartet, dass unter „Anzeige" beworbene Leistungen vom Markeninhaber oder einem von ihm autorisierten Anbieter stammen, hat der Bundesgerichtshof schließlich

777

---

123 Vgl. Oppedahl & Larson vs. Advanced Concepts, U.S. District Court of Colorado, Civ. No. 97-Z-1592, zitiert nach *Hoeren*, MMR 1999, 649, 650; ebenso Playboy Enterprises Inc. vs. Calvin Designer Label, U.S. District Court for the Northern District of California, 97-3204 CAL; weitere Nachweise bei *Koch*, NJW-CoR 1998, 45, 47.
124 www.adwords.google.com/support/ab/bin/ansa.phyhl=en&ansa=6136. Google klärt nirgends darüber auf, nach welchem Algorithmus „relevant variations" zu Stande kommen.
125 OLG Braunschweig, MMR 2007, 789 ff. – bananabay; OLG Hamburg, MMR 2005, 186 ff.; OLG Dresden, MMR 2006, 326 ff.; OLG Stuttgart, MMR 2007, 649 ff. – pcb.
126 Vgl. OLG Düsseldorf, CR 2007, 256 ff. – beta Layout (offen gelassen); OLG Köln, MMR 2008, 50 ff.; KG, MMR 2009, 47 ff.

in drei Entscheidungen vom 22.1.2009 – jedenfalls teilweise – beantwortet[127]. In der pcb-Entscheidung musste der BGH die Frage, ob in der Buchung eines mit der Marke verwechslungsfähigen Keywords eine kennzeichenmäßige Benutzung liegt, nicht entscheiden. Er stellte fest, dass pcb eine bei den angesprochenen Verkehrskreisen bekannte und gängige Abkürzung für Leiterplatte (printed circuit board) sei. Eine beschreibende Angabe könne aber keine kennzeichenrechtlichen Ansprüche auslösen. In der Entscheidung „beta Layout" ließ er die Frage der kennzeichenmäßigen Benutzung ebenfalls offen, da schon die Verwechslungsgefahr verneint werden konnte. Der Verkehr sei darauf eingerichtet, bei der Beurteilung von Google-Suchergebnissen zwischen authentischen Treffern und Anzeigen zu unterscheiden. Hinzu komme, dass Anzeigen in einem abgegrenzten Bereich mit dem Hinweis „Anzeige" angezeigt würden. Damit entstünde keine Erwartung, dass die Werbeanzeige gerade vom Kennzeicheninhaber oder einem von ihm autorisierten Händler stamme. Im Gegenteil, dem Verkehr sei bekannt, dass Anzeigen häufig nicht einmal aus der gleichen Branche stammten[128]. Damit konzentrierte sich die Beurteilung der kennzeichenmäßigen Benutzung durch Google Adwords auf die Entscheidung „bananabay". Dort ging es um die identische Benutzung einer Marke, so dass gem. § 14 Abs. 2 Nr. 1 MarkenG keine Verwechslungsgefahr zu prüfen war. Auch handelte es sich ersichtlich um keine beschreibende Angabe. Damit kam es entscheidend auf die Frage der kennzeichenmäßigen Benutzung an. Der Bundesgerichtshof hat die Entscheidung der Frage offen gelassen und dem Europäischen Gerichtshof zur Vorabentscheidung vorgelegt. Er wies dabei darauf hin, dass unter dem Markengesetz nur eine „erweiterte Herkunftsfunktion" der Marke (Individualisierung eines Produkts, Garantie der Produktverantwortung des Herstellers) geschützt sei. Der Benutzer stelle aber keine Verbindung zwischen den in der Anzeige beworbenen Waren und Dienstleistungen und dem Markeninhaber her. Die hier wohl tangierte Werbefunktion einer Marke sei nach bisheriger deutscher Auffassung nicht geschützt. Nach der Rechtsprechung des Europäischen Gerichtshofs[129] sei es möglich, dass die Markenrechtsrichtlinie, auf der das Deutsche Markengesetz beruhe, die Werbefunktion der Marke schütze, was durch den EuGH zu klären sei.

778 Der EuGH hat die Fragen des BGH in der Entscheidung eis.de[130] beantwortet. Im Folgenden hat sich gar eine „ständige Rechtsprechung" herausgebildet[131]. Hiernach kommt die Beeinträchtigung der Herkunftsfunktion einer Marke durch das Buchen eines entsprechenden Suchworts in Betracht. Dies hängt aber insbesondere davon ab, wie die Anzeige gestaltet ist, die erscheint, wenn der Internetnutzer das mit der Marke identische Suchwort eingibt. Der EuGH verlangt hierzu, dass aus der Anzeige für einen normal informierten und angemessen aufmerksamen Internetnutzer nicht oder nur schwer zu erkennen ist, ob die dort beworbenen Waren oder Dienstleistungen vom Inhaber der Marke oder von einem mit ihm wirtschaftlich verbundenen Unternehmen

---

127 BGH, MMR 2009, 326 ff. – bananabay; BGH, MMR 2009, 331 ff. – pcb; BGH, MMR 2009, 329 ff. – beta Layout.
128 BGH, MMR 2009, 329 ff. – beta Layout, Rdnr. 18 ff.
129 EuGH, GRUR 2008, 698, Rdnr. 36 – O2 / Hutchinson.
130 EuGH, GRUR 2010, 641, Rdnr. 24 – eis.de.
131 Vgl. EuGH, GRUR 2010, 641 ff. – eis.de; GRUR 2010, 451, 453 ff. – Bergspechte; GRUR 2011, 1124, 1127 – Interflora.

oder aber von einem Dritten stammen[132]. Für eine Beeinträchtigung in diesem Sinne spricht es daher, wenn in der Anzeige des Dritten suggeriert wird, dass zwischen ihm und dem Markeninhaber eine wirtschaftliche Verbindung besteht. Dasselbe gilt, wenn die Anzeige das Bestehen einer wirtschaftlichen Verbindung zwar nicht suggeriert, hinsichtlich der Herkunft der fraglichen Ware oder Dienstleistung aber so vage gehalten ist, dass ein normal Informierter und angemessen aufmerksamer Internetnutzer auf der Grundlage des Werbelinks und der dazugehörigen Werbebotschaft nicht erkennen kann, ob der Werbende im Verhältnis zum Markeninhaber Dritter oder noch mit diesem wirtschaftlich verbunden ist[133].

Die Rechtsprechung des EuGH überließ die Konkretisierung, insbesondere dahingehend, wann genau eine konkrete Gestaltung noch ausreicht, um das Verhältnis des Werbenden zum Markeninhaber klar zum Ausdruck zu bringen, den nationalen Gerichten. Der BGH wählte eine recht liberale Linie. Er verlangte nur, dass die Anzeige auf der Website, die die Hitliste der Suchmaschine enthält, in einem gesondert abgesetzten Werbeblock erscheint, der mit „Anzeigen" bezeichnet ist. Die Anzeige selbst dürfe außerdem weder das Zeichen noch sonst einen Hinweis auf den Markeninhaber oder auf die von diesem angebotenen Produkte enthalten. Der angegebene Domainname müsse vielmehr erkennbar auf eine andere betriebliche Herkunft hinweisen[134].

779

Der verständige Internetnutzer, so der BGH, erwarte bei einem mit „Anzeigen" gekennzeichneten Werbeblock neben einer Trefferliste nicht ausschließlich Angebote des Markeninhabers oder mit ihm verbundener Unternehmen. Er unterscheide zwischen den Fundstellen der Trefferliste und den Werbeanzeigen. Zudem sei ihm bekannt, dass regelmäßig auch Dritte bezahlte Anzeigen bei Google schalten[135]. Die Herkunftsfunktion der Marke könne bei Einhaltung dieser Vorgaben allenfalls beeinträchtigt sein, wenn die Anzeige einen Hinweis auf die Marke und den Markeninhaber oder die unter der Marke angebotenen Produkte enthielte.

780

Diese Rezeption der EuGH-Rechtsprechung ist nicht unumstritten[136]. Die entscheidende Frage ist, ob eine Werbeanzeige die Herkunftsfunktion der Marke verletzt, wenn sie keinen klarstellenden Hinweis enthält, dass zwischen dem Markeninhaber und dem Werbenden keine wirtschaftliche Verbindung besteht. Die dargestellten Grundsätze des BGH verneinen dies[137]. Der österreichische Oberste Gerichtshof[138] verlangt aber ebenso wie der Cour de Cassation[139], dass ein solcher klarstellender Hinweis erscheint, um eine Markenverletzung zu vermeiden. Damit wird das Vorabentscheidungsverfah-

781

---

132 EuGH, GRUR 2010, 445, Rdnr. 83 f. – Google France; GRUR 2010, 641 ff., Rdnr. 24 – eis.de.
133 EuGH, GRUR 2010, 641, Rdnr. 26 f. – eis.de; GRUR 2010, 445, Rndr. 89 f. – Google France; GRUR 2011, 1124, Rdnr. 44 – Interflora; ebenso BGH, WRP 2013, 1343 ff., Rdnr. 13 – Beate Uhse.
134 BGH, GRUR 2011, 828 ff., Rdnr. 27 ff. – Bananabay II; BGH, GRUR 2013, 290, Rdnr. 26 – MOST-Pralinen; BGH, WRP 2013, 1343 ff.; Rdnr. 14 – Beate Uhse.
135 BGH, GRUR 2011, 828, Rdnr. 28 – Bananabay II; BGH, GRUR 2013, 290 ff., Rdnr. 27 – MOST-Pralinen.
136 *Ludwig*, K&R 2011, 724, 725; *Ott*, WRP 2012, B-3 f.
137 BGH, GRUR 2013, 290 ff., Rdnr. 30 – MOST-Pralinen.
138 OGH, GRUR-Int. 2011, 173, 175 – Bergspechte II.
139 GRUR-Int. 2011, 625, 627 – CNRRH.

ren vom EuGH ad absurdum geführt. Es zeigt sich, dass allzu abstrakte Vorgaben von den nationalen Gerichten als Einladung verstanden wird, in der Umsetzung der EuGH-Rechtsprechung eigene Wege zu gehen, was dem Harmonisierungsinteresse des Markenrechts zuwiderläuft.

782 Nicht einmal die deutschen Gerichte sind sich in der Rezeption der EuGH-Rechtsprechung einig. Das OLG Hamburg[140] hat der Auslegung des BGH eine Absage erteilt und ist der Auffassung, dass eine unklare Anzeige ohne klarstellenden Hinweis, dass die Anzeige nicht vom Markeninhaber stammt, eine Markenverletzung darstellt. Es bleibt abzuwarten, ob der BGH dies hinnimmt oder revisionsrechtlich die Sache aufgreift.

783 Die beschriebenen Grundsätze erfahren darüber hinaus Modifikationen, wenn besondere Sachverhaltskonstellationen gegeben sind. So hatten sowohl der EuGH[141] als auch der BGH[142] mit Blumenvertriebssystemen zu tun. Die jeweils klagenden Markeninhaber vermittelten über als Partnerfloristen tätige Blumenfachgeschäfte die Auslieferung von Blumensträußen an eine vom Kunden gewünschte Adresse. Die systemfremden Beklagten hatten jeweils die Marke „Interflora" bzw. „Fleurop" als adword gebucht. Der EuGH sah hier den Ausnahmefall als gegeben an, dass der Internetnutzer davon ausgehe, dass ein Werbender und der Markeninhaber miteinander wirtschaftlich verbunden sind und nicht miteinander im Wettbewerb stehen. Bei einem derartigen Franchisesystem erwarte der User, dass die Unternehmen miteinander in einer wirtschaftlichen Beziehung stehen[143]. Der BGH entschied, dass der Internetuser das Fleuropvertriebssystem kennt und deswegen die Vermutung nahe liege, dass es sich bei einem das adword Fleurop buchenden Floristikunternehmen um ein Partnerunternehmen von Fleurop handele. Daher müsse in diesem Fall ein besonderer Hinweis in die Werbeanzeige aufgenommen werden, dass das Unternehmen kein Fleurop-Partnerunternehmen sei[144].

784 Eine weitere Ausnahme sieht der BGH bei der Nutzung einer bekannten Marke als Schlüsselwort[145]. Unter Verweis auf die Interflora-Rechtsprechung des EuGH bemerkte der BGH, dass die Benutzung einer bekannten Marke als Adword eine unzulässige Ausbeutung der Marke i.S.v. § 14 Abs. 2 Nr. 3 MarkenG darstelle. Die Unterscheidungskraft und Wertschätzung der Marke werde ausgenutzt. Der Werbende begebe sich in die Sogwirkung der bekannten Marke, um von ihrer Anziehungskraft zu profitieren[146]. Insbesondere wenn der Mitbewerber Nachahmungen anbiete oder die von dem Inhaber der bekannten Marke angebotenen Produkte in einem negativen Licht darstelle, sei von einer Markenverletzung auszugehen. Im konkreten Fall schloss der BGH aus dem Hinweis „Ersparnis bis 94 %" dass ein Bezug zu den Produkten des bekannten Mitbewerbers hergestellt und diese als teuer hingestellt werden, da dem User klar sei auf wen Bezug genommen werde.

---

140 K&R 2015, 403 ff. – Partnersuche.de.
141 EuGH, GRUR 2011, 1124 ff., Rdnr. 51 – Interflora.
142 BGH, GRUR 2014, 182 ff. – Fleurop.
143 EuGH, GRUR 2011, 1124, Rdnr. 51 – Interflora.
144 BGH, GRUR 2014, 182 ff., Rdnr. 28 – Fleurop.
145 BGH, WRP 2013, 1343 ff. – Beate Uhse.
146 BGH, GRUR 2014, 182 ff., Rdnr. 23 – Fleurop.

Bei bekannten Marken wird aber nicht nur die Herkunftsfunktion der Marke geschützt, also die Funktion, dem Verkehr anzuzeigen, dass ein mit der Marke beworbenes Produkt von dem Inhaber der Marke oder einem ihm wirtschaftlich verbundenen Unternehmen stammt. Bei bekannten Marken wird darüber hinaus die Werbefunktion geschützt, also die Möglichkeit des Inhabers der Marke, seine Marke wirksam einzusetzen um Verbraucher zu informieren und zu überzeugen[147]. Die Werbefunktion einer Marke ist aber durch Adwordwerbung nicht tangiert, da dem Werbenden die Möglichkeit offen bleibt, auf der Website für sein Produkt zu werben.

785

Bei bekannten Marken wird schließlich die Investitionsfunktion der Marke geschützt. Hier geht es um bekannte Marken, die einen Ruf genießen. Der Markeninhaber kann die Marke einsetzen, um einen bestimmten Ruf auszubauen oder zu wahren[148]. Wann eine solche Verletzung der Investitionsfunktion einer Marke vorliegt, hat der EuGH bisher nicht beschrieben und die entsprechende Beurteilung den nationalen Gerichten überlassen. Der BGH hat in seiner Fleurop-Entscheidung nur auf die Herkunftsfunktion der Marke abgehoben. In welchen Fallgestaltungen Adwordwerbung gegen die Investitionsfunktion einer Marke verstößt, ist daher weiter ungeklärt.

786

8. Allgemeines Wettbewerbsrecht im Internet

Selbstverständlich gilt auch für Werbung im Internet das allgemeine Wettbewerbsrecht[149].

787

a) Internetwerbung gegenüber Kindern und Jugendlichen

Da das Internet in besonders starkem Maße von Kindern und Jugendlichen genutzt wird, findet sich eine Fülle von Werbung, die zum Download von Klingeltönen, Handylogos, zum Erwerb von Unterhaltungsmedien oder Unterhaltungselektronik auffordert. Derartige Werbung ist an Nr. 28 der Blacklist (Anhang zu § 3 Abs. 3 UWG) und hilfsweise an § 4a Abs.1 Satz 1 i.V.m. Abs. 2 Satz 1 Nr. 3 und Satz 2 UWG zu messen. Hiernach sind geschäftliche Handlungen verboten, die geeignet sind, die geschäftliche Unerfahrenheit insbesondere von Kindern und Jugendlichen auszunutzen. Dies ist beispielsweise stets der Fall, wenn anzunehmen ist, dass der minderjährige User die aus der Annahme eines Internetkaufangebots resultierenden, insbesondere finanziellen Belastungen nicht in ihrer Tragweite abschätzen kann. Dazu gehört z.B. das Angebot zum Herunterladen von Klingeltönen, das zwar den Minutenpreis, aber nicht den Gesamtpreis für den unbestimmt langen Ladevorgang angibt[150]. Gleiches gilt, wenn absehbar

788

---
147 EuGH, GRUR 2010, 445 ff. – Google France; EuGH, GRUR 2011, 1124 ff., Rdnr. 59 – Interflora.
148 EuGH, GRUR 2011, 1124 ff., Rdnr. 63 – Interflora.
149 Beispielsweise liegt kein Verstoß gegen § 5 UWG wegen Irreführung im Fall einer Zeitungswerbung durch einen ISP mit der Aussage „Keine Grundgebühr" vor, OLG Köln, JurPC Web-Dok. 214/2002.
150 BGH, GRUR 2006, 776, 777 – Handy Klingelton.

ist, dass der User die finanzielle Belastung voraussichtlich nicht tragen kann, wie etwa bei einem Zeitschriftenabonnement oder dem Download eines Films. Der Minderjährigenschutz muss auch Vorrang haben, wenn der Vertragsschluss im Internet mit nicht unerheblichen Risiken behaftet ist, wie z.B. bei einem Girovertrag[151].

789 Neben der allgemeinen Bestimmung des § 4a UWG gibt es spezifische gesetzliche Werbeverbote. Zu erwähnen ist § 22 Abs. 2 lit. b Vorläufiges Tabakgesetz[152], wonach es verboten ist, für Tabakerzeugnisse in einer Weise zu werben, die ihrer Art nach besonders geeignet ist, Jugendliche oder Heranwachsende zum Rauchen zu veranlassen. Hinzuweisen ist auch auf § 6 Abs. 5 des JMStV. Die Vorschrift verbietet Werbung für alkoholische Getränke, die sich an Kinder oder Jugendliche richtet oder nach der Art der Darstellung Kinder und Jugendliche besonders anspricht bzw. beim Alkoholgenuss darstellt. Der Bestimmung kommt insbesondere im Hinblick auf die verbreiteten Alcopops erhebliche Bedeutung zu. Gem. § 6 Abs. 2 Nr. 1 JMStV darf Werbung, die sich auch an Kinder oder Jugendliche richtet, oder bei der Kinder oder Jugendliche eingesetzt werden, nicht ihren Interessen schaden oder ihre Unerfahrenheit ausnutzen. Ein Verstoß gegen die genannten Werbeverbote stellt als Verstoß gegen Marktverhaltensregeln gleichzeitig eine Verletzung des § 3a UWG dar.

790 Verboten ist gem. Nr. 28 des Anhangs zu § 3 Abs. 3 UWG darüber hinaus eine in Werbung einbezogene unmittelbare Aufforderung an Kinder, selbst die beworbene Ware zu erwerben oder die beworbene Dienstleistung in Anspruch zu nehmen bzw. ihre Eltern oder andere Erwachsene dazu zu veranlassen. Die Norm greift ein, ohne dass es weiterer Prüfungen bedarf, ob die Interessen von Marktteilnehmern beeinträchtigt sind (§ 3 Abs. 1 UWG) oder ob sie den Voraussetzungen des § 3 Abs. 2 UWG entspricht. Die Vorschrift kommt nach der Rechtsprechung des BGH[153] nicht nur zur Anwendung, wenn ausschließlich oder zumindest hauptsächlich Kinder und Jugendliche Adressat von unmittelbaren Kaufaufforderungen in einer Werbung sind. Denn dann würde der Anwendungsbereich der Vorschrift weitgehend leerlaufen, da sich Werbung häufig nicht nur an einen engen oder genau begrenzten Adressatenkreis richtet.

791 Der BGH hatte eine Website für den Erwerb virtueller Gegenstände für das Online-Phantasierollenspiel „Runes of Magic" zu beurteilen. Unter der Überschrift „pimp deinen Charakter-Woche" wurde der User in Jugendsprache angesprochen und geduzt. Obwohl der Websitebetreiber einwandte, dass über 85 % der Spieler Erwachsene seien und das Durchschnittsalter der Spieler bei 32 Jahren läge, wandte der BGH Nr. 28 des Anhangs nach § 3 Abs. 3 UWG an. Es sei ausreichend, dass auch Kinder zu der Spielergruppe und damit dem Adressatenkreis der Website gehören. Unklar ist allerdings, nach welchen Kriterien zu beurteilen ist, ob sich eine Werbung (auch) an Kinder wendet. Der BGH verweist hierzu einerseits auf die duzende Ansprache, andererseits auf die Verwendung von typischen Anglizismen aus der Kindersprache[154]. Dies ist in

---

151 OLG Nürnberg, GRUR-RR 2003, 315, 316.
152 Vom 9.9.1997, zuletzt geändert am 6.7.2010, BGBl. I, S. 2661 ff.
153 BGH, BRG 2014, 1447 ff., Rdnr. 24 – Runes of Magic II; BGH, WRP 2014, 164 ff. – Runes of Magic I.
154 BGH, WRP 2014, 164, Rdnr. 19 – Runes of Magic.

der Literatur zu Recht kritisiert worden[155]. Letztlich scheint der BGH aus der Tatsache, dass Minderjährige Computerspiele spielen, abzuleiten, dass sich eine Werbung für ein solches Spiel auch an Kinder richtet. Dieser Gedanke trägt aber deshalb nicht, weil es nicht auf das beworbene Produkt, sondern die Werbung an sich ankommt. Dies gilt umso mehr, als unklar ist, was mit „Kind" in Nr. 28 des Anhangs zu § 3 Abs. 3 UWG gemeint ist. Kommt es auf die Einsichtsfähigkeit an, geht es um Personen unter 14 Jahren oder um Personen unter 18 Jahren? Da die Vorschrift die UGP-Richtlinie umsetzt, hätte der BGH die Frage dem EuGH zur Vorabentscheidung vorlegen müssen. Einigkeit besteht insoweit, dass Kinder unter 14 Jahren von der Vorschrift geschützt werden müssen. Ob auch Jugendliche, also Kinder zwischen 14 und 18 Jahren geschützt werden, erscheint fraglich[156], ist aber – wie gesagt – noch höchstrichterlich ungeklärt.

b) Unangemessen unsachlicher Einfluss

Internetwerbung, die geeignet ist, die Entscheidungsfreiheit der Verbraucher in menschenverachtender Weise oder durch sonstigen unangemessenen unsachlichen Einfluss zu beeinträchtigen, verstößt gegen § 4a Abs. 1 Satz 2 Nr. 3 UWG. Doch wann liegt eine solche unzulässige Beeinflussung vor? Immerhin ist es Ziel jeglicher Werbung, die Marktgegenseite zu beeinflussen. Erst wenn die Beeinflussung nach Art oder Umfang so stark ist, dass sich der Kunde ihr nicht mehr entziehen kann, sind die Grenzen des wettbewerblich Erlaubten überschritten. Die Rationalität der Kaufentscheidung[157], und hierbei insbesondere die Würdigung des Preis-Leistungs-Verhältnisses, muss völlig in den Hintergrund treten. Der Verbraucher muss also zu einer Entscheidung veranlasst werden, die er normalerweise nicht oder jedenfalls nicht so treffen wollte.

792

Ein typischer Fall unangemessener Beeinflussung ist der psychische Kaufzwang. Eine Werbemaßnahme ist so angelegt, dass der Umworbene in eine psychische Zwangslage gerät, in der er es als peinlich empfindet, nichts zu kaufen[158]. Psychologischer Kaufzwang im Internet ist schwer vorstellbar. Psychologischer Kaufzwang basiert letztlich darauf, dass ein Interessent aus seiner Anonymität heraustreten und persönlichen Kontakt zum Verkaufspersonal aufbauen muss. Nur hierdurch kann ein Gefühl der Peinlichkeit entstehen. Wo persönlicher Kontakt zwischen Werbendem und Kunden nicht stattfindet, wird der Kunde auch kaum in eine psychische Zwangslage versetzt[159]. Gerade das Internet wird von einer Vielzahl von Usern genutzt, weil sie dort eben nicht aus ihrer Anonymität heraustreten müssen, sondern anonym oder jedenfalls unter ei-

793

---

155 *Apel*, WRP 2014, 1451, 1452, Rdnr. 5; *Lober*, WRP 2014, 294, Rdnr. 24; *Oehler*, MMR 2014, 172, 174.
156 Hierzu *Krüger/Apel*, K&R 2014, 200 f.
157 BFH, WRP 2015, 1341 Rdnr. 14 – Schufa-Hinweis; *H. Köhler*, in: *Köhler/Bornkamm*, Wettbewerbsrecht, 34. Auflage 2016 § 4a UWG Rdnr. 1.92.
158 St. Rspr., vgl. nur BGH, GRUR 1989, 757 – McBacon; BGH, GRUR 1987, 243, 244 – Alles frisch; BGH, WRP 1977, 566 – Kaffeeverlosung I; BGH, MD 1998, 774, 776 – Rubbelaktion.
159 BGH, GRUR 2000, 820, 822 – space fidelity peep show; *H. Köhler*, in: *Köhler/Bornkamm*, Wettbewerbsrecht, 34. Auflage 2016, § 4a UWG Rdnr. 1.92.

nem Pseudonym handeln können. Psychologischen Kaufzwang beim E-Commerce wird es daher nicht geben.

794 Eine ebenfalls häufig missverstandene Fallgruppe der unangemessenen Beeinflussung ist das sog. übertriebene Anlocken. Die Missverständnisse beruhen auf der früheren sehr strengen Rechtsprechung, die spätestens seit der „Schmuckset"-Entscheidung des Bundesgerichtshofs[160] überholt ist. Auch hier geht es ausschließlich darum, ob der Kunde seine Entscheidung nur noch danach trifft, wie er in den Genuss der Vergünstigung gelangt[161] und folglich davon abgehalten wird, Preis und Qualität des Gesamtangebots kritisch zu überprüfen[162]. Der Bundesgerichtshof hat dies in der „Schmuckset"-Entscheidung auf die einfache Formel gebracht, der Kunde müsse durch ein Angebot „quasi magnetisch angezogen" werden. Dies jedoch wird im Zeitalter von Kundenbindungssystemen, die Freiflüge und wertvolle Geschenke ausloben, nur selten anzunehmen sein.

---

160 BGH, MD 1998, 719, 721 – Schmuckset.
161 BGH, WRP 1999, 516, 517 – am Telefon nicht süß sein?
162 BGH, GRUR 2000, 820, 821 – space fidelity peep show.

VII. Internetrechtliche Haftungsbeschränkungen

Fall 25

Telekommunikationsdienstleister T bietet auch einen Internet-Zugang an. Die Staatsanwaltschaft München stellt nun fest, dass User, die Websites mit rechtsradikalen Inhalten besuchen, vermehrt den Internet-Zugang von T verwenden. Sie fragt, ob T strafrechtlich und zivilrechtlich zur Verantwortung gezogen werden kann.

Fall 26[1]

Die venezolanische Firma V betreibt die Website www.gluecksspiel.com, die unter anderem die Möglichkeit der Teilnahme an einem virtuellen Roulette unter Einsatz von Geld anbietet. Die Domain wurde bei der zuständigen Registrierungsstelle unter Mitwirkung des Service Providers S registriert. S betreibt auch den Domainname-Server, in dem die IP-Adresse von V annonciert und die Schnittstelle zur Registrierungsstelle bedient wird. Er ist darüber hinaus als „technical contact" sowie als „zone contact" registriert. Ist S für den rechtswidrigen Betrieb des Internet-Casinos verantwortlich?

Fall 27

S betreibt einen Online-Shop für Spielwaren. Sein Online-Shop enthält Links auf die Websites verschiedener Spielzeughersteller. Darüber hinaus hat er einen Link auf die Website eines Herstellers von Wasserpistolen gesetzt. Die Websites hat er persönlich überprüft. Ein Jahr später wird er von der Zentrale zur Bekämpfung unlauteren Wettbewerbs abgemahnt, er habe einen Link zu gewaltverherrlichenden, jugendgefährdenden Websites gesetzt, um damit die von ihm angebotenen Wasserpistolen zu bewerben. Bei Überprüfung des Vorwurfs erkennt S, dass der Inhalt der Websites, auf die er verwiesen hatte, verändert wurde und nun tatsächlich gewaltverherrlichende Inhalte auf die verlinkten Websites eingestellt wurden. S fragt, ob er für diese gewaltverherrlichenden Inhalte rechtlich verantwortlich gemacht werden kann.

1. §§ 7 ff. TMG

Es bedarf keiner Ausführungen, dass derjenige, der Content online präsentiert, für diesen Content verantwortlich ist. Insoweit besteht Einigkeit in der juristischen Diskussion. Viel diskutiert ist jedoch die Frage, ob jemand für die Rechtswidrigkeit von Content eines Dritten verantwortlich sein soll, den er auf einer eigenen Website präsentiert, zu dem er einen Link setzt, den er kurzzeitig auf einem Proxy-Server vorhält oder zu dem er gar nur den Zugang vermittelt.

In Deutschland wurde frühzeitig erkannt, dass die stetig wachsende wirtschaftliche Bedeutung des technisches Mediums Internet einer Regelung der rechtlichen Rahmenbedingungen bedurfte. Der insoweit im Rundfunkbereich schwelende, aber nie voll

---

1 Nach OLG Hamburg, CR 2000, 385 – goldenjackpot.com.

ausgetragene Kompetenzkonflikt zwischen Bund und Ländern[2], der insbesondere bei der Umsetzung der Fernseh-Richtlinie deutlich wurde, brach im Bereich der Rechtsetzung für das Internet voll aus. Nur mit Kopfschütteln konnte man 1996 die kompetenzrechtliche Kleinstaaterei und das Gerangel der Politik betrachten, die Ausgangspunkt für rechtliche Rahmenbedingungen eines globalen Mediums sein sollten. Die hieraus resultierende eigenwillige Unterscheidung zwischen Teledienst im IuKDG[3] und Mediendienst im MDStV[4] hemmte aber geradezu die Anwendung beider Regelungswerke.

800 Wenig Verständnis für den deutschen Kompetenzkonflikt zeigte auch die E-Commerce-Richtlinie. Die dortigen Art. 12-15 EC-Richtlinie regeln Verantwortlichkeiten ohne viel Federlesens unabhängig von der Abgrenzung eines Teledienstes vom Mediendienst[5]. Mit der Umsetzung der E-Commerce-Richtlinie in nationales Recht wurde die Unterscheidung zwischen Teledienst und Mediendienst im Bereich Verantwortlichkeit obsolet. §§ 8 ff. TDG und §§ 6 ff. MDStV stimmten wortgleich überein. Erstmals mit der Novellierung des Jugendschutzgesetzes, das im April 2003 in Kraft trat[6], und des Jugendmedienschutz-Staatsvertrags vom 10.-27.9.2002 wurden Tele- und Mediendienste unter dem Begriff „Telemedien" zusammengefasst. Dies öffnete die Tür auch für eine generell einheitliche Regelung von Teledienst und Mediendienst. Die wirtschaftsbezogenen Bestimmungen für Telemedien, also das Herkunftslandprinzip, die Zulassungsfreiheit, die Informationspflichten, die Verantwortlichkeit und der Datenschutz wurden im Telemediengesetz des Bundes zusammengezogen. Das Telemediengesetz ist ein Teil des „Elektronischer-Geschäftsverkehr-Vereinheitlichungsgesetzes" (ElGVG)[7]. Die contentbezogenen Regelungen sind hingegen im Staatsvertrag für Rundfunk und Telemedien (RStV[8]), der am 1.3.2007 in Kraft trat, niedergelegt[9]. Dort finden sich in § 20 Abs. 2 sowie im IV. bis VI. Abschnitt die Regelungen, die für Telemedien gelten. Es handelt sich um Zulassungsfragen für Telemedien, sofern diese als Rundfunk einzuordnen sind, sowie um Informationspflichten, das Gegendarstellungsrecht, Werbebestimmungen und den Datenschutz bei journalistisch-redaktionellen Zwecken.

801 Online-Angebote von Waren und Dienstleistungen mit unmittelbarer Bestellmöglichkeit sind ohne Weiteres Telemedien. Gleiches gilt für Online-Dienste, die Instrumente

---

2 Vgl. *Scholz*, NJW 1990, 941; *Pernice*, NJW 1990, 2409, 2420; *Köhler*, Rechtsfragen des inländischen und grenzüberschreitenden Rundfunkwerberechts, 1992, S. 58.
3 Informations- und Kommunikationsdienstegesetz vom 22.7.1997, BGBl. I, S. 1870.
4 Mediendienstestaatsvertrag vom 20.1.-10.4.1997; GBl. BW, S. 181, zuletzt geändert durch Art. 3 des Sechsten Rundfunkänderungsstaatsvertrages vom 20./21.12.2002, GBl. BW, S. 207, gültig seit 1.7.2002.
5 Art. 12-15 E-Commerce-Richtlinie dienen einer Vollharmonisierung, d.h., die Mitgliedstaaten dürfen weder weitere noch engere Regelungen im nationalen Recht treffen als die E-Commerce-Richtlinie vorsieht, vgl. BMJ, Gesetzesbegründung zum EGG, S. 48.
6 Jugendschutzgesetz vom 23.7.2002, BGBl. I, S. 2730.
7 Gesetz zur Vereinheitlichung von Vorschriften über bestimmte elektronische Informations- und Kommunikationsdienste vom 26.2.2007, BGBl. I, S. 179. Das Gesetz regelt im Wesentlichen die Anforderungen zur Umsetzung der E-Commerce-Richtlinie und integriert zudem den Telemediendatenschutz, der bislang im TDDSG und im MDStV geregelt war.
8 Staatsvertrag für Rundfunk und Telemedien vom 31.8.1991 in der Fassung des 9. RStV-Änderungsstaatsvertrags, gültig ab 1.3.2007.
9 Vgl. hierzu *Bender/Kahlen*, MMR 2006, 590 ff.

zur Datensuche, zum Zugang zu Daten oder zur Datenabfrage bereitstellen, wie z.B. Suchmaschinen. Ebenso gehört die kommerzielle Verbreitung von Informationen über Waren- und Dienstleistungsangebote mit elektronischer Post hierzu[10]. Die Haftungsregeln sind im Telemediengesetz unter den §§ 7 ff. kodifiziert.

2. Verantwortlichkeitsbegrenzende Zielsetzung

§§ 7 ff. TMG dienen grundsätzlich nicht dazu, eine allgemeine strafrechtliche oder zivilrechtliche Verantwortlichkeit zu begründen; sie dienen vielmehr der Begrenzung der Verantwortlichkeit. §§ 7 ff. TMG bilden folglich einen Filter, der mit Blick auf die spezifischen Umstände des Internet bestimmte Fälle von der verantwortlichen Zurechnung ausschließen wollte. Nur die Fälle, die nach Prüfung der §§ 7 ff. TMG nicht auszugrenzen sind, sind noch an den eigenen, unterschiedlichen Haftungsmaßstäben der einzelnen Rechtsgebiete zu messen[11] (Vorfilterfunktion der §§ 7 ff. TMG). Die Prüfung von Verantwortlichkeiten führt demnach zunächst zu einer Prüfung des Falles an §§ 7 ff. TMG. Kann hiernach eine Verantwortlichkeit nicht ausgeschlossen werden, sind die allgemeinen Grundsätze des jeweiligen Rechtsgebiets anwendbar.

802

3. Schadensersatzhaftung nach dem TMG

a) § 7 Abs. 1 TMG – Haftung für eigene Inhalte

§ 7 Abs. 1 TMG normiert eine Binsenweisheit: Diensteanbieter sind für eigene Informationen, die sie zur Nutzung bereithalten, nach den allgemeinen Gesetzen verantwortlich. Was aber sind eigene Informationen?

803

Schon für den Begriff der „eigenen Inhalte" nach § 5 Abs. 1 TDG a.F. ist der Gesetzesbegründung zum IuKDG[12] zu entnehmen, dass eigene Inhalte nicht nur die selbst geschaffenen, sondern auch die von Dritten hergestellten Inhalte sind, die sich der Anbieter zu Eigen macht. Ein Zu-Eigen-Machen soll dann vorliegen, wenn sich der Diensteanbieter mit dem fremden Inhalt derart identifiziert, dass er die Verantwortung für den gesamten oder für bewusst ausgewählte Teile davon übernimmt. Entscheidend ist die Art der Datenübernahme, ihr Zweck und die konkrete Präsentation der fremden Inhalte durch den Übernehmenden, wie sie sich aus der Gesamtschau der Website für einen objektiven Betrachter ergibt. Selbst wenn der Website-Betreiber sich durch ausdrückliche Hinweise auf der Website von den Inhalten distanziert und die Anonymisierung der Fremdbeiträge offenlegt, kann im Einzelfall dennoch ein Zu-Eigen-Machen vorliegen, wenn sich dies beispielsweise aus dem Umfeld des Inhalts oder den sonsti-

804

---
10 *Bender/Kahlen*, MMR 2006, 590, 591.
11 So beispielsweise die Stellungnahme des Bundesrates, BT-Drs. 13/7385, S. 51; *Moritz*, CR 1998, 500, 506; ebenso BMJ, Gesetzesbegründung zum EGG, S. 48; ebenso BGH, CR 2004, 48, 49 mit Anm. *Spindler*.
12 Vgl. BT-Drs. 13/7385, S. 19.

gen Umständen des Falls ergibt. So hat z.B. das OLG Köln[13] entschieden, dass bereits die Schaffung der Infrastruktur für eine Internetplattform „Communities" verbunden mit der Bildung und Vorgabe von Themenschwerpunkten ausreicht, um Microsoft für durch Veröffentlichung diskriminierender Fotomontagen begangene Persönlichkeitsverletzungen der Mitglieder verantwortlich zu machen. Ebenso muss grundsätzlich derjenige, der ohne weitere Hinweise einen Hyperlink auf bestimmte Inhalte fremder Websites setzt, die Verantwortung für diese Inhalte übernehmen[14], wenn er durch den Link nach der Gestaltung seiner Website eigene Inhalte ersetzt, ergänzt oder erläutert oder eine Beihilfe zu einer strafbaren Handlung begeht[15]. Gerade bei kleineren Datenmengen kann oft von einer gezielten und kontrollierten Auswahl der Inhalte ausgegangen werden, die eine Übernahme der Haftung rechtfertigt. Allerdings ist fraglich, ob die gleiche Konsequenz auch im Fall der pauschalen Übernahme ganzer Datenbestände eintreten kann.

805 Ein Zu-Eigen-Machen kann aber letztlich nicht davon abhängen, ob ein Diensteanbieter fremde Inhalte tatsächlich kontrolliert oder nicht. Zu-Eigen-Machen heißt, dass ein objektiver Wille ersichtlich ist, sich mit den fremden Inhalten zu identifizieren, unabhängig von der tatsächlichen Kontrolle der Inhalte. Entsprechend kritisch muss man auch der Entwicklung gegenüberstehen, die seit dem Compuserve-Urteil des AG München[16] zunehmend auf formale Kriterien der Kennzeichnung als eigene oder fremde Inhalte abstellt. Formelle Disclaimer können nur Berücksichtigung finden, wenn sie mit der übrigen Gestaltung in Einklang stehen und sich nicht als protestatio facto contrario herausstellen[17].

806 Einen typischen Fall von Zu-Eigen-Machen hatte das AG Stuttgart[18] zu beurteilen. Üble menschenverachtende, gewaltverherrlichende und schlicht ekelerregende Inhalte wurden von einem selbst ernannten „engagierten Verfechter der Meinungsfreiheit" dergestalt zugänglich gemacht, dass ausländische Websites, die kaum jemand im Internet gefunden hätte, mittels Hyperlink von seiner eigenen Website einfach zugänglich gemacht wurden. Jedermann, so der Angeklagte, müsse auch Kenntnis von unerwünschten Internetseiten erhalten, um sich mit deren Inhalt kritisch auseinanderzusetzen. Seine Website solle darüber hinaus zeigen, dass auch bei vollständiger Sperrung des Zugangs zu einer Website über das Internet immer noch der nutzerseitige Zugriff auf bestimmte Inhalte möglich bleibe[19]. Selbst wenn man nun mit *Neumann* ein derart ekelerregendes Angebot an Hyperlinks abwegig als „Satire" bezeichnet, ist dies das Eingeständnis, dass hierdurch eigene Inhalte ersetzt worden sind. Denn Satire als eigenes Stilmittel des Websitebetreibers kann nur dort zum Einsatz kommen, wo der Websitebetreiber eigenen Content präsentiert.

---

13 MMR 2002, 548, 549 – Steffi Graf, mit Anm. *Spindler*.
14 So LG München I, MMR 2000, 567, 568 – FTP-Explorer.
15 So z.B. der Fall LG München I, CR 2005, 460, 461.
16 MMR 1998, 429 mit Anm. *Sieber*; *ders.*: Verantwortlichkeit im Internet, S. 438; die Entscheidung wurde vom LG München I allerdings aufgehoben; vgl. LG München I, CR 2000, 117 – Compuserve.
17 LG Hamburg, MMR 1998, 547; OLG Köln, MMR 2002, 548, 549 – Steffi Graf.
18 CR 2005, 69 ff.
19 So *Neumann*, verteidigend in der Anmerkung CR 2005, 70.

Ein Zu-Eigen-Machen liegt nach Auffassung des LG Hamburg[20] auch bei Videos vor, die das Videoportal Youtube anbietet. Youtube hafte für die dort bereitgestellten Inhalte beispielsweise gem. § 97 Abs. 1 UrhG auf Unterlassung, weil die Videos aus Sicht des objektiven Nutzers nach den Gesamtumständen (jedenfalls auch) sich als eigene Inhalte von Youtube darstellen. Dies ergebe sich unter anderem aus dem deutlich hervorgehobenen Logo der Videoplattform gegenüber dem Namen des einstellenden Nutzers und dem Verweis auf weitere eventuell relevante Videos. Für ein Zu-Eigen-Machen sprechen auch der Aufbau der Startseite mit der Vorsortierung in Kategorien, die erkennbare kommerzielle Nutzung der Inhalte, die Präsentation auf fremden Internetseiten und die Nutzungsbedingungen[21].

807

Nach der Umsetzung der E-Commerce-Richtlinie durch das Elektronische Geschäftsverkehrsgesetz (EGG)[22] stellt sich die Frage, ob die oft schwierige Unterscheidung zwischen fremden und eigenen Inhalten bzw. Informationen für die Haftung nach § 7 Abs. 1 TMG überhaupt noch nötig oder vielleicht sogar unzulässig ist. Bei richtlinienkonformer Auslegung des § 7 Abs. 1 TMG muss nämlich beachtet werden, dass die E-Commerce-Richtlinie nicht zwischen eigenen und fremden Inhalten differenziert. Aus Erwägungsgrund 43 der Richtlinie ergibt sich vielmehr, dass es zur Begründung der Verantwortlichkeit der Diensteanbieter ausschließlich darauf ankommt, ob die Durchleitung zu Änderungen der übermittelten Information geführt hat und ob diese gegebenenfalls technisch bedingt war. Berücksichtigt man die Entstehungsgeschichte der E-Commerce-Richtlinie, die ebenso wie der amerikanische Digital Millennium Copyright Act (DMCA)[23] auf den WIPO Copyright Treaty und den WIPO Performances and Phonograms Treaty zurückgeht, so muss in Anlehnung an Section 512 (a) des DMCA[24] auch für die Vorschrift des § 7 Abs. 1 TMG eine Haftung stets – aber auch nur dann – ausscheiden, wenn die Übermittlung der Information

808

- automatisch („automatically"),
- ohne Zutun des Diensteanbieters („copies are made"),
- und durch die Technik notwendig bedingt („in the operation of a network")

erfolgt. Für eine weitergehende Abgrenzung von fremden und eigenen Inhalten ist kein Raum mehr.

---

20 LG Hamburg, CR 2010, 818, 819 f. – Youtube.
21 Indes hat das OLG Hamburg, GRUR-Prax 2016, 44, nunmehr angenommen, dass Youtube nur als Störer nach entsprechendem Hinweis verantwortlich ist. Die Revision wird beim BGH unter dem Aktenzeichen I ZR 156/15 geführt.
22 Gesetz über die rechtlichen Rahmenbedingungen für den elektronischen Geschäftsverkehr vom 14.12.2001, BGBl. I, S. 3721.
23 Pub. L. No. 105-304, 112 Stat. 2860 (Oct. 28, 1998), siehe unter www.loc.gov/copyright/legislation/dmca.pdf.
24 Pub. L. No. 105-304, 112 Stat. 2860 (Oct. 28, 1998), siehe unter www.loc.gov/copyright/legislation/dmca.pdf.

b) § 8 TMG – Zugangsvermittlung

809 Lange Zeit wurde darüber gestritten, ob Access-Provider für die fremden Inhalte, zu denen sie den Zugang zur Nutzung vermitteln, haften sollen. Durch die Bereitstellung der Technik zur Begehung eines Rechtsverstoßes, so wurde argumentiert, bringe der Access-Provider einen willentlichen und adäquat kausalen Beitrag zu einem Rechtsverstoß. Ebenso besäße er die rechtlichen und tatsächlichen Möglichkeiten, den Rechtsverstoß zu verhindern[25]. Man verwies auf Rechtsprechung zur Gestattung der Benutzung eines Telefonanschlusses[26] oder eines Telefaxanschlusses[27].

810 Mit der wörtlichen Übernahme des Art. 12 Abs. 1, 2 der E-Commerce-Richtlinie in § 8 TMG findet sich eine differenziertere Regelung im Gesetz. Sie bezieht neben dem Access-Provider auch den bloßen Netzwerk-Betreiber mit ein, welcher für die Übermittlung von Informationen lediglich ein Kommunikationsnetzwerk zur Verfügung stellt. Diese Erweiterung auf Netzwerk-Provider steht allerdings im Widerspruch zur Legaldefinition des Diensteanbieters in § 2 Nr. 1 TMG, wonach Diensteanbieter diejenige natürliche oder juristische Person ist, die eigene oder fremde Telemedien zur Nutzung bereithält oder den Zugang zur Nutzung vermittelt. Eine Lösung kann nur darin bestehen, in den Kreis der von § 8 TMG Privilegierten nur diejenigen Netzwerk-Provider einzubeziehen, die zugleich auch Inhalte bereithalten oder durchleiten; mit dieser Sichtweise allerdings wird die Erweiterung auf die Netzwerk-Provider praktisch gegenstandslos.

811 Inhaltlich verfolgt § 8 Abs. 1 Satz 1 TMG den oben beschriebenen Ansatz: Diensteanbieter, deren Tätigkeit sich auf den rein technischen Vorgang der Durchleitung von Informationen und das Betreiben eines Kommunikationsnetzwerks beschränkt, sollen von der Haftung für die fremden Inhalte befreit werden. Voraussetzung ist allerdings nach der Gesetzesbegründung, dass der Provider keine technische oder rechtliche Möglichkeit zur Kontrolle des durchgeleiteten Content hat und dass er auch keine eigenen Entscheidungen über den Inhalt trifft, etwa Kürzungen oder sonstige Veränderungen vornimmt. Dies ist insbesondere dann der Fall, wenn die Tätigkeit des Providers automatisiert ist, sodass er regelmäßig keine Kenntnis von der weitergeleiteten oder kurzzeitig zwischengespeicherten Information erlangt und diese damit auch nicht kontrollieren kann. Bei einem automatisiert ablaufenden Prozess trifft der Diensteanbieter im Hinblick auf rechtswidrigen Content keine eigene Entscheidung. § 8 Abs. 1 TMG präzisiert daher, dass ein Diensteanbieter nur dann nicht für fremden Content verantwortlich ist, wenn er den Content auch lediglich in einem Kommunikationsnetz übermittelt oder den Zugang zur Nutzung des Content vermittelt, sofern er
- die Übermittlung nicht veranlasst,
- den Adressaten der übermittelten Information nicht ausgewählt und
- die übermittelten Informationen nicht ausgewählt oder verändert hat.

---

25 BGH, NJW 1990, 1529, 1530 – Schönheitschirurgie; BGH, GRUR 1991, 769, 770 – Honoraranfrage; *Baumbach/Hefermehl*, Wettbewerbsrecht, 22. Auflage 2001, Einl. UWG Rdnr. 327.
26 OLG Stuttgart, ZIP 1993, 1495.
27 So KG, BB 1997, 2338.

Als Übermittlung von Informationen bzw. Vermittlung des Zugangs zählt nach der ausdrücklichen Regelung des § 8 Abs. 2 TMG auch eine automatische kurzzeitige Zwischenspeicherung des Content, soweit diese technisch üblicherweise erforderlich ist. Auch soweit Eingriffe technischer Art im Laufe der Übermittlung vorgenommen werden müssen, die die Integrität des übermittelten Content nicht verändern, ändert dies an der Privilegierung gem. § 8 Abs. 1 TMG nichts. Sobald der Provider darüber hinaus an dem Übermittlungsvorgang beteiligt ist, haftet er jedoch wie für eigenen Content.

812

Um sicherzustellen, dass der Provider auch tatsächlich – wie Erwägungsgrund 43 der Richtlinie vorschreibt – „in keiner Weise mit dem Inhalt in Verbindung steht", wurde in § 8 Abs. 1 Satz 2 TMG fixiert, dass derjenige, der absichtlich mit einem Nutzer eines Dienstes zusammenarbeitet, um rechtswidrige Handlungen zu begehen, keine „reine Durchleitung" mehr betreibt und daher nicht das Haftungsprivileg des § 8 Abs. 1 TMG in Anspruch nehmen kann.

813

> In **Fall 25** kommt eine Haftung von T nach den allgemeinen Bestimmungen des § 823 Abs. 2 BGB i.V.m. § 130 StGB in Betracht. Indes bietet T lediglich einen Internet-Zugang an. Soweit er sich auf die – automatisierte – Tätigkeit der Zugangsvermittlung beschränkt, also keinen Einfluss auf den Content von Websites nimmt, nicht für die Nutzung seines Internet-Zugangs in den einschlägigen Kreisen gesondert wirbt oder sonst Einfluss auf die Übermittlung des Content nimmt, kann T das Haftungsprivileg des § 8 Abs. 1 Satz 1 TMG für sich in Anspruch nehmen. Anders ist die Rechtslage jedoch, wenn ihm nachgewiesen werden kann, dass er mit Nutzern seines Internet-Zugangs oder anderen Providern zusammenarbeitet, um rechtswidrige Handlungen zu begehen (§ 8 Abs. 1 Satz 2 TMG). Dann wäre T voll nach den allgemeinen zivilrechtlichen und strafrechtlichen Bestimmungen zur Verantwortung zu ziehen, da sich seine Tätigkeit nicht mehr auf die reine Zugangsvermittlung beschränkt und § 8 Abs. 1 Satz 1 TMG nicht mehr anwendbar ist.

814

c) § 9 TMG – Caching

Unter Caching versteht man eine automatische, zeitlich begrenzte Zwischenspeicherung von Informationen, die dem alleinigen Zweck dient, die Übermittlung der Informationen an andere Nutzer auf deren Anfrage effizienter zu gestalten. Häufig benötigte Informationen müssen daher nicht stets neu angefordert werden, sondern können direkt aus dem Zwischenspeicher (cache) abgerufen werden. Rechenvorgänge werden hierdurch beschleunigt und Ladezeiten verkürzt. So legt ein Webbrowser aus dem Internet übertragene Dateien und Grafiken in einem Cache-Speicher des Users ab, sodass die Website beim nächsten Aufruf nicht komplett neu geladen werden muss. Im Internet selbst werden als Zwischenspeicher sog. „Proxy-Server" verwendet. Auch dort werden häufig angeforderte Daten zwischengespeichert, damit diese nicht stets vom möglicherweise weit entfernten Hostserver neu abgerufen werden müssen.

815

Auch das Haftungsprivileg des § 9 TMG basiert darauf, dass der Betreiber eines Proxy-Servers lediglich eine technische Dienstleistung erbringt, um die Datenübermittlung effizienter zu gestalten. Auch seine Tätigkeit ist rein automatischer Natur. Er hat regelmäßig keine Kenntnis der gespeicherten Informationen. Obwohl die Ratio des § 9 Satz 1 TMG damit der Ratio des § 8 Abs. 2 TMG insofern entspricht, als beide Vorschriften die automatische kurzzeitige Zwischenspeicherung von der Haftung ausnehmen

816

wollen, war das Caching schon in der E-Commerce-Richtlinie Gegenstand einer eigenständigen Regelung. Mit allgemeiner Anerkennung der Anwendbarkeit des TMG auch auf urheberrechtliche Sachverhalte wird die Notwendigkeit dieser Vorschrift offenkundig, da unter urheberrechtlichen Gesichtspunkten das Caching gerade nicht mit der reinen Durchleitung gleichgesetzt werden kann, sondern besonderen Anforderungen unterworfen werden muss. Vor diesem Hintergrund muss die Abgrenzung zwischen Caching i.S.d. § 9 Satz 1 TMG und reiner Durchleitung i.S.d. § 8 Abs. 1 Satz 1 TMG dahingehend vorgenommen werden, dass § 9 Satz 1 TMG die Haftung für die Zwischenspeicherung als solche privilegiert, wohingegen § 9 Abs. 2 TMG die Haftungsprivilegierung für die übermittelten Informationen enthält.

817 Das Haftungsprivileg des § 9 Satz 1 TMG erfasst nicht nur die kurzzeitige Vorhaltung der Informationen aufgrund einer Nutzerabfrage, sondern jede zeitlich begrenzte Zwischenspeicherung – unabhängig von deren Zweck. Damit sind auch Speicherungen erfasst, die länger als ein paar Stunden andauern und denen keine aktuelle Nutzeranfrage zugrunde liegt, solange dadurch der Zweck des Haftungsausschlusses nach § 9 Satz 1 TMG, die Effizienz der netzbezogenen Kommunikation zu verbessern, gefördert wird. In sachlicher Hinsicht hat die Vorschrift des § 9 Satz 1 TMG eine Reihe tatbestandsausschließender Voraussetzungen erhalten:

818 Nach Ziffer 1 darf der Proxy-Server-Betreiber die bei ihm zwischengespeicherten Informationen nicht in ihrer Integrität verändern. Da § 9 Satz 1 Nr. 1 TMG – entgegen § 8 Abs. 2 TMG – keine Einschränkung auf Veränderungen, die zum Zweck der „Durchführung der Übermittlung im Kommunikationsnetz" geschehen, enthält, erscheint zunächst unklar, ob technische Veränderungen unter die von der Norm gezogenen Tatbestandsvoraussetzungen fallen. Bei richtlinienkonformer Auslegung des § 9 Satz 1 TMG muss – mit der Begründung der Bundesregierung im Referentenentwurf des EGG[28] – angenommen werden, dass auch die Haftungsprivilegierung des § 9 TMG trotz technisch bedingter Veränderungen eingreift; nur so wird die Vorschrift dem Zweck der E-Commerce-Richtlinie, die Provider weitgehend von der Haftung freizustellen, gerecht. Rein technische Veränderungen im Verlauf der Übermittlung schaden demnach nicht. Es kommt allein darauf an, dass die Proxy-Kopie zu jedem Zeitpunkt dem Original des zu übermittelnden Content entspricht, sodass auch dynamische Websites keine Veränderung i.S.d. § 9 Satz 1 Nr. 1 TMG darstellen.

819 Weiterhin muss der Diensteanbieter nach Ziffer 2 die Bedingungen für den Zugang zu dem Content beachtet haben. Er darf daher keine Zugangskontrollen unterlaufen, die der Content-Provider beispielsweise zur Sicherstellung der Entgeltzahlung durch den User oder aus Gründen des Jugendschutzes installiert hat. Der Diensteanbieter muss gem. § 9 Satz 1 Nr. 3 TMG ferner anerkannte Standards der Informationsaktualisierung beachten. Wer Börsennachrichten zwischenspeichert, muss vermeiden, dass eine zeitlich überholte Cache-Kopie den Eindruck vermittelt, sie entspreche der aktualisierten Website. Wie der Proxy-Server-Betreiber dies erreichen soll, ist allerdings ebenso unklar wie die Frage, was unter „anerkannten Industriestandards" zu verstehen ist. Der

---

28 Zur wortgleichen Vorgängervorschrift des § 10 TDG.

Proxy-Server-Betreiber dürfte aufgrund der nur kurzen Speicherdauer und der fehlenden Pflicht zur aktiven Nachforschung (§ 7 Abs. 2 Satz 1 TMG) nicht in der Lage sein, zu erkennen, wann ein Content-Provider bereits Aktualisierungen in Umlauf gebracht hat; selbst wenn er diese erkannt hat, bleibt ihm nur eine vollständige Löschung der überholten Information, die Einholung des Updates kann vom Proxy-Server-Betreiber hingegen nicht verlangt werden. Des Weiteren ist in Ziffer 4 bestimmt, dass der Provider rechtmäßige und anerkannte technische Vorkehrungen zur Sammlung von Nutzungsdaten nicht beeinträchtigen darf. Die Erfassung von Zugriffszahlen soll so durch Cache-Kopien nicht unterlaufen werden. Dies ist insbesondere in den Fällen bedeutsam, in denen sich die Höhe von Werbeeinnahmen nach der Häufigkeit der Nutzung richtet. Ob die Ausschlusstatbestände der Ziffern 3 und 4 tatsächlich zu einer europaweiten Harmonisierung der Provider-Haftung beitragen können, wird primär von der dringend notwendigen Konkretisierung des Begriffs „anerkannte Industriestandards" abhängen; denkbar ist etwa die Schaffung eines im Internet veröffentlichten Registers, durch welches eine jederzeitige kostenlose Abfrage des Stands der Technik ermöglicht wird.

Auch im Bereich des Caching gilt, dass jedes Handeln des Proxy-Server-Betreibers über die rein technische Zwischenspeicherung hinaus sofort zur Haftung wie für eigene Inhalte führt. 820

d) § 10 TMG – Hosting

Wer fremde Informationen für Nutzer speichert, kommt nur dann in den Genuss eines Haftungsprivilegs nach § 10 TMG, wenn er keine (positive) Kenntnis von der rechtswidrigen Handlung oder der Information hat und ihm im Fall von Schadensersatzansprüchen auch keine Tatsachen oder Umstände bekannt sind, aus denen die rechtswidrige Handlung oder die Information offensichtlich wird. § 10 Satz 1 Nr. 2 TMG normiert zudem für den Diensteanbieter die Pflicht, eine sofortige Zugangssperre oder Löschung zu veranlassen, sobald er von der rechtswidrigen Handlung oder der Information Kenntnis erlangt; bei ihrer Nichtbeachtung entfällt das Haftungsprivileg[29]. 821

Außerdem ist nach § 10 Satz 1 Nr. 1 TMG zwischen rechtswidriger Handlung und der Information selbst zu differenzieren: Ist bereits der Content zu beanstanden, lässt die positive Kenntnis des Content die Haftungsprivilegierung entfallen; die Kenntnis der Rechtswidrigkeit des Content ist hierfür nicht erforderlich. Gegenstand dieser Regelung ist neben der zivilrechtlichen Verantwortlichkeit primär die strafrechtliche Haftung für die Fälle von Beleidigungen, Verleumdungen oder Volksverhetzung. In den Fällen hingegen, in denen der Content per se nicht zu beanstanden ist, sondern lediglich dessen Verwendung ohne Erlaubnis des Rechtsinhabers erfolgt, muss sich die Kenntnis des Diensteanbieters auch auf den Umstand beziehen, dass eine Nutzungserlaubnis fehlt. Wird eine Marke, eine geschäftliche Bezeichnung oder ein urheberrechtlich geschütztes Werk ohne Erlaubnis des Rechtsinhabers benutzt, so ist für die Haftung demnach das Wissen um die fehlende Erlaubnis entscheidend. Bemerkenswert ist, dass § 10 822

---

29 Vgl. *Spindler*, CR 2001, 333.

Satz 1 Nr. 1 TMG unterschiedliche Privilegierungsvoraussetzungen im Falle zivilrechtlicher und strafrechtlicher Ansprüche vorsieht. Ist es für die Inanspruchnahme des strafrechtlichen Haftungsprivilegs ausreichend, dass der Diensteanbieter keine (positive) Kenntnis des Content oder seiner rechtswidrigen Nutzung besitzt, erfordert das schadensersatzrechtliche Haftungsprivileg zusätzlich, dass dem Diensteanbieter keine Tatsachen oder Umstände bekannt sind, aus denen sich die Rechtswidrigkeit der Handlung ergibt oder die Information offensichtlich wird.

823   Soweit positive Kenntnis der rechtswidrigen Handlung oder der Informationen erforderlich ist, um den Haftungsausschluss nach § 10 Satz 1 Nr. 1 TMG entfallen zu lassen, ist eine Haftung nach allgemeinen Regeln weiterhin nur dann anzunehmen, wenn zumindest bedingter Vorsatz[30] des Diensteanbieters vorliegt. Ein Kennenmüssen kann selbstverständlich nicht ausreichen, sodass im Fall der automatisierten Speicherung von Inhalten, wie sie etwa bei Auktionsplattformen[31] erfolgt, keine Haftung angenommen werden kann.

824   Eine enge Auslegung des Kenntnisbegriffs legt die in Umsetzung von Art. 15 E-Commerce-Richtlinie eingeführte haftungsbegrenzende Vorschrift des § 7 Abs. 2 Satz 1 TMG nahe. Darin ist normiert, dass Diensteanbieter von der Pflicht entbunden sind, den von ihnen übermittelten oder gespeicherten Content zu überwachen oder aktiv nach Umständen zu forschen, die auf eine rechtswidrige Tätigkeit des Content-Anbieters hinweisen. In Verbindung mit Erwägungsgrund 48 der E-Commerce-Richtlinie, wonach die Mitgliedstaaten ohne Weiteres von den Diensteanbietern verlangen können, dass sie „die nach vernünftigem Ermessen von ihnen zu erwartende Sorgfaltspflicht anwenden, um rechtswidrige Tätigkeiten aufzudecken und zu verhindern", ist klargestellt, dass diese Vorschrift keinen Freibrief für Diensteanbieter darstellt. Sie dient lediglich dazu, das Maß der Sorgfaltspflicht auf das Übliche zu beschränken und die Provider von weitergehenden Überwachungspflichten zu befreien.

825   Eine haftungsbegründende Kenntnis ist demzufolge dann anzunehmen, wenn konkrete Umstände vorliegen, aus denen sich die Rechtswidrigkeit ohne Weiteres ableiten lässt, und sich der Diensteanbieter deren Kenntnis nur verschließt, um zu verhindern, dass seine Befürchtungen Gewissheit werden. Bedenklich ist in diesem Zusammenhang eine Entscheidung des OLG Koblenz[32], wonach ein Steuerberater verurteilt worden war, einen ehrverletzenden Eintrag aus einem Gästebuch zu entfernen und die Einträge in Abständen von höchstens einer Woche auf rechtswidrige Inhalte zu überprüfen. Wie dargestellt, verbietet sich nämlich die Annahme einer allgemeinen Prüfungspflicht bereits aus § 7 Abs. 2 Satz 1 TMG. Eine Überwachungspflicht trifft den Website-Betreiber erst dann, wenn ein hinreichender Verdacht auf Rechtsverletzungen vorliegt und er hiervon Kenntnis erlangt. Nach einer Entscheidung des BGH[33] ist auch

---

30   Bereits zur Rechtslage des § 5 Abs. 2 TDG a.F. wurde dolus eventualis als ausreichend erachtet; vgl. BT-Drs. 13/7385, S. 2; *Beck-IuKDG/Maennel*, § 5 TDG Rdnr. 22; *Schneider*, GRUR 2000, 972; a.A. *Spindler*, NJW 1997, 3193, 3196; *ders.*, CR 2001, 329, welcher dolus directus für erforderlich hält.
31   OLG Köln, CR 2002, 50.
32   OLG Koblenz, Internet World 9/02, 55.
33   BGH, NJW 1994, 2289 zu § 826 BGB.

ausreichend, dass sich der Anbieter der positiven Kenntnis trotz starker Verdachtsmomente verschließt, damit aus dem Verdacht nicht Gewissheit wird.

Fraglich ist in diesem Zusammenhang, ob bereits die Kenntniserlangung durch Abmahnung ausreicht, um das Haftungsprivileg nach § 10 Satz 1 Nr. 1 TMG auszuschließen. Bei Beantwortung dieser Frage darf nicht übersehen werden, dass die Haftungsprivilegierung gem. § 10 Satz 1 Nr. 2 TMG auch dann entfällt, wenn der Diensteanbieter trotz Kenntnis der Informationen oder rechtswidrigen Handlungen keine Sperrung oder Löschung veranlasst. Der Begriff der Kenntnis in Nr. 2 ist – in Abgrenzung zu Nr. 1 – weiter und umfasst mit Blick auf sec. 512 (c) (I) DMCA auch das Wissen, welches sich aus dem Erhalt einer „proper notification of claimed infringement" ergibt. Liegt demnach eine schriftliche, hinreichend konkrete und substantiierte Beanstandung vor, welche zur Identifizierung der rechtswidrigen Informationen ausreicht und deren Auffinden im Netz ohne großen personellen und finanziellen Aufwand ermöglicht, so sind die Umstände oder Inhalte als bekannt zu betrachten[34]. Der Erhalt einer Abmahnung dürfte die vorgenannten Voraussetzungen regelmäßig erfüllen und daher zu einem Ausschluss der §§ 8-10 TMG und einer Schadensersatzhaftung nach allgemeinen Regeln führen.

826

Probleme bereiten in diesem Zusammenhang die Fragen der Kenntniszurechnung. Wer muss in arbeitsteiligen Organisationen Kenntnis erlangen? Grundsätzlich kann eine Wissenszurechnung nur über Organe und zuständige Mitarbeiter, nicht aber Laufburschen oder unzuständige Abteilungen erfolgen. Hier können die Grundsätze zum Beginn der Dringlichkeitsfrist im einstweiligen Verfügungsverfahren durch Kenntnisnahme von einem Rechtsverstoß in Unternehmen[35] übertragen werden. Basiert die Unkenntnis auf mangelnder Koordination innerhalb arbeitsteiliger Organisationen, so handelt es sich um ein Organisationsverschulden, das zu einer Beweislastumkehr führt. Kenntnis wird dann vermutet, da es Aufgabe des Unternehmens ist, Risiken von Wissensdefiziten aufgrund mangelnder Übermittlung durch geeignete organisatorische Maßnahmen entgegenzuwirken. In Einzelfällen kann der Einwand fehlender Kenntnis auch rechtsmissbräuchlich sein[36]. Darüber hinaus greifen die allgemeinen Grundsätze der Wissenszurechnung nach §§ 30, 31 BGB[37].

827

Besonders problematisch ist angesichts der von der Richtlinie intendierten möglichst großzügigen Privilegierung der Diensteanbieter auch die Wissenszurechnung im Konzern. Es erscheint richtig, – in Anlehnung an die Rechtsgrundsätze des § 8 Abs. 2 UWG – die Kenntnis der Tochtergesellschaft dem Mutterkonzern stets dann zuzurechnen, wenn der beanstandete Content in den gewerblichen Tätigkeitsbereich der Muttergesellschaft fällt und diese tatsächlichen Einfluss auf den Geschäftsbetrieb der Tochter nimmt. Eine umgekehrte Zurechnung von der Mutter- auf die Tochtergesellschaft kommt hingegen nicht in Betracht.

828

---
34 Vgl. auch *Spindler*, MMR 2001, 737, 741.
35 Vgl. nur *Köhler*, in: *Köhler/Bornkamm*, Wettbewerbsrecht, 33. Auflage 2015, § 11 Rdnr. 1.27; *Feddersen*, in: *Teplitzky*, Wettbewerbsrechtliche Ansprüche und Verfahren, 11. Auflage 2015, Kap. 54 Rdnr. 29b.
36 Vgl. beispielsweise BGH, NJW 1977, 581; BGH, NJW 1997, 1775; jeweils zu § 407 BGB.
37 Zur Wissenszurechnung bei der GmbH vgl. *Kieser/Kloster*, GmbHR 2001, 176.

829 In **Fall 26** wirkt S adäquat kausal an der Aufrechterhaltung des nicht genehmigten Internet-Glücksspiels unter der Domain www.goldenjackpot.com unter Verstoß gegen § 33d GewO und § 284 StGB mit. Schon aus der Wortbedeutung von „golden jackpot" erschließt sich für S der Inhalt der Website. S hat sich bei der zuständigen Registrierungsstelle als Domain-Inhaber registrieren lassen und sich als „technical contact" und „zone contact" zur Verfügung gestellt. Er betreibt darüber hinaus einen der zwei für die Registrierung vorausgesetzten Domainname-Server. Dort wird die vom User eingegebene Domain, unter der ein Content abrufbar ist, in die für die technische Erreichbarkeit im Internet erforderliche IP-Adresse des Zielrechners umgesetzt und hierdurch der Zugang zu dem rechtswidrigen Angebot überhaupt erst herbeigeführt.

Es ist nun zu prüfen, ob eine Verantwortlichkeit von S nach den Bestimmungen der §§ 7 ff. TMG auszuschließen ist. Dies setzt voraus, dass eine der in §§ 7-10 TMG geregelten Dienstleistungen von S erbracht wird. S fällt aber unter keine der dort beschriebenen Dienstleistungen. Weder ist er Content-Provider und hält eigene Informationen zur Nutzung bereit (§ 7 Abs. 1 TMG), noch ist er Hostprovider i.S.d. § 10 TMG. Zwar wirkt die Übersetzung der Domain in die IP-Adresse an der Nutzungsmöglichkeit des von V ins Netz gestellten rechtswidrigen Content mit, dies ist jedoch eine rein technische Mitwirkung und keine Speicherung inhaltlicher Informationen i.S.d. § 10 Abs. 1 TMG. S kann ebenfalls nicht das Haftungsprivileg des § 8 TMG in Anspruch nehmen. Er ist kein reiner Access-Provider. Dies würde voraussetzen, dass er von einem Nutzer eingegebene Informationen in einem Kommunikationsnetz übermittelt oder den Zugang zu einem Kommunikationsnetz vermittelt (vgl. Art. 12 Abs. 1 E-Commerce-Richtlinie). Weder die Registrierung einer Domain noch der Betrieb eines Domainname-Servers erfüllt diese Voraussetzungen. Die Haftungsfilter des Telemediengesetzes greifen nicht, sodass S nach den allgemeinen Gesetzen sowohl auf Unterlassung als auch auf Schadensersatz haftet und strafrechtlich verantwortlich ist[38], sofern ihm die jeweils erforderliche Form des Verschuldens nachzuweisen ist.

4. Unterlassungs- und Beseitigungsansprüche[39]

830 Selbstverständlich ist ein Diensteanbieter, der selbst rechtswidrige Inhalte zur Nutzung bereithält, zur Unterlassung und Beseitigung dieser Inhalte verpflichtet. Diese Pflicht folgt direkt aus den einschlägigen allgemeinen Gesetzen[40].

831 Fraglich ist indessen, ob für denjenigen Diensteanbieter, der fremde Informationen speichert, zum Abruf bereithält oder übermittelt, die Haftungsfreistellung der §§ 8-10 TMG auch im Fall der verschuldensunabhängigen Haftung auf Unterlassung und Beseitigung gilt. Hierzu ist weder dem Wortlaut des TMG noch der E-Commerce-Richtlinie eine eindeutige Aussage zu entnehmen. Allerdings enthalten die Art. 12 Abs. 3, 13 Abs. 2, 14 Abs. 3 E-Commerce-Richtlinie, wonach durch den jeweiligen Artikel „die Möglichkeit unberührt" bleibt, „dass ein Gericht oder eine Verwaltungsbehörde nach der Rechtsordnung der Mitgliedstaaten vom Diensteanbieter verlangt, die Rechtsverletzung abzustellen oder zu verhindern", einen Hinweis darauf, dass Unterlassungs- und Beseitigungsansprüche als von der Richtlinie mitumfasst angesehen werden können. Auch zeigt ein Vergleich mit der korrespondierenden Regelung des DMCA, auf den zur historischen Auslegung nicht zuletzt wegen der gemeinsamen Entstehungsgrundlagen[41] zurückgegriffen werden kann, dass eine Haftungsfreistellung für die Haftung auf

---

38 Ebenso OLG Hamburg, CR 2000, 385, 386 – goldenjackpot.com.
39 Hierzu grundlegend *Spindler/Volkmann*, WPR 2003, 1 ff.
40 Z.B. § 8 Abs. 1 Satz 1 UWG, §§ 14 Abs. 5, 15 Abs. 4 MarkenG, § 823 Abs. 1 i.V.m. § 1004 BGB.
41 Sowohl der DMCA als auch die E-Commerce-Richtlinie gehen auf zwei Verträge der WIPO aus dem Jahr 1996 zurück: WIPO Copyright Treaty und WIPO Performances and Phonograms Treaty.

Unterlassung nicht ausgeschlossen werden sollte: Nach sec. 512 (j) DMCA sind von der Haftungsprivilegierung – abgesehen von einigen Ausnahmen[42] – auch „injunctions" erfasst.

Der Bundesgerichtshof[43] hat diese Argumente jedoch verworfen und vertritt die Auffassung, dass die §§ 8 ff. TMG gerade nicht auf Unterlassungsansprüche anwendbar seien und hierfür vielmehr die allgemeinen, von der deutschen Rechtsprechung entwickelten Grundätze zur Anwendung kämen. Der BGH verweist auf den Wortlaut des § 10 Satz 1 TMG, der von „Verantwortlichkeit" spreche, womit die strafrechtliche Verantwortlichkeit und Schadenersatzhaftung gemeint sei. Eine Herleitung dieser These erfolgt jedoch nicht, was umso misslicher deshalb ist, weil sowohl die E-Commerce-Richtlinie, als auch die korrespondierenden Regelungen des DMCA in die entgegengesetzte Richtung weisen. Ebenso wenig überzeugend ist der Hinweis auf § 7 Abs. 2 Satz 2 TMG, der gerade nicht Unterlassungsansprüche, sondern lediglich Beseitigungsansprüche regelt. 832

Nach den allgemeinen Bestimmungen haftet zunächst derjenige, der eine Rechtsverletzung begangen hat, also beispielsweise eine gefälschte Ware anbietet oder in Verkehr bringt oder aber in Werbung benutzt (z.B. § 14 Abs. 3 Nr. 2 u. 5 MarkenG). Darüber hinaus haftet derjenige, der Teilnehmer einer derartigen Tat ist. Die typischerweise in Betracht kommende Gehilfenstellung setzt aber zumindest bedingten Vorsatz voraus, der das Bewusstsein der Rechtswidrigkeit einschließen muss[44]. Sofern bei einem Drittstörer diese Voraussetzungen nicht nachgewiesen werden können, kommen die Grundsätze der Störerhaftung zur Anwendung. Wer, ohne Täter oder Teilnehmer zu sein, in irgendeiner Weise willentlich und adäquat kausal zur Verletzung eines geschützten Guts beiträgt, kann als Störer auf Unterlassung in Anspruch genommen werden. Weil die Störerhaftung aber nicht über Gebühr auf Dritte erstreckt werden darf, die nicht selbst die rechtswidrige Beeinträchtigung vorgenommen haben, setzt die Haftung des Störers die Verletzung von Prüfungspflichten voraus. Deren Umfang bestimmt sich danach, ob und inwieweit dem als Störer in Anspruch Genommenen nach den Umständen eine Prüfung zuzumuten ist[45]. 833

Der Bundesgerichtshof[46] sieht – mit dem EuGH[47] – die Grenze einer jeden Prüfungspflicht bei Onlinesachverhalten dort, wo das Geschäftsmodell des Betroffenen in Frage 834

---

42 Von sec. 512 (j) DMCA ausgenommen und damit stets möglich ist die Zugangssperre einer Website auf dem Providersystem, die personenbezogene Zugangssperre durch Kündigung des Vertrags mit dem Kunden und sind sonstige Maßnahmen, die der Vermeidung von Rechtsverletzungen auf einer konkreten Website durch einen konkreten Inhalt dienen.
43 Ständige Rechtsprechung seit BGH, MMR 2004, 668, 671 – Internetversteigerung I; MMR 2007, 507, 509 – Internetversteigerung II.
44 BGHZ 148, 13, 17 – ambiente.de; MMR 2004, 668, 671 – Internetversteigerung I.
45 BGH, GRUR 1997, 313, 315 – Architektenwettbewerb; GRUR 1999, 418, 419 – Möbelklassiker; CR 2001, 850 – ambiente.de; MMR 2004, 668, 671 – Internetversteigerung I; MMR 2007, 507, 509 – Internetversteigerung II; BGH, GRUR 2010, 633 Rn. 10 ff. – Sommer unseres Lebens; BGHZ 191, 19 – Stiftparfüm, Rn. 20; BGH, GRUR 2013, 1030 Rn. 28 – File- Hosting-Dienst; BGH, GRUR 2015, 485 – Kinderhochstühle im Internet III; BGH, WRP 2015, 1501 – Posterlounge, zitiert nach juris, Rdnr. 46.
46 BGH, MMR 2004, 668, 671 – Internetversteigerung I; GRUR 2013, 1229 Rdnr. 47 – Kinderhochstühle im Internet II.
47 EuGH, GRUR 2011, 1025 Rdnr. 139 – L'Oréal/eBay; WRP 2012, 429 ff. – SABAM/Netlog.

gestellt würde. Eine Haftung entspräche in diesen Fällen auch nicht den Grundsätzen, nach denen Unternehmen sonst für Rechtsverletzungen haften, zu denen es auf einem von ihnen eröffneten Marktplatz – etwa in den Anzeigenrubriken einer Zeitung oder im Rahmen einer Verkaufsmesse – kommt. Indes müsste der Betroffene, auch ohne Störer zu sein, immer dann, wenn er auf eine klare Rechtsverletzung hingewiesen werde, das konkrete Angebot, das die Rechtsverletzung enthält, unverzüglich sperren und Vorsorge dafür treffen, dass es zu gleichartigen Rechtsverletzungen zukünftig nicht mehr kommt. Von Forenbetreibern und Internetmarktplätzen wird dann die Anwendung von Filtersoftware verlangt, die durch Eingabe von entsprechenden Suchbegriffen Verdachtsfälle aufspürt, die dann manuell überprüft werden müssen[48]. Die Grenze des Zumutbaren ist dann erreicht, wenn keine Merkmale vorhanden sind, die sich zur Eingabe in ein Suchsystem eignen.

835 Für den Bereich des Wettbewerbsrechts hat der Bundesgerichtshof bereits 2004[49] angekündigt, dass er das Institut der Störerhaftung zur Begründung der Passivlegitimation für den Unterlassungsanspruch überdenkt und in diesem Bereich die Passivlegitimation allein nach den deliktsrechtlichen Kategorien der Täterschaft und Teilnahme begründen möchte. Diesen Weg hat der BGH in der Entscheidung „jugendgefährdende Medien bei eBay"[50] beschritten; er knüpfte an die im allgemeinen Deliktsrecht entwickelte Figur der Verkehrssicherungspflicht an und übertrug diese auf das Wettbewerbsrecht: Wer durch sein Handeln im geschäftlichen Verkehr die ernsthafte Gefahr begründet, dass Dritte durch das Wettbewerbsrecht geschützte Interessen von Marktteilnehmern verletzen, sei aufgrund einer wettbewerbsrechtlichen Verkehrspflicht dazu verpflichtet, diese Gefahr im Rahmen des Möglichen und Zumutbaren zu begrenzen. Wer in dieser Weise gegen eine wettbewerbsrechtliche Verkehrspflicht verstößt, ist Täter einer unlauteren Wettbewerbshandlung. Im konkreten Fall wurden jugendgefährdende Medien auf den Auktionsplattformen von eBay angeboten. eBay habe durch die Eröffnung einer Plattform eine ganz erhebliche Gefahr geschaffen, dass jugendgefährdende Schriften auch gegenüber Jugendlichen verkauft werden können. Dies schaffe eine wettbewerbsrechtliche Verkehrssicherungspflicht, den Verkauf im Rahmen des Möglichen zu unterbinden. eBay sei hiernach nicht nur verpflichtet, das konkrete Angebot unverzüglich zu sperren, sondern müsse auch zumutbare Vorsorgemaßnahmen treffen, damit es möglichst nicht zu weiteren gleichartigen Rechtsverletzungen kommt.

836 Diese Rechtsprechung ist allerdings nicht auf die Verletzung absoluter Rechte (z.B. Markenrechte oder Urheberrechte) übertragbar. Täterschaftliche Handlungen setzen dort regelmäßig die Verwirklichung von spezialgesetzlich verbotenen Handlungen voraus, wie z.B. das Anbieten, Inverkehrbringen, Bewerben, Ins-Netz-Stellen, Uploaden oder Downloaden. Wer eine Verkehrssicherungspflicht verletzt, mag sich dadurch wettbewerbswidrig verhalten. Er verletzt damit aber regelmäßig noch keine spezialgesetz-

---

48 BGH, MMR 2007, 507, 511 – Internetversteigerung II.
49 BGH, CR 2004, 763 ff. – Internetversteigerung I.
50 BGH, WRP 2007, 1173 ff. – jugendgefährdende Medien bei eBay.

lichen Verbote. Somit bleibt es für den Bereich der gewerblichen Schutzrechte und des Urheberrechts bei den beschriebenen Grundsätzen der Störerhaftung[51].

5. Haftung des Inhabers eines Internetanschlusses

Downloads bei einem Filesharingdienst sind rechtswidrig. Will der Berechtigte den downloadenden User in Anspruch nehmen, scheitert er regelmäßig daran, dass er zwar die IP-Adresse des genutzten Internetanschlusses ermitteln kann, nicht aber, welche konkrete Person den Anschluss genutzt hat. Dementsprechend versuchen die Rechteinhaber, die Inhaber von Internetanschlüssen zur Kontrolle und Haftung für die Nutzung ihrer Anschlüsse zu verpflichten. Daher wundert es nicht, dass die von der Rechtsprechung geschaffenen Grundsätze zur Haftung des Inhabers eines Internetanschlusses allesamt anhand von Filesharing-Fällen entwickelt wurden. Die im Folgenden dargestellten Grundsätze treffen auf alle Arten von Internetanschlüssen zu, unabhängig davon, ob sie mit einem WLAN-Router betrieben werden oder nicht.

837

a) Vermutung für eine Verantwortlichkeit des Anschlussbetreibers

Zunächst muss derjenige, der behauptet, dass eine Rechtsverletzung über einen Internetanschluss begangen wurde, darlegen, dass der Anschlussbetreiber hierfür als Täter verantwortlich ist[52]. Steht fest, dass die Rechtsverletzung über einen bestimmten Internetanschluss begangen wurde, spricht nach der Rechtsprechung des BGH eine tatsächliche Vermutung für die Täterschaft des Inhabers[53].

838

Diese Vermutung ist nur dann unbegründet, wenn zum Zeitpunkt der Rechtsverletzung auch andere Personen den Anschluss benutzen konnten. Letzteres wäre auch nicht zu beanstanden, da der Inhaber eines Internetanschlusses frei ist, jedwedem Dritten die Nutzung seines Anschlusses zu erlauben[54]. Allerdings kann sich der Anschlussinhaber nicht darauf zurückziehen, einfach die Nutzung seines Anschlusses durch Dritte zu behaupten, um einer Verantwortlichkeit zu entgehen[55]. Erforderlich ist vielmehr, dass die Möglichkeit der Täterschaft eines Dritten detailliert dargelegt und bewiesen wird, um die Vermutung zu entkräften[56]. Hierzu muss der WLAN-Betreiber insbesondere vortragen und beweisen, um welche Personen und Umstände der Internetnutzung es sich handelt[57].

839

---

51 OLG Hamburg, GRUR-Prax 2016, 44; BGH, GRUR 2013, 1030 Rdnr. 28 – File-Hosting Dienst; BGH, CR 2004, 763 ff. – Internetversteigerung I.
52 BGH, GRUR 2013, 511 ff. – Morpheus, zitiert nach juris, Rdnr. 32.
53 BGH, GRUR 2014, 657 ff. – BearShare, zitiert nach juris, Rdnr. 15.
54 BGH, GRUR 2010, 633 ff. – Sommer unseres Lebens, zitiert nach juris, Rdnr. 15.
55 So aber LG Rostock, MMR 2014, 341, 342.
56 OLG München, WRP 2016, 385 ff. – Load; OLG Köln, GRUR-RR 2014, 281 ff. – walk this way.
57 BGH, WRP 2016, 57 ff. – Tauschbörse I; WRP 2016, 66 ff. – Tauschbörse II; WRP 2016, 73 ff. – Tauschbörse III.

b) Haftung für Minderjährige

840 Einen weiteren Baustein in der BGH-Rechtsprechung zur Haftung des Inhabers eines Internetanschlusses stellt die Entscheidung Morpheus[58] dar. Ein 13-jähriges Kind hatte an Musiktauschbörsen teilgenommen. Die Eltern hatten ihren über WLAN betriebenen Internetanschluss auch ihren Kindern zur Verfügung gestellt. Auf dem Computer des 13-jährigen Sohnes wurde das Tauschbörsenprogramm Morpheus gefunden. Die Eltern wurden wegen Verletzung der Aufsichtspflicht gem. § 832 Abs. 1 BGB in Anspruch genommen, da sie den Minderjährigen nicht ausreichend überwacht hätten. Der BGH konkretisierte die Pflichten von Eltern als Betreiber eines Internetanschlusses gegenüber minderjährigen Kindern dahingehend, dass diese nicht zur Beaufsichtigung der Internetnutzung des Kindes verpflichtet seien. Ausreichend sei vielmehr, dass Eltern das Kind über die mit der Internetnutzung verbundene Gefahr von Rechtsverletzungen belehrten, wobei sich Inhalt und Umfang der Belehrung nach Art und Einsichtsfähigkeit des jeweiligen Kindes richteten[59]. Kontrollmaßnahmen seien erst erforderlich, wenn konkrete Anhaltspunkte für eine rechtsverletzende Nutzung des Internetanschlusses durch das Kind bestünden. Eine generelle Kontrollpflicht widerspräche der gesetzlichen Wertung des § 1626 Abs. 2 Satz 1 BGB, wonach Eltern ihre Kinder zu selbstverantwortlichem Handeln erziehen sollten.

c) Haftung für volljährige Familienangehörige

841 Kann der Anschlussinhaber vortragen und beweisen, dass sein Anschluss auch von volljährigen Familienangehörigen genutzt wird, geht der BGH sogar noch einen Schritt weiter[60]. Der Inhaber eines Internetanschlusses ist hiernach grundsätzlich nicht verpflichtet, volljährige Familienangehörige über die Rechtswidrigkeit einer Teilnahme an Internettauschbörsen und von sonstigen Rechtsverletzungen im Internet zu belehren. Er muss ihnen die Nutzung derartiger Dienste auch nicht verbieten. Mit Blick auf das grundrechtlich geschützte (Art. 6 Abs. 1 GG) besondere Vertrauensverhältnis zwischen Familienangehörigen und auf die Eigenverantwortung von Volljährigen dürfe ein Anschlussinhaber einem volljährigen Familienangehörigen seinen Internetanschluss überlassen, ohne diesen zuvor zu belehren[61]. Dies gelte nicht nur für die Überlassung eines Internetanschlusses durch einen Ehepartner an den anderen Ehepartner, sondern auch für die Überlassung des Internetanschluss von Eltern oder Stiefeltern an ihre volljährigen Kinder oder Stiefkinder[62].

---

58 BGH, GRUR 2013, 511 ff. – Morpheus.
59 BGH, GRUR 2013, 511 ff. – Morpheus, zitiert nach juris, Rdnr. 21.
60 BGH, GRUR 2014, 657 ff. – BearShare, zitiert nach juris, Rdnr. 24, 27.
61 BGH, GRUR 2014, 657 ff. – BearShare, zitiert nach juris, Rdnr. 27.
62 BGH, GRUR 2014, 657 ff. – BearShare, zitiert nach juris, Rdnr. 28.

Nicht entschieden ist, ob diese Grundsätze auch bei Überlassung des Internetanschlusses an andere, dem Anschlussinhaber nahestehende volljährige Personen, wie etwa Freunde oder Mitbewohner entsprechend gelten soll[63]. 842

d) Ungesicherter privater WLAN-Router

Wer seinen Internetanschluss mit einem WLAN-Router versieht, eröffnet sich und Dritten die Möglichkeit eines mobilen, kabellosen Zugangs zum Internet. Dies wirft die Frage auf, ob der Betreiber des WLANs – regelmäßig der Inhaber des Internetanschlusses – für Rechtsverletzungen Dritter im Internet haftet. 843

Der Betreiber eines WLAN-Anschlusses haftet für Rechtsverletzungen nicht als Täter, weil der Betrieb eines WLAN-Anschlusses nicht den Tatbestand des öffentlichen Zugänglichmachens, § 19a UrhG, oder das Merkmal des Anbietens im Markenrecht[64] erfüllt. Ebenso ist es nicht möglich, den WLAN-Betreiber wie den privaten Inhaber eines Mitgliedskontos bei eBay zu behandeln. Letzterer muss sich so behandeln lassen, als habe er selbst gehandelt, wenn er das Konto nicht hinreichend vor dem Zugriff Dritter gesichert hat und es von einem Dritten genutzt wird, ohne dass der Kontoinhaber dies veranlasst oder geduldet hat[65]. Die bei der Verwahrung der Zugangsdaten für das Mitgliedskonto gegebenenfalls gegebene Pflichtverletzung stellt danach einen eigenen, selbstständigen Zurechnungsgrund dar. Dies ist mit der Nutzung eines WLAN-Anschlusses durch außenstehende Dritte nicht vergleichbar. Der IP-Adresse kommt nämlich keine mit einem eBay-Konto vergleichbare Identifikationsfunktion zu. Anders als Letzteres ist sie keinem konkreten Nutzer zugeordnet, sondern nur einem Anschlussinhaber, der grundsätzlich dazu berechtigt ist, beliebigen Dritten Zugriff auf seinen Internetanschluss zu gestatten[66]. 844

Daher greift die Rechtsprechung des BGH zur Störerhaftung. Dem Betreiber des privaten WLAN-Anschlusses wird abverlangt, jedenfalls die im Kaufzeitpunkt seines Routers für den privaten Bereich marktüblichen Sicherungen ihrem Zweck entsprechend wirksam einzusetzen[67]. Diese Verpflichtung trifft ihn ab Inbetriebnahme des Routers. Verletzt er diese „Verkehrssicherungspflicht", so haftet er schon deshalb für eine Rechtsverletzung, die über seinen Internetanschluss begangen wird. Unterlässt er die Aktualisierung der Sicherungstechnik durch spätere Updates, soll dies unschädlich sein[68], weil dem Anschlussbetreiber die damit verbundenen Umstände nicht zumutbar seien. Damit ist der Anschlussbetreiber auch nicht verpflichtet, die Routersoftware und die dort zur Verfügung gestellten Verschlüsselungsmethoden – auch soweit sie kostenlos zur Verfügung gestellt werden – zu aktualisieren. 845

---

63 Dafür: OLG Frankfurt, GRUR-RR 2008, 7374; OLG Köln, GRUR-RR 2012, 329, 331; OLG Düsseldorf, Urteil vom 5.3.2013, 20 U 63/12, zitiert nach juris, Rdnr. 29.
64 BGHZ 158, 236, 250 – Internetversteigerung I.
65 BGHZ 180, 134 ff., Rdnr. 16 – Halzband.
66 BGH, GRUR 2010, 633 ff. – Sommer unseres Lebens, zitiert nach juris, Rdnr. 15.
67 BGH, GRUR 2010, 633 ff. – Sommer unseres Lebens, zitiert nach juris, Rdnr. 23.
68 BGH, GRUR 2010, 633 ff. – Sommer unseres Lebens, zitiert nach juris, Rdnr. 23.

e) Haftung des gewerblichen WLAN-Betreibers

846 Da die BGH-Rechtsprechung „Sommer unseres Lebens" nur auf private WLAN-Betreiber anwendbar ist, stellt sich die Frage, wie ein gewerblicher WLAN-Betreiber z.B. in Hotels, in Ferienwohnungen oder auf Campingplätzen zu behandeln ist. Hierzu existiert bisher keine höchstrichterliche Rechtsprechung. Instanzentscheidungen gibt es zu WLANs in Hotels. Zum Teil[69] wird es für hinreichend gehalten, wenn der Hotelinhaber kein ungesichertes WLAN betreibt und das eingerichtete Internet Gateway die Zugriffsmöglichkeiten teilweise beschränkt. Teilweise wird verlangt[70], dass der Hotelier seinen Gästen eine rechtswidrige Internetnutzung untersagt. Für eine Ferienwohnung hat das LG Frankfurt entschieden, dass eine Untersagung rechtswidriger Internetnutzung ebenfalls ausreichend sei[71].

f) WLAN an öffentlichen Plätzen

847 Die Internetnutzung „unterwegs", also im öffentlichen Bereich, findet zu einem Großteil über das Mobilfunknetz statt. Eine intensive Nutzung mit hohen Datenraten, wie sie z.B. zum Streaming benötigt wird, ist durch die Tarifgestaltung der Mobilfunkanbieter – jedenfalls in größerem Umfang – ausgeschlossen. Frei zugängliche WLANs, die dem User einfach, also ohne Internet Gateway, Netzzugang verschaffen, gibt es in Deutschland praktisch nicht. Der Grund hierfür ist die Rechtsprechung des BGH zur Störerhaftung, die eine Anwendung des Haftungsprivilegs des Access-Providers nach § 8 TMG bestreitet.

848 Der Bundesregierung ist das Problem bewusst – eine adäquate Lösung hat sie indes bisher nicht gefunden. Stattdessen hat sie im Juni 2015 den modifizierten Entwurf eines zweiten Gesetzes zur Änderung des TMG vorgelegt[72], wonach in § 8 TMG neue Absätze 3 und 4 geschaffen werden sollen. § 8 Abs. 3 TMG-E sieht danach vor, dass WLAN-Betreiber das Haftungsprivileg der §§ 8 Abs. 1 und 2 TMG für sich in Anspruch nehmen können, wenn sie Dritten einen Internetzugang zur Verfügung stellen. Gem. Abs. 4 des Entwurfs können sie dann nicht für eine rechtswidrige Nutzung in Anspruch genommen werden, wenn sie angemessene Sicherungsmaßnahmen gegen unberechtigten Zugriff ergriffen haben und den Zugang nur dem Nutzer gewähren, der sich bereit erklärt, keine Rechtsverletzungen zu begehen.

849 Der Gesetzentwurf ändert daher an der bestehenden Rechtslage wenig. Weiterhin müsste ein WLAN verschlüsselt sein und über einen Internet Gateway die Erklärung des Nutzers abrufen, dass dieser keine Rechtsverletzungen begehe. Dies ist die schlechteste aller Möglichkeiten. Nutzungsberechtigten wird die Möglichkeit, Rechtsverletzer ausfindig zu machen, genommen, weil diese über das WLAN nicht mehr ermittelbar

---

69 AG Hamburg, CR 2014, 536 ff.
70 So LG Frankfurt, Urteil vom 18.8.2010, 2-6 S 19/09, zitiert nach juris, Rdnr. 12.
71 LG Frankfurt, GRUR-RR 2013, 507 ff., zitiert nach juris, Rdnr. 17.
72 Mitteilung der Kommission TRIS/(2015) 01779, Notifizierungsnummer 2015/305/D.

6. Gegendarstellungs- und Widerrufsanspruch gegenüber Telemedienanbietern

sind. Für den User des WLAN wird die umständlichste und unkomfortabelste Möglichkeit des Internetzugangs geschaffen.

In diesem Zusammenhang ist von besonderem Interesse, dass das LG München I die Frage, unter welchen Voraussetzungen der Betreiber eines offenen WLAN das Haftungsprivileg des § 8 TMG in Anspruch nehmen kann, dem EuGH zur Vorabentscheidung vorgelegt hat[73]. Das LG München I ist der Auffassung, dass der Betreiber eines ungeschützten öffentlichen WLAN im Falle der Rechtsverletzung im Internet eines Users dem Berechtigten nicht auf Unterlassung und Schadensersatz haftet[74]. Wenn der EuGH diese Rechtsauffassung des LG München I teilt, wird sich die deutsche Rechtsprechung zur Haftung des WLAN-Betreibers völlig neu finden müssen.

850

6. Gegendarstellungs- und Widerrufsanspruch gegenüber Telemedienanbietern

Weder im TMG noch in der E-Commerce-Richtlinie findet sich eine Regelung zum Gegendarstellungs- oder Widerrufsanspruch gegenüber Diensteanbietern; auch dem DMCA ist keine dem § 56 RStV[75] entsprechende Vorschrift zu entnehmen. Ausgehend vom Zweck der Richtlinie, die Vollharmonisierung der Provider-Haftung zu forcieren, stellt sich die Frage, ob neben dem TMG noch Raum für Gegendarstellungs- und Widerrufsansprüche bleibt. Den Art. 12 Abs. 3, 13 Abs. 2, 14 Abs. 3 E-Commerce-Richtlinie, wonach „die Möglichkeit unberührt" bleibt, „dass ein Gericht oder eine Verwaltungsbehörde nach der Rechtsordnung der Mitgliedstaaten vom Diensteanbieter verlangt, die Rechtsverletzung abzustellen oder zu verhindern", lässt sich hierzu entnehmen, dass weitergehende nationale, von der Richtlinie nicht erfasste Ansprüche nicht ausgeschlossen werden sollten, sodass einer Anwendbarkeit der allgemeinen Vorschriften nichts im Wege steht.

851

a) Der Gegendarstellungsanspruch

Der presserechtliche Gegendarstellungsanspruch, wie er beispielsweise in § 11 LPresseG-BW niedergelegt ist, greift nur gegenüber Printmedien. Auf Telemedien sind die Norm und ihre landesrechtlichen Entsprechungen[76] nicht anwendbar, denn sie setzt eine gegendarstellungsfähige Erstveröffentlichung in einem „periodischen Druckwerk" voraus. Für elektronische Medien existiert eine parallele Vorschrift in § 56 RStV, vormals § 14 MDStV. Der Gegendarstellungsanspruch besteht hiernach nicht gegen

852

---

73 LG München I, GRUR-Int. 2014, 1166 ff. – Bring mich nach Hause.
74 Der EuGH entscheidet demnächst unter dem Aktenzeichen C-484/14. Der Generalanwalt *Szpunar* hat diese Auffassung in seinen Schlussanträgen am 16.3.2016, Tz. 137 ff., bestätigt.
75 Mediendienstestaatsvertrag vom 20.1.-10.4.1997, GBl. BW, S. 181, zuletzt geändert durch Art. 3 des 6. Rundfunkänderungsstaatsvertrages vom 20./21.12.2001, GBl. BW, S. 208, gültig seit 1.7.2002.
76 Vgl. hierzu *Sedelmeier*, in: *Löffler*, Presserecht, 6. Auflage 2015, § 11 LPG mit Verweis auf die unterschiedlichen Gesetzesfassungen in den Bundesländern.

jedes Telemedienangebot, das ins Internet eingestellt wird. Der Anspruch ist vielmehr beschränkt auf journalistisch-redaktionell gestaltete Angebote, in denen insbesondere vollständig oder teilweise Inhalte periodischer Druckerzeugnisse in Text oder Bild wiedergegeben werden. Der Gegendarstellungsanspruch richtet sich damit gegen die „elektronische Presse". Diese zeichnet sich dadurch aus, dass sie verschiedene Informationen oder Meinungen sammelt und aufbereitet und dem User nach der redaktionellen Gestaltung ein einheitliches Produkt übermittelt[77]. Fehlt es hingegen an einer redaktionellen Gestaltung, etwa bei einer reinen Zusammenstellung von Informationen, vergleichbar einem Register oder einer Datenbank, greift der Gegendarstellungsanspruch nicht ein. Erforderlich ist weiter, dass der Diensteanbieter redaktionell bearbeitete Informationen bei gleichmäßiger Aktualisierung im Internet veröffentlicht. So hat das LG Düsseldorf[78] eine Klage auf Gewährung des Gegendarstellungsanspruchs zurückgewiesen, weil es an der Periodizität der Aktualisierung des Internetangebotes fehlte.

853 Ist jedoch der Anwendungsbereich des RStV eröffnet, so bedarf ein Gegendarstellungsanspruch nach § 56 RStV nur des Vorliegens einer Tatsachenbehauptung; darüber hinausgehende Anforderungen, wie etwa der Verstoß gegen ein Schutzgesetz, sind – im Gegensatz zum Widerrufsanspruch – nicht zu erfüllen. Insbesondere wird weder der Wahrheitsgehalt der Erstmitteilung noch der Gegendarstellung geprüft. Lediglich dann, wenn die Gegendarstellung offensichtlich unwahr ist, ihre Unrichtigkeit allgemein bekannt „auf der Hand liegt" und dies auch der unbefangene Leser unschwer feststellen kann, kann ausnahmsweise kein berechtigtes Interesse an der Veröffentlichung der Gegendarstellung bestehen[79].

854 Die Anforderungen an die konkrete Ausgestaltung der Gegendarstellung ist der Norm des § 56 RStV zu entnehmen. Die Gegendarstellung ist ohne Einschaltungen und Weglassungen in gleicher Aufmachung wie die Tatsachenbehauptung anzubieten. Sie ist solange wie die Tatsachenbehauptung in unmittelbarer Verknüpfung mit ihr anzubieten. Wird die Tatsachenbehauptung nicht mehr angeboten oder endet das Angebot vor Aufnahme der Gegendarstellung, so ist die Gegendarstellung an vergleichbarer Stelle solange anzubieten, wie die ursprünglich angebotene Tatsachenbehauptung. Eine Erwiderung muss sich auf tatsächliche Angaben beschränken und darf nicht unmittelbar mit der Gegendarstellung verknüpft werden.

b) Der Widerrufsanspruch

855 Der Widerrufsanspruch hat keine spezialtatbestandliche Ausprägung gefunden, sodass für Telemedien auf die übliche Analogie zu der eigentumsrechtlichen Vorschrift des

---

77 So *Mann*, in: *Spindler/Schuster*, Recht der elektronischen Medien, 3. Auflage 2015, § 56 RStV Rdnr. 7; *Mann/Smid*, in: *Spindler/Schuster*, Recht der elektronischen Medien, 7. Teil Rdnr. 9 ff.
78 LG Düsseldorf, NJW-RR 1998, 1633.
79 *Sedelmeier*, in: *Löffler*, Presserecht, 6. Auflage 2015, § 11 LPG Rdnr. 63; *Soehring/Hoene*, Presserecht, 5. Auflage 2013, § 29 Rdnr. 14.

§ 1004 BGB zurückgegriffen werden muss[80]. Es ist mithin unerheblich, ob die Informationen redaktionell bearbeitet sind und periodisch erscheinen oder nur sporadisch Erneuerung finden und lediglich werbenden, aber keinen meinungsbildenden Charakter haben. Der Widerrufsanspruch setzt als Folgenbeseitigungsanspruch neben der Unwahrheit der behaupteten Tatsache grundsätzlich das Vorliegen einer Rechtsgutverletzung i.S.d. §§ 823, 824 BGB voraus. In Betracht kommen neben strafrechtlichen Tatbeständen nach §§ 185 ff. StGB primär Persönlichkeitsverletzungen, wie etwa die Verletzung des Urheberpersönlichkeitsrechts nach § 13 UrhG durch Leugnen der wahren Urheberschaft eines Werks. Des Weiteren kann aber auch ein quasi-negatorischer Widerrufsanspruch aus § 8 Abs. 1 Satz 1 UWG in Betracht kommen, wenn die unwahre Tatsachenbehauptung zugleich eine geschäftliche Handlung darstellt. Mangels spezialtatbestandlicher Ausprägung stellt sich die Frage, nach welchen Kriterien sich die Art und Dauer des Widerrufsanspruchs zu bemessen hat. Die aus dem Presserecht bekannten Grundsätze bedürfen im Internet insofern einer Modifikation, als Internetpublikationen in der Regel eher sporadisch und in größeren Zeitabständen aktualisiert werden und die User nicht täglich oder zumindest in regelmäßigen Abständen dieselben Websites besuchen, sondern eher willkürlich und in größeren Abständen durch das Web surfen. Angesichts dieser Tatsache ist es angebracht, die Dauer der Veröffentlichung des Widerrufs auf mehrere Wochen auszuweiten.

7. Haftung für Hyperlinks

Hyperlinks stellen nicht nur das Herzstück des Internet, sondern auch ein rechtlich nicht leicht zu fassendes Phänomen dar. Eine Bestimmung innerhalb der Haftungsregeln des TMG sucht man vergeblich. Bemerkenswerterweise hat aber auch die Kommission bei der Fassung der E-Commerce-Richtlinie zum Thema Hyperlink der Mut verlassen. Offensichtlich getraute man sich nicht, die Möglichkeiten der Verlinkung im Internet ebenso ambitioniert zu regeln wie das Herkunftslandprinzip. Die juristische Diskussion ist daher nach wie vor kontrovers und erfolgt zum Teil ohne ausreichende Beachtung der §§ 7 ff. TMG bzw. deren Vorgängernormen. Das LG Hamburg[81] hat die Verantwortlichkeit eines Linksetzenden für eine Ansammlung ehrverletzender Hyperlinks ohne Anwendung von § 5 TDG a.F. bejaht. Die Störereigenschaft des Linksetzenden wurde dadurch begründet, dass dieser durch die Linksetzung Kontrollpflichten für die verlinkte Website übernommen habe.

856

Der Versuch, durch einen allgemeinen Disclaimer eine Haftungsfreistellung zu erreichen, kann nicht gelingen. Ein Disclaimer kann nämlich überhaupt nur Wirkung erzielen, wenn er mit dem Verhalten und dem übrigen Internetauftritt seines Verwenders übereinstimmt. Ergibt sich aber aus dem Internetauftritt eine Beziehung zwischen

857

---

80 Vgl. *Damm/Rehbock*, Widerruf, Unterlassung und Schadensersatz in Presse und Rundfunk, 3. Auflage 2008, Rdnr. 849 ff.
81 LG Hamburg, MMR 1998, 547. Selten ist ein Urteil gründlicher missverstanden worden. Das Urteil ist nie rechtskräftig geworden und betont gerade die Folgenlosigkeit eines allgemeinen Disclaimers.

dem Verwender des Disclaimers und dem Link, so kann der Disclaimer diese Beziehung gerade nicht konterkarieren und bleibt wirkungslos. Hieran ändert auch der – unzutreffende – Hinweis auf vermeintliche Rechtsprechung des LG Hamburg[82] nichts.

858 Hyperlinks sind zunächst Hinweise auf fremden Content und stellen höchstens eine Aufforderung des Linksetzenden dar, sich die entsprechende Information nicht auf der eigenen Website des Linksetzenden zu verschaffen, sondern von einer fremden Website abzurufen. Der Hyperlink ist insoweit nichts anderes als eine Karteikarte in einem Bibliothekskatalog. Dies allein begründet keine Verantwortlichkeit. Im Gegenteil: Hyperlinks sind Teil des Wesens des Internet und das integrale Merkmal dieses Mediums, da sie direkt Zugang zu verwandten Themengebieten oder weitergehenden Informationen und Anwendungen eröffnen[83]. In den USA wurde sogar ausdrücklich ein „right to hyperlink" anerkannt[84]. Hyperlinks sind keine eigenen Inhalte des Linksetzenden[85]. Eine Anwendung von § 7 Abs. 1 TMG scheidet daher regelmäßig ebenso aus wie eine Anwendung von § 10 TMG[86]. Der Linksetzende speichert nämlich auch keine fremden Inhalte wie ein Hostprovider. Es bleibt daher nur, § 8 Abs. 1 TMG zu prüfen. Hier ließe sich sicherlich argumentieren, der Linksetzende vermittele den Zugang zur Nutzung des fremden Content. Indes ist fraglich, ob ein Linksetzender die weiteren Voraussetzungen des § 8 Abs. 1 TMG erfüllt. Durch das Setzen des Link leistet er zumindest einen Tatbeitrag zur Übermittlung des Content, er veranlasst die Übermittlung. Ebenso werden durch das Setzen des Link die Adressaten der übermittelten Information ausgewählt. Dies sind die Besucher seiner Website. Nicht nur der Wortlaut, auch der Zweck des § 8 TMG widerspricht einer direkten Anwendung. So soll die Bestimmung Provider privilegieren, die in der Regel automatische Dienstleistungen erbringen, bei der sie regelmäßig keine Kenntnis der weitergeleiteten oder gespeicherten Informationen besitzen und diese auch nicht kontrollieren. Der Linksetzende hat aber zumindest im Zeitpunkt der Errichtung des Link volle Kenntnis bzw. Kenntnismöglichkeit des verlinkten Inhalts. Das Setzen des Link ist willentlich gesteuert und nicht rein automatischer Art. Auch trifft er im Hinblick auf den fremden Content eine eigene Entscheidung, nämlich die, diesen mit seiner Website zu verknüpfen. Auch dies spricht gegen eine direkte Anwendung von § 8 TMG.

859 Gleichwohl beherrscht derjenige, der einen Hyperlink setzt, den fremden Content nicht. Er kann den fremden Content auch nicht verändern. Im Gegenteil: Er kann letztlich nur den Verweis technisch aufrechterhalten oder entfernen. Insofern vermittelt er tatsächlich nur den „technischen Zugang" zum fremden Content. Der Informationsreichtum des Internet basiert außerdem geradezu auf der Möglichkeit der Verlinkung von Content. Die Nutzung dieses Kommunikations- und Wissenspotenzials könnte stark beeinträchtigt werden, wenn der Preis für das Setzen eines Link in einer vorab nicht genau abschätzbaren Haftung für fremden Content nach den jeweiligen nationa-

---

82 Vgl. LG Hamburg, MMR 1998, 547.
83 Hierzu *Kochinke/Tröndle*, CR 1999, 190 m.w.N.
84 Vgl. die Entscheidung American Civil Liberties Union vs. Miller (43 U.S.P.Q. 2 dd 1356 [N.D.Ga. 1997], zitiert nach *Wiebe*, CR 1999, 524, 525.
85 *Flechsig/Gabel*, CR 1998, 351, 354.
86 *Spindler*, MMR 2002, 495, 498; a.A. *Bettinger/Freytag*, CR 1998, 545, 549.

len Bestimmungen unter Einschluss des Herkunftslandsprinzips im EU-Raum liegen würde. Solange noch keine Spezialnorm für das Hyperlinking besteht[87], bietet sich daher eine Analogie zu § 8 Abs. 1 TMG an. Nachdem die EU-Kommission die Regelung des Hyperlink absichtlich unterlassen hat, besteht die erforderliche Regelungslücke. Die Ratio des § 8 TMG ist auf den Hyperlinksetzenden übertragbar. Auch er vermittelt letztlich den Zugang zur Nutzung des fremden Content und hat keine Einwirkungsmöglichkeit auf diesen Content.

Selbstverständlich sind Fälle denkbar, in denen aus dem Umfeld und dem Zweck des Hyperlink etwas anderes zu schließen ist[88]. Macht sich der Linksetzende den Inhalt des Hyperlink – wie oben beschrieben – zu eigen, identifiziert er sich sonst mit dem Inhalt oder verwendet er eine Technik, die den User nicht erkennen lässt, dass er beim Anklicken des Link auf eine fremde Website gelangt, hat er sich den Inhalt der Website selbstverständlich zurechnen zu lassen. Hier kommt eine Anwendung des § 7 Abs. 1 TMG in Betracht[89]. **860**

Der Bundesgerichtshof ist einen anderen Weg gegangen. Mit der hier vertretenen Auffassung gelangt er zunächst zu dem Ergebnis, dass die Bestimmungen der §§ 7 ff. TMG nicht direkt anwendbar sind[90]. Statt einer Analogie befürwortet der Bundesgerichtshof die Anwendung der allgemeinen Grundsätze der Störerhaftung. Er sieht in der als Hyperlink ausgestalteten Angabe einer Internetadresse eine objektive Unterstützung des dortigen Content. Die Prüfungspflichten, die einem Linksetzenden nach den Grundsätzen der mittelbaren Störerhaftung obliegen, richteten sich nach dem Gesamtzusammenhang, in dem der Hyperlink verwendet wird, sowie danach, welche Kenntnis der den Link Setzende von Umständen hat, die dafür sprechen, dass die Website, auf die der Link verweist, rechtswidrigem Handeln diene[91]. Da schon beim Setzen des Hyperlink keine Prüfungspflicht verletzt werde, kann eine Störerhaftung begründet sein, wenn der Hyperlink aufrechterhalten bleibt, obwohl eine nunmehr zumutbare Prüfung, insbesondere nach Abmahnung oder Klageerhebung, ergeben hätte, dass mit dem Hyperlink ein rechtswidriges Verhalten unterstützt wird[92]. Im Rahmen der Zumutbarkeit prüft der BGH schließlich, ob sich die Erkenntnis der Rechtswidrigkeit der verlinkten Website hätte „aufdrängen müssen"[93]. **861**

Damit führt die Entscheidung des Bundesgerichtshofs zu einer massiven Verantwortung des Linksetzenden. Seine umfassenden Prüfungspflichten, denen er in zumutbarer Weise nachkommen muss, werden ihn veranlassen, genau zu überlegen, ob ein Hyperlink erforderlich ist. Verlinkungen stellen geradezu das Herzstück des Internet dar und machen die unbeherrschbare Informationsvielfalt beherrschbarer. Insofern **862**

---

87 So auch BGH, MMR 2004, 529, 530 – Schöner Wetten.
88 Vgl. hierzu *Kloos*, CR 1999, 46, 47.
89 So auch *Engels/Köster*, MMR 1999, 522, 523; *Altenhain*, AfP 1998, 457, 459; *Peltz*, ZUM 1998, 531, 532; *Spindler*, NJW 1997, 3193, 3194 m.w.N.
90 BGH, MMR 2004, 529, 530 – Schöner Wetten.
91 BGH, GRUR 2016, 209 ff. Rdnr. 23 ff. – Haftung für Hyperlink.
92 BGH, MMR 2004, 529, 531 – Schöner Wetten.
93 BGH, GRUR 2016, 209 ff. Rdnr. 23 ff. – Haftung für Hyperlink; BGH, MMR 2004, 529, 532 – Schöner Wetten; ebenso OLG München, CR 2009, 191, 193.

schränkt der Bundesgerichtshof die Attraktivität der Nutzung des Mediums Internet massiv ein – und dies ohne Not. Auf den zweiten Blick nämlich wird kaum ein Linksetzender, der sich einen Inhalt nicht zu eigen macht, in die Gefahr geraten, dass sich ihm der rechtswidrige Inhalt einer Website aufdrängen müsste. Im Ergebnis kommt der Bundesgerichtshof daher zu ähnlichen Ergebnissen wie die vertretene Auffassung, die deswegen vorzugswürdig ist, weil sie eine klare Regelung darstellt, die auf User nicht abschreckend wirkt.

863 Soll die europaweite Rechtsunsicherheit hinsichtlich der tatsächlichen Haftbarkeit von Linksetzenden beendet werden, so kann dies letztlich nur durch Schaffung einer speziellen Haftungsnorm – wie sie für die USA in sec. 512 (d) DMCA als „right to hyperlink" besteht – erreicht werden[94].

864 In **Fall 27** verstößt der Content, auf den der Hyperlink von S verweist, gegen § 4 Nr. 5 JMStV. S kann als Störer zumindest auf Unterlassung in Anspruch genommen werden, da er durch Setzen des Hyperlink die Verbreitung des gewaltverherrlichenden Content über seinen Internetauftritt erst ermöglicht und dadurch auch gefördert hat. Es besteht für ihn auch eine zumutbare Möglichkeit der Kontrolle des verlinkten Content. S haftet damit nach allgemeinen Bestimmungen auch über § 3a UWG unter dem Gesichtspunkt des Bruchs einer wertbezogenen Norm. Dies kann von der Zentrale zur Bekämpfung unlauteren Wettbewerbs gem. § 8 Abs. 3 Nr. 2 UWG geltend gemacht werden. Zu fragen ist jedoch, ob nicht der Haftungsfilter der §§ 7 ff. TMG greift. Der Bundesgerichtshof verneint diese Frage. Die Gegenauffassung prüft zunächst, ob sich S durch den Hyperlink den Content auf der Website des Herstellers von Wasserpistolen zu eigen macht. Dies hängt von der konkreten Ausgestaltung des Link, insbesondere des Umfelds, ab, in den er eingestellt ist. Ersetzt der Link beispielsweise die Beschreibung der angebotenen Wasserpistole, ist naheliegend, dass sich S den fremden Content zu eigen macht. Dieses Zu-Eigen-Machen endet aber in jedem Fall mit der Veränderung des Content auf der verlinkten Website. Da S die gewaltverherrlichenden Inhalte der dortigen Website nicht kennt, konnte er sie sich auch nicht zu eigen machen. Ob S in den Genuss eines Haftungsprivilegs gelangt, hängt davon ab, ob das Setzen des Hyperlink unter § 8 oder § 10 TMG zu subsumieren ist. Nach der hier vertretenen Auffassung ist das Setzen eines Hyperlink nicht als Speichern von fremdem Content i.S.d. § 10 TMG zu bewerten. Schon nach dem Wortlaut fehlt es hierzu an einem Speichervorgang. Es ist eher zu fragen, ob S nicht den Zugang zur Nutzung des fremden Content vermittelt und daher § 8 Abs. 1 TMG zu prüfen ist. Schon nach dem Wortlaut des § 8 Abs. 1 TMG bereitet indes Schwierigkeiten, den Linksetzenden hierunter zu subsumieren. S hat zwar den Zugang zur Nutzung des fremden Content vermittelt, er hat jedoch durch Setzen des Hyperlink die Übermittlung des Content an den User zumindest mit veranlasst und den Adressaten der übermittelten Information mit ausgewählt. Auch greift der Zweck der Vorschrift, automatisierte Übermittlungsdienste, bei denen der Anbieter regelmäßig keine Kenntnis über die weitergeleitete oder gespeicherte Information besitzt, zu privilegieren, nicht. Zumindest beim Setzen des Hyperlink hat der Linksetzende positive Kenntnis des Inhalts, auf den er verlinkt. Seine Tätigkeit ist auch nicht rein automatischer Art. Gleichwohl sollte § 8 TMG hier analog angewandt werden, da sowohl eine Regelungslücke besteht und die Ratio des § 8 TMG auf den Hyperlinksetzenden anwendbar ist. Bejaht man diese Lösung, wäre S gem. § 7 Abs. 2 Satz 2 TMG lediglich zur Sperrung des Link und damit zur Unterlassung verpflichtet.

---

94 *Schmitz/Dierking*, CR 2006, 420, 428.

8. Haftung der Suchmaschinenbetreiber

a) Grundsätze

Die Aufgabe der Betreiber von Suchmaschinen besteht darin, durch Eingabe von Stichwörtern ein Verzeichnis relevanter Websites zu erstellen, welches sich dadurch auszeichnet, dass es nach Häufigkeit der gesuchten Stichworte sortiert ist. Der User kann unmittelbar mittels Aktivierung der darin gesetzten Hyperlinks die gesuchte Website aufrufen. Bei der Frage nach der Verantwortlichkeit der Suchmaschinenbetreiber für die fremden Informationen, auf die durch Aufnahme der entsprechenden Website in ihre Verzeichnisse verwiesen wird, ist entscheidend, dass der Betreiber einer Suchmaschine eine eigenständige Leistung erbringt, welche über einen adäquat kausalen Beitrag zur Rechtsverletzung eines anderen hinausgeht. Er erstellt mit Hilfe von robots und crawlern ein Verzeichnis, indem er Daten auswählt, Dubletten eliminiert, Kommentare anfügt und ein Ranking der Websites nach Häufigkeit des gesuchten Begriffs erstellt.

865

Unterlassungsansprüche sind nach der oben dargestellten Rechtsprechung des Bundesgerichtshofs an den allgemeinen Regeln der Störerhaftung zu prüfen. Auch bei konsequenter Anwendung der Vorfiltertatbestände nach §§ 7 ff. TMG[95] kann dem Betreiber einer Suchmaschine keine Haftungsprivilegierung zugesprochen werden: Er übermittelt keine Inhalte und gewährt auch nicht den Zugang zur Nutzung von Inhalten. § 8 Abs. 1 TMG ist daher nicht anwendbar. Er ist allerdings auch kein Hostprovider, da er keine fremden Inhalte speichert. Insofern kommt auch § 10 TMG nicht zur Anwendung. Das Verzeichnis enthält vielmehr „eigene Informationen" i.S.d. § 7 Abs. 1 TMG über den Inhalt fremder Websites, sodass der Suchmaschinenbetreiber – mangels einer eigenständigen Regelung, wie etwa sec. 512 (d) DMCA – nach allgemeinen Regeln haftet[96].

866

Die kennzeichen- und wettbewerbsrechtliche Störereigenschaft erfordert neben der adäquat kausalen Mitwirkung an einer Rechtsverletzung aber zusätzlich, dass dem Suchmaschinenbetreiber zumutbar war, die Inhalte auf Rechtsverletzungen zu überprüfen[97]. Dies ist zu verneinen. Die gigantische Menge an Content im Internet hat gerade zur Notwendigkeit von Suchmaschinen geführt[98]. Ihre Aufgabe ist es, Inhalte ausfindig zu machen, unabhängig von ihrer rechtlichen Bewertung. Würde man einen Suchmaschinenbetreiber verpflichten, nach allen in Betracht kommenden Rechtsordnungen den von ihm ermittelten Inhalt zu prüfen, würde man ihn organisatorisch und finanziell überfordern. Der Betrieb einer Suchmaschine wäre auch mit Blick auf Zeitdauer und Kosten einer rechtlichen Prüfung nicht mehr funktionsgerecht möglich[99].

867

---

95 Dies übersieht das LG München I, CR 2001, 46.
96 Dies übersieht das OLG Hamburg, CR 2011, 667 ff. – Suchmaschinenbetreiber, zitiert nach juris, Rdnr. 113, wenn es ausführt, dem User sei offensichtlich, dass die Suchmaschine nach fremden Inhalten suche und daher keine eigenen Inhalte bereithalte. Dennoch kommt das OLG Hamburg zum richtigen Ergebnis der Anwendbarkeit der allgemeinen Grundsätze der Störerhaftung.
97 BGH, GRUR 1997, 909 – Branchenbuchnomenklatur; LG München I, CR 2001, 46, 47.
98 So auch BGH, CR 2003, 920 – Paperboy; OLG Hamburg, CR 2007, 330, 331.
99 So auch OLG Hamburg, CR 2011, 667 – Suchmaschinenbetreiber, zitiert nach juris, Rdnr. 140; LG München I, CR 2001, 46; OLG Hamburg, CR 2007, 330, 331.

Auch offensichtliche Rechtsverletzungen fallen dem Suchmaschinenbetreiber daher bei funktionsgerechtem Betrieb seines Dienstes nicht auf. Eine andere Beurteilung kann sich auch nicht daraus ergeben, dass für den Anbieter der Suchmaschine ein eigener kreativer Gestaltungsspielraum bei der Generierung von Clicks besteht[100]. Denn eine (Mit-)Störerhaftung setzt ein finales Zu-Eigen-Machen der fremden Inhalte voraus. Sobald der Suchmaschinenbetreiber Kenntnis von einem offensichtlich rechtswidrigen Inhalt erhält, hat er ihn zu sperren[101].

b) Autocomplete

868 Suchmaschinen können mit einer sog. Autocomplete-Funktion als ergänzender Service für den User ausgestattet sein. Mit deren Hilfe werden dem User während der Eingabe seiner Suchbegriffe variierend mit der Reihenfolge der eingegebenen Buchstaben in einem sich daraufhin öffnenden Fenster automatisch verschiedene Suchvorschläge („Predictions") in Form von Wortkombinationen angezeigt. Die im Rahmen dieser Suchergänzungsfunktion angezeigten Suchvorschläge werden auf der Basis eines Algorithmus ermittelt, der unter anderem die Anzahl der von anderen Nutzern zuvor eingegebenen Suchanfragen einbezieht. Suchen beispielsweise viele User den Namen einer Person und verbinden dies mit dem Begriff „Betrug", so kann bei Eingabe des besagten Namens durch einen Dritten die Autocomplete-Funktion als Vorschlag besagten Namen in Verbindung mit dem Begriff „Betrug" anzeigen.

869 Nicht nur die Gattin des ehemaligen Bundespräsidenten Wulff fand bei Eingabe ihres Namens Suchvorschläge ehrverletzender Art vor. In einem vom BGH entschiedenen Fall wurde bei Eingabe des Namens eines Internetunternehmers durch die Autocomplete-Funktion der Suchmaschine die Wortkombination seines vollen Namens mit „Scientology" bzw. „Betrug" angezeigt[102]. Der BGH wies zunächst zutreffend darauf hin, dass die Bereitstellung der Autocomplete-Funktion nichts mit der Frage zu tun hat, ob ein Suchmaschinenbetreiber eigene Inhalte oder fremde Inhalte anzeigt. Jedenfalls die Autocomplete-Funktion stelle eine eigenständige Dienstleistung des Suchmaschinenbetreibers mit eigenen Inhalten dar[103]. Eine derartige Dienstleistung anzubieten, sei ohne Weiteres zulässig, insbesondere ziele das Angebot auch nicht von vornherein auf eine Rechtsverletzung ab. Nur durch das Hinzutreten eines bestimmten Nutzerverhaltens könnten ehrverletzende Begriffsverbindungen entstehen. Einem Suchmaschinenbetreiber könne daher kein aktives Fehlverhalten, sondern grundsätzlich nur vorgeworfen werfen, keine hinreichenden Vorkehrungen getroffen zu haben, um zu verhindern, dass die von der Software generierten Suchvorschläge Rechte Dritter verletzen[104].

---

100 Dahingehend LG Frankfurt a.M., NJW-RR 2002, 336.
101 Im Ergebnis ebenso OLG Hamburg, CR 2011, 667 – Suchmaschinenbetreiber, zitiert nach juris, Rdnr. 143; KG, MMR 2006, 393 ff. – für eine Meta-Suchmaschine; LG Berlin, MMR 2005, 786 ff.; LG München I, CR 2001, 46.
102 BGH, GRUR 2013, 751 ff. – Autocomplete.
103 BGH, GRUR 2013, 751 ff. – Autocomplete, zitiert nach juris, Rdnr. 20.
104 BGH, GRUR 2013, 751 ff. – Autocomplete, zitiert nach juris, Rdnr. 26.

Entsprechend dem etablierten Haftungskonzept für Plattformbetreiber stellt der BGH zunächst fest, dass der Betreiber einer Suchmaschine nicht verpflichtet ist, die im Rahmen der Autocomplete-Funktion generierten Suchergänzungsvorschläge vorab auf etwaige Rechtsverletzungen zu überprüfen. Dies würde die Autocomplete-Funktion unmöglich machen, jedenfalls unzumutbar erschweren. Man möge für bestimmte Bereiche, wie etwa Kinderpornografie, eine Filterfunktion für erforderlich halten, eine solche könne jedoch niemals alle denkbaren Fälle einer Persönlichkeitsrechtsverletzung abdecken und sei damit unzumutbar. Daher treffe den Suchmaschinenbetreiber erst eine Prüfungspflicht, wenn er Kenntnis von einer Rechtsverletzung erlangt[105]. Der BGH hat sich nicht dazu geäußert, was unter „Kenntnis der Rechtsverletzung" zu verstehen ist. Geht es, wie auch in anderen Fällen, um offensichtliche Rechtsverletzungen, die leicht erkennbar sind oder soll der Suchmaschinenbetreiber geltend gemachte Ansprüche selbstständig rechtlich untersuchen? Das OLG Köln, das im Nachgang zur Autocomplete-Entscheidung des BGH wieder mit dem dort entschiedenen Fall betraut war, entschied sich für die umfassende Prüfungspflicht des Suchmaschinenbetreibers[106]. Es verwundert nicht, dass die Sache wiederum beim BGH anhängig ist[107].

870

c) Recht auf Vergessenwerden?

Ein bekanntes Bonmot sagt, das Internet vergesse nichts. Gemeint ist damit, dass Inhalte, die ins Netz gestellt werden, durch Vervielfältigungsvorgänge und Verlinkungen „irgendwo" auf einem Server gespeichert bleiben. Dies ist technisch mit der Netzwerkstruktur und der Hyperlinktechnologie zwingend verbunden. Hiervon abzugrenzen ist die Frage, ob einem Suchmaschinenbetreiber abverlangt werden kann, Informationen aus einem Index zu entfernen und den Zugang zu diesen Daten in Zukunft zu verhindern. Ein solcher Fall hat den EuGH beschäftigt. Ein spanischer Staatsangehöriger hatte eine katalonische Tageszeitung sowie Google verklagt. Bei Eingabe seines Namens in die Suchmaschine wurde den Internetnutzern Links zu zwei – mehrere Jahre alten – Seiten der katalonischen Tageszeitung angezeigt, die eine Anzeige enthielten, in der unter Nennung seines Namens auf die Zwangsversteigerung eines Grundstücks im Zusammenhang mit einer wegen Forderungen der Sozialversicherung erfolgten Pfändung hingewiesen wurde. Die Ursprungsveröffentlichung in der katalonischen Tageszeitung war insoweit zutreffend und rechtmäßig. Der Betroffene machte geltend, die perpetuierte Veröffentlichung ihn betreffender Informationen über Jahre verstieße gegen datenschutzrechtliche Bestimmungen.

871

Der EuGH entschied, dass die Verarbeitung personenbezogener Daten im Rahmen des Betriebs einer Suchmaschine unter die Datenschutz-Richtlinie[108] falle[109]. Art. 12

872

---
105 BGH, GRUR 2013, 751 ff. – Autocomplete, zitiert nach juris, Rdnr. 30.
106 OLG Köln, CR 2014, 385 ff., zitiert nach juris, Rdnr. 47.
107 BGH, Az. VI ZR 224/14.
108 Richtlinie 95/46/EG des Europäischen Parlaments und des Rats vom 24.10.1995 zum Schutz natürlicher Personen bei der Bearbeitung personenbezogener Daten und zum freien Datenverkehr; ABl. EU L 281, S. 31.
109 EuGH, GRUR-Int. 2014, 719 ff., Rdnr. 60.

lit. b der Richtlinie sieht einen Löschungsanspruch des Betroffenen vor, wenn die Verarbeitung seiner personenbezogenen Daten nicht den Bestimmungen der Richtlinie entspricht. Nach Art. 7 der Richtlinie ist die Verarbeitung personenbezogener Daten zulässig, wenn sie zur Verwirklichung eines berechtigten Interesses dient und nicht die Grundrechte der betroffenen Person überwiegen. Der EuGH sieht im Betrieb einer Internetsuchmaschine eine Gefahr für personenbezogene Daten. Die Ergebnisliste einer Suchmaschine ermögliche es jedem Internetnutzer, einen strukturierten Überblick über die zu einer betreffenden Person im Internet zu findenden Informationen zu erhalten, die potenziell zahlreiche Aspekte von deren Privatleben betreffen und ohne die Suchmaschine nicht oder nur sehr schwer hätten miteinander verknüpft werden können[110]. Ein derartiger Eingriff erhalte wegen der Ubiquität des Internet eine besondere Schwere. Der Suchmaschinenbetreiber könne daher durchaus verpflichtet sein, Links zu von Dritten veröffentlichten Internetseiten mit Informationen zu der betroffenen Person zu entfernen, auch wenn der Name oder die Information auf diesen Internetseiten nicht vorher oder gleichzeitig gelöscht werden und gegebenenfalls auch dann, wenn ihre Veröffentlichung auf den Internetseiten als solche rechtmäßig ist. Entscheidend sei aber eine Abwägung im Einzelfall. Ein Löschungsanspruch käme insbesondere in Betracht, wenn die Daten für die Zwecke, für die sie verarbeitet worden sind, nicht mehr erforderlich sind. Dies sei der Fall, wenn in Anbetracht der verstrichenen Zeit die Information nicht mehr erheblich ist[111].

873 Der EuGH hat damit ein „Recht auf Vergessenwerden" geschaffen, jedenfalls für Informationen, die durch Zeitablauf ihren ursprünglichen Zweck nicht mehr erfüllen. Für den vom EuGH entschiedenen Fall einer alten Zeitungsanzeige betreffend die Zwangsversteigerung eines Grundstücks ist dies gut nachvollziehbar. Da der EuGH aber letztlich eine Einzelfallabwägung anordnet, ist dem betroffenen User nicht wirklich geholfen. Der finanzstarke und rechtlich beratene Suchmaschinenbetreiber wird sich hinter den Unwägbarkeiten einer Einzelfallbeurteilung verschanzen, der User hingegen das Prozesskostenrisiko scheuen.

d) Haftung der E-Mail-Diensteanbieter

874 E-Mail-Diensteanbieter erbringen keine eigenständige Leistung der vorbeschriebenen Art; weder erfolgt eine Auswahl noch eine Kategorisierung der E-Mails. Demnach könnte dem E-Mail-Diensteanbieter grundsätzlich ein Haftungsprivileg nach §§ 7-10 TMG zugute kommen; es sei denn, die Anwendbarkeit des TMG wäre gem. § 1 Abs. 1 TMG für diesen ausgeschlossen. Das wäre der Fall, wenn die entgeltliche Übermittlung von E-Mails als geschäftsmäßiges Erbringen von Telekommunikationsdiensten nach § 3 Nr. 24 oder Nr. 25 TKG zu qualifizieren wäre. Dies ist zu verneinen, da vom Diensteanbieter im Fall der Übermittlung ein Anwendungs- und kein Kommunikationsprotokoll ausgeführt wird. Der E-Mail-Diensteanbieter erbringt eine reine Durchleitungsleistung, für welche ein Haftungsausschluss nach § 8 Abs. 1 TMG in Betracht kommt,

---

110 EuGH, GRUR-Int. 2014, 719 ff., Rdnr. 80.
111 EuGH, GRUR-Int. 2014, 719 ff., Rdnr. 93.

sofern er selbst die Übermittlung nicht veranlasst hat, den Adressaten der Information nicht ausgewählt und die übermittelte Information nicht ausgewählt oder verändert hat. Für Unterlassungsansprüche gelten auch hier die allgemeinen Regeln.

e) Haftung der Pushdiensteanbieter

Unter einem Pushdienst ist die automatisierte Zusammenstellung von Informationen zu verstehen, die auf einen Nutzer zugeschnitten ist und die dieser beim Start seines Systems herunterladen kann bzw. die dann aktualisiert wird. Eine Qualifikation als Durchleitung i.S.d. § 8 Abs. 2 TMG setzt eine „automatische kurzzeitige Zwischenspeicherung" voraus, sodass eine aktuelle Nutzerabfrage nicht mehr vorliegen muss, jedoch die Dauer der Speicherung weiterhin einen Zeitraum von wenigen Stunden nicht überschreiten darf. Eine Haftungsfreistellung nach § 8 Abs. 2 TMG kommt daher nicht in Betracht. Es bleibt allerdings eine Privilegierung als Hostprovider nach § 10 TMG. Unterlassungsansprüche folgen außerhalb der §§ 8 ff. TMG den allgemeinen Regeln.

875

f) Haftung des admin-c

Ein weiteres, kontrovers diskutiertes Thema ist die Haftung des administrativen Ansprechpartners (admin-c), der vom Domain-Inhaber im Rahmen der Domainregistrierung gegenüber dem Registrator üblicherweise genannt werden muss. Es handelt sich stets um Fälle, in denen der Websitebetreiber nicht belangt werden kann – aus welchen Gründen auch immer. Häufig sitzt der Websitebetreiber im Ausland. Sofern dann auch der Domain-Inhaber nicht greifbar ist, werden Ansprüche gegen den administrativen Ansprechpartner für die Domain gerichtet. Der admin-c wird vom Domain-Inhaber gegenüber dem Registrator im Rahmen des Registrierungsvorgangs für die Domain benannt. Er ist beispielsweise gem. Ziff. VIII der DENIC-Registrierungsrichtlinien eine vom Domain-Inhaber benannte natürliche Person, die als sein Bevollmächtigter berechtigt und verpflichtet ist, sämtliche die Domain betreffenden Angelegenheiten verbindlich zu entscheiden und die damit den Ansprechpartner der DENIC darstellt. Er muss in Deutschland ansässig sein und eine ladungsfähige Anschrift haben.

876

Der admin-c leistet keinen Beitrag zu einem vermeintlichen Rechtsverstoß auf der Website, so dass eine Handelndenhaftung ausscheidet. Seine Verantwortlichkeit kann sich daher nur nach den Grundsätzen der Störerhaftung ergeben. Hierbei wird meist übersehen, dass auch die Grundsätze der Störerhaftung einen willentlichen und adäquat kausalen Beitrag des Betroffenen erfordern. Dies wirft die Frage auf, ob die Stellung als Bevollmächtigter eine ausreichende Ursache darstellt, die nach dem typischen Geschehensablauf einen Rechtsverstoß auf einer Website nach sich zieht. Bei mehr als 15 Mio. registrierten .de-Domains ist dies schwerlich zu argumentieren[112].

877

---

112 Vgl. hierzu näher *Wimmers/Schulz*, CR 2006, 754, 760; ebenso OLG Hamburg, CR 2005, 523, 525.

878 Nach Auffassung des BGH leistet jemand dadurch, dass er sich gegenüber einem Domain-Inhaber als admin-c zur Verfügung stellt, einen adäquat kausalen Beitrag zu einer auf der Website begangenen Rechtsverletzung, weil nach den Bestimmungen der DENIC ein ausländischer Antragsteller einen Domainnamen nur registrieren lassen kann, wenn er eine inländische Person als admin-c benennt. Dem admin-c sei es auch rechtlich und tatsächlich möglich, die Rechtsverletzung zu beseitigen. Der admin-c sei nämlich nach den Richtlinien der DENIC berechtigt, den Domainvertrag jederzeit zu kündigen mit der Folge, dass der Domainname gelöscht und damit die Rechtsverletzung auf der dann nicht mehr konnektierten Website beseitigt sei[113]. Allerdings setzte eine Haftung zusätzlich die Verletzung zumutbarer Verhaltenspflichten, insbesondere von Prüfungspflichten voraus. Ob und inwieweit dem als Störer in Anspruch Genommenen eine Prüfung und Verhinderung oder Beseitigung der durch den Dritten drohenden Rechtsverletzung zuzumuten ist, richte sich nach den jeweiligen Umständen des Einzelfalls unter Berücksichtigung seiner Funktion und Aufgabenstellung sowie mit Blick auf die Eigenverantwortung desjenigen, der die rechtswidrige Beeinträchtigung selbst unmittelbar vorgenommen hat. Nach diesen Grundsätzen ergebe sich eine Rechtspflicht zur Überprüfung und Löschung einer Website zwar nicht bereits aus der Stellung als admin-c an sich. Hiergegen sprächen die Funktion und Aufgabenstellung des admin-c sowie die Eigenverantwortung des Domainanmelders. Allerdings komme eine solche Rechtspflicht unter besonderen Umständen in Betracht, in denen besondere Umstände vorliegen, die die Gefahr für Rechtsverletzungen besonders erhöhen. Im vom BGH konkret entschiedenen Fall wurden von einem Domaininhaber freiwerdende Domainnamen in einem automatisierten Verfahren ermittelt und neu bei der DENIC angemeldet. Auf der Ebene des Anmelders und Inhabers des Domainnamens fand also keinerlei Prüfung statt, ob die angemeldeten Domainnamen Rechte Dritter verletzen könnten. Dies und der Umstand, dass diese automatisch und ohne jede Rechtsprüfung angemeldeten Domainnamen durch die DENIC in einem wiederum automatisierten Verfahren eingetragen werden, führe dazu, dass nach diesem Vorbringen eine erhöhte Gefahr besteht, dass rechtsverletzende Domainnamen registriert würden[114].

9. Haftung für user generated content/social media

879 Die Evolution des Internet zum „Web 2.0" führte zunächst dazu, dass Internetforen unterschiedlichster Ausprägung entstanden. Bei eBay, Wikipedia, youtube oder myspace, den Aushängeschildern einer ganzen Generation von Wikis, Blogs, Versteigerungsplattformen, Partnersuchplattformen, Produktbewertungsplattformen oder Videoplattformen, brachten User Inhalte ein, um sie anderen Usern zugänglich zu machen. Diese Plattformen gibt es nach wie vor. Aus ihnen entstanden die sozialen Medien. Auch bei Facebook, Twitter und WhatsApp kommunizieren User miteinander, stellen sich gegenseitig Inhalte zur Verfügung und bewerten Angebote, Produkte, Sendungen etc. Die

---

113 BGH, GRUR 2012, 304 ff., zitiert nach juris, Rdnr. 50.
114 BGH, GRUR 2012, 304 ff., zitiert nach juris, Rdnr. 63; GRUR 2013, 177 ff. – dlg.de.

dabei aufgeworfenen Rechtsfragen sind meist urheberrechtlicher oder persönlichkeitsrechtlicher Natur, für die die allgemeinen Regeln gelten. Dies bedarf deshalb keiner weiteren Vertiefung, weil sich die Frage, ob das Posten eines Fotos das Leistungsschutzrecht des Fotografen (§ 72 UrhG) beeinträchtigt, gleich beantwortet, unabhängig davon, ob das Bild auf eine Website geladen oder in sozialen Medien gepostet wird. Gleiches gilt für persönlichkeitsrechtliche Fragen. Im Folgenden werden daher nur noch für user generated content typische Fragestellungen, insbesondere aus dem Bereich Haftung für Inhalte, angesprochen.

a) Haftung des Postenden

Selbstverständlich gilt, dass derjenige, der ein Foto auf Facebook einstellt oder auf Holidaycheck ein Hotel bewertet, für diesen Inhalt verantwortlich ist. Unterschiede zur realen Welt bestehen insoweit nicht[115]. Solange die Identität des Äußernden bekannt oder für einen vermeintlich Verletzten ermittelbar ist, kann der Äußernde gegebenenfalls auf Unterlassung und Schadensersatz in Anspruch genommen werden. Wenn der Äußernde unter einem Pseudonym auftritt, ist seine Identität typischerweise nicht mehr mit einfachen Mitteln festzustellen. Damit scheitert meist seine rechtliche Inanspruchnahme. 880

Dies ändert aber nichts daran, dass auch die pseudonyme oder gar anonyme Äußerung von der Meinungsäußerungsfreiheit gem. Art. 5 Abs. 1 Satz 1 GG erfasst wird[116]. Die Registrierung unter einer frei wählbaren E-Mail-Adresse nebst Aktivierungslink ist daher als ausreichende Voraussetzung für Äußerungen auf einem Bewertungsportal für Ärzte nicht beanstandet worden[117]. 881

Äußerungen, die Tatsachen betreffen, müssen wahr sein, um unter den Schutz von Art. 5 Abs. 1 Satz 1 GG zu fallen[118]. Die Äußerung ist dabei in ihrem Gesamtzusammenhang zu beurteilen und darf nicht aus dem betreffenden Kontext herausgelöst werden. Wesentlich für die Einstufung als Tatsachenbehauptung ist, ob die Aussage einer Überprüfung auf ihre Richtigkeit mit den Mitteln des Beweises zugänglich ist[119]. Eine Äußerung, in der sich Tatsachen und Meinungen vermengen, wird letztlich anhand ihres Schwerpunkts beurteilt. Äußerungen über Verkäufer bei eBay, Hotels bei Holidaycheck, Lehrer bei spickmich oder Ärzte bei jameda werden meist Tatsachenäußerungen enthalten – aber eben auch Wertungen. In diesem Fall kommt es darauf an, in welchem Gesamtzusammenhang die Äußerung steht und ob sie von „Elementen der Stellungnahme des Dafürhaltens oder Meinens geprägt wird"[120]. So wurden z.B. Lehrer- 882

---

115 *Schilling*, GRUR-Prax 2015, 313.
116 BGH, NJW 2009, 2888; BGH, GRUR 2014, 1228, 1232; *Schilling*, GRUR-Prax 2015, 313.
117 OLG Frankfurt NJW 2012, 2896, zitiert nach juris, Rdnr. 29.
118 BVerfG, NJW 1999, 1322; 2004, 354, 355; BGH, GRUR 1999, 187 ff.
119 BGH, GRUR 1997, 396 ff., zitiert nach juris, Rdnr. 24.
120 BGH, CR 2009, 593 ff. – spickmich.de, zitiert nach juris, Rdnr. 33; BGHZ 132, 13, 21; BVerfGE 85, 1, 15; BVerfG, NJW 2008, 358, 359.

bewertungen als „fachlich kompetent" und „gut vorbereitet" trotz ihres klaren Tatsachenkerns als Meinungsäußerungen beurteilt[121].

b) Haftung des Forenbetreibers

883 In vielen Fällen kann man den sich rechtswidrig Äußernden wegen der Anonymität oder Pseudonymität seiner Äußerung nicht ermitteln bzw. erhält von dem Forenbetreiber nicht die hierfür erforderlichen Informationen. In anderen Fällen hält sich der sich rechtswidrig Äußernde im Ausland auf und ist daher schwer erreichbar. Dann stellt sich stets die Frage, ob nicht der Betreiber des Forums haftet, weil er die Plattform zur Verfügung stellte, durch die die Äußerung erst möglich und über die sie auch verbreitet wurde.

884 Nachdem der BGH in der Entscheidung „Internetversteigerung I"[122] die Verantwortlichkeit des Betreibers eines Onlinemarktplatzes bejahte, sobald er von einer Rechtsverletzung Kenntnis erlangt und diese nicht unverzüglich beseitigt habe, wurde diskutiert, ob diese Grundsätze auf Forenbetreiber übertragbar sind[123]. In der Entscheidung „Katzenfreunde"[124] urteilte der BGH zunächst, dass ein Forenbetreiber, der eine rechtswidrige Äußerung kennt, diese beseitigen müsse. Damit war aber noch nicht entschieden, ob der Forenbetreiber Einträge auf ihre Rechtmäßigkeit überprüfen muss. Ebenso wenig war geklärt, welche Anforderungen an einen Hinweis zu stellen sind, den der Forenbetreiber von einem Betroffenen erhält.

885 Diese Fragen hat der BGH in der Entscheidung „Blogeintrag"[125] geklärt. In dem Verfahren ging es um einen Blogeintrag auf www.blogspot.com, von dessen Betreiber ein Betroffener die Löschung eines konkreten ehrverletzenden Blogs verlangte. Wie auch schon in der Entscheidung „Internetversteigerung I" vertrat der BGH wiederum die Auffassung, dass die Haftungsbeschränkungen des TMG nicht auf Unterlassungsansprüche und Beseitigungsansprüche, sondern nur auf strafrechtliche Verantwortlichkeit und Schadensersatzhaftung anwendbar seien. Wer indes Speicherplatz für User bereitstelle und den Abruf dieser Websites über das Internet ermögliche, trage willentlich und adäquat kausal zur Verbreitung der Äußerung bei, die das allgemeine Persönlichkeitsrecht Dritter beeinträchtigt. Daher müssten in Einklang mit der Rechtsprechung des EuGH[126] die Interessen zwischen dem Marktplatzbetreiber und dem möglichen Betroffenen einer rechtswidrigen Handlung austariert werden. Dies geschehe dadurch, dass dem Marktplatzbetreiber Prüfungspflichten auferlegt werden und er nur im Falle derer Nichterfüllung haftet[127].

---

121 BGH, CR 2009, 593 ff. – spickmich.de
122 BGH, CR 2004,763, 767 – Internetversteigerung I.
123 Vgl. bspw. OLG Hamburg, MMR 2006, 744 ff. – heise.de; OLG Düsseldorf, MMR 2006, 553 ff.
124 BGH, MMR 2007, 518 ff. – Katzenfreunde, zitiert nach juris, Rdnr. 9.
125 BGH, GRUR 2012, 311 ff. – Blogeintrag.
126 EuGH, GRUR 2011, 1025 ff. – L'Oréal-ebay.
127 BGH, GRUR 2012, 311 ff. – Blogeintrag, zitiert nach juris, Rdnr. 24.

Zunächst ist ein Forenbetreiber daher nicht verpflichtet, die von Nutzern in das Netz gestellten Beiträge vor der Veröffentlichung auf eventuelle Rechtsverletzungen zu überprüfen. Sobald er aber Kenntnis von einer vermeintlichen Rechtsverletzung erhält, muss er den Hinweis prüfen und gegebenenfalls zukünftige derartige Verletzungen verhindern, indem er den Blog löscht. Ein Tätigwerden des Forenbetreibers ist aber nur veranlasst, wenn der ihm zugehende Hinweis auf eine Rechtsverletzung so konkret gefasst ist, dass der Rechtsverstoß auf der Grundlage der Behauptung des Betroffenen unschwer, d.h. ohne eingehende rechtliche und tatsächliche Überprüfung, bejaht werden kann. Das konkrete Ausmaß des zu verlangenden Prüfungsaufwands hängt dabei von den Umständen des Einzelfalls ab, insbesondere vom Gewicht der angezeigten Rechtsverletzungen und der Erkenntnismöglichkeiten des Providers auf der anderen Seite[128]. Der BGH verlangt weiter, dass die Beanstandung an den für die Äußerung Verantwortlichen zur Stellungnahme weiterzuleiten ist. Nur wenn der Forenbetreiber gegen diese Grundsätze verstößt, kann er auf Unterlassung in Anspruch genommen werden.

886

Im Bereich kommerzieller Marktplätze sind die Anforderungen des BGH strenger. Hier greift die teilweise besondere Prüfungspflicht des Forenbetreibers nicht erst, wenn er Kenntnis von rechtswidrigen Inhalten erhält. Für kommerzielle Marktplatzbetreiber hat der BGH sogar Prüfungspflichten statuiert. Er unterscheidet nach Aufgabenstellung, Geschäftsmodell, öffentlichem Interesse und der Gewinnerzielungsabsicht des Betreibers[129].

887

Besonders gefährlich ist für einen Forenbetreiber die rechtliche Konstellation, dass er sich Inhalte „zu eigen macht". Der Grund ist, dass dann gem. § 7 Abs. 1 TMG ohne Weiteres eine uneingeschränkte Haftung des Forenbetreibers eintritt. Der Forenbetreiber muss also darauf achten, dass es aus der Sicht eines verständigen Internetnutzers nicht so aussieht, als würde er die redaktionelle Verantwortung für die eingestellten Inhalte übernehmen[130] oder dass ein Beitrag die Meinung des Forenbetreibers wiedergebe[131].

888

So erging es der Rezeptsammelplattform chefkoch.de. In dem vom BGH entschiedenen Fall ging es um Urheberrechtsverletzungen durch Rezepte oder Fotografien, die bei chefkoch.de von Usern hochgeladen werden. Der Betreiber von marions-kochbuch.de beanstandete, dass die urheberrechtlichen Nutzungsrechte an einer Fotografie (§ 72 UrhG) bei ihm lägen. Im konkreten Fall konnte chefkoch.de sich nicht auf die Haftungsprivilegierungen eines Forenbetreibers berufen. chefkoch.de kontrollierte die Abbildungen vor ihrer Freischaltung zusammen mit den Rezepten auf Vollständigkeit und Richtigkeit. Hinzu kam, dass sich chefkoch.de Nutzungsrechte an allen Inhalten, die auf

889

---

128 BGH, GRUR 2012, 311 ff. – Blogeintrag, zitiert nach juris, Rdnr. 26.
129 BGH, WRP 2015, 1326 ff. – Hotelbewertungsportal; BGH, GRUR 2011, 1038, 1039 – ebay; BGH, GRUR 2008, 702, 706 – Internetversteigerung III.
130 BGH, GRUR 2010, 616, 618 – marions-kochbuch.de.
131 BGH, WRP 2015, 1326 ff. – Hotelbewertungsportal; OLG Hamburg, MMR 2006, 744, 745 – heise.de.

die Website eingestellt werden, einräumen ließ. Schließlich waren die Rezepte mit einem Logo von chefkoch.de versehen.

890 Mit ähnlichen Schwierigkeiten hat auch youtube zu kämpfen. Die Hamburger Rechtsprechung[132] hat ein Zu-Eigen-machen aber im Hinblick auf die nur schwache wirtschaftliche Vereinnahmung der Videos, die sich letztlich nur in der Platzierung von Werbung zeigte[133], abgelehnt. Höchstrichterliche Rechtsprechung hierzu steht aber noch aus[134].

c) Wettbewerbsrechtliche Verbreiterhaftung nach § 4 Nr. 2 UWG

891 Kommerzielle Angebote verbinden häufig Produktangebote mit Bewertungen Dritter. Hier stellt sich ergänzend die Frage, ob Betreiber entsprechender Portale wettbewerbsrechtlich nach § 4 Nr. 2 UWG in Anspruch genommen werden können, weil sie über Waren oder Dienstleistungen eines Unternehmens unwahre Tatsachen verbreitet haben. § 4 Nr. 2 UWG kann deshalb eingreifen, weil zwischen dem bewerteten Produkt oder Unternehmen einerseits und dem Portalbetreiber andererseits ein konkretes Wettbewerbsverhältnis besteht[135]. Nach der Rechtsprechung[136] besteht ein konkretes Wettbewerbsverhältnis nämlich schon dann, wenn zwischen den Vorteilen, die eine Partei durch eine Maßnahme für ihr Unternehmen oder das eines Dritten zu erreichen sucht, und den Nachteilen, die die andere Partei dadurch erleidet, eine Wechselwirkung in dem Sinne besteht, dass der eigene Wettbewerb gefördert und der fremde Wettbewerb beeinträchtigt werden kann. Demnach wird bspw. stets ein konkretes Wettbewerbsverhältnis zwischen Händler und Hersteller angenommen[137]. Der BGH hat mit Entscheidung vom 19.3.2015[138] auch für das Wettbewerbsrecht entschieden, dass die Haftung für unwahre Tatsachenbehauptungen Dritter aus § 4 Nr. 2 UWG die Verletzung spezifischer Prüfungspflichten des Portalbetreibers voraussetzt. Auch hier sei eine Vorabprüfung der Nutzerbewertungen durch den Portalbetreiber nicht zumutbar. Erst wenn dieser von einer klaren Rechtsverletzung Kenntnis erlangt hat und diese nicht beseitige, komme eine Inanspruchnahme nach § 4 Nr. 2 UWG in Betracht[139].

---

132 OLG Hamburg, GRUR-Prax 2016, 44; MMR 2011, 49 ff. – Sevenload; LG Hamburg, ZUM 2012, 596 ff., 600 – UGC Streaming.
133 *Schilling*, GRUR-Prax 2015, 313, 314.
134 Der Fall des OLG Hamburg (GRUR-Prax 2016, 44) wird vom BGH unter dem Aktenzeichen I ZR 156/15 verhandelt.
135 KG, CR 2014, 333 ff., zitiert nach juris, Rdnr. 74.
136 BGH, WRP 2014, 1307 ff. – nickelfrei.
137 BGH, GRUR 1984, 204 – Verkauf unter Einstandspreis II; *Köhler/Bornkamm*, UWG, 33. Auflage, 2015, § 2 UWG Rdnr. 103.
138 BGH, Urteil vom 19.3.2015 – I ZR 94/13 – Hotelbewertungsportal.
139 Vgl. hierzu *Schilling*, GRUR-Prax 2015, 313, 315.

10. Ausschluss von Usern aus Internetforen

User, deren Content gegen Rechte Dritter verstößt, riskieren, von Forenbetreibern zur Vermeidung ihrer eigenen Haftung von der weiteren Nutzung des Forums ausgeschlossen zu werden. In Betracht kommt die Sperrung von Nicknames oder gar die Sperrung einer IP-Adresse. Schon vor Jahren hatten sich vereinzelt Gerichte darum bemüht, ein „virtuelles Hausrecht" zu etablieren[140]. Ein derartiges virtuelles Hausrecht könne nicht willkürlich ausgeübt werden, sondern es müssten stets Gründe für den Ausschluss nachgewiesen werden können, die eine „nicht übliche Nutzung" belegten[141]. Für eBay entschied die Rechtsprechung, dass der Grundsatz der Privatautonomie der Versteigerungsplattform jederzeit freistelle, über die Begründung und Aufrechterhaltung von Geschäftsbeziehungen frei zu entscheiden[142]. Aus § 20 GWB könne darüber hinaus kein Kontrahierungszwang abgeleitet werden.

892

Ob es zur Lösung des Problems tatsächlich eines „virtuellen Hausrechts" und einer Analogie zu den Eigentumsvorschriften bedarf, erscheint fraglich. Es fehlt bereits an einer Regelungslücke, weil zwischen Forenbetreiber und Nutzer stets schuldrechtliche Beziehungen bestehen, die das Rechtsverhältnis ausreichend regeln. Nicht jeder Rechtsverstoß in einem Forum berührt auch gleich das Eigentumsrecht des Forenbetreibers. Der User, der auf einer Plattform Content bereitstellt, muss dies zu den vorher vom Forenbetreiber aufgestellten Spielregeln tun. Hält er diese nicht ein, hat der User bestenfalls Anspruch darauf, gemäß den vorher aufgestellten Spielregeln behandelt zu werden. Ansonsten verschafft der Grundsatz der Privatautonomie dem Forenbetreiber die Möglichkeit, das Rechtsverhältnis mit dem User beliebig zu beenden[143]. Einschränkungen ergeben sich für Wettbewerber nach den Grundsätzen über die Pflicht zur Ermöglichung von Testkäufen[144].

893

---

140 LG Bonn, CR 2000, 245 ff.; OLG Köln, CR 2000, 843 ff.; LG München I, CR 2007, 264 ff.
141 LG München I, CR 2007, 264 ff., 265.
142 KG, CR 2005, 818 ff.; OLG Brandenburg, CR 2005, 662 ff.
143 Vgl. zum Ganzen *Feldmann/Heidrich*, CR 2006, 406 ff.
144 Vgl. OLG Hamburg, CR 2007, 597, 598; OLG Hamm, MMR 2009, 269, 270; BGH, GRUR 1991, 843, 844 – Testphotos I.

VIII. Rechtsfragen der Internationalität des Internet

894 — **Fall 28**[1]

Fernsehsender F betreibt ein in Deutschland empfangbares Spartenprogramm für Dokumentationen, insbesondere Tierdokumentationen, unter der Bezeichnung „Planet". Programmanbieter P betreibt in den USA einen Fernsehsender „Animalplanet", auf dem überwiegend Tierfilme ausgestrahlt werden. Er wirbt im Internet unter www.animalplanet.com für sein Programm. F verklagt P auf Unterlassung der Nutzung der Domain animalplanet.com vor dem LG Hamburg. Sind die deutschen Gerichte international zuständig?

895 — **Fall 29**

Das Unternehmen „Gluecksspiel.com B.V." bewirbt den von ihm betriebenen Internetspielsalon mit dem Hinweis, das Angebot richte sich an europäische User, aber nicht an User in der Bundesrepublik Deutschland. Auf der Website selbst wird das deutsche Verbot von Glücksspielen diskutiert und auf deutsche Gerichtsentscheidungen hingewiesen und verlinkt. Auf der Website kann man darüber hinaus als Teilnehmersprache „deutsch" auswählen. Kann „Gluecksspiel.com B.V." in Deutschland wettbewerbsrechtlich angegriffen werden?

896 — **Fall 30**

Das französische Versandhandelsunternehmen F betreibt einen Online-Shop von einem Server in Spanien aus. User U, der in Stuttgart wohnt, tätigt eine Bestellung bei F. Nach Vertragsabschluss reut ihn das Geschäft. Er möchte dieses gerne gem. § 355 BGB widerrufen. Wie ist die Rechtslage?

897 Inhalte, die auf einem Server irgendwo auf der Welt platziert worden sind, können von jedem Punkt der Erde aus abgerufen werden, soweit ein Netzzugang besteht. Nach welcher Rechtsordnung beurteilt sich die Berechtigung zur Nutzung einer Second Level Domain oder von Content, den ein französisches Unternehmen durch einen englischen Provider auf einem Server in der Karibik platziert und der von Deutschland aus von einem Italiener abgerufen bzw. heruntergeladen wird?

898 Die Frage der anwendbaren Rechtsordnung ist mit der Frage des internationalen Gerichtsstands eng verknüpft. Jedes Gericht wendet nämlich nur sein Kollisionsrecht an, sodass das anwendbare Internationale Privatrecht (IPR) daher immer die lex fori ist. Insofern kommt der Frage der internationalen Zuständigkeit erhebliche Bedeutung zu. Da jede Rechtsordnung unterschiedliche kollisionsrechtliche Vorschriften besitzt, hängt die Entscheidung eines Falls möglicherweise sogar davon ab, in welchem Staat die Klage eingereicht wird[2].

---

1 Nach LG Hamburg, MMR 1999, 612 – animalplanet.
2 Vgl. BGH, NJW 1983, 2305; *Schiller*, DB 1987, 81.

1. Internationale Zuständigkeit der deutschen Gerichte, Fremdenrecht

a) Internationale Zuständigkeit der deutschen Gerichte

Richten sich Ansprüche gegen Personen oder Unternehmen, die ihren Wohnsitz/ Unternehmenssitz innerhalb der EU oder des EWR haben, ist vorrangig die EG-Verordnung über die gerichtliche Zuständigkeit und die Anerkennung und Vollstreckung von Entscheidungen in Zivil- und Handelssachen[3] (sog. „Brüssel I-VO", im Folgenden kurz „GVO") sowie das Revidierte Luganer Übereinkommen über die gerichtliche Zuständigkeit und die Vollstreckung gerichtlicher Entscheidungen in Zivil- und Handelssachen[4] bedeutsam[5]. Gem. Art. 4 Abs. 1 GVO kann jede Person an ihrem allgemeinen Gerichtsstand verklagt werden. Für vertragliche Streitigkeiten des E-Commerce sind darüber hinaus Art. 7 Abs. 1a GVO (Erfüllungsort) sowie Art. 17 ff. GVO (Gerichtsstand für Verbrauchersachen)[6] zu erwähnen. Insofern gelten die allgemeinen Grundsätze. Besondere Bedeutung besitzt Art. 7 Abs. 2 GVO, wonach eine unerlaubte Handlung, die von Personen begangen worden ist, die ihren Wohnsitz innerhalb eines Vertragsstaates haben, einen internationalen Gerichtsstand an dem „Ort, an dem das schädigende Ereignis eingetreten ist oder einzutreten droht"[7], begründet. Urheberrechtsverstöße, Markenrechtsverstöße und Wettbewerbsverstöße sind unerlaubte Handlungen im Sinne der Norm[8].

899

Der Ort des schädigenden Ereignisses ist europäisch autonom zu bestimmen. Der EuGH hat entschieden, ein Kläger könne sowohl an dem Ort klagen, an dem ursächliche Tatbestandsmerkmale der unerlaubten Handlung verwirklicht worden seien (Handlungsort), als auch an dem Ort, an dem sich der Schadenserfolg verwirkliche (Erfolgs-

900

---

3 Verordnung (EU) Nr. 1215/1012 des Europäischen Parlaments und des Rates über die gerichtliche Zuständigkeit, Anerkennung und die Vollstreckung gerichtlicher Entscheidungen in Zivil- und Handelssachen vom 12.12.2012, ABl. EG L 351 vom 10.1.2015, S. 1; davor galt die Verordnung (EG) Nr. 44/2001 des Rates vom 22.12.2000 (GVO), ABl. EG L 12 vom 16.1.2001, S. 1; davor war das Brüsseler EWG-Übereinkommen über die gerichtliche Zuständigkeit und die Vollstreckung gerichtlicher Entscheidungen in Zivil- und Handelssachen (EuGVÜ) (Fassung von Donostia/San Sebastian vom 26.5.1989, BGBl. II 1994, S. 519) einschlägig.
4 Revidiertes Luganer Übereinkommen vom 30.10.2007, ABl. EG L 147 vom 10.6.2009, S. 5; davor galt das Luganer Übereinkommen vom 16.9.1988, BGBl. II 1994, S. 2660, in Kraft getreten am 1.3.1995.
5 Das Übereinkommen ist im Verhältnis eines EU-Mitgliedstaats zu Schweiz, Norwegen, Island und Dänemark anwendbar. Da die Vorschriften fast vollständig denen der Brüssel I-VO entsprechen, wird auf dieses Übereinkommen im Folgenden nicht mehr gesondert eingegangen.
6 Nach OLG Nürnberg, IPRax 2005, 248, 251, ist der Begriff „Verbrauchersachen" i.S.d. Art. 15 ff. GVO losgelöst von den nationalen Rechtsordnungen gemeinschaftsrechtlich zu bestimmen. Verbraucher in diesem Sinne ist nur der nicht berufs- oder gewerbebezogen handelnde private Endverbraucher, der ein Rechtsgeschäft zur Deckung des Eigenbedarfs abschließt; vgl. hierzu auch OLG Hamburg, IPRax 2005, 251, 252; BGH, CR 2009, 174, 175.
7 EuGH, Slg. 1976, 1735, 1736 – Bier/Mines de Potasse d'Alsace; BGH, NJW 2003, 426, 428.
8 BGH, NJW 1988, 1466; KG, NJW-RR 2002, 113; *Geimer/Schütze*, Europäisches Zivilverfahrensrecht, 2. Auflage 2004, Art. 5 GVO Rdnr. 213; *Stauder*, GRUR Int. 1985, 465, 473.

ort)[9]. Für den Ersatz sämtlicher Schäden, die durch eine Verletzungshandlung im Internet entstanden sind, sind – unabhängig davon, in welchem EU-Mitgliedstaat der Schaden eingetreten ist – nach der Rechtsprechung des Europäischen Gerichtshofs[10] die Gerichte im Staat der Niederlassung des Verletzers zuständig (Handlungsort).

901 Art. 7 Abs. 2 GVO gilt auch für Unterlassungsklagen, einschließlich vorbeugender Unterlassungsklagen[11].

902 Außerhalb des Anwendungsbereichs der GVO und des Revidierten Luganer Übereinkommens kommen die nationalen Regelungen zur internationalen Zuständigkeit zur Anwendung[12], soweit keine bilateralen Staatsverträge bestehen. Das deutsche Recht wendet dann die Vorschriften der örtlichen Zuständigkeit analog an[13]. § 32 ZPO begründet die internationale Zuständigkeit für Markenrechts- und Urheberrechtssachen. Die Auslegung von Art. 7 Abs. 2 GVO und § 32 ZPO stimmt heute weitgehend überein.

b) Der „fliegende Gerichtsstand" im Internet

903 Für das Internet bedeutet die Anwendung der genannten Grundsätze Folgendes: Ein deliktischer Gerichtsstand besteht nicht nur am Sitz des Beklagten. Er könnte auch überall dort bestehen, wo Tathandlungen oder Teile von Tathandlungen vorgenommen werden (Handlungsort). Dies wäre beispielsweise am Ort des Uploading oder am Server-Standort[14] denkbar. Der Ort der Internetnutzung durch den User kommt aber ebenso in Betracht. Denn dort tritt der Erfolg der schädigenden Handlung ein (Erfolgsort). Erst durch die Internetnutzung wird ein Foto vervielfältigt, ein Text gelesen oder eine Marke durch den Verkehr wahrgenommen. Da ins Internet gestellte Inhalte weltweit gleich einfach abrufbar sind, wenn ein Internetzugang besteht, kann der Erfolgsort einer schädigenden Handlung technisch bedingt weltweit liegen. Ist der Gerichtsstand damit praktisch ubiquitär, spricht man von einem „fliegenden Gerichtsstand." Zwischen den gesetzlich zulässigen Gerichtsständen des fliegenden Gerichtsstands kann der Kläger wählen, wo er seine Klage erhebt. Die Ausübung dieses Wahlrechts wird als „Forum Shopping" bezeichnet. Für den Kläger sind bei der Auswahl des geeignetsten Gerichtsstandes eine Reihe praktischer Kriterien von Bedeutung:

– Für den Kläger günstige Rechtslage oder Gerichtspraxis (Rechtsprechung);
– Dauer des Verfahrens;
– Vollstreckungsmöglichkeiten im Ausland, Verwertbarkeit des Titels;
– Kosten des Verfahrens.

---

9 Vgl. EuGH, NJW 1995, 1882 – Shevill; EuGH, NJW 1977, 493; *Köhler*, Rechtsfragen des inländischen und grenzüberschreitenden Rundfunkwerberechts, 1992, S. 275.
10 Vgl. EuGH, NJW 1995, 1882 – Shevill.
11 EuGH, NJW 2002, 3617 – Verein für Konsumenteninformation/Karlheinz Henkel; EuGH, Slg. 2004-I, 1417 ff. – Danmarks rederiforening/LO Lans Organisationen i Sverige, Rz. 33.
12 Vgl. *Schricker*, GRUR Int. 1982, 720, 721.
13 BGHZ 74, 46, 47; 63, 219; BGH, NJW 1980, 1224 m.w.N.; BGH, GRUR 1960, 372, 377.
14 LG Düsseldorf, NJW 1998, 979.

Dieses weitreichende Wahlrecht des Klägers steht allerdings in Widerspruch zu dem Grundsatz des deutschen und europäischen Zuständigkeitsrechts, dass der Kläger dem Gerichtsstand der Sache zu folgen hat[15]. Besondere Gerichtsstände rechtfertigen sich aus der Nähe des Beklagten zu einem Objekt oder einer Tat. Die reine technische Abrufbarkeit einer Website im Internet widerspricht diesem Prinzip, weil es keine sachliche Rechtfertigung dafür gibt, dass eine technische Möglichkeit zur Kenntnisnahme einen besonderen Bezug zum Beklagten herstellt[16]. Seit langem wird daher gefordert, dass über die technische Abrufbarkeit hinaus für die Begründung eines Gerichtsstands gefordert werden müssen, dass eine irgendwie geartete bestimmungsgemäße Abrufbarkeit vorliegen müsse[17]. Der BGH hat in der Entscheidung „Arzneimittelwerbung im Internet"[18] entschieden, dass der Ort der Abrufbarkeit eines Internetdelikts nur Gerichtsstand begründend sein solle, sofern sich der Internetauftritt bestimmungsgemäß dort auswirken solle.

904

Auf eine Vorlagefrage des BGH[19] befasste sich der EuGH mit dem fliegenden Gerichtsstand bei einer ehrverletzenden Presseveröffentlichung im Internet. Der EuGH führte als „neuen" Gerichtsstand im Rahmen von Art. 7 Abs. 2 GVO den Interessenschwerpunkt des Verletzten ein[20]. Dieser Ort entspricht im Allgemeinen dem gewöhnlichen Aufenthaltsort des Verletzten. Statt eines europaweiten Wahlrechts kann der verletzte Kläger nun an seinem Heimatgericht klagen. Damit wird der Grundsatz der Waffengleichheit in einer Weise konterkariert, dass es hierfür einer ganz besonderen Begründung bedurft hätte, die der EuGH aber nicht liefert[21].

905

Die „EDate Advertising"-Entscheidung des EuGH ist nicht auf die Verletzung von Rechten des geistigen Eigentums zu übertragen. Hierzu hat der EuGH in der „Wintersteiger"-Entscheidung Stellung genommen[22]. Entgegen den Schlussanträgen, die auf eine erforderliche Nähe zwischen der fraglichen Handlung und dem Gebiet abstellten, in dem das Schutzrecht geschützt war, hob der EuGH nur darauf ab, dass Rechte des geistigen Eigentums per se gebietsbezogen seien und den Zweck hätten, wirtschaftlich verwertet zu werden. Ein Gerichtsstand würde daher nur dort bestehen, wo das fragliche Recht tatsächlich geschützt sei. Die „Wintersteiger"-Entscheidung schafft damit Klarheit für Verletzungsprozesse aus nationalen Kennzeichen (z.B. Urheberrecht, nationale Marke). Bei Gemeinschaftsrechten wie der Gemeinschaftsmarke versagt die Rechtsprechung, weil es kein Eintragungsland gibt. Für die Gemeinschaftsmarke hat der EuGH entschieden[23], dass eine Verletzungsklage nur bei einem Gemeinschaftsmarkengericht des Staates erhoben werden kann, in dem eine entsprechende Handlung

906

---

15 EuGH, BB 2013, 1281 ff., Rdnr. 23, 24 – Melzer vs. MF Global UK Ltd.; EuGH, NJW 2002, 1407, 1409, Rdnr. 52, BGHZ 115, 90, 92; *Köhler*, WRP 2013, 1130.
16 *Köhler*, WRP 1130, 1132.
17 Vgl. die Nachweise bei *Köhler*, WRP 2013, 1130, 1132, Fußnote 17.
18 BGH, GRUR 2006, 513 ff. – Arzneimittelwerbung im Internet.
19 BGH, GRUR 2010, 261 ff. – EDate Advertising.
20 EuGH, GRUR-Int. 2012, 47 ff. – EDate Advertising/Olivier Martinez vs. MDM Ltd., Rdnr. 49.
21 Hierzu *Köhler*, WRP 2013, 1130, 1133.
22 EuGH, GRUR 2012, 654 ff. – Wintersteiger; vgl. auch die Schlussanträge des Generalanwalts Villalón vom 16.2.2012, C-523/10, Rdnr. 20.
23 EuGH, GRUR 2014, 806 ff. – Parfumflakon II, zitiert nach juris, Rdnr. 38.

vorgenommen wurde, also von wo aus ein rechtsverletzender Inhalt ins Netz gestellt wurde.

907 Für wettbewerbsrechtliche Sachverhalte hat der EuGH hingegen festgestellt, dass Verletzungsklagen nicht nur am Handlungsort, sondern auch dort erhoben werden können, wo ein Schaden verursacht worden ist oder einzutreten droht[24]. Wann ein wettbewerbsrechtlich verursachter Schaden vorliegt, hat der EuGH indes nicht entschieden. Welche Wirkung muss eine Handlung haben, damit von einem wettbewerbsrechtlichen Schaden gesprochen werden kann? In Betracht kommt, hierfür eine kollisionsrechtliche Wertung des BGH aus der „Hotel Maritime"-Entscheidung auf die hier insbesondere prozessuale Problematik zu übertragen[25]. Betreffend der Werbung einer Kopenhagener Pension „Hotel Maritime" und einer markenrechtlichen Unterlassungsklage des Maritim Konzerns befand der BGH, dass deutsches Recht Anwendung fände, wenn ein hinreichender wirtschaftlicher Bezug zum Gerichtsort entstanden sei (commercial effect). Was dies konkret bedeutet, hat die WIPO 2001 beschrieben[26]. Kriterien sind hiernach die geschäftliche Tätigkeit oder konkrete Pläne hierfür am Forumort, geschäftliche Verbindungen zu Kunden und dritten Personen am Forumort, ein ernst zu nehmender Disclaimer, dass Kunden am Forumort nicht beliefert werden, sowie After-Sales-Aktivitäten am Forumort. Besteht ein entsprechender Bezug des Sachverhalts zum Forumstaat, wäre eine Zuständigkeit gegeben.

908 Für Schadenersatzklagen hat der EuGH schon 1995 das Mosaikprinzip entwickelt[27]. Diese für eine presserechtliche Konstellation ergangene Entscheidung hat der EuGH auch auf urheberrechtliche Sachverhalte erstreckt[28]. Wenn ein Schutzrecht nur für das Hoheitsgebiet eines Mitgliedstaats gelte, könne ein in dem Hoheitsgebiet angerufenes Gericht auch nur über den Schaden urteilen, der in dem Land entstanden sei. Nicht entschieden ist damit, ob diese Rechtsprechung auch für wettbewerbsrechtliche Schadensersatzklagen gilt. Da es systematisch keine Unterschiede zwischen einer deliktischen Haftung (wie im Presserecht) und einer wettbewerbsrechtlichen Haftung gibt, wäre dies jedenfalls naheliegend.

c) Fremdenrecht

909 Die Frage, inwieweit Ausländer vor einer fremden nationalen Rechtsordnung Rechtsschutz genießen, wird von zwei alternativen Prinzipien beherrscht: Teilweise lässt man die Anrufung eines nationalen Gerichts durch einen Ausländer nur zu, wenn ein Inländer vor dem entsprechenden ausländischen Gericht ebenfalls Rechtsschutz erhal-

---

24 EuGH, GRUR 2014, 806 ff. – Parfumflakon II, zitiert nach juris, Rdnr. 57.
25 BGH, GRUR 2005, 431 ff. – Hotel Maritime; hierzu *Köhler*, WRP 2013, 1130, 1136.
26 Standing Committee on the Law of Trademarks, Industrial Designs and Geographical Indications, Sitzung vom 16.3.2001, Section 2, abrufbar unter http://www.wipo.int/sct/en/meetings, dort SCT/6.
27 EuGH, NJW 1995, 1882 – Shevill.
28 EuGH, GRUR 2014, 100 ff. – Pinckney/KDG Mediatech, zitiert nach juris, Rdnr. 45.

ten würde (Reziprozitätsprinzip)²⁹. Ein besonders eindrucksvolles Beispiel ist § 127a UrhG. Diese Bestimmung nimmt Datenbanken US-amerikanischer Herkunft vom Schutz der §§ 87a ff. UrhG aus, um die Vereinigten Staaten unter Druck zu setzen, selbst entsprechende Regelungen in Kraft zu setzen, die auch von Europäern in Anspruch genommen werden dürfen.

Demgegenüber wird durch internationale Vereinbarungen der Grundsatz der Inländerbehandlung statuiert. Bekanntestes Beispiel hierfür ist Art. 2 PVÜ. Um Ausländern vor den Gerichten der Unterzeichnerstaaten auf dem Gebiet des gewerblichen Rechtsschutzes den gleichen Rechtsschutz wie einem Inländer garantieren zu können, wurde bereits 1883 die Pariser Verbandsübereinkunft³⁰ (PVÜ) geschlossen. Die PVÜ stellt eine völkerrechtliche Vereinbarung über gewerbliche Schutzrechte und unlauteren Wettbewerb dar. Sie schafft einen Verband mit eigener Organisationsstruktur und legt in Art. 2 PVÜ den Grundsatz der Inländerbehandlung fest. Gem. Art. 10 bis PVÜ gilt dies auch für das Wettbewerbsrecht. 910

Für den Urheberrechtsschutz sei außerdem auf die Revidierte Berner Übereinkunft (RBÜ) verwiesen. Die RBÜ statuiert zunächst ebenso wie Art. 2 PVÜ den Grundsatz der Inländerbehandlung³¹. Zum anderen wird ausländischen Urhebern ein gewisser Mindeststandard an Urheberrechtsschutz garantiert. 911

d) Zuständigkeit der US-amerikanischen Gerichte

Für den Website-Betreiber entsteht wegen der Möglichkeit des Forum Shopping das besondere Problem, dass er nach Wahl des Klägers unter einer Rechtsordnung zur Rechenschaft gezogen wird, die er nicht kennt und die er bei Erstellung seiner Website auch nicht berücksichtigt hat. Insofern ist für den Website-Betreiber von Bedeutung, wann ausländische Gerichte ihre internationale Zuständigkeit bezüglich Websites bejahen. Hierzu gibt es nur wenige Untersuchungen. Wegen ihrer Bedeutung sei im Folgenden die US-amerikanische Gerichtspraxis in Grundzügen dargestellt³². 912

Die internationale Zuständigkeit der US-amerikanischen Gerichte richtet sich nach sec. 401, 421 par. 1 and 2 Foreign Relations Law (FRL) of the U.S. Entscheidend ist hiernach, ob die Beziehung einer Person zu einem Bundesstaat ausreicht, damit dieser vernünftigerweise seine Gerichtsbarkeit ausübt (rule of reason). Sec. 421 par. 2 (j) FRL erklärt amerikanische Gerichte für zuständig, wenn der Beklagte „had carried on outside the state an activity having a substantial, direct and foreseeable effect within the state, but only in respect of such activity". Demnach ist weltweit auf Personen in unbestimmten Staaten abzielende Werbung nicht ausreichend, um eine internationale 913

---
29 Vgl. § 121 UrhG, § 34 MarkenG.
30 Pariser Verbandsübereinkunft vom 20.3.1883 zum Schutze des gewerblichen Eigentums in der Stockholmer Fassung vom 14.7.1967 (PVÜ); BGBl. 1970 II, S. 391.
31 Vgl. Art. 5 Abs. 1, Abs. 2 Satz 2 RBÜ.
32 Vgl. zu den Einzelheiten *Koch*, CR 1999, 121.

Zuständigkeit der amerikanischen Gerichte zu begründen[33], und demnach ist auch das bloße Eröffnen einer Website nicht ausreichend, um vor amerikanischen Gerichten verklagt werden zu können[34]. Erforderlich sind vielmehr zusätzliche Anknüpfungspunkte an den jeweiligen Forumstaat. In Betracht kommt beispielsweise das Ausrichten einer Website an User in einem bestimmten Staat, das Veranstalten von Mailing-Aktionen an User in einem bestimmten Staat[35] oder aber die Annahme von Bestellungen und die Eröffnung einer Möglichkeit zur Verfolgung der Produktauslieferung im Forumstaat[36], oder aber die Annahme von Registrierungen und die Vergabe von Passwörtern[37]. Es ist damit in jedem Einzelfall festzustellen, welche Anknüpfungspunkte der Sachverhalt an den jeweiligen Forumstaat aufweist. Es folgt die Bewertung, ob diese Anknüpfungspunkte ausreichend sind, damit der Forumstaat vernünftigerweise seine Gerichtsbarkeit ausübt.

914 Der Einwand, ein Website-Betreiber könne sich nicht an alle in Betracht kommenden Rechtsordnungen halten, wird von den amerikanischen Gerichten ebenso wenig akzeptiert wie von den deutschen Gerichten. Ein Website-Betreiber habe sich grundsätzlich auf verschiedenartige rechtliche Standards einzustellen[38].

915 In **Fall 28** prüfen deutsche Gerichte bei Einreichung einer entsprechenden Unterlassungsklage zunächst ihre internationale Zuständigkeit anhand der einschlägigen Bestimmungen des deutschen Rechts. Art. 7 Abs. 2 GVO greift nicht ein, da der Sitz des Beklagten und das angerufene Gericht nicht in verschiedenen EU-Staaten liegen. In Analogie zu § 32 ZPO liegt der Erfolgsort der behaupteten Kennzeichenverletzung an dem Sendetitel „Planet" in Deutschland, da die Domain animalplanet.com in Deutschland abgerufen werden kann. Allein die Abrufbarkeit einer Website kann indes kein Kriterium für die Begründung der internationalen Zuständigkeit eines Gerichts sein. Es ist vielmehr ein ergänzender territorialer Inlandsbezug in Form eines „commercial effect" zu fordern. Dieser kann nach der Rechtsprechung des LG Hamburg[39] in der Nennung inländischer Kontaktadressen oder auch in der Präsentation von Werbung liegen, die auf das Inland bezogen ist. Insofern hängt die internationale Zuständigkeit der deutschen Gerichte vorliegend von der inhaltlichen Gestaltung von animalplanet.com ab.

---

33 Vgl. Weber vs. Jolly Hotels, U.S. District Court for the District of New Jersey, Civ. No. 96-2582, 12.9.1997.
34 So auch *Koch*, CR 1999, 121.
35 *Koch*, CR 1999, 121, 126.
36 Mieczkowski vs. Masco Corp. No. 5, 96 CV 286, 1998 WL 125, 678 (E.D.Tax. 18.3.1998), zitiert nach *Koch*, CR 1999, 121, Fußnote 49.
37 Zippo Manufacturing Company vs. zippo.com, U.S. District Court for the Western District of Pennsylvania, Civ. No. 96-397, 16.1.1997.
38 Sable Communications of California vs. F.C.C., Supreme Court, No. 88-515, 23.6.1989; U.S. vs. Thomas, U.S. Court of Appeals for the Sixth Circuit, Nr. 94-6648/6649, 29.1.1996; zitiert nach *Koch*, CR 1999, 121, Fußnote 75.
39 LG Hamburg, MMR 1999, 612, 613 – animalplanet.com; ähnlich BGH, CR 2005, 359, 360 – Hotel Maritime; OLG Hamburg, MMR 2003, 538.

2. Die Grundsätze des IPR

a) Die Funktion des IPR

Internationales Privatrecht ist Kollisionsrecht. Solange ein Sachverhalt ausschließlich im Inland belegen ist, ist die Anwendung deutschen Sachrechts unproblematisch. Sobald jedoch ein Teil des Sachverhalts Auslandsberührung erlangt, bedarf es der Klärung, ob die deutsche Rechtsordnung oder ein anderes Recht auf diesen Fall anwendbar ist[40]. Grundlage der Beurteilung ist dabei der Gedanke, dass das Recht zur Anwendung kommen soll, das die engsten Verbindungen zu einem Sachverhalt aufweist. Es wird an typische Merkmale des zu beurteilenden Sachverhalts angeknüpft und deren Verbindung zu einer Rechtsordnung festgestellt[41]. Für Sachverhalte aus dem Internet kommen hierbei prinzipiell folgende Rechtsordnungen in Betracht:

916

– Rechtsordnung am Sitz des werbenden Unternehmens
– Rechtsordnung am Sitz des Internet Service Providers
– Rechtsordnung am Sitz des Content Providers
– Rechtsordnung am Server-Standort
– Rechtsordnung am Sitz des Users
– Rechtsordnung am Ort der Abrufbarkeit einer Website.

b) Vertragsrechtliches IPR

Das vertragsrechtliche Kollisionsrecht ist in der Rom I-Verordnung[42] kodifiziert. Die Rom I-Verordnung ist am 17.12.2009 in Kraft getreten[43]. Die Verordnung regelt für den Fall, dass ein Rechtsgeschäft Verbindung zu mehreren Rechtsordnungen aufweist, welche dieser Rechtsordnungen im Einzelfall anzuwenden ist. Bestellt ein deutscher Unternehmer über eine Website bei einem portugiesischen Händler Wein, stellt sich die Frage, ob auf den Kaufvertrag deutsches oder portugiesisches Recht anzuwenden ist. Nach der Rom I-Verordnung (Art. 3 VO) können die Parteien das anzuwendende Recht in dem dort beschriebenen Umfang wählen. Gem. Art. 4 der Verordnung ist typischerweise das Recht des Leistungserbringers Vertragsstatut, sofern keine Rechtswahl getroffen wird. Im Beispielsfall kommt damit portugiesisches Recht zur Anwendung. Besonderheiten ergeben sich für Verbraucherverträge gem. Art. 6 VO, wonach typischerweise das Recht am gewöhnlichen Aufenthaltsort des Verbrauchers zur Anwendung gelangt, wenn der Unternehmer seine berufliche Tätigkeit auf diesen Staat ausgerichtet hat (Art. 6 Abs. 1 VO). Sind diese Voraussetzungen nicht erfüllt, gelten die allgemeinen Bestimmungen. Diese kommen auch zur Anwendung, wenn ein Vertrag

917

---

40 Vgl. die Definition der kollisionsrechtlichen Fragestellung in Art. 3 Abs. 1 Satz 1 EGBGB.
41 Vgl. *Köhler*, Rechtsfragen des inländischen und grenzüberschreitenden Rundfunkwerberechts, 1992, S. 228.
42 Verordnung (EG) Nr. 593/2010 des Europäischen Parlaments und des Rates vom 17.7.2008 über das auf vertragliche Schuldverhältnisse anzuwendende Recht (Rom I), ABl. EG L 177, S. 6.
43 Die Rom I-VO ersetzt Art. 27 ff. EGBGB, die modernisiert wurden und nur noch außerhalb des Anwendungsbereichs der Rom I-VO greifen. Jedenfalls für den Bereich des Internethandels haben sich durch die Rom I-VO keine wesentlichen Änderungen ergeben.

über die Erbringung von Dienstleistungen geschlossen wird, die ausschließlich in einem anderen Staat als dem Staat des gewöhnlichen Aufenthaltsortes des Verbrauchers erbracht werden.

918 Die Rom I-Verordnung ist unmittelbar geltendes Recht in den Mitgliedstaaten mit der Ausnahme Dänemarks. Sie ist nur auf Verträge anwendbar, die nach dem 17.12.2009 geschlossen wurden. Für Altfälle oder außerhalb des Anwendungsbereichs der Verordnung bleibt es bei der Anwendung der Art. 27 ff. EGBGB.

c) Außervertragliches IPR

919 Das auf außervertragliche Schuldverhältnisse anzuwendende Recht wird durch die sog. „Rom II-Verordnung"[44] geregelt. Die Verordnung ist am 11.1.2009 in Kraft getreten. Sie ist in den Mitgliedstaaten der EU – mit Ausnahme Dänemarks – unmittelbar geltendes Recht. Die Verordnung gilt für außervertragliche Schuldverhältnisse in Zivil- und Handelssachen mit Ausnahme der Pressedelikte (Art. 1 Abs. 1, 2 lit. g VO)[45]. Für unerlaubte Handlungen ist hiernach das Recht des Staates anwendbar, „in dem der Schaden eintritt" (Erfolgsort). Haben Schädiger und Geschädigter ein gemeinsames Heimatrecht, so gilt gem. Art. 4 Abs. 2 VO dieses. Hängt die unerlaubte Handlung mit einer sonstigen rechtlich relevanten Beziehung der Parteien zu einem Drittstaat zusammen, so gilt gem. Art. 4 Abs. 3 VO dieses Recht.

920 Die Rom II-Verordnung ist deshalb für internetrechtliche Fragen von besonderer Bedeutung, weil sie Spezialregelungen für das IPR des geistigen Eigentums und des Wettbewerbsrechts enthält[46]. Gem. Art. 6 Abs. 1 VO ist für wettbewerbsrechtliche Sachverhalte das Recht des Staates anzuwenden, in dessen Gebiet die Wettbewerbsbeziehungen oder die kollektiven Interessen der Verbraucher beeinträchtigt worden sind oder wahrscheinlich beeinträchtigt werden. Dies stimmt im Wesentlichen mit der bisher in Deutschland angewandten Marktortregel[47] überein. Lediglich wenn ein unlauteres Wettbewerbsverhalten ausschließlich Interessen eines bestimmten Wettbewerbers berührt, verbleibt es bei der allgemeinen Regel des Art. 4. In Betracht kommen hier die Fallgruppen des Behinderungswettbewerbs, der Rufausbeutung, der Verunglimpfung oder der Nachahmung. Urheberrechts- und Markenrechtsverletzungen folgen gem. Art. 8 Abs. 1 VO dem Territorialitäts- oder Schutzlandprinzip, das auch zuvor in Deutschland galt[48]. Für internetrechtliche Sachverhalte bedeutet dies, dass jeweils das Marken- oder Urheberrecht Anwendung findet, das in dem Land gilt, für das Schutz beansprucht wird.

---

44 Verordnung (EG) Nr. 864/2007 des Europäischen Parlaments und des Rates vom 11.6.2007 über das auf außervertragliche Schuldverhältnisse anzuwendende Recht („Rom II"), ABl. EG 2007 L 1999, S. 40.
45 Vgl. hierzu *Heiderhoff*, EuZW 2007, 428 ff.
46 Vgl. hierzu *Sack*, WRP 2008, 1405 ff.
47 So BGHZ 35, 329 – Kindersaugflaschen; BGH, NJW 1991, 1054 – Kaffeefahrt ins Ausland; BGH, GRUR 1971, 153 – Tampax; *Sack*, GRUR Int. 1988, 320, 322.
48 So BGHZ 64, 183, 191; *Sack*, WRP 2000, 269, 277.

3. Internationales Deliktsrecht im Internet

a) Urheberrecht

Die Anwendung des Schutzlandprinzips (Art. 8 Abs. 1 Rom II-VO) hat sich für internationale Sachverhalte weltweit durchgesetzt. Für sog. Multistate-Rechtsverletzungen, also Rechtsverletzungen, die entweder in verschiedenen Staaten begangen werden oder sich in verschiedenen Staaten gleichzeitig auswirken, führt dieses Prinzip aber zu Problemen. Die Schutzwirkung des nationalen Urheberrechts ist nämlich begrenzt. Inländische Schutzrechte können nur im Inland verletzt werden, ausländische Schutzrechte nur im jeweiligen Ausland. Ein Urheber genießt damit für sein Werk, das durch einen Multistate-Verbreitungsakt verbreitet wird, den Schutz eines „bunten Straußes" unterschiedlich ausgestalteter national beschränkter Urheberrechte[49]. Für den urheberrechtlichen Schutz einer Website könnte entsprechend das Recht am Server-Standort oder die Vielzahl der Rechtsordnungen eingreifen, in denen ein Abruf der Website möglich ist. Zu Gunsten des Verletzten soll regelmäßig das Recht Anwendung finden, das für diesen am günstigsten ist[50].

921

Auch der Urheber eines Content sucht sich also wegen der weltweiten Abrufbarkeit seiner Website das weltweit günstigste Recht aus, um seine Interessen durchzusetzen[51]. Der Anbieter einer Website müsste sich nach dem weltweit strengsten Recht richten[52]. Eine Prüfung der einzuhaltenden Rechtsordnungen wird den Anbieter aber meist nicht nur sachlich, sondern auch finanziell überfordern. Gerade die unterschiedlichen Urheberrechtssysteme des europäischen und des angloamerikanischen Rechtskreises unterscheiden sich signifikant. Bereits die Urheberrechtsfähigkeit trennt das amerikanische System (Originality) vom kontinentaleuropäischen System (Individualität). Tonträgeraufnahmen genießen in den USA Urheberschutz (vgl. Section 17 United States Code (USC), § 102a (7)). Datenbanken werden hingegen nur in Europa geschützt. Juristische Personen können im angloamerikanischen Rechtskreis Urheber sein, nicht hingegen im deutschen System. Unterschiedliche Regelungen bestehen auch in den Bereichen private Vervielfältigung, Urheberpersönlichkeitsrecht, Zwangslizenzen und insbesondere bei den Schutzfristen (70 Jahre p.m.a./50 Jahre p.m.a.).

922

Urheberrechtsverletzungen im Internet werden sich also auch weiter nach dem Schutzlandprinzip, kodifiziert in Art. 8 Abs. 1 Rom II-VO, beurteilen. Da Verbreitungen im Internet faktisch unteilbar sind, bedeutet dies, dass die gesamte Verbreitung unterbleiben muss, wenn in nur einem Land der Welt die Verbreitung untersagt wird.

923

Unstreitig ist das Uploading, also das Speichern eines Werkes auf einem Server, eine Vervielfältigungshandlung und damit ein urheberrechtlich relevanter Vorgang. Die

924

---

49 Sog. Kegelsche Bündeltheorie, vgl. *Soergel/Kegel*, BGB 12. Auflage 1996, Anhang nach Art. 12 EGBGB, Rdnr. 16.
50 So BGH, NJW 1981, 1606 – Benomyl; BGH, NJW 1964, 2012.
51 Vgl. *Bachmann*, in: *Lehmann*, Internet- und Multimediarecht (Cyberlaw), 1997, S. 169, 181.
52 *Schack*, ufita 108, 51, 63, 66; Einschränkungen ergeben sich für Schadensersatzforderungen aus der Shevill-Rechtsprechung des EuGH.

Rechtsordnung des Server-Standorts kann daher in jedem Fall zur Anwendung kommen[53]. Eine andere Frage ist, ob auch die Rechtsordnung an dem Ort, an dem ein Werk abgerufen werden kann (Downloading), Anwendung findet. Dies wird allgemein bejaht. So hat der Bundesgerichtshof in der Entscheidung Wagenfeld-Leuchte[54] in einem Fall entschieden, in dem ein in Italien ansässiges Unternehmen auf einer deutschsprachigen Internetseite Leuchten anbot. Es handelte sich um Nachbildungen von im Bauhausstil entworfenen Leuchten von Wilhelm Wagenfeld, die als Werke der angewandten Kunst in Deutschland urheberrechtlich geschützt, in Italien jedoch gemeinfrei waren. Der Bundesgerichtshof hat deutsches Urheberrecht nach dem Schutzlandprinzip für anwendbar erklärt, weil eine in Deutschland abrufbare und für deutsche User bestimmte Website ein „Anbieten" des geschützten Werks i.S.v. § 17 UrhG darstelle[55].

b) Markenrecht

925 Auch für das Markenrecht gilt kollisionsrechtlich das Schutzlandprinzip (Art. 8 Abs. 1 Rom II-VO). Insofern gelten obige Aussagen hier entsprechend. Der Inhaber einer deutschen Marke kann also lediglich gegen Markenverletzungen im Anwendungsbereich des deutschen Markenrechts vorgehen. Nur der Inhaber einer europäischen Marke, die in Alicante registriert ist, besitzt Schutz für die gesamte Europäische Union nach den jeweiligen nationalen Rechtsordnungen. Schutz genießen in Deutschland darüber hinaus sämtliche Marken, die in Verbandsstaaten der PVÜ eingetragen sind (Art. 10 PVÜ). Jeder PVÜ-Markeninhaber kann daher die Nutzung einer Domain vor einem deutschen Gericht nach deutschem Markenrecht untersagen. Dies trifft nicht nur auf .de-Domains, sondern auch auf sämtliche gTLDs und selbst auf sämtliche ausländischen ccTLDs zu. Dass derartige Rechtsstreite bisher nicht geführt wurden, mag damit zu tun haben, dass ein deutsches Urteil nur unter Schwierigkeiten im Ausland vollstreckt werden kann.

926 Umgekehrt kann sich jeder Inhaber einer Second Level Domain unter den Schutzvoraussetzungen der §§ 5 Abs. 3, 15 MarkenG gegen die Nutzung gleich lautender Second Level Domains unter anderen TLDs wehren. Zu Ende gedacht bedeutet dieses System, dass die Registrierung einer Domain einem User nur nach vorheriger internationaler Prüfung der Markenrechtslage empfohlen werden kann. Dies wird bereits aus finanziellen Gründen regelmäßig nicht in Betracht kommen. In die richtige Richtung wies schon eine Entscheidung des LG Hamburg[56], nach der deutsches Markenrecht auf eine in Amerika registrierte Domain nicht anwendbar sei, da die bloße Abrufbarkeit im Internet nicht zur Begründung der Anwendbarkeit einer Rechtsordnung führen könne. Der Bundesgerichtshof hat betreffend der Domain www.hotel-maritime.dk klargestellt, dass für eine unter dieser Domain konnektierte Website eines Kopenhagener Hotels, um nach deutschem Recht beurteilt werden zu können, über die bloße Abrufbarkeit

---

53 Vgl. hierzu BGH, GRUR 2007, 67 ff. – Pietra di Soln; GRUR 2007, 884, 886 – Cambridge Institute; weitere Nachweise zur Literatur bei *Sack*, WRP 2008, 1405, 1417, Fußnote 119.
54 BGH, GRUR 2007, 871 ff. – Wagenfeld-Leuchte.
55 BGH, GRUR 2007, 871 ff. Rdnr. 27 – Wagenfeld-Leuchte.
56 LG Hamburg, MMR 1999, 612, 613.

hinaus ein wirtschaftlich relevanter Inlandsbezug vorhanden sein müsse. Der BGH ging sogar soweit, dass der wirtschaftlich relevante Inlandsbezug derart erheblich sein müsse, dass wirtschaftliche Auswirkungen auf die geschützten Kennzeichenrechte vorhanden sein müssten[57].

Auch in der Literatur wird ein hinreichender Inlandsbezug des Internet-Auftritts gefordert. Hierzu sollen Kriterien dienen, die auch im Wettbewerbsrecht einschränkend diskutiert werden[58]. Insbesondere wird auf die verwendete Sprache, die inhaltliche Gestaltung der Website, die Art der angegebenen Produkte hingewiesen. Teilweise wird vorgeschlagen, eine allgemeine Interessenabwägung vorzunehmen, ob die Anwendung des inländischen Markenrechts gerechtfertigt erscheint. Dieser der anglo-amerikanischen Rechtsfigur des „forum convenience" ähnliche Ansatz findet jedoch derzeit keine Basis im deutschen Kennzeichenrecht. Er kann daher allein de lege ferenda verstanden werden[59].

927

c) Wettbewerbsrecht

Die Internationalität von Presseveröffentlichungen und Rundfunksendungen führten ebenso wie grenzüberschreitende Werbeveranstaltungen frühzeitig dazu, dass im Bereich Wettbewerbsrecht eine Aufarbeitung der kollisionsrechtlichen Probleme von Multistate-Handlungen erfolgte.

928

Wettbewerbsrecht ist Deliktsrecht. Nach deutschen Grundsätzen galt hier schon immer die Tatortregel, zunächst kodifiziert in Art. 40 Abs. 1 EGBGB. Für das Wettbewerbsrecht übernimmt Art. 6 Abs. 1 Rom II-VO für Wettbewerbshandlungen, die nicht nur die Interessen eines bestimmten Wettbewerbers betreffen, die in Deutschland geltende Marktortregel[60], die als allseitige Kollisionsnorm nicht nur den exportierten, sondern auch den importierten Wettbewerb regelt[61]. Gem. Art. 6 Abs. 2 Rom II-VO kommt in Fällen, in denen lediglich das Interesse eines bestimmten Wettbewerbers tangiert ist, die allgemeine Tatortregel des Art. 4 Abs. 1 Rom II-VO oder das gemeinsame Heimatrecht gem. Art. 4 Abs. 2 Rom II-VO zur Anwendung. Letzteres trifft die Fälle, in denen Auslandswettbewerb ausschließlich oder überwiegend zwischen inländischen Unternehmen stattfindet oder sich eine Wettbewerbshandlung aus dem Ausland gezielt gegen einen inländischen Wettbewerber richtet[62].

929

---

57 BGH, CR 2005, 359, 361 – Hotel Maritime; ebenso LG Köln, GRUR-RR 2006, 195.
58 Vgl. beispielsweise § 14 UWG Rdnr. 31; *Kur*, in: *Loewenheim/Koch/Kur*, Praxis des Online-Rechts, 1998, S. 325, 377; *Omsels*, GRUR 1997, 328, 337; *Völker/Weidert*, WRP 1997, 652, 662; *Bettinger/Thum*, GRUR Int. 1999, 659, 672.
59 Vgl. *Bettinger/Thum*, GRUR Int. 1999, 659, 673.
60 BGHZ 35, 329 – Kindersaugflasche; BGH, NJW 1991, 1054 – Kaffeefahrt ins Ausland.
61 Vgl. *Köhler*, Rechtsfragen des inländischen und grenzüberschreitenden Rundfunkwerberechts, 1992, S. 233.
62 Vgl. die Beispiele BGHZ 40, 391, 397 – Stahlexport; BGH, GRUR 1982, 495, 497 – Domgartenbrand.

930 Nach der Marktortregel (Art. 6 Abs. 1 Rom II-VO) kann das Recht des Server-Standorts kein Anknüpfungspunkt für wettbewerbsrechtlich zu beurteilende Handlungen sein. Am Server-Standort bestehen keine Beziehungen zur Marktgegenseite. Der Mitbewerber kann gegen die digitale Übertragung einer Werbung auch kein schützenswertes Interesse besitzen. Solange ein Vorgang für die Marktgegenseite nicht wahrnehmbar ist, können die Interessen des Wettbewerbs nicht verletzt sein[63].

931 Anknüpfungspunkt ist vielmehr jeder Ort, an dem eine Website abrufbar ist. Genau dort treffen erstmals die Interessen der Mitbewerber aufeinander[64]. Diese Auslegung schützt die par conditio concurrentium. Auch ein wirksamer Verbraucherschutz muss dort ansetzen, wo die Beeinflussung stattfindet. Für den Fall der inländischen Zeitungswerbung für ausländischen Absatz hat der BGH[65] die Anwendung inländischen Wettbewerbsrechts befürwortet. Gleiches gilt für den Fall, dass ein inländischer Unternehmer im Inland für ausländische Immobilien warb[66]. Konsequenterweise dürfte der Absatzort keine wettbewerbsrechtliche Anknüpfung gestatten. Absatzort ist der Ort, an dem die Waren verkauft werden, für die im Internet geworben wird. Der Absatzort ist nicht der Ort, an dem die wettbewerblichen Interessen der Mitbewerber auf die Marktgegenseite treffen. Die Absatzerwartungen eines Wettbewerbers werden im Wettbewerbsrecht nicht geschützt[67]. Entsprechend ist der Absatzort von der Marktortregel nicht erfasst[68].

932 Rechtsfolge der Marktortregel ist für Multistate-Handlungen wie Werbung im Internet, dass sich der Werbende faktisch an das schärfste Wettbewerbsrecht, also regelmäßig das deutsche Wettbewerbsrecht, halten muss. Ein Mitbewerber kann wegen ihrer Unteilbarkeit eine Werbung im gesamten Internet verbieten, obwohl ihm nach deutschem Wettbewerbsrecht lediglich ein Anspruch auf Unterlassung für die Bundesrepublik Deutschland zusteht. Diese Ausnutzung des deutschen Rechts durch einen Kläger ist nicht wettbewerbswidrig[69]. Dies ergibt sich schon daraus, dass das Verbot der gesamten Handlung nicht der rechtliche Wille des Klägers ist, sondern lediglich die technische Folge aus dem bestehenden Anspruch des Klägers.

---

63 Vgl. *Köhler*, Rechtsfragen des inländischen und grenzüberschreitenden Rundfunkwerberechts, 1992, S. 240.
64 So auch *Roth*, GRUR Int. 1972, 449, 450; *Sack*, GRUR Int. 1988, 320, 324; *Schricker*, GRUR Int. 1981, 720, 723; *Köhler*, Rechtsfragen des inländischen und grenzüberschreitenden Rundfunkwerberechts, 1992, S. 541 – alle zum Empfangsort bei grenzüberschreitenden Sendungen.
65 BGH, GRUR 1971, 153 – Tampax.
66 BGH, GRUR 1977, 367 – Besichtigungsreisen I.
67 Vgl. BGHZ 19, 392 – Anzeigenblatt; 43, 278 – Kleenex; *Köhler*, Rechtsfragen des inländischen und grenzüberschreitenden Rundfunkwerberechts, 1992, S. 243.
68 So auch BGH, GRUR 1982, 495, 497 – Domgartenbrand; BGH, GRUR 1972, 367, 368 – Besichtigungsreisen I; BGH, GRUR 1977, 672 – Weltweitklub; *Köhler*, Rechtsfragen des inländischen und grenzüberschreitenden Rundfunkwerberechts, 1992, S. 243.
69 Ebenso BGH, GRUR 1971, 153 – Tampax; BGH, GRUR 1980, 858 – Asbestimporte; *Sack*, GRUR Int. 1988, 320, 328; *Köhler*, Rechtsfragen des inländischen und grenzüberschreitenden Rundfunkwerberechts, 1992, S. 247.

d) Der Spill-over-Gedanke und seine Übertragung auf das Internet

Aus dem Bereich der Rundfunksendungen ist bekannt, dass es technisch unvermeidbar ist, Rundfunksendungen auch in Grenzgebieten und Ländern empfangen zu können, für die sie nicht produziert worden sind. Kann beispielsweise ein Elektronikbastler in Deutschland spanische Werbung empfangen[70], könnte diese spanische Werbung nach den dargestellten Grundsätzen in Deutschland untersagt werden. Besonders deutlich wird dieser sog. Spill-over-Effekt bei den kegelartigen Ausstrahlungsflächen von Satelliten. Bereits das Reichsgericht hatte im „Primeros"-Fall[71] einschränkend entschieden, dass deutsches Wettbewerbsrecht in einer deutschsprachigen Prager Zeitung nur anwendbar sei, wenn diese „regelmäßig", „in erheblichem Umfang" und „vorhersehbar" in Deutschland verbreitet werde. Ähnliche Abgrenzungskriterien fand der BGH im „Tampax"-Fall[72]. Deutsches Wettbewerbsrecht komme nur zur Anwendung, wenn im Inland „nicht nur vereinzelt Exemplare der Werbung von der Marktgegenseite zur Kenntnis genommen werden". Anders ausgedrückt: Es soll nur das Wettbewerbsrecht des Staates zur Anwendung kommen, an den sich die Werbung richtet. Dieser Gedanke kann auf das Internet übertragen werden[73]. Auch dort ist es technisch unvermeidbar, dass Content in Ländern abgerufen werden kann, an deren User sich der Content nicht richtet. Diese Auffassung ist zwischenzeitlich etabliert. Die ubiquitäre Möglichkeit des Zugriffs auf Internetcontent ist nach der Rechtsprechung des Bundesgerichtshofs[74] nicht ausreichend, um innerstaatliches Recht anzuwenden. Erforderlich ist vielmehr, dass das Angebot einen hinreichenden wirtschaftlich relevanten Inlandsbezug, von der WIPO als „Commercial Effect" bezeichnet, aufweist[75]. Im Wettbewerbsrecht ist der Inlandsbezug dann gegeben, wenn sich die Internetwerbung spürbar auf potenzielle Kunden im Gerichtsbezirk auswirken kann, sog. bestimmungsgemäße Verbreitung[76]. Doch wie lässt sich die „bestimmungsgemäße Verbreitung" feststellen? Ein wichtiges Indiz ist die Sprache, in der eine Website verfasst ist[77]. Weitere Kriterien sind die Gestaltung und der Inhalt der Werbung. Zu betrachten wäre hier z.B. die Sprache des Angebotes[78]. Die Verwendung der englischen Sprache durch einen Anbieter, in dessen Niederlassungsstaat die englische Sprache keine Umgangssprache ist, wird entgegengesetzt eher auf ein internationales Angebot hindeuten[79]. Weitere Indizien können angegebene Zahlungs- und Versandmodalitäten – bei einer Preisangabe in Euro wird aber auch dieses Kriterium versagen –, aber auch die Marktbedeutung des werbenden Unternehmens sein. Ein nur lokal tätiges Unternehmen wird sich mit einem Internetauftritt kaum an Kunden in anderen Kontinenten richten. Weiter kann

933

---

70 Beispiel nach *Schricker*, GRUR Int. 1982, 720, 724.
71 RG 1936, 670, 672 – Primeros.
72 BGH, GRUR 1971, 153, 154.
73 So LG Hamburg, MMR 1999, 610, 613 – animalplanet.com.
74 BGH, CR 2005, 359, 360 – Hotel Maritime.
75 Ebenso OLG Karlsruhe, CR 2003, 375; *Bettinger/Thum*, GRUR Int. 1999, 659, 673; *Kur*, WRP 2000, 935, 937.
76 OLG Hamburg, MMR 2003, 538; LG Köln, GRUR-RR 2006, 195 – allerdings für einen markenrechtlichen Fall.
77 Vgl. *Sack*, GRUR Int. 1988, 320, 328; *Hoth*, GRUR Int. 1972, 449, 454.
78 Vgl. OLG Hamburg, MMR 2006, 37, 38 – Casino Fantasy. *Ubber*, WRP 1997, 497, 503.
79 *Mankowski*, GRUR Int. 1999, 909, 917.

auch der Charakter der beworbenen Leistung eine Rolle spielen. Das Angebot von Bustickets, lokalen Kinos oder Restaurants richtet sich nicht an internationale Kundschaft[80]. Ergänzend ist sicherlich zu raten, entsprechende Disclaimer zu platzieren. Diese machen aber nur Sinn, wenn sich der Werbende auch tatsächlich an sie hält und somit kein Widerspruch zu dem bezuggenommenen Werbeauftritt entsteht[81].

934 Art. 42 EGBGB eröffnete früher die Möglichkeit, das Recht zu wählen, nach dem eine deliktische Rechtsverletzung beurteilt werden soll. Dies ist gem. Art. 6 Abs. 4 Rom II-VO nicht mehr möglich.

935 In **Fall 29** folgt die internationale Zuständigkeit der deutschen Gerichte aus Art. 7 Abs. 2 GVO und die Anwendbarkeit deutschen Wettbewerbsrechts aus der Marktortregel (Art. 6 Abs. 1 Rom II-VO). Die Werbung von „Gluecksspiel.com B.V." ist bestimmungsgemäß in Deutschland abrufbar und trifft damit im Inland auf die Marktgegenseite. Trotz der Bekundungen des Unternehmens, das Angebot richte sich an deutschsprachige User im europäischen Ausland, nicht aber an inländische User, wird ausführlich über die rechtliche Diskussion in Deutschland und über Gerichtsentscheidungen zum Verbot nichtgenehmigten Glücksspiels berichtet. Bei dieser Sachlage steht der „Disclaimer" in Widerspruch zu dem Angebot auf der Website, das einen hinreichenden wirtschaftlichen Inlandsbezug aufweist, sich sogar geradezu an deutsche User wendet. Für die Beurteilung der internationalen Zuständigkeit und des anwendbaren Rechts kommt es jedoch nicht auf die Bekundungen des Unternehmens, sondern auf den objektiven Sachverhalt an. Die Angebote sind damit an §§ 3, 4 Nr. 11 UWG i.V.m. § 33d GewO und § 284 StGB überprüfbar.

936 Im internationalen Deliktsrecht kommt es häufig vor, dass sich widersprechende Unterlassungstitel aus verschiedenen Staaten gegenüberstehen. Im Patentrecht ist das Schlagwort vom „italienischen Torpedo" weit verbreitet[82], wonach durch eine negative Feststellungsklage in Italien effektiver Rechtsschutz an anderen Gerichtsplätzen im europäischen Gerichtsraum nachhaltig blockiert wird, weil der italienische Zivilprozess als schwergängig und wenig effektiv eingeschätzt wird. Hintergrund dieser Taktik ist, dass nach Art. 27 Abs. 2 GVO Feststellungsklage und Leistungsklage gleichrangig sind und nicht wie im deutschen Recht die Feststellungsklage der Leistungsklage nachrangig ist. Ein „italienisches Torpedo" kann es daher gerade auch für Internetsachverhalte geben.

937 Reaktionen gibt es auch, wenn der Erlass einer einstweiligen Verfügung in Deutschland verweigert wird, im europäischen Ausland jedoch erfolgt[83]. Gem. Art. 34 Nr. 3 GVO muss ein Staat, in dem eine Entscheidung im einstweiligen Rechtsschutz ergangen ist (hier: Ablehnung einer einstweiligen Verfügung), einer widersprechenden ausländischen Entscheidung (Erlass der einstweiligen Verfügung) die Anerkennung verweigern, wenn sich beide Entscheidungen gegenseitig ausschließen.

---

80 Einzelheiten und vertiefend: *Mankowski*, GRUR Int. 1999, 909, 918.
81 OLG Frankfurt, CR 1999, 450, 451.
82 Vgl. *Pitz*, GRUR Int. 2001, 32 ff.; *Schack*, IZVR, 3. Auflage 2002, Rdnr. 762; *Hess*, IPRax 2005, 23, 24.
83 So beispielsweise der Fall EuGH, Rs. C-80/00, Italian leather/WECO, Slg. 2002-I, 4995, 5027, Rdnr. 51 = IPRax 2005, 33, 36 ff.; vgl. hierzu *Hess*, IPRax 2005, 23 ff.

4. Internationales Vertragsrecht

Das internationale Vertragsrecht spielt für den E-Commerce eine entscheidende Rolle. Gerade der Vertragsinhalt (§ 31 Abs. 5 UrhG) und Leistungsstörungen sind in verschiedenen Rechtsordnungen unterschiedlich geregelt. Das auf ein im Internet geschlossenes Vertragsverhältnis anwendbare Recht kann – teilweise – frei vereinbart werden (Art. 3 Rom I-VO). Sofern eine Rechtswahlvereinbarung nicht getroffen worden ist, bestimmt sich das Vertragsstatut nach Art. 4 Rom I-VO.

938

a) Rechtswahl

Im Rahmen der Vertragsfreiheit können Verträge, die online geschlossen werden, von den Parteien einvernehmlich einer besonderen Rechtsordnung unterworfen werden. Dies kann – was allerdings selten vorkommt – durch ausdrückliche Individualvereinbarung geschehen. Ist die Rechtswahl wirksam getroffen, so unterliegen dem Vertragsstatut die Auslegung des Vertrages, die Erfüllung der Verpflichtung, die Leistungsstörungen und die folgende Nichtigkeit des Vertrages (Art. 12 Rom I-VO). Dem Vertragsstatut unterliegt auch die Frage des Zustandekommens des Vertrages[84]. Abweichend werden lediglich die Geschäftsfähigkeit (Art. 13 Rom I-VO), die Form des Rechtsgeschäfts (Art. 11 Rom I-VO) und das Recht der Stellvertretung (Art. 1 Abs. 2 lit. g Rom I-VO) angeknüpft.

939

Welches Recht ist auf das Zustandekommen der Rechtswahlvereinbarung anwendbar? Hierzu bestimmt Art. 3 Abs. 5 Rom I-VO die Anwendbarkeit des Vertragstatuts (nicht der lex fori!)[85].

940

Im Internet werden Rechtswahlvereinbarungen selten ausdrücklich und durch Individualvereinbarungen geschlossen. Die praktisch häufigste Form der Rechtswahl geschieht durch „stillschweigende" Einbeziehung von AGB mit Rechtswahlklauseln in Verträgen. Enthalten AGB Rechtswahlklauseln, ist zunächst zu prüfen, ob diese Rechtswahl wirksam zu Stande gekommen ist. Dies richtet sich nach dem Vertragstatut[86]. Allerdings wird der Vertragspartner, der möglicherweise aus der ihm gewohnten Rechtsordnung eine Zurückhaltung bei der „stillschweigenden" Einbeziehung von AGB in Verträgen kennt, von dem Vertragsschluss und dem anwendbaren Recht oft überrascht. Art. 6 Abs. 2 Rom I-VO sieht hierzu vor, dass die Rechtswahl nicht dazu führen darf, dass dem Verbraucher der Schutz entzogen wird, der ihm durch diejenigen Bestimmungen gewährt wird, die mangels Rechtswahl gem. Art. 6 Abs. 1 Rom I-VO (üblicherweise Recht am gewöhnlichen Aufenthaltsort des Verbrauchers) zur Anwendung kämen. Der inländische User, der im Wege des Electronic Commerce mit einem ausländischen Anbieter Verträge schließt, kann sich daher für die Frage des Vertragsschlusses

941

---
84 Art. 10 Abs. 1 Rom I-VO.
85 Vgl. BGHZ 123, 380, 383; BGH, NJW 1994, 2700; NJW 1997, 1698.
86 Vgl. BGHZ 123, 380, 383.

in jedem Fall auf das deutsche Recht berufen. Der inländische Online-Anbieter muss hingegen damit rechnen, dass ein ausländischer Kunde sich auf sein Heimatrecht beruft, das vom Vertragsstatut abweicht.

942 Einschränkungen der Rechtswahlfreiheit ergeben sich auch aus Art. 3 Abs. 3, 4 Rom I-VO. Weist ein Sachverhalt Beziehungen nur zu einem anderen als demjenigen Staat auf, dessen Recht gewählt wurde, so hindert die Rechtswahl nicht die Anwendung zwingender Bestimmungen dieses Staates (Art. 3 Abs. 3 Rom I-VO). Gleiches gilt gem. Art. 3 Abs. 4 Rom I-VO für zwingende europarechtliche Normen. Neben der Einbeziehung allgemeiner Geschäftsbedingungen spielt auch die konkludente Rechtswahl im Internet eine Rolle. Indizien dafür, dass die Parteien eine Rechtsordnung wählen möchten, sind beispielsweise
- Vereinbarung eines einheitlichen Gerichtsstands[87],
- Vereinbarung eines einheitlichen Erfüllungsortes[88],
- Orientierung des Vertragsinhalts an den besonderen Bedürfnissen der einen Partei[89],
- verwendete Sprache[90] des Ortes des Vertragsschlusses,
- Orientierung an den Gepflogenheiten des gemeinsamen Heimatlandes[91],
- Verhalten der Parteien im Prozess[92],
- enge Verknüpfung eines Rechtsgeschäfts mit einem anderen Rechtsgeschäft.

943 Weitere Indizien sind der Abschlussort[93] oder die Währung des Kaufpreises[94].

944 Kein Indiz für das anwendbare Recht ist der Server-Standort. Ist die Rechtswahl wirksam getroffen, unterliegt der Vertrag wie gesagt der gewählten lex causae.

945 Einer besonderen Anknüpfung unterliegt die Form des Rechtsgeschäfts. Art. 11 Rom I-VO gewinnt gerade bei dem Versuch, Immobiliengeschäfte über E-Commerce abzuwickeln, Bedeutung. Grundstücksgeschäften über deutsche Grundstücke via E-Commerce schiebt aber Art. 11 Abs. 5 Rom I-VO einen Riegel vor. Hiernach ist zwingend die lex rei sitae anwendbar.

946 Für sonstige Verträge ist auf Art. 11 Abs. 2 Rom I-VO hinzuweisen. Sofern die Formerfordernisse des deutschen Rechts nicht erfüllt werden, ist prinzipiell ausreichend, wenn die Formerfordernisse des Rechts am Aufenthaltsort der anderen Vertragspartei erfüllt sind.

947 Sämtliche Vereinbarungen, auf die das Verbraucherkreditrecht der §§ 491 ff. BGB Anwendung findet, müssen gem. § 492 Abs. 1 Satz 1 BGB der Schriftform entsprechen. Die elektronische Form ist ausdrücklich ausgeschlossen. Hierzu enthält Art. 6 Abs. 2

---

87 OLG Frankfurt, MDR 1983, 578.
88 OLG Köln, RIW 1995, 970.
89 OLG Zweibrücken, AWD 1983, 454 – Angehörige der Stationierungsstreitkräfte.
90 BGH, NJW 2004, 3706, 3708; BGH, NJW-RR 2000, 1002.
91 OLG Köln, NJW-RR 1994, 200 – Brautgeschenke.
92 BGH, NJW-RR 1990, 249.
93 LG Hamburg, RIW 1993, 145.
94 BGH, NJW-RR 1990, 183; CR 2006, 539, 540 – Arzneimittelwerbung im Internet.

Rom I-VO für Verbraucherkreditverträge die Bestimmung, dass zwingend das Recht am gewöhnlichen Aufenthalt des Verbrauchers zur Anwendung kommt. Dies schließt es aus, mittels E-Commerce Verbraucherkreditverträge mit deutschen Verbrauchern abzuschließen.

b) Das mangels Rechtswahl auf E-Commerce-Vereinbarungen anwendbare Recht

Grundsätzlich gilt, dass mangels Rechtswahl eine Vereinbarung dem Recht des Staates unterliegt, zu dem der Vertrag die engsten Verbindungen aufweist (Art. 4 Abs. 1 Rom I-VO). Die engsten Verbindungen werden gem. Art. 28 Abs. 4 Rom I-VO mit der Rechtsordnung des gewöhnlichen Aufenthalts oder dem Gesellschaftssitz der Partei verbunden, die die charakteristische Leistung erbringt. Für den Kauf einer Sache oder Dienstleistung via Internet kommt damit regelmäßig das Recht am Sitz des Anbieters zur Anwendung, bei Werk- oder Dienstverträgen ist es der Sitz bzw. die Niederlassung des Werkunternehmers. Eine Korrekturmöglichkeit sieht das Gesetz in Art. 4 Abs. 3 Rom I-VO vor. Wenn sich aus der Gesamtheit der Umstände ergibt, dass der Vertrag engere Beziehungen zu einem anderen Staat aufweist, gelten die Vermutungen des Art. 4 Abs. 2 Rom I-VO als widerlegt.

948

c) Verbraucherverträge

Die Vermutung des Art. 4 Abs. 2 Rom I-VO führt regelmäßig zum Recht des Stärkeren[95]. Aus Gründen des Verbraucherschutzes findet daher für Verbraucherverträge gem. Art. 6 Rom I-VO eine besondere Anknüpfung statt. Der dort verwendete Begriff des „Verbrauchers" geht auf die Regelungen des EG-Übereinkommens vom 19.6.1980 über das auf vertragliche Schuldverhältnisse anwendbare Recht[96] zurück, das den Verbraucherbegriff des französischen Rechts aufgreift. Verbraucher ist danach jede natürliche oder juristische Person, die die Lieferung beweglicher Sachen oder Leistung von Diensten vereinbart, die nicht ihrer beruflichen oder gewerblichen Tätigkeit zugerechnet werden können. Ob dies der Fall ist, entscheiden objektive Umstände. Dem Schutz des Art. 6 Rom I-VO untersteht daher auch ein Gewerbetreibender, der eine Leistung zum privaten Bedarf nachfragt. Im Zweifel wird man bei Privatpersonen Verbraucherzwecke bejahen[97]. Verbraucherverträge unterliegen dem Recht des Staates, in dem der Verbraucher seinen gewöhnlichen Aufenthalt hat, wenn sich das Angebot des Unternehmens an User in diesem Staat richtet. Angebot im Sinne des Gesetzes ist auch die invitatio ad offerendum[98]. Ausreichend ist, dass das Internet-Angebot in Deutschland abgerufen

949

---

95 *Lüderitz*, IPR, 2. Auflage 1992, Rdnr. 281.
96 BGBl. II 1986, S. 810.
97 Vgl. *Lüderitz*, IPR, 2. Auflage 1992, Rdnr. 274.
98 BGHZ 123, 380, 389.

werden kann[99]. Allerdings muss hinzukommen, dass sich das Angebot auch zielgerichtet auf das Verbraucherland bezieht[100].

950 Ob ein Inlandsbezug zum Verbraucherstaat besteht, kann beispielsweise danach beurteilt werden, ob überhaupt eine Kaufentscheidung von Usern eines bestimmten Landes denkbar ist und beeinflusst werden kann[101] oder in welcher Währung der zu bezahlende Preis angegeben ist. Auch kann ein Unternehmen durch ausdrücklichen Hinweis auf der Website die Lieferung in verschiedene Staaten ausschließen[102]. Es macht wenig Sinn, ausgerechnet das Recht des Staates auf eine Online-Vereinbarung anzuwenden, dessen Einwohner die Leistungen nicht in Anspruch nehmen können oder die nicht beliefert werden sollen. Ein weiteres wichtiges Indiz ist die Sprache, in der eine Website verfasst ist[103].

d) Eingriffsnormen, ordre public

951 Die Verweisung auf eine ausländische Rechtsordnung, die wegen einer getroffenen Rechtswahl oder der beschriebenen objektiven Anknüpfungen zur Anwendung kommt, ist rechtlich gesehen ein „Sprung ins Dunkle". Insofern ist denkbar, dass ein deutscher Richter ausländische Normen anwenden müsste, die deutschen Rechtsgrundsätzen mehr oder weniger klar entgegenstehen. Hierzu hat das IPR Korrekturvorschriften eingeführt, die die Anwendung deutschen Rechts für bestimmte Fälle vorschreiben. Art. 3 Abs. 3 Rom I-VO wurde bereits genannt. Weitere wichtige Eingriffsnormen sind Art. 9 Rom I-VO und die ordre-public-Klausel des Art. 21 Rom I-VO.

952 Gem. Art. 9 Abs. 1 Rom I-VO gibt es zwingende Vorschriften, deren Einhaltung vom Recht des Forumstaates (Staat des angerufenen Gerichtes) und des Staates, in dem die durch Vertrag begründeten Verpflichtungen erfüllt werden sollen, gefordert werden. Es geht um Normen, die ein Staat als so entscheidend für die Wahrung seines öffentlichen Interesses, insbesondere seiner politischen, sozialen oder wirtschaftlichen Organisation ansieht, dass diese Normen ungeachtet des Vertragsstatuts auf alle Sachverhalte angewendet werden müssen, die in ihren Anwendungsbereich fallen. Die Rom I-VO unterscheidet zwischen Eingriffsnormen im Forumstaat, die uneingeschränkt zur Anwendung gelangen und den Eingriffsnormen am Erfüllungsort, denen lediglich Wirkung verliehen werden „kann"[104]. Bei Letzteren handelt es sich um Generalklauseln, die Einzelfallgerechtigkeit schaffen sollen. Ihr Gewicht ist umso stärker, je stärker der Inlandsbezug eines Sachverhalts ist. Die bloße Unabdingbarkeit nach deutschem materiellem Recht genügt allerdings nicht[105]. Erforderlich ist vielmehr, dass eine deutsche

---

99 Vgl. *Mankowski*, RabelsZ 1999, 203, 250; *Wagner*, WM 1995, 1129, 1130 – zum Teleshopping.
100 So LG Hamburg, MMR 1999, 612, 613; *Wagner*, WM 1995, 1129, 1130; ebenso *MünchKomm/Martiny*, BGB, 4. Auflage 2001, Art. 29 EGBGB Rdnr. 12.
101 OLG Frankfurt a.M., NJW-RR 1990, 1067 – Physikzeitschrift; *Mankowski*, GRUR 1999, 909, 911.
102 Zur Wirksamkeit eines Disclaimers vgl. BGH, CR 2006, 539 ff. – Arzneimittelwerbung im Internet.
103 Vgl. *Sack*, GRUR Int. 1988, 320, 328; *Hoth*, GRUR Int. 1972, 449, 454.
104 Vgl. Art. 9 Abs. 2, 3 Rom I-VO.
105 Vgl. LAG Düsseldorf, RIW 1992, 402; LAG Köln, RIW 1992, 935.

Vorschrift dem öffentlichen Interesse, insbesondere dem Schutz der sozial schwächeren Vertragspartei, dient. Als Beispiele seien die Vorschriften des Außenwirtschaftsrechts, Embargobestimmungen und Verbraucherschutzvorschriften genannt. Die ordre-public-Klausel des Art. 21 Rom I-VO dient in besonderem Maße der Einzelfallgerechtigkeit. Sie muss dann korrigierend eingreifen, wenn das Ergebnis der Rechtsordnung, deren Anwendung das Kollisionsrecht bestimmt, „mit der öffentlichen Ordnung des Forumstaates offensichtlich unvereinbar ist". Der ordre public ist ein internationaler Standard, der sich in den meisten Rechtsordnungen wiederfindet. Doch wann liegt eine solche offensichtliche Unvereinbarkeit mit der deutschen öffentlichen Ordnung vor? Hierzu müssen folgende Voraussetzungen erfüllt sein:
- Bestand eines wesentlichen deutschen Rechtsgrundsatzes (beispielsweise Grundrechte, Verfassungsgrundsätze, Bestimmungen der Menschenrechtskonvention);
- offensichtliche Abweichung von dem wesentlichen deutschen Rechtsgrundsatz;
- Inlandsbezug (z.B. deutsche Staatsangehörigkeit des Schuldners, gewöhnlicher oder schlichter Aufenthalt im Inland, Sachbelegenheit im Inland).

Hieraus entsteht ein bewegliches System. Je bedeutender der Geltungswille der inländischen Norm ist, umso geringere Abweichungen und Inlandskontakte genügen. 953

Durch Art. 21 Rom I-VO wird eine ausländische Norm im Einzelfall ausgeschaltet. Er führt nicht zur Unwirksamkeit der Verweisung insgesamt. Die so entstehende Lücke wird – sofern kein abweichender Anhaltspunkt, der auf eine andere Rechtsordnung hindeutet, gefunden werden kann – durch das deutsche Recht geschlossen. 954

> In **Fall 30** kann U den Vertrag nur dann gem. §§ 312g, 355 BGB widerrufen, wenn der Vertrag dem Recht der Bundesrepublik Deutschland unterläge. Zur Prüfung dieser Frage sind die deutschen Gerichte international zuständig, da U gem. Art. 15 Abs. 1 GVO den Kaufvertrag mit F nicht im Zusammenhang mit seiner beruflichen oder gewerblichen Tätigkeit geschlossen hat. Dem Vertragsabschluss ging ein Angebot auf der Website von F voraus, die von U abgerufen wurde. Hier handelt es sich um eine gewerbliche Tätigkeit des F, die wegen der bestimmungsgemäßen Abrufbarkeit der Website in Deutschland auf den Mitgliedstaat der EU ausgerichtet ist, in der U seinen Wohnsitz hat (Art. 15 Abs. 1 lit. c GVO).
>
> Bei der Prüfung des anwendbaren Rechts bleibt das CISG[106] außen vor, da es auf Verbraucherverträge keine Anwendung findet. Das anwendbare Recht bestimmt sich vielmehr gem. Art. 6 Abs. 2 Rom I-VO nach deutschem Recht, da U im Inland seinen gewöhnlichen Aufenthalt hat.
>
> Sofern U innerhalb der 14-Tage-Frist der §§ 312g, 355 BGB den Kaufvertrag widerruft, kann er F die gelieferte Ware zur Abholung bereitstellen oder sie zurücksenden. Sofern er den Kaufpreis bereits gezahlt hat, kann er ihn zurückfordern.

955

---

106 Convention on Contracts for the International Sale of Goods.

IX. Internet-Angebote und Datenschutzrecht

956 ── **Fall 31** ──

Das Buchhandelsunternehmen B möchte sein Angebot auch über das Internet vermarkten. Hierzu lässt es einen Internet-Auftritt erstellen. Vor der ersten Bestellung müssen sich Kunden unter der Angabe von Name, Adresse und Bankverbindung anmelden. Zudem wird bei dieser Anmeldung automatisch die IP-Adresse des Nutzers in Verbindung mit diesen Daten gespeichert. Auf diese Art und Weise ist es möglich, das Surfverhalten des Nutzers nachzuvollziehen. Die so gewonnenen Informationen werden dazu genutzt, das Angebot der eigenen Homepage zu personalisieren. Das heißt, jeder Nutzer bekommt bei Aufruf der Homepage automatisch Bücher angeboten, die seinen potenziellen Interessen entsprechen.

Zusätzlich überlegt B, ob es die Daten mit denen eines Online-Anbieters für Musik zusammenführen soll, um so seinen Webauftritt weiter verbessern zu können. Da sich hierfür in der Bundesrepublik Deutschland kein Unternehmen findet, das diese Tätigkeit für B übernehmen kann, will B die erforderliche Datenverarbeitung an ein in den USA ansässiges Unternehmen outsourcen.
1. Darf B diese Daten ohne Weiteres erheben und speichern?
2. Darf B diese Daten mit den Daten Dritter zusammenführen?
3. Ist ein Datenexport in die USA zulässig?

1. Datenschutzrechtliche Problemfelder

957 Eine der größten rechtlichen Herausforderungen birgt der kommerzielle Einsatz des Internet in immer stärkerem Ausmaß für den Datenschutz. Gleichwohl sind datenschutzrechtliche Aspekte des Internet lange Zeit nicht gesehen oder zumindest unterschätzt worden. Erst durch die zunehmende Berichterstattung in den Medien und die Enthüllungen zu Überwachungsmaßnahmen der US-Geheimdienste durch Edward Snowden ist einer breiteren Öffentlichkeit bewusst geworden, welche Gefahren für persönliche Daten bereits beim alltäglichen „Surfen" im Internet bestehen. Es lässt sich daher inzwischen eine deutliche datenschutzrechtliche Sensibilisierung feststellen.

958 In der öffentlichen Wahrnehmung spielten zunächst die Gefahren, die dem Datenschutz von öffentlicher Seite drohen, eine deutlich größere Rolle als die datenschutzrechtlichen Probleme, die die kommerzielle Nutzung des Internet für den Datenschutz bereiten. Dies lässt sich sicherlich auch darauf zurückführen, dass insbesondere zahlreiche Maßnahmen, die im Rahmen der Terrorismusbekämpfung eingeführt wurden, datenschutzrechtlich – und auch verfassungsrechtlich – höchst problematisch waren. Hier ist die Vorratsdatenspeicherung von Telekommunikationsverbindungsdaten ebenso zu nennen, wie die sog. „Online-Durchsuchung" von PCs, die unter dem Stichwort „Bundes-Trojaner" besondere öffentliche Aufmerksamkeit erfahren hat und die beide vom Bundesverfassungsgericht in ihrer damaligen Ausgestaltung schließlich für verfassungswidrig erklärt worden sind[1]. Schließlich hat auch ein Urteil des Landgerichts

---
1 Zur Verfassungswidrigkeit der entsprechenden Regelung im Verfassungsschutzgesetz BVerfGE 120, 274. Zur Vorratsdatenspeicherung siehe BVerfGE 125, 260; der Gesetzgeber hat sich trotz weiterhin bestehender Kritik zu einer Neuregelung der Vorratsdatenspeicherung in den §§ 113a ff. TKG entschieden, siehe dazu Rdnr. 1003.

Berlin einer breiteren Öffentlichkeit offenbart, dass manche Behörden offensichtlich Daten von Besuchern der behördeneigenen Website speichern, um diese Daten gegebenenfalls zu einem späteren Zeitpunkt zum Zwecke der Strafverfolgung oder Gefahrenabwehr einsetzen zu können[2].

Trotz dieser offenkundigen und schwerwiegenden Gefahren für die Privatsphäre der Bürger durch öffentliche Stellen darf allerdings nicht übersehen werden, dass zwischenzeitlich die größere Bedrohung der Privatsphäre des Einzelnen im Internet bei der kommerziellen Nutzung des Internet von der nicht-öffentlichen Seite verursacht wird[3]. Die Datenskandale bei Telekommunikationsunternehmen haben dies ebenso gezeigt wie die datenschutzrechtlichen Praktiken sozialer Netzwerke wie Facebook. Nicht zuletzt die öffentliche Diskussion um die Erstellung von Geodatenbanken wie Google Streetview sowie die zunehmende Nutzung von Cloud Computing zeigen, dass das Internet das Datenschutzrecht vor seine bisher größte Herausforderung stellt.

959

Zum einen ist es entgegen einer weit verbreiteten Ansicht nicht so, dass man beim Surfen durch das Netz keinerlei Spuren hinterlässt[4]. Vielmehr hinterlässt jede Bestellung bei einem Internethändler, jeder Zugang zum Internet, ja jeder Webseitenaufruf eine große Menge an Daten, die vielfältige Informationen über Internet-Nutzer enthalten können. Die fortschreitende technologische Entwicklung im Bereich des Internet birgt deshalb Gefahren für die durch Art. 2 Abs. 1 i.V.m. Art. 1 Abs. 1 GG grundrechtlich geschützte informationelle Selbstbestimmung[5] der Nutzer: Durch die Steigerung der Übertragungskapazitäten erhöht sich die Anzahl der Kommunikationsprozesse. Daraus folgt ein Anwachsen der verarbeiteten Informationen[6]. Diese Informationen können unter anderem Aufschluss über die besuchten Internet-Seiten des Internet-Nutzers oder dessen Vorlieben beim Online-Shopping geben. Beispielsweise können Internet-Provider oder der jeweilige Systemadministrator in Firmennetzen mit relativ geringem Aufwand feststellen, wer wie lange welche Internet-Angebote genutzt hat. Diese Daten sind insbesondere für die Werbeindustrie von erheblicher Bedeutung, die durch die Verknüpfung von personenbezogenen Daten aus unterschiedlichen Quellen ein genaues Persönlichkeitsprofil[7] des Internet-Nutzers erstellen kann, um eine den jeweiligen Interessen angepasste Werbung und somit eine gezielte Manipulation zu ermöglichen. Unter datenschutzrechtlichen Aspekten bedenklich ist damit nicht erst das Übermitteln der Kreditkartendaten, das nach wie vor bei einem Teil derjenigen, die über das Netz einkaufen, Skepsis auslöst, sondern jeder Zugriff auf das Netz.

960

Zum anderen wird diese Gefährdungslage dadurch verschärft, dass diese Datenspur von Internet-Nutzern in vielen Fällen unbewusst und vor allem auch unbemerkt hinterlassen wird, da sie quasi im „Hintergrund" des Surfens anfällt. Dadurch wird dem Nutzer die Möglichkeit genommen, über den Umgang mit seinen Daten bewusst selbst

961

---

2 LG Berlin, MMR 2007, 799, mit Anm. *Köcher*.
3 Für eine grundsätzliche Überarbeitung des „Datenrechts" angesichts der zunehmenden Kommerzialisierung von Daten als Rohstoff für neue Geschäftsmodelle *Fetzer*, MMR 2015, 777.
4 *Köhntopp/Köhntopp*, CR 2000, 248; *Härting*, CR 2008, 743; *Spiegel*, DuD 2003, 265.
5 BVerfGE 65, 1, 43; dazu mit Bezug zum Datenschutz *Simitis*, NJW 1984, 398.
6 *Sreball*, RDV 1996, 181, 182.
7 Vgl. *Schaar*, DuD 2001, 383, 383.

zu entscheiden. Und selbst dann, wenn Nutzer bewusst Daten im Internet offenbaren, haben sie später grundsätzlich keine Möglichkeit mehr, diese Daten wieder zu löschen: Das Internet vergisst nichts, auch wenn die Europäische Union versucht, dieser tatsächlichen Gegebenheit durch ein „Recht auf Vergessenwerden" beizukommen[8]. Dies ist deshalb problematisch, weil das Recht auf informationelle Selbstbestimmung nur dann wirksam ausgeübt werden kann, wenn der Betroffene über ausreichende Informationen als Grundlage der Ausübung seines Rechts verfügt und im Zweifelsfall auch die Löschung ihn betreffender Daten verlangen und auch tatsächlich durchsetzen kann[9]. Die vom Nutzer unbemerkte Überwachung findet dabei auf verschiedenen Wegen statt:

962 Die erste Möglichkeit liegt bereits in der Systemarchitektur des Internet begründet. Die Identifizierung von Computern im Internet erfolgt über sog. IP-Adressen, die jedem Rechner im Netz zugeordnet sind. Sobald eine Internet-Seite aufgerufen wird, generiert der Internet-Browser des Nutzers ein Datenpaket, das neben der Adresse des gesuchten Rechners auch die Adresse des eigenen Rechners, den Zeitpunkt des Seitenaufrufs, gegebenenfalls frühere Seitenaufrufe, Angaben über den verwendeten Internet-Browser sowie oftmals auch die E-Mail-Adresse des Nutzers enthält. Diese Informationen werden dann von dem gewählten Server ausgelesen, um zu überprüfen, ob die Verbindung zwischen den beiden Rechnern ordnungsgemäß funktioniert. Anhand dieser Daten lassen sich aber auch kundenspezifische Nutzungsmuster und Vorlieben für bestimmte Internet-Angebote ablesen. Unternehmen können mit Hilfe dieses Wissens potenzielle Kunden automatisch auf bestimmte Seiten weiterleiten, die Angebote enthalten, die den vermuteten Vorlieben des Nutzers entsprechen.

963 Neben dieser systemimmanenten Kontrollmöglichkeit werden als weitere Methode zur Überprüfung des Surfverhaltens von Internet-Nutzern mittlerweile sehr umfassend sog. Cookies genutzt. Bei diesen handelt es sich um Programme, die vom Server des Anbieters an Rechner geschickt werden, die diesen Server aufrufen. Sie werden dann über den verwendeten Browser auf dem Rechner des Nutzers gespeichert. Ruft der Nutzer zu einem späteren Zeitpunkt denselben Server erneut auf, werden diese Cookies an den Server zurück übermittelt. Sie enthalten zumeist Daten über die bisherigen Zugriffe des Nutzers auf den entsprechenden Server, welche Webseiten und Angebote bisher aufgerufen und gegebenenfalls welche Zahlungsmodalitäten bei den bisherigen Geschäften vereinbart wurden. Entsprechend der derzeitigen Praxis können durch den Einsatz von Cookies detaillierte Informationen über das Surfverhalten der Nutzer und somit auch über deren Interessen und persönliche Lebensumstände abgerufen werden. Letztendlich können bereits hierdurch entsprechende Nutzerprofile erstellt und für z.B. zielgerichtete Werbung eingesetzt werden. Nach Art. 5 Abs. 3 der

---

8 Zunächst im Google Spain-Urteil des EuGH, MMR 2014, 455, in welchem unter bestimmten Voraussetzungen und einer Interessenabwägung ein Anspruch gegenüber dem Suchmaschinenbetreiber statuiert wird, persönlichkeitsrechtsverletzende Suchergebnisse nicht anzuzeigen (dazu oben ausführlich unter Rdnr. 871 ff.), und schließlich in Art. 17 der voraussichtlich 2018 in Kraft tretenden Datenschutz-Grundverordnung.

9 BVerfGE 65, 1, 43 – Volkszählungsurteil: Die Bürger müssen wissen können, „wer was wann und bei welcher Gelegenheit über sie weiß".

E-Privacy-Richtlinie ist es zwar zukünftig untersagt, dem Nutzer ohne dessen informierte Einwilligung Cookies zu übermitteln, allerdings kann nach den Erwägungsgründen zu der Richtlinie diese Einwilligung auch konkludent durch eine entsprechende Voreinstellung des Browsers erklärt werden[10]. Da der Nutzer einer solchen Verwendung über die Voreinstellungen des Browsers auch widersprechen kann – was derzeit branchenüblich ist[11] –, hat sich der deutsche Gesetzgeber in § 15 Abs. 3 TMG für eine Opt-Out-Lösung entschieden. Gegen die Richtlinien- und somit Europarechtskonformität von § 15 Abs. 3 TMG bestehen allerdings Zweifel[12]. Denn die meisten Browser sind standardmäßig so eingerichtet, dass Cookies angenommen werden. Insbesondere der technisch nicht versierte Nutzer weiß also zunächst überhaupt nicht, dass bei jedem Surfzugriff umfangreiche Daten übermittelt werden. Zudem sind zahlreiche Angebote faktisch nur dann nutzbar, wenn der Nutzer in die Verwendung von Cookies einwilligt.

Eine weitere Möglichkeit, das Surfverhalten von Nutzern auszuspähen, stellen sog. Webbugs und Spyware dar. Webbugs sind für den Nutzer unsichtbare Grafiken auf einer Internet-Seite. Sie ermöglichen es, das Surfverhalten des Nutzers auszuspähen, indem sie die IP-Adresse des Nutzerrechners, den verwendeten Internet-Browser und den Zeitpunkt des Seitenabrufs an den Internet-Anbieter übermitteln. Sind auf dem PC des Nutzers bereits Cookies gespeichert, können auch die dort abgelegten Informationen an den Anbieter übermittelt werden. Webbugs zeichnen sich gegenüber Cookies dadurch aus, dass sie vollkommen unbemerkt Daten vom Nutzer an Dritte übermitteln können. Im Gegensatz zu Cookies, deren Verwendung vom Nutzer in seinem Browser gesperrt werden kann, können Webbugs nicht vom Nutzer verhindert werden. Spyware sind im Regelfall kleine Programme, die vom Nutzer unbemerkt – etwa beim Download einer anderen Datei aus dem Internet – auf dem Rechner des Nutzers installiert werden und dort das Surfverhalten ausspionieren und an den Absender der Spyware übermitteln. Zwar ist der Einsatz solcher Programme nach den Regelungen der E-Privacy-RL rechtlich nicht ohne Weiteres zulässig, allerdings lässt sich angesichts ihres verborgenen Einsatzes dieses Verbot in der Praxis kaum überprüfen[13].

964

Hinzu kommt, dass jeder Zugriff auf einen Server anhand sog. Log-Files protokolliert wird. Darin können ähnlich wie bei den Webbugs sämtliche Informationen über einen Kommunikationsprozess – wie z.B. Zeit und Umfang des in Anspruch genommenen Internet-Dienstes, IP-Adresse des Nutzers, dessen Browser und Betriebssystem – gespeichert werden. Diese Aufzeichnung lässt sich nicht von Seiten des Nutzers unterbinden, da diese Informationen auf dem jeweiligen Server gespeichert werden. Insgesamt werden beständig neue Tracking-Technologien – auch ohne den Einsatz von Cookies – entwickelt, die den Nutzer und dessen Surfverhalten erkennen[14].

965

---

10 Erwägungsgrund 66 der RL 2009/136/EG, ABl. EG L 337, S. 11.
11 *Spindler/Nink*, in: *Spindler/Schuster*, Recht der elektronischen Medien, 3. Auflage 2015, § 15 Rdnr. 9.
12 Insbesondere seitens der Datenschutzbeautraften des Bundes und der Länder, vgl. deren Umlaufentschließung vom 5.2.2015; *Schmidt/Babilon*, K&R 2016, 86 f.; *Dieterich*, ZD 2015, 199, 202.
13 Zu Webbugs *Woitke*, MMR 2003, 310.
14 Zu modernen Tracking-Technologien *Schmidt/Babilon*, K&R 2016, 87 ff.; *Zeidler/Brüggemann*, CR 2014, 248, 251 f.; *Dieterich*, ZD 2015, 199.

966 Diese Gefahren werden durch die zunehmende Vernetzung von Datenbeständen noch erheblich potenziert. Durch das Zusammenführen verschiedener Datenquellen zu umfassenden Nutzerprofilen lassen sich sehr weitgehende Erkenntnisse über Internet-Nutzer gewinnen[15]. Derart verbundene Datenbestände haben einen hohen Wert, sofern sie beispielsweise als Grundlage zielgruppenorientierten Marketings – des sog. target marketing – genutzt werden. Solchen Daten kommt damit ein nicht unerheblicher kommerzieller Wert zu. Hat auch die überwiegende Anzahl der seriösen Internet-Anbieter zwischenzeitlich die Bedeutung der Einhaltung datenschutzrechtlicher Vorschriften verstanden, so findet gleichwohl weiterhin in der Praxis oftmals eine Abwägung des ökonomischen Nutzens gegen die potenziellen Kosten von datenschutzrechtlichen Verstößen statt, die sehr oft zu Ungunsten des Datenschutzes ausfällt[16].

2. Anwendbare Rechtsvorschriften

967 Für die spezifische Gefährdungslage im Internet sind die allgemeinen Regelungen des BDSG nicht mehr ausreichend[17]. Die dem BDSG zugrunde liegende datenschutzrechtliche Situation ist mit der heute bestehenden nur noch eingeschränkt zu vergleichen[18]: Ausgangspunkt des im BDSG geregelten Datenschutzrechts war es, die staatliche Informationserhebung, -speicherung und -verarbeitung rechtlichen Regeln zu unterwerfen. Erst sekundär trifft das BDSG Anordnungen für den privaten Sektor.

968 Den Vorgaben des Bundesverfassungsgerichts aus dem Volkszählungsurteil[19] entsprechend wurden daher für den Bereich der elektronischen Medien und Kommunikationsmittel bereichsspezifische Regelungen für den Datenschutz geschaffen[20]. Von großer Bedeutung für die Zukunft des Datenschutzrechts im Internet kann zudem das Urteil des Bundesverfassungsgerichts zur Online-Durchsuchung werden[21]. In diesem Urteil hat das Gericht ein Grundrecht auf Gewährleistung der Vertraulichkeit und Integrität informationstechnischer Systeme entwickelt, das ein Aspekt des in Art. 2 Abs. 1 i.V.m. Art. 1 Abs. 1 GG verankerten allgemeinen Persönlichkeitsrechts ist. Dieses neue „Computergrundrecht" schützt demnach die freie Persönlichkeitsentfaltung des Einzelnen bei der Nutzung informationstechnischer Systeme, wobei unter informationstechnischen Systemen solche Computer zu verstehen sind, die vernetzt sind, oder aber zumindest vernetzt werden können. Hierunter fallen damit jedenfalls alle Rechner mit

---

15 Dazu *Fetzer*, Recht sicher? Persönlichkeitsrechtsschutz im Netz, in: *Sokol*, Persönlichkeit im Netz, Sicherheit – Kontrolle – Transparenz, Landesbeauftragte für Datenschutz und Informationsfreiheit Nordrhein-Westfalen, 2008; *Weichert*, ZD 2013, 251.
16 *Lanfermann*, RDV 1998, 1, 3.
17 Bundesdatenschutzgesetz vom 20.12.1990, BGBl. I, S. 2954, neu gefasst durch Bekanntmachung vom 14.1.2003, BGBl. I, S. 66; zuletzt geändert durch Art. 1 des Gesetzes vom 25.2.2015, BGBl. I, S. 162.
18 Grundlegend zur Zukunft des Datenschutzes *Kühling*, Verw 40, 253.
19 BVerfGE 65, 1.
20 Vgl. zum verfassungsrechtlichen Datenschutz im Bereich der Telekommunikation auch das „Abhörurteil" des BVerfG, BVerfGE 100, 313. Zur Abgrenzung von Recht auf informationelle Selbstbestimmung und Fernmeldegeheimnis siehe BVerfG, NJW 2006, 976.
21 BVerfGE 120, 274.

Internetzugang, aber auch Smartphones und Tablets. Soweit auf solche Systeme heimlich zugegriffen bzw. deren Integrität beeinträchtigt wird, bedeutet dies einen Eingriff in das „Grundrecht auf die Vertraulichkeit und Integrität informationstechnischer Systeme". Ähnlich der Terminologie des Volkszählungsurteils fordert das Gericht hierfür „bereichsspezifische" Regelungen[22]. Die Regelungsdichte hat jüngst durch das IT-Sicherheitsgesetz zugenommen[23]. Bereits zuvor hat der Gesetzgeber – auch wegen europarechtlicher Richtlinienvorgaben, die es umzusetzen galt[24] – unabhängig von dieser Entscheidung des BVerfG auf die mit Computernetzen verbundenen datenschutzrechtlichen Probleme reagiert und eine Reihe von gesetzlichen Vorschriften geschaffen, die den Datenschutz im Internet gewährleisten sollen und die von Internetanbietern zu beachten sind.

969 Es handelt sich zum einen um das Telekommunikationsgesetz (TKG), das datenschutzrechtliche Regelungen für den Bereich der Telekommunikation enthält[25]. Im Gegensatz zur früheren Rechtslage, als sich die wesentlichen datenschutzrechtlichen Regelungen in einer Verordnung befanden, finden sich datenschutzrechtliche Vorschriften nun im Gesetz selbst in den §§ 91 ff. TKG.

970 Daneben fanden sich für das Internet relevante datenschutzrechtliche Vorschriften ursprünglich in zwei weiteren Gesetzen: Im Teledienstedatenschutzgesetz (TDDSG)[26], das Teil des Informations- und Kommunikationsdienstegesetzes (IuKDG)[27] war, und in den §§ 16 ff. Mediendienste-Staatsvertrag (MDStV)[28]. Insbesondere die Abgrenzung zwischen TDDSG und MDStV hatte jedoch immer wieder zu großen Problemen geführt. Der Gesetzgeber hat versucht, diese Abgrenzungsschwierigkeit durch die Zusammenführung der Regeln von TDG bzw. TDDSG und MDStV in einem Gesetz zumindest ansatzweise zu beseitigen[29]. Hierzu haben Bund und Länder in einem konzertierten Gesetzgebungsverfahren das Telemediengesetz (TMG)[30] auf den Weg gebracht, das am 1. März 2007 in Kraft trat[31].

---

22 BVerfGE 120, 274, 282.
23 Gesetz zur Erhöhung der Sicherheit informationstechnischer Systeme (IT-Sicherheitsgesetz) vom 17.7.2015, BGBl. I, S. 1324.
24 Richtlinie 95/46/EG des Europäischen Parlaments und des Rates vom 24.10.1995, ABl. EG L 281 vom 23.11.1995, S. 31, zuletzt geändert durch VO (EG) 1882/2003 vom 29.9.2003, ABl. EG L 284, S. 1, sowie Richtlinie 2002/58/EG des Europäischen Parlaments und des Rates vom 12.7.2002 über die Verarbeitung personenbezogener Daten und den Schutz der Privatsphäre in der elektronischen Kommunikation, ABl. EG L 201 vom 21.7.2007, S. 37, zuletzt geändert durch RL 2009/136/EG, ABl. EG L 337, S. 11.
25 Telekommunikationsgesetz vom 22.6.2004 (TKG), BGBl. I, S. 1190, zuletzt geändert durch Art. 2 des Gesetzes vom 23.1.2016, BGBl. I, S. 106.
26 Gesetz über den Datenschutz bei Telediensten, Art. 2 des IuKDG, BGBl. 1997 I, S. 1870, zuletzt geändert durch Gesetz vom 14.12.2001, BGBl. I, S. 3721.
27 BGBl. 1997 I, S. 1870.
28 Mediendienste-Staatsvertrag vom 20.1.-10.4.1997, GBl. BW, S. 181, zuletzt geändert durch Art. 8 des Achten Staatsvertrages zur Änderung rundfunkrechtlicher Staatsverträge vom 8.-15.10.2004, GBl. BW 2005, S. 197.
29 Dazu *Fetzer*, DRiZ 2007, 206.
30 Telemediengesetz vom 26.2.2007, BGBl. I, S. 179, zuletzt geändert durch Art. 4 des Gesetzes vom 17.7.2015, BGBl. I, S. 1324.
31 Ausführlich zum TMG *Hoeren*, NJW 2007, 801; *Roßnagel*, NVwZ 2007, 743.

971 Damit ist zwar die Abgrenzung der Anwendungsbereiche von MDStV und TDDSG entfallen. Weiterhin erforderlich ist allerdings die Abgrenzung zwischen dem Anwendungsbereich von TKG und TMG, die gerade für Internet-Angebote kaum minder problematisch ist[32]. Auf den ersten Blick scheint die Abgrenzung zwischen TKG und TMG durchaus trennscharf möglich zu sein: Soweit ein Unternehmen den technischen Zugang zum Internet vermittelt, ist es Diensteanbieter i.S.d. § 3 Nr. 6 TKG und muss als solcher bei diesem Angebot die datenschutzrechtlichen Vorschriften der §§ 91 ff. TKG beachten. Soweit ein Unternehmen Telemedien i.S.d. § 1 TMG anbietet, gelten für dieses Angebot die datenschutzrechtlichen Regelungen der §§ 11 ff. TMG.

a) Abgrenzung von Telekommunikation und Telemedien

972 Die Abgrenzung ist allerdings im Einzelfall dann doch problematisch, weil die gesetzlichen Regelungen zur Abgrenzung der Anwendungsbereiche von TKG und TMG im Detail teilweise unklar, teilweise sogar widersprüchlich sind[33]. § 1 Abs. 1 TMG, der den Anwendungsbereich des Gesetzes bestimmt, vermittelt zunächst den Eindruck, dass eine Leistung entweder ein elektronischer Informations- und Kommunikationsdienst ist und damit dem Anwendungsbereich des TMG unterfällt, oder ein Telekommunikationsdienst beziehungsweise telekommunikationsgestützter Dienst, der in den Anwendungsbereich des TKG fällt, oder ein Rundfunkdienst, für den der RStV zur Anwendung kommt. § 1 Abs. 1 TMG bestimmt nämlich unter anderem, dass das TMG für alle elektronischen Informations- und Kommunikationsdienste gilt, soweit sie nicht Telekommunikationsdienste nach § 3 Nr. 24 TKG, die ganz in der Übertragung von Signalen über Telekommunikationsnetze bestehen, oder telekommunikationsgestützte Dienste nach § 3 Nr. 25 TKG oder Rundfunk sind. Dieser erste Befund eines Ausschließlichkeitsverhältnisses insbesondere der Anwendungsbereiche von TKG und TMG gerät allerdings bei Leistungen, die sowohl Aspekte der technischen Übertragung als auch Aspekte eines elektronischen Kommunikationsdienstes enthalten, ins Wanken. Nach § 11 Abs. 3 TMG gelten nämlich für solche Telemedien, die überwiegend in der Übertragung von Signalen über Telekommunikationsnetze bestehen, die datenschutzrechtlichen Vorschriften des TMG nur eingeschränkt, im Übrigen sollen für diese Dienste auch die datenschutzrechtlichen Vorschriften des TKG Anwendung finden. Offensichtlich ging also der Gesetzgeber selbst davon aus, dass zwischen Telekommunikationsdienst einerseits und elektronischem Informations- und Kommunikationsdienst andererseits kein Ausschließlichkeitsverhältnis besteht.

973 Für Anbieter von Internetleistungen stellt sich die Abgrenzung der Anwendungsbereiche von TKG und TMG daher wie folgt dar: Entscheidend für die Frage, ob auf ein

---

32 Dazu *Fetzer*, Recht sicher? Persönlichkeitsrechtsschutz im Netz, in: *Sokol*, Persönlichkeit im Netz, Sicherheit – Kontrolle – Transparenz, Landesbeauftragte für Datenschutz und Informationsfreiheit Nordrhein-Westfalen, 2008.
33 Dazu *Fetzer*, Recht sicher? Persönlichkeitsrechtsschutz im Netz, in: *Sokol*, Persönlichkeit im Netz, Sicherheit – Kontrolle – Transparenz, Landesbeauftragte für Datenschutz und Informationsfreiheit Nordrhein-Westfalen, 2008.

Angebot das TKG, das TMG oder beide Gesetze anwendbar sind, ist bisher, ob bei einer elektronischen Leistung nur eine technische Übertragungsleistung erbracht wird – dann findet nur das TKG Anwendung –, ob nur überwiegend eine technische Übertragungsleistung erbracht wird – dann finden TKG und TMG Anwendung –, oder ob die technische Übertragungsleistung nur eine untergeordnete Rolle spielt – dann findet nur das TMG Anwendung[34].

Diese gesetzlich vorgegebene Abgrenzung aufgrund des Überwiegens eines Leistungsaspekts ist unter zwei Gesichtspunkten problematisch: Zum einen stellt sich die praktische Frage, unter welchen Voraussetzungen denn ein Dienst überwiegend in der Übertragung von Signalen über Telekommunikationsnetze besteht. Zum anderen steht diese Abgrenzung nach dem Überwiegen eines Leistungsaspekts, wie sie durch das TMG vorgegeben wird, auch in einem gewissen Widerspruch zum Telekommunikationsgesetz: Nach § 3 Nr. 24 TKG gelten dort nämlich sowohl Dienste, die ganz in der Übertragung von Signalen über Telekommunikationsnetze bestehen, als auch solche, die nur überwiegend in der Übertragung von Signalen über Telekommunikationsnetze bestehen, als Telekommunikationsdienst. Auf diese wären demnach aber gem. § 91 TKG ausschließlich die datenschutzrechtlichen Vorschriften des Telekommunikationsgesetzes anwendbar. Einen entsprechenden Verweis auf das TMG enthält das TKG nicht. Nach Teilen der Literatur und Rechtsprechung soll deshalb das Merkmal der Signalübertagung nicht allein anhand technischer Kriterien bestimmt, sondern eher funktional und teleologisch ausgelegt werden[35]. Ausschlaggebend soll hierbei sein, ob – der Intention des Gesetzgebers folgend – eine funktionale Vergleichbarkeit mit bisher nach dem TKG regulierten Diensten vorliegt. Die Diskussion hat sich deswegen intensiviert, weil z.B. Instant-Messenger-Dienste wie WhatsApp zunehmend die bisherigen Kurznachrichtendienste der Telekommunikationsnetzbetreiber ersetzt haben, allerdings nicht den entsprechenden Datenschutzvorschriften der §§ 91 ff. TKG unterliegen. Nach dem jüngsten Urteil des VG Köln zum E-Mail-Dienst von Google (Gmail) kommt es nicht darauf an, ob die Signalübertragung selbst vorgenommen wird, sondern es reicht vielmehr aus, dass der Anbieter sich eine fremde Signalübertragung (z.B. über das offene Internet) faktisch für seine Zwecke zu Eigen macht[36]. Da auch eine solche Abgrenzung keinesfalls einfacher erscheint, erwägt die Kommission zeitnah eine grundlegende Überarbeitung des TK-Richtlinienpakets und eine Auslagerung des Datenschutzes unter anderem in die voraussichtlich im Jahr 2018 in Kraft tretende Datenschutz-Grundverordnung[37].

974

---

34 Ausführlich zur Abgrenzung *Heckmann*, Internetrecht, 4. Auflage 2014, Kapitel 1.2 Rdnr. 36 ff.
35 *Kühling/Schall*, CR 2015, 641, 648 f.; *Kremer/Völkel*, CR 2015, 501, 504; *Martini/von Zimmermann*, CR 2007, 368, 372; VG Köln, Urteil vom 11.11.2015 – 21 K 450/15, Rdnr. 53 ff.
36 VG Köln, Urteil vom 11.11.2015 – 21 K 450/15, Rdnr. 54 ff., 61 mit Verweis auf EuGH, MMR 2015, 339, Rdnr. 43 ff.
37 Verordnung (EU) 2016/... des Europäischen Parlaments und des Rates zum Schutz natürlicher Personen bei der Verarbeitung personenbezogener Daten, zum freien Datenverkehr und zur Aufhebung der Richtlinie 95/46/EU (Datenschutz-Grundverordnung), bei Drucklegung noch nicht im Amtsblatt der Europäischen Union veröffentlicht, eine informelle Fassung, die jedoch der vom Europäischen Parlament am 14.4.2016 angenommenen endgültigen Fassung entspricht, ist unter http://eur-lex.europa.eu/legal-content/DE/TXT/PDF/?uri=CONSIL:PE_17_2016_INIT&qid=1462256782062&from=DE abrufbar; vgl. dazu unten ausführlich.

b) Abgrenzung von Rundfunk und Telemedien

975 Die rechtliche Beurteilung wird weiter dadurch erschwert, dass zudem auch eine Abgrenzung zum Rundfunk – d.h. Radio und Fernsehen – erforderlich ist. Gem. § 2 Abs. 1 Satz 1 RStV ist Rundfunk die für die Allgemeinheit und zum zeitgleichen Empfang bestimmte Veranstaltung und Verbreitung von Angeboten in Bewegtbild oder Ton entlang eines Sendeplans unter Benutzung elektromagnetischer Schwingungen. Wie sich bereits aus dieser Definition ergibt, ist für die Einordnung eines Angebots als Rundfunk der Übertragungsweg nicht entscheidend. Damit können auch Livestreams von klassischen Rundfunksendungen, die im Internet abrufbar sind, Rundfunk i.S.d. § 2 Abs. 1 RStV sein. So können sowohl Multicasts als auch Unicasts, bei denen ein klassisches Rundfunkprogramm über das Internet verbreitet wird, unter den Begriff des Rundfunks i.S.d. § 2 Abs. 1 RStV fallen[38]. Entscheidend für die Abgrenzung zwischen Telemedien und Rundfunk ist das Merkmal eines Angebots entlang eines Sendeplans, das sich an die Allgemeinheit richtet. Dieses Kriterium ist nur bei solchen Diensten erfüllt, die dem Nutzer ein bereits zuvor feststehendes Programm zur Verfügung stellen, das dieser nur unverändert in Anspruch nehmen kann. Erhält der Nutzer hingegen die Möglichkeit, sich sein eigenes „Programm" zusammenzustellen, so liegt kein Rundfunk i.S.d. Rundfunkstaatsvertrages mehr vor. Daher sind Video-on-Demand-Dienste etwa nicht als Rundfunk, sondern als Telemedien einzuordnen[39].

c) Anwendungsbeispiele

976 Beispiele für Telemedien, auf die das TMG anwendbar ist, sind demnach[40]:
- Online-Angebote von Waren oder Dienstleistungen mit unmittelbarer Bestellmöglichkeit; z.B. Verkehrs-, Wetter-, Umwelt- oder Börsendaten, Nachrichtendienste, Chatrooms, elektronische Presse, Weblogs, Online-Kaufhäuser, Online-Downloadservices usw.,
- Video-on-demand,
- Online-Dienste, die Instrumente zur Datensuche, zum Zugang zu Daten oder zur Datenabfrage bereitstellen; z.B. Internet-Suchmaschinen, Online-Datenbanken,
- die kommerzielle Verbreitung von Informationen über Waren-/Dienstleistungsangebote mit elektronischer Post; z.B. Werbe-E-Mails.

977 Beispiele für Rundfunk, auf die der RStV anwendbar ist, sind[41]:
- Der klassische Rundfunk, auch wenn er über das Internet übertragen wird,
- Live-Streaming von Rundfunkveranstaltungen sowie Webcasting von Rundfunkveranstaltungen.

---

38 *Heckmann*, Internetrecht, 4. Auflage 2014, Kapitel 1.3 Rdnr. 51 f.
39 Zu dieser Abgrenzung *Schütz*, MMR 2009, 228.
40 Ausweislich der Gesetzesmaterialien zum TMG, BT-Drs. 16/3078, S. 13.
41 BT-Drs. 16/3078, S. 13.

Beispiele für Telekommunikation, auf die das TKG anwendbar ist, sind[42]: 978
- Technische Internetzugangsleistungen,
- Internettelefonie (Voice over IP).

Problematisch ist die Einordnung von E-Mail-Übertragungsdiensten und Internetzugangsleistungen, die über die rein technische Vermittlung des Zugangs zum Internet hinausgehen. Sie können zwar grundsätzlich Telemedien sein, auf sie finden jedoch gem. § 11 Abs. 3 TKG die datenschutzrechtlichen Vorschriften des TMG nur eingeschränkt Anwendung, im Übrigen gilt für sie das TKG[43]. 979

3. Grundsätzliche Vorgaben für den Umgang mit personenbezogenen Daten bei Internetangeboten

Je nachdem, welche Rechtsvorschriften auf ein bestimmtes Angebot im Internet anwendbar sind, gilt es für den Anbieter der Leistung, bestimmte datenschutzrechtliche Vorgaben einzuhalten. Sie finden sich für Telekommunikation in den §§ 91 ff. TKG, für Telemedien in den §§ 11 ff. TMG und für Rundfunkleistungen in § 47 RStV. Da § 47 Abs. 1 RStV allerdings für Rundfunk die datenschutzrechtlichen Vorschriften des TMG für entsprechend anwendbar erklärt, soll in der Folge vorwiegend auf datenschutzrechtliche Regelungen in TKG und TMG eingegangen werden. 980

a) Der Begriff der personenbezogenen Daten

Gegenstand des Datenschutzrechtes ist – unabhängig davon, ob BDSG, TKG oder TMG auf einen konkreten Sachverhalt Anwendung finden – der Schutz personenbezogener Daten. Datenschutzrechtliche Vorschriften spielen daher von vornherein nur dann eine Rolle, wenn personenbezogene Daten in diesem Sinne betroffen sind. Personenbezogene Daten sind nach § 3 Abs. 1 BDSG „Einzelangaben über persönliche oder sachliche Verhältnisse einer bestimmten oder bestimmbaren natürlichen Person". Personenbezogene Daten sind also nur solche Daten, die sich auf eine bestimmte Person beziehen oder geeignet sind, einen Bezug zu einer Person herzustellen. Hierzu gehören beispielsweise Name, Anschrift, E-Mail-Adresse, IP-Adresse[44], Vorlieben, Beziehungen zu 981

---
42 BT-Drs. 16/3078, S. 13.
43 BT-Drs. 16/3078, S. 13.
44 Die Einordnung der IP-Adresse als personenbezogenes Datum ist umstritten. Teilweise wird zwischen statischen, also fest vergebenen, und dynamischen, also bei jedem Verbindungsaufbau neu zugeteilten, IP-Adressen unterschieden; *Meyerdierks*, MMR 2013, 705; *Härting*, CR 2008, 743. Grundlegend entscheidend ist allerdings, ob man einen relativen oder absoluten Personenbezug für das Merkmal der Bestimmbarkeit einer Person fordert. Bei einem relativen Personenbezug ist für die Bestimmbarkeit erforderlich, dass die konkret verarbeitende Stelle die Daten einer bestimmten Person zuordnen kann. Beim absoluten Personenbezug wird auf die Bestimmbarkeit durch Dritte abgestellt. LG Berlin, CR 2013, 471; *Gerlach*, CR 2013, 478; *Brink/Eckhardt*, ZD 2015, 205; *Sachs*, CR 2010, 547; der BGH hat diese praktisch äußerst relevante Frage mit Beschluss vom 28.10.2014 dem EuGH zur Klärung vorgelegt, GRUR 2015, 192; dazu *Bär*, MMR 2015, 134.

Dritten und Ähnliches⁴⁵. Nicht vom Datenschutzrecht erfasst werden hingegen anonymisierte Daten, die keinerlei Bezug zu einer bestimmten oder zumindest bestimmbaren natürlichen Person aufweisen. Rein statistische Auswertungen müssen sich damit nicht an den datenschutzrechtlichen Vorschriften messen lassen.

982 Im Gegensatz zum BDSG und TMG, die nur personenbezogene Daten von natürlichen Personen schützen, werden für den Bereich der Telekommunikation durch § 91 Abs. 1 Satz 2 TKG auch solche Daten dem Schutz der §§ 91 ff. TKG unterworfen, die sich auf juristische Personen beziehen, soweit die Daten dem Fernmeldegeheimnis nach § 88 Abs. 1 TKG unterfallen.

983 Für **Fall 31** heißt dies, dass alle Daten, die B erheben will, personenbezogene Daten sind, die in den Anwendungsbereich des Datenschutzrechts fallen. Für die IP-Adressen ist dies zwar nicht unzweifelhaft, jedoch im Ergebnis zu bejahen, da aufgrund der gemeinsamen Erhebung mit den Anmeldedaten den IP-Adressen auch eine konkrete Person – zumindest durch B als verarbeitende Stelle – ohne Weiteres zugeordnet werden kann.

b) Verpflichtete

984 Verpflichtet zur Einhaltung der datenschutzrechtlichen Vorschriften von TMG und TKG sind die sog. Diensteanbieter. Diensteanbieter i.S.d. TMG ist gem. § 2 Nr. 1 TMG jede natürliche oder juristische Person, die eigene oder fremde Telemedien zur Nutzung bereithält oder den Zugang zur Nutzung vermittelt. Diensteanbieter i.S.d. TKG ist gem. § 3 Nr. 6 TKG jeder, der ganz oder teilweise geschäftsmäßig entweder Telekommunikationsdienste erbringt oder an der Erbringung solcher Dienste mitwirkt.

985 Unproblematisch ist dabei die Einordnung von Unternehmen, deren Geschäftszweck das Angebot von Telekommunikation bzw. Telemedien ist. Sie sind je nach Einordnung des Angebots entweder Diensteanbieter i.S.d. des TKG oder des TMG.

986 In der Praxis problematisch ist hingegen, unter welchen Voraussetzungen Arbeitgeber Diensteanbieter i.S.d. TKG bzw. TMG sind, sofern ihre Arbeitnehmer betriebliche Kommunikationsmittel – z.B. einen Internetzugang – nutzen. Wenn ein Arbeitgeber nämlich Diensteanbieter ist, gelten für ihn im Verhältnis zu seinen Arbeitnehmern die datenschutzrechtlichen Vorschriften von TKG bzw. TMG. Für das TMG enthält § 11 Abs. 1 TMG die Regelung, dass auf eine Nutzung von Telemedien in Dienst- und Arbeitsverhältnissen zu ausschließlich beruflichen oder dienstlichen Zwecken oder innerhalb von oder zwischen nicht-öffentlichen Stellen oder öffentlichen Stellen zur Steuerung von Arbeits- oder Geschäftsprozessen die datenschutzrechtlichen Vorschriften des TMG keine Anwendung finden. Das bedeutet, dass auf die betriebliche Nutzung von Telekommunikationsmitteln die datenschutzrechtlichen Vorschriften des TMG nicht anwendbar sind. Im Umkehrschluss ergibt sich daraus aber auch, dass auf die private Nutzung

---

45 Vgl. hierzu *Helfrich*, in: *Hoeren/Sieber/Holznagel*, Handbuch Multimedia-Recht, 42. EL 2015, Teil 16.1 Rdnr. 2 ff.

betrieblicher Kommunikationsmittel – sofern die private Nutzung arbeitsrechtlich gestattet ist – die datenschutzrechtlichen Vorschriften des TMG anwendbar sind[46].

Für das TKG fehlt es zwar an einer dem § 11 Abs. 1 TMG vergleichbaren Regelung. Hier gilt jedoch materiell das Gleiche wie bei der Nutzung von Telemedien am Arbeitsplatz. Es kommt entscheidend darauf an, ob dem Arbeitnehmer auch die private Nutzung der betrieblichen Telekommunikationsmittel gestattet ist. Soweit die private Nutzung der betrieblichen Telekommunikationsmittel untersagt ist, gelten die §§ 91 ff. TKG nicht, da die betriebliche Nutzung der Telekommunikationsmittel hier ausschließlich der betrieblichen Sphäre zuzuordnen ist. Der Arbeitgeber ist hier im Verhältnis zum Arbeitnehmer kein Diensteanbieter. Ist hingegen die private Nutzung der Telekommunikationsmittel vom Arbeitgeber gestattet, ist der Arbeitgeber Diensteanbieter i.S.d. des TKG, so dass auch im Arbeitsverhältnis die datenschutzrechtlichen Regelungen des TKG gelten[47].

987

c) Grundregeln für den Umgang mit personenbezogenen Daten im Internet

Das Datenschutzrecht enthält für zum Datenschutz Verpflichtete für den Umgang mit personenbezogenen Daten – quasi vor die Klammer gezogene – allgemeine Vorgaben, die auch im Internet zu berücksichtigen und die sowohl für die Anbieter von Telemedien als auch von Telekommunikation von Relevanz sind:

988

Zunächst ist stets der in § 3a BDSG normierte Grundsatz der Datenvermeidung und Datensparsamkeit zu beachten. Er besagt, dass die Erhebung, Verarbeitung und Nutzung von personenbezogenen Daten auf ein Mindestmaß zu reduzieren ist. Dies gilt sowohl für den Umfang als auch für die Dauer der Speicherung.

989

Ein weiteres zentrales Prinzip des Datenschutzrechts ist das der Zweckbindung, das sich einfachgesetzlich z.B. in § 12 Abs. 2 TMG findet, aber auch dort gilt, wo eine solche ausdrückliche Regelung fehlt. Der Grundsatz der Zweckbindung wird nämlich unmittelbar aus dem verfassungsrechtlich durch Art. 2 Abs. 1 i.V.m. Art. 1 Abs. 1 GG geschützten Recht auf informationelle Selbstbestimmung abgeleitet[48] und besagt im Kern, dass die Nutzung und Verarbeitung von Daten nur zu dem Zweck zulässig ist, zu dem diese Daten zunächst erhoben wurden. Eine Zweckänderung ist demnach ausgeschlossen, es sei denn, der Betroffene wurde über eine solche Änderung informiert und hat in sie eingewilligt oder aber eine andere gesetzliche Regelung lässt eine Zweckänderung ausnahmsweise zu[49]. Dieser Grundsatz hat Auswirkungen auch und insbesondere auf den Datenschutz im Internet. Er führt dazu, dass rechtmäßig erho-

990

---

46 Ausführlich zur Nutzung betrieblicher Telemedien *Heckmann*, Internetrecht, 4. Auflage 2014, Kapitel 7.2 Rdnr. 105 ff.; *Moos*, in: *Taeger/Gabel*, BDSG, 2. Auflage 2013, § 11 TMG Rdnr. 12 ff.
47 Dazu *Fetzer*, in: *Arndt/Fetzer/Scherer/Graulich*, TKG, 2. Auflage 2015, § 91 Rdnr. 8.
48 Vgl. dazu *Gola/Klug/Körffer*, in: *Gola/Schomerus*, BDSG, 12. Auflage 2015, § 14 Rdnr. 9 ff.; *Roßnagel/Laue*, DÖV 2007, 543.
49 Z.B. nach § 14 Abs. 2 TMG zum Zweck der Strafverfolgung.

bene Daten – etwa Kundendaten – nicht ohne Weiteres für einen anderen Zweck verwendet werden dürfen – etwa zur Werbung – als zu dem, für den sie ursprünglich erhoben wurden. Er gewährleistet aber auch, dass Daten, die von einem Anbieter rechtmäßig erhoben wurden, nicht ohne Weiteres an Dritte weitergegeben werden dürfen.

991 Für **Fall 31** heißt dies, dass die Daten gem. § 12 Abs. 2 TMG nicht ohne Weiteres von B an Dritte weitergegeben werden dürfen.

992 Für die Verarbeitung von personenbezogenen Daten mit Hilfe von elektronischen Datenverarbeitungssystemen – wie sie bei Internetangeboten regelmäßig der Fall ist – ist zudem der Grundsatz des Systemdatenschutzes von Relevanz[50]. Er lässt sich bereits dem in § 3a Satz 1 BDSG verankerten Grundsatz der Datensparsamkeit entnehmen und wird ausdrücklich durch § 9 BDSG vorgegeben. Demnach muss Datenschutz bereits durch die Gestaltung der technischen und organisatorischen Strukturen des datenerhebenden, -verarbeitenden und -nutzenden Systems gewährleistet werden[51]. Dem liegt das Konzept des Datenschutzes durch Technik zugrunde[52]. Konkret bedeutet dies, dass bereits beim Aufbau eines Systems, das zur Datenverarbeitung eingesetzt wird, darauf zu achten ist, dass datenschutzrechtliche Pflichten eingehalten werden[53]. So muss – in Umsetzung des Gebots der Datensparsamkeit und -vermeidung – dafür Sorge getragen werden, dass Daten nur im datenschutzrechtlich zulässigen Umfang erhoben und gespeichert werden und eine Löschung unzulässig gespeicherter Daten jederzeit ohne Weiteres möglich ist. Durch das Gebot des Systemdatenschutzes soll Diensteanbietern die Möglichkeit genommen werden, datenschutzrechtliche Pflichten unter Hinweis auf technische Hindernisse zu unterlaufen.

993 Spezielle Aspekte des Systemdatenschutzes finden sich auch im TKG und im TMG. So müssen nach § 109 Abs. 1 Nr. 1 TKG Telekommunikationsdiensteanbieter angemessene technische Vorkehrungen bzw. sonstige Maßnahmen zum Schutz personenbezogener Daten treffen. Telemediendiensteanbieter sind nach § 13 Abs. 4 TMG dazu verpflichtet, durch technische und organisatorische Vorkehrungen sicherzustellen, dass
1. der Nutzer die Nutzung eines Telemediendienstes jederzeit beenden kann,
2. die anfallenden personenbezogenen Daten über die Nutzung des Telemediendienstes unmittelbar nach Nutzungsende gelöscht werden, sofern nicht ein Recht zur Speicherung besteht,
3. der Nutzer Telemedien gegen Kenntnisnahme Dritter geschützt in Anspruch nehmen kann,
4. die Daten der Nutzung verschiedener Telemedien vom Nutzer getrennt verwendet werden können,
5. eine Vernetzung von Nutzungsdaten verschiedener Telemedien nur zu Abrechnungszwecken möglich ist,
6. keine Nutzerprofile erstellt werden.

---

50 Statt aller: *Hackenberg*, in: *Hoeren/Sieber/Holznagel*, Multimedia-Recht, 42. EL 2015, Teil 16.7 Rdnr. 43 ff.
51 Vgl. auch *Heckmann*, MMR 2006, 280.
52 *Garstka*, DVBl. 1998, 981, 988.
53 Siehe dazu auch *Heckmann*, MMR 2006, 280.

3. Grundsätzliche Vorgaben für den Umgang mit personenbezogenen Daten bei Internetangeboten 323

Darüber hinaus haben Diensteanbieter nach § 13 Abs. 7 TMG durch geeignete technische und organisatorische Vorkehrungen sicherzustellen, dass kein unerlaubter Zugriff auf deren technische Einrichtungen möglich ist und diese hierdurch gegen Verletzungen des Schutzes personenbezogener Daten gesichert sind (z.B. durch anerkannte Verschlüsselungsverfahren nach dem Stand der Technik). 994

Zudem muss gem. § 13 Abs. 6 TMG sichergestellt werden, dass eine Nutzung und Bezahlung von Telemedien auch anonym möglich ist. 995

Insgesamt lässt sich daher festhalten, dass Anbieter von Telemedien bzw. Telekommunikation nicht erst bei der konkreten Verarbeitung personenbezogener Daten datenschutzrechtliche Vorgaben zu beachten haben, sondern dass bereits beim Aufbau entsprechender Internetangebote bzw. der hierfür erforderlichen Computersysteme umfangreiche datenschutzrechtliche Vorgaben zu beachten sind. 996

d) Zulässigkeit der Erhebung, Verarbeitung und Nutzung personenbezogener Daten

Sollen bestimmte personenbezogene Daten erhoben, verarbeitet oder genutzt werden, gilt hierfür der in § 4 Abs. 1 BDSG normierte allgemeine datenschutzrechtliche Grundsatz, dass die Erhebung, Verarbeitung und Nutzung nur zulässig ist, wenn dies durch das BDSG oder eine spezielle Rechtsvorschrift ausdrücklich erlaubt wird oder wenn der Betroffene eingewilligt hat. Dieser Grundsatz findet sich inhaltsgleich für Telemedien in § 12 Abs. 1 TMG. Das Datenschutzrecht baut damit auf dem Konzept eines „Verbots mit Erlaubnisvorbehalt" auf: Die Erhebung, Verarbeitung und Nutzung ist verboten, wenn kein Erlaubnistatbestand oder eine Einwilligung des Betroffenen vorliegt. 997

In einer ersten Stufe ist zu prüfen, ob eine Erhebung, Verarbeitung oder Nutzung von personenbezogenen Daten vorliegt. Entsprechend den Definitionen des BDSG ist unter „Erhebung" das Beschaffen von Daten zu verstehen[54]; „Verarbeitung" meint das Speichern, Verändern, Übermitteln, Sperren und Löschen personenbezogener Daten[55]; unter dem Begriff der „Nutzung" ist jede Verwendung zu verstehen, die nicht Verarbeitung ist[56]. Im TKG und im TMG wird hingegen oftmals die Terminologie „Erhebung" und „Verwendung" statt „Erhebung, Verarbeitung und Nutzung" benutzt.[57] Ausweislich der Gesetzesmaterialien soll dadurch keine inhaltliche Veränderung erfolgen, sondern lediglich eine Anpassung an die Begrifflichkeiten des BDSG[58]. Angesichts der Tatsache jedoch, dass auch das BDSG durchgängig von der „Erhebung, Verarbeitung und Nutzung" von personenbezogenen Daten spricht, ist nicht ersichtlich, aus wel- 998

---

54 Vgl. § 3 Abs. 3 BDSG.
55 Vgl. § 3 Abs. 4 BDSG.
56 Vgl. § 3 Abs. 5 BDSG.
57 Vgl. § 91 Abs. 1 TKG, § 11 Abs. 1 TMG.
58 Vgl. Gesetzesbegründung der Bundesregierung, BT-Drs. 15/2316, S. 88.

chem Grunde hier eine veränderte Terminologie eingeführt wurde[59]. Der Intention des Gesetzgebers folgend, dass eine inhaltliche Abkehr von der bisherigen Rechtslage nicht erfolgen soll, ist daher auch unter dem neuen TKG davon auszugehen, dass die Erhebung, Verarbeitung und Nutzung von personenbezogenen Daten umfasst wird[60].

999   Liegt eine Erhebung, Verarbeitung oder Nutzung personenbezogener Daten vor, ist in einem zweiten Schritt nach deren Rechtmäßigkeit zu fragen. Rechtmäßig ist eine solche Maßnahme insbesondere, wenn ein gesetzlicher Erlaubnistatbestand vorliegt. Ist dies nicht der Fall, muss die Einwilligung des Betroffenen eingeholt werden.

1000   Bei der Prüfung, ob eine solche gesetzliche Regelung vorliegt, muss der Anwender entsprechend der oben dargestellten Abgrenzung die Vorschriften des TKG beachten, wenn er Telekommunikationsdiensteanbieter ist, und die Vorschriften des TMG, sofern er Telemediendiensteanbieter bzw. Rundfunkanbieter ist. Wie oben erläutert, kann es im Einzelfall auch zu einer parallelen Anwendung der verschiedenen gesetzlichen Vorschriften kommen.

4. Gesetzliche Erlaubnistatbestände im TKG

1001   Das TKG enthält in den §§ 95 ff. TKG verschiedene Erlaubnistatbestände für die Datenverarbeitung; es unterscheidet dabei zwischen drei Arten von Daten: Bestandsdaten, Verkehrsdaten und Standortdaten[61].

1002   Bestandsdaten sind gem. § 3 Nr. 3 TKG sämtliche Daten eines Teilnehmers, die für die Begründung, inhaltliche Ausgestaltung, Änderung oder Beendigung eines Vertragsverhältnisses zwischen dem Anbieter eines Telekommunikationsdienstes und seinem Kunden erhoben werden. Der Anbieter darf diese Daten unter den Voraussetzungen des § 95 TKG erheben und verwenden, sofern es zur Abwicklung des Vertragsverhältnisses erforderlich ist. Eine darüber hinausgehende Verwendung etwa für Werbezwecke ist nur zulässig, wenn der Kunde hierin eingewilligt hat, § 95 Abs. 1 Satz 1 TKG. Eine Ausnahme gilt für Rufnummern sowie die E-Mail- und Postadresse: Diese dürfen nach § 95 Abs. 2 Satz 2 TKG auch für Werbezwecke eingesetzt werden, wenn der Kunde dem nicht ausdrücklich widersprochen hat. Auf dieses Widerspruchsrecht ist der Kunde sowohl bei der Erhebung der Daten als auch bei der Versendung jeder Nachricht an diese Rufnummer oder Adresse hinzuweisen, § 95 Abs. 2 Satz 3 TKG. In jedem Fall sind die Bestandsdaten im Falle der Beendigung des Vertragsverhältnisses mit Ablauf des Kalenderjahres zu löschen, das auf das Kalenderjahr der Beendigung des Vertragsverhältnisses folgt, § 95 Abs. 3 TKG.

---

59 Hinzu kommt, dass die veränderte Terminologie auch im TKG nicht durchgängig verwendet wird; so z.B. in § 3 Nr. 30 TKG, wo weiterhin auf Erhebung, Verarbeitung und Nutzung Bezug genommen wird.
60 Lutz, in: *Arndt/Fetzer/Scherer/Graulich*, TKG, 2. Auflage 2015, § 91 Rdnr. 14.
61 Ausführlich zum Datenschutz im TKG Lutz, in: *Arndt/Fetzer/Scherer/Graulich*, TKG, 2. Auflage 2015, Vor §§ 91 ff.

Verkehrsdaten sind gem. § 3 Nr. 30 TKG solche Daten, die bei der Erbringung eines **1003** Telekommunikationsdienstes erhoben, verarbeitet oder genutzt werden. Es handelt sich hierbei also etwa um Beginn, Ende und Dauer eines Internetzugangs, aber auch die IP-Adresse des Nutzers oder der besuchten Websites. Ihre Erhebung, Nutzung oder Verarbeitung ist im Grundsatz zu zwei Zwecken zulässig: zum einen soweit dies für die Erbringung einer Telekommunikationsleistung erforderlich ist, zum anderen soweit dies für die Abrechnung einer solchen Leistung erforderlich ist. Ersteres richtet sich nach § 96 TKG, Letzteres nach § 97 TKG. Die Nutzung solcher Daten für Werbezwecke ist hingegen nur zulässig, wenn der Nutzer hierin eingewilligt hat, § 96 Abs. 3 TKG. D.h. insbesondere, dass Access-Provider nicht ohne Einwilligung das Nutzungsverhalten auswerten dürfen, um dem Kunden einen bestimmten Tarif vorzuschlagen. Verkehrsdaten sind im Grundsatz zu löschen, wenn sie nicht mehr für die Erbringung einer Telekommunikationsleistung oder deren Abrechnung erforderlich sind. Dieser Grundsatz hat durch die (erneute) Einführung der Vorratsdatenspeicherung eine bedeutende Einschränkung erfahren. Gem. § 113b TKG sind Diensteanbieter ab Juli 2017 (§ 150 Abs. 13 TKG) dazu verpflichtet, die in § 113b Abs. 2 und 3 TKG aufgeführten Verkehrsdaten unabhängig von einer betrieblichen Notwendigkeit für zehn Wochen sowie Standortdaten nach § 113 Abs. 4 TKG für vier Wochen zu speichern und nach § 113c TKG unter bestimmten Voraussetzungen den Strafverfolgungs- bzw. Gefahrenabwehrbehörden zu übermitteln, soweit diese hierzu durch eine Norm der StPO oder des Polizeirechts bzw. Geheimdienstrechts befugt werden[62]. Das Bundesverfassungsgericht hat die vorherigen Regelungen zur Vorratsdatenspeicherung in den §§ 113a, 113b TKG a.F., welche eine anlasslose Speicherung von sechs Monaten vorsahen, wegen eines Verstoßes gegen das in Art. 10 GG verortete Fernmeldegeheimnis in dieser Form für verfassungswidrig erklärt. Die Bedenken des Gerichts richteten sich dabei allerdings vorrangig gegen die Regelungen über die Verwendung der auf Vorrat gespeicherten Daten, wohingegen die Erhebung und Speicherung der Daten an sich jedenfalls nicht als prinzipiell unzulässig angesehen wurde[63]. Zwischenzeitlich hat auch der EuGH die den §§ 113a, 113b TKG a.F. zugrunde liegende Richtlinie 2006/24/EG über die Vorratsdatenspeicherung wegen Verstoßes gegen das Verhältnismäßigkeitsprinzip für ungültig erklärt[64]. Auch ohne eine entsprechende Umsetzungspflicht auf europäischer Ebene hat sich der deutsche Gesetzgeber veranlasst gesehen, die dargestellte Neuregelung der §§ 113a ff. TKG im Oktober 2015 zu verabschieden. Um den Vorgaben des Bundesverfassungsgerichts gerecht zu werden, wurden die Speicherfristen deutlich verkürzt, die Befugnisse zur Erhebung von Verkehrsdaten nach § 100g StPO unter enge Voraussetzungen gestellt und zusätzliche Sicherungspflichten von Daten gegen Missbrauch in den §§ 113d ff. TKG vorgesehen. Ob die Neuregelung vor dem Bundesverfassungsgericht Bestand haben wird, bleibt allerdings abzuwarten.

---

62 Siehe dazu auch *Forgó/Heermann*, K&R 2015, 753; *Nachbaur*, ZRP 2015, 215; *Graulich*, Vorgänge 2015, 85; zur Vorgängerregelung *Hoeren*, Wistra 2005, 1.
63 BVerfGE 125, 260; ingesamt zur Vorratsdatenspeicherung *Graulich*, in: *Arndt/Scherer/Fetzer/Graulich*, TKG, 2. Auflage 2015, § 113a.
64 EuGH, NJW 2014, 2169.

1004 Die letzte Gruppe bilden schließlich die sog. Standortdaten, bei denen es sich nach § 3 Nr. 19 TKG um solche Daten handelt, die den Standort des Endgeräts eines Nutzers angeben. Sie spielen insbesondere im Mobilfunk eine Rolle, etwa beim Angebot standortabhängiger Dienste, wie Navigationsdienste per Mobiltelefon. Standortabhängige Dienste haben mit der zunehmenden Verbreitung von Smartphones einen erheblichen Bedeutungszuwachs erfahren. Die Zulässigkeit der Nutzung von Standortdaten richtet sich nach § 98 TKG. Demnach dürfen Standortdaten nur im zur Bereitstellung von Diensten mit Zusatznutzen erforderlichen Umfang und innerhalb des dafür erforderlichen Zeitraums verarbeitet werden, wenn sie anonymisiert wurden oder wenn der Teilnehmer hierin eingewilligt hat, § 98 Abs. 1 Satz 1 TKG.

5. Gesetzliche Erlaubnistatbestände im TMG

1005 Sind die datenschutzrechtlichen Vorschriften des TMG anwendbar, ist wiederum für das Auffinden der richtigen Rechtsgrundlage für die Erhebung und Verwendung der Daten zwischen verschiedenen Datenarten zu unterscheiden. Das TMG kennt dabei die Bestandsdaten i.S.d. § 14 Abs. 1 TMG, die Nutzungsdaten i.S.d. § 15 Abs. 1 TMG sowie die Abrechnungsdaten i.S.d. § 15 Abs. 4 TMG.

1006 Der Begriff der Bestandsdaten in § 14 Abs. 1 TMG entspricht weitgehend dem der Bestandsdaten in § 3 Nr. 3 TKG. Er umfasst sämtliche Daten, die für die Begründung, inhaltliche Ausgestaltung oder Änderung eines Vertragsverhältnisses zwischen Diensteanbieter und Nutzer über die Nutzung von Telemedien erforderlich sind. Sie dürfen ohne Einwilligung des Nutzers nur dann erhoben und verwendet werden, soweit dies für die Durchführung des Vertragsverhältnisses auch tatsächlich erforderlich ist. Insbesondere ihre Nutzung für Werbezwecke ist demnach ohne Einwilligung des Betroffenen ausgeschlossen. Zu beachten ist, dass Diensteanbieter gem. § 14 Abs. 2 TMG dazu verpflichtet werden können, Auskunft über diese Daten zu erteilen, wenn dies für Zwecke der Gefahrenabwehr, der Strafverfolgung aber auch zur Durchsetzung der Rechte am geistigen Eigentum erforderlich ist. Dabei stellt § 14 Abs. 2 TMG selbst keine Ermächtigungsgrundlage für Strafverfolgungs- oder Gefahrenabwehrbehörden für den Zugriff auf derartige Daten dar, sondern verpflichtet Diensteanbieter nur zur Auskunft, sofern eine sonstige Vorschrift – insbesondere in der StPO – die Behörden zum Zugriff auf solche Daten ermächtigt.

1007 § 14 TMG enthält keine ausdrückliche Löschungsvorschrift für Bestandsdaten. Bestandsdaten dürfen aber dann nicht mehr gespeichert werden, wenn sie für die Abwicklung des Vertrages zwischen Diensteanbieter und Nutzer nicht mehr erforderlich sind. Wird das Vertragsverhältnis beendet und sind alle Pflichten hieraus erfüllt, sind die Daten also zu löschen.

1008 Bei Nutzungsdaten i.S.d. § 15 Abs. 1 TMG handelt es sich um solche Daten, die für die Inanspruchnahme und die Abrechnung von Telemedien erforderlich sind. Hierbei handelt es sich insbesondere um Merkmale zur Identifikation des Nutzers, Angaben über Beginn und Ende der Nutzung von Telemedien und Angaben über die genutzten Telemedien. Der Umgang mit Nutzungsdaten ist in § 15 Abs. 2-3 TMG geregelt. Nach § 15 Abs. 3 TMG dürfen Diensteanbieter diese Daten für Zwecke der Werbung, der Marktforschung und der bedarfsgerechten Gestaltung von Telemedien verwenden, um Nutzungsprofile bei Verwendung von Pseudonymen zu erstellen, sofern der Nutzer dem nicht widersprochen hat. Über dieses Widerspruchsrecht ist der Nutzer zu informieren. Der Gesetzgeber hat sich hier also für eine Opt-Out-Lösung entschieden, wonach die Nutzung für die genannten Zwecke bis zu einem Widerspruch des Nutzers zulässig ist. Grundsätzlich unzulässig ist hingegen die Erstellung von Nutzerprofilen, bei denen das Nutzungsverhalten einer bestimmten Person zugeordnet wird.

Nutzungsdaten, die nicht zur Abrechnung von Telemedien benötigt werden, sind grundsätzlich mit dem Ende einer Nutzung zu löschen. Daten, die zur Abrechnung benötigt werden (sog. Abrechnungsdaten, § 15 Abs. 4 TMG), dürfen höchstens bis zum Ablauf von 6 Monaten nach Versendung der Rechnung gespeichert werden, § 15 Abs. 7 TMG. Länger dürfen Abrechnungsdaten nur gespeichert werden, wenn diese zum Zwecke der Rechtsverfolgung erforderlich und die übrigen Voraussetzungen von § 15 Abs. 8 TMG erfüllt sind. 1009

6. Einwilligung

Liegt kein gesetzlicher Erlaubnistatbestand vor, muss vom Nutzer eine Einwilligung zur Datenerhebung, -verarbeitung oder -nutzung eingeholt werden. Bei der Einholung dieser Einwilligung sind folgende Vorgaben zu berücksichtigen: 1010

Zunächst sind die allgemeinen Grundsätze zur datenschutzrechtlichen Einwilligung in § 4a BDSG zu beachten[65]. Demnach muss die Einwilligung auf dem freien Willen des Betroffenen beruhen; der Betroffene darf nicht den Eindruck gewinnen, dass er letztlich keine andere Wahl habe als seine Einwilligung zu erteilen[66]. Dies bedeutet insbesondere auch, dass nach § 12 Abs. 2 TMG bzw. § 95 Abs. 5 TKG die Erbringung von Telemedien und Telekommunikation nicht davon abhängig gemacht werden darf, dass der Nutzer in eine Datenverarbeitung über das gesetzlich zugelassene Maß hinaus einwilligt (sog. Kopplungsverbot). 1011

Der Betroffene muss zudem über die Reichweite seiner Einwilligung umfassend informiert werden[67]. Er muss also in die Lage versetzt werden, das ihm zustehende Recht auf informationelle Selbstbestimmung im konkreten Fall eigenverantwortlich auszuüben[68]. Im Hinblick auf die Form der Einwilligungserklärung bestimmt § 4a Abs. 1 Satz 3 BDSG, dass die Erklärung in der Regel schriftlich erfolgen soll und drucktech- 1012

---

65 Hierzu im Einzelnen die Anmerkungen von *Gola/Klug/Körffer*, in: *Gola/Schomerus*, BDSG, 12. Auflage 2015, § 4a.
66 *Der Bundesbeauftragte für den Datenschutz*, Datenschutz in der Telekommunikation, 6. Auflage 2004, S. 22.
67 *Gola/Klug/Körffer*, in: *Gola/Schomerus*, BDSG, 12. Auflage 2015, § 4a Rdnr. 25 ff.
68 *Der Bundesbeauftragte für den Datenschutz*, Datenschutz in der Telekommunikation, 6. Auflage 2004, S. 22.

nisch besonders hervorzuheben ist, wenn sie mit anderen Erklärungen verbunden wird. Letzteres ist insbesondere bei Einwilligungserklärungen im Rahmen von AGB zu beachten. Allerdings lässt auch das BDSG ein Abweichen vom Schriftformerfordernis zu, sofern besondere Umstände vorliegen[69]. Dies kann beispielsweise bei einer telefonischen Beratung bzw. einem telefonischen Vertragsabschluss der Fall sein; hier kann auch eine mündlich erklärte Einwilligung wirksam sein[70]. Daneben lassen § 94 TKG und § 13 Abs. 2 TMG es unter bestimmten Voraussetzungen auch zu, dass die Einwilligung elektronisch erteilt wird:

1013 Der Betroffene muss demnach seine Einwilligung bewusst und eindeutig erteilt haben, § 94 Nr. 1 TKG, § 13 Abs. 2 Nr. 1 TMG[71]. Dieses Kriterium soll verhindern, dass eine zufällige und unbeabsichtigte Einwilligungserklärung abgegeben wird[72]. Zudem sollen dem Betroffenen die Folgen einer Einwilligung zu Bewusstsein gebracht werden. Letztlich soll also sichergestellt werden, dass die elektronische Einwilligung ein der schriftlichen Einwilligung vergleichbares Maß an Rechtssicherheit bietet[73]. Dies kann beispielsweise dadurch sichergestellt werden, dass die Erteilung der Einwilligung das Anklicken eines entsprechenden Buttons auf einer Website erfordert.

1014 Weiterhin verlangen sowohl TKG als auch TMG, dass die Einwilligung protokolliert wird, § 94 Nr. 2 TKG, § 13 Abs. 2 Nr. 2 TMG. Bei wörtlicher Auslegung der Vorschriften muss lediglich die Tatsache der Einwilligung protokolliert werden. Es ist jedoch empfehlenswert, zusätzlich den Zeitpunkt sowie den Inhalt der Einwilligungserklärung zu protokollieren[74]. Der Zeitpunkt der Einwilligungserklärung sollte gespeichert werden, um feststellen zu können, ab wann eine Einwilligung wirkt. Die Speicherung des Einwilligungsumfangs ist sinnvoll, da eine Einwilligung auch beschränkt auf bestimmte Daten oder Verwendungszwecke erfolgen kann[75]. Der Betroffene muss die Möglichkeit haben, den Inhalt seiner Einwilligungserklärung jederzeit abrufen zu können, § 94 Nr. 3 TKG, § 13 Abs. 2 Nr. 3 TMG.

1015 Schließlich muss der Betroffene die Möglichkeit haben, seine Einwilligung jederzeit mit Wirkung für die Zukunft zu widerrufen, § 94 Nr. 4 TKG, § 13 Abs. 2 Nr. 4 TMG. Der Betroffene ist bei Erteilung der Einwilligung auf sein Widerrufsrecht hinzuweisen, § 93 Abs. 1 Satz 2 TKG bzw. § 13 Abs. 3 TMG.

1016 Besondere Schwierigkeiten entstehen dann, wenn Minderjährige Telemedien bzw. Telekommunikation nutzen. Umstritten ist, ob sie ohne Zustimmung ihres gesetzlichen Vertreters überhaupt wirksam in die Datenerhebung bzw. -verarbeitung einwilligen können. Dieser Meinungsstreit basiert auf der strittigen Rechtsnatur der Einwilligung.

---

69 Vgl. hierzu *Gola/Klug/Körffer*, in: *Gola/Schomerus*, BDSG, 12. Auflage 2015, § 4a Rdnr. 29 ff.
70 *Der Bundesbeauftragte für den Datenschutz*, Datenschutz in der Telekommunikation, 6. Auflage 2004, S. 24. Hierbei sollte jedoch dem Kunden eine schriftliche Bestätigung, die auch einen Hinweis auf die datenschutzrechtlichen Aspekte enthält, übersendet werden.
71 BT-Drs. 15/2316, S. 88.
72 *Königshofen/Ulmer*, Datenschutz-Handbuch Telekommunikation, § 94 Rdnr. 4.
73 *Königshofen/Ulmer*, Datenschutz-Handbuch Telekommunikation, § 94 Rdnr. 4.
74 *Ohlenburg*, MMR 2004, 431, 433.
75 *Königshofen/Ulmer*, Datenschutz-Handbuch Telekommunikation, § 94 Rdnr. 6.

Bei ihr handelt es sich nicht um eine rechtsgeschäftliche Willenserklärung i.S.d. § 183 BGB; die Einwilligung in die Erhebung, Verarbeitung und Nutzung von personenbezogenen Daten bezieht sich auf tatsächliche Handlungen. Im Datenschutzrecht findet somit nach wohl herrschender Auffassung nicht die Regelung der §§ 104 ff. BGB entsprechende Anwendung[76]. Vielmehr ist hier die Einsichtsfähigkeit des Minderjährigen entscheidend dafür, ob er wirksam einwilligen kann. In der voraussichtlich im Jahre 2018 in Kraft tretenden Datenschutz-Grundverordnung wird das Mindestalter für eine wirksame Einwilligung auf 16 Jahre festgelegt, wobei die Mitgliedstaaten bis zu einem absoluten Mindestalter von 13 Jahren abweichende Regelungen treffen können (Art. 8 Abs. 1 DSGVO).

> Für **Fall 31** bedeutet das, dass B zusätzliche Daten für Zwecke der Werbung nur dann erheben und verarbeiten darf, wenn es zuvor die Einwilligung der Nutzer eingeholt hat. Ohne Einwilligung dürfen nur die Bestands- und Nutzungsdaten erhoben werden. In jedem Fall sind die Nutzer jedoch vor der Datenerhebung über Art, Umfang und Zweck der Datenerhebung ausdrücklich zu informieren.

1017

7. Allgemeine Anbieterpflichten

Sowohl das TKG als auch das TMG enthalten umfangreiche datenschutzrechtliche Informationspflichten, die in § 93 TKG bzw. § 13 Abs. 1 TMG geregelt sind. Sie sind leges speciales zu § 33 bzw. § 4 Abs. 3 BDSG, die eine allgemeine Unterrichtungspflicht enthalten.

1018

Nach § 93 Abs. 1 TKG müssen Telekommunikationsdiensteanbieter bei Vertragsschluss ihren Vertragspartner – den Teilnehmer – über Art, Umfang, Ort und Zweck der Erhebung und Verwendung von personenbezogenen Daten unterrichten[77]. Hierbei ist insbesondere auf eine Verwendung der Daten im Ausland hinzuweisen. Die Information muss so ausgestaltet werden, dass der Teilnehmer in allgemein verständlicher Form Kenntnis von den grundlegenden Verarbeitungstatbeständen erhält. Bezüglich der Form bedeutet dies, dass eine auch optisch deutliche Darstellung erfolgen muss, die dem Teilnehmer eine Kenntnisnahme ohne Weiteres ermöglicht. Im Hinblick auf den Inhalt bedeutet dies: Zum einen muss die Unterrichtung von einem durchschnittlichen Teilnehmer ohne größere Schwierigkeiten verstanden werden können. Nicht ausreichend ist daher der bloße Hinweis auf die gesetzlichen Vorschriften oder auch der reine Abdruck dieser Vorschriften. Vielmehr sind hier erläuternde Hinweise zu geben. Zum anderen ist es nicht erforderlich, dass der Teilnehmer sämtliche Einzelheiten der Verarbeitungstatbestände kennt. Ausreichend ist vielmehr ein Grundverständnis darüber, welche Daten wann zu welchem Zweck erhoben und wie sie verwendet werden. Die datenschutzrechtlichen Vorschriften belassen dem Teilnehmer eine Reihe von

1019

---

[76] Vgl. *Spindler/Nink*, in: *Spindler/Schuster*, Recht der elektronischen Medien, 3. Auflage 2015, § 4a BDSG Rdnr. 3 m.w.N.; *Gola/Klug/Körffer*, in: *Gola/Schomerus*, BDSG 12. Auflage 2015, § 4a Rdnr. 2a.
[77] Zur besonderen Informationspflicht vgl. *Lutz*, in: *Arndt/Fetzer/Scherer/Graulich*, TKG, 2. Auflage 2015, § 93 Rdnr. 9 ff.

Wahl- und Gestaltungsmöglichkeiten. Sofern die Datenschutzvorschriften dem Teilnehmer also ein Wahl- oder Gestaltungsrecht hinsichtlich der Erhebung oder Verwendung seiner Daten lassen, ist hierauf vom Diensteanbieter hinzuweisen.

1020 Besonderheiten gelten für die Information von Nutzern i.S.d. § 3 Nr. 14 TKG. Nutzer sind solche Personen, die einen Telekommunikationsdienst in Anspruch nehmen, ohne selbst Vertragspartner des Diensteanbieters zu sein. Sie können nicht „bei Vertragsschluss" informiert werden. Vielmehr ergibt sich aus dem Wortlaut des § 93 Abs. 1 Satz 3 TKG, dass sie lediglich über die Tatsache der Erhebung und Verwendung personenbezogener Daten zu unterrichten sind. Der Umfang der Unterrichtungspflicht ist somit geringer als bei Teilnehmern[78]. Anders als bei Teilnehmern erfordert § 93 TKG bei Nutzern keine individuelle Information. Es genügt eine allgemein zugängliche Information. Diese kann beispielsweise durch Hinweise in Teilnehmerverzeichnissen erfolgen[79]. Auch eine Veröffentlichung im Internet wird man angesichts der zunehmenden Verbreitung dieses Mediums als ausreichend ansehen können[80]. Dies bedeutet einen wesentlichen Unterschied zur Informationspflicht bezüglich Teilnehmern. Während bei diesen eine tatsächliche Kenntnisnahme der Information erforderlich ist, genügt bei Nutzern die Möglichkeit der Kenntnisnahme durch allgemein zugängliche Informationen.

1021 Eine vergleichbare Informationspflicht ist in § 13 Abs. 1 TMG für Telemediendiensteanbieter normiert. Die Anbieter müssen Nutzer – d.h. nach § 2 Nr. 3 TMG natürliche oder juristische Personen, die Telemedien nutzen – zu Beginn der Nutzung von Telemedien über Art, Umfang und Zweck der Erhebung und Verwendung personenbezogener Daten informieren. Ebenso muss über eine Verarbeitung von Daten in Nicht-EU-Mitgliedstaaten ausdrücklich informiert werden. Die Nutzung muss in allgemein verständlicher Form erfolgen. Die Information muss für den Nutzer so vorgehalten werden, dass sie von ihm jederzeit abgerufen werden kann.

8. Nutzerrechte

1022 Zu den Rechten des Nutzers gehört ein umfassendes Auskunftsrecht. Gem. § 13 Abs. 8 TMG bzw. § 93 Abs. 1 Satz 4 TKG steht Nutzern von Telemedien bzw. Telekommunikation das Auskunftsrecht nach § 34 BDSG zu. Nach § 34 BDSG kann der Betroffene Auskunft über die zu seiner Person gespeicherten Daten und deren Herkunft, den oder die Empfänger, an die Daten weitergegeben werden, und den Zweck der Speicherung verlangen. Die Auskunft muss gem. § 34 Abs. 6 BDSG in Textform erfolgen, sofern nicht wegen besonderer Umstände eine andere Form angemessen ist – im Anwendungsbereich des TMG kann sie gem. § 13 Abs. 8 Satz 2 TMG auf Verlangen des Nutzers auch elektronisch erfolgen –, und sie ist im Regelfall unentgeltlich, § 34 Abs. 8 Satz 1 BDSG. Von der Unentgeltlichkeit der Auskunft gibt es nach § 34 Abs. 8 Satz 3 und Abs. 9

---

78 *Lutz*, in: *Arndt/Fetzer/Scherer/Graulich*, TKG, 2. Auflage 2015, § 93 Rdnr. 16 f.
79 So die Gesetzesbegründung der Bundesregierung, BT-Drs. 15/2316, S. 88.
80 *Königshofen/Ulmer*, Datenschutz-Handbuch Telekommunikation, § 93 Rdnr. 6.

BDSG Ausnahmen, sofern ein Diensteanbieter die Daten geschäftsmäßig zum Zwecke der Übermittlung speichert.

Nach dem BDSG sind unrichtige personenbezogene Daten zu berichtigen, § 20 Abs. 1, § 35 Abs. 1 BDSG. Dieser Anspruch kann sowohl gegen öffentliche Stellen des Bundes als auch gegen nicht-öffentliche Stellen bzw. öffentlich-rechtliche Wettbewerbsunternehmen geltend gemacht werden. Gegen öffentliche Stellen des Landes müssen entsprechende Vorschriften im jeweiligen LDSG vorhanden sein, z.B. § 22 LDSG Baden-Württemberg. Da das TKG und das TMG die Berichtigung personenbezogener Daten überhaupt nicht regelt, sind die oben genannten Vorschriften von BDSG bzw. LDSG (ergänzend) anwendbar. 1023

Der Anspruch auf Löschung oder Sperrung personenbezogener Daten ergibt sich für öffentliche Stellen des Bundes aus § 20 Abs. 2-4 BDSG und für nicht-öffentliche Stellen bzw. öffentlich-rechtliche Wettbewerbsunternehmen aus § 35 Abs. 2-4 BDSG. Für öffentliche Stellen des Landes sind die Regelungen des jeweiligen LDSG einschlägig, z.B. §§ 23 f. LDSG Baden-Württemberg. Daneben ist im BDSG ein Anspruch auf eine Ergänzung um eine Gegendarstellung für private Diensteanbieter geregelt, § 35 Abs. 6 Satz 2 BDSG. 1024

9. Sanktionen

Verstöße gegen datenschutzrechtliche Bestimmungen des TKG sind gem. § 149 Abs. 1 Nr. 16-17b und 18 TKG Ordnungswidrigkeiten. Sie können nach § 149 Abs. 2 Satz 1 TKG mit einer Geldbuße bis zu 300.000 Euro geahndet werden. 1025

Das TMG enthält einen Katalog von Ordnungswidrigkeiten im Falle der Missachtung von datenschutzrechtlichen Bestimmungen, § 16 Abs. 2 TMG. Als Ordnungswidrigkeiten gelten die Verstöße gegen die Informationspflicht (§ 16 Abs. 2 Nr. 2 TMG), gegen Sicherstellungsverpflichtungen bei der elektronischen Einwilligung und bezüglich des Systemdatenschutzes (§ 16 Abs. 2 Nr. 3 TMG), gegen Beschränkungen bei Bestands- und Nutzungsdaten (§ 16 Abs. 2 Nr. 4 TMG) sowie gegen das Zusammenführungsverbot von Pseudonym und Nutzungsprofil (§ 16 Abs. 2 Nr. 5 TMG). Die Ordnungswidrigkeiten können gem. § 16 Abs. 3 TMG mit einem Bußgeld von bis zu 50.000 Euro geahndet werden. 1026

Ergänzend gelten die Bußgeld- und Strafvorschriften des BDSG und des jeweiligen LDSG. 1027

10. Kontrolle

Zuständig für die Überwachung der datenschutzrechtlichen Vorschriften im Bereich der Telekommunikation ist gem. § 115 TKG die Bundesnetzagentur. Sie kann Auskünfte einholen und gegebenenfalls die erforderlichen Anordnungen treffen. Soweit mildere 1028

Mittel nicht ausreichend sind, um die Einhaltung der Vorschriften sicherzustellen, kann die Bundesnetzagentur den Betrieb einer Telekommunikationsanlage bzw. die Erbringung eines Telekommunikationsdienstes untersagen, § 115 Abs. 3 TKG. Hierbei handelt es sich jedoch um die ultima ratio, die bei der Verletzung datenschutzrechtlicher Bestimmungen selten verhältnismäßig sein dürfte. Im allgemeinen Datenschutzrecht obliegt nach § 38 BDSG die Aufsicht der Einhaltung der datenschutzrechtlichen Vorschriften den von den einzelnen Bundesländern einzusetzenden Aufsichtsbehörden. Im Telekommunikationsrecht ist Aufsichtsbehörde abweichend von § 38 BDSG gem. § 115 Abs. 4 TKG der Bundesbeauftragte für den Datenschutz. Grund hierfür ist, dass Telekommunikationsanbieter oft bundesweit tätige Unternehmen sind, wodurch ein Bedürfnis besteht, hier eine zentrale Kontrollinstanz zu schaffen.

1029 Für Telemediendiensteanbieter hingegen richtet sich in Ermangelung einer spezialgesetzlichen Regelung im TMG die zuständige Aufsichtsbehörde nach § 38 BDSG. Gem. § 38 Abs. 6 BDSG bestimmen hier die jeweiligen Landesregierungen eine zuständige Aufsichtsbehörde für nicht-öffentliche Stellen[81].

1030 § 38 BDSG, der die datenschutzrechtliche Aufsicht regelt, gilt nur für private Diensteanbieter. Die Datenschutzkontrolle öffentlich-rechtlicher Diensteanbieter erfolgt für öffentliche Stellen des Bundes durch den Bundesbeauftragten für den Datenschutz (§ 24 BDSG) und für öffentliche Stellen des Landes durch den Landesbeauftragten für den Datenschutz (z.B. § 26 LDSG Baden-Württemberg).

11. Datenübermittlung ins Ausland

1031 Wie bereits an verschiedenen Stellen dargelegt, ist es bei der rechtlichen Beurteilung von Internet-Sachverhalten immer notwendig, die internationale Dimension des Netzes im Blick zu behalten. Die datenschutzrechtlichen Probleme des Netzes machen keinesfalls an nationalstaatlichen Grenzen halt, da die grenzüberschreitende Verwendung von Daten heute oftmals eher die Regel denn die Ausnahme darstellt. Das deutsche Datenschutzrecht ist grundsätzlich anwendbar, wenn die datenverarbeitende Stelle ihren Sitz in der Bundesrepublik Deutschland hat, § 1 Abs. 5 BDSG. Dies führt zu erheblichen Schutzlücken im Internet, da nichts so einfach ins Ausland transferiert werden kann wie Daten. Die EU hat nicht zuletzt auch deshalb eine Datenschutz-Richtlinie erlassen[82], die zumindest auf europäischer Ebene zu einer Vereinheitlichung des Datenschutzrechts führen soll[83]. Dabei ist zu beachten, dass eine Übermittlung nach § 3 Abs. 4 Nr. 3 BDSG das Bekanntgeben von personenbezogenen Daten an Dritte durch Weitergabe oder durch Gewährung der Möglichkeit zur Einsichtnahme ist.

---

81 Vgl. zur Aufsicht im Internet allgemein *Holznagel/Ricke*, MMR 2008, 18.
82 Richtlinie 95/46/EG des Europäischen Parlaments und des Rates vom 24.10.1995, ABl. EG L 281, S. 31, zuletzt geändert durch VO (EG) 1882/2003 vom 29.9.2003, ABl. EG L 284, S. 1.
83 Vgl. dazu: *Arndt*, Datenschutz im Internet, in: Völkerrecht und deutsches Recht, Festschrift für Walter Rudolf zum 70. Geburtstag, 2001, S. 393.

Umstritten war daher zunächst, ob durch das Veröffentlichen von Daten im Internet bereits eine Übermittlung ins Ausland vorliegt, da die Daten ja von jedem beliebigen Rechner im Ausland abgerufen werden könnten. Nach Auffassung des EuGH liegt noch keine Übermittlung von Daten ins Ausland vor, wenn personenbezogene Daten ins Internet gestellt werden, so dass sie auch im Ausland abgerufen werden könnten[84]. Werden personenbezogene Daten ins Internet gestellt, muss sich dies also nicht an den Vorgaben zur Datenübermittlung ins Ausland messen lassen. Daraus folgt allerdings nicht, dass ein solcher Vorgang ohne Weiteres zulässig ist. Es handelt sich beim Ins-Netz-Stellen jedenfalls um eine Nutzung personenbezogener Daten[85], die nur unter den Voraussetzungen des § 4 Abs. 1 BDSG zulässig ist[86]. Es muss entweder einen gesetzlichen Erlaubnistatbestand hierfür geben oder der Betroffene muss eingewilligt haben.

Eine Übermittlung ins Ausland setzt damit voraus, dass diese Daten auch tatsächlich ins Ausland verbracht werden. Nicht ausreichend ist, wenn sie lediglich vom Ausland aus abgerufen werden können. Grundsätzlich zulässig ist die Übermittlung von Daten ins Ausland dann, wenn der Betroffene in eine solche Übermittlung nach vorhergehender Information eingewilligt hat. Dies ergibt sich aus § 4c Abs. 1 Nr. 1 BDSG. **1032**

Hat der Betroffene nicht eingewilligt, so ist eine Übermittlung ins Ausland nur dann zulässig, wenn es hierfür eine gesetzliche Grundlage gibt. Die Zulässigkeit einer Übermittlung von Daten ins Ausland richtet sich nach den §§ 4b und 4c BDSG. **1033**

Während der Datenexport innerhalb der EU danach weitgehend problemlos möglich ist, gelten für die Übermittlung personenbezogener Daten in Drittstaaten vergleichsweise strenge Voraussetzungen. Die Übermittlung ist ohne die Einwilligung des Betroffenen nur dann zulässig, wenn der Zielstaat des Datenexports ein datenschutzrechtliches Schutzniveau besitzt, das demjenigen innerhalb der EU vergleichbar ist. In Länder ohne ausreichendes Schutzniveau darf nur unter erschwerten Bedingungen ein Datenexport erfolgen. Ob ein angemessenes Schutzniveau besteht, soll anhand einer Reihe von Kriterien gem. § 4b Abs. 3 BDSG festgelegt werden. Dies ist zunächst eine Frage des Einzelfalls, jedoch kann die Europäische Kommission gem. Art. 25 Abs. 6 der Datenschutz-Richtlinie eine Positivliste für Staaten erstellen, die ein angemessenes **1034**

---

84 EuGH, EuZW 2004, 245.
85 EuGH, EuZW 2004, 245.
86 Vgl. dazu aber auch die Entscheidung des OLG Köln vom 27.11.2007, GRUR-RR 2008, 26, zum Veröffentlichen von Lehrerbewertungen im Internet mit einer Anmerkung von *Heckmann*, jurisPR-ITR 1/2008 Anm. 5.

Datenschutzniveau besitzen[87]. Liegt eine solche Feststellung der Kommission nicht vor, obliegt die Prüfung, ob ein angemessenes Datenschutzniveau vorliegt, nach § 4b Abs. 5 BDSG der übermittelnden Stelle[88]; also dem Diensteanbieter.

1035 Nach § 4c Abs. 2 BDSG kann die zuständige Aufsichtsbehörde – das ist nach § 4c Abs. 2 Satz 2 BDSG der Bundesbeauftragte für den Datenschutz – die Datenübermittlung in Länder ohne angemessenes Datenschutzniveau auch im Einzelfall genehmigen, sofern der inländische Diensteanbieter ausreichende Garantien hinsichtlich des Schutzes des Persönlichkeitsrechts der Betroffenen und der Ausübung der damit verbundenen Rechte vorweist. Unternehmen können dies einerseits dadurch erfüllen, dass sie zur Ausgestaltung der Datenverarbeitung mit Betroffenen Vertragsregelungen wählen, die von der Europäischen Kommission als ausreichende Garantien anerkannt worden sind. Hierbei handelt es sich um die sog. Standardvertragsklauseln[89]. Werden diese unverändert übernommen, ist nach wohl h.M. sogar keine Genehmigung mehr im Einzelfall erforderlich[90]. Andererseits können Konzerne durch die Einführung eines konzernweit verbindlichen „Code of Conduct" die nach § 4c Abs. 2 BDSG erforderlichen

---

87 Bei Inkrafttreten von § 4b BDSG waren lediglich die Schweiz – Entscheidung der Kommission 2000/518/EC vom 26.7.2000, ABl. EG L 215 vom 25.8.2000, S. 1 – und Ungarn hierin aufgeführt. Durch die Aufnahme von Ungarn in die EU ist dies insoweit obsolet geworden. Zwischenzeitlich hat die Europäische Kommission die Feststellung eines angemessenen Datenschutzniveaus noch für Andorra – Beschluss der Kommission 2010/625/EU vom 19.10.2010, ABl. EU L 277 vom 21.10.2010, S. 27; Argentinien – Entscheidung der Kommission 2003/490/EC vom 30.6.2003, ABl. EG L 168 vom 5.7.2003, S. 19; Färöer, Beschluss der Kommission 2010/146/EU vom 5.3.2010, ABl. EU L 58 vom 9.3.2010, S. 17; Guernsey – Entscheidung der Kommission 2003/821/EC vom 21.11.2003, ABl. EG L 308 vom 25.11.2003, S. 27; Isle of Man – Entscheidung der Kommission 2004/411/EC vom 28.4.2004, ABl. EG L 151 vom 30.4.2004, S. 51; Israel – Beschluss der Kommission 2011/61/EU vom 31.1.2011, ABl. EU L 27 vom 1.2.2011, S. 39; Jersey – Entscheidung der Kommission 2008/393/EG vom 8.5.2008, ABl. EG L 138 vom 28.5.2008, S. 21; Kanada – Entscheidung der Kommission 2002/2/EG vom 20.12.2001, ABl. EG L 2 vom 4.1.2002, S. 13; Neuseeland – Beschluss der Kommission 2013/65/EU vom 30.1.2013, ABl. EU L 28 vom 30.1.2013, S. 12; und Uruguay – Beschluss der Kommission 2012/484/EU vom 21.8.2012, ABl. EU L 227 vom 23.8.2012, S. 11; getroffen. Für Australien wurde ein Abkommen über die Verarbeitung von Fluggastdaten geschlossen, Beschluss des Rates vom 8.8.2008. Darüber hinaus gab es für die USA ein sog. „Safe-Harbor"-Abkommen, Entscheidung der Kommission 2000/520/EG vom 26.7.2000, ABl. EG L 215 vom 25.8.2000, S. 7. Voraussetzung für die Anwendung der Safe-Harbor-Regelung war, dass sich die in den USA ansässigen Unternehmen gegenüber der dortigen Federal Trade Commission (FTC) zur Einhaltung bestimmter datenschutzrechtlicher Mindeststandards verpflichten. Die Entscheidung der Kommission 2000/520/EG wurde allerdings vom EuGH am 6.10.2015 für ungültig erklärt, MMR 2015, 753, ausführlich dazu unten. Am 2.2.2016 wurde eine politische Einigung über ein neues Abkommen erzielt, das EU-US-Privacy-Shield, welche ebenfalls starker Kritik ausgesetzt ist. Daneben hat die Union ein Abkommen mit den USA über den Austausch von Fluggastdaten geschlossen. Vgl. hierzu im Einzelnen *Gola/Klug/Körffer*, in: *Gola/Schomerus*, BDSG, 12. Auflage 2015, § 4b Rdnr. 14 ff.; *Simitis*, in: *Simitis*, BDSG, 8. Auflage 2014, § 4b Rdnr. 64 ff. Auch *Königshofen/Ulmer*, Datenschutz-Handbuch Telekommunikation, § 92 Rdnr. 2.

88 *Gola/Klug/Körffer*, in: *Gola/Schomerus*, BDSG, 12. Auflage 2015, § 4b Rdnr. 18; *Simitis*, in: *Simitis*, BDSG, 8. Auflage 2014 § 4b Rdnr. 89.

89 Entscheidung der Kommission 2001/497/EC vom 15.6.2001, ABl. EG L 181 vom 4.7. 2001, S. 19, geändert durch Entscheidung der Kommission 2004/915/EG vom 27.12.2004, ABl. EG L 385 vom 29.12.2004, S. 74. Siehe hierzu *Gola/Klug/Körffer*, in: *Gola/Schomerus*, 12. Auflage 2015, BDSG, § 4c Rdnr. 12; *Simitis*, in: *Simitis*, BDSG, § 4c Rdnr. 50.

90 *Gola/Klug/Körffer*, in: *Gola/Schomerus*, BDSG, 12. Auflage 2015, § 4c Rdnr. 14; *Simitis*, in: *Simitis*, BDSG, 8. Auflage 2014, § 4c Rdnr. 51 m.w.N.

Garantien abgeben[91]. Allerdings ist bei dieser Variante umstritten, ob bei ihr die aufsichtsbehördliche Genehmigung der Datenübermittlung im Einzelfall ebenfalls entbehrlich ist[92].

Für **Fall 31** bedeutet dies, dass ein Export der Daten durch B in die USA zum Zwecke der dortigen Verarbeitung nicht ohne Weiteres möglich ist. Ohne Einwilligung ist dieser Datenexport nur zulässig, wenn die USA ein datenschutzrechtliches Schutzniveau besitzen, das dem in der EU entspricht. Dies wird zumindest derzeit noch von den deutschen Datenschutzbehörden nicht angenommen. Allerdings besteht für amerikanische Unternehmen nach einem endgültigen Abschluss des Abkommens über das EU-US-Privacy-Shield die Möglichkeit, dessen Vorgaben zu akzeptieren und sich der Jurisdiktion der Federal Trade Commission zu unterwerfen. In diesem Fall wird von der Europäischen Kommission ein ausreichendes Schutzniveau angenommen. **1036**

12. Checkliste für Diensteanbieter

Anbieter von Telekommunikation oder Telemedien, d.h. nahezu alle Diensteanbieter für Internetleistungen im weitesten Sinne, sollten vor der Gestaltung eines Internet-Auftritts aus datenschutzrechtlicher Sicht Folgendes beachten: **1037**

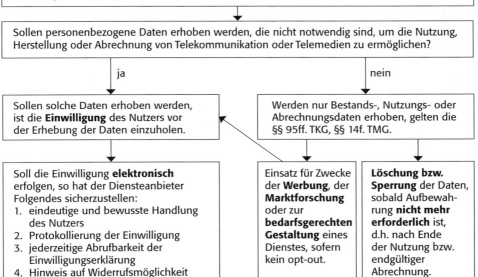

---

91 Hierbei handelt es sich um verbindliche Selbstverpflichtungen zur Einhaltung bestimmter Datenschutzgrundsätze. Siehe hierzu *Gola/Klug/Körffer*, in: *Gola/Schomerus*, 12. Auflage 2015, BDSG, § 4c Rdnr. 10; kritisch *Simitis*, in: *Simitis*, BDSG, 8. Auflage 2014, § 4c Rdnr. 65.
92 Gegen eine Genehmigungspflicht *Gola/Klug/Körffer*, in: *Gola/Schomerus*, BDSG, 12. Auflage 2015, § 4c Rdnr. 16 m.w.N. zum Streitstand; für eine Genehmigungspflicht *Simitis*, in: *Simitis*, BDSG, 8. Auflage 2014, § 4c Rdnr. 66; *Gabel*, in: *Taeger/Gabel*, BDSG, 2. Auflage 2013, § 4c Rdnr. 31.

13. Stellungnahme

1038 Bereits die den Regelungen des TKG und TMG zugrunde liegende Trennung zwischen Inhaltsangeboten einerseits und technischen Angeboten andererseits wirft in der Praxis erhebliche Schwierigkeiten auf. Eine trennscharfe Unterscheidung zwischen Inhalts- und Zugangsleistungen ist heute in vielen Bereichen nicht mehr möglich. Die Entwicklung des Providermarktes geht weg von den spezialisierten Providern hin zu Internet Service Providern, die die komplette Palette der Internet-Leistungen vom rein technischen Verschaffen des Internet-Zugangs bis hin zum Angebot inhaltlicher Leistungen bereitstellen. Die beiden großen Internet-Anbieter Deutsche Telekom und Verizon sind beste Beispiele hierfür. Eine trennscharfe Unterteilung des Leistungsangebotes in Telekommunikationsdienste und Telemediendienste ist heute kaum mehr möglich, mit der Folge, dass auch die Anwendungsbereiche der einzelnen Datenschutzregelungen nicht mehr zweifelsfrei bestimmt werden können. Für einen effektiven Datenschutz ist jedoch unbedingt notwendig, dass sowohl Leistungsanbieter als auch Kunden eindeutig erkennen können, welche Rechte und Pflichten bestehen.

1039 Zu den Anwendungsschwierigkeiten kommen Umsetzungsprobleme hinzu: Von entscheidender Bedeutung für den Datenschutz ist die Möglichkeit der Kontrolle datenschutzrechtlicher Vorschriften. Die genannten Datenschutzregelungen sind in unterschiedlicher Art und Ausprägung an das BDSG angelehnt, auch soweit es um die Kontrolle der Einhaltung der Vorschriften geht. Für das Datenschutzrecht gilt aber unter den Bedingungen des Internet dasselbe wie für das Steuerrecht auch: Die veränderten technischen Möglichkeiten, die Digitalisierung von Leistungen und die zunehmende Internationalisierung des Leistungsangebotes lassen eine Kontrolle allein mit Hilfe der bisherigen Instrumentarien nicht mehr zu. Rechtliche Regelungen, deren Einhaltung nicht mehr kontrolliert werden kann, deren Umsetzung also nahezu ausschließlich auf die Rechtstreue des Bürgers angewiesen ist, sind vor dem Hintergrund des Art. 3 Abs. 1 GG verfassungsrechtlich bedenklich. Wie die Durchsetzung des Steuerrechts stößt auch die Durchsetzung des Datenschutzrechts im Internet an Grenzen staatlicher Kontrollmöglichkeiten. Deshalb ist es dringend erforderlich, über neue Konzepte zur Durchsetzung des Datenschutzes nachzudenken[93].

14. Neue Ansätze im Datenschutzrecht – insbesondere Datenschutz-Audits

1040 Ein möglicher Ansatz zur Gewährleistung des Datenschutzes ist es, nicht mehr wie bisher üblich nahezu ausschließlich auf ordnungsrechtliche Instrumentarien zurückzugreifen, sondern verstärkt einen wettbewerbsorientierten Ansatz zu wählen. Sofern datenschutzrechtliche Aspekte in der Praxis überhaupt eine Rolle spielen, werden sie oftmals zum Gegenstand einer Abwägung gemacht: Der Nutzen eines Datenschutzrechtsverstoßes wird gegen die Kosten im Falle einer Sanktionierung dieses Verstoßes

---
93 Hierzu auch *Roßnagel*, MMR 2005, 71.

abgewogen. Hält man sich vor Augen, dass insbesondere die – nach den geltenden datenschutzrechtlichen Regelungen ohne Einwilligung des Betroffenen nur selten zulässige – Nutzung von personenbezogenen Daten für Werbezwecke einen sehr hohen Nutzen verspricht, gleichzeitig aber die Gefahr der Aufdeckung eines datenschutzrechtlichen Verstoßes vielfach gering ist, wundert es nicht, wenn die Abwägung hier nicht selten gegen den Datenschutz ausfällt. Gelänge es bei Unternehmen, die Online-Leistungen anbieten, ein wirtschaftliches Eigeninteresse an der Einhaltung datenschutzrechtlicher Vorschriften zu wecken, könnte dies zu einer wesentlichen Effektivitätssteigerung des Datenschutzes im Vergleich zu einer rein ordnungsrechtlichen Kontrolle führen.

Die Chancen zur Umsetzung eines solchen Ansatzes sind nicht zu unterschätzen: Entwicklungshemmend für die geschäftliche Nutzung des Internet wirkt es sich immer noch aus, dass das Datenschutz- und Datensicherheitsniveau im Internet in den Augen vieler potenzieller Nutzer noch nicht ausreichend hoch ist, um beispielsweise persönliche Daten wie Kreditkartendaten über das Netz zu senden. Diese Bedenken werden noch dadurch gesteigert, dass man etwa bei Homepages oftmals nicht unmittelbar erkennen kann, welche Personen hinter einem Internet-Angebot stehen und an wen man sich bei möglichen Datenschutz- oder Sicherheitsproblemen wenden kann. Unternehmen, die diese Zweifel ausräumen, weil sie zweifelsfrei nachweisen können, dass sie datenschutzrechtlich allen gesetzlichen Anforderungen entsprechen und diese vielleicht sogar übertreffen, hätten gegenüber Unternehmen, die dies nicht können, eine wesentlich höhere Anziehungskraft auf Kunden. **1041**

Einen möglichen Ansatz enthält § 9a BDSG, der bereits 2001 in das BDSG aufgenommen wurde. Demnach besteht die Möglichkeit, freiwillig sog. Datenschutz-Audits durchzuführen. Online-Anbieter können ihre Datenschutzkonzepte und ihre technischen Einrichtungen von unabhängigen Dritten begutachten lassen, die Ergebnisse veröffentlichen und damit werben. Sollte es gelingen, in der Bevölkerung für derartige Audits ein vergleichbares Vertrauen zu schaffen wie etwa für TÜV-Siegel, könnte eine verbreitete freiwillige Einhaltung der Datenschutzvorschriften erreicht und damit die Kontrollproblematik entschärft werden. Datenschutz-Audits im nicht-öffentlichen Bereich haben bisher allerdings deshalb noch keine Bedeutung erlangt, weil nach § 9a Satz 2 BDSG die näheren Anforderungen an die Prüfung und Bewertung, das Verfahren sowie die Auswahl und Zulassung der Gutachter für Datenschutz-Audits der Regelung in einem besonderen Gesetz bedürfen. Solche Regelungen sind erforderlich, um Anbietern, die sich einem Audit unterziehen wollen, aber auch den Nutzern die Sicherheit zu bieten, dass das vergebene Zertifikat tatsächlich die Einhaltung eines bestimmten Datenschutzstandards gewährleistet. Nach wie vor gibt es eine solche bundesweite Regelung für den nicht-öffentlichen Sektor leider immer noch nicht. Zwar wurde am 10.12.2008 von der Bundesregierung ein Gesetzesentwurf für eine solche Regelung beschlossen, der allerdings heftiger Kritik ausgesetzt war und auf Intervention des Bundesrates umfassend überarbeitet werden sollte[94]. Daraufhin wurde von einer gesetzli- **1042**

---

94 Entwurf eines Gesetzes zur Regelung des Datenschutzaudits und zur Änderung datenschutzrechtlicher Vorschriften vom 18.2.2009, BT-Drs. 16/12011.

chen Regelung zunächst Abstand genommen und stattdessen die Durchführung eines branchenspezifischen Modellprojekts beschlossen.[95] Obwohl die Koalition aus CDU/CSU und FDP im Koalitionsvertrag auch eine neue Initiative zu einer gesetzlichen Regelung des Datenschutz-Audits vereinbart hat, ist bisher weiter – auch im Hinblick auf das geplante Modellprojekt – nichts geschehen. Es bleibt zu hoffen, dass die gesetzliche Implementierung möglichst bald abgeschlossen wird, um die sinnvolle Ergänzung des Datenschutzrechts durch wettbewerbliche Elemente nicht weiter zu verzögern. In Schleswig-Holstein wurden bereits für öffentliche Stellen des Landes Anwendungsbestimmungen des Unabhängigen Landeszentrums für Datenschutz zur Durchführung eines Datenschutz-Audits nach § 4 Abs. 2 LDSG Schleswig-Holstein erlassen[96]. Ebenso hatte Bremen nach § 7b Abs. 1 Satz 2 LDSG Bremen eine Bremische Datenschutzaudit-VO erlassen, welche allerdings zum 31.12.2014 außer Kraft getreten ist[97]. Die voraussichtlich im Jahr 2018 in Kraft tretende Datenschutz-Grundverordnung sieht die Möglichkeit europäischer Datenschutzzertifizierungen nach Art. 42 DSGVO vor.

1043 Insgesamt lässt sich jedoch festhalten, dass die Kontrolle des Datenschutzes im Internet derzeit an ihre Grenzen gelangt. Es ist daher über neue gesetzliche Ansätze für einen effektiven Datenschutz nachzudenken. Eine Möglichkeit wäre die Kombination einer Verschärfung ordnungspolitischer Instrumentarien mit wettbewerbsrechtlichen Anreizen.

15. Perspektiven des Datenschutzes

1044 Das Datenschutzrecht nimmt auch im Bewusstsein der Bevölkerung einen immer höheren Stellenwert ein. Dies betrifft zum einen sicherlich die aus datenschutzrechtlicher Perspektive teilweise höchst problematischen staatlichen Maßnahmen zur Terrorismusbekämpfung. Online-Durchsuchungen, Vorratsdatenspeicherung und Fluggastdatenübermittlungen sind hier nur einige wenige Stichwörter. Aber auch beim kommerziellen Einsatz des Internet nimmt die datenschutzrechtliche Sensibilisierung der Nutzer zu. Dies wurde in Deutschland erstmals deutlich, als die Online-Community StudiVZ ihre Allgemeinen Geschäftsbedingungen so ändern wollte, dass eine Verwendung personenbezogener Daten in größerem Umfang als zuvor erlaubt sein sollte. Dies hatte gerade bei den jüngeren Nutzern einen Sturm der Entrüstung ausgelöst[98]. Einer breiteren Öffentlichkeit wurde die datenschutzrechtliche Gefährdungslage bewusst, nachdem Facebook umfangreich auf die Daten seiner Nutzer zugreifen wollte, um sie jedenfalls partiell zu vernetzen und so auch kommerziell nutzbar zu machen. Mittlerweile stehen Facebook und Google in der öffentlichen Meinung wie kaum ein anderes Unternehmen für die kommerzielle Verwertung von Daten. Angesichts dieser veränderten Wahrnehmung in der Öffentlichkeit, insbesondere aber wegen der grundsätzlichen

---

95 Entscheidung des Innenausschusses vom 1.7.2009, BT-Drs. 16/13657. Vgl. dazu auch *Kühling*, JZ 2010, 600, 607.
96 Schleswig-Holsteinisches Gesetz zum Schutz personenbezogener Informationen vom 9.2.2000, GVOBl. 2000, S. 169. Hierzu *Schläger*, DuD 2004, 459.
97 § 10 Satz 2 Bremische Datenschutzauditverordnung vom 5.10.2004, Brem. GBl., S. 515.
98 F.A.Z. vom 17.8.2007, Nr. 190, S. 16 „StudiVZ will am Jahresende Geld verdienen".

– auch grundrechtlichen – Tragweite des Datenschutzes, darf die Bedeutung des Datenschutzes im Internet nicht länger unterschätzt werden.

Der deutsche Gesetzgeber hat hier durch die Vereinheitlichung der Regelungen zu Telemedien im TMG sicherlich einen ersten Schritt getan. Allerdings sind die gesetzlichen Regelungen, die den Schutz des Persönlichkeitsrechts im Internet sicherstellen sollen, teilweise unklar, teilweise widersprüchlich. Dies trägt zu einer Rechtsunsicherheit bei, die einem effektiven Datenschutz im Wege steht. Hier ist dringend eine einheitliche gesetzliche Regelung erforderlich, die nicht länger an die Unterscheidung zwischen technischer Übertragungsleistung (Telekommunikation) und erbrachtem Dienst (Telemedien) anknüpft[99].

a) Datenschutz-Grundverordnung

Hinzu kommt, dass trotz der bestehenden Datenschutz-Richtlinie 95/46/EG in den einzelnen Mitgliedstaaten ein unterschiedliches Datenschutzniveau besteht, wodurch Rechtsunsicherheit sowohl für Verbraucher als auch Unternehmen entsteht. Diese Unterschiede im Schutzniveau können die Durchsetzbarkeit des Datenschutzes erschweren, den Wettbewerb verzerren und die unionsweite Ausübung wirtschaftlicher Tätigkeit hemmen. Abhilfe soll die voraussichtlich im Jahr 2018 in Kraft tretende Datenschutz-Grundverordnung (DSGVO) schaffen, welche die bisherige Datenschutz-Richtlinie ersetzen und ein einheitliches Datenschutzrecht in allen 28 Mitgliedstaaten etablieren soll. Durch Kohärenz und erhöhte Durchsetzbarkeit soll eine Vertrauensbasis geschaffen werden, die ein weiteres Wachstum der digitalen Wirtschaft in der Europäischen Union sichern soll. Allerdings findet keine Vollharmonisierung statt, da die Verordnung zahlreiche Abweichungsmöglichkeiten für die Mitgliedstaaten vorsieht[100]. Der Begriff der „personenbezogenen Daten" wird im Wesentlichen aus der Datenschutz-Richtlinie übernommen und umfasst nach Art. 4 Abs. 1 DSGVO alle Informationen, die sich auf eine bestimmte oder bestimmbare natürliche Person beziehen. Die Bestimmbarkeit kann auch mittels Online-Kennungen vorgenommen werden, die ausweislich von Erwägungsgrund 30 DSGVO IP-Adressen und Cookie-Kennungen sein können. Die Frage, ob es auf einen relativen oder absoluten Personenbezug (bei IP-Adressen) ankommt, ist hierdurch allerdings nicht eindeutig geklärt. Hinsichtlich des räumlichen Anwendungsbereichs der Richtlinie wird die Rechtsprechung des EuGH[101] aufgegriffen und das Territorialprinzip im Ergebnis durch ein Marktortprinzip ersetzt (Art. 3 DSGVO). Demnach findet die DSGVO nicht nur dann Anwendung, wenn eine Niederlassung in der Europäischen Union besteht, sondern auch wenn die Datenverarbeitung dazu dient, betroffenen Personen in der Europäischen Union Waren oder Dienstleistungen anzubieten oder deren Verhalten zu beobachten. Nunmehr unterliegen zweifelsfrei auch Unternehmen mit Sitz in den USA den europäischen Daten-

---

99 *Fetzer*, DRiZ 2007, 206.
100 Z.B. besondere gesetzliche Erlaubnistatbestände (Art. 6 Abs. 2 DSGVO), nationale Beschränkungen nach Art. 23 DSGVO oder die Absenkung der Altersgrenze für die Einwilligung in die Datenverarbeitung auf 13 Jahre (Art. 8 Abs. 1 DSGVO).
101 EuGH, MMR 2014, 455.

schutzvorgaben, soweit sie auf dem europäischen Markt i.S.d. Art. 3 DSGVO tätig sind. Die Übermittlung von personenbezogenen Daten an Drittländer richtet sich nach den Art. 44 ff. DSGVO und entspricht in ihrer Ausgestaltung der bisherigen Regelung.

1047 Die Grundsätze der Datenvermeidung und Datensparsamkeit sowie der Zweckbindung (Art. 5 DSGVO) bleiben erhalten. Ebenso wird am Konzept des Verbots mit Erlaubnisvorbehalt (Art. 6 DSGVO) festgehalten. Die Einwilligung der betroffenen Person in die Datenverarbeitung (Art. 7 DSGVO) muss freiwillig erfolgen und setzt eine vorherige verständliche, leicht zugängliche Information in einer klaren und einfachen Sprache voraus. Es bleibt abzuwarten, ob hierdurch der Praxis der „Überinformiertheit", also von überlangen Einwilligungserklärungen, begegnet wird, da de facto die meisten Nutzer diese aufgrund der Fülle von Informationen nicht lesen[102]. Das Mindestalter für eine wirksame Einwilligung in die Verarbeitung personenbezogener Daten bei Diensten der Informationsgesellschaft wird auf 16 Jahre angehoben (Art. 8 Abs. 1 DSGVO). Die Mitgliedstaaten können eine hiervon abweichende Regelung vorsehen, die allerdings die absolute Altersgrenze von 13 Jahren nicht unterschreiten darf. Dies dürfte im Hinblick auf die jüngeren Nutzer von sozialen Medien (z.B. Facebook) Probleme aufwerfen. Fraglich ist, wie geeignete Vorkehrungen seitens der Anbieter getroffen werden sollen, um das zutreffende Alter des Nutzers oder eine notwendige Einwilligung der Eltern zu überprüfen. Eine Überprüfung anhand des Personalausweises oder einer Gesichtserkennung würde das Ziel des erhöhten Schutzes personenbezogener Daten konterkarieren und auf deutlichen Widerstand der Nutzer treffen.

1048 Den betroffenen Personen werden stärkere Rechte hinsichtlich ihrer personenbezogenen Daten eingeräumt, begonnen bei einem umfassenden Auskunftsrecht gegenüber der verantwortlichen Stelle (Art. 14, 15 DSGVO). Angelehnt an das vom EuGH in der Google Spain-Entscheidung statuierte „Recht auf Vergessenwerden"[103] wird ein solches – neben weiteren Löschungsansprüchen – durch Art. 17 DSGVO gesetzlich verankert. Zudem kann die betroffene Person unter den Voraussetzungen des Art. 18 DSGVO eine Einschränkung der Verarbeitung seiner personenbezogenen Daten verlangen. Um z.B. sog. Lock-In-Effekte von sozialen Medien wie Facebook einzuschränken und die Hoheit der Nutzer über ihre Daten wiederherzustellen, haben Letztere ein Recht auf Datenportabilität (Art. 20 DSGVO). Der Nutzer kann demnach seine personenbezogenen Daten in einem strukturieren, gängigen und maschinenlesbaren Format verlangen oder diese direkt auf eine andere datenverarbeitende Stelle übertragen lassen.

1049 Weiterhin werden die datenverarbeitenden Unternehmen in Art. 25 DSGVO zu einem Datenschutz durch Technik, also durch angemessene technische und organisatorische Vorkehrungen, sowie durch datenschutzfreundliche Voreinstellungen verpflichtet. Einen wesentlichen Faktor können hierbei europäische Datenschutzzertifizierungen nach Art. 42 DSGVO spielen. Werden erhebliche Verletzungen des Schutzes personenbezogener Daten festgestellt, so sind die zuständigen Aufsichtsbehörden (Art. 33 DSGVO) und – soweit ein hohes Risiko für die persönlichen Rechte und Freiheiten besteht – die

---

102 *Fetzer*, MMR 2015, 777, 778.
103 EuGH, MMR 2014, 455, dazu *Nolte*, NJW 2014, 2238; *Boehme-Neßler*, NVwZ 2014, 825.

betroffenen Personen zu benachrichtigen. Zudem müssen die Unternehmen einen Datenschutzbeauftragten bestellen, wenn die Kerntätigkeit des Unternehmens in der Durchführung von Datenverarbeitungsvorgängen liegt oder die Mitgliedstaaten dies in eigenen Regelungen vorsehen (Art. 37 DSGVO). Im Hinblick auf die Tatsache, dass regelmäßig mögliche Bußgelder mit dem Nutzen von Datenschutzverstößen saldiert werden und diese Kalkulation oft zu Ungunsten des Datenschutzes ausfällt, wurden die Sanktionen für Datenschutzverstöße signifikant angehoben und können bis 20.000.000 Euro oder bei Unternehmen bis zu 4 % des jährlichen weltweiten Umsatzes betragen (Art. 83 DSGVO). Dadurch sollte insbesondere für internationale Konzerne der Druck zur Einhaltung des Schutzes personenbezogener Daten steigen. Entscheidend für den Erfolg bleibt aber weiterhin die effektive Durchsetzung der Sanktionen gegenüber internationalen Konzernen.

b) Geodatendienste

Ungeklärt ist zudem die datenschutzrechtliche Beurteilung von Anwendungen im Bereich der Geodatendienste[104]. Das sicherlich prominenteste Beispiel hierfür ist Google Streetview, bei dem Google gesamte Straßenzüge fotografiert hat und diese Bilder online im Rahmen eines Kartendienstes zur Verfügung stellt. Hierbei ist zu beachten, dass allein das Bild einer Häuserfront noch kein personenbezogenes Datum ist, allerdings hierzu werden kann, wenn es mit einer konkreten Adresse und den dazugehörigen Bewohnern verknüpft wird. Da eine solche Verknüpfung allerdings regelmäßig ohne Weiteres möglich ist, spricht entgegen einer weitläufigen Auffassung viel dafür, dass derartige Geodatenbanken auch eine datenschutzrechtliche Relevanz besitzen und nicht nur Eigentumsrechte im Sinne von Urheber- oder Bildrechten betreffen. Folgt man dieser Auffassung wäre eine Aufnahme und Veröffentlichung der Häuserfronten ausgehend von den derzeit geltenden datenschutzrechtlichen Grundsätzen nicht ohne Einwilligung der Betroffenen (Hauseigentümer und Mieter) oder gesetzliche Regelung zulässig. An Letzterer fehlt es freilich bisher[105]. Dabei ist allerdings auch zu bedenken, dass derartige Informationsdienste vielfach einen erheblichen praktischen Nutzen haben, zugleich aber das Interesse der betroffenen Hauseigentümer bzw. Mieter marginal sein dürfte. Dies zeigt wieder einmal das Spannungsfeld zwischen der Privatsphäre des Einzelnen und der zunehmenden Nutzung der öffentlichen Sphäre des Internet, auf das das Datenschutzrecht bisher keinerlei befriedigende Antworten gefunden hat. Die durch das Internet erforderlich gewordene Neubewertung des Datenschutzrechts befindet sich daher bisher allenfalls in den Kinderschuhen und hält mit der technischen Entwicklung, die mit Siebenmeilenstiefeln voranschreitet, nicht einmal ansatzweise Schritt.

1050

---

104 Dazu *Moos/Zeiter*, ZD 2013, 178; *Klar*, DÖV 2013, 103; *Holznagel/Schumacher*, JZ 2011, 57; *Polenz*, NVwZ 2010, 485; *Lindner*, ZUM 2010, 292; *Dreier/Spiecker genannt Döhmann*, ZRP 2010, 197; *Forgó/Krügel*, MMR 2010, 17; *Ernst*, CR 2010, 178; *Spiecker genannt Döhmann*, CR 2010, 311; *Hoffmann*, CR 2010, 514; *Caspar*, DÖV 2009, 965; *Jahn/Striezel*, K&R 2009, 753.
105 Vgl. dazu den Gesetzesentwurf der Freien und Hansestadt Hamburg, BR-Drs. 259/10 für ein Gesetz zur Änderung des Bundesdatenschutzgesetzes.

c) Cloud Computing

1051 Datenschutzrechtliche Fragen wirft auch das Cloud Computing auf, bei dem Daten nicht mehr wie bisher lokal auf dem Rechner von Nutzern oder Unternehmen bzw. dezentral auf einem Unternehmensserver gespeichert werden, sondern in der „Wolke", die als Synonym für das Internet verwendet wird[106]. Als Charakteristikum des Cloud Computing gilt dabei insbesondere, dass es einen Weg zur signifikanten Senkung von IT-Kosten darstellt, wenn Anwender nicht länger selbst Software und Speicherkapazitäten vorhalten müssen, sondern je nach Bedarf flexibel Rechenleistung aus der Wolke abrufen können. Der genaue Server ist dem Nutzer dabei regelmäßig nicht bekannt – die Daten werden dort gespeichert, wo gerade Kapazität verfügbar ist und entsprechend dynamisch von Server zu Server verschoben. Angenehme Nebeneffekte für den Nutzer sind, dass er seine Daten weltweit abrufen kann und sich auch um Software-Updates nicht mehr kümmern muss. Dabei ist festzustellen, dass Cloud Computing nicht gleichbedeutend mit dem Nutzen eines Netzwerks ist, bei dem Anwender auf Daten zugreifen können, die zentral auf einem Server – aber eben auch nur auf diesem Rechner – abgelegt sind. Cloud Computing geht auch über die bloße Bündelung von Rechenleistung zur Bewerkstelligung besonders rechenintensiver Aufgaben hinaus, die unter dem Stichwort Grid Computing auch im universitären Bereich eine große Rolle spielt, z.B. bei der Entschlüsselung der menschlichen DNA. Ein Charakteristikum von Cloud Computing ist vielmehr, dass die Rechenkapazität aller in einer Cloud zusammengefassten Rechner dynamisch den Nutzern so zur Verfügung gestellt wird, dass jeder Nutzer immer exakt so viel Rechenkapazität zur Verfügung hat, wie er zu einem bestimmten Zeitpunkt benötigt. Welcher konkrete Server die Rechenleistung zur Verfügung stellt ist unerheblich. Das richtet sich automatisiert danach, auf welchem Server zu einem bestimmten Zeitpunkt Kapazität effizient genutzt werden kann. Durchaus vorteilhaft ist dabei, wenn sich die Server in verschiedenen Zeitzonen befinden, d.h. auch geographisch global verteilt sind, so dass tagesspezifische Nutzungsspitzen weltweit ausgeglichen werden können.

1052 Für die datenschutzrechtliche Bewertung der Nutzung des Cloud Computing muss man zunächst die Frage klären, welche Prozesse in der Wolke ablaufen, insbesondere welche Daten sich tatsächlich in der Wolke befinden und was dort mit ihnen geschieht. Dabei werden technisch drei Formen des Cloud Computing unterschieden: Infrastructure-as-a-Service (IaaS), Plattform-as-a-Service (PaaS) und Software-as-a-Service (SaaS). Ohne auf die technischen Einzelheiten näher eingehen zu wollen, lassen sich diese Anwendungstypen im Hinblick auf die datenschutzrechtliche Beurteilung zum einen in solche zusammenfassen, bei denen der Kunde nur eine bestimmte physikalische Rechnerleistung in Form von Speicherplatz nach seinen Bedürfnissen vom Cloud-Anbieter zur Verfügung gestellt erhält („Speicherlösung"). Zum anderen gibt es Cloud-Lösungen – cum grano salis PaaS und SaaS –, bei denen der Cloud-Anbieter nicht nur

---

106 Zu den Rechtsfragen des Cloud Computing siehe auch *Nägele/Jacobs*, ZUM 2010, 281; *Heidrich/Wegener*, MMR 2010, 803; *Pohle/Ammann*, CR 2009, 273; *Schuster/Reichl*, CR 2010, 38; *Niemann/Henrich*, CR 2010, 686; *Oberhaus*, NJW 2010, 651; zur Technik *Federrath*, ZUM 2014, 1.

Speicherplatz, sondern auch Software und die entsprechend erforderliche Rechenleistungen in der Wolke zur Verfügung stellt („Computation-as-a-Service").

Speicherlösungen sind dabei ohne Weiteres datenschutzkonform ausgestaltbar. Der Weg hierzu führt über eine Verschlüsselung der Daten, bevor sie in der Wolke gespeichert werden, so dass für Dritte – insbesondere den Cloud-Anbieter – eine Entschlüsselung nicht – oder jedenfalls nur mit erheblichem Aufwand – möglich ist. Daten, die mittels Kryptographie verschlüsselt worden sind, erfüllen nicht mehr die Voraussetzungen personenbezogener Daten, deren Schutz nach § 1 Abs. 1 BDSG Gegenstand des Datenschutzrechts ist. Der Begriff der personenbezogenen Daten setzt nach § 3 Abs. 1 BDSG voraus, dass Einzelangaben einer bestimmten oder bestimmbaren Person zugeordnet werden können. Das ist bei verschlüsselten Datensätzen aber gerade nicht mehr der Fall. Daher ist auch ihre Speicherung in der Wolke datenschutzrechtlich unbedenklich, sofern die Verschlüsselung bzw. bei einer späteren Nutzung der Daten die Entschlüsselung erfolgt, bevor die Daten in der Wolke gespeichert bzw. nachdem sie von dort wieder abgerufen werden. Datenschutzrechtlich unerheblich ist insofern, ob für die Datenspeicherung eine private oder eine öffentliche Wolke genutzt wird. Handelt es sich bei Daten nicht um personenbezogene Daten, fallen sie unabhängig vom Speicherort nicht unter den Schutz des Datenschutzrechts. 1053

Nicht ganz so einfach lässt sich aus datenschutzrechtlicher Sicht die Nutzung von Cloud-Lösungen gestalten, bei denen die Cloud nicht nur als Speichermedium genutzt wird, sondern bei denen auch Daten in der Wolke durch den Cloud-Anbieter bearbeitet werden sollen. Nutzt ein Unternehmen eine solche Computation-as-a-Service-Variante, scheidet eine vorherige Verschlüsselung der Daten anders als im Fall reiner Speicherlösungen aus. Für eine Bearbeitung müssen Daten regelmäßig in unverschlüsselter Form in der Wolke vorhanden sein bzw. sie müssen vom Cloud-Anbieter entschlüsselt werden können. Bedient sich ein Unternehmen daher der Dienste eines Cloud-Anbieters, der personenbezogene Daten nicht nur in der Wolke speichern, sondern auch dort bearbeiten soll, richtet sich die Zulässigkeit der Nutzung des Cloud-Dienstes nach dem Bundesdatenschutzgesetz. Nach § 4 Abs. 1 BDSG ist die Erhebung, Verarbeitung und Nutzung von personenbezogenen Daten nur zulässig, wenn das BDSG oder eine andere Rechtsvorschrift dies erlaubt oder anordnet oder wenn der Betroffene eingewilligt hat. Dabei stellt sich die Frage, ob eine Auslagerung der Datenverarbeitung in die Wolke eine eigenständige Erhebung, Verarbeitung oder Nutzung der Daten darstellt, die einer entsprechenden gesetzlichen Grundlage oder der Einwilligung des jeweiligen Kunden bedarf. In Betracht kommt dabei, dass es sich bei der Inanspruchnahme eines Cloud-Dienstes um eine Datenverarbeitung in Form der Datenübermittlung i.S.d. § 3 Abs. 4 Nr. 3 BDSG handelt, da die betroffenen Daten ja zunächst in die Wolke hochgeladen werden, d.h. auf die Server des Cloud-Anbieters gesendet werden müssen. Eine Datenübermittlung i.S.d. BDSG setzt voraus, dass Daten an einen Dritten weitergegeben werden bzw. Daten für einen Dritten zur Einsicht oder zum Abruf bereitgehalten werden. Unzweifelhaft werden bei der Nutzung eines Cloud-Dienstes Daten weitergegeben, wenn sie vom Firmen-PC auf den Cloud-Server transferiert werden. Für die datenschutzrechtliche Beurteilung der Nutzung von Cloud-Diensten ist aber entscheidend, ob der Cloud-Anbieter dabei Dritter i.S.d. § 3 Abs. 4 Nr. 3 BDSG ist oder letztlich nur der verlängerte IT-Arm des Cloud-Nutzers. Nach § 3 Abs. 8 Satz 3 BDSG gelten 1054 nicht als Dritte solche Personen, die im Inland, in einem anderen Mitgliedstaat der Europäischen Union oder in einem anderen Vertragsstaat des EWR Daten im Auftrag erheben, verarbeiten oder nutzen.

1055 Die Inanspruchnahme von Cloud-Diensten, bei denen Daten auch in der Wolke bearbeitet werden sollen – also bei Computation-as-a-Service –, erfüllt regelmäßig die Voraussetzungen der Auftragsdatenverarbeitung. Nach der der Regelung des § 3 Abs. 8 Satz 3 BDSG zugrunde liegenden Richtlinienvorschrift des Art. 2 lit. d und e der Richtlinie 95/46/EG setzt eine Auftragsdatenverarbeitung voraus, dass der Auftraggeber Art und Weise sowie den Zweck der Datenverarbeitung bestimmt, wohingegen der Auftragnehmer verpflichtet ist, die Daten entsprechend den Anweisungen des Auftraggebers zu behandeln. Das ist bei Computation-as-a-Service regelmäßig der Fall: Dass der Kunde keinen Einfluss darauf hat, auf welchem konkreten Rechner die Datenverarbeitung dabei abläuft, ist unerheblich. Entscheidend ist, dass Art und Umfang sowie Zweck der Datenverarbeitung allein vom Kunden vorgegeben werden, während der Cloud-Anbieter nur die Rechenkapazität zur Verfügung stellt, um die Berechnungen nach den Weisungen des Kunden durchzuführen.

1056 Die Einordnung als Auftragsdatenverarbeitung hat zwei entscheidende Konsequenzen: Zum einen liegt in der Nutzung von Cloud-Diensten keine eigenständige Datenverarbeitung, die einer gesonderten Einwilligung bzw. gesetzlichen Grundlage bedarf. Zum anderen gelten für Auftraggeber – den Cloud-Nutzer – und Auftragnehmer – den Cloud-Anbieter – die besonderen Pflichten des § 11 BDSG. Der Auftraggeber ist demnach zum einen verpflichtet, den Cloud-Anbieter sorgfältig auszuwählen und schriftlich zu beauftragen. Zum anderen – und dies kann in der Praxis durchaus zu Problemen führen – ist der Auftraggeber nach § 11 Abs. 2 Satz 4 BDSG verpflichtet, sich von der Einhaltung der beim Auftragnehmer getroffenen technischen und organisatorischen Maßnahmen zu Datenschutz und Datensicherheit zu überzeugen. Gemeint sind hiermit die technischen und organisatorischen Maßnahmen nach § 9 BDSG, die jeder einhalten muss, der Daten verarbeitet; also insbesondere ein effektiver Schutz der Daten gegen den Zugriff unbefugter Dritter sowie gegen Verlust. Praktische Probleme könnten durch dieses Erfordernis dann entstehen, wenn man tatsächlich verlangen würde, dass sich ein Auftragnehmer selbst vor Ort von der Einhaltung der technischen und organisatorischen Maßnahmen überzeugen müsste. Hält man sich vor Augen, dass beim Cloud Computing die genutzten Server unter Umständen global verteilt sind, wäre eine solche Kontrolle kaum möglich. Schon bisher wird es allerdings als ausreichend angesehen, wenn sich der Auftraggeber einer Auftragsdatenverarbeitung durch die Überprüfung und jedenfalls stichpunktartige Kontrolle des ihm vom Auftragnehmer vorgelegten Sicherheitskonzepts sowie regelmäßiger Protokolle von der Einhaltung der technischen und organisatorischen Vorkehrungen überzeugt. Im Zweifelsfall muss sich der Auftragnehmer bereits bei der Beauftragung des Cloud-Dienstes vertraglich zusichern lassen, dass entsprechende Protokolldateien erstellt und dem Auftraggeber zur Verfügung gestellt werden.

1057 Zu beachten ist auch, dass die Regeln zur Auftragsdatenverarbeitung nur die datenschutzrechtliche Zulässigkeit der Einschaltung von Cloud-Anbietern betreffen. Soweit die Übermittlung von bestimmten Daten – etwa Patientendaten – besonderen Verschwiegenheitsregelungen unterliegt und ihre Weitergabe nach § 203 StGB sogar strafbewehrt ist, kann eine Nutzung von Cloud-Lösungen aus diesem Grund unzulässig sein.

Eine wesentliche Einschränkung im Hinblick auf die genutzte Wolke ergibt sich aus § 3 Abs. 8 Satz 3 BDSG. Demnach gelten die Privilegierungen der Auftragsdatenverarbeitung nur dann, wenn sich der Auftragnehmer bzw. seine Einrichtungen im Inland oder in Staaten befinden, die Mitglied der EU bzw. des EWR sind. Die Regelungen zur Auftragsdatenverarbeitung finden daher nur auf Private Clouds Anwendung, deren Server sich innerhalb der EU bzw. des EWR befinden. Diese Einschränkung dürfte allerdings in der Praxis zu keiner nachhaltigen Behinderung des Cloud Computing führen, weil Cloud-Anbieter bereits heute Angebote für nationale oder regionale Cloud-Dienste bereithalten, bei denen vertraglich zugesichert wird, dass Daten nur auf Servern innerhalb eines Landes oder einer bestimmten Region verarbeitet werden.

1058

Die Nutzung von Servern, die nicht innerhalb der EU bzw. des EWR gelegen sind (im Rahmen von Cloud-Anwendungen – genauer: die Übermittlung von Daten auf solche Server), ist an der Vorschrift des § 4b Abs. 2 Satz 2 BDSG zu messen. Sie ist nur dann zulässig, wenn in dem Staat des Serverstandorts ein angemessenes Datenschutzniveau besteht. Die Entscheidung, ob in einem Staat ein angemessenes Schutzniveau besteht, trifft die Europäische Kommission in einem formalisierten Verfahren. Derzeit ist eine solche Angemessenheitsprüfung nur für Andorra, Argentinien, Australien (Abkommen), Färöer, Guernsey, die Isle of Man, Israel, Jersey, Kanada Neuseeland, die Schweiz und Uruguay erfolgt. Damit ist die Nutzung von Servern, die in diesen Ländern stehen, ohne Weiteres zulässig. Eine Besonderheit besteht für Server, die in den USA gelegen sind. Dort bestand zunächst ein sog. „Safe-Harbor"-Abkommen[107], nach dem die Nutzung von US-Servern im Rahmen des Cloud Computing zulässig war, wenn sie von einem Unternehmen betrieben wurden, das sich gegenüber dem US-Handelsministerium bereit erklärt hat, die zwischen den USA und der EU ausgehandelten sog. „Safe-Harbor"-Regelungen zum Datenschutz einzuhalten[108]. Die zugrunde liegende Entscheidung der Kommission wurde vom EuGH am 6.10.2015 für ungültig erklärt[109]. Bemängelt wurden fehlende Feststellungen seitens der Kommission dazu, ob tatsächlich ein angemessenes Schutzniveau in den USA gewährleistet wird, insbesondere hinsichtlich der Eingriffsbefugnisse von Sicherheitsbehörden und eines wirksamen gerichtlichen Rechtsschutzes[110]. Darüber hinaus hat der EuGH in dem genannten Urteil festgestellt, dass eine Entscheidung der Kommission hinsichtlich eines angemessenen Schutzniveaus in einem Drittland die Mitgliedstaaten nicht daran hindert, die datenschutzrechtlichen Belange einer Person zu prüfen, welche geltend macht, dass Recht und Praxis in dem betreffenden Drittland gerade kein angemessenes Schutzniveau gewährleisten. Freilich kann ein Mitgliedstaat nicht die Ungültigkeit der Kommissions-

1059

---

107 Entscheidung der Kommission 2000/520/EG vom 26.7.2000, ABl. EG L 215 vom 25.8.2000, S. 7.
108 *Gola/Klug/Körffer*, in: *Gola/Schomerus*, BDSG, 12. Auflage 2015, § 4b Rdnr. 15; *Gabel*, in: *Gabel/Taeger*, BDSG, 2. Auflage 2013, § 4b Rdnr. 23.
109 EuGH, MMR 2015, 753.
110 EuGH, MMR 2015, 753, Rdnr. 83, 88 f.

entscheidung selbst feststellen, aber diese in völliger Unabhängigkeit prüfen und schließlich dem EuGH zur Klärung vorlegen[111]. In Reaktion auf das Urteil des EuGH erzielten die Europäische Union und die USA am 2.2.2016 eine politische Einigung für eine Nachfolgevereinbarung, das sog. EU-US-Privacy-Shield.

1060 Den Vorgaben des EuGH soll nachgekommen werden, indem detailliertere Pflichten für die Unternehmen festgeschrieben werden, die Selbstzertifizierung der Unternehmen durch die Federal Trade Commission effektiver überwacht werden kann und die Regierung der USA zusichert, dass der Zugriff auf die Daten durch die Sicherheitsbehörden nicht allgemein, sondern nur unter Einschränkungen erfolgen kann. Zudem soll eine jährliche Überprüfung auch durch die Europäische Kommission unter Beteiligung europäischer Datenschutzbehörden möglich sein[112]. Dennoch sieht sich das Abkommen derzeit – so wie auch das vorherige „Safe-Harbor"-Abkommen – erheblicher Kritik in der öffentlichen Debatte ausgesetzt. Der endgültige Abschluss des Abkommens bedarf noch der Zustimmung des Europäischen Parlaments und der Entscheidung des Rates.

1061 Sollen im Rahmen des Cloud Computing Server in anderen Ländern genutzt werden oder wird gar das Internet als Cloud genutzt, bei dem sich nicht ausschließen lässt, dass auch Ressourcen in anderen Ländern genutzt werden, ist das allein aufgrund von § 4b BDSG nicht zulässig. Das bedeutet freilich nicht, dass eine solche Nutzung grundsätzlich unzulässig wäre. Eine Datenübermittlung ins Ausland ist nach § 4c Abs. 2 BDSG nämlich auch dann zulässig, wenn Cloud-Anbieter und Cloud-Nutzer die von der Europäischen Kommission genehmigten Allgemeinen Standardvertragsklauseln zur Auftragsdatenverarbeitung unverändert übernehmen und vertraglich vereinbaren. Die Standardvertragsklauseln enthalten unter anderem Vorgaben zu technischen und organisatorischen Maßnahmen, die der Auftragnehmer einhalten muss, sowie zu Haftungs- und Verantwortlichkeitsfragen. Unternehmen, die einen öffentlichen Computation-as-a-Service in Anspruch nehmen wollen, können dies also in datenschutzrechtlich zulässiger Weise tun, wenn sie in den Vertrag mit dem Cloud-Anbieter die Standardvertragsklauseln einbeziehen.

1062 Neben der Möglichkeit einer vertraglichen Gestaltung hat der deutsche Gesetzgeber in § 4c Abs. 2 BDSG einen zweiten Weg eröffnet, um Ressourcen in Staaten, die nicht über ein angemessenes Datenschutzniveau verfügen, für die Datenverarbeitung zu nutzen: die sog. verbindlichen Unternehmensregelungen. Wenn sich Cloud-Anbieter verbindliche Regelungen zum Datenschutz geben, durch die ein datenschutzrechtlich angemessenes Schutzniveau sichergestellt wird, kann eine Datenübermittlung an sie auch dann zulässig sein, wenn der betreffende Staat ansonsten nicht über ein angemessenes Datenschutzniveau verfügt. Hier ist allerdings erforderlich, dass die zuständige Aufsichtsbehörde vorab und im Einzelfall die Datenübermittlung genehmigt[113].

---

111 EuGH, MMR 2015, 753, Rdnr. 62.
112 Die Europäische Kommission hat das EU-US-Privacy-Shield und den Entwurfstext des Abkommens in einer Pressemitteilung vom 29.2.2016 vorgestellt, IP/16/433.
113 *Simitis*, in: *Simitis*, BDSG, 8. Auflage 2014, § 4c Rdnr. 66; *Gabel*, in: *Taeger/Gabel*, BDSG, 2. Auflage 2013, § 4c Rdnr. 31. A.A. *Gola/Klug/Körffer*, in: *Gola/Schomerus*, BDSG, 12. Auflage 2015, § 4c Rdnr. 16 m.w.N. zum Streitstand.

Auch für die Nutzung öffentlicher Cloud-Services lässt sich damit festhalten, dass eine datenschutzgerechte Ausgestaltung möglich ist, die aber eine gewisse rechtliche Ausgestaltung des Verhältnisses zwischen Cloud-Nutzer und Cloud-Anbieter erfordert. Die Problemlage wird durch die Datenschutz-Grundverordnung teilweise behoben, indem die oben dargestellten umfassenden Vorgaben einheitlich für alle Mitgliedstaaten auch auf Cloud-Dienste anwendbar sind, unabhängig davon, wo sich die Niederlassung oder der jeweilige Server befindet. Ausschlaggebend ist nur, ob die Datenverarbeitung dazu dient, betroffenen Personen in der Europäischen Union Waren oder Dienstleistungen anzubieten. Allerdings kommen hierdurch neue Verpflichtungen auf Anbieter von Cloud-Diensten zu, und es bleibt insgesamt abzuwarten, ob die Wirksamkeit der Verordnung nicht durch eine mangelnde internationale Durchsetzbarkeit eingeschränkt wird.

1063

> Für **Fall 31** bedeutet das, dass B vor der Erhebung der Daten jedenfalls darauf hinweisen muss, welche Daten für welche Zwecke erhoben werden. Soweit es sich nur um Bestands-, Nutzungs- und Abrechnungsdaten handelt, ist eine Einwilligung der Nutzer nicht erforderlich, soweit B die gesetzlich vorgegebenen Zwecke nicht überschreitet. Nicht zulässig ist dagegen ohne Einwilligung die Erstellung von nicht zumindest pseudonymen Nutzerprofilen. Hierzu gehört auch die Abfrage und Speicherung der IP-Adresse. Die Übermittlung der Daten an andere Anbieter ist ebenfalls nicht ohne Einwilligung der Nutzer zulässig. Diese Einwilligung kann auch elektronisch erklärt werden. Sie ist dann aber an die oben dargestellten Wirksamkeitsvoraussetzungen geknüpft. Soweit B die Daten zur Verarbeitung in die USA übermitteln möchte, ist dies nicht ohne Weiteres möglich. Eine Datenübertragung ohne Einwilligung der Betroffenen ist in Drittstaaten nur dann zulässig, wenn der Drittstaat ein dem europäischen Standard vergleichbares Schutzniveau besitzt. Die deutschen Datenschutzbeauftragten gehen derzeit wohl davon aus, dass die USA kein derartiges Schutzniveau besitzen. Begründet wird dies damit, dass in den USA der Datenschutz weitgehend auf Eigenkontrolle und Selbstverpflichtungen der Unternehmen beruhe und eine umfassende Erhebung durch US-Behörden erfolgen könne. Allerdings besteht für amerikanische Unternehmen nach einem endgültigen Abschluss des Abkommens über das EU-US-Privacy-Shield die Möglichkeit, dessen Vorgaben zu akzeptieren und sich der Jurisdiktion der Federal Trade Commission zu unterwerfen. In diesem Fall wird von der Europäischen Kommission ein ausreichendes Schutzniveau angenommen. Liegen diese Voraussetzungen nicht vor, darf B die erhobenen Daten nur dann in die USA exportieren, wenn die betroffenen Kunden in diesen Export zuvor ausdrücklich eingewilligt haben.

1064

Stichwortverzeichnis

Die Zahlen verweisen auf die Randnummer.

Abmahnung 730 f.; 826; 861
Abrechnungsdaten 1009; 1064
Abruf
– Bereithalten zum 614; 621
Abrufbarkeit
– bestimmungsgemäße 904
Absatzort 931
Abschreibungsmöglichkeit 451 ff.
Abstandsgebot 69 ff.
Access-Provider 675 ff.; 681; 809 f.; 829; 847; 1003
Adressfunktion 42; 45
ADR-Verfahren 15 ff.
Adwords 775 ff.
Aktivierungsverbot 451 ff.
Aktivlegitimation 712 ff.
Allgemeine Anbieterpflichten 1018 ff.
Allgemeine Geschäftsbedingungen (AGB) 38 f.; 151; 237 ff.; 279; 292; 324; 336; 361; 630; 688; 721 f.; 941
admin-c („administrativer Ansprechpartner") 37; 125; 876 ff.
Anfechtung 192 ff.; 225; 331; 336
Angebot
– ad incertas personas 175
Anlocken
– übertriebenes 773 f.
Anscheinsbeweis 183; 296 ff.; 327
Anscheinsvollmacht 227; 327
AOL-Musikforum 668
APNIC (Asia Pacific Network Information Center) 23
Apotheken 753 ff.
Arbeitnehmer 234; 617; 719; 986 f.
Arbeits- und Dienstverhältnis 617 f.
Arbeitsspeicher
– Laden in den 611
ARIN (American Registry for Internet Numbers) 23
ARPA (United States Advanced Research Projects Agency) 1
Arzneimittel 719 f.; 753 ff.
Augenscheinsobjekt 252
Auktionsplattform 315 ff.; 718; 823; 835
Auskunftsanspruch 135; 672 ff.; 675 ff.
Auskunftsrecht 1022 ff.; 1048
Außenprüfung 555

Außensteuergesetz 463
Authentizität 207 f.

Banner 630; 706; 725
Bearbeitungsrecht 615 f.
Behörde 232 f.; 294 f.; 316; 554; 724; 736; 831; 861; 958; 1003; 1006; 1028 f.; 1035 f.; 1049; 1059 ff.
Benutzung
– im geschäftlichen Verkehr 47; 55 ff.;
– kennzeichenmäßige 45 ff.; 61; 129 f.; 771 ff.
– markenmäßige 47
Bereithalten
– zum Abruf 614; 621
Bereithaltung 84
Beseitigungsanspruch 137; 138 ff.; 830 ff.; 885
Bestandsdaten 1001 f.; 1005 ff.
Bestätigungspflicht 190
Bestätigungsschreiben
– kaufmännisches 246
Bestimmungslandprinzip 300 ff.; 381
Betrachtungsweise
– isolierende 398
– wirtschaftliche 405 ff.
Betriebsstätte 398; 410; 411 ff.; 425 ff.; 446; 447 ff.; 459 f.; 487; 503; 535; 548
Beweiswert 224; 293 ff.
Bewertungen 339; 342; 348 ff.; 882; 891
Bilanzierung
– von Domains 452 ff.
– von Websites 455 f.
Bildschirm
– Sichtbarmachen auf dem 622
Bildzitat 642
Bittax 337
Blankett 224 f.
Bletthaftung 224 f.
Browser 9; 571; 593; 644; 701 ff.; 815; 962 ff.
Browsing 612; 622; 626; 696
Bundesdatenschutzgesetz (BDSG) 967 ff.; 980 ff.
Bundes-Trojaner 958
business-to-business-Geschäft (b2b) 164; 710 f.

business-to-consumer-Geschäft (b2c)   164; 190; 264; 315 ff.; 370 ff.; 710 f.

Caching   612; 696; 815 ff.
ccTLD (Country Code Top Level Domain)   18 ff.; 23; 34; 48; 55; 112; 925
Chatroom   186; 976
Cloud-Computing   701 f.; 959; 1051 ff.
Clearingverfahren   382
„Code of Conduct"   1035
Computerprogramm   268; 377; 479; 484; 570 ff.; 582; 611 ff.
Content Provider   619; 630; 644; 819; 829
Cookies   963 ff.
Copy Cat CD Duplicator   649 f.

Daten
– Abrechnungs-   1009; 1064
– Bestands-   1001 f.; 1005 ff.
– Erhebung   1010 ff.
– personenbezogene   872; 981; 997; 1023; 1031; 1053 f.
– Standort-   1001 ff.
– Verarbeitung   169; 490 f.; 564; 992; 1001 ff.; 1011; 1035; 1046 ff.; 1054 ff.
– Verbindungs-   958
– Vermeidung   989; 1047
Datenbank-Richtlinie   581 f.; 586 ff.
Datenschutz   800; 871; 956 ff.
Datenschutz-Audit   1040 ff.
Datenschutz-Grundverordnung   1042; 1046 ff.; 1063
Datenschutzkontrolle   1030
Datenschutzniveau   1034 f.; 1046; 1059 ff.
Datensparsamkeit   989 ff.
Datenspur   961
Datenübermittlung ins Ausland   1031 ff.
Datenvermeidung   989; 1047
DCA (Defense Communication Agency)   1
Deep Link   624; 630
Deliktsrecht
– internationales   921 ff.
DENIC e.G.   23; 84; 144
DENIC-Nameserver   37; 185
DENIC-Registrierungsbedingungen   38 f.
DENIC-Registrierungsrichtlinien   37 f.; 68; 125
Diensteanbieter   874; 875; 1037
Disclaimer   805; 857
Digital Millenium Copyright Act (DMCA)   808; 826; 831 ff.
Dispute-Eintrag   136; 144

DNS (Domainname Server)   7; 24
Domain   10 ff.
Domain-Grabber   57; 60; 141
Domain-Inhaber   54; 57; 142
Domain-Mietbörsen   134
Domainvergabe   21; 30
Doppelbesteuerungsabkommen   396; 423 f.; 435 ff.; 459 f.
Download
– downloading   620
– Haftung des downloadenden Users   671
DRM-Systeme   607
Duldungsvollmacht   223; 327
Durchleitung   668; 808; 811 ff.; 874

eBay
– Anfechtung   192 ff.; 336
– Bewertungen   339; 348
– Gefahrübergang   347
– Identität des Bietenden   325 ff.
– Lieferung   347
– Markenverletzungen   354 ff.
– Vertragsschluss   322 ff.
– Vertretung   325 ff.
– Widerruf   357 ff.
E-Commerce   160 ff.
E-Commerce-Richtlinie   255; 299; 800; 810; 831 f.
Eingangsbestätigung   190
Eingriffsnormen   951 ff.
Einkommensteuer   390 ff.
Einkunftsart   394 ff.
Einkünfte
– aus Gewerbebetrieb   396 ff.; 405; 408 ff.; 425; 544 f.
– aus selbstständiger Arbeit   398
– aus Vermietung und Verpachtung   398; 405
– sonstige   399
Einkunftsqualifizierung   394 ff.
Einortprinzip   469; 519
Einwilligung   138 ff.; 327; 615; 997 ff.; 1010 ff.; 1034; 1047; 1064
– elektronische   1013
ELSTER   234
E-Mail
– Adresse   172; 178 ff.; 232; 724; 734; 738 ff.; 881
– Diensteanbieter   874
Empfängerortprinzip   381; 501
Empfangsbote   185
Entschlüsselung   206; 1053

Erfolgsort 903; 919
Erklärungsbewusstsein
– fehlendes 195
EU-Domain 34 f.; 152 ff.

Fernabsatzrecht 257
Fernabsatz-Richtlinie 255 ff.
Fernkommunikationsmittel 263; 274; 362; 733
Fernschreibkennung 51
Filesharing 647; 657 ff.
Firma 44; 77
Fiskalvertreter 548
First come, first served-Prinzip 12; 36; 75 ff.; 136
Forenbetreiber 834; 883 ff.
Form
– elektronische 205 ff.; 947
– Textform 228 ff.; 1022
Formvorschriften 203 ff.; 231
forum convenience 927
Forum Shopping 903 ff.; 912
Fotografien 574; 578; 589; 603; 631; 889
Frame 624; 631 ff.
Freihaltebedürfnis 98; 102; 117 ff.
Fremdenrecht 909 ff.

Gattungsbezeichnung 72; 97 ff.
Gegendarstellung 800; 852 ff.
Gerichte
– ausländische 912
Gerichtspraxis
– US-amerikanische 912
Gerichtsstand
– deliktischer 903
Gestaltungsmissbrauch 433; 460
Gewinnabgrenzung 447 ff.
Glaubhaftmachung 151
Gnutella 653 ff.
gTLD (generische Top Level Domain) 20; 24; 925

Haftungsbeschränkungen 795
Handeln
– geschäftliches 55; 91; 706
Handlungsort 900
Handlungswille
– allgemeiner 170; 195
Haftungsprivilegierung 666; 816 ff.; 822; 826; 866; 889
Hash-Code 207 f.

Hausrecht
– virtuelles 683; 892
Heilmittelwerbung 762 ff.
Heil- und Arzneimittel 719 f.; 753 ff.
Heimatrecht 941
– gemeinsames 919; 929
Herausgabeanspruch 137
Herkunftsangabe
– geographische 88 f.
Herkunftslandprinzip 299 ff.; 314; 859
Hersteller
– einer Datenbank 602
– eines Tonträgers 605
Hinzurechnungsbesteuerung 463
Host-Cache 669
Hosting 821 ff.
html (hypertext mark-up language) 6; 571; 579; 593
http (hypertext transfer protocol) 5; 8
Hyperlink 250; 566; 589 ff.; 601; 624 ff.; 644; 762 ff.; 804; 856 ff.; 856
Hyperlinksammlung 601

IANA (Internet Assigned Numbers Authority) 23 f.; 27
ICANN (Internet Corporation for Assigned Names and Numbers) 20; 23 ff.; 28 ff.; 35; 144; 153; 155
Ideenschutz 568
Identität 62, 66; 73; 171 ff.; 206 ff.; 325 ff.; 554; 735; 743
Impressumspflicht 723 ff.
Informationen
– eigene 803; 829; 866
Informationspflicht 266 ff.; 272 ff.; 279; 362; 719; 724; 752; 1018 ff.
Informations- und Kommunikationsdienstegesetz 970
Inländerbehandlung 910
Inlandsbezug 926 f.; 933 ff.; 950
Inline Link 624; 631 ff.; 644
Interaktion 186
Internationales Deliktsrecht 921 ff.
Internationales Privatrecht (IPR) 894 ff.
– außervertragliches IPR 919 ff.
– vertragsrechtliches IPR 917 f.
Internationales Vertragsrecht 938 ff.
Internet
– Adressen 41; 54; 71; 79; 115 f.; 861
– Apotheke 753 ff.
– Auktion 199
– Auktionsplattform 201; 316 ff.; 324; 347; 353; 354 f.

- Domain 10 ff
- Foren 879; 289 f.
- Marktplatz 834
- Suchmaschine 872
- Telefonie 978

Investition 1; 587 f.; 594 ff.; 602; 617; 685; 786
Investitionsschutz 588; 595; 600
Invitatio ad offerendum 175; 201 f.; 245; 949
IP-Adresse 17; 41; 172; 203; 325; 552 f.; 675 f.; 837; 844; 892; 962; 964; 1003
Irrtum 196 ff.; 202; 331
ISO Standard 6
ISP (Internet Service Provider) 23; 36; 413 f.; 419; 427 f.; 431; 441

Kanalisierungseffekt 101
Kategorisierungsfunktion 48; 68
Kenntnis
- Zurechnung 827 f.

Kennzeichen
- sui generis 114

Kinder 841
Klingelton 740
Kollisionsrecht 304; 898; 907; 925; 928
Komprimierung 663
Konnektierung 45; 54 f.; 63; 76
Kopplungsverbot 1011
Künstler
- ausübender 604; 693

Laden
- in den Arbeitsspeicher 511

Legitimation
- demokratische 30

Leistung
- auf elektronischem Weg erbrachte sonstige 499 f.
- charakteristische 948
- sonstige 501; 513; 517; 525; 529; 537

Leistungsort
- Verlagerung 493; 498

Leistungsschutzrecht 585 ff.
lex fori 308; 898; 940
Lichtbildner 603
Lieferung 261; 276; 284 f.; 289; 343; 347; 387; 474 ff.; 517; 529; 541; 949 f.
Link
- Deep 624; 630
- Inline 624; 631; 644
- Surface 624; 629

Lizenz 637 ff.
Lizenzgebühr 134; 533
Log-Files 965
Löschung 126; 138 f.; 141 f.; 155; 336; 354; 819; 821; 826; 878; 885; 961; 992; 1024
Luganer Übereinkommen 899; 902

Machtbereich 176 ff.; 197
Mailbox 178 ff.; 733
Marke 10; 13; 20; 44 ff.; 342; 353 ff.; 704; 718; 732; 772 ff.; 822; 833 ff.; 844; 899 ff.; 920; 925 ff.
Markenrecht 20; 46; 53, 66 ff.; 90; 98; 130 ff.; 141 ff.; 154, 355; 718; 777 ff.; 836; 844; 899; 902; 907; 920; 925 ff.
Marktortregel 308; 314; 920; 929 ff.
Mediendienste 305; 725; 800; 970; 993; 1000; 1021; 1029; 1038
Mediendienste-Staatsvertrag (MDStV) 970
Mehrwertsteuer-Richtlinie 476
Meta-Informationen 6
Metatags 9; 770 ff.
MIDI-Datei 668; 680
Mini-One-Stop-Shop-Regelung 525
Missbrauch der Signatur 222 ff.
mitwohnzentrale.de 99; 102
Motivirrtum 196 ff.; 331
mp3 567; 649; 657; 663 ff.
mp3-Tauschbörsen 657
Multimedia-Richtlinie 606
Multimediawerk 584; 640
Multistate
- Handlungen 847 ff.
- Rechtsverletzung 921 ff.; 932

Musik 3; 166; 268; 359; 379; 384; 400; 405; 499; 537; 563; 576; 589; 598; 606; 608; 645 ff.; 657 ff.; 671 ff.; 689; 747; 840; 956
Musiktauschbörsen 3; 662 ff.; 840

Nameserver 37; 185
Napster 657 ff.
NCP (Network Control Protocol) 1
Netzangabe 8
Netzwerk-Provider 810
NIC (Network Information Center) 23
NSI (Network Solutions Inc.) 23 f.
Nutzerprofile 966; 993; 1008; 1064
Nutzungsdaten 819; 993; 1005; 1008 f.; 1017; 1026
Nutzungsdauer 456
Nutzungsprofil 1008; 1026

Obliegenheiten 185
OECD-Musterabkommen (OECD-MA) 405 f.; 420; 424 ff.; 441 ff.
Öffentlichkeit 348; 351; 614; 638; 649; 957; 1044
Offline-Geschäft 165; 347; 383 ff.; 484; 555
Online-Geschäft 166 f.; 383 ff.; 411; 423; 484 ff.; 499; 549
Online-Anbieter 173; 190; 241; 245; 941; 956; 1042
Online-Auktionsplattform 347
Online-Bestellung 191
Online-Durchsuchung 958; 968; 1044
Online-Geschäft
– Abgabenrechtliche Beurteilung 411 ff.
– Abkommensrechtliche Beurteilung 423 ff.
Online-Handel 265
Online-Kauf 189
Online-Kaufhäuser 976
Online-Konferenz 177; 186
Online-Shop 88; 160; 162 f.; 703; 764; 797; 896; 960
Online-Verbrauchervertrag 201; 258; 262; 371; 917; 949; 955
Online-Versteigerung 315; 319; 389; 499
Online-Vertrag 243
Online-Willenserklärung 186; 327
Opt-In-Modell 734
Opt-Out-Modell 735
Ordre public 951 f.

Passivlegitimation 125; 716 ff.; 835
Password 174
Peer 658; 666 ff.
Personenbezogene Daten 872; 981 ff.; 997; 1023; 1031; 1053 f.
Persönlichkeitsprofil 960
PIN-Code 174; 206
Pseudonym 216; 554; 793; 880 f.; 883; 1008; 1026
Pressespiegel
– elektronischer 652 f.
Prioritätsprinzip 87
Private Key 206 f.; 217
Privatkopie 606 f.; 622; 633; 647 f.; 671; 698
Protokollangabe 8
Provider
– als Empfangsbote 185
Proxy-Server 798; 815 ff.

Prüfungspflicht 125; 132; 158 f.; 355; 669; 717; 825; 833 f., 861 ff.; 878; 885 ff.
Public Key 206 f.; 216 f.
Pushdiensteanbieter 875

Quellenbesteuerung 394; 447

Rechnung
– elektronische 380; 471; 530 ff.
Recht
– der Gleichnamigen 71; 75; 83 f.
Rechtsbruch 313
Rechtsnatur 40; 115 f.
Rechtswahl
– konkludente 942
Registrierungsstelle 21, 23, 28 ff.; 36, 43, 48, 95, 136 f.; 144; 146; 151; 796; 829
Reziprozitätsprinzip 909
Right of making available 614; 638; 664
RIPE-NCC 23
Risikoerhöhung
– bewusste 224
Risikosphäre 185
Rom I-Verordnung 917 f.
Rom II-Verordnung 919 f.
Root-Server 25; 27
Root-Server-System 25
Rücksichtnahmegebot 74
RUDRP (Rules for Uniform Domain Name Dispute Resolution Policy) 144 ff.; 154
Rufausbeutung 54; 79; 89; 313; 920
Rundfunk 19; 124; 493 ff.; 497 ff.; 652; 799 f.; 928; 933; 972; 975 ff.; 980; 1000
Rundfunkstaatsvertrag (RStV) 975

Sammelwerk 583; 617; 646
Sanktion
– im Datenschutz 1025 ff.
Schadensersatzanspruch 133 f.; 821
Schadensersatzhaftung 670; 803 ff.; 826; 885
Schlüsseltext 206
Schriftform 204; 215; 220; 230 ff.; 639; 947; 1012
Schutz
– bekannter/berühmter Marken 79 f.
– patentrechtlicher 606 ff.
Schutzfähigkeit
– urheberrechtliche von Websites 589 ff.
Schutzlandprinzip 920 ff.
Scouts 563; 680

Search-engine 9; 571
Second Level Domain 8; 18 ff.; 36 f.; 41;
  47 ff.; 54 ff.; 81 ff.; 97 ff.; 121 ff.; 158 f.;
  897; 926
Selbstbestimmung
– informationelle 960 f.; 990; 1012
Server
– Standort 418 ff.; 427 ff.; 433; 440;
  460 ff.; 903; 916; 921 ff.; 930; 944; 1059
shell.de 12; 51; 87
Sichtbarmachen 611
– auf dem Bildschirm 622
Signatur 203 ff.
– digitale 552 ff.
– elektronische 205 ff.
– fortgeschrittene elektronische 210 ff.
– Missbrauch der 222 ff.
– qualifizierte elektronische 210; 209 ff.;
  293 ff.; 532 ff.
Signaturgesetz 205; 210 ff.; 532 ff.
Sitzstaat 382; 425; 435 ff.; 535; 459 ff.;
  486
Software
– Individual 400; 466 f.; 482 ff.; 517
Spaming 732 ff.
Sperrung 132; 355; 681; 806; 826; 864;
  892; 1024; 1037
Spill-over-Effekt 933
Sprachwerke 573; 640
Spyware 964
Standardvertragsklauseln 1035; 1061
Standortdaten 1001 ff.
Standesrecht
– anwaltliches 746 ff.
Steuerpflicht
– beschränkte 394; 447
– unbeschränkte 394
– von Marktbetreibern 537 ff.
– von Nutzern 540 ff.
Störer 125; 156 ff.; 355; 627 ff.; 644;
  666 ff.; 717; 833 ff.
Störerhaftung 355; 627 ff.; 644; 666 ff.;
  717; 833 ff.
Subdomain 21 f.; 47; 52; 59
Suchmaschinenbetreiber 865 ff.
Sunrise Period 35
Surface Link 624; 629
Systemdatenschutz 992 f.; 1026

Tags 9; 704; 770 ff.
Tatortregel 929
Tauschbörsen
– Internet 606; 657 ff.; 841

– mp3 657 ff.
– Musik 647; 840
TCP/IP 1 ff.; 17
tech-c („technischer Ansprechpartner")
  37; 125
Teledienst 799 f.
Teledienstedatenschutzgesetz 970
Teledienstegesetz 157; 800; 804; 856; 970
Telefax 172; 181 ff.; 733; 809
Telekommunikationsdienstleistung 470;
  633
Telekommunikationsgesetz 495; 969; 974
Telekommunikationsleistung 493 ff.; 1003
Telemediengesetz 303 ff.; 355 f.; 800 ff.;
  829; 970
Textform 204; 228 ff.; 274 ff.; 1022
Tonträger 576; 604 ff.; 922
– Hersteller eines 605
Top Level Domain 8; 18 ff.; 706

Übermittlungsfehler 193
Übertragbarkeit 137; 326
Übertragung
– einer Domain 136 f.
Übertragungsanspruch 136 f.
Übertragungsgefahr 185
Umlaute 73 f.
Uniform Domain Name Dispute Resolution
  Policy 144 ff.
Uniform Resource Locator (URL) 7 f.; 107;
  624; 644; 590; 596 f.; 609; 728
Unmittelbarkeit 177; 186
Unterlassungsanspruch 12; 65; 78; 83 ff.;
  106; 127 ff.; 158; 277; 352; 668; 670;
  684 f.; 717; 729; 745; 832
Unternehmenskennzeichen 44 f.; 65; 83;
  120 ff.; 147; 358; 713
Unterscheidungskraft 62; 75; 78; 90; 121;
  784
Uploading 606; 611; 619 ff.; 649; 680; 903;
  924
Urheberpersönlichkeitsrecht 606 ff.; 855;
  922
Urheberrecht 143; 329 f.; 402 ff.; 488 ff.;
  513; 568 ff.; 718; 816; 822; 836; 879;
  889; 911; 921 ff.
Urheberschaft 208; 855
Urkundenbeweis 298
Ursprungslandprinzip 381
User
– privater 671
user generated content 879 ff.

Venire contra factum proprium 249
Verantwortlichkeit
– des DENIC 156 ff.
Verbindungsdaten 958
Verbraucher 47; 102; 162; 178 ff.; 201; 222; 255 ff.; 299 ff.; 337 ff.; 362; 368; 370 ff.; 489; 548; 556; 607; 645; 705; 710 ff.; 729 ff.; 736; 785; 899 ff.; 917 ff.; 941; 949 ff.
Verbraucherkreditvertrag 947
Verbraucherschutz 255 ff.; 607; 675 ff.; 729 ff.; 931; 949 ff.
Verbrauchervertrag 201; 258; 262; 371; 917; 949 ff.
Vergabe 20 ff.; 36 ff.; 42; 59; 158 f.; 174; 453; 913
Verkehr
– Handeln im geschäftlichen 47; 53 ff.; 91; 96; 130; 342; 718
Verkehrsdaten 676 ff.; 1001 ff.
Verkehrsdurchsetzung 87
Verkehrsgeltung 78; 80; 116 ff.
Versand
– verschreibungspflichtiger Arzneimittel 720 ff.
Versandhandel 160; 189 f.; 203; 255 ff.; 385 f.; 413; 466; 485; 754 ff.; 896
Verschlüsselung
– asymmetrische 206 ff.
– symmetrische 206 ff.
Versteigerung 16; 154; 195; 315 ff.; 355; 499; 834 ff.
Vertippen 200
Vertrag
– im elektronischen Geschäftsverkehr 143; 203; 278 ff.
Vertragsrecht
– internationales 938 ff.
Vertragsschluss 95; 165; 168 ff.; 205; 219; 223; 237; 242 ff.; 265 ff.; 274 ff.; 317; 322 ff.; 639; 684; 738; 751; 788; 941 ff.; 1019 f.
Vertragsstaat 423 ff.; 441; 899; 1054
Vertragsstatut 917; 938 ff.; 952
Vertreter
– ständiger 386; 410; 443 ff.
Vertretungsmacht 216; 225
Vervielfältigung 402 ff.; 513; 578; 603; 610 ff.; 622; 626; 694 f.
Vervielfältigungsrecht 402 ff.; 513; 578; 610 ff.; 622; 626; 694 f.
Verwaltung 24 ff.; 34 f.; 231 ff.; 357.; 374 f.; 409; 433 ff.; 460

Verwechslungsgefahr 37; 45; 54; 61 ff.; 131; 141; 150
Verzicht 11 ff.; 78; 96; 136 ff.; 189; 608
Verzichtsanspruch 12; 78; 138
Voice over IP 978
Volkszählungsurteil 968
Vorfilterfunktion 802
Vorratsdatenspeicherung 958; 1003; 1044
Vorsteuerabzug 470 f.; 523; 529 ff.; 540 ff.
vossius.de 71

Wahrnehmbarkeit 177; 238
Waren- oder Dienstleistungsnähe 63 f.
WCT (World Copyright Treaty) 606; 614; 621
Web 2.0 3; 373; 879
Webblog 885 ff.
Webbug 964 f.
Websites
– als Datenbankwerk 579 ff.; 583; 612; 645
Werbung
– unverlangte per E-Mail (Spaming) 732 ff.
Werkarchiv
– elektronisches 651 ff.
Werktitel 44 f.; 78; 113; 116
Wettbewerbsneutralität 518
Wettbewerbsverhältnis 65; 92; 96; 109; 713; 773; 891
Widerruf
– Anspruch 639; 851 ff.
– Belehrung 266 ff.; 344 ff.
– Frist 271; 276 f.; 281 ff.; 337; 955
– Recht 162; 191; 201; 261; 277; 281 ff.; 290; 337 ff.; 362
Wiedergabe
– öffentliche 628; 632 ff.
Willensbildung 169; 194 ff.
Willenserklärung
– elektronische 168 ff.; 298
– unter Abwesenden 186 ff.
– unter Anwesenden 176
– Zugang elektronischer 176 ff.; 232 f.
WIPO-Schiedsstelle 144; 154
Wirtschaftsgut 203; 209; 451 ff.; 483
World wide web 2

Youtube 3; 633; 691; 700; 807

Zeichenabstand 70
Zeichenähnlichkeit 66; 69 ff.

Zeichenidentität 65 ff.
Zertifizierungsdiensteanbieter 211 ff.
Zertifizierungsstelle 206 f.; 210 ff.
Zertifizierungsverfahren 209
Zitat
– Bildzitat 642
– Kleinzitat 642 f.
Zitatrecht 640 ff.
zone-c („Zonenverwalter") 37; 125
Zu-Eigen-Machen 764; 804 ff.; 864; 890
Zugang
– elektronischer Willenserklärungen 176 ff.; 232 f.

Zugangsfiktion 178 ff.
Zugangsvereitelung 184
Zugangsvermittlung 157; 666 ff.; 809 ff.
Zuordnungsverwirrung 80 ff.; 129
Zurechnung 184; 195; 222 ff.; 327; 447
Zuschlag 175; 317 ff.; 322 ff.; 337
Zuständigkeit
– internationale 314; 899 ff.
Zweckbindung 990
„zweiter Korb" 607; 640; 645 ff.; 671
Zwischenspeicherung 612 f.; 812 ff.; 820; 875

Die Ausbildungszeitschrift von und für Jurastudierende

- Klausuren und Hausarbeiten mit Musterlösungen von Heidelberger Professoren
- Qualitativ hochwertige Beiträge
- Online-Lernkontrolle
- Analyse aktueller Rechtsprechung
- Lehrbuch-Rezensionen
- Erscheint jeweils zu Semesterbeginn

StudZR - Ausbildung
Studentische Zeitschrift
für Rechtswissenschaft
Ausgabe 1/2016. 148 Seiten. Kartoniert.
€ 5,99. ISBN 978-3-8114-4436-2

Aktuelle Ausgaben, Artikelarchiv und weitere Infos unter: **www.cfmueller-campus.de/studzr**

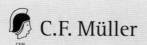

Jura auf den ● gebracht